서울 토박이말

서울 토박이말

국립국어원

태학사

담당 연구원
최혜원(국립국어원 학예연구관)

서울 토박이말

초판 제1쇄 인쇄 2008년 12월 26일 초판 제1쇄 발행 2008년 12월 31일
엮은이 국립국어원
펴낸이 지현구 **펴낸곳** 태학사 **등록** 제406-2006-00008호
주소 경기도 파주시 교하읍 문발리 파주출판도시 498-8
전화 마케팅부 (031) 955-7580~2 편집부 (031) 955-7585~89 **전송** (031) 955-0910
홈페이지 www.thaehaksa.com **전자우편** thaehak4@chol.com

ISBN 978-89-5966-281-4 93710

머리말

우리나라에서는 "교양 있는 사람들이 두루 쓰는 현대 서울말"을 표준어로 정하고 있습니다. 서울말은 표준어의 가장 핵심적인 부분을 이루고 있었지만, 정작 표준어 사정 작업 과정에서는 서울말에 대한 체계적이고 광범위한 기초 조사가 없었을 뿐만 아니라 마땅히 참고할 만한 서울말 연구 자료조차 없었습니다.

실제로 지난 몇십 년 동안 방언 연구자들이 엄청난 연구 업적을 쌓았지만 서울말에 대한 조사 연구는 그늘에 가려져 활발히 전개되지 않은 것이 국어 연구의 현실입니다. 더군다ㅋ나 국가적인 작업으로 서울말에 대한 조사는 전무하다고 봐야 옳겠습니다.

흔히 서울 토박이말을 들어보기 어렵게 되었다고 합니다. 이것은 8.15 광복을 전후로 지방 사람들이 대거 서울로 몰려 들어와 서울이 각 지역 방언의 집합지가 되어 버려 서울말은 그 나름의 독특성을 유지하기 힘들어졌을 뿐 아니라 인구 비율로도 서울 토박이가 워낙 열세에 몰리게 되어 알뜰히 서울말을 보존하고 있는 사람을 만나기 어렵게 된 현상을 두고 하는 말일 것입니다.

이에 국어원에서는 사라져 가는 서울 토박이말을 기록·보존하고, 표준어 확립 작업의 기초 자료를 제공하기 위하여 1997년부터 2001년까지 서울 토박이말 실태 조사를 실시하였습니다. 자연 발화의 채록과 함께 질문지를 통해 서울말의 음운, 어휘, 문법을 밝히는 작업이었는데 이번의 『서울 토박이말』은 1997년과 2001년에 서울 토박이 25명이 참여한 자연 발화만을 담고 있습니다. 가족, 어린 시절에서부터 서울의 풍습, 음식, 전쟁, 개인의 관심사, 직업 등 각각의 삶마다 다른 이야기를 끌어냈습니다.

한 세대 정도의 연령 차이지만 오십 대 화자의 말은 칠십 대 이상의 토박이 말과는 많은 차이를 보이는데 지역 사투리의 모습보다는 표준어와 유사한 형태를 띠고 있습니다. 마치 이십 세기라는 격변기 속에서 말 또한 이 못지않게 많은 변화가 있었음을 말해 주고 있는 듯합니다.

서울말 채집 당시에 연세가 높으신 몇몇 분들은 현재 생존에 계시지 않습니다. 먼저 가신 그분들의 삶을 조금이나마 기록으로 남길 수 있다는 것에 대해 다행스럽게 생각합니다.

2008년 12월 20일

국립국어원

원장 이상규

일러두기

1. 제보자

제보자는 주로 예부터 서울로 분류할 수 있는 종로구와 중구에서 출생하고 주 성장기를 거친 분들이다. 1997년에는 3대 이상이 서울에 거주한 토박이로, 70대 이상의 토박이들이, 2001년에는 한 세대 아래인 50대의 토박이들이 참여하였다. 구술 내용이 개인의 사생활을 담고 있어 제보자의 이름은 알파벳 머리 글자로 처리하였다.

제1부 제보자 *나이는 1997년 조사 당시의 기록임.

	성명	나이	성별	출생지 및 성장지	최종학력
①	igd	93세	여	종로구 다동	보통학교 졸
②	jjg	88세	남	중구 회현동	대졸
③	sjs	86세	여	중구 회현동	무학
④	sis	85세	여	세검정/공릉동	중학 중퇴
⑤	jsy	78세	남	종로구 안국동	대졸
⑥	isy	78세	남	종로구 신문로1동	고졸
⑦	ays	78세	남	종로구 삼청동	보통학교 졸
⑧	cyg	76세	남	종로구 팔판동	보통학교 졸
⑨	bht	74세	남	중구 삼청동	대학원 졸
⑩	ims	73세	여	종로구 이화동	보통학교 졸
⑪	bgm	71세	남	미아리	보통학교 졸
⑫	rdi	66세	남	중구 중림동/공릉동	고졸
⑬	hsi	65세	남	종로구 예지동/영등포	대졸
⑭	ibh	63세	여	중구 충정로	고졸
⑮	ohc	62세	남	성동구 왕십리동	보통학교 중퇴

제2부 제보자

	성명	나이	성별	출생지 및 성장지	최종학력
①	gyj	57세	남	종로구	대졸
②	gsh	54세	남	중구 회현동	대졸
③	gys	58세	남	중구 회현동	대졸
④	gjs	52세	남	세검정/공릉동	대졸
⑤	bhh	53세	남	동대문구 보문동	대졸
⑥	yya	58세	여	종로구 원서동	대졸
⑦	yhs	56세	여	서대문구 충림동	대졸
⑧	isj	57세	남	종로구 팔판동	대졸
⑨	jss	52세	남	종로구 안국동	대졸
⑩	hsg	56세	남	관악구 신림동	대졸

*나이는 2001년 조사 당시의 기록임. 제보자들의 학력이 높은 편임.

2. 한글 전사

자연 발화는 발음을 그대로 살려 한글로 전사하였다.

2.1. 원칙

• 발음으로 실현된 음운을 중심으로 적는다. 단, 특별히 원형을 밝혀야 할 경
우 받침의 원형을 살려서 적는다.

발찌(←밟지) / 점꼬(←젊고) / 닥만(←닭만) / 발딸(←발달) / 할쑤록(할수록)

어렸을 쩍에(←적에) / 갑을(←값을) / 으:드갖구(←언어갖고)

쫓긴다(←쫓긴다) / 끄실렸다(←그슬렸다) / 그랬잔어(←그랬잖어)

• 일률적으로 예측되는 음운 현상은 표기에 반영하지 않는다.

까닥도(←까닭도) / 밥는다(←밟는다) / 갑도(←값도)/ 놓게 / 좋더라

속히 / 살라 놓는다 / 젊어서 / 값을 / 앞으세여(←앞으세요)

☞ '절머서', '갑슬', '안즈세여'라고 표기하지 않는다.

- 장음 표시는 ':'을 이용하여 표기한다. 유성 자음(m, n, l)이 길어지는 경우 한글 전사와 더불어 발음기호를 써준다.

  달ː, 감ː고, 감고[kamːkʼo]

- '외', '위'의 이중모음 발음 등 특이한 발음은 한글 전사에 덧붙여 정밀 전사를 한다.

  외양깐[oyyaŋkʼan], 위류[uyru]

2.2. 세 칙

2.2.1. 자음의 표기

- 음절말 중화는 표기에 반영하지 않는다. 그러나 실질 형태소가 아닌 모음이 후행할 때는 발음 나는 대로 표기한다.

  밥솟이 타다 / 갑이 비싸다

- 자음 앞 겹받침은 받침 중 소리 나는 받침으로 표기한다.

  안따(←앉다) / 널따(←넓다) / 넙죽하다(←넓죽하다) / 읊다(←읊다)

- 불규칙 활용은 표기법대로 적는다.

  누워서, 지으니, 그어서

- 패쇄음 다음 경음화 이외의 경음화는 발음대로 표기한다.

  신꼬(←신고) / 점찌(젊지) / 지금 꺼(←지금 거) / 널께(←넓게) / 할따(←핥다)
  갈뚱(←갈등) / 일씨(←일시) / 할 껏을(←할 것을) / 갈 꼿(←갈 곳)

- 예측 가능한 자음축약의 경우는 원형을 밝힌다.

  놓게 / 좋더라 / 속히 / 떡하고 cf. 떡아고

☞ 모음 간 ㅎ도 원형을 밝혀 표기: 넣어서 / 늫:서 / 싫어서 / 좋아서

● 위치동화의 경우 동화되는 대로 전사한다.
박그럭(←밥그릇), 앙께(←앉게),

● 유음화의 경우는 발음대로 적는다.
흘른다(←훑는다), 설릉/선능(←선릉), 달른다(←닳는다)

● 소리 첨가는 표기에 반영한다.
있거등뇨(←있거든요) / 담뇨(←담요) / 솔맆(←솔잎) / 서울력(←서울역)
옷 닙다(←옷 입다)

● 사잇소리는 소리나는 대로 표기한다.
그믐딸(←그믐달) / 잠짜리(←잠자리) / 방아깐(←방앗간) / 고개찟(←고갯짓)

● 구개음화는 표기에 반영하지 않는다.
같이 / 꽃밭이

● 비음화는 표기에 반영하지 않는다.

● 움라우트는 표기에 반영한다.
이림이(←이름이), 축칙이(←축축이), 똥띵이 / 똥띵이(←똥뚱이)

2.2.2. 모음의 표기
● '에[e]'와 '애[ɛ]', '웨[we]'와 '왜[wɛ]'가 발음상 구분이 안 될 경우 표기대로 쓴다.
단 확연한 발음 차가 있을 때는 발음란에 따로 표시한다.

● '외', '위'는 이중모음은 표기대로 쓰고 단모음은 발음란에 따로 표시한다.

● 음절 구분을 반영하여 표기한다.

　삐어서 / 뼈서 / 삐었다, 열구 / 이을구

● [yɨː]나 [ii]와 같은 발음: '이으'로 적되 발음 표시를 덧붙인다.

　영감[yɨːŋgam], 이을구[iilgu]

차례

제1부

1.1. 자연 발화[igd][1]

○ 어린 시절

조사자: 할머니, 저기 사직동에서 나셨다고 그랬죠?

네.

조사자: 그 어렸을 때부터 출가하시기 전까지 생각나는 얘기들 좀 해주시고 그 러시겠어요?

사:직동에서 인제 저기.. 지끔 사:직공원이요.

그 사:직공원이 지끔 비:원겉이 대:문이 그렇게 세: 개가 있었어요. 그런 문이...

그런 걸 일본 싸람이 들어와서 다::[2] 때려 부시구 공원을 맨들어놨어. 그러구 인제 사:직동에서 영천으루 올라가는 터:널을 맨들었지 않아요? 그 길 맨드느라구 다:: 때려 부셔서 그렇게 해 놨어요. 먼점엔 비:원겉이 똑같이 그 숙:이 아::무두 못 들어가구 거기는 인제.. 비가 안 오구 가무며는 비 좀 오시라구 제사 지내라 들어가는 제:관만 들어가구... 비가 너무 오시며는 비 좀 끄치시라구 또 들어가 제:사 지내구 그러는 집인데 고 제:관만 출입을 허구 그 집을, 산을 지키는 사람이 하나 있구 고기서 살았어요. 근데 일본 싸람이 들어와선 네 꺼냐 내 꺼냐 다:: 때려부숴 가주구 그렇게 해 논 거예요.

그 앞, 사:직대문 앞에는 또... 큰:: 나무가, 아주 울::창하구 둘레가 이런 게 양쪽에 있구 대:문은 비:원 대문겉이 있구, 거기 또 가이당[3]이 몇 개 있구 이랬는데요. 다: 때려 부쉈다구요.

조사자: 뭐가 몇 개 있었다고요, 할머니? 가이당이 있었다고요?

거기 뭐... 가이당이 한 서너 층 요렇게 있구 그 위에 또…….

조사자: 거기서 계속 나고 자라신 거예요?

---

1) 제보자의 이름은 모두 알파벳 머리글자로 처리하였다.

2) ‘::’ 표시는 표현적 장음을 나타낸다. 보통 장음보다 훨씬 길며 강세가 동반된다.

3) ‘계단’의 일본어(かいだん).

네.

조사자: 그럼 형제 분들이랑 노셨던 얘기 좀 해주세요.

나:는 저기... 남녀칠쎄 부동석이라구 우리 할아... 아버님이 일곱 살버텀 못:나가게 허시는 걸 인제 우리 고모님에 아들이 진명핵교 한:문썬생했어요. 그래서 내가 그 오라버니가 인제... 그러니까 고종사촌 오라버니지. 그이가 나를 일곱 살서버텀 끌:구 댕기면섬 핵교를 입학을 시켜준 거에요. 그래가주구 졸업을 했지. 갈 쩬 끌:구 가구 인제 학생들이 파허믄 사무실에 앉혔다가 올 때 또 데리구 오구.

조사자: 몇 살 때부터 몇 살 때까지 다니셨는데요?

음. 그때 열따섯 살꺼정.

조사자: 일곱 살 때부터요?

응.

조사자: 학교가 어디에 있었는데요?

학교가 창:성동이라구. 효:자동 올라가는데. 효:자동서 통이동이라구 시방 그저 있는지 몰라요. 통이동. 통할 통짜에 오를 이짜 통이동4)이라구 있는데 그리 쪽:: 올라가며는... 올라가서 요렇게 고 모탱이에 진... 그전엔 진:명여... 사리, 사리5) 진:명 여자 고등 보:통학교라고 그러지, 지끔걸이 뭐... 국민학교니 초등학교니 중학꼰 그때 읎:었어요.

일본 싸람이 들어와서 그거 다: 맨들어 논 거구. 교장 썬생님은 엄준원이라구. 노인넨데 암:금님 마:나님에 오라버니니깐 임금님한테 고종황제에 처남이지.

조사자: 예. 아. 엄씨였다고요?

예, 엄준:원씨. 그러구 인제 원교장은 엄준원이구 일본 놈이 들어와서 일본 싸람은 부:교장을 했어요, 그러면서 지가 다:: 모두 점령을 해 가주구 부:교장이

---

4) 종로구 통의동.
5) '사립'의 뜻으로 생각됨.

면 원교장 썬생님에 시키는 대루 해야 허는 건데, 지:가 되:레 교:장 선생님을 막, 자유를, 쥐구 흔들었어.

그래두 인제 한:문 가리키구 조선어 가리키는 선생님이 따루 있는데 그런 거 가리키는 선생은 다:: 잡아서 치어뻐렸어요.

그리구 순전히 일본말만 가리키고 우리나라 성:명두... 주소 성명을 다 일본 이름으루 해서 옛:날에는 간난이, 순:이, 언년이 뭐 이런 여자 이름인데 그 사람들이 하루꼬, 아끼꼬, 뭐 후유꼬...이런 걸 죄다 해: 가주구 지끔 영자, 춘자, 뭐 화자... 이런 게 그게 다 그 사람 이름을 번떠 가주구6) 그대루 써먹는 거에요.

조사자: 할머니는 일본 이름으로 뭐였어요?

내 이름은 그대루 두었어. 우리 사춘 오라버니가 왜 그까짓 놈 이름을 담:느냐구 그게 일본 이름이라 그르구 그냥 두었어.

조사자: 그래도 학교에서 뭐라고 안 했었어요?

아무 쏘리두 안했어요.

조사자: 아... 그럼 그... 보통학교에서요, 어떤 거 배우셨어요?

고등학교는 대학... 근데, 지끔겉이 이런 글을 안 가리키구 무슨... 재:봉. 바느질허는... 저고리 짓:는 거, 치마 짓:는 거, 뭐 그런 거 가리키구 이래. 뭐 지끔은 지리, 역사 뭐 이런 걸 가리키는데 그때는 처음으로 핵교 간... 시작된 지 얼마 안 돼서 벨루 그런 건... 배:운 게 없:이 기억이 잘 안 나. 맨 일본말만 허니깐, 조선말을 들을 쭐... 조선 싸람이 그거, 일본말을 밤낮 써먹어야 그게 미칠 껀데... 들리질 잘 않으니까 무슨 소린지를... 내 엉터리루 배운 거지, 뭐.

조사자: 수업을 다 일본말로 하신 거예요?

예?

조사자: 수업을 다 일본말로 하셨습니까, 그럼? 선생님이요?

---

6) '본떠가지고'의 뜻. 이 밖에 반영하지 않은 것 중에서도 양순음 아래 'ㅗ' 모음을 가진 단어는 원순성이 대단히 약화되어 'ㅓ'에 가깝게 들리는 경우가 많다(일본~일번 등).

다 일본말루 가리키지요. 조선말을 못 허게 하니까. 조선 썬생... 조선말 가
리키는 선생 다 잡아다 치어뻐렸어.

조사자: 할머니 그럼 아직까지 그 일본어 알아들으세요?

일본어를.. 인제 그걸, 자꾸 이렇게 일본말을 대화를 해서 써먹어야 허는데
그거, 시집을 열릴곱 살에 갔는데 아주 구::닥다리두 찰구닥다리 집이라... 밤::
낮 식모살이 모냥으루 일:만 시켰지, 종이허구 연필을 구경두 못해. 스물세 식
구 그 빨래해랴 옷: 해 입히랴 그땐 모두 또 다듬여요. 방치똘7)에다 다듬어서
지어서 입는데.

조사자: 할머니, 책 읽는 것 좋아하셨어요?

이 책 익는 것이 내가.. 이 뭐야, 그... 내 육십구 세에, 남편은 칠씹 살이구
나는 육십구 세구 한 살 차인데, 인제 남편이 이 세상 떠나:구 나서 내가 공책
연필을 들어보구.

조사자: 아. 그제서야.

○옛 풍습

외출두 해보지, 우리 시어머니 팔씹팔 쎄꺼정 사시는, 그 치닥꺼지 다:: 했
어. 그 내가 바느질을 너무 해서 이 손이 다 비뚤어졌어, 뼉다귀가...

이 속 뼉다귀가 다:: 들구 이렇게 일어나요. 그르구 날이 추믄 이게 저려.

조사자: 아. 이것만 성하네요. 이 넷째 손가락만.

그것두 저려요. 그러니 손이... 다른 사람들이 얼굴은 고운데 왜 손이 나무
장수 겉으냐구 그러지.

일:을 하두 많이 하니까 이렇게 뼉다귀가 죄:: 들구 이젠 늙으니까 기어올라
요. 그래서 그 시간에 밤에 잠을 덜 자구래두 글을 배:구 쓰구 싶어두 편:지 겉
은 걸 해볼래두 쓸 시간이 없:어. 새벽 다섯 시에 일어나서 세수허구 머리 빗구

---

7) 다듬이돌.

시어머니, 시아버지께 안녕히 주무셨습니까 하구.

조사자: 문안 인사...

문:안 인사 드리러 가야지, 또 자정이 넘으며는 저녁에 안녕히 주무시라구 또 인사해야지, 낮에 왼::종일 스물쎄 식구 먹는 밥 치닥거리 해야지, 빨:래허랴, 다듬이허랴, 대림질 또 밤::새도록 밤을 새서 대림질을 해, 옛날엔. 전부 모시옷이니까 그거는 풀을 멕여서 대림질을 해요. 지끔겉이 이렇게 나이롱 옷은 오: 분이면 말려 입을 쑤 있지 않아요? 짤순이에서 다 짜 나오니까. 그때는 말:르질 않으니까 화:루에다가 숯불을 펴서...

조사자: 겨울이 되면요?

예. 배:롱8)이라고 철사루다 이렇게, 병아리 길르는 것겉이...

조사자: 배롱이요?

응. 그런 걸 맨들어서, 철싸루, 지끔두 시골 똥네 가믄 배:롱을 이렇게 병아리 길르는 거 있죠? 어리 씨워 놓는 것.

조사자: 아... 동그랗게 된 거요?

그런 걸 화:로불을 켜서 놓구 거기다가 말려 입어요. 지끔은 옷이 흔허니깐 아::무데나 성헌 걸 다 버리지, 옛날엔 시굴 령감님, 서울두 가난헌 할아버지들, 엉:뎅이 다:: 기워 입구, 무릎팍 다:: 기워 입었어요.

조사자: 예.

어떤 집 남자는 장:갈갈 텐데 옷:이 없어서 못 가면, 부자찝 남자 옷 한번 얻어다 입구, 가난해서 시집 안 갈려구 그러까 봐서 부자찝 놋그릇을 이렇게 한 바가지 얻:어다 여기다 놓구, 그 옷을 얻:어다 입고 혼인을 해요.

조사자: 아... 놋그릇을 왜 놓아요?

지끔은 신랑을 끌:구 겉이 댕기면 데이트두 해보구 서로 대화두 허구 친절허

---

8) 배롱(焙籠) - 화로 위에 덮어씌워 놓고 그 위에 기저귀나 젖은 옷 같은 것을 얹어 말리는 제구.

게 지:내다 결혼허지 않우? 옛날엔 인제, 큰 부자찝 사랑방에서 노인들이 모이시면 야:무개찝 딸이 있구 야:무개찝 아들이 있는데 결혼헐래나... 그럼믄 그 얘기가 거:짓말을 꾸며대두 그건 정말루 알고 그대루 혼인허는 거야. 혼인허구 보면, 여자가 애꾸눈이두 있고 남자는 절뚝발이두 있구, 소아마비 앓아서.. 그런 세:상이 지끔 이렇게 발딸이 됐다구.

조사자: 그렇게 속여서 결혼하는 게 많아요?

나두 그렇게 했어. 신랑 얼굴두 못: 보구 그냥 바깥에서 우리 아버지가 친구분에 말:만 듣구 "아, 다방꼴 사는 부:자가 아들이 옐예덜 쌀 먹었대는데, 딸이 하나 있다면성 그거 혼인헐래나?" 그러니까 허겠다 그래서 그 신랑 보지두 않구 그 집이 식구가 많:은지 적은지, 생활이 어떤지 이거 감정두 안 해보구 그냥 허는 거야.

조사자: 예전에는 뭐 매파나 아니면 그런 사람들 몰래 그...

어:둡고 캄캄한 세상이었어, 그때는. 해가 읎어. 아주 사람들이 다 무식허구 남자들은 머릴 길::다랗게 머리가 많으니까 따서 검정 댕길 디리구 행길에 댕기면 그게 남자구, 빨건 댕기 디리면 그건 여자야.

조사자: 검은 댕기하고 어떤...

까:만 헝겊으루 댕길 맨들어서 여자걸이 디려줘, 여기다.

그리고 여자는 인제 빨건 댕기를 디리고.

조사자: 여자들은 검은 댕기 안 드렸어요?

그리구 행길에는 못 나와, 여잔.

일굽 살만 되면 방구석에 처넣구 형부가 와두 인사 안 시켜, 여자는.

옛:날엔 법도가 그렇게 지독해...

조사자: 그러니까 학교 갈 때만 그렇게 잠깐...

핵교 갈 때만은 그것두 억지루... 인제... 그땐 국민핵교 일 학년생두 저기.. 황경도 싸람들은 다른 도 싸람들보덤 이 자식 가리키는 게 참: 지독해. 정신이. 학교에다 기숙사를 해:놓구 황경두에서는 옐여섯 살, 옐립굽 살... 이런 사람들이 다 일 학년이야. 그리군 댕기지를 못허게 허니깐, 부모들이... 학교에 기숙사가, 기::다랗게 지어놓고 거기서 자구, 먹구, 한 달에... 학비두 안 받어요. 이 공책, 연필, 습자지, 도화지, 책, 배:는9) 책... 일쩔을, 핵교에 일용품을 다: 거냥 줘. 돈:두 안 받구. 사:람만 나오며는 다 가리켜 준대는데 그때 당시에는 사:람을 하::나두 안 내놔. 일본 놈이 잡아다 죽인다구 그르구.

집이 다... 죄다 뒤빵에다 감춰 놓구 우리 아이 웂다 그래. 그때는 호구 조사니 인구 조사니 이런 게 웂:거덩. 그땐 다: 감춰 놓구 웂:다 그러믄 웂:나 보다 그러구 그때... 졸:웁헐 때 학생이 모두 옐여섯 명이야. 스무 명두 안 돼.

다 경... 황경도 싸람이 많아. 서울 싸람은 한 너덧밖에 안 돼.

조사자: 거기 결혼한 여자 분들도 학교 다니는 사람이 있으세요? 결혼한 사람... 유부녀들이 학교 다니고 그랬어요?

아니요, 결혼헌 사람은...

조사자: 한 명도 없어요?

한 명두 읎:어요.

그리구 나서 인제 을마 있다가 일본 싸람이 정신대라는 게 있어. 시집 간 사람은 안 잡어가구, 시집 안 간 처:녀만 잡어가니깐 전::부 저 아::무커나 시집만 보내.

잡어가꺼 봐. 그동안 내가 시집을 간 거여...

조사자: 아... 그것 때문에요?

예. 일본 놈한테 붙들려 가느니 한국 놈한테 아무라두 데리구 살:면 된다는 식으루 엉터리루 갔지. 옛:날엔 그 집 가 살아라... 그러면 사:는 건 줄 알구.... 친정에 자주 오지두 못해. 몇 년에 한 번씩... 여:자들 또 글두 못 배게 해. 공부허믄 시끈둥해서 고생살이허믄 시집... 저 친정에다 편:지질헌다구 여자는 일::절 못 배게 해. 근데 우리 어머니가 옛:날 할머닌데두 유식허셔요.

---

9) 배우는.

응, 반주꺼리[10]를 놓구 어머님이 바느질을 허시면섬 날 옆에다 앉혀놓구 한:
문책을 언:문 열따섯 줄 다: 가르켜 주시고, 한:문책두...내가 정신이 좋아서 천
자 한 권을 일굽 살버팀 배서 여덜 쌀꺼정 이: 년을 배: 가주구, 글짜는 잘 몰라
도 그 천자 한 권을 다: 외웠어요.

그러니까 우리 어머니가 그만하면 됐:다 그러시구 글짜는 자연히 알어진다
그러구, 그래서 다 배:구 핵교를 가니까는 인제 거기 가선 또...좀 딴 사람보단
잘했다구 상두 받었지.

○ 가족

조사자: 할머니, 옛날부터 머리가 좋으셨나 봐요.

우:리 친정이 전:부 육 남매가 다: 머리가 좋아요.

우리 큰 오라버니가 스물따섯 살에 공주 군수를 했어요.

그때 넷째 오라버니두 스물 몇 살인가 그런데 경기도청에 댕기는데 거기서
또 좀 중간치기 벼슬루 올라가구...

우리 식구가 기억력이 좋:구 정신녁이 좋아요.

조사자: 예, 그러신 것 같습니다.

근데 우리 고모부님은 또 남영 군수를 지:내 가주구 호조판서를 허셨어.

우리 아버님은 탁지부[11] 전:환국[12] 사:무관을 지내시구 그래 신문에 났는데
보니깐 전:환국이 지끔 조폐공사... 그거라 그러더군, 지끔은...

조사자: 그렇지요.

또 우리 할아버지, 옛날 할아버지는 정: 삼품... 통정 대:부를 허셨구 그래 우
리가 가문이 좋은 집안이라구 종로 빠닥에선 쳐 줬든, 알아줄 만한 가정이라구...

---

10) 반짓거리.

11) 대한 제국 때에 둔, 국가 전반의 재정(財政)을 맡아보던 중앙 관청.

12) 화폐의 주조를 맡아보던 관아.

○서울 정도 육백 년 행사

조사자: 아.. 그렇습니까?

예. 시청장님, 구청장님 다:: 신문에 다: 내줬었어요, 그렇게.

우... 우리 서울 싸람을 인제 서울 정:도 육백 년에 인제 서울 싸람만 전부 조:사를 해서 추려 가주구 시청에서 인제 열람을 허는데, 사:람... 서울 사:람에 세:대수는 구백구십사: 세댄데, 에... 사:람은... 구백구십사 세대에 메누리두 있구, 손주 메누리두 있구, 이러면 다: 각 도 싸람 아니에요?

그 원:... 조선... 서울 싸람만 육백 명이에요. 육백 명에 내 한 사람이 뽑혀 가주구 타임 캡슐 매설장에 내가 당:선이 됐었어요. 그래서 대통령허구두 악수두 해보구...이 뿌리 겉은 손으루.

이제 열뚜 명이 죽:: 서서 버:턴13)이라 그러는 게 있어. 공중에다가 선반을 해놓구 저기... 설렁탕찝 걸:쌍겉이 그렇게 해놓구 거기다가 거기다가 열뚜 개를 버:턴을 달아 놓구 인제 저:: 공중에다가 둘레가 이보담 더 큰 하연 풍선을 여기 저... 아빠뜨 칠층보다 더 높은 데다 매달아 났으니까 남산에...필동으로 가는 거기.

거기다 열뚜 개를 매달아 놓구 인제 열뚜 사람이 거기다...버턴 눌를라구 열뚜 사람을 세14) 놓구 인제 서울 시민 천백 명이래는 사:람은 전::부 나이롱 줄을 매서 둥::그렇게 산에다 매놓구 그 바깥에서 다:: 셔: 놓구 인제 열뚜 사람만, 필요헌 사람만 거기 들어갔어요.

조사자: 할머니도 거기 계셨고요?

근데 날:더러 혼자만 오래요. 그래서 난 행보가 부실허구, 길두 몰:르니까, 아들을 데리구 가야 헌대니까...그럼 가만 있으라구 전화루 또 물어보더니 그럼 아들허구 겉이 오라구...우리 아들두 믿을 만한 사람이구 이 동네서 통:장을

---

13) 버튼.

14) 세워.

보니까 갈 쑤 있는 사람이라구 그러니깐 그럼 겉이 오래요.

그래 겉이 가긴 갔는데 아들은 그 바깥에 줄 섰는 데루 내:보내고 나만 끌어들여 가주구 인제 오후 두 시꺼정 오래서 두 시에 갔는데 오후 세: 시가 되니까 김영삼 대통령 내우분이 차를 타구 와서 내려요.

내리니깐 나를 셋:째루 셌어. 열뚜 명을... 앞줄에다 주룩 셌:는데 내가 셋:째루 섰는데 인제 거기서부텅 대통령이 악수를 다:: 허구 인제 그 버:턴 눌르는데 거길 가서 섰는데, 그런데 서울 시장님, 대통령 내외분, 나, 그리고... 말 잘하구 글 잘 짓는 작가... 그 사람 내외분, 또 여학생 하나, 중학생... 저 남학생 하나, 중학생 아이 둘:...

또 거기 비:서 하나, 사회 보는 사람... 또 한 사람... 한 사람 또 누군지 자세히 몰:르는 사람이 열뚜 명이 서서 인제 사회자가 다:: 산꼭대기에 서서 앉았는지 섰는지 서서, 하나, 둘:, 셋:... 헐 때 그걸 일쩨히 그걸 눌:르래.

그래서 그걸 일쩨히 눌:르니까는 그 풍선이 공중에서 제대로 하늘루 다:: 각각 날라 달아나. 그거 멋::있는데?

조사자: 야...그러면 할머니가 대표셨네요? 서울 사람 대표셨잖아요?

대표루, 내가.

육백 명에 한 사람을 내가 제::일 최:고루 오래 살구...이.. 서울에 살:길 우리 할아버지쩍버텀 산 게 삼십이 대를 사는데 서울 육백 년버텀 더 먼점... 칠 백 년이나 되는 세월을 살어서 내가 뽑힌 거라구.

근데 인제 거기 이 나라에 생활필수품을 그... 종을 맨들어 가주구 육백 가지를 거다 다:: 넣었에요. 허다못해 여자 뾰족구두, 뭐... 가심... 가리는 것 뭐 별걸 다:: 맨들어서 하여간 사람 손으루 쓰는 일용품은 다:: 거기다 맨들어 늦어.

그래가주구 그 풍선과 겉이 매달아 놨어요, 공중에다. 그때 하나, 뚤, 셋 헐 때 풍선은 날라가구 그 종은 스륵:: 내려오는데 아주 깊:은 지하실이 물이 지붕에서 여기만큼 팬: 지하실을 그 속을 또 그만큼 패:가지고 그 종이 들어가는데 그 종이 슬그머::니 들어가서 인제 양회루다가 이렇게 맷돌겉이 둥::그런 걸 맨들어서 다 종이 들어간 뒤에 그걸 꽉 덮어놓구, 이제 사:백 년 후에 다시 그 걸... 꼬:내 본대. 그땐 내 나이만큼 사는 사람이 다섯 명이 있어야 그때 꼬:내 보는 거야.

그 사:십 년두 지겨운데 사:백... 사:백 년을 그걸 기약을 허구 들어가는 그 종을 보니까 처량해보이데. 사:백 년이 새:까먼 나이 아니야?

그렇게 해서 집어늫:구 조선일보에... 신:문에 여긴 종이고...

조사자: 아... 이게 종이구요? 여기 할머니 어디 있으시겠네요?

내가 여기 있어요, 나는.

조사자: 여기 할머니 아니신가요? 저기 계시네요. 여기도 계시고...

거기도 있고, 이건 따루 이제 조선일보사에서 백여서... 이 사람... 이 사람 은 사:십 년을 산: 사람이구 나는 육백 년, 칠백 년 산: 사람이고

조사자: 그때 신문 본 기억이 나네요. 할머니. 옷도 고운 것 입고 가셨네요. 그럼 지금 할머니 사시던 데는 지금 어떻게 돼 있어요?

네?

○ 시집살이

조사자: 친정집이 그대로 남아 있어요?

읎:어요, 이제 길 맨드느라구 다: 나가서 없어.

그 사:직공원 맨들구 터미날 뚫어 나가느라구 다:: 읎어요. 옛:날에는... 내가 살던 집은 청평궁이라구 그래 궁 안인데, 그거 다:: 부시구 읎어요. 집이 읎어 통. 길만 모두 맨들어 났어.

거기 도정궁이라구, 궁이 터미날 거진 다: 가서두 하나 있구 내가 살던 집두 있구 그런데, 그 도정궁이래는 것두 담만 요만큼 남았데요. 몇 년 전에 어디 가 다 보니까.

조사자: 일가 분들은 그럼 다 뿔뿔이 흩어지시구요? 거기 사시던 일가 분들이요.

일가구 뭐구 나만 이렇게 혼자 오래 살지 다:: 죽구 없어요.

조사자: 자손 분들도 있으실 거 아니예요?

일가에 자손은 이렇게 서루 자꾸 자주 찾어 댕겨야 일가가 가까와서 어디가 사:는 걸 알:지, 밤낮 집 속에서 일:만 허구 나갈 새:가 있수?

나는 청춘을 집 숙에서 늙어버렸어.

조사자: 일하시느라구요?

일:이 많어서 내:보내질 않아, 시집에서. 출입을 아주 막아버리구 친정두 몇 년에 한번 가구...

조사자: 명절 때도 못 가셨어요, 그러면?

명::절 때 더군다나 손님들이 오믄 떡국 끓여 줘야지. 못: 나가.

조사자: 아이구, 그래서 손이 그렇게 바느질 많이 하셔서...

지끔은 일:두 못해. 이게 똑바로 이렇게 있어야 골무를 끼:면 가만히 있는데 골무가 자꾸 빠:져 달아나니까.

그래도 인젠 나이가 많구 죽게 생기니깐 내가 미쳤지 왜 그렇게 일:을 했나: 허구 억울한 생각이 나. 지금 세상은 이렇게 좋:은데 그때는 인제 장작허구 나무만 땠:어요. 뭐 연:탄이구 뭐구 이런 거 없으니까. 까:스가 있어, 뭐 지끔 이제 세:상이 밝어지구 과학이 발딸되구 공업이 개발되구 모:든 분야에 기계화된 세상이니까 이렇게 편안하게 살구 밥두 전기솥이 해주구 빨래두... 짤순이두 있고 세탁기두 있고 그러니까 전부 해주지. 그때는 전부 손을, 내 손으루만 허 거든.

지끔은 나이롱이 있구, 대림질두 존: 게 있어서 아무 때나 왔다갔다 대리지. 옛:날엔 한 사람이 붙들어야 한 사람이 대려. 이것두 대려 입을래면 저 사람이 붙들어 줘:야 대려. 지끔은 놓구 야:무커나 입구, 대림질이나 있우? 웬만하면 또 세탁소 갖다 주구.

조사자: 그렇지요.

지끔 여자겉이 팔자 좋은 건 업구. 옛날엔 왜 그렇게 볶은 세상을... 그:지 세상에 태어낸 게 억울해, 시방꺼정.

조사자: 예... 너무 일을 많이 하셔서요.

일:이 아주 곯아서 썩어뼈렸어.

조사자: 스물세 식구가 어떤...

아이가 한 집이15) 셋:만 있어두 시끄러운데 열네 명이믄 얼마나 많아?

조사자: 동서들이... 그러니까...

내가 여섯째 메느린데, 그 우때가리 동세들은 아:이가 잔다구 젖 멕이구 드러누찌 잠 재운다구 드러누찌. 자기네들은 편허게 살구, 내가 아이... 옐릴곱에 시집가서 스물네: 살꺼정 아이를 안 났:어요. 그러니까 아주 식모 하나 잘 은었다 허구 마::냥 부려먹었지. 그래 아주 시집이라믄 이가 북북 갈린다 그랬어.

일썬두 하나 성하지두 않구 지끔 여자들은 지멋대루 어디 가구 싶으면 휘:: 딱 갔다오구, 또 시집살이 안 할래며는 거냥 또 방 하나 얻어 가주구 아파트루 이사 나가구. 을마나 자유스러:?

옛:날엔 메느리를 어떻게 볶으는지 몰라. 밤에 잠두 열뚜 시가 넘어야 가서 "자 인제 인제 자:라". 자:라구 해야 자지, 지 맘대루 졸:려두 못: 잤어.

조사자: 그리고 또 새벽에 일찍 일어나셨잖아요?

새벽엔 또 다섯 시만 되면 일어나야 해.

조사자: 아이구, 꽤 무겁네요. 들고 오시느라고 힘드셨겠는데요, 받으실 때?

그게 서울시장이 맨들어 준거야. 이게 이원종 시장이 다: 맨들어서 줄라 그러는데 그놈에 성수대교 부숴지는 바람에... 이원종이 밀려나가시구 최병렬 씨가 이름이 적혀 있지.

조사자: 아... 그때 그랬구나. 만든 사람은 그 사람인데...

그때 우리 할아버지가 통정대부를 하실 때 족보가 전부 됐는데 우리 오라... 올케들이 멍텅구리에요. 무식하니까 뭐 글짜를 알아야 이게 뭐 족본지 뭔지 알지, 이, 피:란을 육이오 때 가믄 그런 거부텀 챙개 가지고 가야 허는데, 자기 남

---

15) '한집이'의 '이'는 주격이 아니고 처격의 '에'임.

편이 공주군수헐 때 훈:장두 좋:은 걸 두 개씩 이렇게 사다 났:으믄 그걸 갖
다... 이렇게 보:관을 잘하면 그게 다 귀:중품인데 이 병:신이 아무것두 몰:르니
깐 그냥 아이들, 그땐 일본 싸람이 한 달에 한 번씩 청결을 허라 그래요. 대청
소를 해요, 집이 그래서 청소 안 헌 집 들어가면 막 때리고, 또 다시 허라 그러
구. 창쌀에 요렇게 만져봐서 몬:지만 하나 있으믄 막 때:리구... 그, 청소허는데
그걸 다 끌어내 가주구 아이들이 장난해 없:애 버렸어. 그래 내가...

조사자: 족보를요? 훈장?

응, 훈:장. 족보는 인제 피:란을 갈 때 두구 버리구 인제 사:람만 갔으니까.
누가 다:: 짐 모두 들쑤셔 갔지. 족보 없:는 집은 필요허잖아.

조사자: 그렇죠.

이 서울시장이 족보 있느냐구 그래서 똑똑헌 사람이 살아서 없:어요 그랬지.

조사자: 예

뭘 알어봐야지 그게 족본지 뭔:지 알:지, 아무 책인가보다 허구 그냥 내버
려... 장빠닥에 그냥 두구 갔을 꺼야. 없:어졌지.

○ 육이오

조사자: 육이오 때 얘기 좀 해주세요, 할머니.

육이오 때... 육이오 때 우리 집이서, 우리 방에서 여기서 전:쟁을 했어요.
그때는 여기 아빠뜨가 없:었어요. 저::쪽 아빠뜨... 신설똥에 있는 아빠뜨허구
이 아빠뜨허구 다 업:구 그게 순:전히 큰 개천이에요. 강겉이 장마가 지면 그냥
물이 무::섭게 내려와요. 서울 시내 물이 그리 다::, 동대문 오:관수를 거쳐서
다:: 내려와요. 그러면 그 육이오 때 죽은 사:람들, 저:쪽에 뚝이 이렇게 높아요.
일본 싸람이 거기 경:마장을 맨들어서, 말 돌리는 거, 그걸 했어요. 지금은 뚝
섬에 가 있드니 또 어드루 갔는지 몰라. 근데 뚝이 이만한데 인민군들은 작:잖
아 날 모냥으로.

조사자: 예

쪼:그만 게 요렇게 숨어서 총만 내밀구, 미:군은 이 지붕으루 죄다 올라가 그 큰 키를 이러구 섰구, 이 등창을, 문짝 다:: 떼 버리구, 여기 장:을 막아 놓구 그 장: 뒤에서 총질을 허는데 방에 있는 사람은 안 맞구 저 대:문깐에 그, 거기 개천이 있는데 개천 앞에가 서서 총질을 허니까 인민군이 덤비는 대루 맞어서 두: 시간을 전:쟁을 허는데 나는 전:쟁 허는 게 장난허는 줄 알았어.

여기선 전:쟁을 허는데 이쪽이 목욕탕이 있어요, 요기. 그 목욕탕 앞에다가 텐:또를 치구 몇 사람이 앉아서 껌:을 씹으면서 화토를 해요. 전:쟁이 뭔지 몰랐드니 이렇게 장난허면섬 허는 거구나. 내 생각엔 그랬어. 아 그랬드니 탕: 탕 맞구 여기서 이리 불이 우당퉁 타:악 허믄 불이 행길에 나, 불이 나구. 또 저기 또 이리 가면 또 우리 대:문 앞으루만 왔다갔다 하네 저 포탄이... 그러니 이제... 그전엔 육이오 땐 저 앞집이 초막 끝에 따로 제: 논 건16) 육이오 지:내구 져: 논 거예요.

그래 여기가 넓은데 거기다 대포를 갖다 놓구 인제 전:장을 허는데 두 시간 전장에 여덜 명이 죽었는데 인제 군인 한 사람이, 키가 큰 사람이 날 보구, 아 이들은 포탄이 무서워서 인제 그 갠천을 갠천 뚝 밑에다가 아:이들을, 동네 아이들을 죽:: 갖다 놓구 집집에서 이불을 떼다 두: 겹, 세: 겹 이불을 쎄: 났어요. 솜:은 못 들어간대.

그렇게 씨워 놓구 이제 어:른들만 죽든 살든 인제 왔다 갔다 했:어. 미군 한 사람이 이 하숙허는 집 들어가서, 퇸:마루가 우리겉이 이렇게 길:다랗구 좀 넓어. 대낄루 질러 가주구 나오드니 이 신체17)들을 널빤지에다 올려놔: 주께 이거쭘 끌어다 여기 뻐쓰 비행기 있는 데까지 갖다 줄 수 있겠느냐구 날더러 그래. 내가 그때 반장을 보는데.

아, 그러라구. 당신네들은 남에 나라에 와서 봉:사허다가 이렇게 성헌 사람

---

16) 지어 놓은 건.
17) '시체'를 빙 둘러서 이르는 말.

이 와서 신체루 변해가는 것두 불쌍한데 내 나라 일인데 내가 동민들허구 해 줄 테니까 염려 말라구 그러고, 우리 할아버지허구 나하구, 요 뒤찜이 두 내위 분하고, 옆집 여자 하나허구 그래 다섯 사람이 그 여덜 명을 다:: 실어다가 저 큰 행길에다 갖다 놔줬어요. 그랬더니 인제 미군 한 사람이 자기네가 화토허면서 먹든 껌:이야, 껌 상자가 요만:해. 아니 껌:이 아니라... 초코레또.

조사자: 초콜릿 말이에요?

응. 그때 당시에는 우리 한국 사람이 초콜레가 뭔:지 껌:이 뭔지 알지두 못했어, 보지두 못허구. 그저 뭘 주는 게 의심스러서 안 받았어, 싫다구.

우리 이런 거 안 먹는다구 아이 뭐 맛있는냐마신늬 건데, 자기가 먹는 거라구 이제 손으루 벙어리식으루 해. 근데 안 먹는다구, 싫다구 그러니까 화:가 나나봐. 북: 뜯드니... 요만큼씩 헌 게 쪽: 붙었는데 하나를 똑 떼서 자기가 먹으면섬 내 입에다 대:주면섬 먹어보라구 그래 맛있다귀마시따귀 그래서 인제 안심하구 아이들... 동네 아이들 한 조각씩 맛 보라구 죄다 노나줬어.

그런데 인제 그렇게 해 가주구 방 쪽에 그 여덜 명 다:: 실어다 주구 나니까 군인 한 사람이 나보다 쪼금 큰 게 있는데 그 개천 모퉁이[18]에 가 섰다가 한: 방을 맞었는데 그냥 골이 개천으로 휙:: 쏟아져 버렸어. 아이구, 그걸 붙들구 군인두 울구 나두 울었어. 성헌 사람이 왔다 저렇게 골이 다: 쏟아져서 남에 나라에 와서 봉:사허다가 이렇게 죽었으니 저:이 집이서는 이제 사:람이 잘 댕겨 왔느냐구 인사를 해야 좋:지, 그 신체가 피를 흘리구 골이 깨져 가주구 갔으니 즈 어머니가 얼마나 곡통[19]을 하까 그러구, 그 사람도, 붙들구 있는 사람두, 미국 싸람두 울구 나두 울고 그래서 내가 미:국 싸람이나 한:국 싸람이나 사:람은 달러두 눈물은 다 똑같구나 그러구 겉이 울었어, 그래.

날:더러 요:새 인제 영국 기자가 와서 남자두 아니구 여자가 그 불바다 쪽을

---

18) 모퉁이.
19) 통곡.

어떻게 헤치구 그 신첼 다: 날라줬느냐 그래. 뭘... 그땐 뭘: 먹구 살었느냐구.

나는 생활이 골:란해서 아이 다섯에 일곱 식군데 자구 나서 눈을 뜨믄 먹어야 허는데 먹을 께 업구 살:기가 참:: 골:란해, 생활이 없:이 사니까. 불바다 아니라 물바다라두 들어가서 나는 이 세상 버리구 싶어서, 버릴 결씸으루 그 송장을 다 날라줬지, 내 몸을 애끼는 사람이믄 그런 일 못한다구...

고::맙다구, 아주. 서양 싸람이, 영국 싸람이. 날 잔댕이[20]를 만지면서 참:: 아주 고:마운 할머니라구, 내 가서 인제 외:국에다 전:부 신문에 내주겠다구.

그래서 인제 그 총알 껍데기를 다:: 식구대루 어른, 아이가 그걸 대:루 하나씩 퍼서 인제 그 갠천에다 갖다 버리구 나니까, 그게 맨 돈:이야. (신:쭈)라 모두 살아댕겨. 그래 총알이 뭔지 그게 우:리나라 인제 그런 총알 껍데기 맨들었다 어쨌다 눈으루 본 적이 있어야지 그게 총알 껍데기가 비싼 건 줄 알지.

한쪽에선 화토하구 껌: 씹고, 한쪽에서는 전:쟁헌다구 사람 죽구, 이게 장:난하는 건가 뭔가 난 그렇게 우:습게 예기구 이렇게 옐릴곱 살서버팀 고생하는 것을 지긋지긋헌데 뭣하러 기를 쓰고 피해 댕기면 살:려고 그러냐구.

나는 그냥 막 했어, 일을. 근데 몸을 사리구 있던 사람들은 빠져 죽구, 나는 이렇게 구십한 살꺼정 길:게 사는 거 보니까 하나님이 넌 고생이 아직 또 남었구나 더해라, 그르구 그렇게 오래 사:는 거 겉애. 일찍 가는 사람은 고생이 업:구.

조사자: 젊었을 때 고생을 많이 하셨으니까요, 인제 좋은 세상 됐으니까 호강 많이 하고 오시라고.

구청장님이... 구청장님, 부구청장님, 구:이원, 시:이원, 국회이원... 다섯 분이 가:끔 인제 정월 초하루나 어버이날, 나한테 꼭 꽃다발을 사 가주 오세요. 정월 초하룻날두 집에 오시구...

그래서 인제... 인제 구청장님이 나 손을 붙들구 사진을 백여[21] 저기다가 걸

---

20) 잔등이.

21) 박아.

어 노셨어. 저 속에.. 판에...

조사자: 아, 저 사진이요?

(아드님에게) 거기 불 좀 켜 너:라.

조사자: 아이구 크게 확대하셨네요.

저렇게 해서 저... 동:회... 동:회 앞에다가두 하나 길에다 붙여놓구...

조사자: 아유, 예쁘시다.

이게 박물관걸이 박람회 하는 것걸이 이 각 동:회 마당 자기 기술을 부려 맨들어 논 거, 꽃:, 물건, 또 귀:중품을 다:: 중구청 강:당에다가 진:열을 해 놓구요, 그걸 다: 전시를 해놓구 저거, 사진을 백이셨어. 날:더러 이건 뭐구 이건 뭐라구 가리켜 주시는 거예요.

이게 남산에서 버:턴 눌:르는... 그걸 백인 거구, 이게 풍선이에요.

조사자: 예, 이게 하얀 풍선이군요?

응, 저걸 눌:르면 이게 다:: 하늘루 올라가.

전장하 부구청장님이 "할머니, 이렇게 구청장님을 방에 모:시구 아침저녁 들여다보시니깐 기분 좋으시죠?" 그래. 내가 구십 년 똥안 쌓이구 쌓였던 고생이 인제 다:: 이 사진 한 장에 구름걸이 날라가 버렸다구 그랬지.

조사자: 그러면 할머니, 전쟁 끝날 때까지 계속 여기 계셨었어요?

아니 인제... 여름에는 피란들 안 갔어.

조사자: 아, 그랬습니까?

별안간에 날 닥쳐서 그 피:란이 뭔지 나는 친정이나 시집 일가찝을 찾아가는 게 피:란인 줄 알았어. 순전히 서울만 살았으니 시골 일가두 읍:꺼덩.

그랬드니 인제 겨울 피란 갈 때 동:네 싸람이 싹 나가구 없:으니까 무섭습디다.

또 인제 그때 나:가 여기 오기 전에, 먼첨 반장 허던 영:감님이 그 두 내우가 있어, 그 영감님이, "박 서방! 피란 안 가우? 갑시다." 그래, "아, 우리 일가가 없어서 못: 찾아가요." 그랬어. 피:란 가는 건 일가 찾아가는 게 아니라 먼:: 데로 가서 아:무 빈:집이나 있으믄 들어가 잠자구 나오구 또 딴 데루 가구, 그러는

거라구.

그래서 인제 수원꺼정 간다구 갔는데 가는 길:두 몰:르지, 댕겨 보질 않아서. 지끔 그때 거기가 버턱고개라구 그러던가... 무슨...

어드루 가는데요, 사:람이 어터케:: 새끼줄루 가족 가족 모두 동:이고 끌:구 가는데 이렇게 걸음 안 걷구 밀려나가요, 그래. 아유, 길이... 길이 왜 이렇게 좁으냐...사:람이 댕길 쑤가 업게... 피:란을 갈 때 그렇게 좁든 길이, 오다 보니까 그렇게 넓은 신작로가 그렇게 좁아요. 사람이 하나두 없이 다:: 나갔어.

인제 그때 통에 무슨 빨갱이 겉은 사람만 남어 있어 가지고 죄:: 집을 뒤져들 먹었지.

피란을 가는데 인제 그땐 맨:: 마지막에 이 겨울 피란이니깐 엄동설한에 강이 다 얼었어요. 근데 강물이 얼어서 두께가 그저 요백에 안 얼었어.

근데 이 강을 건너 가다가 만약에 빠지면 몽탕 다 헴:[22] 칠 판이로구나... 그러구서 인제 건:너가기두 어렵구 안 갈 쑤두 업구 이제 그 강 가장자리에 가 서서 걱정을 허는데, 마:차에다가 한 짐을 잔::뜩 싫구[23], 소마차 끌:구 가. 피란을 가는데 마:차를 싫:구 나왔어.

쌀이 세: 가마에 뭐 옷:에 뭣:에 쳐 가주구 나오구, 그래서 마:차가 가면 그제 굳었나 보다 하고 그 마:차가 다:: 건너갔어. 그런데 마차가 건너갔을 때는 그 쪽으루만 안 가구 딴 데루 가면 되겠다. 그러구 이제 건:너가는데 막 건너가니깐 거기가 말죽거리래. 말죽거리에서 우리 국군들이 떨:구 서서 여기 미안허지만 구뎅이를 세: 개만... 더두 그만두구 세: 개만 파주구 가래.

그래서 여기서 당신, 여기 섰다가 죽을 각오허구 섰는데 아무리 추워도 구뎅이 좀 파달라는 걸 안 파주구 갈 쑤 있느냐고. 내 영감님허구 나하구 아:이들하구 그 구뎅이를 인제 겉이 또 피란간 사람두 남자가 더 있어. 우리 이왕 죽긴

---

22) 헤엄.

23) 싣고載.

마찬가지야, 가다가 죽으나 여기서 구뎅이 파다 죽으나 마찬가지니까, 우리 국 군을 살려야 하니까 이 구뎅이를 팝시다 그래가주구, 언: 땅이 잘 파지우?

조사자: 글쎄요. 겨울인데요.

그래 억::지루 그냥 무슨 곡괭이를 주드군, 군인들이.

그래서 구뎅이를 셋:을 파주구 이제 강을 건:너가서 구뎅이를 파주구 가는 데, 을:마쯤 가니깐 군인들이 못 가게 해. 낮에 가면 위험허다구.

이건 또 뭐 위:허는 사람두 있구나 그르구.

그래도 밤에 가는 게 편허것다 그러구, 그냥 을::말 또 갔지. 가니까 인제 거 기 수원 은:행장... 수원 은행 지점장이 거기서, 먼: 일가가 하나 산:다 그래. 그 래 그 집을 찾아가니깐 그 집 식구가 다: 피란을 부산으루 가구 읎:어, 그래서 야:무데나 일:을... 밤:낮 방꾸석에서 앉었든 사람이 일:만 허다가 걸음이 걸려 야지. 발빠당 다:: 부르트구 갈 쑤가 없어.

그 수원꺼정 갔다가, 한 몇 달 있다가 그것두 그 집, 먼: 일가니까 와서 왜 먹었느냐구 그러구 야단을 치면 물어주지, 허구 쌀깝 준다구 어딜 뒤져보니까 쌀이 있어.

조사자: 있어요?

응, 그래서... 원체 부자찝이니깐. 그걸 먹구 그냥 거기서 있다가 도루 왔지. 길 두 몰:르지, 가는 길을. 그 식구는 또 맨 조물탱이 아이를 다섯을 끌구 어떻게...

하나 업었지, 하나 걸렸지, 또 쬐:끔 크다는 게 열레 살이니 뭐 고까진 애들, 조그만 것, 뭘 제[24]가지고 갈 쑤가 있어, 들구 갈 쑤가 있어.

그래서 인제 어떤.. 거기서 자구 인제... 갈 쩍, 그 집꺼정 가기 전에, 인제 을:말 가면 다리 아프다구 곁이 간 영감님이, 칠씹이 넘었는데 여기 방이 뜨듯 해, 누가 자구 갔나봐, 여기서 자구 가, 자구 가... 그래. 거기 들어가 또 자구 일어나며는, 또 몇... 몇 리를 못 가지. 십 리두 못 걸어갔어.

---

24) 저.

이 또 늙은이가 칠씹 넘었는데 을마나 걸어가요? 그 또 자구, 또 뜨듯허믄
또 일어나기 싫어서, 노인네니까. 쉬었다가 내일 가지... 자꾸 그러다가 그냥
해가 가구, 날이 가구... 그래서 몇 달을 살:다가, 거기다 당:도했다가 인제 맥
아더 장군이 인천 상눅했다구 또 떠들어. 아이, 그럼 됐:나 보다. 우리나라는
이 나라가 국민이 살래믄 이 나라에는 군:병이, 국군 병기가 많::어야 헌다구요.

근데 우리나라는 하::두 가난하게 살아서, 인제 이 전:쟁에 쓸 기구가 하나두
없:어. 채 맨들지두 못허구, 인제 이승만 박사는 처음으로 인제... 대통령을 해
가주구, 뭐가 뭔지, 팔씹 다 된 노인넬 앉혔으니 세상 물짜를 뭐를 알아야지.
왜 그이가 한:강을 건너가면섬, 마지막 판에 자기만 살자.. 살라 그랬는지 부
하들이 그 영:감님만 강을 건너서 부산으루 보내구, 당신네들은 피란 안 나가
도 안심헌다고, 괜찮다구. 그러니까는, 그러구서 강따리를 짤라났어요. 그래서
건너가는 그 초입을... 그러니까 있는 사람은 택시 타구 가다가 강에다 푹 빠지
고, 강에 푹 빠지고... 그 자동차 타구 가는 사람 강에 빠진 게 자동차가 을:마
나 많이 빠졌는지 그 자동차 수효가 이 다리 위허구 똑같애.

그래서 또 밀려서 이 옆으루 양쪽으룬 빠져 또 내려가서 죽는 사람두 많았
구... 그게 진짜 날:리야.

마셔요, 시원할 때.

조사자: 예. 할머니도 뭐 드셔야죠, 좀. 할머니 이거 드세요.

요새두 죽 쒀:먹어요. 또 반찬두 뭐 생선두 싫구, 고기두 싫구 그런데, 딸이
고기를 다져서 가져와서 죽에다 쬐끔씩 끓여 먹으라구 그러지.

○ 할머니와 비둘기

조사자: 밥은 누가 하세요?

밥은 내가 하죠, 뭐.

밥허구 빨래허구 저기... 설겆이는 때때 내가 구:찮아서 좀 시키구 대:문깐
청소허구, 또 비둘기두 한 삼사십 마리 와요. 그 구십 년도서버텀 비둘기가 몇

마리가 오길래 밥 찌깨길25) 자꾸 주니까 어떤 때는 삼십 마리, 사십 마리두 오
는데, 그저 동:네 버리는 밥 찌깨기 다:: 뫄:다26) 주지. 또 어떤 할머니가 저...
큰 삘:띵에 청소를 댕기는데, 그 공무원들이 밥 먹다 버리는 거, 빵: 먹다 버리
는 거, 그걸 이만큼씩을 뫄:다 주셔, 그걸 또 죄::다 주구, 그래 그게 없:으믄 쌀
두 주구, 버리27)두 사다났다 주고, 칠 런째 주는 건데 내가 대:문만 열믄 저쪽
지붕에가 조로록...

아침에, 여섯 시면, 한 몇십 마리가 기달려요, 이 늙은이 나오길 기달려.

대:문만 열면 반::가워서 죄 뛔 내려와. 그래서 내가 저렇게 김생28)두 정이
들믄 반가워서 뛰어내려 오는데, 사:람이 저렇게 안 하믄 그건 나쁜 사람이구
나... 그러구 내가 혹시 점:심 같은 거 먹기 싫으면 뫈:다가 덜: 먹구, 비둘기 갖
다 주지. 동네에서 또 어떤 사람에 집은, 식빵 있지 않아요? 그 식빵 가:장자린
다:: 도려서 버리구 알맹이만 먹는 집이 있어. 그게 인제 딱딱허니까는, 손으로
띠면 부시러지잖아요?

그걸 밥통에다 쪄서 칼로 요만큼씩 쓸:어서 설탕물을 쪼끔 버무려서 주면,
참 잘 먹어요.

조사자: 매일 오는 새들이 와요?

이게 또 저.. 가:게서 누룽지 이만큼씩 허게 누룽지를 맨들은 걸 또 봉:지에
다 너서 이천 원이래요. 그걸 많::이 받아났는데 팔리질 않아서 인제 곰팽이가
나지 않아요. 그걸 이만한 봉지루 어떤 할머니가 또 댕기면섬 줏어다 줘요.

그걸 전::부 인제, 방맹이루다 절구깽이 방맹이루다 그걸 전부 절구에다 너
서 깨트려 가주구 거기다 설탕물을 좀 뿌려 노면 인제 불어요. 그래서 그걸
죽:: 뿌리주믄. 한 번 먹는데 쌀... 오 홉 불량을 먹어요. 이삼 시루 먹어요. 점:

---

25) 찌꺼기.
26) 모아다.
27) 보리.
28) 짐승.

심이두 오구...이제 해가 넘어가며는, 길룬은 어둔가 봐. 밤만, 해가 딱:: 없어질 만하면, 다 가요. 어디가 자구 또 새벽 여섯 시면 와요.

와:서 날: 기달리는 게 신통해서 내가 안 먹구 한 번이라두 더 주지, 또 나만 주는 게 미안허다구 여기 서울다방이라구 요 모탱이에 있어요, 그이가 또 쌀두 한 됫박씩 한 서너 번 갖다 주구, 고추씨는 또 으트케 잘 먹는지 몰라요, 그 매운 걸...

고추씨두 이만:큼씩 우리 딸이 저 수원... 아니 저.. 인천 사는데, 그 동네 싸람들이 고추씨 인제 김장 때 버리는 걸 다:: 꽈:다 줘요. 그러면 그걸 아주 그냥 우리네 갈비탕 먹드키[29] 먹어요.

근데 어떤 사람은 또 비둘기가 한 삼십 마리 앉아서 먹다가 오:도바이 하나만 지나가면 또 와르르 지붕 위에 올라갔다가 또 내려와서 간 뒤에 또 먹다가 누구 하나만 지:내가면[30] 올라... 올라갈 때 참 먼지가 드:럽게 날르잖아요?

왜 비둘기를 멕이느냐구 야단치는 사람두 있어요. 욕두 허구....

그 비둘기... 나는 육이오 때 하도 고생을 허구 밥을 많이 굶어서 내가 배고 팠던 생각허구 내 비둘기 자꾸 줘:요.

이 쌀이 우:스운 것겉이 딴 사람은 하연 밥을 그냥, 채 쉬:지두 않은 거 보따리에 비니루 봉지에 너서 버리길래, 그 아꺼운 밥을 버리지 말구 날: 줘요, 쉰 걸 말::젛게 물에다 흔들어서 거기다가 고기꾹물 겉은 거 끓여 먹다가 남은 거들들 버무려 주믄 잘 먹는다구. 은:제 여기꺼정 그걸 들구 오느냐구, 그냥 버리는 사람두 있고, 아껍다구 또 가져오는 사람두 있고... 사람 성:질이 다 가지각색이에요.

조사자: 예. 인제 먹을 게 흔해서 그렇죠, 뭐.

그래요.

---

29) 먹듯이.

30) 지나가면.

그러니 사람이 아::무리 먹을 께 많어두 농:사꾼들이 쌀 한톨을 맨들을래면 그게 일력이 얼마나 들어요? 시방은 기계가 전::부 해주니까 편하다 그래두 그 농사허는 사람들 쌀 싫:구 와서 팔 때 보면 내 손보담 더해요. 이런 데가 맨... 살쩜이 못:이 백여 가주구, 장:도리루 쳐두 안 아프대요. 그런 거 보구 내가 그 농사꾼이 참:: 불쌍허다 그랬어.

이렇게 앨: 써서 해노면 서울 싸람들 밥 해먹구 찍찍 쌀을 그냥, 막 버리구, 그러는 거 보면 이 사람은 눈으로 보구 경험이 있어야지, 지끔 여자들은 옛:날 겉이 고생을 안 해보구 살어서, 모두 풍부한 것만 알아요.

어떤 할머니가 손주가 넷:인데, 핵교에만 갔다오면 쏘:세지, 햄:버거... 이런 것만 먹는데, 반:씩 먹다 맛 업다구 획획 마당에다 버리드래요. 그래 할머니가, "얘, 우리는 육이오 때 쓰레기죽두 읎:어서 못 먹구 굶었는데, 그 아꺼운 걸 돈은 많이 주고 사다 왜 버리니?" 그러니깐 저이 할머니더러 "이런 바:보 겉으니, 나:면을 사다 먹드래두 왜 굶어?" 그때 라:면이 어딨어?

그래서 지끔 여자들은 이렇게 풍:부헌 세상을 살어서요, 구여운31) 걸 몰:르구, 인제 이렇게 살림살이 벌:여 놓고 살:지 않아요? 살:다가 새루 다른 집으루 늘려 이:살 가지 않아요? 이:살 가면 옛:날엔 거:지 같은 거래두 쓰던 걸 다 싫:구 가는데 지끔은 그 집이다 다:: 그 물건을 버려요, 좋은 거를.

버리구 이제 가서 새루, 죄다 새루 사 놔. 새 살림 채리는 거 겉이. 그래서 이 나라 쓰레기가 주첼 못해요. 저 매립장에 가보며는 새 걸 다... 살 땐 남이 사니까 나두 산다구 사요, 그릇을. 인제 이:사갈 땐 그거 다:: 버리구 가. 인제 가난헌 사람은 거기서 또 줏어가요. 인제 또 웬만한 것, 들구 갈 쑤 업는 건 인제 쓰레기 장소엘 가면 거기서 다 장:전32)에 갖다 다시 취:색33)만 허구, 장식 겉은 거 손질만 하믄, 제 값 받구 팔아요. 그러니까 이 남자들이 지끔 세상엔,

---

31) 귀한.
32) 장전(欌廛) — 장롱 따위의 세간을 만들어 파는 가게.
33) 취색(取色) — 낡은 세간 등을 닦고 매만져 윤을 냄.

돈:[34])을 무진::장 벌어야 그 살림을 해나가지, 웬만큼 벌:며는 살림을 못해요.

또 밥허기 싫으믄 나가서 외식허자 그러구 사 먹으니, 그 사 먹는 돈으로 집이서 먹으면 이틀, 사흘 먹을 똔이란 말이에요. 세: 식구, 네: 식구 나가 먹으믄. 그러니까 지끔은 장가가는 데두 힘들구, 시집하는 데두 힘들어요.

내 말이 거:짓말이 아니에요.

조사자: 예. 요즘은 정말 생활하기에 돈이 많이 들어요.

구엽구 아꺼운 물건이 없이 죄 버려. 그... 성헌 그릇을 다:: 버려요. 그... 우리가 통장을 보니까 수요일랄이면 재활용품을 전부 추려서 인제, 쓸 꺼는 쓸껏대루, 종인 종이대루, 비니루통 따루, 병 따루, 뭐 죄:: 각각, 각각 봉지에다 담어선 돌돌 뭉커서 차에다 올려놓기 좋게 해줘야 가져가는데, 이... 저쪽 굴:목에는 그냥 아무 데나 휙휙 버려요.

그 봉지에 느:믄 간딴하구 가져가는 사람 편하구, 남 보기에두 좋은데, 굴:목에다 다:: 늘어놓구 더:럽게 해서, 내가 가:끔씩... 이... 허리가 아파서 쓸 쑤두 없어두, 가끔씩 봉지하구 빗자루 가져가서 거기서 좀 쓸어 넣는데, 요샌 허리가 더 아퍼서, 가서 쓸질 못하니까, 뭐... 미친놈이 지랄허구간 동네 겉애요, 거긴.

안 쳐요, 치래두. 그리구 내 집 문 앞에는 각자가 나와서 빗자루가 없으면 빌려서래두 그걸 다 쓸어야 허는데 그게 없어요.

---

34) 돈.

1.2. 자연 발화[jjg]

○ 집안 이야기

이조 말련 고종 황제 때, 승:지루 게:실 쩍에 일본 넘덜이 와 가지구 그 고종 황제에 부인 되는 왕비, 그르니깐 명성황후지, 민비야. 민비라 구러구 명성황후. 거 소:위 중전을 일번 늠이 시:해를 했거등? 쥑였단 말이야. 건 왜: 그러냐믄 그때 고한국 말련에 노소아, 일본, 영국, 중국 이 네: 나라가, 다섯 나랑가 그 한:국에 모:든 궐력을 잡을랴구 그 각축전이 심:했거든.

그때 명성황후가 일번을 배척을 했어. 노소아 편을 들구. 그래서 일번 늠들이 말이야, 명성황알 쳐들어가 죽였단 말이야, 시:해를 했어. 그래가지...이제 그 한:국을 말이야, 조선이지. 조선에 궐력을 잡았단 말이야 일번 늠들이. 그런데 그때 그 나라에 불행하게도 대:원군이라구 알지? 대:원군은 시아버지구 명성황후는 며누린데 둘:이 쌈:이 붙어 가지구 세:력 다툼을 했는데, 고종황제란 임:금은 바:보 같애서 (웃음) 그거를 제대루 조정을 못했단 말이야. 그런데 명성황후란 여자는 아주 여걸이거든. 그러헌 와:중에 이제 일번 늠이 말이야, 명성황홀 죽였단 말이야.

그러니깐 우리 조부께서는 그 승지루, 비서실짱으루 기시니까는, 지끔 청와대에... 그날 경복공 안에서 소리가 총쏘리가 나구 그러니까는 광:하문 앞에 가서 기달..경복공 안으루 들어가실랴구 광:화문꺼정 가셨는데 문이 닫혔어. 그른간 들어가시지 못:했단 말야. 그래가지구 그 광:하문 밖에서 밤을 새:셨거등. 근데 이건 머 일:반 싸람들은 몰:르는 우리 집안에 얘기야. 밤을 새:셨는데 혼자 밤을 새:셨으믄 사형을 당했지.

근데 다행:이두 그 앞에 사간동이라구 있지? 지끔 강하문 옆에 사간동이라구 있어. 거기 예:전에 사관, 그른간 사관, 사관원이로구나. 이조에 이때에 사관원과, 사헌부허구 사관원허구 두: 기구가 있었어. 그른간 대:사헌이나 저 사헌부라는 건 이제 헌:법, 잉:굼에 잘못을 규탄허는 기군데, 대:사, 사헌부허구 사간

원허구 두: 군데가 있어. 그래 사간언이란 거는 잉:굼에 잘못을 간:허는 기구란 말이야.

그래서 지끔두 사간동이라구 그래 거기를. 사간동이라구 그러는데 거기 사: 시는 친구 분이 무:정공 정:승지가 바깥에서 밤을 샌다구 하니 그 양반이 같이 나와 밤을 샜어. 그래 그 이튿, 그날 뺨에 인제 일번늠이 명성황을 죽이구 그러니깐 이:완용이가 고종황제를 모시구 덕수궁으로 갔어. 노서아 공관이 바로 뒤: 니깐 노서아 공관으루 피:신허구 여기 덕수궁에서 직권을35) 했어. 경북궁에서 허진 않구. 그래가지구 그 대:원군에 가까운 사람 모두 잡어 가뒀어. 그른깐 대:원군이 일번늠허구 짜구 며느리허구 불화가 있으니깐 며느릴 죅였다 허는 그러헌 말이야 이율 가지구설랑은 대:원군과 가까운 사람을 전부 잡어 가뒀거든.

그래서 우리 조부두 대:원군이 참 사랑허신 분이니깐 잡어 갔혔어. (웃음) 그래가지구 이완용이가 무슨 장난질을 했냐면, 뒤:루 사람을 놔 가주구 대:원군 이 이 계혹36)을 전부 했다는 증언을 해라 말이야. 그럼 넌 살려 주겠단 말이야. 그래 조부께서 대:원군이 여기 관연37)두 사실두 업:고 또 일번허구 관계헌 사 실두 업:다 말야 거:부를 해버렸거던. 그래가지구 재:판을 했어 이제 그때. 그름 일국에 왕후를, 중전을 죽이는 데 가:담을 했으믄 당연히 사형이야. 참:수형 이지 그냥 사형이 아니거든. 참:수형인데. 재판을 허는데 그 당시에 참 우리 조 부가 명성이 있구 그르시니깐 친구 분덜이 그 정: 아무개가 야:무 죄읎이 죽게 됐다::구 그러는데 마침 그 밤을 같이 새:든 분이 재판장에 가서 증언을 ·했어. 정: 아무개가 양복을 입구 일본군 끌:구 들어간 사실 업:다. 나하구 밤샜다. 그 래가지구 진도 구양38)을 가셨다가 십오 년 유배형을 받으셨다가 십이: 년 만에 그 무고루 사면이 되셔서 나왔어. 사면돼서 나온 지 이: 년 만에 한:일합방이 댔어.

---

35) 집권을.
36) 계획.
37) 관련.
38) 귀양.

그래서 우리 조부께서는 한국에 유림에 대표야. 그래가주구 무슨 일을 허셨냐며는 이왕직[39]에서 이:조실록을 맨들으셨구, 그 역사에 모두 있어 그런 거다. 그르구 그 명륜학원이라는 게 있어, 명륜학원이라는 걸 그 한:문을 가리키는 지끔 성균관대학 전신이야. 거기 총:재루 기셨거던. 그러구 동:시에 서울, 지끔 서울대학이지. 경성제:대에서 한:국 사람으루 일분늠이 특별히 한:문을 가리키게 했어. 고거 학생들은 전부 한국 사람, 우리 조부께서 일본말을 몰르시니까. 고것은 전부 한:국 사람인데 이제 조부가 일본말을 모르시니까 전부 한국말루.

조사자: 뭐를 가르치셨는데요?

한:문, 한문.

조사자: 할아버지는 어렸을 때는 못 뵈시고...

아니, 나 배었지. 내가 저 이 그 서울, 그른까 그때는 경성고등상업이구 지끔은 서울대학 상꽈대학이지. 거기 졸업허던 해에 돌아가셨거던. 내가 스물따섯 살 때.

조사자: 그러면 할아버지가 귀양 갔다가 돌아오시고 태어나신 거예요?

그렇지. 우리 아버님 열한 살인가 구양을 가셨거던. 그른깐 조부가 구양을 가시기 전:에 우리 조부께서 아드님이 둘:이야. 우리 아버님허구 우리 백부허구 두: 분 기:셨는데, 우리 백부는 엘에섯에 과가[40] 장:언급제를 허셨어. 그른깐 아버님두 과거 허셨구 아드님두 과걸 허시구 그래가지구 우리 백부께선 멀:허셨냔믄 주:서라는 벼슬이 있어, 주서. 주짜는 이 주문이라는 주짜허구 글 서짜. 주서. 주문이라는 건 주짜 알어? 삼시변이 이렇게 주인이라는 주짜 있지? 그러구 글 서. 고게 무슨 벼슬이냐면 말이야, 임:굼 앞에서 삼공육조라, 삼공이라:: 허는 건 영이정 좌이정 우이정. 육조라는 거는 지끔 말하면 장관들이야.

---

39) 이왕직(李王職) - 일제 강점기에, 궁내부에 속하여 조선 왕실의 일을 맡아보던 관청.
40) 과거.

이:조, 형:조, 병:조, 농:조, 공조, 호조, 예조 이릏게 해서 육조가 있었어, 육조판
서. 판서는 지끔 장:관이야. 장:관. 장:관급이구 삼공이는 영이정 우이정 그건데
그건 별찍이야. 건 최:고 기관이지. 그분덜허구, 그분덜이 임:굼 앞에서 회:이를
허는 모:든 기록을 적는 거야. 그땐 전부 한:문으루 적으니깐. 그 우리 백부가
그 일을 허시다가 엘에섯에 과거를 짓구 엘에덜에 돌아가셨거던.

조사자: 아유, 너무 아까우셨네요.

그렇지. 아까왔지. 우리 백부께서 참 살으셨으믄 참 많:은 일을 허셨을 텐데.
인제 우리 집안이 이:조 오:백 년 동안에 정승이 제:일 많은 데가 전주 니씨야.
전주 니씨 왕족이니깐. 그 담에 우리 동래 쩡:씨야. 동래 쩡:씨는 정승이 열일
굽 명이야. 열일굽 명 중에 열레 명이 여기 회현동에서 모두 나:셨어. 그래 전
부 우리 집 게통이야, 전부 즉게.[41]

그게 왜 그르냐면 우리 십사: 대 할아버지 되시는 분이 예:천에서 서울 오셨
거든. 그래가지구 회현동에 자릴 잡으셨어. 난짜 정짜라구 허는 분인데, 돌아
가신 뒤에 임:금이 영이정 추중을 허셨거든. 그분에 글씨가 어디 지끔 있느냐
며는 빠꼬다 공원에 거북 비:석이 있어. 거북...거기 글씨가 있어. 그러구 이 돈
하문 있지? 돈하문 현판이 그 난짜 정짜 그분이 쓰신 거야. (웃음) 우리 선조
중에 제:일 유명한 분이 나헌테, 그분이 십사: 대구, 십오: 대가 인제 거 문익공
이라구 있어. 광짜 필짜라구 테레비에두 늘 나오지. 거 연산군 저 이 한참 압정
을 헐 쩍에 몇 번 그 연산군헌테 말이야, 충고허구 악정하지 말라 그러구. 그
영이정 허던 분이구. 그르구 그분 아들 손자 증손 전::부 좌이정 우이정 영이정
이야. 그래가지구 죽 내려오면섬 정승이 열레 분이 있어. 지끔 그래서 우리 선
조에 제:일 잘댄 분에 네: 분에 지금 산소가 어디냐믄 사당동에 있거던. 사당동
에 가보믄 잘: 맨들어났지. 수:십억을 딜여서 제실을 맨들어 놓구 산소가 거기
있어 그래서 시에서 문화재루, 서울시 문화재루 있어.

---

41) 직계.

조사자: 그러면 집안이 기울어서...

그래 인제 조부께서 인제 그 회:현동에 사는데, 그 머 난 기억 그런 거 보지 못했으니까, 아버님 말씀을 들었는데, 거게42) 도깨비가 많어. (웃음)

조사자: 회현동에요? 한 번도 못 보시고 아버님 말씀에?

그렇지. 아니 우리 아버님만 아니라 그 선대부텀 거기를 인제 전부 회현동 일때는 전부 우리 동래 쩡:씨 일가들이 살었는데 도깨비가 많:어. 그러니깐 이거 머 다 우:순 얘기지. 그 지끔 얘:기헌 문익공이라는 분이 그 열 쌀에 아버님을 따라서 예:천에서 서울루 오셨거던. 그래가지구 자리를 회현동을 잡었는데 도깨비들이 하:두 많은데, 도깨비들이 광짜 필짜 문익공께서 여길 오시니깐 장차 이 양반이 나라에 큰일 허실 뿐이니까 우리 가자 허구 한 분만, 도깨비 한 눔만 남구 전부 그 함흥 만:세교 따리 밑으루 갔단 그른 얘기야. (웃음)

조사자: 한 치도 흐트러짐이 없는 분이셨나 봐요.

그른깐 동래 쩡:씨가, 동래 쩡:씨라구 그러는데 인제 그 그 중에서두 회동 정:씬데, 그래서 회현동에 살기 땜에 회(ᄒ)동 정:씨라 그르지. 거기서 모:든 분이 다 나셨었거덩. 그래 지끔 저:기 최:후루 인제 그 영이정 허신 분이 누구냐 말이야, 고종황제 때 정양모 중앙 박물관장, 고조, 그 양반이 최:후루 영이정허셨어. 고조야. 우리 고조허구 그 양모 고조허군, 나헌테 고조, 양모헌테 고조. 그 두 분이 다 샤:촌간이야. 근데 우리 고조는 학문에 요:헌부시구43) 양모 고조는 이제 정치에 관여를... 우리 고조께서 쓰신 그 머야, 저 훈민정음에 대헌 말이야, 해:석을 맨든 책이 있어. 근데 그 내가 가졌는데 한:문으로 써 있기 땜에 내가 꼼:짝을 못해. 내가 젊었을 쩍에 상:꽈를 안 들어가구, 집안이 어렵구 그랬으니깐 말이야. 그때 한:문이나 국문을 해 가지구 먹구 살 쑤가 없으니깐 난 상꽈를 들어간 거거던. (웃음)

---

42) 거기에.

43) 요(要)한 분이시고.

조사자: 그때도 상과를 들어가면 돈 많이 번다는 게 있었어요?

아니지. 문꽈엘 들어가껴며는 취:직헐 쑤가 업거던.

조사자: 그때도요?

그럼. 일쩨 시대에 말이야, 여간해서 한:국 사람 취:직허기가 예간 어렵지 않어.

조사자: 기술 가진 사람들이 그냥...

그러니까는. 서울대학, 그때는 경성제국대학인데 거기는 상꽈가 읎어. 으:꽈, 공꽈, 문:꽈 이런 것덜은 있는데 상꽈만은 읎어서 별두루 일번 늠이 경성고등 상업이라는 걸 맨들었어. 그래 인제 그 거기를 들어가 난 갔는데, 경성고등상 업이라는 게 어떻게 된 거냐며는, 백: 명을 뽑는데, 한 일 런에. 팔씹오: 명은 일번늠이야. 그러구 한:국 사람은 한 열뗏 명백에 안 뽑아. 그럼 열뗏 명을 가 지구 한:국 사람헌테 주는데, 그른깐 전국에 한:국 사람, 그때는 일번 늠에 고 등핵교는 중학교라구 그러구, 한:국 싸람들이 댕기는 거는 고등핵교거든. 고등 보통핵교라 그랬어. 그른깐 전국에 있는 각 고등보통핵교에서 열찌 이내에 드 는 사람은 그 시험을 허는 거야. 그 경성고등상업에.

조사자: 일본 사람들은 아무리 공부를 못해도...

못해두 들어가지. 그건 머 거저 들어가다시피 허지만 한:국 사람은.

조사자: 그래도 성적표 나오면 한국 사람들이 이렇게...

그러길래 한:국 사람이 성측이 다: 좋:지. 다:: 좋아, 그래서, 예:를 들면 경성 고등상업에서 그때 은행에 들어가는 게 취직이 제:일 좋거든. 제::일 월깁이 좋 아. 월급이 존:데 으뜨게 되냐먼 경성고등상업 졸업해껴면 말이야, 그때는 지 끔 산:업은행이 식산은행이라구 있어. 식산은행에서 한 사람 뽑아. 상업은행에 서 한 사람 뽑아. 한:성은행에서 한 사람... 이렇게 한 사람백에 안 뽑아. 그러 면 들어가기가 하눌에 별따기야. 그리구...

조사자: 그럼 어디 들어가셨어요?

난 상업은행에. (웃음) 그런데 그때 인제 사립전문핵교는 서울에 연히전문핵 교구, 보:성전문이 있었어. 연히전문은 지끔 연세대구, 보:성전문이래는 건 고

려대학이구. 거기는 들어가기가 거저 들어갔고, 문:제가 안 되고. 경성고등상업 겉은 덴 들어가믄 실력두 있었구 집안두 좋아야지 해. 사:상이 나쁘믄 안 대. (웃음) 그래서 인제 거기 졸업허면 은행에 한 사람, 산:업은행에 한 사람, 동일 은행에 저기 하나, 한:성은행에 하나 상업은행에 하나 이렇게밲에 못 들어갔어.

조사자: 할아버지는 국민학교는 어디 나오셨어요?

국민핵교는 매동국민핵교라구 있어. 그때 제:일 오래된 핵교가 교동, 제동, 매동. 매동은 지끔 어디냐믄 사:직공원 안에 있어.

조사자: 아, 저쪽으로 올라면...

그렇지. 사직공원 죽:: 올라가면 말이야, 그 배화여고 밑에 있지. 그래 난 핵 교를 열한 살에 들어갔거던.

조사자: 왜 그렇게 늦게 들어가셨어요?

한:문 밴:다구,. 집이서. (웃음) 학교를, 아, 조부께서 핵교를 못 가게 허시니 까, 일번늠에 핵교라구. 난 창:씨두 안 했거던. 난 창:씨두 안 했어.

조사자: 그러면 조부님한테 한문을 배우셨어요?

아니, 조분 바쁘셨거던. 왜 그르냐면 허시는 게 많:거던. 이조 이왕직에서 이:조실록허고 이:조에 이:십칠 때 임:금 제:살 지내는 게 있어. 그걸 다 맡으셔 가지구.

조사자: 제관 노릇을 하셨어요?

그렇지. 총:지히를 허셨이니깐. 그러고 그게 인제 종:묘에서 제살 지내는데...

조사자: 그럼 27대를 다 지내는 거예요?

한꺼번에 지내는 거지. 종묘를 들어가보믄 이:십칠 때 임:금에 위[uy]패가 있 구 그 밑에 공신들에 위[uy]패가 있어. 그러면 그 춘추루 그 이:십칠 때 임:금에 제:사를 지내는데 그때 그 역대 공신덜을 갖다가 같이 제사를 디려줘. 거기 우 리 선조가 세: 분이 게셔. 그거를 불천지위라 그래, 불천지위. (웃음) 불짜는 아 닐 불짜, 천:은, 천:도헌 천:짜 알어? 불 천, 지, 갈: 지짜, 위[uy]는 지위[uy]라 는... 그걸 불천지위라구 그러는 거야. 그래 지끔 그 제:사는 누가 지내느냐머

는 전준 니씨 대:표가, 지금 이:구가 지낼 꺼야. 그전엔 이:재형이가 전준 니씨 대표였는데 이재형이가 죽으니까 이:구가 와서 지낼 꺼야.

조사자: 그럼 매동 국민학교 다니셨을 때 같이 다니던 아이들도 다 명문 집안...

아냐, 아냐. 그렇지 않어. 아마: 명문 집안 별루 없었을 꺼야. 그른데 같이 댕기든 매:동핵교에 같은 동창들 다: 죽었어. 하나투 안 남었어. 그러구 난 그 때 육학년이거던, 국민핵교가. 육학년을 졸업허며는 이제 고등핵교를 가는데, 이제 제:일 서울서 대:상 인제 가구 싶어 허는 핵교가 제:일고등보통핵교가, 제: 이고등보통핵교야. 제:일은 경기구 제:이는 경복이구. 거 난 경복을... (웃음) 난 또 말이야, 학꼴 늦게 들어갔기 땜에 오:학년 쩨에 경복으로 갔어. 검정시험 을 보고. 그래 인제 그 육학년을 졸업허면 곡어, 산술 시험만 봐. 곡어라는 건 일번말이야, 우리말이 아니구. 일번말하구 산술만 보는데, 오:학년을 졸업허고 시험을 볼래문 전 과목을 다: 바야대. 그래 난 인제 절 과목[44]을 다 보구 오: 학년만 졸업허구 경복고등핵교를 들어갔지.

조사자: 그러면 학교 들어갔을 때 다른 아이들보다 훨씬 나이가 많이 먹었잖아요.

많:지.

조사자: 굉장히 의젓하셨겠어요.

(웃음) 아니, 그러구 난 그때 장:가를 들었었어, 벌써. (웃음)

조사자: (웃음) 언제 드셨는데요?

열따섯 살에.

조사자: 열다섯 살... 5학년때?

그렇지, 오:학년 때 장:갈 들었어. (웃음)

조사자: 같은 학급에서 장가든 분 있었어요?

있지. 그래 경복고등핵꼴 들어가니깐 장:가든 사람이 몇 사람 있어. (웃음)

조사자: 지금 사모님은 연세가 어떻게 되세요?

---

44) 전 과목.

나허구 동갑이야. 여든여섯.

조사자: 사모님도 한번 만나뵙고 싶은데요. (웃음)

그른데 인제 그 서울이 그렇단 말이야. 요새 거 인제 나:이두 먹구 그러니깐 그런 얘길 안 허구 그러는데, 테레비에 머 그 문화재라구 해: 가지구 머 으복 문화재니 말이야, 음:식 문화재니 허는데, 우리 마:누라나 우리가 보믄 문:제가 안 돼. 제대로 야:는 사람이 별루 읎어.

조사자: 그러니까 그 문화재에서 내놓는 게 영 시원치 않아요?

응. (웃음) 제대루, 좀 엉터리라 그런 얘기야. 그리구 (웃음) 우리 선친께서 두 말이야, 우리 아버님께서 천구백육십삼: 년에 돌아가셨거던. 거 아버님께선 일쪠 시대에 연히전문핵교서 동양사를 가르키셨고. 우리 아버님은 동양사를 가르치셨구 그 양모 씨네 인보 씨란 분은 한:문을 가르키셨구.

조사자: 동양사를 가르치셨어요? 다들 학자시군요.

우리 집안은 완전히 학자 집안이기 땜에, 선대서부텀 족: 학자 집안이기 땜에 재:산이라는 건 아무껏두 읎:어. 더군다나 조부께서 그릏게 구양을 가시는 바람에 고나마 있든 재산 다 읎:어졌지. 어린네 하나만, 둘:째 아들 우리 아버님이지. 백분 일찍 돌아가셨으니까. 우리 아버님이 열한 살에 돌아가시니 집안이 다 망했지.

조사자: 그러면 형제 분은 몇 분이나 되셨어요?

형제가 우리 사: 형제야. 사: 형젠데 우리 백부가 일찍 돌아가시구 우리 백부가 엘에덜에 돌아가시구 우리 백모가 엘에섯에 과:부가 되셔서. 우리 형님이 우리 어머니 배쏙에서 나:시믄서 곧 양자로 가셨어. 진:성이가 우리 형님에 양:자 들어간 우리 형님에 아들이야. 그래 이제 종손이지, 개가. (웃음)

조사자: 형님 계셨고...

우리 형님은 벌써 십여 년 전에 돌아가셨구.

조사자: 누님도 계시고요?

우린 형제가 남자 넷뺐에 없.

조사자: 몇째셨어요?

내가 둘:째지. 그르니깐 우리 아버님한테 내가 호:적상으로 장:자가 됐지. 우리 형님이 우리 백부네 집안, 진:성이네 집안으루 장:자가 되셨구.

조사자: 형님은 같이 지내다가 그리로 가셨나요?

아니, 한 집이서 살었거든 다. 백모허고, 백부님 일찍 돌아셨으니까 백모허고 우리 아버님 어머님허고 다 한 집이 기셨어.

조사자: 집이 굉장히 컸었겠네요?

아니, 집이 어떻거 됐느냐면 지금 중앙청, 중앙청 종합청사 바루 그 자리야. 집이 이렇게 큰 집이 둘:이 있어. 둘이 있는데 여기는 우리 백모허고 우리 형님 저기 안채쪽으루. 아래 저:쪽은 우리 아버님, 우리 어머니, 우리 형제덜. 그러구 사랑채가 있구. 사랑채두 큰 사랑, 작은 사랑 이렇게 둘이 있었거든.

조사자: 왜 두 개나 돼요?

(웃음) 큰 사랑, 작은 사랑 그렇게 돼 있어, 집이 크니깐. 그러구 거기부터서 집 한 채가 따루 또 있어. 거기 우리 조부께서 사셨어. 조부께서 왜: 그렇게 사셨냐믄. 우리 백부가 돌아가시니까 우리 조부께선 고만 화가 나서 일찍 돌아가셨어. 돌아가신 뒤에 우리 조부께서 진도로 구양 가셨거던. 그래 진도 구양 가셔 가지구설랑은 말이야, 거기서 그 진도 거 청년 글을 가르치시거든. 글을 가르켰어.

조사자: 진도에 있는 청년들을요?

그렇지. 거기 인제 제:일 지끔 근:대에 이름 있는 사람이 한 사람이 허백년이라구 있어. 알어? 허백년이라구?

조사자: 예, 들어본 거 같아요.

의제 허벅년하구 참 근:세에 화가에 제:일 가는 사람이지. 허백년이, 의제 허백년이. 저 이 이상범이, 청전 이상범이. 이:당 김은호 이 세: 사람이 이제 그 근:대 동양화에 최:고에 화백이라.

조사자: 김은호 그분은 물고기 같은 거 많이 그리시지 않으셨어요?

(웃음) 아니, 그 양반은 인물화가 최:고야. 그 의제 허백년이가 인제 그 진도에서 글을 뱄:지.

조사자: 다 진도 청년이에요?

그렇지, 진도 청년. 아니, 김은호허고 청전은 진도 청년이 아니고. 허백년이.

조사자: 그럼 집에 행랑채도 있고요?

물::문이지, 행랑채가 있지. 그르니까는 조부께서는 인제 진도 가 게:시다가 오시니까는 거기서 혼자 가 기실 쑤 읍구 부인두 우리 조부두, 조모두 안 기시니깐 거기 처:녀를 하나 데리구 살으셨어. 구양 가신 게 천구:백구십일 련, 천구:백팔씹일 련에 구양 가셨나?

조사자: 1886년에...

천구백팔씹육 년에. 가셔 가저구 천구백팔 련에 돌아가셨거든 십이 년 기:시다가 오셨단 말이야. 그래서 거기서 그 처:녀를 하나 데리구 사셨어. 그러니깐 서:조모지. 거 억울헌 서:조모지. 처:녀로서 말이야, 사시면서 참 소:실 노릇을 허셨지 처:녀가. 그래서 인제 그 서:모를, 서:조모를 모시고 오기 땜에, 집이 붙었지 이렇게. 적선동 팔씹 번지, 이렇게 집이 붙었었어.

조사자: 아예 번짓수가 다르게 사셨어요?

그룹지. 집은 붙었지만 번지쑨 달르지. 내가 기억하기엔 팔씹 번지허구 팔씹일 번지허구 그랬을꺼야.

조사자: 어렸을 때 기억나시는 것 있으세요?

기억나는. 거 많:이 있지.

조사자: 머 재미있는 것 좀 말씀해 주세요.

재미있는 거라는 거는 그때 그저 그렇게 살았으니깐 말이야, 겨우겨우 참 조부께서 그렇게 되시구. 우리 아버님께서는 또 병:환이 있으셔서 그렇게 활똥을 못허셨단 말이야. 그런데 이 조부나 우리 아버님께서 머리가 기가 맥히게 비:상한 분들이야. 한 번 보시믄 잊어버리지 않으셔. 그런 비:상한 머리들을 가지신 분들인데 우리 조부서는 일:을 많:이 허셨지만 우리 아버님은 일:을 못 허구

겨:우 연히전문핵교서 동양사 가리켜. 동양사 연희전문에서 이:십 년 가리쿠 이화전문에서 동양사 십 년 가르키셨구. 가리키셨지.

인제 그때는 말이야, 집안에 우리 아번님 혼:자만 기셨거든. 우리 할아번님 허구. 우리 할아번님께서 천구백삼십육 년에 돌아가셨으니까. 천구백... 한 팔 씹일 련에 구양을 가서서 천구백... 육 년에 돌아오셨나? 천구백팔: 련에 돌아 오셨어. 그러구 천구백십 년에 한:일합방이 됐구.

조사자: 그러면 창씨 개명 안 했다고...

응, 난 창씨 개명 안 했어.

조사자: 학교 가서 일본 선생님...

아니야, 그땐 나 핵교 댕길 쩨가 아니지 은:행에 댕길 쩨지.

조사자: 창씨 개명일 때는 한참 뒤니까요?

그릏지. 헐쭉45) 후:지. 일쩨 말련이니깐. 천구백... 그게 아마 십구 년대서부 팀 시끄럽게 굴었을 꺼야.

조사자: 그러면 조부님은 일제에 대해서 좀...

아니, 그래서 우리 조부를 갖다가 지끔 말이야, 머 여기 대학 교수들이 말이 야, 친일파로 정해 놓구 있어. 친일파로 정해 논 건... 우리 조부께선 일번말두 못해는데 말이야, 친일파로 증해 놓구 있는데, 머 그렇게 맨들었다구 해서 내 가 항:이두 안 했어. 왜 항:이를 안 했느냐며는 일리가 있는 얘기야. 왜냐며는 이:조 시대에 월로 중:진덜이 있는 그러헌 기구가 중추원이라는 게 있어. 월로 고문이 중추원이 있는데 한:일합병 후에 일번늠들이 중추원에다가 말이야, 일 쩨에 협력헌, 또 그 고관대작덜을 전부 중추원에다가 중추원 참이라는 명목으 루 중추원에다 집어넜어. 근데 우리 조부께선 중추원 참이가 아니라, 촉탁으루 있었어. 촉탁. 그러헌 이것 땜에 그 사람덜이 말이야, 그 구십 명을 갖다가 친일 파를 정했는데 거기다 집어넣은 거야. 그래 내가 거 항:이를 헐려 그러다가...

---

45) 훨씬.

조사자: 많이 속상하셨겠어요.

그거 머 지끔 항:이할 꺼... 지끔 한:문께나 헌다는 사:람은 전부 우리 할아번님에 제:자야. 지끔 한:국에 이:가원이란 겉은 사람은 말이야. 다 우리 조부께 글 밴 사람이구.

조사자: 조부님이 그렇게 바쁘시지만 않았으면 할아버지도 손수 가르치시고...

글쎄 내가 일쩨 시대에 상꽈를 허질 않고 문학을 했으면 말이야, 지끔 많:이 내가 도움이 될 릴:을 했:을 텐데 그걸 못했단 말야. (웃음)

조사자: 그러면 바로 궁 앞에서 사셨어요?

아니지. 이게 저 이 광:하문 아냐? 이 회:현동이래는 게 지끔 신세게 백화점 뒤:야.

아, 내가 낳:기 그런 건 전::부 거기서 살았지. 그 동네에서만 살았어.

고기서 뺑:뺑 돌았어. 산: 데가 말이야, 오늘날꺼정 산: 데가 어디냐믄 적선동, 체부동, 필운동, 사:직동, 내:자동, 누상동, 아니 누하동. 요기서만 뺑뺑 돌아서 살았어 내가.

조사자: 서울의 사대문 안도 보면 궁을 중심으로 해서 높은 벼슬부터 이렇게 궁이 가깝게 사는 거예요?

그룽지. 남촌허구 북촌허구 있거든. 남촌은 인제 그 남산 밑엘 전부 회:현동에. 북촌이라는 건 인제 그 효자동쪽. 게:동 쪽 말이야. 그 안동 김씨 셰:력 부리던 게:동에 살았구.

조사자: 그럼 위대 사람, 아래대 사람이 그 남촌 북촌을 얘기하는 거예요?

아니 그러니깐 역사에 맨든 사람덜이 이 남촌이니 북촌이니 그르지.

조사자: 그런데 서울도 위대 사람이 있고 아래대 사람이 있다는 그런 식으로 얘기를..

그룽지. (웃음) 위대 싸람은 북촌 싸람 얘기루, 아래대 싸람은 저기. 거 우리나라에 당파쌈이 심:허지 않었어? 동인, 서인에 쌈이거든. 동인은 절라도 싸람이 많:구, 서인은 경:상도 싸람이 많:구. 그래 인제 동인에 대장은 머야, 김용언이란 사람이구, 서인에 대작은 심:이겸이란 사람이구, 그르니까 둘:이 그릏게 쌈:을 했단 말이야. 고게 인제 그 머야, 몇 대조 임:금이냐, 십 대, 십일 때, 십 이: 대에 명조. 명종 때에 심:허게 그릏게 됐:지. 머 역사 얘길 허자면 한:이 업: 지만 말이야.

조사자: 그러면 어렸을 때 남산에서 자주 이렇게...

아, 남산두 가구 머, 내가 지끔 제:일 기억나는 게 머냐며는, 지끔 여기 어딨 어, 서대문 가는 데 그게 지금 무슨 구인가 그게 이름 잊어 버렸네, 그 경성중 학 짜리, 거기 지끔 말야, 시:에서 그걸 팔었다가 다시 사 가지구설랑 거기 서 울 육백 년 멀: 맨들어났든 거 내두 가 봤:어. 서울 육백 년 거 옛: 모습을 그냥 맨들어 논 게 있어.

조사자: 모형으로요?

모형으루 모두. 예:전에 거 풍습 겉은 거 해 논 거 있어. 건데 머 시언찮게 해 났어 내가 가보니깐.

조사자: 구체적으로 어떤 게 좀 마땅치 않으세요?

아니, 옷 입었는데 옷을 입는 것두 우습구 말야, 예전과 달르구.

조사자: 어떻게 입혀났어요?

아니, 머라구 내가 표현46)헐 쑤는 읎어. (웃음) 꼭 맞지 않는 것이 많:이 있어.

조사자: 남자들도 철 따라서 옷을 바꿔 입고...

그렇지, 다:: 바꿔 입구.

조사자: 그런데 남자들은 여자들처럼 겹겹이 입지는 않았죠?

그른간 내:가 지끔 어렸을 쩍에 우리, 거 인제 아까 얘기했듯이 적선동을 살 다가 체부동으로 이사:구 조부께서는 사:직동에다가 집을 새루 짓구 인제 그 종손 우리 형님 집을 옆에다 져놓구 사:셨을 쩍에, 그래 인제 거 우리 어머니나 우리 마:누라 겉은 사람이 매:일 이, 문안을 가, 저녁 때면. 베:러 가거던. 그

---

46) 표현.

머 시아버지헌테 말야. 그때 가실 쩨 옷덜을 어트게 입구 갔느냐면 말이야, 두 루매길 입구 가는데 얼굴 가리구 가 이릏게. (웃음)

조사자: 이거를 장옷이라고 그러죠?

잠옷이 아냐. (웃음) 장:옷, 장옷. (웃음)

내가 사진을 하나 배어 줄까? 우리 집에서 돌을 지낼 쩍에 서울 싸람덜이 이 거 허는 집이 없:더라 이거야. 이게 내 손잔데, 이게 지끔 내가 현:상을 해 가지구 있는데. 요게 내 증손자야. 이게 큰손자, 큰손자 며느리. 얘:는 지끔 과:학기술원서 박사학위를 해서 삼성에 있구. 그리구 이게 돌째비거든. 그래 이것이 머냐 말이야, 범: 감투라는 거거든. 요게 앞에 범:에 모형이 있어. 요거 입:은 옷은 한:복을 입구 멀: 따루 입어 겉에다가. 요걸 쾌:자라구 그러는 거야.

조사자: 손주 며느님이 굉장히 활발하게 생겼네요.

(웃음) 지끔 내가 사진을 전부... 이게 우리 마:누라구. (웃음)

조사자: 정정하시네요.

우리 집 음:식은 딴 사람이 먹어 보믄 서울서 그릏게 맨드는 집이 없:어. 인제 마:누라가 전부 맨들어. 이게 또 돌쌍 받는 거야.

조사자: 아니, 이것도 다...

다 집이서 맨들은 거야. 우린 사오는 거 없:어.

조사자: 이런 거 요새 모형으로 해 갖고서는 이릏게 하잖아요.

맞추구러는데 거 엉터리구 맛두 없:구.

조사자: 이게 뭐 수수떡이니 무지개떡이니 그런 걸 했나 봐요.

(웃음) 그래. 여기 인제 타래과니 강:정이니 유:조란이니 머니 그런 건데.

조사자: 그러면 며느님도 이런 것들...

며느린 배:서 이런 걸 다 허지.

조사자: 아직도 이릏게. 이게 언제 적이죠?

근자에 했어. 근자야. 내가 지끔 현:상을...

조사자: 지금 7월 17일이네요.

그룷지.

조사자: 아, 저번 달. 다 증손자들이요?

증손자야. 요거 요건 미국 놈이야. 요늠 셋:언 내 큰아들에 아들들인 손자구, 요 두: 눔 딸 하나 요거는 내 둘:째 아들이 미국에 살어. 셋:째 아들하구 둘째... 둘:째 아들은 서울대학을 졸업허고 콜롬비아 대학에서 박사학위루다 가지구 뉴:욕주립대학 교:수루 있었거던. 그래서 미국 놈이 됐:는데... (웃음)

조사자: 그럼 한국말 좀 해요?

아니, 근데 얘:들이 지끔 왜 여기 와서 사진 박었냐면 얘: 애비가 미국에서 대학을 졸업허고 알오티쓰 미군 소:령으루 제대를 해 가지구 미 국무성 계:약 관으루 해서 팔군에 가 와있어 지끔. 그래서 여기 와서...

조사자: 둘째아드님이 훨씬 더 결혼을 일찍 하셨나 봐요, 첫째아드님보다.

아냐, 아냐.

조사자: 아니 이게 증손자들이...

먼점 낳었어.

그러구 여기 인제 거 상에 머를 놓느냐면 말이야, 천:자를 롱는 거야, 천:자. 천:자라구 있지 않어?

조사자: 뭐를 집느냐 그런 거 할 때요.

아니야, 돌상에 놓는데 책을 논데 천자를 노거든. 한석봉이가 맨든 천자.

조사자: 책도 놓고 붓도 놓고...

실:두 늫:구 그러지. 그런데 우린 천자는 우리 조부께서 쓰신 천자를 써. 천자를 우리 조부께서 손수 만들으셔 가지구 손수 쓰신 그 글씨를 가지구 우린 천자를 해. 근데 여기 비:지[47] 않지만 여기 놔 있어.

조사자: 뭐를 집었어요, 애가?

모르겠어. (웃음)

---

47) 보이지.

조사자: 이게 그럼 할아버지께서 쓰신 거예요?

우리 고조할아버지께서 쓰신 거야.

조사자: 아, 고조할아버지요?

아냐, 아냐. 이게 고조할아버지구...

조사자: 이거는?

그건 영이정 지:낸 분인데 이 양반에 사:촌 된 사람. 아까 내가 얘:기헌 말이야. 대:원군 때. 그른까 이게 머 한 이:백 년 가깝게 됐은 글씨야.

조사자: 가보로 물려 가겠네요?

게 이걸 내가 번역을 해야 될 텐데 내가 한:문을 배:지 못했으니까 번역을 헐려구설랑 이렇게 저 사진을 찍어 가지구 번역사한테 갖다 줄려구 그러는 거야. 한:문 밴: 사람덜. 이게 꺼꾸루 됐어. (웃음) 내가 해이지 헐 껄 딴 사람을 시키니. 요거 머라구 그러는 지 알어? 이게 인제 증조 수암공.

조사자: 정필.

인짜 서짜. 인서. 식이라구 허는 거야. 이게 우리 아버님 함짜야.

조사자: 아버님 함자가 왜 여기 있죠?

우리 아버님께서 이걸 인정허시는 거지. 자기, 우리 아버님에 증조 글씨라는 거를 증명허는 거야.

조사자: 오래 돼서 종이가 이렇게 얼룩이 지고 그렇네요?

그렇지, 오래 됐지.

조사자: 요 모양은 그런데 보존이 잘 돼 있네요.

거 집이 고:서가 많:었어. 큰:: 다락에 하나씩, 우리 아버님, 우리 조부께서 보신 고:서가 많었는데 육이오 사변 땜에 다 없:어졌어. 육이오 사변 때 가주 나갈 쑤가 없으니까는. 두구 나갔드니 다 없어졌어. 달어 팔어 먹었어, 모두 갖다가. 그 좋은... 예:전 백지라는 건 지끔 백지보다 좋거든, 썩 좋거든. 다:: 없어졌어. 그 아까운 책이. 지끔 그거 좀 있으믄 말야, 가치를 따질 쑤 없:는 좋은 책들이 다 없어졌어.

조사자: 전쟁 때문에.

전:쟁 땜에 다 망했어. 그런데 다행히 이런 거는 남구 있구.

○ 어린 시절

조사자: 어렸을 때 친구들하고는 뭐하고 노셨어요?

그때 놀은 것이 말이야, 친구들허구 논 것이 말이야, 주루 요새들두 혹시 그래, 딱지치기, 딱지 장난. 이 머야, 여자덜은 저 공:기, 돌:루. 공:기 허는 거. 맨 이런 거 허구, 또 얼음두 그때는 어려우니깐덜 세상에 머 한국 사람들이 머... 스켓이 어딨어? 썰매 맨들어 가지구 개천까에서 노는 거 그거지. 그러고 인제, 인제 거 이걸 많:이 했지. 야구와 비슷헌 찐푸라는 게 있어, 찐푸.

조사자: 찐푸요?

찐뿌.

조사자: 일본어입니까?

한:국말일 꺼야. 찜푸라는 게 일본말엔 그런 게 업고. 머냐면 말야 공: 가지구 야구하구 치는 거야, 꼭 그 물렁헌 공인데, 그 연식 정구 있잖어? 지끔은 저 이, 경식이지만.

조사자: 소프트볼이요?

응, 소프트볼. 소프트볼 가지구 빳:으루 치지 않구 피차가 덩기면[48] 손으루 쳐서 캐차, 피차, 숏, 기운 다 있으꾸, 그러면섬 이제 그 야구, 찜푸. 그러구 인제 손을루 치는 정구.

조사자: 요즘은 조금 하기는 하는데 예전만 하더라도 좀 부잣집 사람들이 하는 거...

그렇지. 그러니까는 지끔은 라켓으루 있지만 그때는 라켓이 비싸구 그러니깐 못 허니까는 어떡하냐면 공을 이렇게 가지구 손을루 해서, 손으루 해서 이

---

48) 던지면.

제 집어늫는 거지.

조사자: 찜푸는 이걸로 하고...

　웅. 손을루 해서 야ː구허는 거고...

조사자: 정구는 이거로 해서...

　웅, 손바닥으루 허구... (웃음)

조사자: 그런데 여자애들이 공기놀이 하는 걸 어떻게 보셨어요?

　아, 그 동ː네서 보믄 하거던 덜.

조사자: 여자애들은 밖에 잘 안 나온다고 하던데...

　아이, 나와서... 또 집안에서들두 허구 그러니깐.

조사자: 집안에 여자애들은 없었잖아요?

　아니, 그니까 일가 싸람들이 오거든. 일가 싸람들이 오구 그러는데. 머 그때 주루 허는 것이 그거야. 국민핵교 댕기믄서 그 찜ː푸, 찜ː푸라든지 정ː구라든지, 딱지치기 같은 이 야마라구 있어, 야마. 딱지치기 허는 거 야마 이릏게 해 가지구 말이야, 먹는 야마 딱지.

조사자: 잘하셨어요?

　아, 그거 잃기두 허구 먹기두 허구 그러는 거... (웃음) 겨울이 되믄 손이 이릏게 버ː[49] 그거 허느라구. 그땐 무슨 약ː이 있나? 머 그런 거 손이 이릏게 터ː져서 분ː다구.

조사자: 옛날에 애들이 털옷 같은 거 입잖아요. 애들이 코가 많이 나오잖아요. 코를 털옷으로 이렇게 닦다 보면 코가 굳어서 딱딱해지잖아요.

　(웃음) 그렇지. 겨울이 되믄 딱지 장난허는데 말이야, 터ː지는 거야. 터ː져, 이릏게 버ː. 그릏게 터져두 추ː운 줄 몰르구...

조사자: 재밌으니까...

　재밌으니깐 말이야... (웃음) 열씸히 허거든, 열이 나거든.

---

49) 부어.

조사자: 학교에서 원족50) 같은 거...

그래, 원족 겉은 거 많:이 갔었지.

조사자: 어디를 가셨어요?

지끔 내가 사는 우이동에두 가구, 그땐 우이동이 말이야, 거 머... 우이동이 지끔 딴 세상이 됐:지만 말이야. 그러구 인제 안양 유원지두 간 일이 있나.

세:상이 이릏게 바꿀 쭐 꿈에두 몰르구 내가 여든여섯이 되어 가지구 세:상이 몇 번씩 바꿨단 말이야. 근데 너머 오:르51) 살어. 여든여섯이면 오래 산 거거덩. 내 동창들 대:부분이 다 죽었는데, 고등핵교 머 국민핵교... 대:학 졸업생은 인제 같이 한 달에 한 번씩 꼭 뫼52):는데 네: 사람 남었어. 열따섯 싸람 중에 다: 죽구 네: 사람.

조사자: 다리만 불편하시고 다른 데는 괜찮으세요?

백:내장 있어. 백:내장을 수술했거던. 그래서 책을 오래 못 바. 책을 좀 보구 시간을 보냈으믄 좋을 텐데. 쪼:끔 보다 말어. 그러구 이 연골, 관절렴. 그래서 천::천히 걸어댕기지. 근데 머 어디 가는 데는 그렇게 남을 쫓아댕기루 빨리 댕기믄 안 되지마는 나 헌자 천:천히 걸으믄 얼마든지 댕기구 이제.

조사자: 그러면 시골 애들이랑 서울 애들이랑 노는 게 어떻게 달라요?

시굴 아이허구 내가 접촉이 전연 없어. 완전히 난 서울서만 살은 사람이기 땜에. 내가 인제 거 참 이 세상에 나온 것이 그 적선동 팔씹 번지, 종합청사 거 그서 났:는데 그 후에 아무튼지 거 대:학 댕길 쩨까지 시굴에 가본 일이 없:어. 시굴이라는 건 말야, 일련에 저 추석허구 저 이 한식에 산소에 가는 것백에 없어. 시골에 가는 건. 우린 고향이 시굴이 업:거던.

조사자: 시골에 산소가 있었어요?

그럼 산손 다 있지, 우리. 지끔 산소가 저 이 그 과:천 지내면 말야, 과:천 막

---

50) 소풍.

51) 오래.

52) 모이는데.

지내자믄 말이야, 여기 인도교라구 있지? 인덕원에서 남쪽으루 또 내려가믄 거기 청게 저:수지가 있어. 그 근처야. 거기 인제 우리 증조, 조부, 아버님, 형님, 백부 산소가 다 한꺼번에 있지 거기.

조사자: 원래 서울 사람들이 산소가 그 근처에 있는 게 아니라 다 이렇게 경기도 부근에 있지요?

그릏지. 멀:리덜 있었지.

조사자: 왕릉 같은 것도 서울에 있는 게 별로 없고 경기도에 있잖아요.

전부. 예를 들으믄 말이야, 이:성게가 자기 마:누라 죽으니깐 마:누라를 갖다 늘 보기 위해서 정능에다가 산소를... 정녕 말이야. 그러구 인제 경기도에 있는 것이 말이야, 제일.. 세종대왕에 용능53)이라구 허는 게 여주에 있잖어?

조사자: 저 밑에 강남에 있는 것도 몇 개 있죠?

근데 그건 어:느 분에 산손지 난 몰르겄어. 큰 산소만 알지 말이야. 자잘한 산소 일일이 다 기억헐 쑤두 업:구.

조사자: 선정릉이라고 아세요?

선정능 모르겄어. 세:종 산소가 제:일이니깐 말이야. 거 용능이라 그러지, 여주에 있는 용능이라구. 그러구 인제 그 이성게, 이:태조가 제::일 애낀 산소가 자기 부인 산소, 정능에.

○ 집안 생활

조사자: 그럼 서울에 물장수도 있고...

그릏지. 거 머 우리두 말야, 체부동 사나 샤:직동 살 쪽에 물장수들이 물 길어왔어.

조사자: 어디서 주로 물을 길어와요?

그게 어떻게 되냐면 말야, 우리가 저기 적선동서 체부동 왔을 쩍에 말이야,

---

53) 영릉.

물장수가 물을 길어온 게 머냐면 말야, 수도가 멀어. 그때는 수도가 없었거덩.
공동수도밖에 없:어. 그러구 움:물은 있지? 그때 움:물은 먹지를 않거던. 허드
렌물이라구 알어? 허드렌물. 그냥 막 쓰는 물을 허드레... 서울말루 허드렌물이
라구 허지 않어? 그것만 쓰지 먹진 않으니까는 먹는 물만은 인제 그 물장수가
길어오는 거야.

조사자: 움물이 그러면 공동수도나 마찬가지였어요?

　아니, 집안에 있는 우물...

조사자: 공동수도는 어떤 거였어요?

　공동수는 길까에 수도를 해놓구 그 동네 싸람이 전:부 그 물을 먹어.

조사자: 아... 먹는 물이고요?

　그렇지. 수도가 각 집에 지끔은 있지면 그때는 각 집에 없:어. 길가에 수도
가 하나 있으며는 그 물 가지구 동:네가 다 먹어.

조사자: 그럼 물장수 물은 그걸로...

　그걸 이제 길어다가 각 집에다가 주는 거야.

조사자: 아, 공동수를 길어다가...

　길어다가 주는 거야.

조사자: 물값이 쌌겠는데요?

　그래, (웃음) 그거 머 몇 전이지.

조사자: 그냥 길어다 주는 품삯...

　품싹이야. 물깝은 업:구. 다 거저 길어다가 주는 거 인제 품깝이야. 이제 거
길어 주는 사람이 대:개 함경두[54] 싸람이야.

조사자: 북청 물장수 그래서요?

　북청 물장수라구러지.

조사자: 왜 함경도 사람이 그렇게 많죠?

---

54) 함경도.

근데 함경두 싸람들이 참 지독한 사람이야. 생활력이 강:하거던. 그릏게 물장수 노릇허면섬 아들덜 다 전문핵교 대학 시키구. 그때만 해두 전:문핵교만 댕겨두 대:단한 거든. 대:학이라는 건 말예여, 서울대학, 경성제대뱅에 업:지. 전부 전문핵교니깐. 한:국엔 대:학이 없:어. 일번 늠이 서울대학, 경성제:대 하나만 맨들어 놓지.

조사자: 그러면 나무 파는 사람도 있고요?

그릏지. 나무는, 나무는 어트게 하냐면 말야, 그 서울 근:교에 있는 사람덜이, 그땐 나무 때는 것이 머냐면 말야, 그 사람덜이 나무를 잘러서 지게루 지:구 서울에 들어와서 그래가지구 나무장이 스는 동:네가 있어. 거그다 인제 그 지게에다 내:놓구 기다려, 사러 오는 사람을.

조사자: 나무 파는 데가 따로 있었어요?

아주 그 일쩡헌 장소가 있어. 그 동네에 어디 가며는 그 나무 파는 나무장수가 있다 허는 것이 다 그릏게 정해 있어.

조사자: 배달은 됐어요?

아니, 자기가 집적[55] 가져오지.

지게에다가 실어놓구 기달리구 있지. 사가는 사람 기달리는 거니까

조사자: 아, 그러니까 그 사람이 사간다면 실어다 주고요?

그릏지.

조사자: 그럼 나무는 주로 어디서 베어 왔죠?

아, 이 근:교 산에서. 근:교 산에서...

조사자: 물장수나 나무장수나 힘이 되게 셌어야 됐겠네요?

(웃음) 그릏지.

조사자: 또 서울에 그런 종류의 장수들이 어떤 게 있었어요?

장사... 제일 저게 물장수, 나무장수. 그러구 우리가 기억허는 건 종래에 야

---

55) 직접.

시가 있거든. 그 야ː시 얘기 들어봤어? 이ː조 말련에 제ː:일 장사꾼이 많다는 게
종로거던. 종로에 그 각종 장사꾼이 다 거기 종로에 있는데 그걸 육이점이라구
그러는 거야. 육이전이라구 들어 봤어? 육이전이거던? 여섯 육짜허구. 으로울
으짜허구, 전이라는 건 점포 전인데 이게 어려운 자야. 이렇게 해 가지구 검을
흑짜 밑에 흑 토, 점ː포 전이야. 육이전에 인제 각종 거 물건을 파는 가게야. 그
런데 그것이 점점 변해 가지구 밤이 되며는 종로 거, 지끔 말이야 그 종로에 어
느 쪽이냐면 남ː쪽으루, 종로 큰 길 남쪽. 남ː쪽에 각종 장사가 말이야 그냥. 쪼
옥... 거 시간이 말이야, 어둥컴컴해지면 와서 나와 파는 거야. 각종 상점이 다ː
있어. 거 야ː시라구 그랬어.

조사자: 그런데 왜 밤에 팔았지요, 예전에도?

아, 낮에는 번잡허구 그릏지만 말이야, 밤에는 번잡허지 않으니까. 그땐 자
동차가 없ː으니깐 별루.

조사자: 시장 같은 건 어머니가 보셨어요?

도대체가 말이야, 집안에 여자들이 그런 거 사러 댕기는 게 없ː어. 다 하ː인
이 사러 댕기지. 전ː:부 하ː인 있지.

조사자: 그럼 집에 부리는 하인들이 어떤 하인들이 있었어요?

아니 내ː외가 방얼 하나 주구. 대ː개 집에 거 하ː인이 살림허는 방이 따루 있
어. 그럼 방을 주면...

조사자: 행랑채에요?

행랑채라 그러지, 소위 행랑채라는 거야. 거기서 인제 거 하ː인 내외가 살구,
그 사람들이 가서 말야, 모ː든 음ː식물을 사오지.

조사자: 그렇게 하인이 있으면 집안의 주부가 할 일이 별로 없을 것 같은데. (웃
음)

아, 그런데 근데 거 시어머니란 분은 우리나라 며누리, 시어머니 밑에서 시
집살이 심허다구 얘기허지 않어? 그렇게 지ː냈어. 시어머니는 가만히 앉았구
며느리 다 시키는 거야. 그러구 옷 겉은 거 전ː부 며느리가 허지. 대ː부분 며느

리가 한단 말이야.

조사자: 어머니께서도 밤중에 옷 같은 거 이렇게 하시고...

그릏지. 그러구 어머니두 그릏지만 우리 마:누라두 말이야, 어머님 아버님 옷 전부 맨들어서 해지 어디서 머 그걸 갖다가 해: 오는 게 없:어.

조사자: 그러면 할머니께서 솜씨가 좋으시겠어요.

지끔 나이가 많:구 그래서, 눈두 아프구 그래서 모르지만 음:식이라든지 옷이라는 거는 머 테레비에 머 저 음:식 잘 맨든다 옷 잘 맨든다구 머 문화재니 머니 하는 거, 우리 마:누라한테 대믄 문제가 안 돼. (웃음) 그래 마:누라가 그러지. 내가 젊었을 쩍:에 이런 걸 해:서 팔았으믄 돈:을 많이 벌었을 텐데 말이야. (웃음)

거 인제 거 오:월 단우에 준:치 대가리루 새:를 맨들어서 앵두, 빨::간 앵두를 입에 물려서 초마56) 끝에다 매달아 놓는 거야... (웃음) 그거 몰:르지? (웃음)

조사자: 그때 같이 살던 여자애들이 있었어요?

아니 머 같이 사는 사람 읍지. 거 대:식구니까는, 집이 크니까는 말야, 우리 백:모, 우리 형님덜, 우리 어머님, 아버님 말이야 이릏게 한 집안에서 다 살었거든. 난 예:전 생각이 나구 예:전이 그리워. 음력 정월이 되믄 떡 지끔 해 가잖어? 반::다시57) 마당에서 말이야, 하:인들 시켜서 떡을 쳤어.

조사자: 어떤 걸로요?

큰: 나무판이 있어. 나무판에다가 저 이 인제 거 떡을 갖다 쌀루 찌지 않어? 그래가지구 그걸 판에다 놓고 방맹이루 쳐.

조사자: 방망이에요, 그게?

그른까는 이릏게 생겼지. 때:릴 쑤 이릏게. 손잡이 이르구 이릏게 저 이런 이릏게 가지구... 이릏게 된 거지, 모냥이 이릏게 됐:지.

---

56) 처마.

57) 반드시.

조사자: 떡살을 치는 걸 방망이라고 그래요?

응. 떡방맹이라구 그르지, 떡방맹이... 그거를 쳤단 말이야, 그러면 인제...

조사자: 혹시 떡메라고 그러지 않아요?

그렇지, 떡메라구 그러지. 떡메라구두 그러지. 그걸루 친:단 말이야, 떡메루. 그러면 그 머야 그 쌀알이 전부 저 이거 부서지지 않어? 그래가지구 그걸 인제 그 해: 가지구 힌떡을 맨들지. 그러구 찹쌀, 인:절밀 맨들지. 그런까 반::다시 사오는 게 없어, 집이서 꼭...

조사자: 그러면 방앗간엔 언제 가요?

방아깐에 가는 거 업:지. 집이서 다 허지. 저 하:인들이 다 하니깐 그런 거는. (웃음) 난 예:전에 사는 것이 그런 음:식을 해 먹는다든지 옷을 해 입는다든지 그런 것이 지끔겉이 영어루 레디 메디가 없:어. 전:부 자기 집이서 해. 자기 집이서 맨:들어 먹구, 자기 집이서 해:서 입구 그랬지, 사오는 게 업:지. 감만 사오지. 건데 요전에 테레비에... 아, 라디오에 나오대? 라디오에 나오는데 거 라디오에 잘못 보:돌 헌단 말이야. 머냐믄 드팀전이라구 있어, 드팀전. 드팀전이라는 말이 있어. 드팀전. 드팀전이라는 게 무슨 말이냐면 말이야, 그 라디오에서 드팀전이 머:냐 허는 퀴즈루 나왔어. 그러니깐 인제 거 라디오에서 머 학생들이니 모두들 답변을 해. 드팀전이 머:니 이거다, 저거다 드팀전 답변을 허니깐 최:종적으루 인제 사회자가 답변을 머라 구러냐면 말야, 옷을 맨드는 가게 다 이렇게 답변을 해. 근데 그 사람 잘못 답변을 했단 말야. 예:전에는 옷을 맨들어 파는 집이 없:어, 한:국에는. 이조 오백 년 동안에 반::다시 옷은 집이서 맨들어 입든지 옷감을 바누질허는 사람... 바누질이라구 그르지, 바누질허는 가:게가 따루 있어. 거기다 맽겨 가지구 맨들어 와. 거: 레디메디가 없:어. 근데 레디메드를 얘길 헌단 말이야.

조사자: 드팀전이 뭐예요?

드팀전이라구 해, 그런 걸. 드팀전은 머냐며는 옷감 파는 데, 옷감 파는 델 드팀전이라: 그러는데 이 사람은 옷 맨들어 파는 가게라 이렇게 답변이 나온단

말야, 걸 좀 알려주구 싶지만 말야... (웃음)

주부들이 생활에 편리헌 거만 바라지 구찮구 그런 건 허기 싫여허거던. 내 며느리버텀두 거 머 허기 싫여 허거던. 또, 몸두 건:강치 못허니까 하기 싫여 허는데...

우리 집이서는 이 머 참 꼭 그 무슨 때 정월이나 차례 지낼 쩨 음:식을 사다 쓰는 법이 없:어. 강:정, 타래과, 약과... 머 빈사과... 빈사과라는 거 알어?

(웃음) 빈사과 이런 걸 전::부 집에서 맨들어 쓰지. 응? 사다 쓰는 법이 없어.

빈사과라는 게 머:냐며는 강:정 맨든 찌께기들... 모두 거 잘못된 거, 그것을 전부 거: 엿에다가 뭉쳐 가주구, 뭉쳐 가주구 이제 적당하니... 쓸:지.

하눌과 땅이지. 우리가 자랐을 쩍에는 지끔 아이들겉이 머 참 완:구가 있나, 스껫... 겨울에 스껫이 있나 머... 참 형편없:지.

○ 놀이

조사자: 그래도 예전엔 썰매 만들었었잖아요.

그릏지, 썰매 맨들었... 저 즈히들이 맨들어 가지구설랑은 말이야...

조사자: 어떻게 만들었어요?

아, 나무조각에다가 막 저 이 철사 대:는 거지, 머.

조사자: 어디서 타는데요?

나는 그때 어렸을 최부동[58] 살었이니까는 지끔은 그게 없:어졌지만 말야, 금 칭교라는 게 있어. 거기가 어디냐면 말야, 종합청사 있지? 종합첨사에서 효:자 동을 올라가는 길이 있잖어? 그 길 말구 그 뒤[山]:낄루 또 올라가는 길이 있어. 거기가 대천이었어 다리가 있었어. 다리가 있어서 거가 내:야, 전부가. 지끔은 전부 참 아주 삐쓰가 댕기구 조흔 말이야, 도로가 됐:지만... 그게 내:야, 전부. 그래 거기서들 말이야, 아이들이 썰매 맨들어 가지구 놀구 그랬지.

---

58) 체부동.

조사자: 이전엔 거기가 꽝꽝 얼었었어요?

그릏지. 아유, 그땐 지끔보덤 추웠지. 지금 내가 경:복고등핵교 댕길 쩨에 기억으룬 말야, 내가 아마 이: 학년 쩍인가... 이: 학년 쩍에 그해 겨울에 영하 이:십이도꺼정 내려갔어. 거 아침에 학교를 가니까는 전:부 귀[ü]가 동:상이 됐어, 학생들이. 그릏게 췄어. 그리구... 아니, 저 이, 귀찝59)이드니 말이야, 지끔은 들구 쓰구 잠바두 입구 그치만 그땐 그런 거 입는 아이들이 없:어.

조사자: 토끼털로 만들었다고 그러던데요?

글쎄 토끼털루 그르데 그런 거 제대루 입구 댕기는 학생이 없:어. 그릏게 빈:곤했어. 외... 양복 외:투 입구 댕기는 아이가 없:었어, 별루. 참 여간헌 집안인 아이 아니믄 외:투 입구 댕기는 게 없:어. 우리두 외:투 입어본 적 없:어.

조사자: 뭘 입었는데요?

아 그냥 머 양복 바지 저고리만 입구 댕겨. 그르구 댕겼지 말이야, 외:투를 입거나 여기 머 잠바에 거 쓰구 댕기거나 그런 거 없:었어. 참 어려웠지 그때.

조사자: 연은 직접 만드셨어요?

연, 연 참 많이 날렸지. 연:은 많이 날린 게 왜냐면... 지끔, 그거 참 조흔 운동두 되구 거 젊은 사람에 정신을 말이야, 머라구 헐까... 경:쟁심을 북돋어 주는 좋:은 재료가 되는데, 지끔 그런 것덜 안 허는군... 연이라는 것이 어떻거 맨들었느냐며는 저 이, 바퀴[ü]실이라는 게 있어. 알지? 바쿠...

조사자: 얼레요?

아니, 이 실:을 감은 거 말야, 바퀴[ü]같이 생긴 데다 감:잖았어? 그걸 사다가 얼:레를 맨들어. 거기다 감:거든. 감어 가지구 갬치를 맥인다구 그래, 갬치 백인다구, 갬치 백인다구 그래. 갬치 백인다구 그래. 실:을 그냥 허는 게 아니라 부레, 부레라구 있어, 저기 생선 저기 속:에 든 부레라구 있어. 부레허구 애:교60)라는 게 있거던, 부레허구 애:교를 녹혀... 저, 끓여 가주구 거기다가 저

---

59) 귓집 = 귀걸이.

이, 새금파리 있잖어? 저 사기 그릇. 깨:진 것을 빠: 가주구 그늠을 친단 말야, 고::께... 그래가주구 그 애교허구 고 부레허고 합쳐서 끓인 데다 느: 가지구 그 늠을 실:에다가 묻혀. 그 실:에 묻히는데 여간 힘이 드는 게 아냐. 거를 어떡허 느냐며는 양:쪽에서 얼:렐 가주구 한쪽 실:을 이쪽 얼:레루 윙겨 감는단 말야, 윙겨간 중간에 고 그릇에다가 고길 통괄시켜, 그러믄 그 사금파리 가루허구 애 교 묻은 그것이 실:에 묻어. 그러믄 그래가지구 그러믄 말려. 말리믄 실:이 아 주 날카롭게 되거든.

조사자: 손도 베겠네요?

아유, 막 벼:지지. 그걸 가지구 연을 날린단 말이야 인제. 그러믄 연을 날리 믄, 연을 올리머는... 지끔 머 매:년 연 날리는 대회두 허구 그러는데 어떡허는 진 모르지만, 내가 보기는 션치 않고... 그렇게 해 가지구 연을 날리면 말이야, 동:네 여러 군데에서 그런 년이 나와. 그러면 서루 얼:려. 얼:려면 인제 벼: 먹 는 거야. 어느 늠이 많:이 잘러 먹느냐? 그러믄 갖다 대구 서루 왔다 갔다 허다 가 얼:리잖어? 얼:리기만 서로 인제 거 줄을 주거든, 얼:레를 풀러준단 말야. 그 러믄 조호케 그 갬치를 잘 멕인 쪽이 이겨서 이늠이 끊어져 다 나가. 그렇게서 그런 것이 참 재밌었거든. 그 연 잘러 먹는 거 말야, 벼:먹는 것이 기가 맥힌 그 통:쾌감을 느끼는 거야. (웃음) 그르니깐 쌈:에 이겼다는 거지. 거 참 얼:레 를 감:구 풀러 주구 연을 올려 가지구 말이야, 이늠이 말이야, 이쪽 년이 있구 이쪽 년이 있으믄 이게 서루 이렇게 서루 가깝게 돼:져 얼려지잖아 실이. 그 얼:레루 이걸 다 조정을 해 연을. 그냥 올리기두 허구 옆으루 가기두 허구 이릏 게 가기구 해 가지구 얼:려 가지구 서루 이제 그 벼: 먹는 거지.

조사자: 연 모양도 여러 가지잖아요?

그렇지, 연두 꼭지 대가리에다 꼭지 허먼 이... 빨간 걸루 허먼 말야 홍꼭지 라구 그래. 연을... 홍꼭지. 홍꼭지라 그러구 빨갛게 똥:그랗게 해 가지구 연대

---

60) 아교.

가리에다 붙인 거, 거를 홍꼭지라 그러구, 이 연이 이렇게 되며는 가운덴 비:지 않았어 요렇게. 이렇게 되면 이 갸:에다가 저 이, 칠을 해 가주구 모냥 맨든 거, 이 허리둥이라구 그러는 거야. 허리둥이. (웃음)

또 하나는 이 연 양:쪽 대가리에다가 말야, 인제 거 모냥을 맨드는 거야. 이 거를 궁어리 장군이라 그래. (웃음) 그러헌 인제 거 연을 맨:들어 가지구 그게 이제 그 가을버텀 시작을 해 가주구 아주 춘: 때는 너머 추:니까 못 나가고, 가 을버텀 겨울 가까울 때꺼정 아주 참 심:허게들 날렸어. 조::흔 운동이거던. 진:: 짜루 조흔 운동이구 재밌는 거야 그게.

조사자: 아니, 예전에도 방패연이 있고...

응, 방패연이라는 건 그건 말야, 지끔 얘기허는 건 이렇게 아주 거... 어트게 맨드느냐허믄 요 넷:...아냐? 이제 그 머리에 쌀, 대까지루 늫거던. 그러구 이릏 게 이릏게 열 십짜루 허구... 대까지를 갖다가 한나, 둘:, 셋:, 넷:을 너는 거야.

조사자: 댓가지는 어떻게 만들었어요?

대까가지는 깎어이지(61). 일일이 깎어이지.

조사자: 일일이 깎아요?

거럼. (웃음)

조사자: 직접 만드셨어요?

거 즉접 맨들었지.

조사자: 형님이...

아냐, 형님두 있구 내 아우두 있구 나두 있구 말야 같이들 즉접 맨들었어 아주...

조사자: 대나무가 곧잖아요.

그르니까 걸 일일이 쪼개 가지고 가늘게 깎어, 가::늘게. 대:개 그게 이제 그 연이 크구 적으구에 딸러서 말야, 대가 굴:꾸 가늘구 허는데, 큰 년은 대까지를 굵게 깎구, 작은 년은 이제 그 가늘게 깎구 그러지. 그르구 방패연이라는 거는

---

61) 깎아야지.

그건 이렇게 이렇게 맨들어 가주구 이렇::게 하나만 하는 거야. 그러구 여기 하나허구, 두 둘:만 허는...

조사자: 가오리연?

응, 가오리연. 방패연이라구 그르지. 그래 요릏게 하나하고 요릏게 헌 거밲에 없어. 그릏간 그건 저 이 쌈:이 안 돼. 쌈: 안 해 그건. 그건 쌈:허면 말야, 아무것두 아냐, 그건. 문:제가 안 돼. 원 그 연허곤 말야, 쌈:이 안 되니깐, 그건 여간해서 잘 안 맨들지. 어린애들이 그냥 맨들어서 끌구 뎅기면섬 띠우구 그러는 거지, 진짜 연이라는 건 그렇지 않어. 진짜 연은 거 참 돈:두 많이 들어가구... 연 맨들어이지, 실: 사이지, 갬치 멕여... 그 갬칠 멕여이지, 얼:레 맨들어이지... 거 장:비가 여간 많은 게 아냐.

근데 그때 내가 살:든 동네에 유:명헌 연날리기가 하나 있었어. 아:주 유:명헌 연날리기...

조사자: 아이인데?

아니, 우리부덤 나이가 많:었지. 내가 그때...

조사자: 어른들도 많이 했어요?

아, 그럼 어:른들 많:이 허지. 내가 그때 나이가... 가만 있어, 열따서, 스무 살 미:만인데 그 사람이 스무 살 넘었을 꺼야. 벨멩이 깩깩이야. 깩깩인데, 왜 깩깩이냐면 이 사람은 연을 날리먼서 깩! 깩! 허면서 날려. 그 습관야. 아이구, 이거 잊어버릴라... 이게 연을 이렇::게 올라가다가 이늠을 거꾸루 틀려면 말야, 얼:레를 이렇게 처지 허거든. 그럼 연이 거꾸러진단 말야.

조사자: 운전하는 거와... (웃음)

응, 운천허는 거와 마찬가지. 연을 일:루 윙기구 절루 윙기구 이늠이 거꾸로 들이박히게 말야, 허는 방법이 이 얼:레에 잡는 대 있잖어? 대:를 가지구 여기다가 치구 안 친 거에 대가지구 움직여지거든. 그래서 그 깩깩이라는 사람이 말야, 아주 유:명헌 연날리기야. (웃음)

조사자: 싸움에서 이기고...

그렇지, 연날리믄 이기지, 반다시 이기지. 그르니까 유:명허지. 그 연두 말야, 잘 랄리구 못 날리기에 의해 가지구설랑은 승패가 많:이 결쩡이 돼. 아마 삼 분에 이:는 잘 날리구 못 날린 게 데서 승패가 결쩡이 될꺼야. 그르니깐 연이 이렇게 오는데 밑에 들어가믄 져요, 우이루 올라가야지. 그래야 반다시 이길 쑤 있는데 이건 기술이거든. 이건 연날리는 기술이란 말야.

조사자: 왜 동네에 뭐하면 이 사람, 뭐하면 저 사람, 그렇게 유명한 사람들이 있잖아요?

유:명한 사람들이 있지 그렇게. 응, 응. 많:이 있지.

조사자: 어떤 사람들이 있었어요?

깍두기라구 허는 사람이 있었어. 정말. 깍두기라구... 깍두기란 사람인데 난 이름은 몰:르구... 깍두기란 사람인데 이제 건달이야, 근데 쪼끔 정신뼝잔지 먼지 몰르겠어. 이 사람은 어떡허고 대냐면 양복을 입구, 반::다시 빨간 넥타이를 해. 그리구설랑 인력거 타구 댕기구... 그래서 연:극단 저 이, 모두 거... 예:전엔 북치구 댕기면서 광:고허러 댕기잖어? 그거 인력거 타구 그거 광고허구 댕겨.

조사자: 왜 깍두기라고 했죠?

그 벨멩이 깍두기야, 어쩐 일인지... 빨간 넥타이, 꼭 빨간 넥타이에 파란 양복 입고... 거 깍두기라구 유:명헌 거야. 나:이 먹은 사람 치구 몰:르는 사람 없:을 꺼야.

조사자: 동네에 사셨어요?

아니, 우리 집 동네 살았지. 그 사:직동, 필운동 그쪽으루 살았었어.

조사자: 서울에 살았던 사람 치고 모르는 사람이 없었어요?

아마 모를 사람 없:을 정도야. 그런데 지끔 아는 사람이 있을는진 모:르지만 말이야. 근데 서울에 예:전에 살은 사람이 없:어. 육이오 사:변 빠람에 다 없:어졌어. 도대체 육이오 사:변 전에 서울에 살:든 사람, 내가 만나는 사람은 말야, 하나 볼 쑤가 없:어. 아, 내가 그 지금 종합청사 그 근처에서 일쌩을 사는 사람인데 볼 쑤가 없:어. 다 없:어. 머 텅... 저 이, 초등핵교, 고등핵교, 대학 동창

들... 하나투 없:어. 그 동네 살:든 사람 전연 업:구...

○은인

조사자: 예전에 사람들이 병치레 같은 것 많이 했어요?

나는 말야, 내가... 가만 있어, 경성고등상업 들어가기 전꺼정 병:을 굉장히 많이 앓었어. 그래서 우리 형님이 날:보구 머라 그랬냐며는 너는 병:을 무:역을 해다가 알른다구 헐 정도루 항시 병:이 갱장히 많았어. 경장히 많었는데, 그래 가주구 열따섯에 내가 장:갈 들었거던. 국민핵교 오: 학년 쩍에... 그래가지구 국민핵교 이: 학년 쩍에 다리를 다쳤어. 그땐 왜 다쳤냐믄 농굴 허다 다리를 뺐:는데, 오:후에 반대항 축구 대회가 있었단 말야. 그러다가 그 삔: 다리를 부딪쳤단 말야, 그래가지구 곪았어. 지끔두 난 여기 아주 그 상처가 보:통 싸람과 달른데 말이야. 복숭아뼈가 없어. 근데 그게 핵교서 나오니까는 아프기 시작을 허는데, 핵교를 갈 쑤가 없:어. 그래 인제 핵교를 못 갔지. 못: 가 가지구 이걸 치료를 해야 될 텐데 그날 밤버텀 아프기 시작을 허는데 어마어마허게 이렇게 붓구 그냥... 곪아, 이게 곪아. 근데 거 뼈가 그 복숭아뼈가 곪으믄 병:신이 되거든. 그러구 거 복숭아뼈라는 게 이렇게 가지구 여기 쇄가 모두 있어. 일루 그 균이 들어가 가지구 그러면 말이야, 이게 썩어 들어가거든 자꾸만. 그래 여덜 똘62) 똥안을 드러눴어. 경복고등핵교 이: 학년 쩍인데 핵교를 못 갔단 말이야, 여덜 딸 똥안. 백약이 무효야. 지끔 서울대학이지, 그때는 병:원이 거:가 제:일 이지만 그 병원밲에 큰 병:원이 없:었으니깐... 경성제국대학 부속병원. 거 가서 물어보니깐 썩어 들어가니깐 다리를 잘라야 된다 그런 얘기야. 아니, 다릴 잘르구 살으면 머해? 죽지. (웃음) 어릴 쩍에 생각에두 말이야. 그래서 병원에 입원 안 헌다 말이야. 그러구 여덜 딸 똥안을...

근데 그 사람이 약을 주구 가. 그래 약을 몇 병 주구 가길래 그걸 가지구설

---

62) ‘달’의 잘못.

랑은 말이야, 아, 이 약을 발렀지. 발르면 한 시간만 지내면 말야, 아퍼 못 견
뎌. 펄펄 뛰어, 아퍼서. 그렇게 세: 번을 허니까는 말이야, 이 썩은 살이 다: 빠
져나가. 그래가주구 났:어.

조사자: 생명의 은인이네요.

응, 은인인데, 그 사람을 찾을 또리가 없:어. 그릏게 약주군 어딜루 가버리구
만날 쑤두 업:구 누군지두 몰라.

조사자: 집안 사람 아무도 모르...

아무두 몰르지. 거 어딜루 갔는지 몰라. 그래가지구 났:어. 그래... 모냥은
그거야. 긍까 인제 한:국에 한:이라는 것이 말이야, 한:이라는 것이 참 거 우습
게 생각허면 안 되구, 요새 인지 한:이 관계를 많이 연:구를 허는데, 내가 그릏
게서 인제 거 참 큰 덕을 봤구, 대:전 가서 내가 또 큰 덕을 봤어. 대전:에 또
그 사람이 누군지두 난 몰르겠어, 내가 상업은행 대전 지점장으루 가 있는데,
한:참 바쁠 때거던. 요 손인가? 여기서 빨:간 살이 나와 자꾸만. 그러구 아퍼 못
견디겠어, 닿:기만 허면 기가 맥히구 아퍼. 그른데 대전에 그때 으:사두 업:구
말야, 다: 부서지구 말이야, 다: 폭격당해서 말이야, 거 형편 없:었거던 대:전이.
그래 부산을 내려가서 유:명헌 그때 김하진이라구 허는 유:명헌 그 으학박사,
육군 병원에 원:장으루 있든 사람 있었어. 그 사람헌테 가니깐 그 사람이 이 손
톱을 떠:내구 수술을 해야지 된다 그런 얘기야. 그래 메칠이나 걸리냐 그니깐
한 달 걸려야 댄다 그런 얘기야. 아, 그 은행닐을 한 달 벼:놓구 있을 쑤가 있
어이지. 그래서 수술을 못 허구 왔단 말이야. 왔드니 하루는 어떤 사람이 찾어
왔어. 찾어 와 가지구 머라 그르냐면, 제:가 여기다가 요:리집을 하나 냈는데,
오늘 지점장허구 직원들허구 초대를 헐 테니 술대접을 허겠다 그런 얘기야. 그
르니까 선전이지, 요리찝을 냈으니까. 아, 그러냐구? 고맙다구... 그래 차:장을
불러 가주구 난 이것 땜에 술 먹으믄 안 돼, 그르니깐 느이들 가라구 그랬단 말
이야. 그래 그날 저녁에 아마 가서 술덜 은어 먹구 놀구 온 모냥이야. 그랬드니
그 이튿날 그 사람이 찾아왔어. 아니, 지점장. 그거 머처럼 초대를 했는데 안

오셔서 대:단히 섭섭허다구 그런단 말야. 그래서 내가 그 얘기했거든. 손이 이래서 못 간다 그랬드니, 아이, 걸 멀 걱정을 허십니까? 지:가 약을 드리죠. 그러구 약을 꼭 요만큼 줘, 갖다줘. 요걸 구이개루,[63] 쪼:그만 구이래루 써서 요기다가 뿌리구 처매시켜. 그걸...

조사자: 귀이개가 있었어요, 예전에도?

그럼. 구이개가 있었지.

조사자: 지금 같은 모양으로요?

그럼, 구이개 있지. (웃음) 구이개 알:지? 귀[耳] 후비는 것. 그걸루 세: 번 꼭 발를 만:헌큼 줘. 고렇게 쪼금 줘. 세: 번을 발르니까 반:이 줄었어. 그늠이 나오든 것이... 그래 그 이삼 일 후에 그 사람이 또 왔어. 와 가지구서는 어뜨신가... 그거 많::이 났다구 그럼 또 약을 갖다 줘. 그래서 거 몇 번 발르니까 없:어졌어. 깨:끗이. 아니 머 수술허구 그런 풍월을 한 달 동안 병:원 댕기라는 건데 아 그늠에 약 바르니까 대:번 났단 말야.

조사자: 한의사도 아닌데...

한:이사두 아니지. 요리집 허는 사람이란 말이야. 아, 그래서 고:마워서 이 사람을 찾으니깐 없:어졌어. 왜 없:어졌냐니까 요리점이 안 돼서 어딜루 가버렸어...

---

63) 귀이개.

1.3. 자연 발화[sjs][64]

○ 어린 신부

조사자: 열한 살 때 정혼을 하셨어요?

열레 살에 했어요. 열레 살에 해 가주구서는... 어유 너머 일르죠. 그른데 그때는 우리네 집 가정에서 열레 살 열쎄 살이믄 다 혼인했에요. 그르구 여기 할아부지는 장:갈 안 든다구 그러시는 걸 억:지루 들이신 거예요 여기 우리 시조부께서. 시조부 시아분님.. 그르구 열레 살에 와서 그냥 그대루죠. 저기 열....

조사자: 할아버님하고 동갑이라고 하셨죠?

동갑이예요.

동갑이라 그 냥반은 구:월이 생일이구 내가 동지딸이 생일이기 때문에 그래두 하:루래두 먼저잖어요. (웃음) 아이구 그때 그건 너머 지끔 생각허믄 원시적인 거 겉으죠.

조사자: 아이.. 그래도요 (웃음)

근데 그때는 재다[65] 또 그르니까는.

조사자: 어려서 시집오셔서 고생이 많으셨겠어요.

아:는 것두 없:어 가지구 어렵죠.

조사자: 그 배워가는 과정이 참 고생스러우셨겠어요.

그렇죠. 그른데 인제 가정이 조끔 부유허진 못허고 그르니깐 고생이 많:었어요. 그래서 우리는 생각에 과:도기가 대:서 지끔허구 옌:날허구 과:도기 고 중간이라 참 고때에 사람은 우리 겉은 사람 많:이 고생했어여. 지끔은 머 쓸려구 그러시는 거지 않어요.

조사자: 아니 근데 고생을 하시고 나니깐 고생에 대해서 사람이 한번 해 볼 만하

---

64) 화자는 jjg의 부인임.

65) 죄다.

다 그렇게 생각이 드세요?

어떤 거는 그런 것두 있지만 볼 만허다 생각은 들:해요. 왜 그러냐 허면 자식들을 한데 놓구 살:질 못허고 저기... 영:이별헌 것두 있구 미국에 가서 형제가 살어요. 그르니까는 한:데 이렇게 한 성중 안에 사는 것보다 참 만나는 것보더 어렵죠. 그렇게 그것들 생각허구 그러면 그래요. 보람 있는 건 없:었어요. 아마 보람 있는 건 요새 이 큰:아들에 아들들이 다 장:성해 가지고 고:것들이 저렇게 아이들을 해서 증손자덜을 보니까는 어저께두 와서들 다 인제 저녁덜을 먹구 일요일이면 꼭 와서 저녁덜얼 먹어요. 그래선 와서들 먹구 뛰구 놀구 그러다 갔어요. 대:추나무가 있어서 대:추 따서 인제 그거 조끔.. 요:새가 보람 있는 거죠. 다른 보람 있는 거 없:에요. 고 어린네덜 보며는 고거든게..

조사자: 근데 할아버지 뵈면 아주 성품이 온화하시고 그래서 할아버지 집안 분들이 다 그러실 것 같아요.

이 정:씨 땍에가 원 후허세요. 인품이 후허시구 참 인자허시구 그러시죠. 우리 시조부 저 글씨 씬 분. 또 우리 시아분님. 시아번님께 구염 참 많:이 받었어요. 그리고 인품들이 다 조:시죠.

조사자: 그러면 시집오시기 전에 친정에서 기억나시는 일이 좀 있으세요?

기억나는 일이 더러 있죠. 우리 조부가 이 구한국 시대에 저.. 강화 판관으루 황주 목사루 수원 유수루 그렇게 댕기셔 가지구 만:인산이라는 걸 받으셨에요. 저기 머야.. 저.. 황:주 목사루 게실 쩍에 거기서 못: 가시게 허느라고 만:인에 이름을 갖다 수를 나서 우산을 했에요. 그래 그거를 집에 있었는데 내가 그때 우리 조부 그 으른 돌아가실 쩍에 여섯 살이예요. 그르니까는 더러 인제 또 할아부지 신싹슨 기억을 못 허겄에요. 인제 나:중에 그런 것만 알:지. 그랬다가 그거 보관해 있다가 육니오 통에 다 없:어져 뻐렸어요. 그러구는 인제 구한국 시대에 그래서 일번 늠이 들오니간 우리 생:할아분님이 충청두루 내려가서 인제 사시니까는..

조사자: 생활아버님이요?

생:할아분님. 내가 양:자.. 우리 아부지께서 양:잘 나오셨으니까 할아부지가 양:할아부님이시구 생할아부지 기시죠. 그래가주구 그리루 내려오시기 때민에 저 충청두 청양, 청양군 쳉양면 교월리라는 데가...

그르구 인제 우리 할아부지가 부리시든 인제.. 참 엔:날엔 종:이라구 그럴까여. 그러든 사람 하나만 할아부질 모시구선 있다간 한데... 그렇게 댕기셨에요. 집 한 간두 없:으셨어요. 그래서 아:운님땍에서 돌아가셨지. 그 으른이 양:자를 나가셨는데 또 아든님이 없:으세여. 그래서 아:운님, 우리 양:할아분님 아:운님 헌테서 둘째아든님을 우리가 아부지를 갖다 양:자를 하셨죠, 또. 그른데 우리 아부지께서 스물아홉에 돌아가신 거예요. (한숨) 내가 스물아홉인데 여덜 쌀인가.. 일곱 살인가 그때 돌아가셨어요. 그 으른 그렇게 해셨어두 당:신 자손은 하나두 업:고 딴님 한 분이 있었었죠. 근데 공:주루 시집가스서 저.. 이돈세, 이명세 그릏게서 형제 분 외손자가 있었죠. 그러구선 당신 혈육이라군 그 외[ö]손자 하나밲에 없:어요. 우리는 양:자 들어가서 할아부지였으니깐.

조사자: 아버님이 굉장히 일찍...

일찍 돌아가셨어요. 스물야:홉에 돌아가셨는데 오 남매를 두구 돌아가셨는데.

조사자: 할머니께서 장녀셨어요?

아니여. 내 우이[uy]루다가 오라버니 있구요. 지끔 살:어서 기세요. 우리 형님 한 분이 게신데, 여든아홉이신데 분당 사세여. 당신 아들 데리시구. 오:남매에서 우리 오라버니허구 내 동생들은 다 일찍 아주 조:사했어요. 그러구서는..

조사자: 집안에서 교육은 어떻게 받으셨어요?

우리 집안에 교:육은 내가 낫 놓구 기억자두 몰:르니깐 그 아부지 돌아가시는 바람에 집안이 그냥 아주 일:찍이 돌아가시구 났는데 우리 아부지 우이[uy]루 큰아부지가 게신데 큰아부지가 관리를 허셨죠 그르니까. 그른데 그 으른 또 마흔셋:에 돌아가셨거든. 그르니깐 할아부지가 길르셨지. 그때 너머 늦었어요. 그래두 내 동생 서재곤이란 아이는 고동학교 속성꽐 들어가 가지구 그때에 보:성전문이라구 있었어요. 거길 들어갔죠. 일학년 속성꽈 해 가지구 들어갔어요.

(따르르릉) 어, 어. 나는 모르것다. 나 지끔 저기 손님 오셔서 얘:기 중이니까는. 손님. 그래, 들어갔다 이따 저녁에 해. 아분님 나가셨어. 그래.

조사자: 어머니도 서울 분이셨어요?

서울 뿐이시죠.

많:지 않았어요 우리는. 워낙이 우리는 우리 할아부지께서 우리를 길르실 쩍에 대:문 앞엘 나가본 적이 없:에요. 왜 그러냐믄 규중 규문은 대:내 한문과 같은데 어디가 기집애가 나오느냐고 당최 참 이 문밖에서 세:순물꺼지 떠다주는 걸루다 했:지 나가서 인제 뜰 아랠 내려가 보질 않았어요. 당최 대:문 밖을 나가보질 않어선 몰:라요. 그러고 워낙이요 엄허시니깐 그런 생:각두 못 했어. 대문 밖에 나갈 생:각두 뭇했어요.

조사자: 그러면 방 안에서 주로 방 안에서 생활을 하셨겠어요.

방 안에구 마:루에구 인제 할머니 빵 그저 큰어무니 빵 우리 어무니 빵 이릏게 댕기면서 인제 사춘들허구 노는 거이백이 십이종 형제가 한 집에서 살:었는데 삼 형제 분 소생.

조사자: 그러면 아니 밖에서 이렇게 마음대로 뛰어 못 노시..

그거는 없:어요. 아예..

조사자: 어떤 놀이 하셨어요?

윷:놀이. 신경도 겉은 거. 신경도라구 있어요. 그게 머냐믄 한:국에서 그 벼슬허는 사람들 그 벼슬 과가 해 가주구선 벼슬해서 인제 봉:조화루다 물러앉을 때까지 해: 가지구 봉조화래나 머 그거만 하며믄 이기는 거예요. 그래 그거 놓구선 가르쳐 주서서 그거 했:지 다른 건 몰라요. 국문 좀 배:다가[66] 우리 아부지 돌아가시는 바람에 집안이 그냥 아주...

조사자: 국문은 누구한테 배셨어요?

국문? 그런 건 어머님헌테 뱄:지요. 그러구 인제 우리 오라버니들, 내 남동

---

[66] 배우다가.

생은 바깥에 선생 두구서는 신학문 아니구 구학문 뱄:지요. 우리 큰오라번님은 지끔 사셨으믄 아흔이 넘으셨는데 그분은 참 잘 많·이 허셨어여. 저 선생 앉히 구선 가르치시기 때문에.

조사자: 그러며는 국문을 배우면서 이렇게 다른 책 같은 거 한글로 쓰인 책 같은 거 접할 기회가 많지 않으셨...?

네 많·지요. 많은데 우리는 참 책을 좋아했어요. 그래두 그 전에 고대소설이지 신소설은 아니예요. 구소설 많·이 봤:죠.

조사자: 어떤 거였는데요?

그건 머 서씨삼대록 겉은 거 명지기부공 겉은 거 그런 거 인제 서씨삼대록, 명지기부공 겉은 건 송나라 책이예요. 그르구 옥루몽이래는 건 그건 인제 명나라 책이구. 그른데..

조사자: 그게 다 한글로 번역이 된 거예요?

한글루 번역됐죠. 그러구 인제..

(따르르릉) 여보세여. 응. 언:제 들어오실른지 모르겠다. 어, 언:니 나갔어. 아주머니 오늘 동창회야. 손님 오셔서 손님허구. 글쎄. 응? 누가 누구라구 너헌테 말하기 어려와. 그만둬. 응. 응. 응. 아니 꼭 데려온다 그른 게 아니라 네가 그렇게 다 겉이 오라구 했다구 그래서 그릏게 했는데. 야 고만둬 지끔은 바뻐. (딸깍)

둘:째 아들이 낼: 모레가 환:갑이예요. 그른데 뉴:욕에 있다가 와싱턴, 서:울대학을 갔다가 스물쎗:에 졸업을 허면서 졸업장 못 타구 갔어요, 걔가. 그래가주구 가서는 미국 가서 공부해 가주구 석사학원[ii] 둘:을 받구 박사학원 하날 받고 그러구 거기 있는데 큰아들이 여기 나와 있거든요. 한:강..무슨 동 이:촌동이래나 거그 와 있어서 그걸 허러 어즈께 왔에여. 그른데 인제 그것 때민에 그러는... 어, 그거 그걸 다 자랄 때 허는 걸 다 아세야 해여?

조사자: 아니, 그런 건 아니구요.

우리는 사:촌 간에두 친형제 같으지 사:촌이라는 걸 몰라요. 십이종 형제가

아주 한맘 한뜻이죠. 그렇게 살다가 서울루 올러와서 우리 백:부 돌아가시구 삼촌 한 분 게시는 분 또 돌아가시구. 그러고선 인제 사:촌들은 많:이 여기 살죠.

조사자: 그럼 일본 사람들하고도 거의 접해보시질...

아이.. 일번 싸람허구는 거이가 아니라 그늠들허구 상종을 안 하실려니깐 일본말이나 그런 건 통 가르치시지두 않구 그래서는 우리 어머니께서 이러다간 자식들이 저게 되겠다 허구선 아:이들을 데리시구 서울루 올러오셨어요 먼저. 그러구선 우린 할아부지 따라서 있는데 그렇게 오시구 나니까는 할아부지가 생각을 허시니깐 손자들을 두구선 요기 살 필요가 없:다구 올러오셨죠. 그래가 지구 인제.

조사자: 어머니가 깨인 분이신가 봐요.

지끔으루 생각허믄 많:이 깨셨지 그때. 많:이 깨신 분인데 이러다간 자식들 병:신 맨들기 쉽것다 허는 생각으루다가 올러오셔스 인제...

그렇죠. 에이.. 그래 난 그게 결혼을 어트게 허는 경가 허구. 그러구 옷:들을 해서 입어 보라구 그르니까 그냥 새 옷 해주는 것만 저거해서 그냥. 머 혼인헐 쩨 입는 옷들 있잖어요? 그런 거 입어 보구 그러긴 했어두 그게 먼:지두 몰:랐에요 사실은. 그런데 또 우리가 시굴서 살다 서울 올러오니까는 서울에서 사:신 분들에 생활 량식이 다 달르죠.

조사자: 근데 다르다는 거는.

다르다는 거는 우리 할아부진 현:직을 내:노시구 오서서 게:시다가 멫 해 안 가서 돌아가셨구 여긴 와보니까는 현:직으루 그래두 게:신 분이니 일번늠이 들와서 살어두 우리 시할아부님은 이:왕직에 댕기셨거든요. 그러구 서:울대학에 인제 나가시구 그러시기 때민에 이 으른 구양 가셔서... 시조부...그러시구 여기눈 와보니까는 여기두 인제 깨:질 못해서 지끔 할아부지가 열: 쌀에 국민학교를 들어가셨어요. 그래가지구선 인제 제이고등보통핵교라구 검:정시험 바서 들어가셨지. 그러구 우리 시아주버님은 또 열레 살에 중:동학교라구 있죠. 중:동학교에 속성꽈에 들어가서서 일 련 해가지시구 제이고등보통핵교 들어가시구. 그러구 인제 여기 우리 샤: 형제가 다 제이고등보통핵교 나왔죠. 그르구 샤: 형제 분이 다 서울대학 나오시구.

조사자: 그런데 할머니 집안도 가풍이 있으시고..

가풍이 있죠.

조사자: 그래서 결혼할 때 그냥 일반 서민들하고도 또 다를 것 같애요. 그런 뭐 결혼에 대한 것..

서:민들이 허는 건 내가 보질 않었으니까 몰:르지만 그때 인제 반볼이 있는 집이라구 해서 허니깐 좀 달르지요. 어린 나이에 시댁엘 오니까는 열레 살에 와 가지구선 혼인을 허는데 세상에 다리가 아퍼 견딜 쑤가 없:어요. 절을 허는데 팔씹 번을 했어요, 절을.

조사자: 아니, 그 집안 어른들한테요?

집안 어른들헌테 다 상후례 허는데 그렇드라구요. 인제 시조부 내애분께 허구 시어머님 내외분께 허구 나서 여러분들 다 허잖아요?

조사자: 누가 오셨나 봐요... 안녕하세요?

저기 얘:기허느라구 그래. 얘 너 점심 먹었니?

〈아들: 아번님 나가셨어요?〉

나가셨어.

조사자: 여기 있어도 될까요?

글쎄... 내려가시까요?

조사자: 저쪽 방으로요?

이거 마시셔..

조사자: 예. 근데 이렇게 일반 사람들은 일본에 대해서 그렇게 배척하는 마음이 별로 없더라구요.

아이.. 우린 안 그래요.

조사자: 그런 의식조차도 그때는 상당히 어린 시절이니까 별로 그렇게...

배척하는 것 때민에 당체 학교를 잘 안 보내시기 때민에 여기서들 학교들이 다 늦었죠.

조사자: 여든 번을 절하셨다구요?

여든 번을 했어요. 여든 번을 허구 나니까 다리가 그냥 부러지는 것 같애요. 그른데 그때는 수모라구 있에요. 수모라구 있어서 색:시가 암만 어려두 수모헌테 내맽기는 거예요. 수모한테 내맽기믄 수모가 겄이라구 또 데리구 오는 게 있에요. 그러믄 색:시 여기허구 여기허구 붙잡구 뒤에 인제 큰 겄이라구 있으믄 뒤:를 붙잡구 그래서 색:시 절허는 걸 색:시만 허는 게 아니야. 그걸 절을 시키는 거지 개:들이.

조사자: 그 사람들이 고생했겠네요.

그 사람덜이. 수모는 앞에서 인제 얘:기허구 시키구 그러구. 그래 내가 항상 그래 수모에 은혜는 갚을 쑤가 업:다구 그런 생각두 했어요. 그때 하:두 그냥 몸을 내맽겨서. 그렇게 해서는 허구선 그때 혼인에는 절차가 많:어요. 가는 날두 잘허는 집에선 열뚜한 님을 씨:구 저기 우리는 장뚝교를 사:린교라구 있어요. 일반 가마 말구 색:시 타는 거요. 넷:이 인제 메는 건데 사린교 타구선 오지요. 오머는 뒤에 쪼끄만 어린네가 향뿔 한 님이라구 들구 초 들구선 오구. 그러구 인제 또 시계빡이라구요 색:시가 숟가락, 대:접 머 이런 걸 다: 해서는 이런 함지박에다 해: 가지구 검은 보재기루 싸요. 그러구 인제 또하나 그런 거 머 다 해서 싸구 그래가지고 그게 함 쌍이구, 또 몸종으루다가 하나 따라오는 게 함 쌍이구 모두 그렇게 해서는 열뚜한 님을 시:구 들어와요. (한숨) 그거 참 우수운 일이죠. 일편으루 생각허믄 멋있기두[머시끼두] 허구요. 지끔 생각허믄 멋있다구내[머시따구내] 할까 그렇지만 그때야 멋진지 먼지두 몰랐에요.

조사자: 집안이 어려우셨을 텐데 그때..그런 것 준비하는 것도 참..

어려웠죠. 우리 집은 원체... 시댁은 더 어려웠어요. 왜 그러냐 허믄 우리 시할아분님이 구양 갔다 오시구 나서 간신히 사시는 때:가 얼마 안 되기 때민에 어렵구. 본집에는 그저 굼찌는 않을 만했어요. 그러니까 그 열뚜한 님 실: 만은 허지요. 그래서 인제 타구 오믄 거기 인제 허는데... 모두 그 색:시집에서 색:시

몸에 해서 수모꺼지 곁들여서 오는 그 비용이 상:당히 많:어요. 수모가 와 가지
구선 일::똥일쫑[67])을 수모가 해주니까요. 수모가 그러니까 상식이 참 많죠, 그
른 데 대해서. 그리고 수모가 양:반에 집 허먼 모르는 집이 업:죠.

조사자: 무슨 중매쟁이처럼 그런 분이에요?

요새는 그렇다구 그러는데 중매장이보단 훨:씬 격이 높죠. 아:는 게 많:구.
양:반에 집에 일:등이 누군지 이:등이 누군지 다 알죠 집이. 그르니까 이 집이
믄 저 댁에허구 맞구 이 집이믄 저 댁에허구 맞겠다 허는..

조사자: 맺어주는 역할도 했어요, 수모가?

수모를 시켜서 메느리깜을 보거나 사위깜을 보거나 허지. 채근 보믄 중매쟁
이라구 그러대요. 그러구 또 어떤 매:패라구두 허구 그러는데 그렇게 해서 허
죠. 옌:날에 그런 반벌 있는 집에서는 연쭐 연쭐 해서 안: 연쭐 댄 데가 없:에요.

여기 문집들두 있지만 우리 시할아분님은 당시에 명사이셨대요. 글 잘허시
구 사람헌테 퍽 인자허게 허시구 그래섰는데 그때에 몇 분이냐 허면 말야 우리
시할아분님 한 분 허구 이중하 씨라구 우리 큰시백몬님 아번님허구 우리 시고
몬님, 시아번님, 시삼촌 그래서 영계장, 경계장 해서 고렇게가 아주 한 구비에
명사시라 그러대요. 학:문두 좋구 아주 머 그러셨다구 그러대요. 그르니깐 나
는 들와서 시굴선 할아버지 돌아가시구 나서 할아부지 빗을 못 본 것두 아니지
그럭허구 있다가 올러오니까는 딱 이게 달르죠. 생활이 아주 딱 변허지요.

그러는데 생활이 변:허는데 그게 참 어렵대요. 나이가 어리고 또 그르니깐
이 한:국에서는 어떡허느냐 하믄 모든지 꼭 시어머닐 따러 댕:기면서 시어머니
허시는 거는 모:든지 그냥 죄다 해:야 허니까 말:루 일러서는 안 대요. 허시는
거 보구 배:는 거지. 머든지 그래요. 음식이나 으복이나 다. 그르니까 요새 세
상에는 하:나두 맞는 게 없:어요. 왜 그러냐믄 중량으루 다는 것두 업:지 치쑤
를 재:는 것두 없:지 그렇잖어요?

---

67) 일동일정(一動一靜): 모든 동작.

조사자: 치수를 안 재면 옷 같은 건 어떻게...

그거야 재:서 허지요. 그거는 재:서 허구... 어른네는 멫: 치믄 네: 치믄 저고리 길이가 댄다 치마는 한 자 낄이다 그런 거는 돼: 있죠. 그렇지만 음:식에 대해서나, 인제 우리 시백문님이 아시는 게 참 많:었어요.

조사자: 시백모님이 같이 사셨어요?

시백문님, 우리 시백문님이 옐:에섯에 혼자 되셨어요. 혼인해 가지구 색:시루 들오셔서 옐:에섯에 혼자 돼: 가지구선 일흔둘에 돌아가셨는데 색:시루 돌아가신 분이예요 그분이. 그러는데 손으루 못 허시는 것두 업:구요, 음:식에 못 허시는 것두 업:구 야:는 건 많:으시구 보학을 얼:마나 많:이 아신다구요.

조사자: 보학이요?

보학을.. 머냐 허므는여. 양:반에 집 어떤 거 누가 어떻구 누가 어떻구...

조사자: 족보...그런 거...

족보..그건 족보는 내 집안 족보만 말이지. 남으 집까지 다: 어트게 해서 야:는 거..다 아세요. 그걸 보:학이라구 그래요. 보학에 몰르시는 게 없:어요.

조사자: 그러면 그 시집 오셔서 백모님하고 또 시어머님하고...

네 시어머님허구 그랬었는데... 우리 시어무님은 무던허시긴 허셔두 그런 거는 시굴서 생장허시기 때민에 인제 우리와는 달리 잘허시지마는 배울 점은 큰시백몬님만 못허시드라구요. 시백몬님은 잘허시구. 그르니깐 무슨 때만...

그래도 옌:날 보학 그런 건 몰:르세요. 옌:날 음식 허는 거 그런 거는 몰르세요.

조사자: 여기서도 예전에 사촌들하고 거의 형제같이 지내셨다고 그러셨잖아요. 여기 시집에 오셔서도 그러셨어요?

시집에서? 시집에서두 나는 시동생이나 저기.. 시눈님은 안 게시니까 시동생들허구는 각 집에 살어두 한: 집안 식구 같았죠. 지끔...

조사자: 큰집에서..큰집 가도요?

큰댁. 큰댁두 그렇구. 큰댁에 시백문님이 다 그런 거를 장:려를 허시고 으:레 그렇게 지내는 게 원 법이거든요. 그른간 우리 시백몬님 게시고 시어머님 게시

고 모두 그럴 쩍에는 아무리 저기 고대도 재:있는 것두 많:아요. 배울 점이 많:
으니까. 무슨 때믄 큰댁엘 가믄 이러이러헌데 우리 집이 오믄 어찌 이릏게 아
무것두 저거 헌가 하는 생각이 들구 나두 이 다음에 커서 저거 허믄 우리 시백
문님 허시는 거를 꼭 허리라 허는 생각두 들구 그렇대요.

조사자: 그래서 많이 배우셨어요?

많:이 못 뱄어요, 그래두. 그 시백문님 허시는 거를 갖다 다 밸:라믄 우리 집
두 그만:헌 생활력이 있어야 허겠대요. 그르구 내가 메누릴 은어 가지구 가르
칠래두 또 내가 밴: 거를 가리칠려니까는 가리쳐줬으믄 좋겠는데 그것두 생활
력이 들어요. 그래두 우리 메누리 많:이 뱄:지요. 요새 싸람과는 조끔 달찌요.
그런 거예요. 그 시백문님이 옐에섯에 혼자되시기 때문에 우리 시할아분님이
애:지중지 허섰에요 아주. 얼:마나 가엾으신 분이예요. 그래서 우리 시아주버님
이 거기 양:자 들어갔지요. 세: 살에 양:자 들어가셔서 양아든님을 키신데[68]
일::심정력으루 키:셨어요. 아주 일:심정력으루. 저기 정:진성이 아버지를 갖다
가 일:심정력으루 키:셨어요. 우리 사:촌이지마는 호:적상으룬 육촌이지요. 양:
자 가셨으니깐. 그래요. 지끔두 우리 지내는 거 우리 대까지는 딴 집관 쪼끔 달
르지요. 서루들 허는 것이. 그래서 우리 아들들은 그게 있어서 요새 풍속관 조
끔 달려요. 아들이 다:. 그래 내가 느:들이 느이 자랄 때 생각만 허는구나..그러죠.

조사자: 할아버지가 상업은행 다니셨다고 그러셨잖아요.

네 상업은행.

조사자: 부하 직원들도 많이 초대하셨어요?

많:이 초대는 못 했어두 인제 더러 허죠. 고:때 조끔 음식이라는 걸 해: 밨는
데 그 음식이 때가 있에요. 겨울 음식 다르구 여름 음식 다르구 봄 음식 다르
구 인제 다 달른 건 아니구 다 멫 가지 멫 가지씩은 다 달르게 돼 있에요. 그르
니까 우리는 일 련에 한 번 했에요. 부하 직원 대접을. 지끔은 쪼끄만 집에서

---

68) 키우시는데.

못 헌다고 그러는데 이보다 적:은 집에서두 했:어요 허기는. 교자 몇 시켜서는.

○ 음식

조사자: 그런데 할머니 오늘 십이첩반상 준비하셨다면서요?

아니 그냥... 십이첩반상이요? 적으세요. 여기다 적으시던지.

조사자: 아니 여기 있으니깐요.

열두첩반상이머는요. 여기 끼는 게 많:아요. 우선 김치류를 하자면 깍:두기를 갖다가 그때는 전무[69]라구 그랬어여. 그른데 감:동젓[70]이라구 있어요. 곤쟁이젓. 몰:를 꺼예요. 곤쟁이젓이 증:말 맛있어요[마시쩨요]. 그거를 갖다가 자루에다 느: 가지구 짜 가지구 그 국물에다가 깍:두길 허머는요 깍:두기에다가 배 허구 밤, 이렇게 납작납작허게 늫구 미나리, 파, 마눌 그런 거는 다른 깍두기와 마찬가지루 생: 그런 건 들구서는 다른 거 드는 거는 배, 밤. 미나리두 인제 그냥 드는 거. 그렇게 해서 간 맞처서 해노믄 참 맛있어요.

조사자: 곤쟁이젓을 지금도 팔아요?

팔어요. 그래 내가 우리 메느리가 젓갈 사러간다구 그래서 곤쟁이젓 좀 사와야겠어요 그래서 그래 그거 사다가 달걀찌개 허는 데 느 먹어두 좋구 그대루 그냥 쪄서 먹...

조사자: 새우젓이 아니에요?

새우젓 아니야. 왜 수많:은 곤쟁이라구 그러지 않어요. 뭣 겉으냐 허믄... 요거부다두 적:은 생선예요. 그런데 파:랗죠. 그걸 곤쟁이젓이라구 그래요. 그래 전머허구요 나:물. 나물 세: 가지 나물. 숙주나물, 미나리나물, 도라지나물. 자:반 접:시가 저거예여. 자:반 쩹:시는 고치장 볶으죠. 또 자:반.. 암:치라구두 그러죠? 민어 말린 거. 짭짤허게 말린 거.. 그거를 갖다 저며서 놓구. 또 북에[71]

---

69) 젓무.

70) 푹 삭힌 곤쟁이젓.

71) 북어.

자반 아주 곱::게 뜯어서 무치구. 똑똑장이라구 있에요. 요만큼씩 그거 고기를 해 가지구서는 그걸 갖다가 갖인양념 해:서 허분허분허다가 또 쫀독쫀독허기까지 졸아요. 졸이는 거예요. 그래가주구 건 갖인양념, 고기 양념허듯 해 가주구서는..

조사자: 고추장 볶은 게 그거예요?

고치장 볶는 건 따루 이렇게 고치장은 고기 너:서 볶아서 따루 넣:고.

자:반 쩝:시에 그게 다 놓는 거예요. 북에 자반, 똑똑장, 또 인제 저:기 므야...

조사자: 똑똑장이라고 이름이 붙었죠?

누가 알어요? 요만큼씩허게 네모반듯허게 쓸:어서 그거허구 또 섭산적이라구 있에여. 산: 고기를 다져 가지구선요 이렇게 해: 가지구 요렇게 불에다 잠깐 고: 가지구선 그걸 요만큼씩 납족납족허게 썰:어요. 그래가지구 납족납족허게 해 가지구 담:구서는 거기 고기 양념헐 즉에 저기 간장은 안 쳤다가 간장에다가 설땅허고 후추까루허구 물 좀 허고 고롷게 해:서는 삼삼::허게 해 가주구 그걸 또 그렇게 조려요. 조리믄 그게 또 고롷게 돼:서 갈::쭉허구선 그렇잖어요. 그른 데다가 잣가루 뿌레요. 잣가루 뿌려서 놔요. 그러구 약포육이라구 있에요. 약포육. 그거는 고기를 포:를 떠 가주구서는 말:릴 쩍에 간장에다가 기름허구 설땅허구만 넣:서 주물러서 널어 말:레요. 가므소롬:해서 이렇게 쫀독쫀독허게 됐을 쪽에 한 번 더 간장을..그걸 무쳐요. 그래 널으믄 깐죽허게 된 데다 잣:가루 뿌려 가지구 요만큼씩 허게 해서 그걸 또 거기 놔요. 그럼 거:기서 그걸 놓구 그 고기를 다져 가주구선 후추까루, 간장 쪼끔 치구 그러구 거기는 마눌은 안 들어가여. 그게 머냐허므는 육조란예요. 그걸 고기 다진 거를 갖다 그렇게 다져서 양:념을 해 가주구서는 양념해서 허는 게 아니라 기름허구 설땅허고 간장 쪼끔 쳐선 주물러 가주구선 그걸 맨드는데 맨들을 쩍에 육조란이라구 요렇게 요만큼씩허게 대:추 모양으루 맨들어요. 그래가주구는 고 속에다는 잣:하날 박구 요그다는 인제 대:추 매:달리믄 꼭지 있잖어요? 꼭지처럼 잣을 박어요.

조사자: 저번에 돌상 보여주셨던 거기 있었나요?

그긴 그런 거 업:죠. 그런 거꺼지 헐러믄 얼만데요. 그건 아니죠. 그래서는 그걸 인제 까무스름::허게 했을 쪽에 한 번 다시 간장허구 설땅허구 기름허고 발러서 널어요. 그러믄 그게 깐죽깐죽허죠. 그러믄 잣:가루 흠뻑 뿌려 가지구 그걸 놔요. 그러니까 이 접:시 하나에 여 고치장이죠, 자:반이죠, 똑똑장이죠, 북에 자반이죠, 또 섭산적이죠, 약포육이지, 또 인제 육조란이지, 그르구 여기는 어란을 놔요. 어란 아시죠? 어란을 이렇게 놓구 그래가주구선 요거는 마:치 구선 요: 위다가 육조란을 맨: 우예 요기다 놔요. 그러구선 잣:을 잣:가루 뿌릴건 잣:가루 뿌리구 그래요. 그래 인제 몇 가지예요, 이게 제:일 돈이 많:이 드는 거예요. 그러구 그르니깐 얼마나 저거죠. 그렇지. 무:장아찌라구 있어요. 무장아찌를 요만허게 쓸:어서 요새 인제 가을에 무:를 갖다가 그래가주구선

조사자: 저도 집에서 그거 해먹고 싶은데요.

응, 해보셔 그거. 요새 그거를 그렇게 쓸:어 가주구 요거를 갖다가 소금을 살짝 뿌레요. 그래가주구 꼭: 짜요. 꼭 짜서는 인제 물기가 없:이 짜 가지구서는 노믄 소독소독::헐 꺼 아녜요? 그러믄 거기다가 고기 채:치구, 표고 채:치구, 석이 채:치구, 근데 채:를 이건 좀 굴:께 쳐야 해요. 고긴 가늘게 치지만. 왜 그러냐믄 석이는 저기다믄 뭉:그러지거든. 석이허고 미나리허고 인제..

조사자: 다 채쳐요?

미나린 그냥 쓸:어만 늫지. 미나리. 파:는 채:치구, 머야 이 생:72)은 갈어서 저기 그 물을 좀 내야해요. 생:은 씹히는 게 나쁘죠. 생:강즙이죠 그르니깐. 그르구 미나리 늫구 그럼 실:고추 늫구 그러구 호:두를 갖다 물에 담겄다가요 깝:디기를 까요. 깝:디기를 까:서는 인제 그거를 거기다 늫:요. 호:두허고.

조사자: 통째로요?

아니지. 요만큼씩 헝 거 깝:디기를 벳길라믄 떨어지지. 그르니까..

조사자: 그렇게 하나를 다...

---

72) 생강.

응. 하나를 갖다 해:서는 이릏게 허머는 멫 쪽이 나죠. 그러믄 인제 잘 나므는 네: 쪽 나죠. 호두가. 그럼 그걸 그대루 늫구 해요. 그러구 잣:두 들어가여.

조사자: 잣이 참 많이 들어가네요.

많:이 들어가요. 한:국 음식에 잣 많:이 들어가요. 잣:두 들어가는데 그릏게 해 가주구서는 고기를 볶을 쩍에 마눌, 파: 그렁 거는 다 늫:서 볶어여. 넣:서 볶구선 다: 볶구 나서 다 볶아졌을 쩍에 웬만::헐 쩍에 미나린 맨: 나중 넣:서 볶어야 해요. 건 누러지니까. 내가 두서없:이 말:을 해서 잘 적기가 어려울 것 같애요.

조사자: 일단은 무를 소금에 절여서 짜서 놓고, 고기를 먼저 양념하고 같이 볶고,

고기, 어. 양념허구 같이 볶을 쩍에..

조사자: 이 버섯 같은 건 따로 또 볶고요.

아뇨. 그대루 한:데 볶아두 돼요.

조사자: 고기 볶고 난 다음에 따로 볶고요?

고기 볶은 담에 따루 늫:서 어지간::히 볶아졌을 쩍에 그걸 다: 늫구 미나리는 안 넣:요. 나중에. 실:고추 늫죠?

조사자: 예, 실고추 넣고..

그 저기 머야 호:두, 잣: 그런 거 늫구서는 다 볶아 놓구서는 그 무말랭이 짜논 거 있잖어요? 그러믄 이 번철이 이게 빠짝 말렀을 꺼 아녜여. 그른 데다가 검은장을 조끔 치믄 치::::허게 되지. 그럴 쩍에 살살 얼른 볶어내요. 그래이지 그 무:가 물르믄 맛이 없:에여. 그래가주구선 이걸 한데 넣:가지구 기름 치구 꽤소금 치구 설땅 치구 인제 그래가주구 맛을 바서 맛있으믄[마시쓰믄] 난 그거 맛있어요[마시써요].

조사자: 무장아찌가 이릏게 손이 많이 가나요?

많:이 들어요. 그르니까 그게 무슨 때:나 허지.

조사자: 이건 제가 먹던 무장아찌가 아닌데요.

무장아찌 아녜요. 여름에는 또 오이장아찌에다 그릏게 해요. 그르니까 여름

음식, 겨울 음식이 달:르죠. 무장아찌. 갈:랍은 머.. 생선 부치든지 머 허는 거
갈:랍. 편육, 양진머리 쓸은 거. 그러구 고기구이를 허는데 움:파구이를 해여.
옴파를 요만큼씩 쓸:지 않어요? 고기두 요만큼씩 허는데 고기를 이만:큼 쓸어
가지구 요렇게 요렇게 다지구 해 가주구 요렇게 쓸:어요. 썰어서 여기 움파 하
나 여기 고기, 고기 하나 움파 하나 고기 하나 움파 하나 해 가지구 유장을 발
러요. 굴: 쩍에 조끔 구워졌을 쩍에, 기름허구 설탕허구 저기 머야. 간장허구
해 가주구 유장을 발르믄 어:떤 구이나 어디든지 굽:는 데는 그 유장을 발르믄
딴: 맛이 나여. 해보셔 인저. 그릏게 해서 그건 해놓구요. 생선구이는 인제 생
선을 그냥 유장을 갖인양념을 해 가지구서는 허는데 파:, 마눌, 생:, 기름, 깨:소금.

조사자: 기름은 주로 어떤 거 넣으세요?

챙기름이지. 그른데 요새는 저것두 괜찮어.

조사자: 식용유요?

식용유. 식용유가 볶으믄 고소헌 맛이 나니까. 그리고 인제 다 헌 후에 챙기
름 조끔 치믄 챙기름 냄:새가 나지. 그래 생선구이는 토막 쳐 가지구 요릏게 해
가주구 거기다 발러서 자꾸 디집으며 궈:요. 그래서 인제 한 접시 놓구. 어:리
굴적 하나 놓구. 그르믄 이게 하나 둘: 셋: 넷: 다서 여서 일구 여덜 아호 열:
까지예요. 열: 까지에다가..

조사자: 한상 내려면 몇 시간이나 걸려요? 하루 종일 해도 모자랄 것 같아요. 준
비하는 게.

준비허는데 하루 종일 못: 걸리죠. 너무 걸리죠.

조사자: 며칠 동안..

아니 이:거 이에서 자:반 쩹시가 얼만데여? 우리 시아부님 회[하]:갑 지내구 저
거 허는데 혼:인덜 동서넘네 보는데 혼인 지내구 허는데 그거 혼자 해: 가주구
선 그때 냉:장고나 그릏게 많:아요? 있어요 어디? 그르믄 싸 가주구서는 이런
데다 해 가지구 우:물에다가 매:달아 놔. 했어여.

조사자: 어디다 싸서요?

이런 양:푼에다 싸대. 싸 가주구서는 매: 가주구서는 우이를 물에 닿:지 않게 우이루다 이렇게 허믄 깊은 물에 있으믄 차여.

조사자: 그럼 그게 며칠씩 걸려서 만든 거예요?

메칠 걸리죠. 이런 자:반 쩝시는 메칠 걸려여. 우선 말리는 셈이 있잖어요.

조사자: 이 상을 받아서 잡수시는 분이 어떤 분이세요?

어떤 분이냐믄 증말 아주 식사 대접허는 분이나 오세야 그렇게 허지. 이거를 다 이렇게 헐라면 열:뚜첩 반상을 얘:기허래서 허는 거예요 내가 지끔. 그러구 대:체루 우리 집에서 허는 거 보믄 구첩반상이대요. 구첩반상두 많:어요. 여기서 몇 가지 안 빠지구선 이 장아찌나 자:반 쩝신 다 있는 거니깐.

조사자: 그르니까 이런 반상을 몇 번 만들어 보셨어요?

이 반상..저기..머야... 시조부 돌아가셔서 대소상 지:낼 쩍:에 맨들어 봤죠. 그럴 때 그렇게 허라구 으른들이 갈쳐 주시믄 했:어요. 내 생전에는 이렇게 엄:청나게 대접허는 거는 못 해 봤어여. 그때 돌아가신 후:에 상:식사허는 데 봤지. 그러구 우리 동서들 얻:구 그러는 데는 칠첩반상 그렇게 했지, 구첩반상두 못 했어여. 그른데 요기에 이게 십이첩반상을 허믄요 여기에 저것두 있어요. 고기를 육회 재:서 육회를 재: 가지구선 그걸 지져 먹는데 옴:파허구 아주 무:를 갖다 채:쳐서 놓고 또 배두 이렇게 채:쳐서 놓고 그러고서는 옌:날에는 냄비 어딨어여? 요런 쇠냄비가 있지만 이:쁜 게 있지만 강:요주73)라구 있어요. 저..바다에서 나는 조개에 이만헌 조개가 있어여. 그러믄 생긴 것이 이렇게 생겼어여.

조사자: 무슨 가리비같이 생겼나 봐요.

이렇게 생깄는데.. 이렇게 생겼어. 여기다 이렇게 달렸어요. 내가 당체 헐 쭐을 모르니까. 이렇게 주름이 거죽에는 주름이 이렇게 잽혔어요. 강요주란 그 조개껍데기가. 그렇게 생긴 데다가 여기에다가 주석으루다 장:식을 했어요. 놋걸루다. 그래선 손님이 오시면 그걸 내:다가 풍로에다 불을 피구서는여 거기다

---

73) 꼬막.

가 인제...

조사자: 크기가 얼만 했는데요?

크기가 요만해여. 요만해여. 두: 분이 잡숫기 꼭 좋게 돼 있에여. 근데 옛:날에는 어렵게 대:접허는 데는 외상이지, 겸상이래는 게 없:어. 겸상두 요새는 부재간에 겸상 죄다 허:지만 부재간에 겸상이래는 게 없:었에요. 그래선 요기다 오목::허게 됐으니깐 요기다가 인제 국 국물을 버서 해: 가주구서는 거기서 인제 풍로루 해서 이렇게 해서 허구, 인제 갈비 겉은 걸 구워서 먹으믄 여기다가 인제 해:서 십이첩반상에는여 여:기 판:상이 이렇게 있에여.

조사자: 아, 곁상이 있어요..?

네 곁상이 있에여. 그러구 그 냥반 잡숫구 나서 양:추질허는 타:구두 여기 장만해야 있구 양촛국이 여기 있어야 허구.

조사자: 양축이요?

양:추질해서 뱉:을 거. 건 먹는 게 아니구 뱉:으는 거죠. 이거 다 먹구 나서 뱉:으는 거죠. 그러구선 이런 데 인제 부:식으루 나가는 건 식:헤나 때에 따라서 수정과에다가 강:정 겉은 거 산자 겉은 거 여기 부:식으루 나가는 이 상에 잡숫구 나서 잡수라구 그런 거 옌:날엔 너머 저거해여.

조사자: 참 며느님들이 참 힘드셨겠어요.

그른데 이렇게 잘사:는 집에서는 종:들이 있잖어요. 우리는 소:론집에서는 우리 소:론집에서는 종:들이래는 게 음:식허는 덴 상관이 없:었에요. 근데 노:론집에서는 여자들이 상관 않는다대요. 이 종:들이 다 허지. 그래 조치에는 생선 조치, 갈비찜, 고:꾹, 밥, 강요주 전골, 양촛기. 양:추해서 받는 게 타:구라구 이렇게 생겼에여. 요 가운데가 이렇게 됐는데 여기다가 양축 대접에다가 물을 해서 나서 따루 딜여가머는 밥 다:: 먹구서 양:추질해서... 그르니까 양:반이 얼마나 저거해요? 너무했지..

조사자: 게으르죠?

그렇대여. 인제 그거예요. 여름에는 여기서 김치를 갖다 열무김치에다가 오이소백이허고 무장아찌를 갖다 빼:구 오이장아찌허고. 오이장아찌가 이와 똑같은데 외[ㅎ]:만.

조사자: 무 대신에 오이만.

근데 미나릴 안 늫지 여기다. 오이장아찌는 미나리 안 너요. 우리 메느리는 지끔두 즈이 시아버지 생신이 되거나 저거허머는 장:아찌 볶으구 나물허구 그러잖아요. 이 자:반쩝시는 벌써 없:어진 지 오래예여. 이거 얼:마나 턱없:이 비싼 건데요. 여간 비싸지 않지. 고기야 허믄 대지만. 그래 이게 열뚜첩반상해서 여기가 줄이구 열뚜첩반상을 허지만 오:첩반상, 육첩반상, 구:첩반상 그렇게 허는데, 육첩반상은 업:지. 칠첩반상, 오:첩반상 그렇지.

조사자: 제사상 준비하시는 것도 아주 큰 일이셨겠어요.

제사쌍 준비허는 거 큰일이죠. 그 갈:랍에는 저기 홍합초, 전복초 이런 게 다 있어야 되거든. 제:사 지내는데. 거기는 이거에 반:은 달르지. 제사쌍 준비허는 거는...

조사자: 그러면 그때는 음식 보관할 때 우물물 거기에다가...

응 거기다가 쉬:지 않는 거, 상헐 꺼 그런 거는 이렇게 매:달어서는 보재기를 이렇게 싸 가지구 그걸 튼튼히 해 가지구 밧:줄 겉은 걸루 튼튼히 해 가주구 우물 거... 이렇게 나온 구덕 있잖어요? 거기다 해 가주구선 거기 아:이들두 못 가게 허시대요.

조사자: 특히 제사 지내고 난 다음에 그 음식이 굉장히 많이 남잖아요.

며칠 똥안 남는데 난 그 남:는 건 못 봤어여. 전:부 반기루 나가니까. 대소상 지내거나 우리 시아번님 대소상 지낼 때까지는 그랬어여. 저기 그 음:식을 갖다 집에서 두구 먹는 일은 거이 없:에요. 전:부 집안 내에 나누구 친척에 나누구 외가, 진외가까지 다 나누는데. 이런 목판에다 해서. 그걸 반:기라구 그래요. 그거에..지:사 지내는 것두 많:으믄 제물에 저걸이 편해서 것도 또 많:지요.

조사자: 떡도 집에서 하셨어요?

그르믄요. 편 집에서 허지. 갖인 편이라구래요. 지:사 때나 혼인 때나 갖인

편에 팥편, 또 꿀:편, 승검주편...

조사자: 승검주요?

승검 주편이라구 있어요. 파:란 가루. 백편, 또 깨:편, 깨:를 실에 가지구 빠가지구 인제 깨편을 허는데.. 그 깨편, 또 두텁편, 팥 볶아 가주구서는 허는 거, 거긔 양념 들어가는 게 굉:장히 많:어요.

조사자: 근데 이런 걸 다 깨치실 때가 몇 해 지나서 깨치셨어요?

몇에 깩겼느냐구? 그런 거야 여기 들와서 동서들 볼 때 우리 동서들 볼 때는 서른 안짝이구요, 우리 시어무님 시아버님 환갑 지낼 쩍에 내가 서른하나에 했었어요. 그래두 다 했:에요. 인제 우예서 시고문님이 오서서 당:게질은 해 주시구 그렇게 허는데 사:람은 업:구 기집애 하나니까 그걸 두구는 인제 허는 거죠. 환:갑 같은 데는 시부모에 옷:에서버텀 금:침까지 다 해여. 다 하는데 그거 다 했:어요. 음:식서. 거기 지끔 적은 이 음:식은 십이첩반상은 아니래두 음:식은 다 있죠. 그러니까 자:반 쩝시 그런 걸 헐러믄 이렇게 해서는 찬합, 칭칭 찬합이 있잖어요? 거기다 하나를 해 노믄 그게 인제 잔치 한 번 치루는 거 돼요. 그거 이렇게 생각허믄 내가 말을 선:찮게 해서 복잡허지요? 쓰기가..

조사자: 아니, 워낙 많은 거니까요. 맨 처음에 실수도 많이 하셨겠어요.

실:수헐 여가가 없:에여. 꼭 고정해 있는 거니까, 꼭 고거를 해:야만 허니까. 강:정, 약:과, 타래과, 빈사과, 또 정:과 이런 거 맨들라믄 얼만데 그거 다 했:어요. 우리 메느리두 건 다 허죠. 그 애:들 상 해주는 것두 지가 배우기 위해서 더 헌 거예요. 이것들... 배우기 위해서. 나는 상을 해서 이렇게 괴놓는 거 싫어. 왜 그러냐면 걸 다 먹어요? 그런데 인제 실:과덜을 해가주구선 이 접시에다가 세:실과라구는 인제 저걸루다 헌 거.. 집에서 맨:들은 걸루다만 헌 거를 세 실과라구 해:서 놓구 또 실과 한 접시.. 대:추, 밤 그런 건 따루 놓구 또 생실과 또 따루 놓구 정:과 따루 놓구 그렇죠.

조사자: 백김치가 서울 음식이에요?

모르겠에요. 백김치라는 거는 저긴데. 근데 우리네는 동:치미예요. 동:치미

고 우리네는 백김치란 소린 요새 들어봤에여. 못 들어봤에여. 그러고 장:김치
를 허죠.

조사자: 장정들이 있어야 하지 않아요, 떡 하려면 뭐 찧고?

우선 떡을 헐라믄 떡 한 말을 하잖아요? 한 말 가서 빻:오지요. 빻은데 지끔
은 저기 가서 물을 내려댈라구 허며는 물을 내려주데요. 그른데 그때는 빠:다
가 집에서 물을 내렸에요. 왜 그러냐믄 그 꿀물 릏:구 승검치물 릏:구 그래가지
구 채루 쳐 가지구서 허는데.. 편뚜께가 요만해요. 편 두께가. 그러믄 팥편, 팥
앉히고 그 물 내려온 가루 놓고 그르구 또 팟을 허고 그르는데 팥 앉히고 가루
놓고 그르구 여기다가 대:추, 밤:... 대:추, 밤: 이렇게.

조사자: 그게 무슨 떡인데요?

그게 팥편이야.

조사자: 시루떡은 아니고요?

시:루떡이지.

시:루에다 그릏게 앉히지. 그래가지구선 팟을 이릏게 놓:구 거기다가 인제
찹쌀을 인제 또 가루를 해 가지구 그릏게 해. 그러면 팥찰편이지.

조사자: 예전에는 집안에서 떡살을 치고 그러셨지요?

지:사에는 저..정월 내내..흰떡 치구 인절미 허구 그러는 거 떡매로 쳐서 허
는 거지 이런 대:소사에나 혼인에는 그게 없:에요.

조사자: 아, 가래떡만 그런 거예요?

가래떡? 가래떡은 그거 설:에 허는 거야. 설:에 해서 설:에 인제 채려 잽술
쩍에 떡국 끓이구 만두 허구 그래서.. 자기 형세껏 차려 지내지.

조사자: 집안이 점점 어려워지면서 부엌 살림도 그렇잖아요. 난리도 치르시고
그랬을 때 살림이 줄지 않으세요?

그 살림 지끔 하나두 없:어요. 우리 시백몬님 게실 쩍에 허든 거 떡매, 안반,
모판이 이렇게 된 거 이른 데다 해 가지구선 집안에서 인제 생신을 지내든지
허믄 그거 가지쑤를 좌: 해 가주구선 사돈집이나 딸애 사돈집이나 메눌애 사돈

집에나 일가집에나 전:부 해서 이:구 나가게 돼 있에요. 보내느라구. 그거가 우리 시백문님 게셔서 허시는 거 밨에요.

조사자: 그럼 집안에 일하는 사람이 많아야 되겠는데요.

그때는 우리 집에두 행랑 싸람이 있었구. 집은 조그만 집이두 행랑은 있었어요. 또 시:할아번님 땍에 행랑 싸람 있었구 시백문님 땍에 행랑 싸람에 식:모 있었구.. 또 인제 시삼촌 찜에 그릏게 있었구 그르니까 무슨 때에는 그 집 행랑 싸람만 매두[74) 헐 쑤 있에요. 근데 행랑 싸람 허는 거, 아래에서 떡방아 빻오고 설거지허는 거 이외에 다른 거 있어요? 업:지. 전부 이거 허는 거는...

조사자: 음식 만드는 거는 그 사람들이..

그 사람들 안 해요. 우리 손으루 다 허지. 그러고 제:사 한 번을 지낼라믄 제:사 지내는 데두 그렇구 혼인허는 데는 떡을 요만큼씩 쓸:어서 인제 허지만 제:사 지내는 데는 이만::한 편틀이 있에요. 또 요만:허게 된 적틀이 있구. 또 요만허게 된 포:틀이 있구. 포:틀허구 적틀허군 똑:같애. 그래선 이릏게 됐으므는 여기다가 이렇게 밑에다가 대:서 놓구선 이릏게 노:믄 반듯헐 거 아녜요. 포:틀, 적틀, 편틀 다: 그래여. 그 판괴[히기가 참 어려와요. 그거 인제 그 중에두 낫:게 허는 사람이 뽑혀서 실과 괴[히구 편 괴[히구 허는 걸 다 허지. 그거는 이즈막까지 했:에요. 우리 시아번님 돌아가시구 그런데 나는 인제 진저리가 나서 우리 대:에는 절대루 그런 거 맨들지 말라구 했어...그른 거 소용 업:는 거예요. 그래두 옛날엔 이렇게 했다 허구 싶어서 이걸 적어서 딸을 줬어요, 하나는. 그러구선 하나는 내가 있으면서 내가 이런 걸 맨들어 봤으믄.. 그른데 내가 요새 맞춤법을 잘 몰라요. 이렇게 이렇게 이릏게는 쓰지만 그것두 군두목이지. 그릏게 쓰지만 이렇게 띠어서 쓰는 걸 몰라요.

조사자: 띠어 쓰는 거 안 했죠?

안 했어요. 그래 아들레 집이 판:지두 못 해여. 띠어 쓰는 걸 못 해서. 그래

---

74) 모여도.

배:라구 허는데 그릏게 배:지지 않대요.

조사자: 다 그래도 띄어쓰기 안 해도 알아보잖아요.

응? 알어는 보지. 그래두 내:가 줄줄 내려보는 거 허고 아들들이 와서 보는 거 허고는 천지 차이가 나드라구여. 발음이 시언찮으니깐. 그래 댁에두 지끔 그릏지 않어요? 내가 말:허는 게..

조사자: 저는 모르는 말이 많아서요. 제가 젓갈류 이름을 잘 모르고.

젓갈두 많:지요. 그 전에는 어리굴젓이 겨울에 집에서 당구는 거니까는 낫지만 봄 그런 대는 전굴젓 겉은 거, 또 인제 저거요. 그게 머더라.. 준:치젓, 준:치 젓은 준:치 알젓 있에여. 그런 것이 있으믄 그런 거를 이런 상에 그것두 자기 식성따라 먹으라구 한 가지씩은 놔:요, 젓갈을.

조사자: 근데 그 남자 어른들하고 여자들 먹는 거랑 또 다르지요?

다르지 그럼. 여자들은 남:는 대루 그대루 먹지만 남:자들은 옌:날에야 시부모 상 먼:저고 인제 시아번님이나 시할아버님 쌍 먼저고 고 담에는 남편에 상이 있고 그르구 나서야 아이들을 멕이니까 아이들이 은:어 먹는 게 없:지. 아이..그래요. 우리 제:들 기를 쩍에는 아이들을 얻어먹는 거 없:었에요.

조사자: 맛난 음식 같은 거 만들 때..

그런 특정 음식은 허지만 이렇게 반찬을 허다가 쪼끔 해서 상에 놓구 나믄 없:잖아? 그러면 게:들은 못 먹죠.

조사자: 그래도 음식 만들다 보면 조금씩 맛을 보시고 그러잖아요.

그런 것두 안 허구. 그래서 제:덜은 요새 음식허는 거 허고 그전 음식허곤 달라요. 그게 변:경이 돼:야지 그전에 우리 허던 음식이 그대루 가선 안 돼요. 요새허고 맞질 않으니까. 근데 이렇게 앉었으믄 늘꾸 어지러니까는 옌:날에 거 음:식 좀 먹었으믄 십은 생각이 있대요.

조사자: 예전 어른들은 며느리가 해오는 걸 다 받아서 잡수시고 그러셨는데..

그릏죠. 그르기두 허고 집에서 으:른 게시면 맨들어야 하니까. 잡숫구.. 나는 그전에 저거 헐 쩨 시부모 계실 쩍에 음식을 허믄 집안에서들 모여서 나눠는 먹었어요. 그래두 동서님네한테 받어 보지는 못했에요.

조사자: 동서 분들도 다 이런 거를 다 배우셨겠어요.

잘 몰:르죠. 저기 셋:째 똥서, 넷:째 똥서. 넷:째 똥서는 저 시:꼬에 살:고 셋:째 똥서는 여기 교:문동에..교..무슨 동이라나 거기서 살:고 그러는데 거기두 메누리 넷: 보고 저기두 메누리 둘 보구 그랬는데 그 셋:째 똥서 큰메누리는 그 즈이 시아버님 환:갑 때 채려 바서 음식 잘해요. 요새룬 아주 일:류라구 그러죠. 거 지끔 우리 메누리만치 야:는 사람 없:에요 또. 건 봤:으니깐 허지만 보지 않구야 어트게 해여. 그르구 보구두 내 손으로 허면서 먹어 보고 눈으루 봤:는데 입으로두 먹어 보구 그랬는데 지:가 허면서 ..그전엔 어트게 했는데 그렇게 맛있든데[마시뜬데] ..이걸 조끔 더 늫구 저걸 조끔 더 늫구.. 해 가지구 고 맛을 맞히머는 그게 되는데.. 지끔은 그게 업:잖아요. 보기만 허구 먹어 봤어야지. 그게 어려와요. 그래 내 그러는 거죠. 그거는 끝났으믄 멀 허까요?

조사자: 화로랑 달라요?

화:룬 달르지. 이건 냄비구 냄비식으루 댄 거 이릏구 우묵허게 댄:거... 약과 지지구 강정 지지구 그러는 거지. 그르구 화:루는.. 화:루는 우리 집에 저기두 있는데.. 청동화루.

조사자: 시집 어른들은 오히려 깨신 분이고 할머니를 귀여워하셨다고 그러셨잖아요? 원래 결혼 안 했을 때보다 오히려 더 자유로운 부분이 있으셨어요?

자유로운 부분두 있구 또 인제 내가 구염을 받으니까. 그른데 옛:날에 으:른들이 그러셔. 아래싸람 노릇 허긴 좋지만 어:른 노릇 허기는 어렵다구 그러는 거야. 그거 꼭: 맞는 얘기여. 그전에는 내가 헐 일만 다 해 놓구 허라시는 것만 다 해 노믄.. 아이 잘했다.. 허는 한마디래두 은:어 듣는데.. 지끔은 아이들 꺼 머 해주구 나두 어디 그런 게 있어요? 예:를 들어서 그런 거지. 그때 씨절엔 그때스런 또 멋이 있어. 지끔은 지끔대로. 지끔은 나가는 게 많구 그랬기 때문에 그때 일을 허라믄 헐 쑤 없:에요. 그러믄 딴 날 허죠. 지리헐 것 같애. 지리허잖아요.

○가정 생활

조사자: 아니, 지리하지 않아요. 근데 할아버지랑 참 재미있게 사셨을 것 같아요.
할아버지?

조사자: 예. 많이 싸우셨어요?

난 누구허구 싸우는 성:질이 아니예요. 그냥 그냥 좋자 허고 지내는 참:는
것이 많:지.

조사자: 그래도 할아버지가 다정하시잖아요.

다정헐 때나 다정허지. 아주 무뚝뚝허기루 유:명허신 분인데. 우리 시아버님
께서 다정허시구 우리 시아버님께서는 경기고등학교 선생님으로두 계셨구 이
화전문학교, 연희전문학교.. 저 동양사, 국사 선생님으루 계셨죠.

조사자: 무뚝뚝하세요, 할아버지가?

그런 쫌.. 무뚝뚝허시지. 자상하 배요?

조사자: 예, 자상하신 것 같은데.

그롷지 않아. 자상허실 땐 그른덴 자상허신 거 겉으구 머.. 집에선 안 그래.
전:화를 해두 우리가 전화허믄 받을 말 딱 당신 할 말만 허믄 딱 끊어뻐려. 그
런 분이야. 그러려니 허구 살:지.

조사자: 그래도 이렇게 오래 같이 사시다보면 서로 닮죠?

그러는지 모르지. 집에 있으니까.

조사자: 아니, 할머니랑 할아버지랑 비슷하셔요. 맺고 끊는 것도 두 분이서 잘
맺으시는 것 같아요.

글쎄. 그렇게 들으니깐 그롷지. 나는 말:두 헐 쭐 몰르구.

조사자: 잘하시는데요.

에이.. 그래 내가 저번에 그랬어. 내가 야:는 거를 그래두 하나래두 알:어서
머에 조끔 이익이 된다면 참 좋은 일이거든. 그러는데 이렇게 날짜가 가며는
머 다 알:... 공부허구 나믄 언제 보느냐 내가 그랬어. 우리는 옷에 대해서두 혼
인에 멀: 입구 멀 입는 거 또 사:람이 죽으믄 수:이 해 가는 거 있지. 수:이 해가

는 것두 잘 헐려믄 명지가 열 필이 들어요 한 사람 죽은데. 그거 수이 그런 거.. 그런 거는 내 손으루 또 해:보구 저거했으니까 알:지.

조사자: 살림하는 데 얼마나 많은 지식이 필요한데요. 집안일만 하셨다고 할머니들이 '참 나는 아는 거 없다'라고 말씀을 하시는데 그게 많이 아시는 거예요.

옛:날 지:내 본 거니까.

조사자: 예, 그럼요. 얼마나 많은 세월을 또 그렇게..

많:지. 내가 이렇게 많이 살 쭐은 몰랐는데.

조사자: 그런데 참 다행인 것 같아요. 할아버지랑 두 분이서 같이 사시니깐.

우리 시아버님이 다정하셔. 참:: 다정하셨어.

조사자: 어떻게 아끼셨는데요?

애:껴주시니까. 머:든지 허는 거를 심:드는 거를 해두 심이 안 들어. 한 말씀 이래두 애:껴서 얘길 허시니깐. 그거 그렇게 허구 병: 나믄 어떡허니.. 이러구.. 내가 많이 아팠에요. 젊어서도. 그래 밤낮 죽을까 봐 걱정허신 거. 그럴 때 너 늙은 부모허고 어린 자식허고 겂두 안 나니? 왜 네 몸을 그렇게 학:대를 허니.. 좀 네 몸두 우해 바라. 그러시는 말에..그 한 말씀이 얼:마나 중요헌 말씀이세요. 그렇게 자상허세요. 근데 이 냥반은 어림 읎:에요. 아부지 닮을라믄.

조사자: 그런데 친구 분들 사귀실 기회나 있으셨어요?

나? 난 입때까지 친구라는 건 몰:라요. 그런 건 읎:에요. 하나두 읎:에요. 그래 내가 나두 학교를 보내줬으믄 동창회래두 있으믄 말: 한 마디래두 해보지. 누구허구 말 한 마디 할 떼가 없:구, 우리 형님은 분당서 사:시니까 아까 전:화두 했지만 인제 노:인이시지 구십 노인. 나두 늙었지만. 나 언:제 어서 가니 소리 하나뺵에 더 있에요. 읍:지.

조사자: 동네 분들하고는 안 사귀시고요?

안: 새겨요. 우리 메누리가 이 동네 싸람 다: 알거든여. 늙은이 주책읎:이 댕기믄 우리 메누리헌테 이힐 거 하나두 읎을 것 같애. 그럼 동네 싸람 당체 난....

조사자: 그래도 젊으셨을 때는 마실 같은 것도..

아이..그런 거 읎:에요 우리는. 마:슬 아니라. 이 방꾸석 하나빆에 모르지.
야:이들 길러놓구 이 방꾸석 하나예요. 쓸데읎:는 말을 이렇게 허잖아요.

조사자: 아니예요. 보통 평상의 말이 중요한 자료가 되거든요.

내가 요전에 무슨 말을 생각허구 이런 말은 하나 해줬으믄 참 좋겠다 했는
데 잊어버렸어 또. 거 옌:날 말을 저거 헌다구 그러지 않아요. 그러니까 이런
말은 한마디 해줬으면 참 좋겠다.. 내가 자식들을 길러보고 박사학위[uy]두 따
구 메누리두 박사학웰[uy] 따구 그랬지만 그 공부허는 데 데리쿠 가서 있어보
니까는 그렇게 그냥 몰:르는 게 있으면 애:쓰는 것 보다가.. 몰:르는 말이 있으
믄 거 외[ö]국 말이야 모르는 게 많지 않아요? 그러면 애쓰는 거 보믄 그릏게
걸리드라구요. 내가 쓸떼없:이 이렇게 앉아서 옌날 거를 얘:기해서 댁에 조금
이래두 요만이래두 이한 게 있으믄 거 괜찮지 않아요.

조사자: 그럼요.

그른데 그릏게 도움을 주까 싶지 않어.

조사자: 그러니까 할아버지들은 주로 바깥 일, 그런 직업 같은 거에 관계된 말씀
을 많이 하시는데 할머니들은 또 집안일에 대해서 많이 하시잖아요.

나는 다른 사람과 또 달치. 열레 살에 여기 시집 와 가지구서는 이날 입때까
지 요 방구석에만 있지 나가는 일이 없에요. 나가 보지를 않았어요. 그러구 나
가야 쓸떼업:는 얘기밖에 더 있에요? 머 학식이 있으니 무슨 요령 있는 말이 있
겄어요? 학식두 업:지. 주책없:이 늙은이 댕:기면서 얘기허는 거 왜 늙은이 나
오는 데 나가보지 그러느냐 그러는데 아이 그른데 가구 싶지 않아요. 그거 머
내가 존중해서 그러는 게 아니라 거 나가서 머 찌르구 앉았어요? 아:는 것두 읎
이. 그르니까 그냥 있는 거지요.

조사자: 외로우시진 않으셨어요?

그런 때두 좀 있지요. 외론 때. 이 냥반 무뚝뚝해서 저거허니까는 외론 때가
조금 많:지. 그릏지만 머 아이들허구 저거허니까 요새는 증손자하구 그냥 보는
게 유일에 낙이야.

조사자: 다들 요기 근처에서 사시나요?

예, 바학동 요기들 살어요. 그래서 오믄 그냥 가구 쪼금만 허믄 시아범이죠. 며누리헌테 참 잘해요. 우리 며느리가. 할아버지 할머니가 그냥 꼭 머든지 사 가지구서는 가구 또 좀 신접살림이니까 좀 저거허니까 꼭 공일날이믄 저녁 불러서들 그냥 같이 먹구. 머든지 그저께두 머 미도파에 가서 머 또 사다 디:밀구 왔다구 그러대요. 잘:해요. 그게 아주 참 신통해요. 고부간에 저거허믄 안 대요. 그른데 얼:마나 시애미 노릇을 잘허는지 몰라요.

조사자: 할머니도 잘하셨잖아요.

(웃음) 멀 잘해.

조사자: 그래도 엄한 시어머니는 아니셨죠?

아니 엄허게는 안 했에요 내가.

조사자: 그러면 할머니 그게 친정 쪽으로는 대대로 어디서 사셨어요?

우리는 남산꿀이 어딘지 남산꿀서 살었다구 그러대요. 대대로. 서가에.

조사자: 몇 대 정도 그렇게 사신 거예요?

오래지요.

조사자: 조선 개국할 때부터..

그렇죠.

조사자: 거기 토박이시네요.

토백이예요, 여기. 서가는 을:마 안 된다대요. 이 정:씨네가 굉장허지. 서가는 을:마 안 된대요. 그래두 토백이루 살었어요.

조사자: 그러니까 할아버지 때부터 군수를..

우리 할아버지께서 구한국 시대에 그렇게 댕겼었대여. 그래두 이 서가들이 너머 청백해서여. 근데 서가뿐이 아니야. 옛:날에는 양반이 그런 걸 몰르죠. 지끔은 아::주 즈기 나오는 거 보세요. 삼강오륜이 어딨이며 인이예지가 어디가 있어. 그래 법에 이거 어그러지기 때문에 이 지경이다. 법이 그래두 있으므는 줄거리는 이렇게 있구 좀 잘못되는 것두 거거서 쪼끔쪼끔 잘못되지만 이거

는 법이 읍:는 세상이 돼서 이래. 왜 저런 걸 갖다 사:형을 허구 기강을 딱 세 놓지 못허구 저릏게 하니. 내가 그런 소리를 다 허는데.

옛날에 으:른이 허시는 대루 말:씀허시는 대루 꼭 순종헐 쭐만 알았지. 저거야 그게 또 옳은 말 같으구. 그르구 시집와서 시아버니께 참 상식을 많:이 읃:어 들어 뺐:어요. 이 시댁에 들와서. 시집에 본집에선 밸 새나 있어요? 일찍이 시집을 왔으니까. 그랬는데 너무 오래 살어 걱증이야. 아들이 지끔 칠씹배긴데..

조사자: 아까 아드님이요?

큰아들이야.

조사자: 아드님이 연세가 어떻게 되신다구요?

일흔일곱 되죠. 아니 예순일곱. 그르니까 그릏지.. 아이.. 메누리가 올해 환:갑 지내구. 그래도 나부다 즘 낫게 어디 여행을 댕겨오고 그러믄 그릏게 마음에 대견허대요.

조사자: 할머니는 여행은 다녀보셨어요?

아이..안 갔에요. 그렁 거. 어딜 가요.

조사자: 예전에 미국에 갔다 오셨잖아요.

그거는 아들들 있구 또 넷:째 아들이 죽은 후에 넷:째 메누리가 아이들을 데리구 거: 가서 대학원을 졸업허고 온다구 그랬어요. 게:를 데리구서는 가서 이:년을 있다가 왔에요. 그러구 나선 인제 박사학위[uy] 따는 게 칠 련이 걸렸는데 가든 해부터 칠 련이 걸렸는데 이: 년은 내가 해주구 왔지만 이: 년 호:에는 지가 오: 년 똥안 혼자 했:죠. 근데 그때두 안 올 껀데 남들이 말:이 많:어서 왔에요. 메누리 시집가까 봐 가서 (짤림) 그거 메누리 맘두 그게 아녜요. 착하구..

조사자: 왜 끝까지 개가 안 하셨다고 했어요?

갈 맘은 읍:는데 사돈집이서들 그렇게 그래서.. 기급을 해서 왔어요. 이: 년 똥안 있다가. 그래 지끔 그 딸아이가 연:대 들어가서 내년에 사: 학년 되구 작은애는 외[ö]대 들어가서 이: 년 되구. 지끔 교:환 교수루 나가있죠.

조사자: 어른들에게 말씀을 올릴 때 이를 테면 어머니 같은 분들께는 어떤 식으

로 말을 했나요?

그랬어 저랬어 본집 어머니 겉으믄 그러지만 시댁은 그런데 이 댁에는 내가 들오니까 전부 이 댁뿐이 아니라 좀 낫:다는 집에서는 메느리가 시어머니헌테 마:님이라구 그랬어요. 종:과 똑같애. 그런 거를 우리 시할아번님이 고치셨지. 어머니라구 그러라구. 어먼님 아번님 그룫게 댔지. 나리 마님, 마님, 영:감 마님.

조사자: 그러면 시아버님한테 말씀드리는 거하고 시어머니한테 말씀드리는 거하고 달랐어요?

달르지 않지. 거진 겉으지. 달른 게 더러 있어두 머 달를 게 업:지. 존경허는 말에 대해서야 머가 달러.

조사자: 그러면 부리는 사람, 가령 행랑어멈 같은 사람에게 시킬 때는 어떻게 해요?

그런 데는 사람이 우리는 으:른들 허시는 대루 했지만 사:람을 부리는 데 너무 딱딱허게 부리는 건 못 쓰는 거예요. 부드럽게 해:서 인제 궁통성 있게 부려야지. 그러니깐 그 사람에 아무리 아래 싸람이래두 인격을 존중해주구 또 말:에 말:이래두 할경허는 말은 안 되는 거야. 할경이라는 건 업:슨녜긴다[75]는 얘기예요. 근데 업:슨녜기는 말은 안 해요.

조사자: 그래도 할머니 동서 분들하고는 다르잖아요.

동서는 동서끼리야 달르지.

조사자: 아랫동서한테 얘기하는 거랑 행랑어멈한테..

달:르지.

조사자: 뭘 물어봤는데 거기 경치가 좋냐고 물어볼 때 아랫동서한테는 어떻게 물어보시겠어요?

자네가 어떻게 했나.. 인제 허게 허지. 아래똥서헌테는.

그리구 아:이들이 있으믄 태형 엄마 어떻게 했어? 그렇게 물어보구. 그렇지

---

75) 업신여기다.

만 아래싸램이 어:른 동서헌테 물어볼 쩬 형:님이라구 그르구 존경 쓰지.

조사자: 그러면 어디 가는 사람한테 어디 가우라고 물어보기도 하나요?

그거는 평교에나 허는 말이지. 어디 가세요 해야지. 편교는 동등헌 입장에서 허는 거. 어디 가우 그러는 거.

조사자: 그러면 그렇소랑 그러우랑 달라요?

그렇소랑 그러우랑 좀 틀리지.

조사자: 어떻게 다르죠?

그렇소 그러는 거는 글쎄... 편교에 허는 건데 그렇소는. 내:외간에 허는 데는 그렇소 허게 헐 쑤 있지.

조사자: 물어볼 때요?

물:어볼 때. 그러믄 인제 대답허고. 그러우 그러는 것두 그렇게 물어보는 거지. 그르니까 한:국말에 한: 마디 할 것을 여러가지루 나가는 데 많:지. 한:국말이 참 많:어. 그걸 단어라구 그러나 머라 그래? 말:이 많어. 한 가지 말을 여러가지루 쓰는 게 굉:장히 많어. 인제 이렇게 우린 상용 쓰는 거는 배:지를 않었으니깐 잘 몰르겠어 우리 인제 헌 얘기 그런 거. 으:른들이 허는 거 보구 인제 내가 동서들허고 허는 거. 인제 또 난 친:구가 없:으니까 친구헌테서 좀 잘못된 거래두 그릏지 않다 허는 말 들어볼 그런 사람이 없:어. 내가 잘못허는 거두 내가 그냥 저거허지 누구헌테 물어볼 쑤가 있어야지. 몰:르니까. 그래 어떤 때는 그게 한탄스럽구 아버지가 일곱 살 여섯 살엔가 돌아가셨으니까. 아이 그런 거를 내가 알:려구 생각두 읍:지 그런 적은. 그래 급급허기가 여기 오기가 시집오기가 급급허니까.

조사자: 친정아버님은 뭘 하셨어요?

우리 아버지? 시굴에서는 시굴 내려가서 청양 우리 할아버지가 내려가서 사:십 년 살다 오셨어. 그동안에 농:사 지:신 거지 집에서. 그르구 글 배:셨어. 글빵. 글 배:서서 논어를 오천 독을 허셨다구 그러시는데. 그 논어가 오천 독이므는 얼마야 그게 을:마나 달통했지. 그래서 항:교에서 글 질: 쩍이며는 시회허시

구 그러는 거 밨:어. 시회. 항:교에 선비들 뫄가지고 글 잘허는 사람들 뽑아서 거기서 인제 글들 짓:구 그러구선 회허는 거 그런 거 바:서 음식해서 올려가구 그런 거.

조사자: 시골이라고 하더라도 벼슬하던 서울 분들이 많으셨죠?

나라 이렇게 되면선 내려와 사신... 누레기 이 판서 땍이라구 거기도 그렇지 은천동 김찬수 땍이라구 거기두 그릏지.

조사자: 누래기 이판석 댁이요?

거기 누러기라구 허는 동네가 있는데 거기 와서 샤:시는데 이 판서 땍이라구 거기 와 사시구 거기 인제 우리 집에서 얼마 안 되는 은천동이라구 그러는데 또 김씨 땍 거기서 또 와 사시는 사람이니까. 모 고 동네두 윤 도사 찝, 주해명 찝 다: 많어.

조사자: 서울 사람들이요?

서울 싸람들이 다 내려와서. 여기 앞에 일번 늠 세상 안 보구 내려와서 그냥 농:사 짓구 산다 그래서 농사일 보시는 거야. 그르구 그 농사일 보시는 건 머슴이 허지만 대::체루 글을 많이 읽으셨어. 큰아버지는 정:인보 씨라구 있지? 거기 말: 말두 아니라는 소릴 들었는데. 학식이. 그 읍내서 일번 늠들이 모두 학교를 설립허구 그래두 그른 데 하나 안 나갔어. 우리두 하나두 안 느시구. 우리 연배들은 많:이 댕겼어 거기서 또. 그릏는데.

조사자: 못 해봤던 것 중에서 이런 걸 했더라면 하는 게 있으세요?

그릏지. 그거는 내가 학교를 못 댕긴 거지. 동서님네 다 보믄 삼 동서가 다 고동학꼴 나왔는데 나만은 안 나왔으니까 그게 얼마나 수치스럽구 내 맘에 그냥 자:걕지심 들어가는 일이 많:구 그렇지. 그래서 나는 아들을 혼인 정:할 쩨 꼭 대:학생을 취했어. 그래서 우리 메누리는 이:화대학 나왔지. 대학 나온 저건 아냐.

조사자: 그렇더라도 댁에서 배우셨으니까 학교 교육 받은 사람에 못지않으셨잖아요?

아이 그래 학교 졸업헌 사람 같어? 아무래두. 학식일 배:서 안 얻:은 사람허고 남헌테 귀동냥헌 사람허구 달르지 어째. 귀동냥헐 껀 허구 못헐 껀 못허잖아. 신문에 나면 그냥 그거나 쫌 보구. 아이 그래.

조사자: 할머니 띄어쓰기 책 같은 거 다음에 올 때 갖다 드릴까요?

아이 그런 건 지끔 갖다 멀 허우. 갈 날이 얼:마 안 남었는데 나 갈 대루 가야지.

조사자: 그래도 편지 쓰고 싶을 때 쓰시면..

그래 이거를 해:서 책을 맨들라구 내가 그랬는데 참:: 책을 맨들구 쓸라믄 한 가지 한 가지가 참 복잡해. 여간 복잡허우? 그른 데다가두 띠어 쓰는 걸 하나두 못 허니깐 더더군다나 못 허겄어. 그래서 내가 우리 딸 저거 헐 쪽에 학교 대:학 졸업허는 거 대:학 댕기는 동안에두 쓰믄 겐 띠어서 써 한군을 해서 가찼어. 그랬는데 에이.. 혼자돼:서 아이들허구 살기두 헌데 그런 거는... 지끔 헐 쌩각이 읍:지.

조사자: 가장 고생스러우신 적이 언제세요, 살면서.

지끔은 편안헌 게 사는 거고 고생스러운 건 많었지. 일쩡 시대에 젤: 고생했지. 머 시집 올 때부터 일쩡 시댄데 내가 대중 오년에 나:가지고 소하 오년에 시집을 왔는데 머. 그르니까 그게 얼마야.

조사자: 왜정 시대 때 배급도...

배:급받어 먹는 일이 많었지. 그러면 사:람두 읍:구 그르니까 우리가 나가서 가져왔지. 또 방공 훈련허는 것두 나가야 허고. 다 했지. 그런 거는 머 그르니까 지끔은 잘 먹구 잘사는 거야. 그래서 풍:기가 물란해지고 악:해지고 그랬어. 그거를.. 내가 배:우구 저거했으믄 한마디 내가 그냥 말해서 될 껏두 아니지만 그래두 신문사 같은 데다가 이렇게 해 가지구 되겠느냐 허는 걸 한마디 허구 십은 생각에 굴뚝 겉애두 배:질 못했으니까 그걸 쓸 쭐을 몰라 못 해.

조사자: 그러면 옷 같은 것도 많이 만들어 보셨어요?

옷은 으:른들 입으시는 거 했:지 그럼.

조사자: 언제까지 그러셨어요?

돌아가실 때까지지. 오:십 넘어서 쉰:한 살까징가 시아번님 돌아가시구 시아번님 옷에 명지 그걸루다가 안팟76)으루 허는 거 연희대학, 이:화대학 나가시는 데두 모시 생풀 두루매기 한:복을 입구 댕기셨으니깐 샤:철 의복이 따루따루 입으셨지. 그러구 또 편찮으시거든 그 어:른이. 만:성 위[ii]뻥으루다가 퍽 편찮으셨어.

조사자: 돌아가실 무렵에 고생 많이 하셨어요?

고생은 그렇게 안 해셨어. 한 뒈: 달 편찮으시다가 돌아가셨지. 우리 시어머님이 한 일 련 반인가 편찮으시다가 돌아가셨잖아. 일흔일곱에 돌아가시구 일흔아홉에 돌아가시구 그랬었는데.

조사자: 그럼 옷을 만들다보면 옷감 보는 눈도 생기시겠어요.

그렇지. 그분들이 입으시는 데 대해서 허는 거 모시 존 거 밍:지77) 좋은 거 그런 거는 다 알:지.

조사자: 그럼 음식이라든가 집안에 소요되는 물건이라든가 또 옷감이라든가 그런 장 같은 거는 직접 안 보셨죠?

내가 직접 나가서? 보진 않었어. 이런 걸로 사오라구 그러믄 가구 그래. 그르구 잡수시는 음:식두 우리 시아버님은 만:성 위뻥환이 게시기 때민에 꼭 아침은 열한 시구 저녁은 일곱 시야. 그런데 곱돌솥에다 밥을 해 가주구두 팟을 삶어서 밥을 해 가주구두 그 밥을 주발에다 퍼 가지구 화:루에다 묻어서 그 밥을 주발 안에 가서 누룽지가 잔뜩 한 데다 고기서 긁어 잡수셨어. 그렇게 헌 지가 샤:십 년이야 내가. 시집와 가지구. 그런데 그게 머 잘:해서가 아니라 그게 여간 어렵지 않드라구. 머:를 잡숫냐믄 준치찌개, 조기찌개. 짤짤허구두 저거헌 거. 이:가 없:으시니까. 그러구 김장을 해두 무:를 시루에다 쪄 가주구 그거를

---

76) 안팎.

77) 명주.

깍뒤기를 담그구 김치를 당거 그래서 고거 잡수시게 허구. 그 김치 깍뒤기 그
릏게 허구 조길 갖다 고기를 넣구서는 파를 겨울엔 움파를 여름엔 그냥 파 늫
구 여름에는 풋고추를 좀 쓸:어늫구 그래서 삼삼::허게 맛있게 쩌 노믄 고거 한
가지만 허믄 그 진지를 잡신다고. 그러니까 거:런 데는 아주 그냥 저거했었지.
그렇게 잘해디린 건 아니래두 그게 그릏게 어:렵드라구. 그러니깐 나:중엔 만
성이 되니깐 으레 준치젓 담글 껄 조기젓 담거야 허구 그게 묵:을쑤룩 맛이 좋
거든.

조사자: 시아버지가 돌아가시고 난 다음에 바로 우이동으로 이사를 오신 거네요.

우리 시아번님 돌아가시구 나서 삼 년 나구 나서 그냥 이리 왔지. 이리 와서
다시는 저 냥반 은행에 댕기다 나오시구 나서는.

조사자: 그 당시에 은행에 다닌 게 아주 최고였었죠? 직업상으로.

그 일번늠에 세:상에선 그게 젤 최:고지 머. 우리 시아주버님은 공:무원이루
다가 체신부 댕기시구. 이 냥반은 상업은행 댕기구 그랬는데 은행원이 젤 월급
이 많:었거든. 그른데 나는 최:곤지두 몰:랐어.

조사자: 아니 그런데 이사 오셨을 때 요기가 텅..

텅 비어. 아주 집두 읎:구선 산이야. 뱀:까지 나오든데 여기. 뵉:에서 뱀 한
마리가 요릏게 도사리구 있어서 아주 혼::났는데. 그 지끔두 그래. 저릏게 됐으
믄 저런 숨은 머가 있지 않나 그런 생각 들어간다구. 뱀:두 있구 쪽제비두 있구
그래. 다람쥐두 있구.

조사자: 지금까지도요?

쪽제비가 와. 아주 이뻐 쪽제비가.

조사자: 족제비같이 생겼다 그런 말이 있잖아요.

여기 이렇게 빵: 돌아가면서 봄이믄 꽂이 만:발을 허믄 아주 벌 만허지.

조사자: 꽃 같은 거 기르시는 거 좋아하세요?

애미가 좋아허지. 나두 좋아허지만. 인제 지끔은 시들:해. 애미가 좋아하는
데 애미가 몸이 아퍼서 요새는 인제 좀. 어저께 아이들이 와서 저기 대:추나무

저기서 대:추 따먹었어. 그러믄 이거 저기허믄 음:식 맨드는 거나 옷 맨드는 거 한다고 했지. 오늘은 고만허고 다음에.

1.4. 자연 발화[sis]

○ 육이오

조사자: 나중에는 국군 들어왔을 때 인민군 밥해줬다고 뭐라 그러지 않았어요?

뭐:, 근데 그게 동:네서 이렇게 군인 가족이구 이렇게 또 대:앤청년단[78] 단장

으 집이구 그래서 그렇게 뭐 말은 안 하더라구유. 동네에서 뭐 야단 안 했어.

그리고 인:정을 했으니깐 그렇게 동:네에서 야단은 안 했어요. 근데 들어와서

이제, 우리 이응:감[yi:ŋgam]님이 빨갱이들은 잡아 내:랬지. 빨갱이들 동네, 그

러니까 먼:저버텀 빨갱이들... 그래서 두: 아이가 죽었어. 두 아이가 죽었어...

조사자: 그러면 의례 인민군들이 해코지를 했겠네요? 군인 가족이고 그랬는데

몰랐나 보죠?

군인 가족이래는 거 몰:르죠. 몰:르죠, 그러니깐 지 신랑은 어디 갔느냐. 신

랑은 그냥 저기 잽혀갔다고, 인민군에 잽혀갔다고 그래구... 그러니까 거:짓말

허구 내가 애들을 오:륙 일을 데리고 있었잖아요. 아휴, 무서와서 혼났지 뭐.

글쎄 이응:감[yi:ŋgam]이 이렇게 천장 속에... 그런데 이 인민군들이 왔다갔다하

고 밥 먹고 그러는데 내가 얼마나 절:이구[79] 살았겠어요? (웃음) 말:두 못허지.

그럭허구 살았죠. 나중에는 이제 인민군들이 하나하나 이렇게 자꾸 들어가고

그럴 쩍에... 들어가기 전인가? 또 공대 지하실루 들어가서 있었어요. 고생 많:

이 했어요. 아이구... 근데 우리 큰아들이 피:란 나가선 고생을 안 했져. 피란

나가서... 청주 가선 고생 안 했에요. 애:들이 뭐 나가서 장사두 허고, 그랬지마

는, 즈 아버지가 이제 그... 그러니까는 수용소, 수용소 반:장을 허구 거기 일:

을 보구 그랬어요. 그러니까는 군인 가족 상담손가 그런 게 있었에요. 거기 가

서 일:을 봐:서 그래서 거가서는 배 안 곯았죠. 옷도 이제 구호물자 많:이 은:어

---

78) 대한청년단.

79) (마음) 졸이고.

입고, 밥도 배불리 먹고 그랬죠, 그때는.

조사자: 그럼 미군들이 공릉동에 많이 있었어요?

많:이 있었죠. 이 공대를 다: 점령하고 있었죠. 그럼요. 다: 점령했는데. 다른 집은요, 다른 집은 다: 애들이 나가서 장사를 해요. 그래서 돈:들을 사서 돈:을 많이 벌어가지고 땅을 쫘: 사고 그랬는데 우리만 땅을 못 샀어. 우리는 아버지가 우리 애들을 거길 못: 나가게 해요, 미군들이 있는 데는. 그래가지고 우리는 이응:[yi:미] 장사를 못: 허구 가만히 들어앉았으니까 벌: 께 있어요? 아버지가 이제 뭘 조금씩 이제 나가서 벌:어 오능 것, 그거 가지고 식구가 많:으니까는 먹고 살기가 힘들더라고. 그래도 애:들을 미군한텐 못 가게 해. 다른 사람들은 뭐 겨란장수도 허구, 빵:장수도 허구 뭐 벨 장수 다해요. 거기 공대 앞에 가서. 그런데 우린 못 가게 해. 즈 아버지가 못 가게 해설라문 못 갔었어요. 그러는데 이제 은:젠가 한 번, 동:네에서 그냥 쫘: 저기 무슨, 저기 먹을 께 많이 미군들이 갖다 버렸다구 그러더라고. 그런데 그때 먹을 께 없으니깐요, 동네 사람이 다: 가잖어요. 다 그걸 줏으러 간단 말이야. 그러니까 지끔 보며는 그게 오렌진가봐. 그렇게 귤:같이 생기고 그런 걸, 한 차를 갖다 버렸다는데 가보니까 이렇게 먹을 만하더라고. 그래 집집마다 줴 줏어왔는데 우리도 내가 한 다라를 이:구 왔더니 아버지가 다: 갖다가 그냥 뒷:거리에다가 갖다 버리드라고. 그렇게 유:난스러운 할아버지야, 우리 집 영:감님이. 그래서 우리는 돈:을 못 벌었어요. 동:네 사람들이 그냥, 이 동네 사람 돈: 안 번 사람이 없어. 그리고 그때는 또 양색시가 있었죠. 집집마다 양색시가 있어유. 그런데 우린 또 아버지가 애:들 보는데 교육에 안 좋다고... 아휴... 그래가지고 애:들을 어디로 보내... 친척들도 다: 모두 먹고 살:기가 어려우니까 뉘 집으로 보낼 떼도 읎어. 아휴, 그때 참 고생 많이 했어요. 우리 이응:감[yi:ngam]님 그렇게 유난스럽거든, 유난스러워. 나는 유난스러워서 밉드라고. 먹을 껀 없는데 그렇게 좀 허믄 돼겠는데 그렇게 못:허게 하니까. 다른 집들은 돈:을 그냥 벌:어서 그냥 땅도 사고 야단인데 우리는 먹을 껏두 없었어, 그때. 그런데 이제 군인 가족 피:란 나가서는 이제 먹

을 게 있었구. 인제 군인들이 이제 그.. 팔일오 해:방 돼고 들오니까 먹을 께 생기더라고요. 그때는, 그땐 이제 좀 먹을 께 생겨서 그때버텀은 쪼끔 나았지. 그런데 또 이제 피:란을 나가서 또 고생을 허다가 그래도 군인가족이라고 피란 나와서는 잘살았어요. 그때는 먹을 것만 있으면 돼거든. 그래서 피:란 나가서 두 피:란... 학교를 쪼끔 댕겼어. 우리 넷:째 아들이 쪼끔 댕겼는데 거:기 가서 그 공부를 잘해가지고 또 쩌기, 이: 학년에서 삼학년으로 삼학년에서 사학년으로 그렇게 일 년에 두: 번을 올라가더라고요. 그래가지고선... 어쨌든 육 년 만에 왔어요, 서울을. 육 년 만에 왔어... 거기서 애:기 둘:을 나:가지고, 또 딸 둘을 나가지고... 근데 지끔 그때 생각을 헐려믄 말이 안 나오네, 잊어버리구. 그거 어렸을 때 자:란 얘기는 쪼끔 생각이 나는데 중간 얘기, 중간에는 잊어버렸네요? 생각이 잘 안 나. 말:이 잘 안 돼.

○ 시댁 식구들

조사자: 시아버님이 세 살 때 서울에 오셨다고 그랬는데 누가 데리고 온 거죠?

그러니까 지끔 우리 시엄... 시할머니가. 그럼. 엄마, 어머니가 이제 세: 살 먹은 아들을 업:구서 혼자 그냥 아무 껏도 읎:이 그냥 오셨대. 오셔서 이제 나무[80] 집 일:도 해 주구 밥도, 어린내 하나니까 밥 읃어먹고. 그렇게 사셨대요.

조사자: 시아버지 형제 분이 없어요?

하나도 읎죠. 그럼요 하:나도 읎:는데 우리 시어머니가 오세셔 큰아들, 둘:째 아들을... 우리 영감님이 둘:째구 셋:째 아들, 넷:째 들... 그렇게 아들 넷:을 나셨죠. 이제 딸 하나 낳고, 아들 넷: 나셨어요. 그런데 딸은 금방 가더라고, 시집 가서 애:기 하나 낳구 가고. 아들만 넷:.

조사자: 시할머니가 참 고생 많이 하셨겠어요?

고생 많이 하셨대요. 그러니까 시:집살이 할 적에도 그렇게 고생을 했는데

---

80) 남의.

시:집살이 헐 적에는 아주 대:농을 헤셨대거든요? 그랬는데 시:어머니는 갠찮은
데 큰:동세가, 큰동세가 밥을 퍼서 그러니까, 우리 그러니까는 시:아버지에 할
아버지지, 아니 우리 시:아버지에 아버진가 봐. 그 냥반이 이 그 농사를 안 허
시고 공부만... 옛:날엔 그 책상물림이 그러지. 책상만 끼고 앉아서 공부를 허
시니깐 큰동세가 시동생이 벌:인 안구 일:은 안구 공부만 하니까 밥그릇에다
밥을 퍼서 이렇게 밥을 퍼서, 그냥 쪼끔 이렇게 한 그릇 퍼가지구 털썩 노믄 그
게 쑥: 들어간대, 밥이. 밥이 요만큼 있대, 요게. 그렇게 돼므는 이제 시:동생
밥이라구 주구 다른 사람은 밥을 이만큼씩 해: 퍼주고, 당신 영:감밥은 인저 요
만큼씩 해서 이렇게 털:썩, 살살 벼:서 담은 것 털썩 노믄 쪽 들어가잖아여. 그
렇게 고생을 하고, 당신 밥은 그나마도 밥은 묻: 얻어먹고 누룽갱이꺼정 좨: 긁
어간대. 그러니 당신은 밤나 쌀을 싸:두고도 배가 고프단 말이야. 그 우리 시:
할머니는. 그러니까 내가 이래선 안 돼겠다, 그냥 내가 저걸 업구 서울루 가야
겠다 하고 업고 올라오셨대요. 그래 남으 집으로 댕기면서 일:을 허시니깐 배:
는 불르게 잡숫잖아요? 그렇게 고생을 하셨다고 하더라고. 나는 할머니는 못
봤지요, 우리 시어머니가 그런 얘기를 하시더라고. 그래서, 그랬는데 우리 시
어머니가 들오셔서 아들을 그렇게 여:럿을 나:시니깐 많:이 퍼:졌잖아요? 지끔
은 많:이 퍼졌어요. 내가 난: 자식들만 지끔 열한 집이야, 열한 집. 열한 집이고
내:가 난: 아들딸들이 난: 게 손주가 열아홉 명. 열아홉 명이구 이제 진:손이,
진:손이 이제 우리 장:손이 낳은 게 하나, 접때 그 둘:째 아들이요. 그 집이가
딸이 손주 둘:을 났:어요. 그래 진:손이 지금 또 셋:째 집에 또 있네. 셋째 집에
애꺼정 다섯이네, 진:손이. 다섯이요, 지끔. 그리고 지끔 내가 난 아들딸에 손
주가 열아홉 명이고. 그래도 대학들은 다 갔네요. 그런데 이제 이 셋:째 집에
애:가 사: 년제를 못 가고 이: 년제를 갔어. 즈 아버지 아프대니까. 지끔 저기,
아휴... 그 학교 이름두 또 잊어버렸네. 거기 병:원에 그... 아휴, 정신이 읎:
어... 병:원에 나가고 있어요. 이: 년제 졸업하고...

조사자: 간호사인가요?

간호사가 아니구 저:기, 앙:꽈[81])에 있나 봐요. 걔:가 앙:꽈를 졸업했기 땜에 앙꽈에 있나 봐요.

조사자: 그럼 시아버님이 어떻게 하다 그 일을 하게 되신지는 모르시고요?

그거는 이제 이렇게 친구 분, 고거 확실히는 모르지마는 친구 분들허구 이렇게 모:여서 세: 분인가 네: 분이 허셨다고 그런 소린 들었어요. 그래가지고 그게 잘돼 가지고 아주 그냥, 돈:을 잘 버:셨다고 그르더라고요. 이제 내가 시집 기 전, 한 삼 년 전버텀 그게 잘 안 됐다고 그러더라고. 웨:국에서 뭐... 물건들이, 존: 물건들이 많:이 들어와서 우리나라 껀 안 팔린다고 걱정허시고, 그러니까는 그거 손띠:고 돌아가셨어요. 이제는 문: 허겄다고 손띠:고 돌아가셨어요.

조사자: 그렇게 손떼고 그러면 시어머니는 어떻게 사시고요?

우리 시어머니는 뭐... 그때 뭐, 여자들이 뭐 헐 꺼 있어요? 집이서 살림이나 하고, 그때는 우리 시어머닌 큰메누리, 나하고 작은메누리, 싯:째메누리가 있으니깐 아무것도 안하시고 놀:러나 다니셨어요, 그때. 그때 그런데 옛날 노인네들은 안 놀러 댕기거든? 그런데 우리 시어머니는 놀:러 댕기시더라구. 그 부잣집 노인네들허구 겉이 잘 놀:러 댕기시더라고요. 집이서 이렇게 살림하는 건 안 하셨어요. 그런데 우리 시어머니 참: 무서웠어요. 참: 무서웠어... 아주 그냥 이렇게 밥풀 하나가 떨어져도 큰일나구, 이런데 뭐 검부레기 하나가 떨어져도 큰일나고, 그러시던 노인네야. 그래도 착실하고 살림 잘허구 그러시던 노인네야.

조사자: 돌아가신 영감님 위로 형님이 몇 분 계셨죠?

우리 집 영:감님? 우리 집 영:감님 위에 한 분.

조사자: 한 분? 그분은 그러면 뭐 하셨어요?

그:때에, 그때 그 저기, 고모 공장[82])에 나가셨어요. 고모 공장에... 우리 집 영:감님도 고모 공장에 나가시고, 그때, 결혼할 당시에는.

---

81) 안과(眼科).
82) 고무 공장.

조사자: 그러다가 여기 서울공대 공무과를 가게 된 거는 어떻게 가게 된 거예요?

그거는 이제 이... 우리 시동생이 저, 야마다군이래는 저 일본 싸람 저... 청구업을 했어요.

그래서 그, 청구업을 허기 땜에 우리 집 영:감님도 고모 공장을 안 뎅기고 동생허고 겉은 일을 했죠. 그래가지구서 동생하고 갈라져 나와가지고 저 공구꽈에 청:구업을 하는 거지, 그러니까는. 공무꽈에 나가는 게 거기서 이제 일:맡아가지고 나갔어요, 일:허고 그랬어요. 그래도 그때 국민학교는 졸업을 했드라고, 그때. 그런데 그때는 국민학교 졸업한 사람도 얼마 읎:어요, 읎:어요, 얼마 없어요. 그런데 국민학교 졸업을 했더라고.

조사자: 그러면 남대문 구경도 못 하시고 그런 거 아니에요?

못: 했죠, 뭐 어트게 구경을 해? 남대문 구경을 어디 가 해? (웃음) 못: 했지.

조사자: 그러면 시집갈 때도 그럼 그냥...

시집갈 때도 하:나두 몰:르저. 이제 애:들이 자라고, 그래도 이제 애:들이 애:들이 자라서 나는 그 다방도 많이 가봤네요. 아들딸이 여럿이니까 그 슨: 보러 댕길 적에. 그래도 많이 댕겼어요. 다방 겉은 데 이런 데 댕겼다고, 아들딸이 많으니까. 다방 한 번도 못: 가보고 나같이 늙은이들도 있어요. 다방 한: 번 가보지도 못:허구... 요새도, 요새도 부:페 한 번 못 간 할머니 많:어. 많:어요, 지끔도. 우리 교홰에 많:어.

○ 친구들

조사자: 교회에 권사님 또래 분 많으세요?

많:죠.

조사자: 그분들 얘기 없나요, 뭐 재밌는 얘기? 그분들하고 지내면서...

글쎄, 재밌는 얘:기가 뭐 있을까? 똑똑:한 님은 지끔 언제 살았어?

조사자: 몇 분이나 계신데요? 또래, 같은 또래 분들이.

우리 지끔 내가 요: 앞에 있는 권사님 집이 많이 댕기는데. 매:일 오다시피

하고, 요새는 더우니깐 매일 안 나오죠, 그렇게 이제 좀 선선:하고 그러믄 매:
일 그 집 와서 놀아요. 그래 그 집 권사님... 그 권사님은 나보다 나이가 젊어.
일흔여섯인가 일굽인가, 그것밖에 안 돼. 그 냥반은 저 시굴서 오셨어. 그러니
까 어디? 여기서 물:지 않은 시골인데? 아휴, 어디더라 거기... 들었는데두 잊어
버렸네. (웃음) 시골서 오셨어요.

조사자: 그럼 일주일에 뭐 하시는 거예요? 월요일날 아무것도 없고 또... 예배는
언제언제 드리세요?

예배는 저 주일날, 주일날 드리고 금요일날 오후 예배 드리고. 그건 이제 이
렇게 동:네에서 구역, 구역별로 드리는 거고. 구역장이 있어가지고, 구역장이
있어가지고 인제 이렇게 몇 가정 모여서 예배드리고, 그리고 주일날은 하루 종
일이지, 뭐. 주일날은 이제 저기... 열한 시에 예배 보고, 우리는 새벽예배 보고
일굽 시 예배 보고, 아:홉 시 예배 보고, 또 열한 시 예배 보고, 두: 시 예배 보
고, 일곱 시 반 예배 보고 여섯 번을 허거든요? 그런데 우리 이제 늙은이들은
열한 시 예밸 보고 열한 시 예배 보고 겸:심을 먹고 이제 두: 시 예배를 또 보
고... 집에 가면 네 시쯤 돼요. 그렇게, 주일날은 그렇게. 요새는 방학했어 그것
도. 요새는 아주 한 달 동안은 오후 예배를 안 봐요, 주일날만 예배 보지. 안
봐요. 더우니까 한 달 동안은. 그리고 또 이 저 우리 어저깨 왔던 딸 있죠? 딸
네 교홰는 한, 지끔 칠 년 됐어요. 그 교호 이제 생긴 지가. 그래서 이제 그, 그
교홰가 여기서 한 맷: 정거장 가나? 묵동이에요, 묵동. 거기서 이제 노인학교
하니깐 엄마 친구 분들 겉이 와, 겉이 와 그래서 내가 거기를 입때까지 댕겼죠.

그런데 우리 교홰도 올해부터 생겼어요. 노인학교가 또 생겼어요.

조사자: 노인학교 가면 뭐 하세요?

무용, 노래... 이 승:경반,[83] 우린 지끔 새로 생겨서 저 체조반허구 무용반허
구 승:경반하고 노래반허구 그것밖에 없어요. 그래도 이제 저쪽에는 오래됐:으

---

83) 聖經班.

니까 거기는 반이 많아요. 거기는 일곱 반이에요, 일곱 반. 우리 손주메느리두, 우리 손주메느리가 이제 시집온 지 삼 년, 애기 하나 났:어요. 그런데 그케 봉사를 잘하네요.

봉사를 잘해서요, 애기를 교훼 사람들이 다: 봐줘, 다: 봐줘. 피아노도 치구, 또 아이들도 가리키구, 유년 주일학교 아이들도 가리키고, 잘해요.

○ 자손

조사자: 손주며느리는 첫째 아드님 며느린가요?

우리 첫 손주, 그러니까 그게 장:손. 응, 장:손. 장:손이 늦게 결혼을 했어요. 서른 둘에 했나? 지끔 서른네: 살인가 봐.

조사자: 그리 늦은 것도 아니네요.

그러니까... 그때 갔지.

조사자: 다른 손주들은 지금 뭐 하고 계시고요?

다른 손주들은 아직 지끔 걔:만 결혼했지. 아, 하나 더... 쥴:때 그 둘째 아들. 걔가 저기, 딸 시집보내고 또 아들 장:가들이고 그랬어요. 그리고 지끔 하나가 군인 갔어요. 그 집은 둘:을 보냈어. 그런데 우리 셋:째도 지끔 아들이 결혼을 시킬랴구 그러는데 지끔 아파트를 저:기 일산에다 하나 사 났는데, 서른두 믿[84] 평짜리를 사났는데 멀다고 안 가요. 안 가고선 먼저 살:든 집이 헐려 가지고선 아파트가 십일 층이 됐:다는데, 그걸... 짓:느라고 쪼:끄만 집을 그냥 저거를 전세를 갔잖아요? 전세를 가서 쪼:끄만 집을 가니까 너무 답답해요. 그러니까 방 두: 개짜리... 그런데 아들이 저렇게 큰 집에서 살:지도 못하고 떠날까 봐 걱정이 돼: 죽겠어. 좀 큰 집에서 살:다 갔으면 좋겠어. 근데 그 아들을, 장:가를 아빠 있을 때 장:가를 가야 하지 않아요? 그것도 걱정이유.. 그 새기든 색:시가 서루 맞질 않는지 안 돼드라고요. 그래두 곤잘 새기더니. 걔:만 그냥 있어

---

84) 몇.

도 그냥 당정이라고 할 턴데 또 그렇게 돼서 지끔 걱정이네. 그렇게 아빠 있을 쩨 하는 게 좋은데... 딸두 아빠가 병:이 나니까 그저 부랴부랴 갔어요 딸두. 그것도 곧잘 갔어, 가기를. 그래도 곧잘 갔는데 이제 좀 시골이라... 홍천. 그래서 지끔 글루 갔어요. 거기 인제, 걔:네가 그게 연립... 한이, 순:지표? 순:지푠지... 고런 연립 주택이 있더라고요. 그런데 너무 그런 걸 사서 갔는데 그걸 세:를 놓고 쪼끔 큰 집을 하나 은:어가지고 딸허고 겉이, 그거 공기가 좋으니까는. 공기가 참 좋고 물이 좋대요. 그래서 그리 갔어요. 집을 하나 이제 조끔 큰 걸 은:어가지고 딸네허구 겉이 산다고. 사위가 선생이니까 요새 방학해서 사위가 데리고 있지. 뭐: 좀 얘길 많이 들어야 하는데 내가 주변이 읎:어 얘길 잘 못해. (웃음) 기력이 읎:어 가지고 말도 잘 못해.

조사자: 그 둘째 아드님은 국민학교를 어디 다니신 거예요?

국민학교 창동 국민학교일 거예요.

조사자: 창동 국민학교요?

예. 창동 국민학꼴 다 졸업을 허고 왔는지, 이리로 신림동으로 왔는지 그거 잘 모르겠네. 창동 졸업했는 거 겉애. 창동 국민학교.

조사자: 다른 분들은요?

큰애도 창동이고, 그리고 작은 아이들은 이제 여기 연천 국민학교. 다른 아이들은 연천 국민학교 다 졸업했어요.

조사자: 시내 구경 처음 하신 게 언제예요?

(웃음) 시:내 구경이 이제 아이들 자라고요. 자라고 이제 슨:보러 댕길 적에 이제 그 다방 겉은 데 좀 가고 그럴 적하고, 이제 남대문이나 동대문 겉은 거는 이제 영:감님 살았을 제도 더러 댕겼죠. 이제 그때 시집살이 안 허고 아이들 다 길렀을 적에. 그때는 가봤어요. 댕겨봤어.

조사자: 장보러 다니신 거예요, 그때는?

장보러 댕기는 거는 남대문 시:장, 동대문 시:장 이런 데는 큰:아들 결혼시킬 적에, 결혼시킬 적에 이제 댕겨 보구, 이제 아이들이 자라니까 좀 댕겼죠. 애:

들 어렸을 적에는 못 가봤어요. 딸들이 자라니깐 딸들이 가자구 그러구, 이제 메누리도 은:으니까 메누리도 가자 그러고, 우리 아들 메누리 딸들 다: 착해. 우리 사위도 다 잘 얻었어. 다:들 잘 얻었어. 애:들도 그냥 다: 괜찮어. 뭐 자랑 할 꺼는 읎:지만 그냥 평범해. 괜찮어요. 아이들이 자랄 쩍에 그렇게 속: 씩이 고 그렁 거는 없었어요. 어떤, 그러니까는 내가 구 남매를 결혼을 시키는데 하 나도 그냥 사는 건 읎:어. 다...어저께 그 둘째 딸, 걔:허구 또 우리 막내아들허 구 또 셋:째 딸허곤 일 년에 싯: 했어 싯: 했어요. 그 둘:째 딸은 오:월달에 했: 든가, 오월, 오월달에 저거를 해: 놨는데, 날을 받아놨는데 걔가 비응:이 났어 요. 비응:이 나가지고 한: 달을 병원에 가 있었어요. 그래서 구월딸인가, 아니 칠월딸인가 보다... 그리구 아들이 구월딸에 허구, 저기 셋:째 딸이 일월딸에 허구 그랬어요. 그래서 일 년에 셋:을 했어. 아이고, 우리 집 둘째 딸이 저거 유:치원을 했어요 여기서. 유치원을 오래: 했어요. 지가 다 벌:어서, 지가 다 벌: 어서 시집도 다: 지가 해:구, 나는 하나 못:해 줬어요. 신랑도 이제 겨우 또 학 교 갔으니까는 집을 안직 마련을 못: 해서 우리 딸이 즈:금 해놨던 걸로 시집 뭐 해갈 것 안 해가고 그걸로 방을, 그때는 오:십만 원만 줘:도 방 두: 개에 마 루도 넓:구 그래요. 그때는 오십만 원에... 그렇게 해서 방을 지가 은:어가지구 그래가지구 시집을 가구. 우리 막내아들두 그냥 지가 벌:어서 가구. 아무튼 애: 들이 다 즈:들이 불:구 또 형제들이 쪼끔씩 쪼끔씩 보태주고 그래서 갔어요. 우 리 둘:째 아들도 우리가 한 푼 안 보태주고 지가 다 벌:고, 둘째 아들도. 둘:째 아들은 웨레[85] 형이 그때 이제 그것도 서른 살에 장가를 갔거든? 그런데 그땐 참: 노총각이라고 그랬어. 우리 그 둘째 아들이 탄:광 가서 벌:어다가 그때 둔: 에 삼만 원, 삼만 원을 나두 가지두 못:하고 우리 시동생하고 동서하고 둘이 거 기 가서 삼만 원은 (웃음) 자기가 찾어와 가지고 결혼시켰어. 우리 둘:째 아들 이 벌:어서, 그래서 결혼시키고. 그땐 삼만 원도 큰: 돈이라, 큰: 돈이라 여기다

---

85) 오히려.

차고 왔지. 그렇게 해서 결혼시키구. 그래도 뭐 결혼시키면서, 결혼시키면서 그저: 그렇게 줄잡아서 했기 때문에 빗을 지거나 그러지는 않았어요. 그저 있는 대로 그대로들. 워낙 많으니까 빗을 지고 허믄 안 돼거든. 그러니까 쪼끔 있는 대로 그대로 그대로 그냥. 우리 큰딸 시집가는데 야:무것도 안 해줬어. 지끔 잘살지, 지끔 잘사는데 시집갈 때 옷 한 벌, 옷 한 벌, 저 있는 옷 한 벌 허고 시집 식구 옷을 해: 가야 하니까, 시집 식구 옷만 해:갔지, 신랑두 옷을, 신랑 시계 하나 해주고 딸은 옷 한 벌 해주고, 그때 얼마나 가난했는지, 그렇게 해서 시집을 보냈어요. 그랬어도 잘살아. (웃음) 신랑이 여기 공대 다니니깐 교회는 여기지. 교회는 여기가 아니라 그전인 저기 큰길이었어요. 큰길에 쪼끄만 교회가 있었는데 그거 이제 일리 이사 온 거지. 여기서 와서 지:은 거지요. 그러니까 거기서 이은:애[yi:nɛ]⁸⁶)한 거야. 그래가지고... 경상도 사람. 그래도 사:람이 말:을 안해, 떡 물고 말을 안 하는 사:람이거든. 그래도 집안에선 야:주 가정적이고 잘해. 집안도 잘 쳐:주고, 지끔 딸 하나, 그 집이 지끔 시: 식구 살아요. 아들은 지끔 나가서 공부허구. 그:렇게 딸을 이:뻐하네? 아유, 딸... 그거 시집 보내고 어떻게 살려는지 몰라? (웃음)

조사자: 시집 갈 나이 됐을 것 아니에요?

그럼, 됐지. 지끔 스물다섯인가, 개가? 대학을 졸업했으니까, 졸업하고 뭐 배우러 댕기니까. 다른 것, 다른 학교에 또 나가더라고. 무슨 학곤지 나가더라고. 그러니까는 야:주 그렇게 딸을 이:뻐하니까는 하, 나 딸 그렇게 이:뻐하는 것 츰: 봐. 그렇게 딸을 이:뻐해요. 그거 시집가면 즈 아버지 울:겠어. 옛:날에 우리 친정아버지도 나 시집갈 적에 그렇게 우:시더라고 그런데. 우리 사위도 그럴 거 곁애. 그렇게 딸을 이:뻐해.

조사자: 그러면 그분이 지금 일산 사신다고요?

응, 일산. 그렇게 저기, 그러니까...거기가 큰 동넨데 거기다 집 하나 그러니

---

86) 연애.

까는 샤:십... 샤:십오:짜리를 하나 샀어요. 아파트를 샀어. 그런데 어트게 살:다 보니까 시간이 많구 그래가지고 자꾸 즉:다고 그래. "아이 얘, 이거만 하지 무슨 즉:으냐 즉:으냐" 그랬드니, 그냥 팔아야겠어, 팔아가지고 좀 늘쿼야겠어 그러더라고. 팔:어가지고 늘쿨려구 그러니까 안: 돼더라고. 영: 아파트가 안 돼요. 그래가지고 일산으로 갔어요. 일산 가서 계속 헐랴구... 지끔은 좀 그래도 댕기기가 낫:지요. 여기 저기... 즌:철이 생겨서. 츰: 가 가지고 지끔 한 샤: 년 됐나? 들어간 지. 그런데 인젠 괜찮은가 봐. 둘이 다 신랑두 차가 있구 딸두 차가 있구 그러니까. 딸이 많이 신랑을 태:다 주고, 태:다 주고... 접:때날 그날두 출장 가는데 태:다 주기 때문에 여긴 뭇: 나올 텐데 어떡하냐고 걱정돼더라고. 그래서 이제 서가지고 내가 데리고 들어갔어. 우리 둥:네에서 그때 또 특별한 게 우리 둥:네에서, 그 큰 동네에서, 저기 나허고 우리 저... 사:춘허구 딱 둘:이 학교를 댕겼어. 딱 둘이서. 고개 한 고개 넘어가서 둘이서 다녔는데, 똑같은 나인데 걔가 이: 학년애 가서 죽더라고. 죽어가지고 나 혼자 댕겼어요. 이 산, 이렇게 고개 넘어 하나를. 그런데 공부는 다 못:했죠. (웃음) 아버지는 가라고 그러시는데 오빠가, 오빠가 아이, 여자가 이름짜나 알믄 돼지 뭘 무슨 공부를 중학교를 또 가느냐고 야단을 하시고 그래서... 아버지는 능력이 없으니까 아버지가 "얘, 안 돼겠다, 내가 능력이 없으니까 그만 둬:야겠다." 그러셔서 학교를 뭇: 댕겼죠. 그런데 이제 그것이 이제 쪼끔 아쉽더라고. 아쉬운데 선생님이 세: 아이를 이제 배화학교를 입학을 시켰는데 그 즙:때 한 얘긴데... 입학을 시켰는데 두: 아이는 학교를 못가고, 그때만 해도... 지끔 겉으면 다 가잖어요? 근데 그때만 해도 둘:은 뭇: 가고 한 사람만 갔어. 그런데 지끔까지 그 사람들 그때 만나고 입때 못 만났어요. 입때 못 만났어. 시집가 가지고 다 즈:이 아이들하고 사느라고 애쓰고 고생하고 그러니까 입때 못 만났어. 그 사람들도 어트게 사는지 몰르고 나도 어트게 그냥 이렇게 뭐 어떻게 찾아볼 생각도 안 하고 살:구, 그렇게 왔어요.

○ 친정 식구들

조사자: 아버지에 대해 생각나는 것 좀 말씀해 주세요.

우리 아버님은 참: 엄허신 분이에요. 이 동:네에서 동:네일을 보시는데 아:주 엄:하신 분이에서 우리 집 이렇게 지:나갈 때는 술 췐[87] 사람이 지:내가다가 정신 채리고 지나가는 우리, 우리 집앞을 다리를 꼿꼿허게 세우고 지:내갔다는 그전에 아버지한테, 어머니한테 많이 들었거든요, 형제들한테. 그래 우리 아버지가 그렇게 엄하셨어요.

조사자: 그 아버님은 어디서 나셨어요?

우리 아버님두 거기... 그러니깐 자문 밖[88]이라는 데서 거기서 나셨죠, 나:도 거기서 났고... 우리 아버지도 거기서 났어.

조사자: 아버님이 하시는 일은 뭐였죠?

허시든 일은 이제 내가 어렸을 적이는 군대에 가 기셨다고 그러더라고요? 군인이셨대요. 군인이셨다가 이제, 에... 그때는 군대를 얼:마나 오래 했:는지 그거는 모:르겠어요. 나는 어렸을 적이니까. 모르겠는데, 이제 군대를 갔다 오세셔 이제 동:네일을 보셨다고 하더라고요. 동:네일을 보셨는데 그렇게 엄:해서 동네 사람들이 젊은 사람들이 이 길 지:내가면 아버지 참 어려워하고 그랬다고 들었어.

조사자: 군대라면 어떤 군대를 말하는 거지요?

고걸 잘 모르겠네요? 지끔 겉은 군댄지...그때 예전에 어떤 군댄지 그거를 잘 모르겠네요. 내가 어렸기 땜에...

조사자: 오빠들은 또 어떠셨는데요?

오빠들은 뭐 그때는 무슨 직장 겉은 게 없잖어요? 직장 같은 데 없:는데 이제 큰오빠는 이렇게 말을 부렸다고 그랬잖우? 말 세: 필이 있었어요. 세: 필이

---

87) 술 취한.
88) 자하문 밖.

있어서 오빠 또 하나 가지고 댕기시고 사람 또 둘: 은:어서 가지구 댕기시고 우
리 이제 오빠가 통꾼인데, 작은오빠는 이제 이렇게 조끄마:하게 이렇게 집 앞
에다 가게를, 지끔으로 치며는 뭐 슈:퍼 겉은 그런 걸 하셨어요, 작은오빠는.
그런데 작은오빠가 일찍 돌아갔어요. 그러니까 삼십대, 그때 돌아갔어요. 그리
고 큰오빠 한 분만 계셨죠, 이제. 언니가 있었고, 우리 언니가.

조사자: 어디로 출가하셨는데요?

언니도 이제 그 자하문 밖에서 그저 그러니까 내가 그전에 학교 댕겼대는
데... 그 동:네로 또 시집을 갔어요. 이렇게, 그러니까 한등생이 너머 한 등성이
너머로 시집을 갔지요. 근데 옛날엔 이렇게 가꺼와도요, 시집만 가믄 집일 오
지를 못해. 그냥 시집만 무섭게 살지, 이렇게 친정... 지끔 겉으믄 가꺼우니까
왔다갔다 하죠, 그때는 그건 게 없었어요. 그저 우리 언니도 평범:한 분이구,
참 아주, 뭐 법 없어도 살: 분이었죠. 나도 또 우리 언니랑 달:라. 또 동생이 하
나 있어요. 동생이 있는데 걘 나보덤 다섯 살을 들: 먹었는데 개도 이렇게 학교
를 댕기는데 개는 학교를 안 댕겨가지고, 학교를 안 댕겨가지고 학교 갈려면
가다가 중간에 어디서 놀:다 오고, 복숭아밭에 가서 놀:다 오고, 그랬다는 얘기
그전에 많:이 들었어요.

조사자: 어머니는 어떤 분이셨어요?

참: 얌전하고 착실한 분이죠, 뭐. 가정적인 분이죠, 우리 어머니도 뭐.

조사자: 어머니는 어디서 시집을 오셨는데요.

어머니도 그 이웃에서... 저, 우리 웨갓집이 저렇게 보이는데 그런 데서 시집
오셨어요. 환:갑 지:내고 돌아가셨고... 아버지는 일흔둘에 돌아가셨고, 피:란통
에 돌아가셨구. 오빠는 일흔셋에 돌아가셨고. 우리 언니, 언니는 여든넷:에 돌
아가셨어요. 장:수하셨고. 지끔 내가 여든넷:인데... 너무 오래 살어. 아들이 저
렇게 근:강치 못하니까는 너무 오래 사는 거 겉애. 아들이 건:강치 못해. 그게
밤낮 걱정돼서 죽겄어.

조사자: 어렸을 때 그, 자제분들 키우던 얘기 좀 해주시죠.

아유, 어렸을 적에두 아이들을 키울 쩍에 큰:아들은 그러니깐 아들이 큰 애, 둘:째, 셋:째, 넷:째, 다섯째까지 있구, 딸이 또 넷:이 있구 그래요. 둘:을 피란 나가서 낳:어요. 그랬는데 우리 큰아들은 그때만 해도 왜정 때니까 일본 학교를 가야한다고 그래서 저 의정부 무슨, 무슨 학굔지 잘 모르겠어요, 지끔. 의정부 무슨 일본 학교를 다녔어요. 다니고 그러니까는 그때 고등학교를 댕겼고 그거를 졸업하고 집이 쪼끔 있었든 거 겉애요. 그러다가 군대를 갔죠. 군대를 가고 둘째 아들은 저기, 경기 고등학교 서대문에 그 학교를 다녔고, 셋:째, 셋:째 학교 다니던 것도 잊어버렸네. (웃음) 무슨 학굔지 그것도 잊어버렸네. 또, 넷:째도 고등학교 나와 가주고 지끔 저기, 공무원이에요. 공무원이고, 큰 딸이 이제 이년제 대학을 나왔고 둘:째 딸이 이제 고등학교 나왔고 셋:째 딸도 고등학교를 나왔고... 그땐 너무 힘들었어요. 힘들어서... 아버지는 돌아가시고 다섯이서 대학교 댕기지, 고등학교 댕기지, 중학교 댕기지, 그걸 그러니깐 둘:째, 둘:째 아들이 결혼을 했:고 큰아들이, 큰아들하고 둘째 아들이 결혼을 했는데 걔:집에 나가 살면서 쪼끔씩 이렇게 대:주는 거를 이제 먹고 살면서 내가 인제 요렇게 쪼끄만 이층집인데 밑에 가:게가 있어서... 이제 고거는 집이 있으니까 그 가:게에다가 미장원을 했어요. 미장원을 해서, 나는 이제 기술이 없으니까 이제, 아이들을 둘:을 두고, 그렇게 해서 아이들 학비를 대:고 그랬지요. 뭘, 그러니까는 그때 사:는 거는 뭐 엉망이지. 그저 어특허든지 고등학교래두 졸업시킬라구, 애를 쓴거죠. 먹구 사:는 건 그저 아무렇게나 먹고 살:구 그저 고등학교래두 졸업시킬라구.

조사자: 그, 결혼시키고 그럴 때는 어떠셨어요? 다 중매로 했어요?

결혼시킬 때 다: 중매에요. 우리 큰:아들두 목사님이 따님한테 이제 그, 그러니까 목사님이 소개를 허서서 결혼을 했:고 둘:째 아들은 지끔 그, 저기 만나신 분... 걔:는, 걔:도 또 누가 중매를 했고, 셋:째도 중매를 했고, 넷:째도 중매를 했고, 다 중매했는데 이제 다섯째가 이은:애[yiːnɛ]를 했어요, 다섯째가. 걔:는 지끔 울산에 있어요. 그 학교가 무슨 학교더라? 이렇게 늙어서 인제 정신이 없

어. 야구 감독하다가 지금 츰:에 여기서 내려갈 쩌에 너무 힘이 들고 혈압이 자꾸 올르구 그래서 그리 내려갔어요, 거기 땅이 좀 있고 그러니까 거기 내려 가서 그냥 살아요. 울산 가서... 다섯째 아들... 넷:째 아들은 여기 있구 그러니 까. 셋:째 아들은 지끔 병들었다는 셋:째 아들은 요새 지끔 홍천으로 갔네요. 딸이 있어서. 그런데 이제 좀 공기 좀 좋은 데로 간다...그래서 그리 갔어요, 아 휴, 그 아들 땜에, 우리 며느리가 얼마나 효:분지, 얼마나 정성을 쏟... 나는 자 식이래도 그렇게 정성을 못 쏟는데, 참: 그렇게 남편한테 잘했는데 공이 없네. 아휴, 얼마 못: 산다 그래서, 일 년밖에 못 산다 그래서...

조사자: 걱정이 많으시겠어요...

예... 그동안에 아주 밥두 잘 먹구, 건:강한 사람 겉었어요. 그래서 이제 다 난: 줄 알았는데 이때꺼정, 그러니까 항:암주사를, 항:암주사를 삼 년을 맞었어 요. 그런데두 머리도 안 빠지구 근:강한 것 겉었는데 요새 또 금:사하니까 그렇 게 안 좋다고... 그게 걱정이야, 아이들은 다 그래도 크게 잘살지는 않아도 먹 구 살: 만들 하고 걱정이 없는데, 그 아들이 그래서...

○ 시부모

조사자: 시아버님 가게는 어디에 있었어요?

남대문이라고, 남대문에 있었어요.

조사자: 가보셨어요?

못 가봤죠. 어디, 시아버님 까게를 어디라고 가봐요? 그때는 못 보지. 못 보 지요. 못 봤어요.

조사자: 그러면 시아버지에 대해서 자세히 아는 것 있으세요?

생각나는 겟이 뭐, 시아버님... 우리 시아버님이 그렇게 착헌 분이고 약주도 안 잡수시고 담배도 안 피시고 그러는 분이에요. 아:주 그냥 참 옛:날에 양반에 집이라고 그랬는데 우리 시아버니는 그러니까 아버지가 세: 살 때 돌아가셨거 든요. 세: 살 때 돌아갔는데 시굴에서 큰: 대:농을 허고 그러는데 어:트게 큰동세가 그냥, 몹시 구는지, 세: 살 먹은 아들을 그, 과:부 할머니... ("아하, 어서오세요.") 과:부... 그러니까 그땐 젊었으니까 아줌마겠지. 세 살 먹은 아들을 데리고 와서, 서울 와서 사:신 거에요.

조사자: 그전에 어디 사셨어요?

그전에는? 장단. 장단이에요. 장단.

조사자: 장단에선 몇 년 동안 사셨대요?

그러니까는 나는 잘 몰:르는데 우리 아들은 다 알지. 그, 저기에 있으니까. 그래서 장단이 우리 시아버님 고향이 장단이에요.

조사자: 그럼 뭐, 시아버님의 아버지도 장단에서 사셨고요?

그렇죠.

조사자: 그 전대에는...

그 전때[89]에도 장단이래요. 장단인데, 대:농으로 하고 잘사셨다 그러고, 진:사인가 그런 것도 하셨다고 하더라고. 그 뭐 우리 아들이 하는 소리 들으면, 뭐:인가 아마 한:글두 하셨더고 그러더라고.

조사자: 그러면 시아버지가 서울에 온 게 언제쯤이죠?

그러니까 세: 살 때 오셨다니까... 그때가, 그것도 계산을 안 해봐서 모르겠네. 내가 그러니까는 우리 시아버니, 시집을 와서 애:기를 둘: 낳는 해에 황:갑을 지내셨는데 항:갑을 지내셨는데 환갑 지내시고 바로 돌아가셨어요. 뭐 시: 살 때 오셨으니까 몇 년돈지도 모르지, 뭐. 그때 뭐 그런 거 뭐 알:기를 해요? 그저: 시어머니... 우리 시아버니 참: 그냥, 착허시고 조용허시고 술 담배를 안 하시고 그러시는 분인데 우리 시어머님은 아:주 엄한 분이에요. 우리 시어머니가. 그래서 아예 큰메누리, 작은메누리가 숨:도 못 쉬고 살았어요. 시어머니한테 우리 큰동세님하고 나하고 아주 숨:도 못 쉬고 살았는데, 우리 시어... 시어머니는, 옛:날엔 다: 그랬대. 옛:날에 밍일[90] 때 흔떡 하잖아요? 떡을 해설라믄

---

89) 前代.

흰떡을 해서 이제 흰떡을 스: 말씩 허구, 찰떡은 한두: 말 허구 이렇게 해설라른 그거 메느리는 안 먹는거야. 메느리는 안 먹고 다: 남재들하고 아이들만 드리고요, 우리는 초하룻날도 떡국 구경을 못해. (웃음) 그런데 우리 시아버님은 또 그런 분이 아니야. 우리 시어머니가 그러시지. 그, 그렇게 또 우리 시어머니도요, 참: 살림 잘허시고 착실해. 그런데 술을 잡숫더라고요, 그때보니깐. 술을 잡쉈더라고. 그래도 착:실허고 살림 잘하시던 분이야. 옛:날에. 그래 내가 시집오니까 난 우리 친정서는 여자들이 술 먹는 걸 못 봤는데 우리 시어머님은 약주를 하시더라고.

조사자: 시어머니는 어디 분이셨는데요?

그 냥반도 장단이라는 것 겉으죠? 예, 장단인 것 겉어요. 그것도 뭐 그전에 젊었을 적에 뭐 시어머니 고향이 어디고 그런 건 뭐, 우리가 물:어보길 해요, 뭘: 해요… 모르지. 도:제가 모르지 그저: 으:른은 어렵기만 헌 거지, 도:제 모르죠, 뭐. 뭐 친정에 누가 계:신지 이것도 몰:라. 할머니 기시다가, 할머니, 왜할머니가 겉이 사시다가 돌아가셨다고 그러시대요.

○ 서울 성 밖

조사자: 거기서 그러니까, 중림동에서 누구누구가 사셨던 거예요?

중림동에서 우리 시어머니, 시아버지, 또 큰동세 두: 내오분,[91] 아이들 싯:, 그리고 우리 시동생 내:웨, 우리 내:웨, 또 아이 그때 싯: 거기서 살았죠. 거기서 중림동에서 살:다가 이제 이쪽에 살았죠. 그래가지고 그때 이사가고도 입:때까지 그냥 이 동네 살아요.

조사자: 그때 왔을 때 여기 공릉동이 어땠어요?

그때는 그냥 맨 산골짜기구 전:부 논이지. 전:부 논이에요. 길도 뭐 옰:구. 요

---

90) 명절.

91) 내외분.

런 길이고, 요런 샛:길이고, 다: 논밭 그런 데에요.

조사자: 그런데 이제 언제부터 개발되기 시작한거죠?

그겟이... 것:두 잘 모르겠네. 지끔 몇 년도가 됐는지도 모르겠네요. 우리 아들은 알:꺼야, 아마. 우리 아들은 알지만 난 그걸 모르겠는데.

조사자: 오다 보니까 먹골이라고 있는데 거긴 왜 먹골이에요?

예, 거긴 먹골이구. 거긴 먹골이 왜 먹골지 그것도 몰:라. 그 먹골인 옛날엔 배밭이 많었어요. 거긴 먹골배야. 배밭이 많:었어요, 거긴. 요쪽에는 드문드문 있었고. 그러구 그러니까 그때... 암튼 이, 이쪽으루 다: 배밭이에요. 다: 배밭인데 거긴 이제 먹굴배라고 그럼 지끔도 알아준대. 먹골배... 지끔은 없죠.

조사자: 그러면 여기서 서울 다니시려면 어떻게 다녔어요?

그 전에는 이제, 저기, 기동차가 여기 춘천 댕기는 거 있잖아요?

그때 기동차라고 그래. 차가 이렇게 기차 겉지 않고 쪼끄만 차지요. 그것 타고 댕겼지. 그것 타고 댕기가 이제, 저거 이... 뽀:쓰가 나와가지고 뽀:쓰 타고... 댕기기 어려웠죠. 이 옆으로 그냥 저기, 육사 있죠? 거기꺼지 걸:어갔어요, 여기서. 그저 걸:어가요, 그냥. 그때 뭐 즌:화가 있었나. 어머니 아버지가 돌아가셔도 사람이 와서 이렇게 해:서 가고 그랬어요.

조사자: 그럼 아드님들 학교 다닐 때고 그렇게 차 타고 다녔나요?

근데 이제 그때는요, 여기 기차가 있었어요. 춘천 가는 기차. 기찬데 학교가, 그전엔 소학교죠, 소학교 댕길 때 창동으로 갔어요. 창:동국민학교. 우리 아이들, 그러니까는 큰: 애하고 둘:이 둘:째하고 창:동국민학교를 댕기고, 우리 셋:째하고 딸들은 다: 여기, 연천 국민학교. 연천 국민학교 다녔어요. 그때는 먹구 사:는 건 그냥 아무렇게나 먹구 살아도, 고등학교를 가리킬라구, 얼마나 애:를 썼는지 몰라요. 힘들게들 사:니까. 아유, 그땐 인제 즈:이들이 그래도 착실허니까. 다:들 가서 곧잘들 다: 살:고... 딸들도... 부:자는 아니래두 곧잘들 사:니까.

조사자: 그 중림동에나 어디서나 서울 드나들기는 가까웠죠?

그때도 그냥 뻐:쓰 타고 댕기는데두 그때 힘들었어요. 참 힘들지, 멀:고 그랬죠.

조사자: 그래서 걸어다녔나요?

걸:어다녔죠. 그럼요 걸:어다녔죠.

조사자: 바로 성밖인가요, 그러면? 중림동은. 남대문 바로 밖이에요?

그렇죠, 남대문 밖이지. 근데 그때는 젊었을 적에는 낮:에 어:딜 나가보질 못하죠. 나가보질 뭇허죠. 바깥을 여자는 안 나가니까. 그래서 어:디가 어:딘지두 몰:라요. 지끔두 나 그 동네 가면 몰:라요. 옛:날에 살:든 데가 어딘지도 물:르것드라고요. 지끔은 또 이제 길이 많이 돼구 또 뭐 이렇게 그냥, 참 살:기 좋게 해놨기 때문에 잘 몰:라요, 지끔 가두. 근데 애:들은 알드라고요. 여기가 옛:날 우리 살:든 집이라 그러구. 애들은 그런데 나는 모르겠드라고.

조사자: 그럼 해방될 때는 저기, 요기 공릉에 사셨던 거예요?

그렇죠. 여기 살았죠, 해방뎀 뒤에.

○ 육이오

조사자: 뭐 그때 생각나시는 얘기 없으세요?

해:방뎀 때가... 아이구 생각이 안 나네. 육:이오 때 피란 나갔을 때요. 그건 지끔 쪼:끔 생각이 나는데 육이오 때 피:란을 나갈 때 내가 그때 애:기를 많:이.. 옛:날엔 많이 낳:지 않어요. 쌍태를 했는데, 아들 쌍태를 했는데, 그것이 둘이다 금방 금방 오늘 죽고 내일 죽고 그러더라고. 그런데 그때는 애기를 나두 쌀이 읎:어요. 쌀이 없:어서 이제 애기 나면 먹으려고 이렇게 쌀을 한 말을 우리 영감님이 어:서 구해왔는데, 그거를 구해다 놓:구서는 애기를 났:는데 아: 이들이 요만요만한 거 있는데 냐가 애기 났다고 쌀밥을 먹어요? 애들허고 겉이 술찌게만 먹으니까, 그때는. 술찌게만 끓여서 먹었어요. 그러니깐 이제, 그렇:게 해서 애:들이 다 둘:이 죽고 나니깐 그때는 걱정이 읎:는 것 겉드라고요. 왜냐면 애기 둘:이 울:어봐요. 인:민군이 어:디든 다 쫓아올 텐데. 우리 집 영:감님이 쉬염이 이만 헣구 머리가 이만허게 길르고, 그랬거든요? 그때 이제, 직장은 서울 공대, 이제 공무과에 나가셨는데 애:가 너무 많:으니까는 생활하기가 어렵

잖아요? 그래서 내가 접:때 얘기했듯이 니야까에다 다 싫구서 나가는데 작은집 식구꺼지 겉이 나가서 애들이 많고 그랬는데, 가다가 참 고생 많:이 했지요. 그 냥, 짚데미에 들어가서 자고, 애:들은 간:데다[92] 느:놓고 어른들이 가장자리에 서 자고, 참 고생 많이 했지요. 그런데 피:란 나가서는 그래두 군인 가족이라고 대:접을 받았어요. 그래서 이제 청주 가서 정착했는데 청주에서 배:급을 받아 서 먹구 그래서 거기선 그렇게 고생 안 했어요. 그리고 집이 들어오니까, 접:때 얘기했죠, 그... 이렇게 쫙 뜯어서 이렇게 홀:을 만들어 가지고, 미군들이 땐:스 홀을 만들어서 살:구, 그런데 이제 그 미군들이 나가는 해 그거를 우리 영;감님 하고 나하고 사람 하나를 읃:어가지고 그걸 다시 고치라고 고생도, 뭐 고생도 말:도 못했죠, 뭐. 그렇게 해서 그 집을 고쳐가지구 살:다가 영감님이 또 돌아 가잖아. 그런데 이제 그 집을 고쳐서 살:다가 이제 쪼끄만 집을 하나 샀어요. 요렇게 쪼끄만 집을 하나 샀는데, 그 집이 이렇게 비탈집이라고 그거를 뜯어가 지고 다시 이제, 그때는 보로꼬[93]를 찍어설랑은 집을 짓:는데 그걸 영감님하고 나하고 찍었다고요. 보로꼬를 찍어설랑은 집을 짓:고 사:는데, 고걸 지어놓고 이듬해 가서 돌아가시더라고. 장:끼 두다가, 장:끼를 세 판을 지고, 혈압이 올라 가지고, 혈압이 올라가지고 병원에 가서 열이틀 있다가 나왔는데 뭇: 사신다구 그러더라고요. 그래도 일 년 반:을 사셨어요. 일 년 반:을 살아서, 그래가 일 년 반을 사:셨는데 그때는 할아버지 돌아가시는 거는 문제가 아닌데 애: 다섯 학 교 가는 게 걱정이더라고요. 할아버지가 돌아셨지만 애들 공부는 시켜야 돼잖 어요. 고등학교래도. 그러니까는 이제 그때부터 내가 미장원을 했어요. 할아버 지 돌아가시고 미장원을 했:는데 그래도 애:들 학비는 대겠더라고요. 밥은 이 제 두: 아들이 있고 그래서, 우리 둘:째 아들이 강원 탄광에 가서 있었는데 거 기서... 우리 둘:째 아들은 강안도말을 쪼끔 쓸 거야. 고기 가서, 총각 때 가가

---

92) 가운데에다.

93) 벽돌.

지구 거기서 결혼해가지고 애기 하나 낳:고 서울에 올라왔으니까 쪼끔, 나보다
쪼끔 말이 쪼끔 달를른지도 몰라요. 그래서 걔:허고 큰애는 또 서울공대에 직
장 다녔으니까는, 동:네니까. 그렇게 해서 두: 아들이 벌:어서 먹고. 작은 애들
은 이제 군인가고, 그래서 먹구 살았는데 아이구, 그때 생각하면 지끔 끔:찍해
요. 애:들은 많지, 공부는 시켜야지, 먹을 건 없지... (웃음) 나만 그런 것 아니
에요. 다: 그랬어. 다: 그랬어, 나만 그런 것 아니고 다 그랬어. 웨려 우리가 좀
나:았을른지도 몰라요. 우리는 배:급도 좀 타먹고 이래가지고, 그래가지고 우리
가 좀 나:았을른지도 몰라. 아주 어려운 사람 많았어요.

조사자: 일사후퇴 전에는 어땠어요? 그때는 서울에 계셨어요?

　그렇죠, 여기 있었죠. 이 동네 있었죠. 이 동네 있었는데 이제 일사후퇴 때
고 전에 그러니까 피란을 나갔죠, 그러니까 일사후퇴 전에. 그런데 우리 집이
커요. 우리 집이 굉:장히 크고, 뷕:도 크고, 이런 가마솥을 이렇게 큰: 거를 걸어
놨는데 우리 국군들이 저기서, 으정부서 쫓겨오면서 우리 집이서 자... 마당서
좌 자고, 솥이 큰 게 걸렸으니까 거기서 밥을 해먹고, 그랬어요. 그래 쫓겨 있
으니까 또 닌민군이 와서 또 거기서 또 밥을 해먹었어. 그럴 쩨 우리는 저, 청
주루 나가고. 청주로 나가고 그런데 인민군이 이렇게 인제 피:란 나온 사람들
있잖아요? 그 사람들이 얘길 하는데, 아이구, 덕기네 집은 지끔 인민군이 꽉 찼
어 그러더라고. 그래서, 또 아버지가 그, 들어왔는데 그때 그러니까 일사후퇴
전에 들어왔는데 아버지가 청년단 단장을 했잖아요? 그래가지구 그때 또 아버
지가 많:이 숨어다니고 그랬어요. 그때 또 혼났어. 그래가지고 또 애:들을 데리
고 또 피란을 또 나갔지. 일사후퇴 때 또 나가... 그래서 청주에 가서 육 년 만
에 왔어요. 아유, 그때는 고생 참 많이 했지. 요새 애들은 참 호강하고 자라, 지
끔 우리 손주들은.

조사자: 그러면 인민군을 직접 보신 건 아니고요?

　인민군 봤지요. 인민군 이제 들어오니까, 들어오니까 인민군이 우리 집에서
살:드라고요. 그런데 꼼짝없이 잽혔지, 우리가. 그래 아버지는 그때부텀 그렇게

숨어 살고. 나는 그냥 밥해주고 그랬죠. 밥해 줬:는데 그 사람들이 그냥 들어가 더라구. 자꾸 절루 북으로 가더라고요. 그래서 우리하고 산: 거는 한 달도 못: 살았어.

조사자: 인민군은 어땠어요?

인민군들이 뭐, 그렇게 해:꼬자는 안 하더라고. 그러지는 않더라고요. 그러 지는 않는데 그래도 이제 우리가 아버지가 혼:났지. 아버지하고 우리 그 둘:째 아들, 그것도 밤낮 학교 지하실에 가서 숨어있고, 또 우리 집 천장에 숨어 있고 그랬었어요. 혼났죠, 그때. 그런데 이제 지끔: 아프대는 아들이 그때 밥을 해서 이제, 그것도 쌀밥인가? 그냥 수수밥, 콩밥, 밀기울이밥 이렇게 해서 그걸 해: 서, 요새 그렇게 먹으면 못: 산다 그러지, 죽는다 그러지요. 요새 잘 먹어도 무 슨 어떻다 어떻다 그러지 않아요? 그때 그렇게 고생을 했어요.

조사자: 그때 뭐, 인민군들 들어왔을 때 특별히 생각나는 일은 없으세요?

특별히 생각나는 거는 그때 한: 달을 쪼끔 못: 있었나 한 달을 있었나 그랬 는데, 이제 먹을 게 읎:잖아요? 먹을 게 없으니까 참 농사짓는 데로 이맘때, 이 거보단 쪼끔 늦었을 것 같애요, 그런데 옥수수가 이렇게 이렇게 달렸을 적이에 요. 그런데 날더러 옥수수 사러 가자고 그러더라고. 둔:이 있나 맨주먹으로 가 는 거지, 뭘 사, 사기는. 그래서 둔: 읎어서 못 간다고 그러니까 그냥 날 따라오 라고 그래요. 그런데 지끔 생각하며는 저 상:계동 저 못: 미쳐야. 거기 옥수수 밭이 큰: 게 있더라고요. 거:그 가서 쥔: 찾으니까 쥔:이 나오니까 옥수수를 따 서 담으라고 그래. 그래가지고 지가 그냥 짊어지고 오더라고. 그리고 나 이렇 게 하나 이: 주고 오는데, 겁이 나더라고. 나무 거 도둑질해 오는 것 같더라고 요. 그냥 뺏어오는 것 같애.

1.5. 자연 발화[jsy]

○ 서울살이

인제 그때 서울 인:구루 바:서는 이:십만, 삼십만 강 근:너는 아니구 강 안으루 해서 요렇게 서울이 경성이라구 해 가지구.

그르구 이젠 저짝으루는 영:등퍼라구 해 가지구선 그때두 인:구가 같은 인:구라구 해:두 그릏게 적:었었다구. 그래 낭중에 일번 싸람들이 생산 공장을 세우고 머, 고무신 꽁장, 머... 이런 거를 전부 맹기년 바람에 영:등포가 인제 공읍 지대루 돼 가지구, 그래 저거럴 인:구가 나가 가지구, 인:구가 합친 게 왜정, 에... 한 오: 년 전, 말기 오: 년 전네 영:등포꺼정 합쳐해 가지구 그때 인구루 오:십만이었었다구. 그때만 해두 생활서버텀 여러 가지루 참 미약했지.

이 지끔은 암마 그거 아년 사람, 내가 알기룬 읎을걸, 내 나이루 바:선 지금 일흔일굽인데 팔씹 이상 먹은 사람이 몇 사람이나 사는지 몰라두 워낙:: 죽었다구 바야지. 그러구 지금 칠씹칠, 팔씹꺼정 사는 사람두 보며는 해:방되기 전꺼정두 시굴서 농살 져 가지구 야:무것두 몰라 가지구, 그런 사람덜이 내가 볼 쩬 한 오십 프로 이상 섞였다구 바야지. 내가 내 주장을 하는 게 아니라... 머 공부를 했:다, 외(ö)국 가서 멀 잠::깜 일본 가서 공부를 했다, 머 했다고 해서 야:는 게 아니라 그때 당신 학교 댕기기두 참:: 심들었어. 먹구 살기두 심들었구. 왜정 말기만 해두 버리꼬개[94]니 머니들 많:이 떠들지 않어요? 그게 전::부 그런 상태거든.

그른데 그때는 양반과 쌍껏이, 양반과 쌍껏이라구 하지만 건, '상껏' 하며는 양:반들이 쓰는 말예여, '쌍껏'. 그른깐 중칭에 있는 사람들은 그래 '쌍놈'이라구 두 해요. 그 양:반두 좀 배운 사람이 허면, 저 놈이 허면 양... 쌍놈이라구 하거든. 그러니 이젠 웬만헌 사람 같으믄 쌍껏 이릏게 하구, 안녀자들은 쌍껏이라

---

94) 보릿고개.

구 그러구. 그래서 그 생활에 격차가 나는 게 상당히 넓어요. 넓으다는 게 소위
밑에서 양반네들에 생활 수준을 따라간다믄 아, 몇 배를 건너야돼요. 왜? 재산
이 읎:이니까. 그때는 무기가 머냐:며는 식량이거덩. 총칼이 무기가 아니었어
요. 식량이예요, 순::전히. 먹는 것 때믄에 가서 있는 양:반네들한테, 농사 많:이
짓는 사람들한테 '아씨 마님'을 찾구, 가서 심부름 해주구, 그러구 밥이래두 한
숟갈이구 두 숟갈이구 은:어먹는 거 이걸 이제 연:명허는 거지. 그래서 이젠 아
이들 같은 게 사내아들 같으믄, 성장이 되며는 머슴으루 주거나. 어째 내가 경
제적으루 능력이 읎이니까. 그르구 나:두 나이는 자꾸 먹구, 아이들은 자꾸 크
구, 아이들은 노동력이 조금 있구 허니까 이젠 양반덜한테 소위 판:다구두 허
구 머슴으루 보내는 거지. 건 게:약 제도가 없:어요. 그렇다구 해서 부모가 그걸
찾아가느냐 하믄 못 찾아가요. 경제적 능력이 없:이니까.

　그것두 어느 정도, 부모가 가서 찾아갈라믄 주질 않아요. 이제 애덜을 키워
서 이만::큼 노동력을 맹기러 놓구 살 만하니까 빼간다... 이제 거 우리 한국 사
람들이 특히 쓰는 그 말이 그거여. 살: 만하믄 와서 빼간다구 그러구. 아이들
두, 여자들두, 기집아이들두, 인제 이... 커서 처녀끼구 사춘끼가 넘어서 얼굴이
펴: 가지구. 서울 같은 데 와서 잘 먹으니까. 그때만 해두 세: 끼는 꼬박꼬박 은
어먹구 이러니까. 부모가 이제 생각이 나믄 와서 데르구 갈라구. 그름 영악한
아이는, 부모가 거:리워서[95] 찾아가는 아이들두 있지마는 영:악한 아이들은 안
가요. 가며는 어머니, 아버지 고생하구, 환::히 아는데, 이 분명히 가서 시집두
제대루 못 갈거구 머, 으디다 또, 술찝 같은 데 팔을까 바, 아::예 이 집에 정들
었으니까. 응? 일곱, 여덜 쌀 때 와 가지구 이 집에 정들었으니까 그냥, 그냥 사
는 거라구. 그 집에서두 주질 않어. 아이가 참 밴빤::하구, 참 가르켜두 영악하
구 똑똑하구 모::든 게 그 집에서 그냥 눌러 살다가. 참 요새 식으루 우리 한국
사람들이 팔짜소관이라구 그러잖어? 내 장래가 헌히 내다보는 사람들은 그 와:

---

95) 그리워서.

중에두 시집을 잘 가는 아이가 또 있어요. 거기서, 그래가지구 머 오십대 가서 머... 요새 그, 저 테레비에 보면 화요일랄, 아니 수요일랄 보머는, 소위 이:산 가족 찾는 식으루 여덜 씨 반부텀... 아홉 시 반꺼정 나오는 거 있어요. 케이비 에스 일에서. 거 사람네들이 전::부 그런 사람들이라구. 왜, 삼십대 와서 부모 찾구, 사:십대 가서 동생덜 찾구 하는 사람들, 부몬 이미 다 떠나구... 사춘, 오춘 찾느냐구 왜냐, 어렸일 쪽에 워낙 웁시니까 부모 성두 몰르는 사람들이 많아. 그래서 그른 데 나와 가지구 지금 부모를 찾어요. 그래서 용::하게 찾는 사람들이 있어요. 또 많:지, 내가 보니까 한 칠씹 프로 이상 되드라구 또. 삼십대 와서두 먹구 살 쑤 없으니까 딸을 이집 저집에다 주구, 또 누가 거 똑똑하게 생기니까 먹구 살 쑤 없이니깐 내가 데리구가 잠깜, 응? 보여주... 저 애들을 키워주겠다 하구서. 너래두 가서 밥을 많:이 먹구, 배불리 먹구 살으라구 그래가지구 보내주구. 그러다 보믄 기반이 조::끔 잽혀서 가서 찾으러 가믄 없:어요, 이사가 뻐렸거든. 그러다가두 세월이 삼십 년 흘르구 보니까 애가 똑똑하며는 일곱, 여덜 쌀 쩨 생각을 하는거지. 그래서 인제 머 오빨 찾는다, 부몰 찾는다... 나와요, 식구들이. 지금 현재 경제 상황으로 바서는 곧잘들 살:거던 서루. 중상층 이상은 안 되지만 중상층 밑으루는 살: 쑤 있는 능력이 있기 때믄에 이제 서루서루 찾는 거라구. 그런 시기가 불::과 요게 한 오:륙십 년 전에 얘기라구. 불과... 늦은 사람은 사:십 년 전... 해방되구두 그랬으니까. 그르게 일본 싸람이 탄압이라는 건 지독했었으니까. 그 농사법두 그릏게 개발이 안 됐기 때문에 가상 한 평 논, 한 마지기에 멫 섬 나온다 하머는 한 섬 두 섬 나오는 걸루 게::속 판에 백인 식으루 농사는 지었는 게, 인제 자꾸만 셰월이 흘러가지구 연:구하구... 자꾸만 이러구 보니까 한 섬에 머 석: 섬, 넉: 섬이 배:가 나오구 자꾸 이러거덩. 그르니까 그만::큼 생산량이 늘구. 이제 이 여러 가지가 좀 바뀌지니까 오늘날꺼정 이릏게 잘사는 거지, 우리가...그래서 인제 사:는 과정은 다:: 칠씹, 팔씹 먹어두 다:: 달르겠지. 사:람마다 자기는 자기 인생낄이 달르구, 전부 달르겠지믄 왜정 때 그런 문제가 참:: 많았어요. 이 지끔은 내가 학생들 보고두

가끔 애길 하는데 사:상은 둘째 쳐놓구 우리 한국 사람들에 경제력이 그릏게
비참했다는 건 그건 저: 아프리카에 깜:둥이나 우리가 조::끔도 달른 점이 업:다
구. 다만 아시아에서 살았기 때믄에 한:복이니 옷이니 이런 걸 안 입을 쑤가
업:지 기후상으루 추:니까. 그렇다구 해서 머 틸루 머 할 쑨 업:는 거구. 그르니
까 이젠 의복상으로 머 입구 다 이릏구 하지만, 아프리카 싸람은 기후상으루
바:선 옷이 필요치 않은 게다, 거기는. 그... 사람은 형체는 다:: 똑같지만 피부
상으루 바:서는 달른 거니까. 그르니까 그 사람들은 의복 같은 거 필요치 않구
자연식으로 얼마든지 살 쑤 있구. 그... 인간이 이:런 사람들이 거기 도달 안 했
기 때믄에 산이구 머구 김성[96] 많:구 먹을 께 많:으니까 그냥 그래 사는 거다,
다만 고런 차이지 인간은 다 똑같은 거다, 하는 거지.

머 여, 동남아시아나 지금 태국이나 버:마, 거 예:전엔 비르마라구 했는데 일
본말로, 버마 같은 데가 아직::두 거기넌 좀 미약한 나라가 아니예요? 거기는
소:수 민족이 아직::두 산골쪽으루 많이 살거던. 태국두 그렇구, 월남두 사실 그
렇다구.

고조, 증조, 고조... 그 우이서버텀 한양 와서 살은 거예요.

○ 가족

조사자: 가회동에서 나셨어요?

나는 안국동 어 저 안국동. 안국동.

조사자: 안국동에서 나셨어요?

사:십구 번지. 아주 그 주소, 번지쑤두 일어삐리지 않지. 그래 학교는 요기
제동국민학교. 제동초등학교. 그래 지금 제동초등학교에 우리가 삼대가 댕겨
요, 댕겼에요.

조사자: 어렸을 때 집안이 풍요로우셨나 봐요?

---

96) 짐승.

에 집안은 인제 내가 내 자칭해서 우리 집 집에 대한 경제적인 얘길 할라며 는 집에 아버님이 사업을 했기 때민에 그 왜정... 어려울쓰 때두 밥은 굼:찌 않았에요. 그래서 요새 말하면 아까 쫌 내 얘기했지마는 버리꼬개들 하고 한다는 건 농촌 싸람들, 또 소위 인제 요새 말허믄 쪼::끄만 사업허는 사람덜. 사::실 경제가 풀려지질 않으니까 먹기가 참 어렵구 쌀 한 말... 그때는 쌀 한 말 사기가 참 일주일인가 이렇게 벌:어야 쌀 한 말을 사거든.

조사자: 무슨 사업을 하셨는데요, 아버님께서요?

그거는 음... 집에 아버님이 하시는 거는 인제 어 소위 인제 요새식으루 허믄 선전농...선전농... 여러 가지지, 머. 에 그르니까 왜정 때 일부두 네온 싸인 같은 것두 있었구.

그르니깐 네온 같은 걸 이제 여러 가지 거... 잡, 잡동사니에 대한 그 사업이야, 그게. 닥치는 대루 하는 거지, 그르니까.

그래 그 사람...덜언, 음... 허가를 그.. 내주는 것두 능력이 없으면 안 내줬구, 또 그만한 재정이 있기 때민에 그걸 내줬구, 그르구 다른 사람이 경쟁할 쑤가 없에요. 이게 정부미두 요새 지끔 찧:구 방아깐 허는 게 에:전에 참 미약했지마는 전:기가 적:었었기 때민에 그러기 때민에 머 참... 지끔식으루 얘기허면 통통통통...하는 발똥기 가지구 방아깐을 또 하구 그랬었지. 그래서 그 사람들은 내가 볼 쩨 굶은 사람 없에요. 다:: 그거 먹구 살았에요. 그른데 항::상 아까두 내가 얘기해지만, 업:는 사람이 배우지 못하구 능력이 업:는 사람, 그런 사람은 할래야 자본 업:지, 누가 머 충고 하나 해주는 거 업:지. 그저 아침에 해 뜨며는 나가서 삽 들구 곡괭이 들구 일해주구 은:어먹는 거, 저녁이면 해 떨어지면 자는 거, 이거를 대:루 반:복을 해서 살았든 거예요. 응? 그래서 오늘날꺼정 우리 한국 사람이 문제가 많은 건 내가 이제 또 이런 소릴 하면 안 되는데... 에? 워낙 농토가 크니까. 그때 예:전에 갑부라구 하면 김성수... 김현수, 김성수 그 양반들두 요 게:동서 사는데, 다 돌아갔지만, 김상만 씨두 요기서 살:구, 동아일보 삼양사 이 사람들은 다:: 재벌끕이라구. 예:전에는 참 갑부라구.

윤치호, 또 이 사람이야 가정적으루 바서는 우리가 볼 쩨엔 윤치호 씨 같은 분은 참 머 인격상으루 나무랄 떼 읍지.

(중략)

또 워낙 에:전엔 완고해놔서, 노인네들이 여자는 학교를 간대든지 공불 많:이 하며는 안 된다구... 그래서 집에서 살림이나 배와야 한다고 해서 그걸 엄하게 가르치는 고런 시대들두 있었거든. 그 대:신 소위 그 양반들이 그렇게 했구 양반들이 잘:: 또 규수라구 자기네 손녀딸을 가르칠려면 항:상 한:짜를 집에서 가르쳤어요. 천자문을. 그래서 유:식한 사람이 많:지, 또. 어트게 보믄. 이, 그런 시대가 있었다, 그런 얘기야.

그땐 식구가 대:식구지요, 대:식구. 한 달에 쌀 두: 가마니, 머 이릏게 반:. 그 때는 또, 생활 수준두 그렇고 잘사는 집두 사:실은 특수하게 시골서 농살 쪄 가지구 일 련 게:량이라구 해 가지구 쌀 삼십 가마니구 오:십 가마니 갖다 먹는 사람 외에는 전부 사서 먹으니까.

조사자: 식구들이 워낙 많으니까 할아버지, 할머니도...

그때 다 기:셨어.

조사자: 삼촌들도 다 계셨어요?

삼촌들두 있었구. 나랑 같이 살었지.

친척네 집에 한 번 세:배하러 간다며는 아예 아무개네 집에서 온다 하며는 머... 많:이 가니까... 세:배똔두 그땐 많:이. 그때가 세:배똔을 줄라면 이: 전, 삼 전, 오: 전... 이제 많:이 주면 십 전, 십 전이라구 하며는 그땐 많:이 주... 그땐 왜... 내가 지금 얘기하면 알라는지... 조풍연 씨라구 알어요? 문작가지 왜 저 한국일보에 그 그분네들이 같은 친척간들이니깐. 그 양반들 돌아가구 업:지만 그냥... 웬만한 지끔 학교, 웬만한 사람들은 물어보면... 조풍연 씨를 아느냐구 하면 다 알아요. 그 아버님이 한:양, 한:성은행이라구 한성은행 예전에 은행장이라구 했어, 지끔으루 보면. 바루 한성은행이 어디 있느냐면 내가 알켜 주께, 지끔 요 안동동으루 내려가며는 그 집이 고::대루 있어요, 아주. 육교가 있어요.

거 버스 정거정 있구, 요 안국동 네:거리에서 그 육교럴 이릏게 따라가며는 자칙 우칙으루 게단 내려가는 데 있잖아요? 그럼 쪽:: 가며는 내려가지 말구 거기서 바로 내려다보며는 그 건:물이 한성은행짜리야. 예:전에... 응. 지금 요 근처서 남은 건:물은 그것밲에 없:을 거예요, 아마.

조사자: 한성은행이라고요?

한성.

조사자: 조흥은행보다도 훨씬...

조흥은행은 그 후:에 나온 거구. 한성은행은 인제 한일합방 후:루 소위 인제 머리들이 개:화된 사람들이 인제 그걸 조직을 해서 한성은행이라구 해... 소:위 지끔으루 말헌다면 은행이 아니구 고:리대금업자라구 이릏게 바야해요. 머 은행두 매한가지지, 지끔 사실은 말이 듣기 좋은 식으루 은행이다 머:다 하지만 다 그거 돈놀이하구 돈... 고:리대금업자하구 머 다른 게 업:는 거지. 원리.. 이론적으루 바서는 그래요...

○궁 사람들

지금 안국동 네:거리를 보며는 거 담이 요릏::게 덕성꺼정 올러오는 데가 그게 전::부 별궁이었었다구, 별궁. 별궁이라는 게 상궁덜... 소위 인제 임:금들이 하루이틀 데리구 자구서는 그냥 상궁 지위 주는 것두 아니구 왜 테레비에 나오지 않아요? 그럼 진짜루 그른 데다가 살림 시키구. 그 사람들이 집이 없으니까... 어렸을 쯕에 궁으루 들어온 여자들이기 때민에. 또 머 자기 맘:에 들으면 하루이틀 가서 자구선... 또 이제 그른 데루 살림 내:보내는 거지. 한번 그러루선 찾지 않으면 그런 데루 나가야 해요. 낙현 떨어지는 거지.

조사자: 불쌍한 여자들이네요.

건 불쌍한 거... 이 제:도가 잘못댄 거지. 에전때 이:조 때서... 이:조 오백 년에 이성게 용이라는 그 물보다는 백 프로는 아니지마는 그게 일리가 있는 역사 얘기거든.

샤:실은 고종에 아들 이:보라구, 그분 자체두 잘못댄 거라구. 왜? 일본 녀자 몸으루 났이며는 자기는 자기에 체통을 지켜야 하는데 걸 몰:르거든. 그르니깐 호스터 라디안가 하는 여자한테 가서 살지... 그르니까 고종 때, 망할라면 그릏 게 쉽게 망하드라구. 민족사는 저걸루 망해버리드라구. 왜 그 안에서 인물이 딱 났이며는 절대 그 변할 쑤가 업:지. 전주 이씨네들이 그건 머 반대허지만 그 땐 때가 어느 땐데 맘대루 반대해. 못 하는 거이지. 그르니까 그릏게 망하드라 구. 그르구 왜 갸:수 이구? 이:구라구 그르든가? 그 친구는 머 자기 왕족이라구 하지만 왕족은 왕족이지. 우선 고종에 피를 받었다구 하니까. 그건 우리네 보 통 싸람들이 볼 쩨에는 왕족이라구 허질 않어요. 서:족 중에서두 아주 아래에 있는, 이제 상궁 중에서두 밑에 있는 이런 걸 보구서는 막 우기지. 그르니깐 그 친구 얘:기가 그러지 않어요? 아나운서들 얘기... 자기 어머니는 동대문 시:장 가서 떡장사두 하구, 머 허구 자기가 자라났다구. 그름 암만 망하구 암만 이조 가 씨러져두 그때만 해두 그 궁에 대한 토지는 다 있었어요. 이왕직에 땅이 다:: 있었구. 토지 개혁이 안 댔이니까, 다 먹구 살 쑤 있었다구. 배당이 안 주 는 거야. 건, 일반 중상칭 사람보다두 아주 더 못한 사람들이지. 왜? 임금이 나 쁜 행실루 여자 한번 보구 내삐리는 거... 근데 거기서 태:난 아이들이지. 이제 그르니까 그 역사는 흘르구 본인이 안다 하드래두 그릏게 안 알아보지. 근데 우리가 볼 쪽에는 그릏게 안 보거든. 왜? 낭:중에 엄 상궁이라는 분이 돌아가셨 는데 그 본처가 아니지. 그것두 상궁이라구. 그 몸에서 난: 분이 이연 씨가 난: 거라구. 근데 이제 머... 지끔 우리 가정에두, 일반 가정에두 보며는 에:전에 왜 정 말기 전에 사실은 장:갈 가두... 호적 한번 제대루 보구 가는 사람들이 많:진 않았어요. 그 소위 양반 쌍눔얼 갈아 가지구서는 소위 좀 살 만헌 사람은 양반 이라구 해:서, 또 자기 선조에서버텀 소위 요새식으루 군:수를 한대든지, 면:장 을 했대든지 하믄 그 양반 축에 들어간단 말예요. 과:거에 과거를 못 보게 하는 거는 전:부 쌍껏으루 추급을 했대는 거예요. 그르기 때민에 인제 조강지처라는 얘기가 바로 그런 얘기라구. 조강지처하구 장:가가구 시집가는데 남편이 다른

여자를 봤:다, 어린넬 낳:다, 그럼 건 본적에 들어오질 못 하는 거예요. 서:족이라구... 그때 또 하:해가 많:았지. 사람이 차별을 많:이 했지. 그 내 가끔 드라마를 보며는 자기 아버지가 대:감인데 아부지 쏘리를 못: 하는 거예요. 아씨 마님이라 그러는 거예요. 그게 바루 그런 차이라구. 그러구 그 사람은 그 사람에 아들이래두 게:단... 지금 한옥집에 보면 전부 이렇게 칭칭으루 돼 있에요. 우리집두 여기 지금 게단으루 돼 있지마는. 그 밑에서 먹구 무슨 때믄 그 밑에서 잔치를 먹구 그 밑에서 찾아보구 그릏게 가는건데, 찾아바두 달갑게 생각 안하는 거지. 그르니까 그때는 아씨 마님으루 취[ti]급을 헌 거지. 아부지 쏘릴 못해, 아부지 쏘리 허면 혼나지. 왜, 조강지처가 눈을 부른 한 번 뜨믄 두 번 다시 여길 못 오니까. 그릏::게 그... 엉압적인 정치를 했다는 거넌 소위 읍:는 사람하구 있는 사람... 게급 차이를 해서 겅::장히 차별을 했던 거예요. 그릏까 양반 세도가 한 이삼십 프로백에 안 되는 데다가 엄:고 못 배우구 소위 쌍껏이라구 해 가지구 칠씹 프로는 소위 그릏게 지냈다는 얘:기가 나오지. 그래 암만 머리가 좋아두 어디가 공부를 못 해. 그래 호적상에 뭘 떠보면 서:족이다... 그럼 그걸루 그냥 끝맺는 거라구. 그릏까 인제 장사나 공장이나 이런 데 가서... 이제 그런 게 엔:날에 그 제도가 왜정 말기꺼정 있었던 거예요. 그래가지구 인제 해:방이 되니까 참 소위 인제 개화되고 사람들이 자유라는 게 먼:지두 알구 하니까 요새 식으루 보믄 부모가 정:해주지 않아두 즈히들끼리 결혼해 가지구 적극적으루 살구 동성동본해두 적극적으루 살구덜 그러지 않어요? 예:전엔 그게 전연 승낙이 안 대요. 부모가 한번 어디 규수, 남에 여자 딱 바: 가지구 참 똑똑하게 잘생겼다하구 그 집이 양반이다 하며는 자기 아들을 그냥 장:가 보내는 거예요. 그걸루써 엄:정하게 그거... 대:를 잇게끔 그대루 엄:정하게 됐:던 거예요.

○ 결혼

조사자: 선생님도 그렇게 중매로 결혼하셨어요?

　난 중매가 아니지요. 그릏지, 중매지. 자유가 아니니까. 거 저 우리 집사람 저기 있지만... 난 사진만 가지구 그때 왜정 땐데 목탄차 타구 댕겼을 때니까 차가 없:어 가지구... 그래가지군 참... 장:가 들었지. 그릏까 얼굴두 서루 안 보구 무조::건 그냥 서루 보구 사진 한 장 가지고... 내 사진 가주 가서 거기서 보구 장가들었어요.

우리 집 처가는 그 왜정 그 전만 해두 잘살았으니까. 소위 고성댁 허 가지구 소위 인제 엔:날에 이:조 하:중 가까이 들어가서두 군수두 하구 그랬던 분들이 대 놔서 알:지, 우리 집 집안을 확실히 알:구 아 그 댁이냐구 허면 이렇게 알아 가지구 사진 가지구 왔다갔다 했어요.

조사자: 누가 연결시켜 주셨는데요?

그 저 우리 큰동서 대는 사:람이 그래요.

동서가 지금두 여든여섯인데 살아있에요.

조사자: 그분하고 어떻게 알고 계셨어요?

근데 그분이 우리 집을...

조사자: 알고 계셨어요?

왕래했든 거는 집에 아버님이 사업을 했기 때민에... 사업상 출입을 하다가 인제 만난 게 아니라 얘:기 끄트머리에 이제 이런 분이 있는데 이런 색시가, 아주 참::한 색시가 있는데 그땐 중매루두 많:이 집에 가서 잘 알어야 중매를 하는 거지 함부루 못 허는 거예요. 자기 처제를 중매시킨 거지. 그래서 이제 연결이 된 거예요.

○ 가정 생활

조사자: 안잠자기라든가 침모나 식모 집에 있었어요?

그게 아... 이:조 말엽. 그른까 내가 안짬재기라는 게 벽:에서 이를 테면 음: 식두 맹길구 식모라는 건 낭:중에 나온 얘기예요, 그게. 그리고 이제 안짬재기, 또... 내가 많:이 잊어뻐렸어 아주, 그 얘기를. 또 어른네 바:주는 아이들을 이제...

조사자: 유모?

아니, 아니. 언년이라구두 허구. 이름을 그래서 그런 이름을 많:이 지었어요, 엔:날에 언년이라구. 이런 무식하니까 글씨를 몰:르니까 어린네 나믄 쟤를 그 냥 언년이라구 지으라구, 또 머... 하이튼 많:어요. 그런 인제... 유화가 읍:는 사람들이 무식하구 아직 누가 이름을 잘 안 제주구[97) 하니까 그냥 이렇게 불 러라 해서 이렇게 불러주구. 그래 지끔 노인네들이 그른 이름 가진 사람들이 있에요. 전부 그런 식이예요.

조사자: 집에 그런 사람들을 두셨어요, 그때?

우리 집에는... 셋:인가 넷: 있었어요. 전라도 아이들이 둘, 충청도 아이는 하 나. 충청도두 요기 저... 금광촌, 고 근처 어디 사는 아이 하나. 고건 여기 와서 시집을 보내서 시집가 살:구

조사자: 그렇게 자기 부모들이 데리고 집으로...

그릏지. 그른데 걔:들은 지끔 몰라요. 부모 위치두 몰르구 부모가 어디 있는 지두 몰르구 그래요.

조사자: 서로 아예 연락을 끊고...

그릏지, 딱 끊어버리구. 맽겨놓구 그냥 내려갔으니까 또 헤지구. 하루 쫑:일 올러먼, 서울을 올러먼 그 기차두 도둑... 몰::래 타 가지구 애덜을 데리구 굶어 가면서 온 거예요. 그런 아이들을 먹구 살 쑤 없으니까 불쌍해서 기냥 집안이 나 치워준다구 허구. 걸레루 집안을 치워주구.

조사자: 지금도...

이제 우리 집사람이 애:들을 나니까 우리 집에 애:덜 몇을 그네들이 또 업어 서 키우구 그러지. 그때 육이오 사변 때 에... 하나는 제 고향 따라서 가구, 둘: 은 또 막 붙어 댕겼지. 그때 우리 집 아이들이 적:었으니까 업구 댕기면서. 그 래서 하::나 까딱없:이 그냥 잘 살았지.

침:모... 침:모가 있구... 많:어요. 있는 사람 집에 가므는 노인네들 탕:이라구

---

97) 지어주고.

해 가지구선... 탕:이라구 해 가지구 침 뱉는 요런 그릇이 있어요. 노인네들이 에:전에 담배, 긴: 담배들 피구선.

조사자: 가래가...

가래침 끼:구 그륵에다 뱉어놔. 그거를 심:부름하는 아이들이 그걸 가지구 대니면서 청소를 해요. 방 청소하구... 전::부, 이불 깔:구 머하구... 그릉까 예전에두 살 만한 집은 자기네 또 부모들이 있으니까 그 부모들얼 인제 그... 요새루 얘기허면 효:자 노릇 하느라구 사랑방에다 해:놓구 막... 또 심:부름 잔심부름하구. 또 식모는 이제 반찬해 가지구 날:르구 벅:닐 하구, 하이튼 그 머 그런 차가 많:다구 바야지. 우리가 살... 지금 젊은 사람 보면 에이 거 누가 가서 그런 거 하느냐구 머 안 한다구... 그때 세월루 바서는 그게 도리가 없었어요. 왜? 그릏게 안 허믄 그 아이가 성장을 못 허구 먹구 살지 못 허구 중간에 죽어요, 병이 들어서. 근데 그릏게 그때 셰월만 해두 병:이 그렇게 많:질 않았어요. 병:이 많:이 없으면 참 낫:기 전... 이것두 할 말은 아니지만 예:전엔 그냥 갑작히 죽는다든지 하믄 소위 요새루 말허믄 신장뺑이나 고혈압... 고:혈압이란 게 있을 쑤가 없:었어요. 그때는 먹질 못하는 판인데, 머. 고혈압 생길 릴두 읍:구... 화학 약품 그른 것두 없:으니까. 그러구 그냥 또 머 옘:병이라구 해 가지구 머리가 죄 빠져 가지구 장질부사 이런 거를 낭:중에 알아 가지구 장질부사라구 그랬지 예:전엔 옘:병 옘뺑이라구 했어. 그러니까 예전에 케케::묵은 그 무당들이나 절에 가서 머? 한다구 해 가지구선, 머 살풀이한다구 전:부 그런 엉뚜당뚜한 종교에 대한 미:신, 종교 아닌 미:신 종교를 지켜 가지구선 희생덜을 당한 사람두 있구 그렇지.

그런 시대가 또 있었구, 인제 그러니까, 그런 걸루... 양발 신는 사람은 발 모냥두 괜찮구 아직두 그런데 그거 하나 없:이 짚새기 낄:구 댕기구 춘: 데는... 그때는 겨울이 상:당히 추웠어요. 그래가지구 어디 나::가지 못했어요. 버선 하나를 신나? 요새는 이 양:발이라는 게 있어서 그렇지 전엔 양발이 없:었어요. 이 일본서 들어온 양발이라구, 이게.

조사자: 왜정 시대 때 다 신기 시작한 거예요?

그릏게 바:야지. 그릏까 왜정 시대두 양:반네 집에는 이걸 안 신었에요. 버선 꼭:: 신었지. 여름에, 이 여름에두 버선 신었어요. 그르니까 거 게급 차이라는 게 왜 자꾸만 생기냐며는 있는 집에 딸은 읎:는 사람 쌍껏이나 남에 집 저... 재벌에 있는 이런 사람덜한테 팔을 비:먼 안 댄다, 살을 비:먼 안 댄다. 그래가 지구 저고리두 함부루 못 벗었에요, 어디 가서. 지끔 얘기하면 충청도에서 그 걸 쪽도리라구 있에요. 요릏게 해 가지구 요릏::게 쓰는 거예요 털로 맹길어서. 그 우리 학교 댕길 쪽에두 봤:는데 그거는 요릏게 쓰구 요릏게 쓰구 귀 요릏게 매겨 가지구 요릏게... 것두 돈: 있는 사람이 쓰구 댕겼에요, 돈: 읎:는 사람은...

조사자: 추울 때 쓰는 것 맞지요?

예. 예전에 그릏::게 추울 때에요. 아주 지끔은 아무것두 아니예여. 지끔 겨울은. 그때는 참 추웠으니까, 아주. 머 참...

조사자: 눈도 엄청나게 쌓였...

많:이 왔었구... 응, 많:이 왔었구. 그래서 그때는 읎:는 사람이 헌: 옷감 같은 거 어디서 줏어 가지구 요만큼씩 짤라 가지구 전:부 꼬매 가지고 요기다 요릏 게 해 가지구 고 모냥으루 요걸 요릏게 쌈매 가지구 댕겼다구.

조사자: 근데 남자애들은 이렇게 요즘 애들 이렇게 귀 만드는 것 있었죠?

그거는 인제 거 터서 조끔 제 토끼 같은 거 산에 많:었으니까 그때두. 이 삼 청공원에두 토끼가 많었에요. 일본 싸람들이 여기 와서 토끼 사냥해서...

○삼청동 시절

조사자: 어렸을 때 그때 삼청공원두, 공원이 언제부터 만들어졌어요?

공원이 이게 공원이 댄 게 요기 뿌르장[98)]두 있었구, 왜정 때.

조사자: 뿌르장이요?

---

98) 풀장.

뿌르장. 지끔 저 요기 저 종쩜 고 옆에 가며는 요롷게 해서 구청에서 쓰는 저게 있에요. 그게 전부 뽈장이에요. 막어가지구. 그 물이 아주 맑::었었거든. 그래가지구 일본 싸람들이 여기 와서... 토끼를 잡어가지구 일본 덴:장에다 토끼살을 떠서 국을 끓인 거지. 우사기가 아니라 도조지루라구 해요, 일본말루는 도조지루라구 해 가지구 그걸루 요기서 점심해 먹구선 이러구 놀든 때가 많:었어요.

조사자: 이 뒷산에 자주 올라 오셨어요? 어렸을 때...

아 내가 그러니까 요 안국동 안국동... 게... 익선동... 안국동, 익선동, 관훈동, 게:동, 게:동이라는 데 지끔 이 저 현:대건설 본사 짜리 바로 거기서 살았어요. 거기서 살었다가 다시 게:동 요:기, 요... 제동 초동국민학교 밑에서 살다가 이제 가:해동에서 살:다가 그래서 마지막 이거... 이리 올러온 거지. 왜 이리 올러왔느냐면, 그 집 하나 팔아 가지구 요기서 집을 두: 채 샀었거든. 내 집을 사구 내 아우 밑에 아우 찝을 하나 사주구

조사자: 굉장히 큰 집이었었나 봐요?

그 두: 채를 사서 이제 따루따루 이렇게 살구. 나는 오늘날꺼정 사는 거예요.

그래 이 집에서 살기가 에... 이 집 질: 때서버텀, 요거 집장사덜이 지어 가지구 팔아갔을 쩨 그때 사서...

조사자: 몇 년째 사셨는데요?

여기서 지끔 허먼 한... 육십 한 오 년 되나? 아 그릏게 될 꺼야.

여기서 오래 살었으니까. 그때 바루 우리 집 여기 마:루 있는 쪽으로 요롷::게 이제 산등어리에 있어, 이게 요롷::게 댄 저, 국무총리 관저였거든? 경사가 하나 있었는데, 그리 댕겼지. 거 머 여기 지금 공원에두 감사원두 고게 계곡이 있어서 이렇:게 에스 카브 요롷::게 도는데, 거기두 계곡이예요. 거 하이튼 민 자리예요.

잘살어두 우리는 집에서 도시락을 변또에... 소위 변또라구 해 가주구 도시락을 가지구 댕겼어요. 그런데 그 사람네덜은 집에서 식:모가... 인력거 타구

와요, 인력거. 소위 자가용이지, 지끔으로. 근데 그 학교하구 차이가 불::과 머한 이백 메터두 안 떨어졌거든. 근데 그걸 식모가 따듯::하게 해 가지구 거 보재기 그 머 요새루다 허면 여러 가지 색동저고리 보재기 이런 걸로 해:서 따듯::하게 해 가지구 몸에 품어 가지구 점:심 때 대믄 딱 가져와서 줘요. 그걸 내가 왜 야:냐면 나하구 그 사람하구 짝이엤었어, 한 짝.

조사자: 그것 좀 뺏어먹고 그러셨어요?

에이... 그렇게 할 쑤가 없:었지. 그건 왜 그러냐면 그때만 해두 학교 교장이 일번 머 표창두 받구 요새루 말하믄 머 몇 등, 몇 급 에:전에 거 머...

조사자: 거의 이급, 일급 공무원 정도 되는...

응. 그래서 등수를 매기는 거 가지구 참 친일파 중에서 최:고 친일파가 댄 학교 교장이기 때민에 교장 한마디믄... 일본 싸람덜두 그때 반:이 섞였구, 선생들이. 그래서 그거 잘못하며는 안 대구 한 번 하며는 혼::나는 거지, 머. 그래서 그거 내 반찬 가지구 내가 충분히 먹는 게 편하지 거 그거 먹자구... 그 어린 마음으룬 디려다 보는 거지, 멀 해 가지구 왔나 보면 참 잘 가지구 와요. 내 지금두 생각나는 게 겨란 쌂어서 싹 짤라가지구...

조사자: 계란이 그렇게 귀했다면서요?

겨란 짤라가지구 오구. 또 장조림 고기구 그릏::게... 고기. 인제 그래가지구 또 요새 전: 부친 거 겨란에다 머 부쳐서... 고런 거 요렇게 썰:어 넣구, 그르니까 그땐 반찬 그릇이 그땐 요거만 했지. 크구... 도시락보덤 조금 컸으니까. 고렇게 두 개 딱 해 가지구 와요. 잡수라구 그르구, 잡수세요 하구... 식:모가 점:심 때... 이렇게 문 열구 들어와선 깎드리 아주 잡수세요 허구 인사하구... 그릏까 아이들이 멀 알우? 그런가 부다. 즈이 집에서 자란 거기 때문에 그런가 부다 그러는 거지. 그 먹구 하면... 먹구 그냥 이런...

그 사람은 그때만 해두 왜정 때, 그 복잡한 때두 김일썽이가 독립군이 만:주에 살구 있다... 이제 소문이 자꾸만 나거든. 이제 그래서 그런 건 저걸 했는데 하이튼 한 반에서 보면 점:심 못 먹는 아이들이 다 나가 가지구 점심 먹는 아이가 이렇게, 전부 이렇::게....

조사자: 음... 물 먹고...

한 사:십 명 이렇게 됐었거든? 그러구 또 조::금 또 어트게 좀 먹는 사람 보믄 요만::헌 도자기 종자... 종지라 그러지, 요거만 한 거. 거기다 멀 너가지고 다니냐면 새우젓, 새우젓이 그때두 싸긴 쌌었다구. 그르니까 반찬은 다른 반찬 할 쑤가 없으니까. 짬짜름하구 짜:구 하니까 밥은 한참 굶었을 쩨 그걸 딱 먹으면 맛은 있에요. 고런 점:심... 밥에다가 복판에다 딱 껴:서 복판에다 너서 뚜껑 딱 달으면 그거 먹구... 그런 시대가 많:았다구.

조사자: 예, 그 대원군 조카라는 분하고...

지끔 요 운영궁 있잖어? 운영궁. 거기 최:근 몇 년 전만 해두 복구 안 할 쪽에 거기 저 문지기가 있었에요. 수위라구르지 소:위... 지끔은 경비원이라구두 하지마는... 거기한테 가서 물어보믄 이철쭈 씨 지금 어떠냐구 물어보믄 돌아 갔어요 그래. 몇 년 전에 돌아갔어요. 사실 나두 몰:랐는데. 우리 동창회에 이... 서 모 씨라구 있었에요. 그 사람두 박정히 대통령 동창생인데 그른데 인제 참... 사:변 나구섬 딱 들어오니까 그 친구가 난 요 가해동 살았었구... 그러니까 이제 그 친군 그, 지금 천주교 짜리에서 살았구 긍까 내려갔다 올라갔다 보면 우리 집 대:문 열어 노면 번다구, 안:다구. 고때 내가 인제 장가들어 가지구 이: 년 있일 쩨에요. 그러니까 사:변 전에 내가 장가들구 일리 련 있다가 사:변당한 거거든. 긍까 내가 나두 참 머... 곡절이 있지. 피:란 가느라구. 피:란은 난 머, 배루 부산까지 갔이니간 그렇게 큰 고상은 안 했는데, 그때 이 친구가 지나가다가 날 찾드라구. 날 보고 난: 줄 알고. 그 역사적 얘기에요, 기가 맥힌 얘기지. 여보게 자네 지끔 멀: 하나... 날보구 그두 아주 쌍스러운 말은 배우질 않았이니까 친구래두 여보게... 요새루 말허믄 얘, 야... 너 지금 머해? 이런 식 으루두 나올 쑤두 있는 얘기 아니예요? 그건... 여보게예요. 실:은 여보게, 먹을 께 없:어. 쌀이 없:어. 쌀 좀 줄 쑤 있겠나... 이:걸 물어바요. 그래서 왕:족도, 소위 이:조 말련에 양반 세도를 가진 사람. 토지 개헉 문제루 문:제가 있을 찍에 하나 건지진 못 하구 근데 그때 왜정 때 보믄 그 사람네 집에넌 우마차가 겨울게 올라갔다 내려갔다 해여. 인제 전::부 먹을 꺼... 쌀, 머 김장 때 김장 배:추 이런 걸 사 가지구 몇 마차씩 끌:구 올라가거던. 그럼 전부 그 집이예여. 그렇게 살았던 게 저에 아버지 죽구.. 응? 왜정 말련에 대학교 들어갔으니까 머.. 나올 떼가 업:는 거지, 돈이. 그르구 이 사:람이 경제적으루 능력이 업:는 거예요. 벌:을 쫄 모르니까.

조사자: 무슨 공부 했었는데요?

나는 그후룬 모:르지. 제동초등학교를 나오구. 그 친구두 거길 나오구 어디루 갔는지두 몰랐는데 낭중에 이제 지나구 보니까 연대를 나왔다구 그래. 그것두 공부를 했:구나 그랬는데 처가를 어느 정도 만내 가지구 인제 처가에 공부해 가지구 순:: 양반집이니까 그냥... 응? 근데 이게 인제 잘못댄 거지. 그래가지구서는 그냥 경제적으루 능력이 없:으니까 사변이 자꾸 나버리니까 모:든 게 머가 먼지를 모르구 사는 거야. 그러니까 이제 제:일 반가운 게 날 보니까 생각이 언뜻 나는 거야. 아, 저 친구한테 저걸 좀 얘기해 바야겠다... 혹시나 어떤가 하구... 그래두 있을 만: 한 친구가 저 친구다 하구. 우리두 그때 머 갠찮았으니까 아닌 게 아니라 쌀을 몇 가마니씩 노: 놓구 살았으니까. 그래 지끔 우리 집 사람 보구 시집온 지 한 일리 련 되구 우리 큰아들 멈에 가지구 있을 땐데 쌀즘 한 몇 대 좀 꺼:내라고 했드니 안 된다, 그러잖아. 그때 모:든 집안 살림꿘은 어무니가 가지구 있으셨으니까. 안 된다구... 내가 들어가서 얘기한다구... 그래 애:길 했지. 아니 지금 친군데 이 사람 이제 굶어 죽게 된 사:정을 얘기하구 쪼끔만 줍시다 허구 꺼:내줬어. 젓:두 남 숭하지 않게 봉투에다 넣:지 않구 보재기에다 싸서 있네, 여기 있네. 근데 실은 요새 머, 먹을 께 다:들 신통치들 않아. 우선 이거래두 갖다 먹게. 고맙네 그래. 손 붙잡구. 이제 그때 손 붙잡는 그 압:력이 지끔두 선:한데. 두 손으루 꼭 잡어, 고맙다구.

그러니까 인제 이게 인간 차별이래는 게 예:전에 참 잘살든 사:람들이 경제가 망하구 국가가 흔들리구 머:가 될 쩨는 이거를 몰라요. 그 우선 식생활. 아까두 내가 얘기했지만, 왜 양반 쌍놈이 왜 이렇게 차이가 나느냐면 우선 먹는 식:량에서 사:람 차별을 완::전히 뒤집어 놓는 거라구, 여기서. 암::만 똑똑해두 있넌 사람한테는 머리 수그리게 대 있고 가서 절하게 대 있는 거라구. 하나에 그 예:뻽을 아는 게 아니라 그렇게 돼 있다구. 그르니까 그 다음버터는 그 천주교 집자리를 홀라당 다 팔은 게 다 싸게 판 거지. 그르니까 이 천주교에서두 월래 대원군이 정책을 아::주 무시했던 거기 때문에 그여코 그 집을 사버린 거라구. 지끔 천주교 자리는 버젓::이 서 있어요, 아주. 그래가지구 그 집을 사 가지구 자기 학교 나오고 애덜 몇 있었다는 게 애덜 몇 가르치구 현:대건설 건:너 편 고기두 계동인데 한:옥집 족::... 지끔 음식점두 대구 했는데 고기에 가 살았어. 거 날 보구 팔었네, 집을 팔구 먹구 살 쑤 없이니까 어특하나... 조그만 집 하나 샀어. 한 번 갈 쪽에 들리게. 아 업:는 사람 집에 자꾸만 들려서 무슨 폐를 끼쳐요? 그래 그런가 브다 그러구. 그래 나는 나대루 바쁘구 인제 자꾸만 지방에두 나가구 하니까 당분간 못 만났는데 그 인제 한번 찾을라구 물어봤드니 운현궁에 가서 물어봤:드니 아이구, 그 양반 돌아간 지 몇 년 됩니다 이래. 이제 그릏::게 셰월은, 인생에 세월은 그릏게 흘러가는 거라구.

나는 그래서 우리 집 메누리한테는 아주 거 귀담아 듣게 얘기해. 에미야 식량 학보해 났느냐, 라면 빡스래두 한 두: 빡스 세: 빡스래두 사다났니. 너:놓고 괜:히 사러 댕기지 말고 먹어가면선 보충해 놓구 둬라 둬라, 그 얘기 하는 거지. 그러믄 가서 갑자기 무슨 일이 생기믄 가:게문두 닫구 그땐 어디 가서 살래야 살 쑤두 읍:다. 그때에 이런 걸 활용해서 쓰는 거니까... 사:람이 먹는 거보덤 더 제:일 중요한 게 어딨에요, 이 홀란 시대에.

조사자: 그래도 저희들은 어려운 일을 겪어보지를 못했으니까 그런 의식이 전혀 안 들죠.

그르니까 요새 젊은 사람들 난 학교나 사회적으루 어디에 문제루 그런 문제를 자꾸 논하구 싶은데 참 그게 학생들뚜 거 귀쏙에 안 들어가요. 요새 거 머 젊은 사람들 시집가믄 머 살겠지 하구서 머 이렇게 살지만. 나는 그래 우리 늙

은이 둘:이 살지만 항상 일 련에 한 번씩 가을게, 십일월 십이:월 중순께 그때 가서 양식 일 련 먹을 양식을 확보해 놓구 살어요. 그거 해놓고, 다 해놓고. 비상용으루 또 불이 없:이면 머래두 해서 끓여 먹을 쑤 있는 거. 그런 홀란 시에는 반::드시 음식은 끓여 먹어야 헌다는 게 제:일 첫째 주장이구, 냉수 생 걸 먹어선 안 된다는 거구. 이제 그릏 게 사람은 터:덕[99]이지. 셰:상 사는 터:덕이라구. 요새 젊은 아이덜한테 그런 얘기해봐요. 에이, 그렇게 어트게 일 련씩 먹을 꺼 어트게 사다 놓구 그 머 어트게 사다놓구 어트게 사느냐구 이러지. 업:는데 당장 먹기도 골란한데 그러냐. 그른데 그게 아녜여, 사람은. 그릏까 그런 사람들이 뚝 떨어지면 이제 도적질하는 거예요. 그 이:북서두 지끔 그렇다구 그러잖어요? 도독놈 많:이 생기구 강도 많:이 생기구 하는 게... 당장 먹을 꺼 업:구 살 꺼 업:구 누구네 집에 머 있다 하며는 훔치러 가구...

조사자: 그때는 광이 많았었죠? 옛날 집들은.

그릏지, 광 있지. 지끔두 한:옥집은 광이 다 있다구 바:야 해요.

조사자: 이 집도...

보세요, 저기 광 있지. 광:이 아니라 장둑간에다가 저게 인제 장둑간하구 우이는 인제 독가지니 머니 이런 걸 놓구. 독가지 인제 그런 건 업:지마는 밑에다가 인제 칸 맥어서 저짝에 광, 이짝에 인제 화장실을 개조해 논 거지. 저... 머야, 수세식으루 전부 개조해놔서 저거 예전식으루 얘:기하며는 전부 광 거기서 인제 열료꽝, 머: 이런 걸 했:어요. 그래서 나는 지끔두 깨:스뿔이나 이렇게 안 나요. 연탄 놓구 살어요. 요 연탄 때는 방이에요. 연탄...

조사자: 지금도 연탄 때세요?

응. 그릏까 방을 다 쓰질 않지. 안빵만 쓰구 인제 요 방은 무슨 제사 때나 무슨 때나 아이들이 많:이 오구 하며는 그때 불을 놓지.

자기가 자기 쥐제[100]를 알구 살어야지. 그르니깐 검:소한 사람은 다:: 있에

---

99) 터득.

요. 시골 싸람 보구 내가 가끔 만나믄 그런 소릴 해요. 서울 싸람은 대:문 하나 대:문 한 가지를 맹길어두 일어 딜여서 대:문한 사람두 있구. 그른데 그게 돈: 있는 과시하는 것두 아니구 나는 이릏게 잘 산다는 그것두 아니구 멋두 아닌데 주:택을 짓다 보믄 대:문두 또 허술하게 질: 쑤가 없:이니까 짓네. 시골 싸람덜 머 대:문을 그릏게 고급시럽게 대문하는 사람이 몇이나 있에요.

조사자: 죽을 뻔 한 일이 있다거나 그런 적은 있으세요?

죽을 뻔 했다는 거는 육이오 사변 때 수복해 가지구 얼:마 안 있을 쯤에 내가 이 저, 시골 가서 쌀을 한:: 차를 사 가지구 올러올 쯤에 강도, 탈병덜에 그, 강도를 만나 가지구 참 죽을... 그래 죽는 거지, 그때는 법두 읎:었구 그 권총 이런 거 어디서 이눔들이 나왔는지 가지구 그냥 막, 가심이다 대구 죽인다구 그러구 머리에다 대구 쏴 죽인다구 하구 내노라고 해서 그래 준 일이 있에요. 주다가 새벽이 대니까 그때가 이제 하절, 여름인데 개구리 울구 머 이릏게 울 땐데 새벽이 대니까 이늠이 생각덜이 달라지드라구. 차채 가져갈 쑨 읎:구, 사람 죽일 쑤두 읎:구, 그르니까 그냥, 그냥 도망가 버리구 말드라구.

조사자: 쌀은 안 가져갔어요?

쌀두 안 가주가구. 그래서 낭중에 인제 이, 수원 와서 수원 경찰서에다 신고를 해 가지구 형사덜을 보내가지구 잡었는데, 잡은 게 아니라 그 몇 눔은 잡고 한 눔인가 두: 눔은 죽었에요. 교전하다 죽은 거지. 총 가지구 이제... 이제 그런 일:두 있었구.

인제 사람이 일쌩에 살자 보면 벨 릴들이 읎일리가 읎거든, 다:: 있거든. 존: 일, 궂인 일... 머 다:: 나와요. 내 탄탐::하게 산:다는 게 이게 제:일 중요한 거라구. 탄탐하게 산:다는 거는 그저 수평선을 무난::하게 나간다는 거. 그른데 레베르 자체가, 이 레베르가 굴곡이 있이며는 절때루 그 사람은 탄탄치 못하다는 얘기예요. 장래두 그렇구... 요새두 내가 내 자랑하는 건 아니지만 어른들

---

100) 주제.

보며는 돈 한 푼 없이 댕기는... 라면 먹구... 그래서 탑골공원에 지나가는 거
보며는.

조사자: 노인...

아침 못 먹어 가지구 구걸하다시피 아침 은어먹구 아주 거 조석 삼아 댕기
는 늙은이들이 있에요. 거 머 쪽:: 섰잖어? 건 왜 그러냐면, 천상이 그런 게 아
니거든. 젊었을 쩨... 응? 이걸 인생관이래는 걸 멀 몰르구 있으면 막 쓰구 응?
술 먹구 참... 남자 같으믄 어디 가서 오입두 하러 돌아댕기구 돈 막 쓰구 그른
데 그 인생관이래는 게 내가 지끔두 자꾸... 머 벨벨 사람 많:다는 건 술 좋아
하는 사람은 여전::히 이 더운데두 술 마시드라구. 한 병 두 병을 앉어서 마시
구 의자에서 자구. 그러구 또 노:름허는 거, 이 노름두 보며는 나::이가 칠씹이
먹은 늙은이들이 앉어서 노름하는 거예요. 그게 근:성이 젊었을 쩨 근:성이 그
릏게 돼: 놔서. 그래서 늙어두 그 버릇을 버리지 몰라요. 또 화토짝, 머 요새...
머 시집갔는데 시할머니가 머? 머 화토를 내가 노름을 못해서 몰르는데 머 고
도리 칠 쭐을 아:느냐구 해서 고도리가 머:냐고 물어보면서... 걸 알켜주거든.
알켜주는 게 근본적으루 나쁜 거라구. 왜 그르냐며는 그걸 알으며는 이게 나이
한 사십 대믄 여자들끼리 모여서 하며는 돈내기두 치구 화토 치구 놀이하는
것.... 이게 근본적으루 배워나가는 거라구, 게. 몰르면 아주 싹 몰라야 하는 거
라구, 머. 존 점은 따구 나쁜 점은 돌아보지 말어이지.

○ 서울 집

조사자: 서울 집의 구조는 어떤가요?.

왜 이 기역자가 많:으냐 하므는 이것두 줄례가 있에요. 집을 이릏게 지:며는
벅:이, 대부분 벅:이 여기구 안빵, 건너방이 이릏게 있거던. 안빵, 건너방이 있
구 벅: 있구 벅: 뒤는 찬:빵이 있구. 찬:빵이래는 건 음식 맹길어서 보관하는 방
이구. 그리구 인제 쫌 산다:: 하는 사람은 여기다가 광 맹길구 헛간 같은 거 맹
길구 이릏게... 아까 얘기헌 대루 이릏게 이런 집덜을 짓:는데 이릏게. 이걸 집

을 위치를 어트게 허냐먼 정:남:향에다 놔요. 남이라는 게 왜:나믄 겨울과 여름
에 차이가 있는 거는. 여름에는 에... 남향집언 햇빗이 안으루 덜: 들구 겨울게
는 햇빗이 이 안꺼정 들어와요. 그래서 이 축대를 수평으루 안 짓구 집을 항상
올려져:요. 우리 한:옥에넌 어::디...민속촌 어디 가보먼 다:: 우이예요. 우이다
올려논 거예요. 초가집을 가바요. 초가집은 절때 우예 올려논 적이 읎에요. 그
냥 수평에다가 마루 탠마루 놓구 응? 마당하구 약간 해서 물 떨어져 낙순물 떨
어져 돌맹이 요룽게 쪼끔 거 꼽아 놓구... 그게 서:민들이 사는 초가집이라
구. 근데 왜 이룽게 이 쪼끔 넢이 놓느냐 하므는 이 사:람이래는 게 그룿잖어.
대:청마루에서두, 아까 얘기했지만 서:족하구 번:적하구 달르다는 이유가 같은
어무니, 어머니는 아니래두 아버지래두 여길 못 올라와요. 올라갈 쑤가 업:다
구. 그런 예:전에 엄한 법이 있는 거예요. 서:족에 자식은 그룿게 차별을 많:이
했던 거라구. 그르게 이 밑에서 하인이 그래두 서:족에 자식이라구서 아무개
서방님 왔다 그러믄 어:른이 이 안빵에서 나와서 대청마루에서 이룽게 쳐다보
구 무슨 일루 왔느냐 그르믄 이 밑에서 하지, 이 올라가서, 대청마루에 가서 말
을 못:하는 정도가 됐었다구. 그래 머머머... 그른 때 승낙두 허구 머 어트게 하
지마는 그게 우리 살기엔 그것두 많::이 개조가 댄 게 많아요. 그르기 때믄에
이 개와집에서 이룽게 사:는 집덜은 대::부분 보믄 대청마루가 넢구 고 밑에 돌
루 게:단 하나가 또 있구 고 밑에는 다시 또 계단이 세: 계단, 네: 계단 있는 집
덜이 있다구. 거 보믄 고궁에 가바두 알:구 민속촌에 가바두 알구 어딜 가바두
개와집에 가보믄 다:: 그룿게 축대가 있에요. 이 한:옥에도 이, 지끔 다 그룿게
생겼다구. 그게 인제 소위 양반집을 번따서 그룿게 한 거라구. 그르구 인제 둘
째는 이게 있에요. 이 저 한옥이 엔:날 조상들이 참 잘... 그것두 미:신에 한 종
륜데, 이게 남:쪽이구 이제 동쪽이구 이게 서쪽이거던? 이게 북쪽이구, 이게 남:
쪽이고. 그름 이 솥에서 밥을 하며는 예전에 해가 동쪽에서 이룽게 뜬단 말예
요? 그럼 벅:에서 들어가서 밥을 하며는 동쪽에서 해뜨는 거를 솥에서 솥뚜껑
열:구 밥을 푸며는 해 비치는 거 하구 밥하구 같이 해서 싸잡어서 같이 뜬:다는

얘기예요. 양반집에서 보통. 그래서 벅:을 반::드시 동쪽향 쪽에다 놓는 거에요. 서쪽에다 놓은 집 별루 없:에요. 그러구 햇빗을 남쪽에다 노니까 겨울겐 따듯하구 여름엔 시원하다, 그래서 이 한옥에는 특성이 바로 그걸 가지구 얘:기해요. 그르구 셰:번째는 이 집 건:편 돌아가면서 집들이가 뺑 돌아야한다, 뺑 돌아야한다는 얘기가 한:옥이나 이 개와집은 집 뒤 돌이가 돌아가는 데가 깨::끗하구 하수가 물이 잘 빠져야 집이 이게 언젓하게 어래 쓴다는 얘:기지. 이게 수평으루 딱 지:며는 물이 항상 찬다는 거예여. 그러다보믄 벅:은, 벅:이 집보덤 방빠닥보덤 벅:이 깊다구. 솟을 걸어야 하구. 불이 이렇게 치어올라가야 대니까. 뜨듯해야 하니까. 그 올리:를 따 가지구 한 거라구. 그르길래 항상 돌아가면서 하수를 깨::끗이 쳐라. 물이 잘 빠지게. 인제 그게 월린데 그거를...이 민속촌에 가바요. 초가집은 다 납작하지 않아요? 마당 수평에다 그냥 지었잖어?

그때만 해두 장냔이 심:한 아이들은 그른 기억이 나지만 우리는 장난이 심:하질 않았으니까 결국은 좀 술래잽기 같은 거 하구 자:치기나 이런 거 하구 인제 머 애:들끼리 놀다가두 야 낼: 능금 따러 가자:: 하구선 인제 이 등어리루 해서 이리루 해서 댕겼던 길이 기억이 나요. 그리구 가서 목욕두 하구. 그리구 인제 점:신 먹고 점:신을 못 먹으니까 그거 먹구선. 거기가 그 세금정 쪽두 논이 있었거던?

그 논을, 점:심 때 보며는 산에서 이렇게 보면 그 지게에다가 밥덜 해 가지구 와선 이런 대바구니 속인가 머 이런 데다 밥을 이만::하케 가지구 와선 거기 논 메구 머 허는 사람덜 맥여요. 죽 내려오거덩? 내려가면, 달라구 그르질 못허지. 인제 그 근처 왔다 갔다 하믄 인제 쫌 인:심이 있는 사람은 야야야, 이리 와 이거 쫌 먹어라, 먹어라 이래. 그름 그 맛이 말이야 아::주 꿀맛이지. 반찬은 읎:어. 오이지. 나는 지금도 오이지를 가끔 생각해서 오이지를 떨어티리지 않는데 그릏::게 맛있다구, 오이지 한 덩어리 딱 주구 밥 그저 호박 잎사귀에다 이렇게 떠서 호박 잎사기 꾹꾹 눌러 가주구 그냥 줘요. 그릇이 읎이니까. 그릏게 살기가 많:았던 거지. 버리밥이지, 머 쌀밥 을:마 안 섞구 머. 그른데 그거

하나 먹구 그릏::게 맛있는지 모르겠구 그거 은:어먹구 오이지 은:어먹구선 기:
운이 나서 인제 그리 못 오구 그때는 오던 길로 오는 거에여.

그래 내가 토목하구 칙량업하구 두 개를 하기 때믄에. 요새 거 부실공사가
지금 머 떨어지구 자꾸 그르잖아? 안양 같은 데 그거 그게... 부실이 델 쑤가
없:는 거라구. 그르니까 현:장 감독하는 눔이구 전부가 돈 먹구 그르니까 일:하
는 데 가서 바:주지두 않구 머가 나쁜 게 있:나 업:나 안 보구 한쪽에서 돈 먹었
이니까 가 볼 필요가 있대두 안 가보구 다방 같은 데나 있다구 그러구 저녁이
면 술찝에 가서 술 멕여주구. 그르니까 일꾼들이 막 한 거예요. 그리니까 저게
지금 갈러져서 탈:로가 나고 보믄, 철근 한 토막짜리 쓸 꺼를 토막토막 이 잇어
서 쓰느라구... 그른까 저런 문제가 생기구, 부실 공사가 생기구.

조사자: 부실 공사가 언제부터 생기기 시작했어요?

해:방 때부털 꺼예요.

조사자: 해방 때부터 생겼어요?

우리가 현장 감독하구 일반 사람덜하구 같이 할 쩨는 용서가 없었에요. 벽
돌두... 아가씨가 알런지 몰라두 벽돌을 원래 석: 장을, 한 장을 이 세멘또하구
모래하구 잘:: 개: 가지구 그것두 귀정이 있어요. 모래하구 세멘또하구 늫:는 귀
정. 그 귀정을 벗어나 가지구 세멘뜨 애낄라구 모래가 석: 삽 들어갈라므는 다
섯 삽씩 막 늫거든? 그러믄 뽈:잖어. 그러구 세멘또가 천 포대 들어갈 껄 한 오
백 포대만 가지구... 그른니까 업자들이 그래서 돈 맹길라구 하는 거. 그르니까
예:전에는 벽돌을 이렇게 못: 쌓게 해요. 꼭 요 배꼽 있는 데꺼정 이상은 못 올
리게 하거던? 그것도 벽돌 한 케 놓구. 이제 이 삽물이래는 걸 쫙:: 깔아가지구
깡통에다 물을 버: 가지구 거기다 물을 버:요. 물을 부며는 벽돌 사이에 착착착
착... 그거 다 들어가거던? 그래놓구 삼무리를 또 다시 개: 가지구 온갖 것, 차
악... 요만::큼 두껍게 깐다구. 그럼 꽉 찼을 꺼 아니예요, 어느 벽돌 사이루 삼
무리가 꽉 찼을 꺼 아니에여? 그래갖구 고기다 또 벽돌 놓는다구. 응? 그른데
지끔 사람이 그러나? 지금 그거 안 허거든. 왜? 은:제 그렇게 해서 하루에 몇

장 쌓아? 하루에 말이지, 그릏게 싸:면, 하루에 한 삼백 장, 사오백 장백이 못 쌓는데 지금 쌀라믄 이:천 장, 삼천 장을 막 쌀라구 그러잖어요? ... 그르니까 어트게 쌓느냐면 그냥 푹:: 뿌려 가지구, 삼무리 뿌려 가지구 이렇게 쪽::쭉 하믄 세멘또가 그냥 두 손으루 이렇게 막 놓거던, 벽돌을. 응? 그래놓구 또 우이다 삼무리 쑥: 늫구 그냥 또 이릏게 놓거든? 그르니까 그늠이 부실공사지, 제대로 댄 공사가 안 대요. 그르니까 제대루, 건:물이 제대로 딱 스구 금이 안 가요, 금이. 지금 예전에 진 걸 바바요. 전부 깨끗하지, 전::부. 역청사에서버텀 모두가.

1.6. 자연 발화[isy]

○ 은평구 토박이의 삶

그래 인제 즈:이 집이 옌:날에 이 벌판이 벌판인데 그래. 이거 잡숫구 허시
까. 잡숫구 허셔.

나보고 와서 이 왜 이케 이 한:옥이 좋대지만 한:옥이서 답답허게 사:냐 아
돈:두 좀 많:이 좀 허게 빌딩을 제가지고 허다 못해 창:고래두 제가지고 임:대
허며는 돈:이 머 몇백만 원씩 머 머시 들오는지 몰:르냐 그르니까 돌어와서 어
이렇게 자유롭게 좀 재밌게 살:지 왜 한:옥을 고릏게 고집을 보리냐고.[101] 그래
서 에 나는 그거져. 우리 할:아부지들이 그 진: 그 집을 갖다가 내가 이렇게 전
수해 가지고 그걸 이렇게 보관 못해서 잘해 드리지는 못하나마 그걸 아직 할아
버리 거기 게시믄 이 서양식이 가옥된대믄녀 부모님헌테 아주 불효허는 거 같
애요 맘:에. 그래서 지끔두 저기 아:부지 어무니 사진을 놓고 가서 가끔 이케
절을 허고 이렇게 허며는 그 아:부지 어무니헌테 절을 허구선 그 무언갈 어려
운 무어 이런 게 있으믄 가서 말씀을 디리믄요, 아 그건 이렇게라 저렇게:라 어
그르시는 것 같애요. 그른데 요 한 댓: 달 전에도 이 집을 수릴 좀 했:에요. 집
을 수리허는데. 그 우리나라 지도 한 삼백오십 년 된 지도가 있애요, 쪼끄만 지
도가. 그 지도가 있는데 그걸 어:다 뒀는질 몰르겠어요. 그 전부 그 가:굴 같다
저:쪽 쪼:끄만 집 있는데 거기다 또 전::부 욍겨 놨다가 거기서 이제 있다가 한
뒤: 달 만에 여길 오니깐 도:태 어디 갔는지. 그래서 거 아부지 어무니 사전에
가서 어 이 내가 옌:날부터 내려오는 지도를 갖다가 분:실했는데. 그즘 아부지
어무니 즘 이 미련헌 사람을 즘 찾게 즘 해주쇼 그랬드니. 아 그건 니가 그 머
어디다 디주 어다 느: 놨잖어. 아 그래 거기 가 봤더니 거기에 (웃음) 아이고.
거 인제 우리 집은 옌:날버텀 벌 까운데 이렇게 집이 한 채가 있기 때문에 사람

---

101) 부리냐고.

들이 인제 즈이는 안 그러죠 벌찜이라고. 근데 그 이:웃에 이:웃 마을에 있는 사람들이 전부 벌:찜이라구 벌 까운데 있으니까 벌:찜이라구. 아 그래서 요기에 비가 많::이 와서 그 물이 많:이 차믄 아 저 벌찜 떠내려 가겄네 벌찜 떠내려 가겄네. 그른데 이것이 인제 이렇게 주택이 들어서 가지구 꽉 들어서 가지구 그렇게 인제 벌찜이라구 안 그르죠. 아 그른데 이 온 주민들은 벌찜이라구 그런다구요 지끔도. 아 벌찜이 머 생일이야 벌찜이 제:사야 무신 머이고. 게 벌찜이라구 해서 찾는데. 그래 인제 지끔두 머 결혼식이다 머 어른네 생일이다 돌이다 해두 벌찜 아:무개 불러야 헌다 그러고 그래서 허는데. 근데 인제 요 삼 년 전 껏만 해두요. 집이 인제 하나둘 들어서 완::전히 인제 자리가 잽:히니깐 요 그런 얘기 업는데. 하나둘씩 자꾸만 집이 제:지구 드문드문 이: 빠졌을 때는 어찌다 보믄 이런 나:무들이 요렇게 싸이 있었는데 우리 집을 벌찜이라구 그르니까 어떤 아주머니가 와서 대:문에서 그래 나가 봤드니 아자씨네 볼을 볼:찜이냐구 그래요. 그래 벌찜이니까 벌찜이라구 그랬죠. 하 그런데 이 그 벌찜에 이렇게 시방 이런 도시 가운데서 볼:을[102] 치시면 어뜩허냐고 아 그래선 머 혈 쑤 있에요 머 증거를 베:죠. 아 그래 문을 열어 놓고 아:주머니 들어가서 전부 들 보시라고 다 보시믄 아실 꺼라고 이게 우리가 옛:날에 헌자 살기 때문에 벌찜이라는 거지. 볼:을 기르는 게 아니라고. (웃음) 이게 지가 인제 아까두 말:씀 드렸지만 아 그 동:네 착자를 맨든 것은 지끔 모두 칠씹... 살이나 이상이나 된 사람이나 알:죠. 오:십 살 육십 살 댄 사람들은 몰:라요. 옛:날 토백이 동:네 이름은뇨. 근데 이겟이 가만히 보믄 이 은평구믄 이 은평구에 동:네 유래가 우리 은평구 싸람들에 그야말루 서:민들 서:민들에 애환 어린 그야말루 눈물 나는 얘기, 쯤 재미나는 얘기... 그 역사가 그 헌 동:네 이름이 이렇게 또 발쩐되고 요럭허니까 또 쓰지두 않고 그래잉까 이거 하::나하나 매몰대니깐. 아유 야 안 되겄다 아 그래도 우리 조상님들이 해논 이 이름을 내가 서:트른 글씨나마 써

---

102) 벌(蜂)을.

서 책에다 기록을 허자 그래서 기록을 했:죠. 했는데 참 그 여러분들이 어느 방송에 나갔드니 그르시대요. 방송에 그 방송인이 머라고 말씀허시냐믄 당신은 왜 당신을 불른지 야:냐고 해요. 난 그래 당신이 오래니깬 왔지만 난 무신 목적으로 온: 것도 몰른다고 그랬드니. 종로구에서도 종로구믄 우리나라에 제:일 정치적으루 머 그 학문적으루 경제적으루 머::든지 그냥 으뜸 나는 그 구에서 두 그 동:네 지명에 대:서 자서허게 쓴 게 업:는데 이 변두리 은:평에서 그른 걸 썼대니까 당신 그래서 물른 거라구 그르게 얘길 허대요. 그래서 인제 지가 한 이: 년 똥안 재:를 맜었어요 재:를 마: 가지고.

조사자: 어떤 거를요?

동:네 이름을 이거를 다 전부..어.

재료를요. 재료를 갖다 맜는데. 그래가지구 인제 그걸 정:리해 가지구 책을 낸: 거죠. 그래서 혹시 책을 보시구 오셨나 난 그러는 생각을 했에요.

(웃음) 아 그래서 우리 집 애들이 그래요 그걸 쓰니깐. 우리 아들이 으사고 둘째 아들은 학교 선생인데 아휴 대핵교 교수두 쓴 책두 잘 안 나가는데 아부지 그게 그렇게 그 체력을 갖다가 감:사하면서[103] 그걸 머:라구 쓰십니까 말이야. 말래요 서로. 그래두 난 그게 한 취[ü]:미루 생각하지요. 시방 노:인정이나 어디 가믄 놀:러 가지두 않구 밤::나 책 그냥... 지금 무신 큰:: 책을 맨드는 게 아니구 머 쪼::그만 책이다 고기다 매달려 갖고. (웃음) 게서 인제 몇 번 써서 재료를 느: 났다가 또 내 스스로 이렇게 보고 아 이건 안돼, 이건 빼야겠지 이러면서 보고 이제 그렇게 해서 인제 거진 인제 에 수정판을 인제 정:리가 끝나가구 있는데 인제. 게서 어즈께두 에 지가 연세대핵교 사회[hʌ⒤]교육원엘 거길 나가요. 나가서 한 번선 이: 년째 됐에요. 거 나가니깐 거기 연세대핵교에 다른 대핵은 업:는데 그 땅 이름 배오는 거 가목이 있대요. 그래서 거기에 취:미가 붙어 가지고 내가 또 그거에 치미가 붙어서 그래서 인제 거기 나가서 했는데

---

103) 감수하면서.

하이고 아 나보구 그래 그니까 나만큼 나이 먹은 사람이 없:에요, 거 가도. 전:
부 육십 몇 살 이릏게 됐지 나처럼 칠씹오 살 이릏게 된 사람은 없:에요. 그래
서 나보고 너머 무리허서 병: 나지 말라고 나보고 그릏게 말:씀들을 허시대요.
그래서 제 생각에는 지끔 다른 구에서도 그케 땅이름에 대허서 관심이 없:으세
요, 다른 구에서 가만히 보믄..

제:일 땅 이름에 대해서 잘 알으신 분이 그 배우리 선생이라고 교통방송에도
나오고 그분이 많:이 아시죠. 게서 그게 땅이름 학회 회[ö]:장이시고 연세대핵
교 사회교육원에 주임 교순데 그분이 참 땅 이름에 대해선 많:이 아세여. 물론
그분은 광범위허게 아시는 거고. 은평구에 이릏게 쬬:끄만 인제 속:에 들와선
잘 몰르시지만 아::주 그냥 머 그 광범허게 참 많:이 아세여.

조사자: 예전에도 집이 이렇게 넓으셨어요?

더 넓었죠. 저 뒤 머 이릏게. 집은 좋지 않어도 넓었죠. 옏:날엔 그냥 머 무
신 창고 무신 창고 이릏게 해서 허잖아요. 거기 일:꾼들 또 이릏게들 자구 그르
니까 넓었지만. 지끔은 꼭 생활에 필요헌 거만 요릏게 공간을...

조사자: 부유한 집안이셨나 봐요.

그 우리 할아버지가 에 그 십대 조부가 익:영 할아부진데 그 양반이 지끔 겉
으믄 치안극정[104] 겉은 걸 허셨던 모냥예요, 옏:날에. 근데 그분이 그 인:조반
정 때 입:장이 골:란해서 집안끼리 다투게 되니깐 입장이 골:란해서 이리 헌자
도망 오신 게요. 오셔 가지구 여기서 그냥 자손도 과거에 급제핸대두 관에 안
나가시구 전부 여기서 그냥. 그래서 여기서 인제 한 삼백육십 년 지끔 오는데
그래가지구 지끔 인제 우리 인제 그 자손이 한 이:십 호 가까이 살:구 있죠.

조사자: 여기 은평구에 나씨촌이...

나씨촌 있죠. 나씨촌이 증산동에 있습니다. 그래 증산동이 그 머:냐믄 그 증
산동이 왜 증상동이냐믄 그 증상동이 한:강 바루 옆에 있거든요. 한:강 그 하:

---

104) 치안국장.

류에 또 붙어있는 수색이래는 데가 이릏게 가서 있는데 거 인제 장마가 지며는 그전엔 한:강에 체방이 없:어 가지구요 체뱅이 없:어 가지구 기냥 물이 마:을까징 증상동꺼징 마:을까징 냥 막: 썩 들어오거등뇨. 흑탕물이 막 썩 들어오는데 이상하게두 또 모냐믄 비만 그쳤다 하며는 물이 쫙: 빠져요. 그래서 그게 그걸 머라구 그랬냐문 옌:날에 노:인네들이 그랬어요. 아유 그 시루가 이릏게 밑에 가 구녁이 많은 데 여섯갠가 일곱개가 있잖아요. 그래 물을 부믄 거기 여긴 남 아있지 않죠. 그래 게서 아 시루와 같다고 그 동:네가 꼭 시루 같다고. 물이 들어올 땐 가득: 찼다가 물이 그냥 하루만 된다 허믄 쫙: 나간다고. 그래서 시루 같다고 했는데. 근데 우:순 얘긴뇨. 그걸루 끝나는 게 아니고. 시:뻘건 물들이 들와 가지구 흑탕물이 들와 가지구 가라앉어요. 그럼 이 거름끼가 가라안는 거예요. 그르구 물만 나가는 거예요. 그른데 그래가지구선 고종 때 그 증산 동네 싸람들이 시루 증짜를 썼에요. 아 그게 자기 동네 이름이 시루와 같아서 돈:이 생기두 구멍이 있어서 나간다 이 말이야. 물만 나가는 게 아니라 재산두 나간다 이거야. 게서 고종..님께 아마 저저 해 가지구선 이름을 고쳤대나 바요. 그래서 고치긴 어트게 했느냐믄 비:단 증짜, 비단 증짜루 고쳤는데 게 인제 그 제:방두 막구 이래 가지구 지끔은 안전허게 댔는데 그게 인제 제정 때 얘기죠. 그건 제정 때 다 막었는데 거 막구 나서 그 동:네가 부자가 됐에요. 왜 부자가 됐느냐. 그 장마에 떠내러온 그 거름물이 그거 쎄: 있잖어요. 산처럼 쎘:는데 거그다가 이 왜정 때 성꺼정 겉은 거 말예요. 성꺼정이라구 이런 거 이 집으루105) 맨든 거죠, 두껍게.

조사자: 성꺼정?

예. 성꺼정. 그게 이런 거 크게 헌 걸 갖다가 땅을 갖다가 세: 겹 네: 겹을 갖다가 겨울에 얼: 때 그 덮어서 인제 밤엔 덮구 낮엔 베끼구 해서 그걸 녹혜요106) 땅을. 그래가지구 거기다 얼:갈이배추를 심으믄요 배:추를 심으믄 그릏

---

105) 짚으로.

게 잘 돼요. 그래서 인제 겨우네 김치만 먹다가 이른 봄에 그 범빼추[107]가 나오니까 다른 데선 생산을 못 허거든요. 그래 거기서만 생산허죠. 그래서 거 참 땅이름을 갖다가 비:단 중짜루 고쳐가지고 그렇게 부:자가 됐나 부다구 그러죠. 근데 그 나씨촌에나 지끔 우리 서울 시내에서 토백이가 집촌을 이룬 데가 있는데 이 증산동에 나:씨는 나주 라씨는 한 오:십 퍼센트, 육십 퍼센트 살구 있에요. 저두 고걸 책에다 썼습니다.

조사자: 예. 아직두 그 은평구에서 성씨촌이라고 할 만한 데가 나씨촌...

나씨촌밖에 업:죠 다른 데는 다::들 이렇게 빠져 나오고.

그래 인제 그 사람들 말은 한 십일 때 몇 대 저거 그렇다구 그러는데 아마 그렇게 오래 사신 모냥예요. 지끔두 그 자손들이 에 머 여러가지루 활동허고 있는데 아주 증말 부러와요. 은평구에서두 집촌으루 이렇게 사는데 성씨가 어디냐믄 거기 무슨 대:장이에요. 선생두 그 말씀허시네요.

조사자: 서울 토박이에 관한 책을 보는데 은평구에 나씨가 유난히 많더라구요.

많죠. 그래 인제 고기서 지끔 인제 은평구에 서대문서 은평구에 넘어 오려믄 녹번이 꼬개라는 고개가 있에요. 그게 녹번이 꼬갠데요. 그거 왜 녹번이 꼬개냐믄 그 옌:날에 이조 초에 그 뜻있는[뜨신는] 그 고관이 사실 이쪽에 전부 빈촌이죠. 머 인:구가 여기가 은:평구라두 인구가 이:천 명두 못 됐어요. 그렇게 어렵게 살 때에요. 그래 녹번이 꼬개다 어김없이 추석 때나 또는 설: 목에는 그 돈:을 갖다가 나라에서 받은 녹을 갖다가 서:민들 갖다 쓰라구 그냥 누구 주지 않구 누군지 갖다 쓰라구 거기다 돈:을 갖다 놓구 그래서 녹을 보렸다 해서 녹번이 고개에요. 근데 우:신 건 머:냐믄요 그 엽전이 이렇게 구녕이 뚫려서 엽전에 구녁이 뚫려서 엔:날 싸람은 이렇게 돈 쏙에 사람두 보는데 지끔은 돈:이 꽉 맥혀서 사람은 볼 쭐 몰라요 돈:만 알지. (웃음)

---

106) 녹혀요.
107) 봄배추.

조사자: 부모님께 효도하고 싶어하시는 마음이 상당히 강하신 것 같아요.

강허죠. 제 처도 그렇고 저도 그렇고. 그래서 지끔 저기 가보면 알ː지만 사진을 걸어 놓고, 어 그래서 지가 제ː사 지낼 때문요 메느리 보구 음ː식을 시ː장이서 사서 갖다 노ː믄 안 댄다. 난 그런 건 먹지 않겠다. 난 느이들이 손수 이렇게 맨들어서 몇 가지 앙 대드래두 손수 맨들어서 놓ː야 제ː살 받지. 그 왜 그러냐믄 그 동서간에도 그야말루 지끔 감ː정이 좋은 때도 있구 나쁜 때두 있구 그 나쁜 때 얽힌 덩어리를 갖다가 그 앉어서 떡을 빚이면서 오손도손허게 애길 허면서 게 녹혜 가믄서 음ː식을 맨들어서 부모헌테 제살 지내야 부무님이 그걸 받지. 느ː들이 거 마음쏙에 서루 그냥… 그런 속에서 시ː장을 사다 노믄 받겠느냐 어 나는 안 먹는다. 우리 메느리한테 늘ː 얘기허죠. (웃음)

조사자: 형제 분이 몇 분이나 되세요?

제 형제요. 형제는 둘이죠. 그른데 에 그때는 인제 제 아우가 제 아우두 지끔 연ː시내서 사ː는데 아주 착하요. 지끔두 나ː이가 그게 먹었는데두 나헌테 형님 형님 그러구 에 서루 아우 성장끼리 막 불티구 이렇게 얘기허믄 입때껏 해ː본 적이 업고. 아마 그럴 꺼예여. 지가 좀 모허믄 제 아우가 참는 거 걷구 아우가 좀 머허믄 지에 벨루 그렇게 참을 것두 없에요.

조사자: 가정이 참 화목하셨나 봐요.

인제 하목허는 게 머냐믄 그게 재산에다 욕심 부리지 말ː구 그저 상대방을 점 이해해주는 맘이 많ː어야 허고 그렇대요. 내가 그야말로 어디 이렇게 어려운 집안에 초상이나 무신 일ː이 나며는 내가 꼭 한 십만 원 정도 헐 때도 그 사람이 좀 어려우면은 몇십만 원 더 버태서 내요. 그러며는 형이 내믄 아우들 또 따러서들 낸다구. 형이 쪼끔 내믄 형이 쪼금 내는데 내가 몰ː 많이 내냐구 안 낸다구 있어도. 그르기 때문에 형이 참 그게 그래요.

조사자: 어릴 때 근처 국민 학교에 다니셨어요?

네. 저ː:기 저 시방 녹번동이래는 데 은평국민핵교라구요.

조사자: 그러면 문안에는 자주 가셨었어요?

문안요. 문안은 국민핵교 때두 잘 못 가죠. 그때는 돈:이 아주 귀엽잖어요.[108] 그래서 인제 가::끔 그야말루 무신 머 책 사러거나 이런 때는 가도.

조사자: 그럼 어렸을 때 선친께서도 어떤 장사를 하셨어요?

그 양반이 한:문을 아주 한학자나 마찬가지세요. 그전에두 이릏게 보믄 그 양반 무신 책을 꼭 보시냐믄 그야 머 어렸을 때나 으:른 다 대 가지구 줄창 삼국지 책만 보시드라구. 그래서 참 실찡은 안 나셨나. 그거만 보시고 논어책허고. 그르구 저처름 이릏게 집이 있는 장사를 허지 않구 우리 아버님은 나가서 활똥을 허시는 걸루. 그래서 옌:날에 정미소두 허시고. 그 옌:날에 천구백이:십 년도에 그때 이:십 년 아니 이:십 년이 넘따. 천구백삼십 년야 삼십 년 때 그때 방아깐 허셨는데 근데 그때는 전:화 겉은 게 업:거든요, 가정찝에. 근데 전:화를 놓고 방아깐을 허시드라구. (웃음)

조사자: 어디로 전화를 거세요?

그니깐 그 방아깐이니깐 그 옌:날엔 미두령이 그때 있에요. 고 장사허는 거에요. 쌀을 정미해 가지구. 그니까 지끔 말허믄 무역 겉은 거에요. 그런 장사허시고. 그래서 인제 또 우리 아버님이 어딜 또 잘 댕기셨냐믄 저기 고한말에 삼정대신하든 한규정 씨 그 댁에 많이 댕겼죠. 그 댁에 많이 댕기구 그랬는데.

조사자: 어머닌 어떤 분이셨어요?

어머닌 인제 그 불광동 불광동이래는 개 옌:날엔 불광리라구 그랬죠. 거기가 인제 그 해:주 오씨가 사셨는데 해주 오씨가. 고기가 바로 불광이래는 데가 우리 연숙극에 잘 나오는 장히빈 숙종 그 왕비였던 그 계:비였던 그 그분 고향이 고기예요. 그분이랑 또 얽힌 얘기가 옌:날에 밤나 앉으믄 그집 내기예요, 장히빈. 으:른들이 인제 안 노인들은 장히빈네가 어트게 허구 어뜩허지. 장히빈이 말:두 잘 허구 말 재간재간두 좋구 미모구 그래서 출쎄했는데. 불광동 꼬개에서 연신내루 넘어오는 고개가 있에요. 고개가 인제 간:투 꼬갠데 간:투 꼬개가

---

108) 귀했잖아요.

왜 간:투 꼬개냐믄 그 장히빈이 인제 그 계:비를 채택대: 가지구 권세 누릴 때 근데 장히빈에 아버지 장형유래는 분은 일찍 돌아가셨에요. 그르구 그 삼춘 대는 분이 에 실궨실궨을 가져 가지구 장희빈에 친정에 골리를 갖다 전부 맡어 가지구 그래서 인제 그 고개가... 그 매:간헌 사람들 있잖에요, 관직을. 그 허는 사람들이 전::부 그 고개를 넘어 댕긴 데에요. 장히빈헌테 와이로[109]를 쓸려구 이렇게 돈이 들어가구. 그니까 삼춘한테 통과해야 헐 텐데. 그래서 인제 한때 이런 말 있었에요. 장히빈헌테 그 통했느냐는 걸 갖다가 이 간:투 꼬갤 이 넘었느냐 넘었냐 허믄 그 삼춘허구 통했대는 얘기고 그걸 못 넘었으믄 안 댄거구. (웃음) 요기는 장히빈 생가가 있구 여기는 또 인조 대왕이 광해군을 내쫓으구 저거 허지 않었어요? 그때 모:이허던 장소가 요기에요. 요기서 모이허고 인제 그때 인제 모:이해서 다 구테타를 인제 다:: 실쩐 단게루 갔는데 이:서래는 장단 부사가 오질 않았에요. 게서 이 장단 부:사가 칠백 명 데리구 온다구 그랬는데 이렇게 약속 시간이 돼두 안 와요. 그래 인:조가 연신내 역 있는데 거길 와서 거기가 개천이에요, 큰 개천이었에요. 거기 개천에서 기달리구 있는 거에요. 근데 을마간 시간이 늦어서 이서가 도착이 됐에요, 군대가. 그래서 연장됐:다는 연짜하구 이 서짜허구 그래서 연서 연서 허다가 그래서 연서내가 그래서 유래가 댄거죠.

조사자: 어릴 때 손님이 많으셨어요?

그렇죠. 그룽간 머냐믄 우리 또 큰댁이 있에요. 큰댁이 있는데 지끔은 큰댁에 전부 헤져 갖고 업고. 여기 본거지루 지키지를 않구 이케 있구. 우리 집이는 나머지에 저거든 지끔두 그렇져 명절 때믄 한 이:백 명씩 오죠. 찾어오죠.

조사자: 이백 명씩이나요?

예 그니까 어디 갈 떼가 읍잖에요. 그러니까 여글 찾어오죠.

조사자: 기억력이 참 좋으세요..

---

109) 뇌물.

아니 그런데요. 지끔 꺼보다 옌:날 꺼는 기억이 더 잘 돼요. 우리 아버지 할아부지한테 들은 얘기가 엊그제께 들은 거 같애요. 그래서 얘기허는데 그...

조사자: 할아버지 할머니가 함께 사신 거예요?

그니까 아까 얘기했지만 큰댁이 있잖어요. 큰댁에서 주루 기:셨죠. 우리 집은 가:끔 오시구. 그런데 인제 큰댁이 인제 단 데루 지방으루 이사하시구 나니까 인제 우리 집으루 집안에서 집중해서 오는 거죠. 우리 집사람이 아주 그냥 몸에 뱄:어요. 그래서 집안에 예:절은 잘 알지두 못허지만 잘 알킨다두 허구 있죠.

조사자: 사모님이 고생을 많이 하셨겠어요.

고생이 많:죠. 아 그 머 술 겉은 것두 추석 머 이런 때 다:: 술 맨들어서 대접을 허고 근데 아주 술 맨드는 겉에서 요전에두 서울시에서 그 기능 갖다가 얘:길허는 걸 내가 얘:길했더니 집사람이 펄펄 떼요. 거 심들게 남은 또 왜 고생을 시킬려고 그러냐 말예요.

조사자: 요리하시는 거 참 좋아하시고 잘 하시나 봐요 그래두.

요릴 잘 허는 게 아니라 전통 음식이야 그 정도는 허죠. 신식 허는 건 몰르죠.

(중략)

인제 몇 분 안 남았어요. 근데 인제 이 나두 그 한 가지 취미에 저거 가지구 글을 쓰다 보믄요 선생은 더 허지만도. 이렇게 하면 좋다구 했는데 메칠 있다 보믄 아::무것두 아니구. 그래서 다시 빼:버리고. 그걸루 인제 처미루[110] 붙이구 내는 거죠. 그래서 인제 이번에 은평 꼬을 허고 나서 지끔 제 마지막 야:심은 다른 구 꺼를 하나 허까 하구. 다른 구 꺼는 많:이 마:났어요, 제가. 내가 헌 일은 무신 큰 도움 되는 것두 업고 지역에 이렇게 요런 거나 하나 맨든 건데. 다른 구에두 바두 찾아바두 그른 게 업드라구요. 근데 대:개 보믄 각 구에 구:지래는 게 나오는데 구지에두 보믄 대:개 무신 행정상 무신 문화 무신 이런 거만 썼지, 동:네에 지명 유래에 대해서 세::밀허게 나온 게 적:대요.

---

110) 처음으로.

조사자: 어떤 구를 하실 건데요?

은평 이야기겉이 똑같이 동:네 유래요.

그래서 인제 머냐믄 출판사에서 그래요. 한번 내가 무신 잘 아는 지 알구 서울시 껄 한번 해보자구. 그러믄 내 교:수두 몇 분 맞춰 주겠다고. 그런데 지끔 오:십 겉였으믄 넉넉히 해요. 오:십 겉으믄 허겠는데. 이건 지가 제 자:랑 같아서 죄:송허지만요, 제 손주가 반포에 살아요. 반포에 사는데 땅이름에 대:서 동:네 이름에 대서 적어 오라고 그러드라구. 그래서 내가 아:는 대로 적어줬죠. 게서 메칠 있다가 궁금해서 물었죠. 그래 핵교 가서 했드니 어떠냐. 한 서너 명 써 왔는데 내게[게] 제일 좋다구래. 아니 근데 요새 응암동 가면 올모지 꼬개가 있에요. 명지 고등핵교 옆에 있는 상:거리[111] 고갠데 올모지 꼬개. 동:네 싸람들허고 전:부 댕기믄 내가 물어 봤에요. 올모지 고개 이름은 옌:날부터 알:지만 유:래에 대서 정:확허게 써야잖어요. 이거야말루 아무케나 쓰면 되겠어요? 그래서 올무지 꼬개 항상 물었에요. 전부 몰른대요. 나이 먹은 사람두 몰른대요. 그래서 내가 메칠 고민을 했에요.

조사자: 직접 자료 수집하려도 많이 다니셨겠어요.

그럼요 댕기죠. 댕기믄 그 여기 선생님두 잘 아시지만 고대 그 홍 총장이 말: 쓴 책을 하나 봤에요. 봤드니 그 자기두 민속 으복 겉은 걸 많:이 수집을 허는데 무:당옷 특히 무당옷을 으뜨게 수집을 허느냐. 그 무당들 입었든 옷들. 그거는 간딴하게 해요. 돈:을 갖다줘두 그 사람덜 안 바꿔요. 멀: 해두 안 바꿔요. 무당옷 맨드는 감: 똑같은 감에서 젤 좋은 거 이걸 가주 가서 옷을 즘 해 입으시라구. 그리구 헝:거는 요담::에 나 달라구. 그러면 틀림없이 따 온대 이거예요. 저두 이렇게 댕기서 보믄 어떤 사람은 안 알키주는 사람두 있구 물라서 안 알키주는지 물르지만 내가 오해하는지 물르지만 안 알키주구. 내가 자리를 물르니까 정말 쪼끔 안:내 좀 해줄 쑤 업겠냐 니가 경찰관이냐 머냐 안내는 무신

---

111) 삼거리.

안내냐. 헐 쑤가 업:드라구. 그래서 한 오:십 프로는 성파 있고 한 오:십 프로는 하.. 그래서 낼: 오래는 사람두 있구 모래 오래는 사람두 있고. 내가 저거헌 사 한헌테 다 지가 사례두 허구. 허다못해 전:화 한 통이래두 해줘야 해, 낭중에. 어뜬 사람은 또 요만::큼 요구해니까 이만::큼 재:를 가주와요 또. 그 사진 겉은 거 사진 몇 장밖에 업:는 줄 알았드니 이망큼 가져 와요. 게 여기두 은평구에두 한 사람에 천 몇 장을 가지구 있는 사람이 있에요. 엔:날 거를.

조사자: 옛날 사진을요.

어. 게서 내가 책에두 사진을 갖다가 많:이 제공해 줬다구 그걸 썼는데.

조사자: 어린 시절 얘기 좀 해주세요.

어린 시절 은평국민핵교를 사:학년 댕기다가 사학년밖에 업:구. 저기 인제 그 신도 핵교가 오:학년 육학년 있어서 거기 댕겼죠. 거기 나와서 인제. 근데 그때요 어릴 때는 그 그때는 동:네 무신 머 그런 꼬마들이 지금처럼 껌:이 있는 거고 무신 머 빵: 이른 게 업:고. 엿장사 그 엿장사래는 게 모판에다가 끈 둘을 해서 여길 장딩에 짊어지구 댕기는데. 그 엿장수를 불러가지구 엿 그 내기를 허는 게 젤:: 아주 그냥 재미있는...

조사자: 내기요?

예. 그 엿치기라구 허는데. 엿을 갖다가 이렇게 부르띠려 가지구 구녁 구녁 에 콩 거. 그래 거 굵을 쫄 알구서 끄냈는데도 그게 구녁이 적:으믄 진 거죠. 그링간 엿갑을 다 물어 줘야죠. 근데 구녁이 쿵:: 거 나온 사람은 이겨서 엿갑 을 안 물구 그랬는데. 그 인제 그게 머 잣:이니 머 이런 게 있는데. 하이간 저 는 외[히]따러서, 집이 아까두 얘기했지만 벌찜이거든요. 벌 까운데에 있어서 어 트게 헐 쑤가 업는데 놀러 갈 쑤가 없:에요. 그래서 부모님이 저 산에 낭구허러 가믄 낭구허는데 쫓아가서 보믄 참 그렇게 신나요. 그링간 지끔 어른이대공원 에 어른네 풀어논 심[112]이에요. 막 뙤[히]댕게두 누가 머 걸 건드리냐 머냐. 거

---

112) 셈이에요.

기서 머야 머 따먹을 꺼 있이믄 따먹구 그렇게 했는데. 지끔 애들이 어트게 보
믄 불쌍해요. 거 인제 그전에는 인제 빨래를 전::부 다 허믄 빨래를 허잖아요.
그럼 집집마다 오물이 없에요. 수도가 없에요. 그럼 말: 가운데 가 모:찍하니
가서 있지요. 그 가만::히 어무니들 아버지 허는거 보믄 아부지가 지게에다가
솟을 갖다 인제 빨랠 끝에야 헐 꺼 아녜요. 솟을 허구 지구 가시구 어머닌 인
제 광주리에 다 빨래를 이룧게 허구. 게 인제 빨래 인제 왼::쟁일 허다 꼬마가
집이서 헌저113) 집을 보구 있다가 어머니가 오신단 말야. 그거 인제 마당에다
가 좁은 마당에다가 끈을 매: 가지구 인제 바지랑때라구 소나무 요룧게 생킹
거 거기다 빨래를 쭉:쭉 늘어노시구. 그럼 인제 얘:들이 놀구 싶잖아요. 그럼
연상 들어갔다 나왔다 허죠. 그럼 우리들 보고 빨래 드:런다고 머리에 때가 많
어서 때 댄다구 영 말:리구 그르신 적이 있죠. 그르구 인제 장: 당그는 날, 장
당그는 날이 아주 부녀자덜은 옌:날이나 지끔이나 큰: 아주 행사에요. 그럼 인
제 머에여 집안에 그 동서들 머 불러 가지구선 그냥 같이 허구.

조사자: 장 담글 때 고사 같은 것도 지내고 그러나요.

장: 당글 때는 고:사는 안 지내구요. 고:사는 안 지내고. 고:살 다:: 지내구 나
서 아니 고사가 아니다 이 저 간장 갖다가 이런 독에다 대레서 붓:구 붓구 나섬
새끼를 갖다가 웬[ö]:새끼를 갖다가 꽈:서 둘러놨는데 그 웬[ö]:새끼가 말하자믄
그 귀:신을 쫓:는다는114) 건데 귀신을 쫓는 건데 그 웬[ö]:새끼를 둘르노믄 기:
신이 이렇게 딱 와서 보고 새끼가 보:통 새끼 겉으믄 되는데 이게 외[ö]:루 딱
이상허게 나를, 참 새낀가 아닌가. 그래서 옌:날 노인네들이 그래요. 이게 귀:
신이 이걸 보구 놀:래서 달아난다구. 그른 얘:기들을 많:이들 얘기허신 거 보믄.
근데 이룧게 얘:길 들어보믄요. 지금처럼 무신 머 과:학적으루 무신 머 콤퓨타
든 머 이런 거 허지 않구 옌:날 노인네들 말:씀허시는 걸 들어보면 참 이케 그

---

113) 혼자.
114) 쫓는다는.

때 시대엔 증:말 아주 그냥 머 증말 승:배허게 대여. 야 너 올해는 풍년이 들갔다 올해는 숭년이 들갔다. 그걸 어트게 아세요 봄에? 봄엔 느티나무 우리두 느티나무 마당이 있지만 그 느테나무[115] 보구 잎사기 보고 잎사기가 아:래위(uy)가 똑겉이 요만큼씩 똑겉이 나오며는 풍년이 든다구 그러죠. 올해 비 많:이 온다구.

조사자: 그럼 그걸 선생님도 구분하실 수 있으세요?

그름뇨. 그래서 올해 우리 집서 쓰는 기사 보고 올핸 비가 많다, 비가 많다. 그럼 할아부지 멀 알구 멀 아:세요. 지끔 관상대에서 기상대에서두 잘 발표 안 허는 것 갔다가 할아부지 맘:대루 그릏게 허면 되냐구. 아 그럼 두구 보라구. 보리두요 보리두 일찍 이릏::게 인제 봄에 이케 해:도 해: 가지구서 이릏게 인제 뿌릴 뽑어보믄요. 뿌리가 항 개믄 가물어요. 그리구 인제 두: 개믄 풍년이 들어요. 근데 세: 개가 이릏게 겹쳐있으믄 거는 아주 수:해 비가 너머 와서 수해가 된대는 거예요. 보리 농사가 망허는 거예요. 머 새:두 그릏잖어요, 머 까:치두 그릏구. 까:치집이 머 하:눌루 뚤르며는 그해 가물구 머 밑으루 들어가는 데를 출입구를 해노며는 비가 많이 오는 데서 비를 막기 위해서 그랬다구. 옌:날 얘기가 머 배에 무신 쥐[ü]두 머 배에 쥐가 없:이믄 그 배가 가다가 물에 빠:진다 머 그런 얘기가 많:지 않습니까.

조사자: 그럼 결혼은 언제 하셨어요?

헤헤 결혼요. 헌 이:십에 했죠.

조사자: 그럼 집안끼리 아셔서.

그래가지구 인제 그때부텀 장사를 아까 말:씀대루 그릏게 허다가. 그땐제 나름으루는 상당히 규모가 즘... 그땐 장사가 머 없:에요.

조사자: 집에서 하시던 장사였어요? 개인적으로 하시던 장사였어요?

그렇죠. 지가 개:인으루 나와서.

---

115) 느티나무.

조사자: 언제부터 그렇게 일을 하셨는데요?

그른가는 한 이:십 살버팀 그랬나? 지가 인제 학교 상업핵교를 나와가지고. 근데 옌:날엔 장사가 참 쉬와요. 그래서 내가 그른 말이예요. 옌:날 임금님이 머 허셨느냐 이 말예요. 남북 합해서 남북 합해서 인:구가 총인구가 육백만 칠백만밖에 안 됐었으니 으 그건 지끔 서울시에 절반밖에 안 되는 거예요. 그건 절반밖에 안 되는데 그걸 머 저. (웃음) 야::니 그렇다구 해서 무신 머 양:정 군대를 많이 양성헌 것두 아니구. 그저 급허먼 그저 중국 들어가 그저 대:국이라구 해 가지구 우리 온:조해 달라구 해 가지구 군인들 내보내구. 임:진왜란이 일어나니까 유성농 저 대:감이 머:라구 그랬냐믄 저 신애주꺼찡 피란갑시다. 선조 보구 그런 거예요. 그링깐 덜렁덜렁 가신 거예요. 그러니깐 그 시민들이 들어가서 왕이 머 해준 게 있냐 우리 밤:낮 약탈만 헌 거 같다. 그래가지구 궁을 다 불 론 거예요, 우리가. 우리가 불 론 거지 그 사람들 일번 사람덜이 와서 불 론 거이 아녜요. 그르케 우린 머 서:러운 생활들을 허는 거죠. 그래서 지가요 불란서 가서 한 달간 민박을 해 봤에요. 나두 이런 데...

조사자: 건축일을 하시다가요.

아뇨 요즘에요. 요즘에 민박을 해 봤드니 참 그 사람들 규무 있게 생활허대요. 머 이 박사 저거니까 다:: 아시갔지만 친:구들 본인들 다: 갔다 오셨겠지만. 그 씨:느강인가 강 항:강 겉은 데 밑에다가 전부 하수도 내려가게 맨들어 놨대요. 그른가 우리처럼 항:강 쏙이다 버리는 게 아니라 같은 물에다 버리는 게 아니라 밑에다 따루 이렇게 내려가게 버리게 맨들어 놨다구요. 그래서 정화허게 맨들게 해 놨다는데. 그리구 또 수돗물을 틀어도 호텔두 그렇구 개인 집도 아빠트도 그렇고 틀믄 소리가 그냥 크게 틀믄 소:리가 요란해. 그게 물을 절략해 쓰라는 거지. 그르니까 크게 틀면 옆에서 전부 와서 왜 크게 물을 쓰냐구. 그릏게 그냥 절략 정신을 길르구. 그리구 차두 보믄 전부 쪼끄맣잖아요. 쪼:끄만 차들이... 우리나라 수입두 그릏게 많지 않은데 차두 큰 거 다녀 목소리두 커:: 전부... (웃음)

조사자: 여행 많이 다니셨나 봐요.

그른 게 아니라요, 즈이 큰딸에 남편이 주재관으루 즘 있었어요. 그래서..머 저허구 한번 만나서 머 점 허겠다구..

조사자: 은평구 사진인가요?

여기 전경이죠. 저게 참 드물죠. 요건 증말 우리 군에서는, 구에서는 없:는 거죠.

조사자: 이런 것도 이렇게 다 모아 두신 거예요?

이건 그전버터 내려오는 것두 있구 모:은 것두 있구. 머 그렇지요. 그래 인 제 즈이 집이 그 삼백오십 년 된 건 지도가 있는데 요릏게 수첩 모냥으루 접는 거예요. 그래서 인제 연세대학교 치료예꽈 선생 교수님한테 한번 감:정을 했드 니 한 삼백 한 오:십 년 육십 년 됐다구 그르시드라구요.

조사자: 사모님이 옛적에 참 미인이셨겠어요.

아유. 미인은 아니래두요. 일:번을 한 십오 년 전에 일번을 갔는데. 세관에 서 다 통관해서 갔는데 인제 우:슨 소리 허는 거예요. 나보구 다시 오라구 그래 여. 그래 왜 그냐 그랬드니 그 사람이 그 아주 유머스럽게 생겼는데 그 당신 부인 땜에 그런다구 그래요. 그래서 부인 머:냐구 그랬드니 왜 그르냐 그랬드 니. 부인이 왜 이릏게 이:쁘냐구 그래요. 그래 한 십오 년 전에 쪼끔 이:뻤겠죠.

조사자: 15년 전에 예쁘셨으면 젊으셨을 땐 더 예쁘셨겠네요.

아 그래서 아 이:쁜 것도 죄[ö]냐구 그랬드니 그냥 웃:드라구요. 미안하다 그 르구. 괜히 그 사람덜 심심허니까 그냥 허는 소리예요. (웃음)

조사자: 이렇게 은평구에 계속 계셨으면 중심가에 있을 때보다 정치가 바뀌고 세상이 바뀌는 거에 대해서 덜 영향을 받으시겠어요.

그렇죠 그런 건 사실입니다. 그 왜냐믄 무슨 직업이 전부 그런 장사하다 건 축업 허구. 또 지아들두 전부 직업이 그런 직업이니까 정치허곤 쪼끔 직접 관 게가 되는 게 아니고. 그래두 이렇게 보믄 지역에서 오래 산다 해서 그릏게 전: 화가 오구 이릏게 또 머 허믄 요새두 머 그릏게 지내는 거죠.

조사자: 6.25 때는 어디로 가셨었어요.

즈이요? 육이오 때는 참 육:노루 부산 가서 있었죠.

부산 가서... 근데 거 도움이 되는 게요, 그 부산 피란 가는데 지방으로 한까 번에 부산 가는 게 아니라 차차 차차 부산 가는데. 그 가는 데마다 전부 그전에 그 장사허는 사람덜을 만나게 되대요. 남:대문 시장에서 그 도매들 크::게 허던 사람들이 많아서 나보고 기냥 갖다 물건 팔어라, 넌. 지끔은 아마 안 그렇겠지만 그때만 해두 사:람들이 좀 들 약은 거 겉애요. 그래서 서울서 곁에 지냈다 해:두 저기 부산꺼징 이런 데 가서 수원 머 대전 이런 데 가서 만났는데 그 만나는 사람이 이거 물건 몇 개 갖다 팔어, 너 돈: 업:잖어 팔어 가주구 와라, 그러드라구요. 그거 보구 참 아이고...

조사자: 그래도 그 당시라고 해도 나쁜 사람도 있기 마련인데 좋은 사람들이 주변에 많으셨나 봐요.

게서 그게 아마 제가 행:운인 것 같애요. 근데 그 사:람이 허머는 거:래를 이룽게 허머는 그 사람이 몰:라서 돈을 안 받을 때두 있고 잘못해 가지구 더 받을 때두 있구. 안 받을 때는 꼭 돈:을 가주구 가서 당신 나보구 을:마 내라구 하는데 이거 말구 또 돈:이 있다고. 그룽게 해 노믄 아휴 그 다음부터는..

조사자: 아 정직하게 하시니까.

내가 속핸다구[116) 해서 그 사람이 아주 속아지는 게 아니구 아무 때구 그게 탄로대는 건데. 난 잘 물:르지만 나 어렸을 때 장사헐 때 그땐 그릏게 돈:이 잘 생기는지 몰라요. 근데 지끔들은 어렵다고 그르대 어렵다고. (웃음) 건축업을 또 허다 보니깐 또 인제 나:이가 이릏게 되구 보니까 그저 조용히 쉬구 인제 가는 날만 기다려요.

조사자: 언제부터 일을 안 하셨는데요.

안 한 지가 한 그른간 한 십 년 못 대요. 십 년을 장사허니깐. 근데 요즘엔

---

116) 속인다고.

장사들이 다:: 어렵다구 그른간. 또 가만히 들어보믄 다::들 또 얘기가 그렇고.
아 그래서 우리나라두 빨리 좋아져서 국민들이 다 신빠람 나고 돈:도 생기고
이런 세:상이 되야 헐 텐데.

조사자: 어렸을 때도 장난기가 많고 그러시지 않으셨어요?

　저야 머 외[ö]:따루 헌저 있으니까 누가 머 장난 안 하고...

조사자: 그럼 동네 애들하고 놀 기회가...

　공부는 그래서 항상 지:가 반에서 저걸 했죠. 게서 국민핵교 졸업 맡을 때도
도:지사 표창 받고 그랬는데 그 표창이 지금 어딜 갔는지 없:에요. 그 육이오
샤:변 나고 그러는 통에...

조사자: 다른 아이들하고 놀 시간이 없으니까 공부를 많이 하셨나 봐요.

　그래 자연적으루 그렁 거 겉애요. 그래서 우리 집이 애들도 갔다 오믄 우리
집이 벌찝이 대서 누가 옆에 집이 있어야 놀:죠. 저 옌:날 저 벽삭에다가 전:부
이 국민핵교 들어가기 전에요, 전부 거 일이삼사부터 백꺼징 쓰구 머 가나다라
전부. 그러니까 읽어 보라는 거죠 심심허믄. 근데 그걸 허니까 핵꼴 가서는 공
부허나마나지 머. 다:: 아니깐 그냥...

조사자: 아이고 그럼 자녀 분들이 어렸을 때까지 벌찝이 벌찝이네요.

　그럼요 벌찝이죠. 그리기 때문에 얘들 칭구가 있어야 놀:죠. 에 게서 벌찝이
라고 그런 거예요.

조사자: 명절 때나 친척 아이들하고 놀고 그랬겠어요.

　근데 그때는 은평구가 인:구가 얼:마 안 댔어요.

조사자: 동생 데리고 나가서 개울가에서.

　아 개울가 허믄 머 요기가 개울이 쪽:: 있었는데요. 여기가 상각산에서 내려
오는 물인데 그 물에가 붕아나 머 무신 미꾸라지 머 가:재 머 다 잡았죠. 그런
데 그게..

　산은뇨 즈이가 벌 까운데가 대서 산은 그:리가 멀:아요.

조사자: 나무하러 갈 때만..

낭구헐 땐 요:: 앞에 우리가 인제 거 지끔 대:조동 동회 짜리가 전부가 즈이 땅이었었는데 시에서 그때두 이렇게 강:제루 상 게 있었어요. 일제시대두. 시: 에서 강제루 삼천 평이 산이었었는데 산이 벌 까운데가 쑥 나와 있어 요기가 있어요. 그게 우리 산이 대서. 근데 산에 가며는 솔가지가 이망큼씩 쌓이죠. 누가 긁어 가는 사람이 없구. 그렇게 우리만 갖다가 때:구. 엔:날 생각이 자꾸 선생님 때문에... (웃음)

조사자: 예전 뭐 서울의 변두리 그런 풍경들이나 아이들이 놀았던 거...

근데 그게 머:냐믄 연신내래는 데 거기가 아주 거기가 엔:날에 엔:날버텀 아주 번하가죠. 그게 역 있었구 엔:날에도. 말 역 구파발역 그게 있어 가지구 거기가 번하했었는데 거기에 하천이 아주 넓어요. 거기서 인제 윷:두 놀구 활두 쏘:구 아주 거기가 참 아주 그 단오 때믄 그네두 띠구 아주 풍::성한 놀이가 거기서 크::게 했었죠. 씨름두 허구...

조사자: 구파발이 아주 유명한 역이었죠?

구파발요. 구파발역이 아주 유:명했죠.

조사자: 활쏘기도 어린아이들도 했었어요?

아니요. 활쏘기는 으:른만 허죠. 으:른만 허믄 이제 그걸 허믄 그게 인제 활이 과녁에 가서 질: 저거헌데 하지만 기생들이 춤을 추구 기생이 그날은 존: 옷을 입구 와서 지화자 부르구 아주 겅:장했죠. 그래 씨:름두 허구 해서. 거 씨:름두 해두 그냥 씨림이 아니라 삿바 씨름이 나오구 그래가지구 삿발 이렇게 매:가지구...

조사자: 아니 왜 그렇게 많이 하세요.

하 재미난대요. 게서 내가 그 말이져. 그걸 그렇게 사다가 허지 말구. 그걸 사오며는 사온 날버텀 딸 갖다가 인제 메느리들 교대루 동:원시켜서 이거 허는 걸 배:에지 그걸 갖다가 전부 그냥 맨들어 가지구 노나 주면 되느냐 나는 이거에요

조사자: 나중에 따님이나 며느님들이 아쉬울 텐데 배웠어야 되는데 그러고..

그게 인제 자기가 몸을 아주 그냥 아유 너머나. (잡음)

조사자: 기생들이 서울 변두리에는 기생들이 없었을 텐데.

기생들요?

아니 그른깐 초청해서 불러오는 거죠.

조사자: 초청을요. 그럼 유랑 극단도 떠돌면서...

네 그것이 혹간 있었죠 혹간. 에 그 활똥 사진 겉은 거 이런 거. 할똥 사진은
학교 마당이 넓으니깐 핵교 마당에서 밤 그저 농촌에선 농사 다 끝나고 해서
그러면 사람이 그것 또 인산인해. 그러믄 아마 지끔 아마 구경 신나게 헌대두.

조사자: 특히 애들이 많이 그랬죠.

애:들보다 어:른두 그랬어요. 테레비 고게 생전 처음이죠. 육십일 련도에요.
육십일 련도 십이월 딸에 시작을 했:에요. 일:본은 우리보덤 한 구 년 앞서섬
오:십삼 년에 에 테레비 방송이 생겼는데 우린 육십일 련에 했는데 그 일: 련
똥안 해 보니까 그때 그 당시 박정희 대통령이, 대:통령이 그래서 머 일 련 꺼
성꽐 바: 가지구 야 전:국에다 중게를 해라, 서울만 중게허지 말:구 그래 정:국
에다 중게하는데 이 중게탑 이건 운: 나라 사람들두 조:작을 해서 맨들 쑤 있지
만은 어:다 이 중게탑을 시:느냐 어:다 중게탑을 세어서 이 전국에다 중곌허느
냐 이게 참 어려와요. 그래서 인제 이웃 거 일본에다 얘길 해 가지구 그 사람
들이 인제 기술 깝 먼 깝 해서 많::이 요굴해서 걸 줬:는데. 근데 그 사람들이
그 이 실지루 왔:는데 보니까 사람 일:굽 명 아무 장비두 없:이 쪼:끄만 송가방
만 들구 왔드래요. 그래서 이:상해서 그 낭:중에 실무 회[hi]담을 헐 때 보니깐
말이야 어:다 설치허는 거는 이 쪼끄만 가방 속에 있는 거 지도가 여기 있으니
까 그 지두만 보고 해라 이거야. 그래서 낭:중에 열[yil]:아 보구서 인제 깜::짝 놀
랐대요. 그게 머:냐믄 그게 우리나라두 한 백녀 년 전에 봉:수대 봉:화대 그림
그 전국 지돈데 그거 한 장이드래요. 그 봉:수대랜 것은 거 앞에 전면이... 데가
봉:수대 아니에요. 서루 신:호허구 머. 그래서 지끔 가만::히 보믄 남산두 거 봉
화대 있든 데 테레비 중게탑 있구 그 여기두 은평구에두 거기 봉화대 옆에 옆

에 갖다가 저 머 있구. 허참 그 일번 싸람덜은 그 옌:날 문화와 그 지끔 문화와
고리를 갖다가 잘 연결시키고 외[ö]:국 사람 우리나라 이 그것두 갖다가 연결을
시키는데 으 우리나라는 그냥 옌:날 꺼는 옌:날 꺼 지끔 껀 지끔 꺼 고리가 연
결이 안 대 가지구 그런 게 있다구 허대요.

조사자: 일본 선생님이셨었어요?

네 그랬죠. 그래서 그 선생님이 그것두 그 어려서 뱄:지만, 우리 인제 그 그
야말루 우리가 인제 팔일오 해:방되고 이렇게 보니까 일본 싸람들 우리한테 고
통 주고 했다 그랬는데. 우리가 그걸 뱄어야 했단 말야 일번 싸람헌테. 그래 인
제 그 선생이 또 이렇게 점 머 허믄 느이한테 지끔 이르죠. 지끔두 연하짱이
와요 연하짱이 오는데. 느이 아들한테 아주 미안하다고 그러고 점 머 그런 얘
길해요.

조사자: 지금도 연하장이 온다구요. 연세가 굉장히 많으신가 봐요.

많지요. 교장 선생님은 돌아가시고 교장 선생님은 딴님이 나한테 연하짱이
와요. 그래서 내가 우리 선생님이래는 건 인생에 증말 좋은 가르침을 헌 선생
님들이니까 머 국적을 저거허지 않구, 저 팔씹팔 련에 그 일번 선생허고 또 우
리 한:국 선생님이 한 분이 남았어요, 다 돌아가고. 그래 그 두: 분 초대해 가지
구 한 일주일 똥안 우리 집이서 대:접허고 구경두 시켜드리구 그랬에요. 그래
서 더 저거해서 아마. 근데 거 일번 싸람들 요새 만나먼뇨. 물론 인:사 인:사 겄
지만도 만나면 그릏게 우리보구 미안하다고 그러대요. 잘못했다고 그르구 즈
이 조상들이. 그래서 세:게일보 배:달허는 여자들이 대:개 그 일반[117] 싸람들인
데 그 사람들은 만나..

조사자: 아. 통일교 계통에서요.

예 통일교. 접때두 만났는데 저헌테 편:지 쓴 게 조게 있는데.

조사자: 웬 편지를 평소에 그렇게.

---

117) 일본.

보실까요.

조사자: 이런 건 다 구청에 보관이 돼 있나요? 구 사진 같은 거는.

네. 이걸 처음 내구 해서 좀 미:숙헌데 다시 수정할래도 원체 공부가 부족허니깐 저거 허지만 그냥 수정판을 내구 싶어서 요새 다시 보완허고 있죠.

조사자: 혼자 이걸 다 쓰셨어요. 알차게 잘 쓰셔서...

요게 인제 국민핵교 선생이 연하짱 온 거구. 요건 우리 국민핵교 교:장 일본 싸람 땀님 둘째 땀님이 전:한 거구. 요건 센다이꾸 일번 국립대학 교:수가 알:기 때문에 연하짱 온..

조사자: 어떤 일 때문에요?

즈 집이 한 번 놀러 왔었에요.

조사자: 일본어를 몰라서 잘 모르겠네.

요게 인제 신문 배달허는 여자가 편:질해서.

조사자: 일본어를 하실 줄 안다는 걸 아나 봐요.

그거는 자기가 참 그전에 나라에서 잘못헌 거 많이...

조사자: 어떻게 이 내용이...

근데 요기가 항:국 역사를 생각해보믄 일번이 항:국을 지배해와서 시대에 을:마나 아프냐죠. 혼또 정:말 아니에요. 정:말 멘:목이 업다는 얘기야. 그런데 인제... 그렇지만 가거에 비참한 역사에 벽을 넘어서 우리 일본 싸람은 당신네들이 이렇게 잘 받아주는 게... 선생님이나 항:국 사람들이 증:말 고맙다는 거죠. 정이 많은 분들이라구.

조사자: 배우리 선생님도 서울 토박이 분이세요?

그럴 꺼 겉애요, 말:쏘리가.

조사자: 잘 보겠습니다.

잘 보긴 머. 지가 감:히 선생님한테 책 드린다는 게 무모...

조사자: 사시면서 가장 기뻤던 일 같은 거 생각나시는 거 있으세요.

근데 머 다 살아오면서 증말 저 큰: 일은 못 허고 소시민으로써 사는 거 (잡

음) 느끼는 건 밤::나 내가 욕심을 버리고 그저 현: 상태에서 아주 만:족허는 생
활을 허자. 그니깐 밤::나 어떤 분을 만나도 야 내가 오늘 이런 냥반을 만나서
참 기쁘다. 그래서 인제 이거 아까 얘:기헌 일번 싸람들도 그 참 자기네들이 와
서 첨:엔 전부 얘길해요 솔찍히. 사실 역사가 또 그렇게 된 거니까. 그래가지구
잘못허다구 미안허다구. 그래서 머 내가 도울 꺼 있으믄 돕:겠다구 그런 사람
들 다 있어요. 머:래두 도와주겠다. 그른데 항:국에 항국 싸람두 가만히 보믄
마음을 털어 놓고 솔찍이 서로 얘길허고. 근데 내가 아까 얘기헌 대로 옌:날에
는 이 여자들두 목:소리들 담 넘어로 안 오는데 지끔은 너무 목소리가 커서 말
이야. 그래서 가정불화 일어나 머도 일어나지. 게서 옌:날 증말 전통은 그야말
루 생활 습관이나 머:나 전통 머 물건이나 머나 다 싫여허지만 그래두 내가 요
멫 해 전에 수원 발:완 그 지암리에 거 있잖애요 삼일 운동헐 때 그 동:넬 들어
가 봤에요. 가 봤드니 그 동:네 갖다가 한:옥으로 서울, 수원 이런 데서 집을 헐:
면 그 한옥을 갖다가 전부 갖다가 그 동네에다가 집촌으루 이렇게 새루 제 났
드군요. 그래서 인제 나는 한옥을 생각허는 사람이기 때문에 거 보기 좋대요.
그래서 내가 거기 가든 길에 거길 내려서 가 가지고 그 한:옥집을 구경을 좀 어
떤 분 보고 소개 좀 시켜 달라구 그랬에요. 그래 어뜬 사람이 구경을 시켜주는
데 들어가 보니까 참 또 놀랐에요. 왜, 한:옥엔 한:옥이 들어가게 허다 못해 옌:
날 전통 물건이 있에야, 쪼끔씩 있에야 되는데 그게 다 없:에요.

조사자: 사람이 살고 있나요?

　다 있죠. 한 십여 가구가 있는데. 기냥 하나 업고 전부 냉:장고 무신 테레비
신식 거만 있어요. 그래서 그 어떤 분 보고 그랬죠. 거 왜 옌:날 전통 물건이
어트게든지 한두 개씩은 있는데 왜 보전 않고 그랬드니. 아이 그거 무신 말씀
이냐고 지끔 신식 여성들이 도깨비 나온다고 귀:신 나온다고 다 갖다가 버레
요. 아 그거 들으니까 참 쓸쓸허대요. 우리 할아부지 할:무니들이 그 쓰시든 게
전부 거 생활 도:구가 어트게 귀:신이 나온다고 그걸 갖다 버리고 거 외[ö]:국
사람들 요즘에 보믄 우리나라 가:구를 갖다가 저: 집이다 전:시해 놓구 허는데.

어트게 우리나라 싸람이 걸... 그래서 내가 쓸쓸했어요, 맘에. 그저 항:국 사람이라믄 항:국 사람이 집이다 집이 머 좁고 그르기 때문에 다 할 쑤 업지만 한 개씩은 그래두 두 개씩은 그래두 항국 거는 둬야 우리가 애:들한테두 이 지끔 자라는 애들이 저런 거 물건 보믄...

조사자: 저게 쌀 뒤주인가요?

예 디주죠. 디준데 요건 제 모:냐믄 그게 옌:날버텀 내려온 건데. 아 그걸 좀 만져 달랬더니 너머 만졌어요, 신식으루.

조사자: 예전에 보던 그런 게 아닌 거 같아요.

아주 기냥 대:패질을 싹 했어요.

조사자: 여기는 재봉틀...

예, 재봉틀인데요. 저겟이 내가 인제 공부허는 방이죠.

조사자: 이런 일에 언제부터 관심을 가지고 자료를...

이게 허긴 좀 이케 좀 오래됐죠. 나이 먹어 가니깐 증말 그게 아까두 얘기했지만 동:네 이름 머 이런 것이 기냥 소멸되는 게 너머 안타까워요, 정말. 아 우리 그깃말루 거 이:조실록 이런 데는 왕:궁에서 일어나는 일 머 이런 일만 있지. 나라에서 볼 쩨 우리 민:간에 역사나 소소헌 건 증:말 읍잖아요. 동:네에 내가 잘 알진 못허지만 내가 노:인네덜한테도 찾아가 보고 어떤 분은 병: 중에서도 거 만나서... 게서 좀 하나래두 냉:겨 놓구 싶어서 증말 본격적으루 헝 거는 한 이: 년 전버터 댕긴거죠. 지끔 내가 하구 보니까요 너무 늦었다 이거에요. 내가 한 십: 년 전만 해:두 돌아가신 그 십 년 사이에 돌아가신 분들한테 다 물어 봤으믄 더 많이 알 걸 갖다가 게 얼:마 남지 않잖았어요. 그래서 이것두 증말 급헌 게 있구, 천천히 헐꾸 그렇게 있드라구요. 그 노:인네들이 돌아가시는데 어트게 헐 쑤 읍잖아요, 아 그분이 알:구 있는데. 그래서 이 동네서 옌:날에 호적본, 호적이랜 게 날:라리라구 있죠 시굴서는. 찾아 댕기구 머 가족 유가족한테 전화허구 사진두 갖다 놓구. 게서 이번에 그런 걸 좀 늘:려구 그러죠, 우리 행토 이야깅깐.

엔:날에 이거 술두 어트게 허믄요. 지끔은 요만헌 병이죠. 엔:날엔 이런 대:
통으루 해서 기냥 하나씩 멕 개씩 기냥 도매죠 도매.

조사자: 서울 사람들이 지방 사람들하고 뭐 크게 다른 특성이 있을까요?

서울 싸람들이야 말허는 게 이런 먹는 것두 가만히 보믄 식당가에 댕겨 보
믄 먹자, 먹자 꼴:묵이라구 그러대요. 근데 부산 가서 보니까 먹자가 아니대요
또. 그 묵자, 묵자 꼴묵이라구 그리고. 서울 싸람들은 입을 벌:리구 얘길허는데
저: 아래 싸람들은 입을 오므리고 말허잖아요. 에 게서 그 어므리구 머 허는데
여러::가지 달르대요. 그 서울서는 음:마 아빠튼데 저쪽은 어므리구 말허기 때
문에 음:마 아빠트가 엄:마 아빠트 쏘리루 들린다고... 그래 보:통 엔:날에는 돈:
을 맞돈 있는 거 맞:둔이래잖아요, 맞:둔. 또 그 머 삼춘두 여긴 보통 삼춘이라
구 그러는데 삼촌이라구 해야 맞는 거 아니예요, 그런 거.

조사자: 저번에 서울에서 장사를 하신 분을 만나 봤는데 지방 사람들을 상대하
면서 어려움을 많이 겪었다고 그러시더라고요 서울 사람들하고는 많이 다르니까.

근데 저는 장사가 어뜬 장사냐 하믄 수:백 명을 상대허는 게 아니라 하나를
상대해 가지구 그때 숙명여자중핵교도 고등핵교도 기숙사를 갖다가 댔:는데
거기 으:전 뼝원이라고 거기 중앙청 옆에 경성으학 전문핵교 부:속병원이 있었
는데 거기 좀 대학병원 또 서울대학병원 전부 댔:는데 기냥 깅깐 그건 머 그 다
른 사람이 보기엔 꽤 지끔 겉으믄 큰 저걸루 아는데 엔:날엔 머 벨루 머 소:득
이 안 나오는 거다구 뻔:헌 시세에 뻔:헌 거 갖다 주는 거구. 그래서 그게 안
받았죠. 팔일오 해방 대니깐 우리나라 싸람 옆에 대구 그르니깐. 참 막 꼬:달라
구 허드라구 돈을 꼬:달라고. 그른깐 그게 머냐믄 차라리 이렇게 돈을 아주 날
달:라구 그르는 게 낫:지. 꼬:달라니깐 난 기달릴 께 아녜요. 근데 가져오질 않
으니깐 화가 나잖아요. 그른까 아예 장사 뭇: 하겠다. 장사 그만 둔 거예요. 그
래서 우리 아번님이 농:질 가지구 있으니깐. 그러니 우리 애:들을 공부시켜야
헐 텐데 공부를 어떻게 시케요. 그래 인제 벽 삭에다 요기 한판에당 머 써놓고
머 써놓고 그러니까 얘들이 칭:구가 있어야 나가서 놀:죠. 그링깐 또 한 집에

놀:다두 또 와서 보구...

택시 운전수 보구 그럼 당신 할아부지 이름이 누고고 증조부가 누고고 고조부가 누고요. 그르니까 무신 오:십이 넘었기 때문에 그 몰:른다구래. 그럼 할아부지 이름 모르겠다구. 한 오:대는 써가지고 댕기셔. 아 바:뻐서 어트게 써 가지구 댕게요. 아 그 운전때 유리에다 쪼끄맣게 거기다 고것만 써노으믄 거 심들어서 보지 않어도 밤::날 보니까 그게 외[ㅎ]질 꺼다. 그러구 고댐에 와선 또 오:대쯤 해서 붙여놓구 그럼 열: 때는 알잖아. 그럼 그겟이 어느 때 꼭 몇 번 필요헐 때가 있다. 거 무신 필요헐 때요. 당신 아들 장:개하고 딸 시집 보낼 때 그게 꼭 필요해. 상대방에서 물어보는데 어떡허냐 말이야. 어 사둔 되는 사람이 물어 보는데 그걸 대답 못 허믄 암만 대학을 나오구 멀 나와두 내가 무식으루 대는 거 아니야.

조사자: 저도 아이들 교육할 때 외딴 집에다가 집에 칠판을 걸어놓고.

그럭허믄 안:대요, 지끔은. 그때는 그 방법이 참 좋... 저기 허겄드라구요. 그렁까 여기서 은평 국민핵교 댕기는데요. 그 우리 애들 은평국민핵교를 댕기는데 아부지 나왔든 델 저두 댕깄는데. 학교 선상님이 얘는 아껍다고. 우리가 좋아서 그러는 지 알고 얘는 아껍다고. 시:내에다 전:학시키라고. 그게 여기 미:동국민핵교요, 서대문이 있는 미동핵교. 그때가 한 오:십 년 전잉까 사:십 년 전잉까 외[ㅎ]:국에 유:학 보낸 심이죠. 아 그래 서대문에다가 거기다 하:숙을 시킬려구 그랬는데 거기서두 또 공부가 저거 허드라구. 근데 내 교육 방법 그른데 그 교육법이 그게 시방 맞:지 않는다구 그르죠.

조사자: 선생님 그렇게 욕심 부리면서 하지 않으려고 그러셨는데 젊었을 때부터 그런 생각을 가지셨어요?

그름요. 깅까 일이 있으면 내가 좀 양:보하자 내가 양:보해. 그 사람허고 다토서 헐 필요가 업다. 그래 양:보허는데 근깐 지끔두 그럭허면 안 되죠. 살:라구 허는데 너무 양보허믄. 근데 우리 시대는 그렇게 양보해두 그렇게 큰 손해는 안 나갔드라구요.

조사자: 젊었을 때는 뭐를 쫌 한다고 하지만은 결국은 나이가 지긋한 분께 얻는 그런 지혜를 못 갖게 마련이잖아요.

그름요 그런 거 있지요. 그 인제 살아가는 지혜는 늙을쑤룩 많:이 경험허는 거죠. 그 어떤 분은 말이 그저 남편이 멀해도 그저 친찬해줘라. 부인이 머해도 친찬해줘라, 간섭은 마라. 그 친찬을 해주면 어트게 좋느냐. 부인이 반찬을 놓구 칭찬해줘라. 삼백이십 날 어트게 반찬을 다 잘해주냐. 잘못해두 더 잘했다구 칭찬해줘라. 그러믄 신:나서 또 반찬을 더 잘해 준다. 그거 잘못했다구 반찬이 그 솜씨가 이게 머냐구 그럼 하:가 나서 더 안 해준다 말야. 게서 인제 우리 보구 밤나 행복허다구 그러죠, 사람들이. 그게 서로 참 노력두 있고 화나믄 그저 내가 참어예죠, 참어. 나이가 먹으믄 세:상 께 다 아웅다웅헐 필요가 읍는 거 겉애요.

1.7. 자연 발화[ays]

○ 삼청동 풍경

조사자: 그냥 평소에 쓰시는 말씀을 좀 듣고 싶어서요, 여기 삼청동에서 태어나셨어요?

나? 나, 이 동네서 태어났어. 여기서 칠씹팔 련을 사는 거에요 내가.

조사자: 피란 같은 건 안 가셨더랬어요?

갔다 왔지. 육이오 때. 그 당시에 안 갔었는데 저, 여기 있다가 괴:뢰군 들으와서 구이팔 때 제이국민병을 나갔지. 그래가주 가 있다 한 몇, 일련두 뭐, 일련이나 십 개월 나:구 여길 저, 부산에 갔다가 다시 들어 왔지.

조사자: 서울에 사는 사람들 중에서도 그렇게 계속 서울에서 사신 분이 드문데, 보통 옛날 서울 토박이분들도요, 강남으로 이사해 가셨다든지 뭐 다른 쪽으로, 일산 같은 데로 이사가셨다든지 그런 분들이 많으시고요, 태어난 곳에서 계속 살고 계시는 분들은 아주 드무세요.

난 여기서 태어나서 여:태 살:구 있으니깐. 이 집이서만 오:십이 년인가? 이 집이서 오십이 년.

조사자: 그럼 결혼하시면서 이 집으로 오셨습니까?

월래는 인제 피난 나갔다가 임시 집이 업잖우? 그런데 인제 여기서 살다가 아버님이, 여기 저 우리 으르신네가 돌아가시기 전에 내가 이제 사업을 허다가 실패를 했다구 그때, 동대문 시장에서 크:게 장사허다가 그래가주구 뭘 좀 했는데 실패해 가주구 마음이 좀 저거해서 여기 으르신네 돌아가시기 전에 이제 여기서 집을 지었지. 월래는 여기가 오:십이 년전에 아버님이 지으셨던 자리에요. 공무원으루 기:셨었는데 육이오가 나 가주구 피란을 갔지. 그래가주고 우리 집만 이 동네 아가씨들이, 괴:뢰군 들으와서, 먹을 께 인제 있었던 거야. 그러니깐 그거 먹구 뭐 놀구 불을 막 때:구, 그때는 나무 때는 시절이니까. 그래서 인제 집이 불이 났어. 그래가주 다: 없어졌는데 아버님이 이제 그래서 이제

들어와보니 다: 탔으니 어떡해? 임:시루 방 하나 은어가지구 있다가 아버님 돌아가시기 전에 이 자리에다가 좀, 거기선 돌아가셨지 인제, 그런 마음을 먹었는데 돌아가셨으니깐 여기서 소대상이나 지내는 걸 그래두 여기서 모셔야겠다 그러구 여기다 집을 짓:구 이리 온 거예요.

조사자: 그래서 그때부터 계속...

예, 여태 사는 거죠. 그러니까 이거 오십이 년 됐어요. 해방되든 해에 지었거든요.

조사자: 이 동네도 뭐 개발 제한구역으로 묶였나요?

이게 개발지역이에요. 주거 환경 개선으루 지끔 서류가 들어갔다구, 그래 인제 각자 자기가 집을 질: 싸람은 짓구 이제 돈이 읍는 사람은 못 짓구 이제 그렇죠.

조사자: 젊었을 때는 계속 사업하셨더랬어요?

예, 예.

조사자: 옛날에 이 동네는 어땠습니까? 지금이랑 좀 달랐죠?

아유. 아주 뭐 백도루 달랐지. 집이 몇 집 없었으니까. 그러구 여기가 인제요 아래가 집이 상::당히 적었어. 그래가주구 으르신네가 공무원이루 계:셨었거든. 공무원 생활 삼십오: 년인가 삼십육 년 안 하다 정년 퇴:직겸, 노인네가 이제 그땐 아마 일흔둘인가 그때꺼정 공무원 생활을 허셨거든. 그땐 뭐 정년 퇴:직이랜게 업:구 이제 그때만 해두, 돌아가신 지가 상당히 오래 됐는데. 그래가주구 피:란을 가다 으르신네가 가는 대루, 여기서 조선총독부 경무부 위생꽈 세:균검사소가 여기 있었어 옛날에. 거기 댕기, 다니시다가 이제 퇴직허셨지. 그 여기 그때는 집들이 없:어요. 전부 이 산에 올라가서 나무해 때구. 나무. 그때는 입산금... 지끔은 입산 금지가 됐지마는 그때는 입산 금지래는 게 없:었어. 그냥 저:: 북악산, 북악산. 그 꼭대기꺼지 약수터가 있어. 약수터 참:: 좋아. 그런 약수는 지끔, 거기다가 꼭대기에 그, 바루 밑에 그:: 넓은 데가 있는데, 약수가 그렇게 좋다구.

조사자: 요산이 인왕산인가요?

그건 인왕산은 저쪽. 그 세검정 가는 데, 청와대 있는 저쪽이 인왕산. 여기는 북악산.

조사자: 언제부터 이렇게 사람들이 들어와서 집도 짓고 살고 그러던가요?

그러니까 인제 그전에는 뭐 여기서 국을 끓여 먹으며는 이렇대면, 월래는 내가, 월::래는 저::쪽에서 살았지. 어려서, 저쪽에 동네는 밭이야. 밭인데 중국 싸람. 거기 중앙교육행정연수원. 그래 거기가 이제 연수원 짜린데 지끔은 이제 연수원이 됐지만 그전에는 거기가 밭이에요. 그래가주구 중국 싸람, 일본 싸람이 와서 밭을 허구, 그러구 우리가 그기 일부 거기서 옆에서 살었거든.

조사자: 아. 그래서 아까 군인들이 서있는 거군요?

아니, 군인은 여기, 이게 산이에요 여기가. 여기가 산인데 이제 여기 수도경비사 조선총독부 있잖아요, 왜, 건:물이 이번에 철거됐잖아요? 그 바람에 거기 이제 수도경비사가 그 안에 있었지. 그 안:에서 이제 거기가 철거가 되구 전부 저거 베: 줘야 되니깐 이리 짓:구 온 거야. 여기가 순전한 산이야.

우리가 어렸을 쩨 여기서 목욕허구 공 장난을 여기서, 운동장두, 그래가주구 나무가 이런 나무가 막 이렇게, 저 집을 저렇게 지었어. 그거 이제 군인들인데, 여기가 한국통신이, 월::래는 여기가 이거 저 청와대 직속 통신망이 여기가 돼 있는데 이제 그 담에 한국통신이 와 가지고 있다가 이번에 진: 거야. 이 동네가 건:물이 큰 게 읎었어요. 그래가주구 비가 오며는 하천두 복기 안 허구, 옛:날에. 그래가주구 허면, 내가, 내가 헌 걸 가주구 얘기허니까는, 비가 오면 가서 고길 잡으러 나가는 거야. 그럼 고기가 이런 게 막 올라와. 그리구 여기서 내가 고기 잡구 그랬다고.

조사자: 그게 언제 적 얘기세요?

그때, 그러니깐 그저 열 쌀, 열한 살 그때 뭐 그랬지 뭐. 그러니깐 한...

조사자: 한 천구백십 년대 얘기네요?

응. 내가 그르니깐 지끔부텀두 육십 년 전, 육십오: 년 전, 육십오: 년두 더 됐네. 그때 그랬어. 내가 열 쌀 그때니까. 그러니까 내가, 여기서 고기 잡구 그랬다구.

조사자: 그럼 친구 분들도 많으셨구요?

아, 그때는 많었지, 그런데 지끔은 자꾸 셰월이 흘러 가주구서 자꾸 세:상 떠나구, 나이들이 먹으니까. 지끔 여기 친구라군 여기 있던 놈 다:: 떠나구, 월래 이 동네서 자란 사람이 지끔 두 사람밖에 안 남았어.

조사자: 여기서 계속 살고 계시는 분은...

없:어, 하나두.

조사자: 하나도 없어요?

예. 다들 죽구, 떠나구, 두 사람 떠나구, 그때 다:: 죽었지. 아, 친척두 우리가 많:었는데 친척두 다:: 떠났어.

조사자: 자손 분들은...

육 남매 됐는데 오남 일려 뒀:는데 한 애는 세상 떠나구 지끔 사남 일려네, 지끔. 결혼해서 다::들 나가 살어.

조사자: 보통 시골에 가면 그 지방에서 태어나서 계속 자라신 분들도 많지만 이제 이런 경우는 아주 드무시네요.

그래요. 옛날엔 뭐 우리가 여기서 나:서 성장을 했으니깐. 그때는 이 동네에 젊은 사람 우리들이 동네에 모든 걸 이끌어 나가구. 그전에는 지끔겉지 않으니까 그전에, 동네에 오래 살면 다, 형헌테 잘못허믄 아무데 누구 집 자손이 나쁘다. 부모헌테 어떻게 행동했다 했으면 그 이튿날 알아가지구 데려다가, 나오라구 해가지구 상::당히 혼났지. 그랬다구. 옛:날에 인제 여기 지방 자치쩨, 옛날에두 지방 자치쩨가 했었거든. 그래서 동네에서 데려다가 막:: 혼을 내주지 어디 부모헌테 그러냐구 말이야. 그런 일이 많:았지 옛:날에.

조사자: 아, 서울에서도 그런 데가 있었습니까?

여긴 그랬어. 대:개 누구집, 여기서 저 아래 총리 공관이 있어, 그 아래, 그 아래꺼정 다:: 이 동네니까 다:: 알지. 누구에 누구집 자손이 했다 하믄, 귀에 들어오믄 나오라 그러지, 동네가 거기 있었거든. 국무총리 공관 바루 옆. 그러면 거기 가서 나오라구 데려오라구, 애:들 시켜서 데리구 와라, 우리가 순:장할 때는 그렇게 잘하드니 이 동네, 그래가주구 데리구만 오면 너 어저께 부모헌테 그따우 행동이 어됬니? 그냥 그래가주구 다리 걷어놓구 볼기짱 내놔라 그르구 홈쳐 갈기지. 어::딜 그러냐구. 여기 이 동네가 그런 동네야. 뭐 옛:날엔 이 차두 이리 안 갔다구. 나::중에 들어왔지. 다:: 맥힌 데야. 그러니까 뭐 시굴이나 똑같으지. 한 마을. 붙은 동네에요. 종로와 달라요, 여기가. 그래서 벌써 누: 집이 숟가락, 지끔두 누: 집이 대:강, 지끔은 젊은 사람들이 자꾸 떠나와서 이 동네에, 예:를 들면 요 위에, 지끔 칠보사 있는 데서 그 아래서두 대:강 알지. 거기서 이 위루 누구 집, 지끔 한 세대주가 한 백 몇십 세대 돼. 그건 몇 식구 식구꺼정 내가 다 알지 뭐. 그래서 동:에서 동직원이 갈려 오구, 전근하지 않어, 직원들이? 그러면 나한테 와서 물어보면 내가 많:이 아리켜 주구 뭐. 여기 집질 쩨는 우리 집허구 요 아래찝허구 기와집허구 네: 집밖에 없었어 이 동네에. 하:나두 없었어 맨 산이지. 나중에 좀 지었지, 사일구 때.

조사자: 그럼 이 마을에 사시는 분들을 주로 뭘 하시고 사셨습니까?

여기 사는, 뭐 공무원, 공무원들두 많구, 과장끔들 되는 분들두 많구, 몇십 년씩 다 댕기는 분들 뭐, 한:국통신에 댕기는 뭐, 관광회사 뭐 다:: 잘 살구 다:, 왜 여기는 그러냐, 아빠뜨 가 살던 사람들이 많아, 사 가주구 오는데 거기는 문을 열어 노며는 먼지가 뽀얗대. 여긴 그게 없거든. 조용허구. 그리구 또 아이들, 막바지지만, 교육상두 좋은 일이 많구. 여기 칠보 저기 있구, 또 고 밑엔 교회가 있구 그래서 모:든 면이 그저 이런 조용허구, 첫째, 공기가 좋구 그렇다구 떠나오는 사람들이 많아.

조사자: 옛날에 할아버님 어렸을 때도요, 그때도 공무원들이 많이 사셨어요?

아, 공무원이 많지. 지끔글이 공무원이 많:진 않지. 왜 그러느냐? 여기가 아까두 얘기했지만 경무국 위생꽈 세균검사 인제, 그런데 이제 총독부에 속했든 경무꽈에요, 그러니깐 인제 … 연구소거든, 거기가. 그러니까 옛날에 이제 전

염뺑 주:사약 맹기는 데에요. 그래서 이 거기 직원들이 여기 사:는 분들이 많:지.

조사자: 총독부에 다니시는 분들이요?

응. 총독, 조선 총:독부 경:무국, 경:무국에 속해 있는 경무국 위생꽈, 위생꽈, 예.

조사자: 다른 분들은 어떤 일을 하셨는지 기억나십니까? 그 총독부 경무국에 다니시지 않는 다른 분들이요.

그 회:사 나가구 장사두 허구, 뭐 예, 그런 사람이 많지. 회사두 나가구.

조사자: 아, 서울에도 그런 데가 있었네요? 보통은 시골에서 같이 농사지으시니까.

여긴 그게 아니야. 여긴 그거완 또 달러. 여긴 뭐 집에서 공무원 생활허면서 두 밭이 있으믄 부치구. 각 방면에 다:: 댕기는 사람이, 인쇄소 댕기는 사람들 두 있구, 장사허는 사람두 있구, 공무원두 있구 뭐, 핵교 선생두 있구, 선생들 두 살:구.

○ 제사 풍속

조사자: 그러니까 직업이 다 그렇게 다른데도 한 가족처럼...

아, 그럼. 한 집안겉이 지:낸 거야. 소위, 쉽:게 말하자믄 집안에 어:른이 돌아가셨다, 그러믄 초상을 치르믄 저:: 아래서 전부 오는 거지. 그리구 이제 소대상을 치르믄, 이제 옛날에는 제:쌍을 맹길어서 상청을 꾸몄어요. 집이서, 옛날에는, 광:목을 사다가 마:루면, 저렇게 모:셨거든? 지끔 저 찬장만:, 요거보담 약간 적게, 이렇게 광:목을 사다가 거기다가 사진, 지방 모:셔놓구, 그러구 인제 제쌍 인제, 초때 갖다 놓구, 이 향로 사다가 향, 그전에는 지끔겉이 만:수향 겉은 걸 깎어서 향나무루, 그걸루 땠:어요, 요렇게. 향을 갖다 인제 그 문갑, 냄:새를 피워가지구 귀신 다 가라구 그러구, 나두 여기다 모:셨지. 그러믄 그 초하루, 매:일겉이 상:식을 올리는 거야. 으:르신넨테. 올릴 쩬 어떻가냐믄, 수꺼루, 순::전헌, 먹든 건 절::때루 안 내.

조사자: 숫거요?

수꺼. 입에 댔던 건 안 쓴다. 수꺼루 올리는 거야, 아침저녁. 점:심땐 안 올리구 아침저녁만. 진:지 새루 지어서 이제 소대상 상청을 모시는 거야. 거기다 지방 모시구. 그러니까 그거 상청이라구 그러죠, 상당헌 사람이 거기다 모:셔 논다. 그래가주구 사진 거기다 놓구, 향, 초때, 초, 향뿔 켜놓구 이제 향로 사다 가 진종일 이제 불 켜놓구, 향뿔 키구 절허구 인제, 진지 잡수시라구 아침저녁. 그거를 보:통 웬만 한데는 삼년상으루 놔. 삼 년 똥안 그렇게 해.

조사자: 돌아가신 날부터 삼 년 동안요?

예. 모:시구 나서 인제, 뭐 그때는 인제 모:시지 않어, 돌아가셨으면 지끔두 삼일장이니 짝을 안 맞지, 삼일장, 오일장, 칠일장 그렇게 허거든. 그럼 보:통 이제 서민짱으룬 대:개 삼일장. 그리구 이제 집안 좋은 데 겉으믄 한 오일장두 허구 보통 삼일장 허구 내놓지. 그르구 상청을, 그전엔 대:개 상청들을 다: 모 셔놨어. 지끔은 안 모셔, 자손들이. 나는 아버님 어머님 다:: 상청 모셔놨어. 그 래두 아버님은 삼 년 상탈, 삼 년 똥안 그렇게. 그러면 나두 굴관제복을 해. 굴 관제복, 건: 쓰구, 베옷으루 맨든 거 있어, 그거 굴관 전부 허구, 여기 향.

조사자: 각대라고 하나요?

저 그거 베루 맹기는 거 있어, 그걸루 허는데.

조사자: 옷은 특별한 이름이 없습니까?

있는데 아이구, 벨안간에 기억이 안 나네. 이제 그거 제:복, 이제 상복이지 그지 상복. 그런데 그걸 가주구 저 이제 베루 맹길잖어?

조사자: 그걸 삼 년 동안 내내 입었어요?

아, 그럼. 이제 그러니깐 초하루 보름을 지:내요. 초하룻날. 내가 그거는...

조사자: 아드님이시니까...

예. 그르구 인제 상:식은 안 허구. 난 나가서 장사를 해야 되니까. 그건 나가 야 되니깐 집이 사람이 해야지. 그럼 아버님은 삼 년 똥안 그렇게 했어. 저 그 러구 어머님은 인제 일 련, 반, 일 련으루 인제 내: 모시는 거지. 그게 그럴 쩨, 그게 소:상, 대:상이라구 그래. 삼 년 대:상이고 일 년에 뭐, 소아허믄 소상.

조사자: 그 당시에 할아버지께서 상청을 모셨을 때요, 보통 서울에서 다 그렇게

했습니까?

　그렇게 했지. 이제 세:빵살이 허는 사람은 못:허지, 남으 집에서. 난 내 집이 깐 그러구. 보:통 웬만한 집들은 대:개 했는데 그것두 인제 그 자손이 이제 좀 허기에 마련이지, 착헌 사람이 있구 좀 나쁜 사람이 있으면 술이나 먹구 저거지. 그러니깐 보편적으로 대개 다: 서울서 오래 산 사람들은 다: 모셨지.

조사자: 할아버님이 맏이셨군요?

　아니요, 우리 형님이 있지만 내가 부모님 갖다 좋:아해서 내가 모셨지. 월래는 형님이 모시는 거지. 그래서...

조사자: 효자시네요.

　아이, 효자는, 자손 된 입장에서 으레 부모님을 그렇게 모:셔야지, 뭐.

조사자: 형님은 몇 분이나 계셨는데요?

　형님은 한 분, 누님 한 분. 셰:상 떠났지 다.

조사자: 아, 막내셨어요?

　예. 그러니까 막내 데리구 있으니까 인제 모:셨지 내가.

조사자: 막내시니까 아주 귀여움도 많이 받고 자라셨겠어요?

　글쎄. 뭐 귀여움받었구, 자란 건 사실이것지. 부모는 자손을 뭐 밉지 않지, 다: 나무라는 것두 잘되라구 말허지. 그래서 구엽지 뭐, 그러니깐 그래두 구엽게 내가 자랐기 때문에 나두 부모님을 갖다 모신 거지. 인제, 그러니깐 생전에 내가 잘 해드리지 못허니깐 돌아가신 다음에두 내가 삼년상을 모신거구.

조사자: 저는 서울에서 상청 삼 년 동안 모셨다는 얘기 처음 들었어요.

　그전엔 그게 많았었어. 몇십 년 전에. 그래가주구, 인제 그 삼년상 날 쩨 대:상이라구 그러는데 그거를 인제 한자 반, 한자 뭐 일곱치 맨 그렇게 꿈:질이라는 게 있어. 꿈:질이라는 건 뭐냐 하믄 왜 저, 아이, 뭐라 그러나? 동대문 시장 곁은 데 시:장에 가며는 왜 요런 색깔 사탕두 팔구, 산:자, 무슨 뭐 잣:, 호두 까 가주구 다...

조사자: 옆에 쌓는 거요?

응, 쌓:는 거. 그거 꼼:질이라구 그러는 거야. 꼼:질. 괴:가 이만큼 한 자, 한 자 반이면 한다구. 그러면 그거를 상청 있는 데다 다 이제 제:쌍을 또 채려놔요 인제. 거기다는 다 못: 허니까. 큼직::헌 데다 그럼 거기다 잡수실 껄 올리구 인제 그러면 그날을 잊어버리지 않구 동네 싸람들이 다: 와요.

조사자: 아, 진짜 한 집안처럼...

그렇지 인제. 다: 이제 돌아가신 다음이지, 인제 이 년 되구, 이: 년째 인제 그걸 삼년상으루 허거든. 그럼 다: 와서 술, 술. 또 부주라 허는 게, 이제 지끔 겉이 십만 원이다, 오만 원이다 그런 게 없:어. 그전엔 그저 약주술, 술, 술 그런 것두 사오구, 과일두 가져오구 돈두 가져오구 뭐 벨 사람이 많아요. 그러믄 인제 와서 먹구 여기서 인제 음식을 채려. 지끔 인제 생일잔치 그치 허는 거야. 음식을 맛있게 채린단 말이야. 그럼 저 술쌍허구 데려가믄 먹구들 가지. 그러면 이제 밤, 제:사. 보통 이제 우리네 제:사 밤에 모:시잖어? 그런 식으루 해:요. 그럼 이제 그러구 그 이튿날 이제 그거를 다 지냈으니까, 내: 모셨으니깐 상복 있잖어? 이걸 바깥에 나가서 전부 살러.

그래가주구 이제 꼼:질 채려놓은 거, 돌아가신 분 잡수시라구 한 거지, 전::부 해서 모판이 있어, 모판. 내가 헌 걸 가지구 얘기하는 거야, 이거는, 요거보단 조금 큰 모판, 요만한 거. 그럼 거기다 떡이니 뭐 전::부 채린 걸 전부 그 채린 걸, 한두 개씩, 두 개씩, 세 개씩 차::곡차곡 여기다 잘:: 놔, 모판에다. 그러고 이제 그걸 어쩌께 집이 와 주셔서 감사헙니다. 그러구 인제 갖다 드리는 거야. 그러믄 그것들 아이들허구 으른허구 다 잘 먹지. 지끔은 아이들이 고:급들만 먹어서, 그런 거 안 먹어. 지끔 사탕들 안 먹어. 옥편, 옥순이라 그르지 그거 옥순, 사탕이야. 색가지 사탕. 그런 거 지끔 애들, 정월에 이제 그 제:쌍에 놓지 않아요? 제쌍에다. 그런데 애:들 그거 안 먹어. 지끔은 안 먹어, 그때만 해두 그것두 다:: 먹었다구. 어렵게 살았지, 우리나라가. 지끔은 부:자 된 거지 뭐.

조사자: 그래도 그게 초상 때 얘기가 아니고 몇 년 지나서 얘기지요? 그런데도 이웃 분들이 다 모이신단 말이죠, 그렇게?

그럼. 왔지, 그러구 옌해 제:사, 기지사, 보통 이제 삼년상 다: 나가믄 그 다음부텀은 이제 밤 열한 시 반이면 제 올리지, 돌아가신 날짜에. 지끔두 모:시지? 잊어버리지 않구 지:내며는, 그때는 난 내가 어려서 생각이 나는데, 여덜 쌀, 아홉 살, 열: 쌀 고때. 그럼 동네 뿐들이 인제 오늘 아무개 누구네 제:사지, 이따가 가네 인제 그렇게 약속들을 해. 전부 잘: 알구 지내는 시골 끝은 데지. 그러믄다 지내구 나서 한 시 넘어요. 한 시 넘으믄 가 모시러 가. 다: 지냈으니깐 오시라구. 그러믄 그전에는, 내가 당헌 걸 얘:기허는 거야. 딱대기가 딱:딱 치구 댕겨요. 열뚜 시믄 댕기지 말:라구.

조사자: 아, 통금이에요?

예. 그래서 그때는 딱:딱 치구 댕기는 사람이 있어. 월급 줘서, 동회에서 월급 줘. 그 사람이 허구 나와, 어려서두 무서와서, 그 사람이. 요렇게 숨어서 보구. 간 다음에 인제 동네 뿐들 모시러 가는 거야. 오시라구. 그러믄 다 오셔. 한 열: 뿐두 오시구, 그러믄 그날 그 나물 볶아놓구 전부 뭐 저 밥두 지:구 전부 수꺼 아니야? 거기다가 고기꾹 끓여서 이렇게. 그러구 다: 지내믄 그거 헐어 가주구 그냥 대접허는 거야. 그럼 이제 술 자:시구들 가시구.

조사자: 그러니까 제사는 집안에서만 이제 나머지 음복할 때 마을 분들이 오시는 거죠?

그렇지, 예.

조사자: 옛날에 제사지낼 때 무슨 음식을 주로 놓으셨는지 기억나십니까?

그러니까 그 채리는 건 지끔이나 마찬가지야. 우리네가 지끔 정월에 이제 보:통 지:사 때는 경제 문제지. 좀 여유가 있는 사람 겉음 지끔두 뭐 솔직이 이제 셰: 분씩 모시는 분들 있지 않어? 어머니, 아버지, 할아버지, 자기 대는 셰: 분 모시니까 이제 다: 경제 문제지. 그럼 참 채리는 건 다 채리지만 인제 무슨 꼼:질 겉은 건 안 하지. 쪼끔 좋아하시는 거, 으르신네가 좋아하시던 것, 좀 이렇게 차려놓구, 약주 한 잔 부는 거구. 자손들이 지끔 그전에는 한집에 살었구 동네 이웃에 살었으니까 좋:지만, 지끔은 다:: 먼 데루 살아, 강남에 살고, 저 일

싼두 살구 이러니까, 가야 되니까. 내일을 위해서, 살어야 되니까. 그러면 그전
엔 열한 시 반이믄 지:냈어. 그럼 저 지내구 나믄 닥이 울 때두 있구 그래요.
이제 한 시 되지, 열한 시 반서부텀 이제.... 손자들 전부 오구, 며느리 전부 와
서 채리지 않어, 인제? 그러다가 먹구들 가머는 열한 시가 넘지. 그러믄 가지.
지끔은 그래. 집이[118] 지끔 어디 살어? 수유리 그저 살어?

조사자: 예, 수유리 그저 살아요.

그럼 그 으르신네가 다 허시는 거, 안 계셔? 계:셔? 생존해 계:셔?

조사자: 예, 계셔요. 그런데 저희 아버님은 막내시기 때문에요, 큰집에 가서 지내
요. 저희도 다들 멀리 살구 그러니까요, 아홉 시나 되면 시작해요.

그렇지, 그래. 다들 그래, 다들. 이거 들어요. 난 약을 좀 먹으려고.

조사자: 옛날에도 같은 서울 근처라고 해도요, 사대문 안에 사는 사람하고요, 왕
십리나 마포에 사는 사람들이 말이 달랐다고 그러지 않습니까? 혹시 들어보신
적 있습니까? 왕십리 사람하고 마포 사람 말을요?

서울 싸람이 그걸 몰:르지, 그땐 뭐 공구 시합두 허구, 나가서. 열 멫살 쩨
시합 나가 가주구 걔네들허구 시합두 허구 그랬지. 옛:날에는 마:포에서 그리
배가 그리 들어와. 서울에 있는 생선을 그리 들으와요. 그럼 거기가 꽹::장해.
가락시장그티 거기가 마:포강에 시장이 있어. 새우젓이니 뭐, 생선이니, 나무두
그리 들어오구. 옛:날엔.

조사자: 그런데 이제 그때 거기 가셔서요, 그 마포에 사는 사람들 말이 할아버님
말씀하고 다르다고 느끼신 적은 없으세요?

그렇게 느끼진 않었지. 거기두 뭐 비슷:헌데 뭐. 서울 시:내니깐. 이제 문밖
에지. 서대문, 동대문, 응? 성북동, 돈암동 그 안:이지. 여기가. 그런 연:구를 안
했으니깐 몰:르지. 그래 우리는 요 대문에서만 살었으니깐.

조사자: 옛날에 요기서 사실 땐 주로 어디 가서 노셨어요?

---

118) 제보자가 20대 후반의 남자 조사자를 지칭하는 말.

여기 이 동네서. 이 동네 감:사원이 있어요 저기. 그, 거기 산에서 감:사원이 없:었거든. 참 거기 가서 병정잽기 허구. 그르구 여기, 여기 이 학교 재리가 밭이구. 옛날에 중국 싸람, 일본 싸람이 와서 밭들 짓:구. 거기서 놀:구. 그르구 이제 요 아래 내려가서 인제 친구들, 혼자는 쓸쓸허니까, 열 몇 명이 와서 찜:뿌라구 공구, 이렇게 피치겉이 맹길어서 시합두 나가구. 그러구 놀았지 뭐. 이거 들어, 이거.

조사자: 예, 먹고 있습니다.

여기 이리 올라가믄 집이 하::낳두 읎었어요. 우리 집허구 요 아래찜허구 고 위에 조기 한 집허구. 여기 집 쫌 있었구 요 위룬 집이 하::낳두 읎었어요. 산이야. 인제 개천에서 막 수영허구.

○ **명절 풍속**

조사자: 낼 모레면, 다음 주면 추석인데요, 어떠십니까? 요즘 추석이 더 재밌는 것 같으세요, 옛날 추석이 더 재밌는 것 같으세요?

옛날 추석이 재밌지. 물까두 싸구. 인간적으루 샤:람에 대하구. 지끔 싸람은 개인주이. 그전에는 떡을 해 가주구 전부 빌:러먹어. 지끔은 안 해.

조사자: 빌러 먹는다고요?

응.

조사자: 빌러 먹는 게 어떻게 해먹는 건데요?

노나 먹는단 말이야. 빌:러, 노나 먹어. 지끔은 안 그래, 그렇게 달라졌어, 인간들이 다. 사람들이 자기에서, 옛날엔 여기서는 허믄 친척두 저:: 건너 살면 같이 갖다 주구. 지끔은 아래 싸람이 옛날엔 추석 되면 친척 다 찾어갔지. 지끔 옛날과 달러서 그렇지 않잖아?

조사자: 옛날에도 추석 때 성묘 가셨죠?

그럼, 그럼.

조사자: 어디로 성묘 가셨어요?

나는, 우리는 화:장니. 그래서 이번에 이제 저 장:인으른 성묘 갔지. 저 퇴계원 있는데. 거기, 거기서 더 가지, 이제 백구리 있는 데서 더 가 가주구, 저 성:당묘에, 장:인 어른이 거기다 묘를 쓰기 땜에.

조사자: 아니, 대대로 화장을 하셨어요? 집안에서요.

우리는 어렵게 살았으니깐 대대로 화장을 하지.

조사자: 요즘은 벽젠가요? 거기서 화장을 하는데 옛날에는 어디서 화장을 하셨어요?

그 여기 서대문, 여기 여상이 있잖아, 여상.

조사자: 서대문 여상이란 데가 있습니까?

아니, 여자 상업핵교 있잖어? 녹번니 이 저 영:천. 영:천 고개 넘어서 가다가 이렇게 들어가면, 거기가 화장터였지.

조사자: 거기에 화장 자리가 있었어요? 그럼 그 당시에도 화장하는 사람들이 꽤 있었나요?

암:: 있었구. 그럼. 그래가주구 개천에다 뿌리구 강에다, 산에다두 뿌리구. 지끔 똑같지 뭐. 지끔은 하:천에 못: 뿌리게 하잖아. 몰:래 뿌리지. 지끔은 납골당을 생겨 가지구. 화장하구. 그 옛날엔 대:개 있는 사람들이 묘:를 썼잖아? 선:산으루. 대대루 내려오는...

조사자: 하긴 화장이 좋긴 좋은데, 묘자리도 모자라고.

일본두 다: 화:장허잖아요? 지끔. 앞으룬 다: 해야 되요. 인제는, 그전에는 큰아들이 대:개 부모 제:살 모셔 가주구 전부, 형제들이 모여서 이렇게 했잖어? 지끔 나두 이제 그렇지만은, 이젠 앞으루는 자꾸 제:사두 큰댁에서 지:내믄 쪽: 거기서만 지냈지, 옛날에. 저기, 콘도에 가서 뭐 카:든, 그런데서 뭐, 제사, 가서 채려서, 먹구 그런다구 그러지 않어. 그리구 뭐 교 겉은 데 무슨 교는 절두 안 허구 그냥 기도드리구 그냥 허잖아?

조사자: 그럼 추석 때도 어른들이 집안에 아이들 있잖아요? 새 옷이나 새 신 같은 거 사주시고 그러나요?

정월에, 정월에.

조사자: 추석 때는 아니고요?

이제 옷이래두 한 재, 옛:날엔 그랬지. 지끔은 뭐 저이들이 다 사 입구 그러니까.

조사자: 그럼 그때 서울에서는 주로 어디 가서 옷을 샀습니까?

아, 저 남대문 시장, 동대문 시장. 그때두, 그르구 이제 정월이며는 친척들 가서 새 신발, 양말, 뭐바지, 그땐 조선 바지저고리 이래 했어. 조끼에다가 해서 두루매기 입구, 그리고 웃으른, 그땐 세:상 없어두 웃으른 찾아 댕겼어. 아홉 살, 여덜 쌀 뭐 일곱 살 때부텀 찾아 댕기면서 다 절허구. 지끔은 뭐 학원에 간다 뭐: 한다. 다:들 빠져. 그저 옛날에는...

조사자: 할아버지, 옛날에는 장사 많이 하셨으니까 바쁘셨을 것 아니에요? 그런데도 다 찾아 뵈셨어요?

그럼. 그냥 우린 여기 동네에 이제, 우리 친척이 전부 이 동네에 살았거덩. 다 이 동네. 이웃에서. 그때가 참 살기가 좋을 때라구.

조사자: 장사는 옛날에 무슨 무슨 장사 해보셨어요?

옷 장사.

조사자: 아, 주로 옷 장사를 하셨어요?

미국, 미군 잉여물자. 불하품. 그르구 서울 싸람들은 부인들을 장사를 안 시켰어요. 그전엔 여자랜 것은 집안에서 살림허지 무슨 장사냐? 이:북서 나와 가지구 맨 장사 시켜 가지구 지끔 이렇게 개화가 됐지. 그전엔 서울 사람들, 그르구 옛:날엔 절라도, 경:상두 싸람들이 남에 고용살이 사는 게 많았다구. 서울 싸람들은 막 저 폐양 겉은 데 가두 맨, 객지에 도:는 사람들은 맨 절라도, 경상두 싸람들. 객지에...

조사자: 아 그러니까 서울 말고 평양에도 그때 객지 사람들이 많았나 보죠?

아, 많::았죠. 많::았어. 내가 왜정 때 거길 스물한 살 쩨 내 갔지. 안 댕긴 데가 없어. 이:북에. 라진꺼정 막 돌아댕기구 그랬는데, 많:드라구, 그래서 옛날

엔 시굴서 먹구 살: 쑤가 없어서. 경상도나 절라도 맨 객지 떠나구 식모살이허구. 절라두 싸람, 경:상두 싸람이 서울 부:자집 와서 식모살이했어. 나무 패 주구, 저 집, 설겆이해주구, 뭐, 청소해주구...

조사자: 식모라고 했어요 그때도?

여자는 식모.

조사자: 남자는요?

하인.

조사자: 하인이요.

더부살이라구 그르는 하인. 막 일: 시키는 하인.

조사자: 젊으셨을 때 왜 그렇게 이북에 다니셨어요? 평양이며 나진이며...

예. 폐양, 신이주, 안주, 정:주, 진:남포, 회양 고원, 함흥, 홍남, 회:령... 심:포, 홍남, 함흥, 또 북청, 신북청, 구북청, 거기 라진, 그런 데 다: 갔지. 은:산 뭐...

조사자: 거기 무슨 일로 가셨어요?

춘천...

조사자: 다 외우고 계시네요, 가신 데를.

왜정 때 내가 스물한 살 쩨니까. 구경 다 했지. 내가 놀:길 좋아하는 사람이 돼서.

조사자: 금강산 같은 데도 가보시고요?

금강산은 안 들어갔지. 금강산, 외금강은 봤지, 여기서 금강산, 기차 타구 오다가. 온산서 오는 통천. 거기 이렇:게 보구, 지끔은 이:북이지 그게 다. 속초, 속초. 거기 또 어딘가? 강:능 거기 또 속초 또 여 옆에 아유, 또 뭔가? 거기 뭐 속초, 고성. 고성 거기 이:북 그전에 거기였어. 하여간 웬만한 데 다 댕겨봤지 뭐.

조사자: 돌아보신 곳 중에서 어디가 제일 좋던가요?

근데 저기, 온산 저 온산 지:내서 이쪽으루 통천 오기 전에 거기는 기차를 타구 가믄 내려서 약물 먹구 기차를 탔어. 기차가 이런 데루 올러오니깐, 외:금강 그런 데가 좋::지.

조사자: 경치가요?

응. 저:기 흥남 왜정 때 가믄 거기가 여기 인제 울쌴 겉은 데 공장 겉은 거야 거기가. 삼교대루 해가지고 아침에 들어가는 거, 저녁에 들어가면 밤에 들어가는 편이 있잖어? 그때 군수품 맹길구 전:부 뭐 그런 거지. 여기 삼청동두 여기 청와대 뒤 산에두 막 들어갔어 그전에. 여기 들어가서 산에서 막 생선 사다 회쳐 먹구 뭐, 닥 잡아 먹구 뭐, 약물이 많:아 저기가. 그래가주구 저:: 꼭대기 올라가믄 약수터가 있어. 아침에 냉수마찰허구.

조사자: 이북으로 많이 돌아다녀 보시니까 서울 음식이랑 많이 다르던가요?

달:르지 뭐. 여기선 그전에 뭐, 그럼, 다 달라. 그 시장엘 한 번씩 가 보니까, 북청에서 내 가니깐 개:고기 시장에서 이::렇게 잡어놓구. 옛:날엔 개:고기 겉은 건 어려운 사람이 먹었어. 어려운 사람이 개 잡어먹구, 먹을 께 없:어서. 그랬는데 지끔은 부:자 사람이 잡어 먹잖아?

조사자: 만두가, 옛날에 서울에서는 만두를 안 먹었다고 그러던데...

먹었어, 만두. 만두를 은:제 빚냐면 계울에. 추운데 계울에, 계울에 만두를 빚어 먹었지. 만두는 계울에 먹는 거지.

조사자: 요즘은 설날에 주로 만두를 먹는데...

네. 맛이, 맛이, 이 음:식이요, 때가 있는 거야, 절:때루. 그래 계울에 김치 당궈 놔야 맛있잖우, 월래? 계울 통김치. 그 식으루 전:부 그래. 여름에 냉면 먹어야 시원허구 좋:지? 만두 계울에 해 먹어야 좋구, 때가 다 있는 것 같어. 곰국 겉은 것, 곰:국, 고기꾹, 내:장, 그걸 끓여서 계울에 독에다 한 독을 끓여 놔. 그래가지구 얼어붙었어. 그러믄 위에서 깨 가주구 갖다 디어서 먹고 옛날에두.

조사자: 요즘에는 소뼈라든지 소꼬리 이런 게 굉장히 비싼데 옛날에는 비싸지 않았나 보죠?

싸지, 싸. 인구가 없으니까 그전에는.

조사자: 한 번에 그렇게 많이 끓여 놔가지고...

계울에, 독에다, 데: 먹어. 추운 계울에 얼:게. 상허지 않으니까. 그러믄 이런

독에다가 해:서 끓여놓지 인제. 그리실 때, 그래가지구 거기서 깨뜨려서 뒤에 갖다 그리 담아다 디어서들 식구들이 노나 먹구...

조사자: 아, 그런 얘기 처음 듣는데요? 김장도 담고. 그러면 겨울에 이제 곰국 이렇게 한 항아리 놓고요. 김장도 물론 담그죠?

아, 김장 당그지.

조사자: 주로 김장 때 무슨 김치를 많이 담갔어요?

첫째 김치. 김치똑, 지끔은 아::무것두 아냐. 옛:날엔 백 통씩 했어. 백 통. 배:추 이런 거 백 통. 그래가주구 그거 계속해서 그거 먹지 뭐. 그건 날이 추웠거든, 그전엔. 지끔은 날이 더웁지만. 그리구 깍디기 당그구, 깍디기. 깍두기 당그지, 알무 깍두기 대지, 동치미 담그지...

조사자: 알무 깍두긴 뭡니까?

알무 깍디기 요새 요만한 거 있잖어?

알깍디기, 알무 그거 당그지, 그거, 그거 해서 계울에 다:: 곰국 끓여서 너:서 먹구 그래.

조사자: 주로 그러면 겨울에는 그, 그런데 그 곰국도 매일 먹을 수는 없지 않습니까? 매일 먹으면 금방 없어지니까요.

아이, 그러니깐 이제 식구 적은 사람은 매일 먹어두 글쎄 또 그러면 다음에 또 끓여먹지 뭐.

조사자: 서울에서도 젓갈을 쓰나요? 젓갈을 안 쓰는 지방도 있던데, 김치 담글 때.

아, 젓갈 쓰지. 그전에 옛날에는 새우젓으루 많이 했지. 새우젓. 젓갈 있으믄, 지끔은 젓갈들두 쓰지 않어? 메르치젓, 황새기젓. 황새기젓을 당궈 가주구 고기는, 황새기 큰 거는 김치에 늫구 따루,

맛이 좋::지. 녹국물은 그 뼉다구, 대가리허구 끓여서 국물 내서 김치에 간허구.

조사자: 아, 황새기라는 생선이 있나보죠?

황새기젓 있잖어.

1.8. 자연 발화[cyg]

○ 서울 풍경

조사자: 그렇게 늦게까지 있었습니까, 전차가...

(여)119): 예, 제 어렸을 때 기억에요, 저이 어머니 손잡구 효:자동 전차를 탈려며는 여기 효:자동을 건너야 되요. 청와대 지나 갖구, 그걸 타구 전차를 타구 갔던 기억이 나요. 한 칸이었죠. 아부지.

응. 한 칸...

(여): 한 칸 기억이 나는데...

그 한 칸이래두 쪼꼬만 거 있구, 큰 게 있구, 그 뭐:냐며는 천::천이 가요, 그러믄, 그 가는 거를, 문을 안국동 댕기는 거는 문:이 없을 때가 있었어요, 문:, 먼처는 문:이 없어요. 그 저기 쇠꼬리루 이렇게, 여기, 걸어 놓구, 고리만 걸어 놓구, 그 문이 없는 전차가 있었어요. 그러면 그거를 우리가 장난이 심허니깐, 그걸, 인제 매달린다구요. 뛰가서 타, 그때는 차장이 있어 가주구, 차표를 구녁을 뚫어주는데, 차장이 댕겼었어요. 그럼 찍어주러 들어간 새:에 그걸 매달려 갔다가, 나오믄 도로 뛰어 내려 가지구.

조사자: 아, 차장 오면 도로 뛰어내리구요, 전차가 그렇게 늦게, 최근까지 있었군요.

(여): 그러니까 한 삼십 년 넘었죠 아버지. 어렸을 때 기억이...

많::이 변했어요. 지끔은요.

(여): 청와대에서도 참 좋았죠... 지금이야 아부지, 그게 있지만, 거기가 놀이 터였는데 뭐, 청와대...

거 점: 잔디예요. 잔디였었어요, 이 박사가 있을 때는, 그 청와대, 그거 하나만 있었지, 그 넓은 데, 다 잔디예요.

---

119) 제보자의 따님. 30대 중반. 현재 서울 거주.

조사자: 일반 사람도 들어가서 놀고...

일반 싸람은 들어가지는 못해, 보기지...

(여): 지나가면서요, 보는데, 거기서 맨::날, 저는 놀았던 애들이 국민학교 때요... 삼청국민학교 다닐 때 막:: 놀았던 기억이 나요.

그 앞으루 지내댕기긴 했지...

(여): 그르구 막, 경복궁 담 넘어갖구, 스케이트 타구, 담이 그땐 낮았어요... 지금은 높아졌는데, 그

몰래 살짝 넘어가서, 경회루에서 탔던...

지끔, 경회루, 거기에 경비사 군인이 있든 게 지끔 다 철쑤했죠. 지끔 그 안에 들어가끔요, 그, 먼천 고대루 복원들을 많이 해요, 많이 지끔 손질해요. 손질허구, 지끔 중앙청 그거를, 그 헐어 냈잖아요, 바로 그 뒤에, 그 저기, 큰 문이 있었는데, 건물에 가려가지구, 안 볐잖아요. 그르구, 고거 옥상에서 볼 꺼 같으면, 중앙청이, 날일짜, 일본이래는, 그런 형태루 맨들었대잖아요...

조사자: 글쎄, 저도 그 얘기 들었어요...

지끔은 그게 확:: 터졌어요.

조사자: 그건 없앤 건 참 잘한 것 같습니다.

근데 저는 없애 가주구, 고거 고대루, 어따가, 다시 복원을 해 놨으믄 좋겠어요, 참:: 잘 졌어요, 짓기는,

조사자: 그 짓는 걸 보셨습니까? 아니면, 그 당시에 벌써 지어져 있었습니까?

아니요, 짓는 건 못 봤어요. 못 보구, 지끔 청와대요, 청와대 그거는 봤어요, 청와대를 그걸 보구서, 지가 어릴 때, 그, 그 안을 들어갔었어요, 청와대를, 왜 그르냐 허믄, 어, 옷을 갖다주러, 내가 한 번 청와대를 들어가 봤었어요. 그때는 지끔 다:: 그 건물을 호:빈이 새로 졌지마는 그때 남 총독이 있을 땐가...

조사자: 그때 일제 시대 때는 일본 사람이 그 안에 있었습니까?

네, 그 총독, 그 관제[120] 아니예요, 이게 있기 전에는요. 그 관제가 어디 있었냐며는, 미 팔군, 용산, 거기 있다가, 이걸 짓구슨 일루 왔지. 그르구, 지끔

한국일보 고 주변두 일본 싸람들이 많:이 살았어요. 고 주변에, 다 헐어내구, 중학동 고게 중학동, 고걸 돌아갈 꺼 겉으믄 하:천이 흘렀는데, 그것두 다 복기 했지, 여기서부팀 죽:: 다 복개헌 거예요. 종로, 그, 교보, 교보 뒤꺼지 하천이 길게 나갔던 거, 지끔 다:: 복개해가지구, 다 없어졌어요.

조사자: 그건 왜 다 복개한 거예요?

도:로루...

조사자: 길 넓히려구요. 옛날에 그런 하천에서 빨래도 했다구 그러는데, 그 빨래 하는 그 하천...

(여): 저는요, 요기 저이 그 다리가 있었거덩요, 여기 앞으로 건너갈려며는, 거기서 떨어진 자국이 여직까지 있어요. 어렸을 때요, 개천에서 떨어져갖구 받 았어요.

밑으루 떨어졌지, 개천...

(여): 남자애가 밀어갖구, 어렸을 때...

그때는, 이렇게 개천을 헐 것 겉으믄, 뭡:니까, 위험썽이 있으니깐, 지끔 겉 으믄, 이, 저걸 다 해놓잖아요, 네? 그때는, 이 하천이믄, 떨어지면 그냥 떨어져 요, 읎:어요, 손잽이구 뭐구 난간이 읎:어요. 그냥 떨어지게 돼있지. 그래서 재 전거 타구 가다가두, 잘못하면 글루 떨어져요...

조사자: 그럼 위험하지 않습니까? 높지는 않았습니까?.

높아요. 한 길이 넘었는데. 우리, 저, 반 자부덤, 이거부덤 뭐 더, 이 정도는 깊었지. 요 올러오시면 팔싸 앞에 있잖아요, 고 앞에 다리가 있었어요, 그 다리 를 건너서 일루 들어오구...

조사자: 그렇게 높은 데서 떨어지셨는데, 흉터만 좀 남고...

(여): 여직까지두 있잖아요, 여기 이마에, 흉터가...

그러니깐 높이가 이 정돈 돼요, 그르구, 이, 받치는 게 바우예요, 바우...

---

120) 관저(官邸).

조사자: 이 동네가요?

네, 바우예요. 삼청동 바우에 저, 허는 게 많죠. 바우에다가, 이, 저쪽 맞은편 되는 건 다 바우예요.

조사자: 그럼, 친척 분들도 다 이 근처에 사셨습니까?

요:기하고, 종로구에서 살았는데...

(여): 큰집은 안국동에 있었잖아요...

큰집은 안국동에 있었는데, 요 근방에 다 살았는데, 뭐냐 하믄, 다 세상 떠났잖아요...

(여): 다:: 돌아가셨어요...

다 돌아가구 읎어요....

조사자: 옛날에 그러면 어떻게 하셨습니까? 저희는 친척들이 다 지금 아직도 우이동에 살고 있거든요, 그래서 차례를 지낸다든지, 그럼 큰집으로 모이는데요, 그때도 다들 모이시고 그러셨을 텐데...

여기두 마찬가지루 큰집에 다 모이죠...

조사자: 안국동 큰집이요?

고땐 안·국동 전에 수송동서 살았어요, 수송동, 수송동이 어디냐면 지끔 조계사 있죠, 조계사...

조사자: 요즘은 수송동이라고 안 부릅니까?

왜 지끔두 불러요.

조사자: 제가 모르는 동네가 많더라구요, 서울에...

(여): 수송 초등학교두 있잖아요, 수송동 있는데, 되::게 오래 됐어요...

그, 그게 읎:어졌지.

(여): 그러니까 그런 식으루...

수송 초등학교두 읎어졌어, 종로두 읎:어지구, 종로 국민학교는 일본 학교였었는데 그것두 읎:어지구, 그 자리에는 삼양 저게 들어가구, 수송 국민학교는 종로 구청이 들어가구...

(여): 다 없어졌네, 그 사이에, 우리 옛날에, 인제, 공립학교끼리 운동회를 열어요, 그럼 우린 효:제 국민학괜가 거기 가서 막:: 운동하구, 매동, 교동, 제동, 수송 뭐, 다:: 와요, 어렸을 때...

조사자: 공립학교끼리 여는...

그때는, 공립핵교 있구 사립핵교가 있었어요. 지끔 안:국동 로타리에, 지끔 대:상 그게, 삘띵이 들어섰지만, 그게 동덕, 지끔두 동덕 삘띵이라구 간판이 있죠, 핵교 짜리였었어요.

(여): 동덕 여고요?

아니, 국민핵교, 지금으룬 초등핵교지, 니 고모가 거기 나왔잖아.

조사자: 그러고 보니까 시내에 참 옛날에 초등학교가 많았던 것 같더라구요.

많았죠.

(여): 네, 굉::장히 많았어요. 진짜, 사대문 안에...

많았어요...

조사자: 거기는 다 서울 사는 사람들 자제분들이, 다니는...

그렇죠.

조사자: 요즘은 다들 변두리로 다 가는데....

그래서 지끔 제동이나 교:동이라구 그건 지끔 백 년이 넘었어요. 핵교가, 역사가, 백 년이 넘었어요.

조사자: 지난번에 안국동 가보니까, 제동국민학교는 요즘 수리하는 모양이던데요, 그래서 새로 한다던가, 아니면 그걸 헐고, 새 건물을 진다든가...

(여): 아니, 아니, 학교는 있어야 돼, 이 동네요, 그게 하나 남았어요...삼청동에서 거까지 와요, 학교를 갈래며는...

조사자: 제동국민학교요...

(여): 네, 제동까지 가야 돼요. 그 이후루는 옛날에 삼청 국민학교가 제가 다니다가 없어지고, 저이 학교가, 제동 국민학교루 합쳐졌어요, 인원이 적어져갖구, 그러니까 더 이상은 학교가 갈 때가 없어요, 애들이요, 그거 없어지면 안돼

요, 제동은....

제동은 있어, 안 없어져, 이제, 왜:례 애들 수짜가 느는데, 요기 인제 개와집들이, 빌라루 다 짓거든요, 먼첨에는 전두환이 있을 때는요, 참:: 엄했어요, 고도에 제한이 있어요, 이 동네 고도에 제한이 있고, 뭐:냐며는, 지붕이 새두 신고해야 돼요, 마구 지붕은 못 올라가요...

조사자: 요 동네는요?

이 동네...

(여): 이 동네는 그래요, 전경들 다 서 있잖아요, 골목마다.

그래서, 지끔 한 가지 좋은 게 뭐냐며는, 이 동네 도둑이 없어요...

조사자: 글쎄요, 제가 그 말씀 드리려고 했어요...

도둑이 없어, 쭉 저거해가지구, 독 안에 들어간 쥐예요. 여기 들어왔다가 저거헐 것 겉으면, 그러구, 술찝이 없어요, 술찝, 이렇게 니나노찝 이런 게 읎지...

(여): 아버지 여기 교회 목사님두, 여기 토백이 아니세요?

그렇지, 교회 목사두 아마 그럴껄?

(여): 저 어렸을 때도 있었던 것 같은데...

응. 그 양반도...

조사자: 아, 그래서 동네가 아주 조용하고...

조용해요.

(여): 발쩐이 업잖아요, 여기는, 여기서 영동으루 간 사람은 굉::장히 부자 됐어요. 정말 우리 그때 당시만 해도, 정말 중산층 이상이라구 여기서 학교를 다녔거등요, 남들보다 더 잘산다는 생각두 하구 그랬는데, 이제 완전히 변한 거예요, 인제는, 뒤바꼈어요, 아버지...

바보짓 했지. 여기서 그냥 있으니까, 바보짓을 했지. 벌써 그때, 여기껄 팔아가주구 강남 갈 꺼겉으면, 한 평 가지구 세: 평, 네 평은 샀었는데....

조사자: 그때 가서 강남에 집 두 채 산 분들은 다 부자가 됐다구요...

그리고 지끔은 때부자 된 사람들이 세검동, 세검동이 그 능금밭 했었어요,

거기가...

(여): 세검정이요?

세검동이 다 능금밭 했었어. 거기가, 능금밭 했는데, 거기가 다:: 택지루 주택가루 다 들어갔잖아.

조사자: 능금이라는 게 사과랑 다른 거라면서요?

달러요, 고건 뭐냐믄, 알이 즉:어, 요만해, 요만해요, 알이, 고게 여기서는 능금이라 그르죠. 경상도는 사과를 갖다가 능금이라구 그러잖아요, 서울은 큰 사과를 갖다가 사과라구 그르구, 적은 거는 능금, 거기서 세검정에서 나온 거는 능금이라구 그른다구...

조사자: 나무 중에 꽃사과라는 게 있지 않습니까? 요만한, 사과 모양을 달리는 거, 혹시 보신 적 있으십니까? 열매가 요만하게 열리는데요, 요거보다는 큽니까?

금요, 이만해요. 이만해, 꽤 커요.

조사자: 아, 전 본 적이 없어서....

지끔두, 혹 거기서, 능금나무가 있을 껀데...

(여): 거기 지금 그린벨틀껄요, 아버지, 그쪽 세검정 위루...

뭐가, 먼첨에, 정씨네, 그 친척두, 그 어디야 저기, 올림피아 그 밑에 있었는데...

조사자: 세월이 변해서요, 강북 사는 사람들이 강남 사는 사람들 비해서, 부동산 값이 올라서....

지끔, 네, 너무 비대해졌잖아요, 강남이, 강북이 인제 아무것두 아니예요. 돈 있는 사람 다 갔어요...

조사자: 옛날에 또 팔학군 있다고 애들 교육 시킨다구, 간 사람들도 많구요.

네, 압구정동, 좀 비싸요. 뭐 그게 저기, 밭덩어리 했던 게, 그게 그냥, 거기 있던 사람들이, 밭 짓던 사람들이 벼락부자 됐잖아요, 똥찌게 지구 댕겼었는데...

조사자: 그건 어떠십니까, 옛날에, 여기서 사실 때요. 자주 그런 말씀 듣거든요, 저기 마포나, 아니면 청계천 사는 사람들이, 그런 사람들 말이 좀 다르다고, 같은 서울 사는데도...

아니 그렇게 달르진 않었는데, 마포 사는 사람은, 그때 인제 생선, 조기배구, 새우젓, 새우젓이 마포루, 마포강으루 많:이 들어왔어요. 배가, 마포라구 헐 것 같으면, 새우젓이라구 그르지...

조사자: 아, 마포 하면 새우젓...

그것두, 마포두, 그게 저기, 마:포뿐이 아니라, 용강...

조사자: 용강이 동네 이름입니까?

네, 네.

(여): 할머니가 마포 아닌가요?

그래 마폰데...

(여): 공덕동인가 거기..

아니 용강...

조사자: 지금도 용강동이라는 곳이 있습니까?

아, 읎:어요. 불르길 그렇게 불렀어요.

조사자: 마포하고 다른 덴데, 용강이라고...

고 부근이지, 옛날엔요, 거기 새우젓 냄새만 나구, 네, 지끔 무슨, 저기, 그 호텔이 그 뭐든가...

(여): 가든호텔...

예, 가든, 그 전부 그 저이, 하꼬방이, 저, 헹편없던 데에요, 거기 다, 근데, 그렇게 달라졌죠...

(여): 옛날에 옛날에 청계천에 배만 들어오면 뭐, 맨날 그러지 않았어요?

청계천에 배는 안 들어오구, 이 여기 앞에 복개하는 데두요, 여기두 참:: 그 땐 물이 깨끗했어요, 물꼬기가 있을 쩡도였어요, 깨끗했죠, 송사리가, 근데, 이 렇게 드러워졌어요...

조사자: 수도 같은 건 동네에 공동수도 같은 것도 있고, 집안에도 있고...

(여): 펌프도 있었죠.

전에요, 전에는, 거기 저, 안 씨, 그 영:감네 들어갈래믄 거기 저, 공동수도가 있어요, 그것두 아::무 때나 저거허지 않아요, 시간을 맞춰 가주구 물장사가 물꼬동 가지구 돈 받구 인제, 뭐 열뚜 시간 하루 열뚜 시간 거기 지킬 쑤 있어요? 그러니깐 시간 제한이, 시간이 있어, 저녁, 아침은 몇 시부터 몇 시, 고때만 인제 돈 받구 물 파는 거예요, 저녁에두 몇 시에서 몇 시 고때만 팔구...

조사자: 아, 고때 나가서 수도물 틀고...

아, 그렇죠 네네네, 돈 받구, 저거하게 헌다구...

(여): 근데, 다 거기 산에 있는 것두 다 먹을 물인데 왜 그렇게 팔았어요?

아니, 그 꼭대기 사는 사람은 떠다 먹었지, 가처운 사람, 길께에 있는 사람은 멀:으니깐, 앞에다 수도 두구 인제, 머:니깐 거기서 일쩐만 주믄 이제, 두 지게...

조사자: 옛날에 약숫물이라는 개념이, 요즘은 물이 좋으니깐 아무리 멀어도 갈 텐데...

지끔은, 그땐 수돗물이 좋:았어요, 오염되질 않았으니까, 좋았어요.

조사자: 요즘 수도세 내는 대신에 그 물을 사서 먹기도 하고 그러는 걸, 그 물로 빨래 같은 것도 하고 그러는 겁니까?

아::뇨, 그건 식수만, 그건 식수만 허구 개천에서 빨래는 해요, 그 개천물이 깨끗허니깐, 그르구 지끔, 이게 집이 다 들어서버렸죠, 네, 바우가 많아요, 고 옆에 물은 흘르구, 빨래해 가주구, 바우에다 널어 노믄, 한 서너 시간이믄 말러, 그렇게 좋던 데가 다 망해 버렸어요, 이게요.

조사자: 요즘은 먼지가 많아서 아마 바닥에 널면...

그, 안씨, 그 영:감네, 거기두 을마나 좋았어, 거기, 빨래해가지구, 거기 바우가 있었는데, 지끔두, 고기 들어가재면, 고, 바우 밑에서 저기 물 저, 대리 있구, 물 뜨는 데가 있어요, 옛날엔 그 물을 먹었는데, 지끔은 못: 먹어요.

조사자: 아, 그렇습니까? 지하수가 벌써 오염돼서...

네, 오염돼서, 거기두 지끔 아주, 양반등 동네 됐죠, 형편없었어요, 왜냐면, 순:전히, 그, 판자찝, 다 쓸어가는 판자찝 했었지, 거기 다, 지끔은 거기 많::이, 김영삼이가 앉어 가주구는 많이 완화가 됐어요, 웬만한 건 다, 네, 규제가 완화가 됐으니까, 깨끗허게 됐지, 이, 전두환이 있을 때만 해두, 어::딜요.

(여): 거기 거:지 많지 않았어요?

그건 옛날에 그랬지...

(여): 거지들이 무::지 많았던 것 같애.

삼청동 쪽에요...

(여): 예, 우리 집에두 맨::날 와요, 거:지 오면 막 문 닫구요, 그 기억이 나요...

그때는, 은:어먹으러 댕기는 사람이 많았어, 깡통, 밥 은으러, 먹으러 댕기는 사람이, 그래가지구 거기, 지끔 감사원쪽, 그, 거기 한군데는요, 네, 그런 사람만 또, 집결돼 있었어, 네, 인디안촌이라구 했다구, 그랬어, 그, 그:지들, 내가, 인제, 으:지가지 허질 못 허구, 구:걸해서 먹구 사는, 사람들이 몰켜서 사는, 그 골째기가 있었다구요, 근데, 인디안 촌이, 그래서 인디안 촌이라구 했다가, 그 사람네들 정부에서, 어딜루 보내, 상계동, 상계동으루 그냥, 소개를 시켜 버렸어요.

(여): 저두 그건 처음 들었네.

그, 인디안촌이라구 그랬어, 그러나 읎:는 사람, 그 구걸해가지구...

(여): 문둥이들두 많았잖아요, 문둥이 손 내놓구, 막:: 글꾸 가구, 밥 안 주면은 막:: 글꾸 가요, 문둥이 손 내밀구...

그때는, 그래서 문을 닫구 살았어요, 하::두 들으오니깐, 지끔 그게 싹:: 없어졌지, 그 깡통이 있어요, 깡통, 그, 저기, 그 뭡:니까, 그게 거기다 철사 이렇게 비끄러 매 가주구, 그걸 인제 여기다 차구 댕겨요, 팔목에다가, 양:쪽, 하난 뭐냐, 하난 밥, 하난 반찬...

조사자: 아, 밥그릇하고, 반찬그릇하고 다르군요...

그게 양쪽에 하나씩 차구 댕긴다니까요, 손목에다가, 그리구 인제, 구걸을 허러 다니지...

조사자: 이, 그렇게 같은 델 매일 다녀도, 얻어먹을 수가 있었나 보죠?

그러니깐요, 그, 멀::리두 나가구 그르죠, 멀:리두 나가구, 그르구, 이쪽은 막 다른 골짜기니깐, 규제를 안 받잖아요, 그래서 인제, 들어와서 살구 그랬죠.

조사자: 왜, 왜 그렇게 서울에 그렇게 거지가 많았겠습니까?

그때만 해두, 벌:이헐 떼가 없어요, 벌:이헐 떼가, 노동뻘이두 못해요.

(여): 그때, 육이오 터지구 나서 그런 거 아니예요, 아버지.

육이오 터져서 그러지, 그러구, 무참하게, 육이오 때, 걔네들이 들어와 가주구, 참::, 그, 계곡에다가, 산, 그 골짜기에다가, 많::이 죽였어요.

○ 육이오

조사자: 북한에서요?

네, 괴뢰군, 들어와 가주구, 아주, 참혹두 볼 쑤가 없어, 그렇게 죽였어요.

조사자: 피난은 안 가셨더랬습니까?

질 먼체는 꼼짝을 못했죠, 여기 청년단에 있었으닌깐, 그래가주구 그 당시에, 그, 누가 으장을 했었냐며는, 신익히, 신익히 그 양반이 으장을 했어, 그래가지구, 그, 한태, 신익히, 저허구, 우리 청년단 사무실허구, 이렇게, 마주 있었어요, 그래가지구 육이오가 났는데, 말: 한마디두 안 허구, 서루 지키구 있는데, 고만 도망을, 가버렸잖아요, 그, 간단 말두 안 허구 가버렸어요, 어, 보니까 문이 닫혔어, 낭중에 보니까, 어, 이상하다, 이상하다, 들어가보니까, 다 읎어, 하나두 읎어. 그 있다가 인제, 거기서, 있을래니깐요, 막 붙잡아 가요, 내가, 양복일을 배운 게, 인제, 거기서 득을 본 게 뭐냐, 안씨 할아버지는 소방소, 그거 땜에, 의용군이구 그 안 끌려갔어요, 난 또 뭘: 했냐믄, 어, 숨어댕겼다가, 댕길 쑤가 없어, 어, 그른데, 인제, 걔네들이 인제, 여기 주둔허구 나서는, 뭐냐며는, 여기서 모든 걸 생산을 했어요, 군복이구, 괴뢰군복이구, 모든 걸 여기서 맨들었어, 맨들었는데, 양복일 허는 사람을 뽑아요, 숨어만 살다가 친구 하나가 거길 갔어요, 무교동인데, 무교동 그게 광화문 우체국 있는, 그 옆에 태화관이라구 있었는데, 음식, 요리점 했던 자리예요, 거기다가, 어디에서 갔다 놨는지, 재봉이구 뭐구 기구를 다: 갖다가 시설을 해놨어요, 지 친구가 거기서 일:을 허러 갔는데, 뭐:냐며는, 뚝 가보니깐, 그 당시에 한 끼를 쌀밥을 먹기가 힘들었어요, 기울이구 뭐구, 인제, 껍질 겨우 그것두 못 먹구 절절 맸을 땐데, 가니까 쌀밥을 줘요, 고기꾹에다가, 쌀 배급, 가족 쌀 배급을 주구, 그러믄섬, 숨어서 살었는데, 기별이 왔어요, 너 여기 와서 일해, 하구 배고프기만 하구, 보:장이 되니까 나오라구, 그래서 인제, 거기가 왜, 모집을 했냐 하믄, 이십사 시간 기계를 돌리게 해놨어요, 사:람이 없어, 그래서 인제, 채용을 헌 거예요, 그래서 가니까, 일허라구, 그래서 일허는데, 그렇게 좋은 신분쯩이 읎어요, 그게 내:각 계통이 있구, 내무성 계통이 있어, 근데, 내가 거기서 저거 헐 때는, 이게 내무성 소관이 아니구, 내각 소관이예요, 거기 저거 허는데, 신분쯩을 딱 주는데, 이거 길에서 막 잡았잖아요? 딱 그거만 벼:주면, 참:: 동무 수고헌다구, 대우를 해줘요, 그러면 가서 일허믄 세: 끼 쌀밥 멕이지, 네, 거기서 줘요, 그리구 인제, 일쭈일에 한 번 쌀배급을 줘요, 그렇게 대우를 받았었는데, 아 한동안 일허니깐, 뭐 극장 겉은데두 텅텅 비:구, 시:내가 사람이 없어요, 어, 붙잡혀갈까 봐들 나오나? 우리 겉은 사람이 돌아댕기믄, 민청에서 잡어가지구, 딱 거 벼:주기만 하면 그냥 대 환영인데...

(여): 근데, 아버지, 할머니가 옛날에, 괴뢰군이 와갖구, 잡으러 와서 아버지를 뭐 저기, 툇마루 밑에요, 거기다가 숨겼다 그르든데...

아냐, 괴뢰군 저거헐 때는, 내가 그, 저 방:모에서 살다가 그래가주구, 내 친구가 인제, 저 성내라구 효자동 살든 사람이, 인제, 거기가 먼첨 일해가지구, 보장이 되니까 나보구 오라구 그래가주구, 정 씨하구 내허구 갔지, 가서 일허니깐, 전::부, 어딜 붙잡어, 안 붙잡지, 그리구 돌아댕겼잖아요, 돌아댕기니깐, 하루는 걔네는 일을 시켜두 책임술량이 있어요, 이렇게 반겉이 구성을 해 가주구, 그날 그날에 내 생산, 그, 다, 그, 저게 있어요, 그걸 달썽을 해야 돼요.

조사자: 고 양을요...

네, 네, 그렇게 책임감이 있어요, 걔네들은, 그래서 저기 있었는데, 길게 나갔죠, 나가다가, 웬걸요, 거기서두 막 의용군 나가라 그거에요.

조사자: 어, 거기 일하는 사람이요?

네, 일허는 사람, 호명을 해, 아무개 아무개, 이렇게, 근데, 그 당시에 뭐:냐며는, 을마 있을래니깐, 인천 상륙을 했어요, 연합군이, 그 전에, 거기서 호명해서 데려가니깐, 야 도망가자 인제, 지네들 도망갔지, 안 나가구, 안 나가구, 그놈으게 있으니까, 한 달에 한 번 거기 검:녈을 맡게 돼 있었어요, 한 달빡에 못 써, 도장이 있으니까, 검녈 도장이 있으니까, 그래서 인자, 바루 도장을 맡구, 일허는 데서 호명을 해 가주구 나가라구 그래서, 야, 낼부터는 나가지 말자, 튀자, 그래가주구 도루 튀었다구요, 친구들이, 해가지구, 뭐 그거 가지믄 어디든지 돌아댕기니까, 시내를 막 돌아댕겼죠, 그러구 있다가, 상륙했다 그래요, 인천에, 인천에 상륙했다 그래가주구 그런가 보다, 지 그 당시에, 매부 되는 사람이 전매청장을 했었어요, 붙잡혀 갔다가 어떻게 용::케, 빠져 도망나왔구요, 도망가 가주구, 세검정 산 쏙에서 살았는데, 내가 왕:래를 해주구 그랬죠, 난 막 돌아댕겨두 괜찮으니까, 신분쯩이 있으니까, 그래서 그거 잘 써 먹었죠, 그래서 막 들어왔는데, 어휴, 뭐냐면, 걔네들 일사후퇴, 저거 했잖아요, 참::, 뭐냐믄, 호환해도, 총을 디밀구 죽은 놈들두 있구, 걔네두 부상병을 그냥 두구 도망갔어요, 여기에 많::았어요, 걔네들 저, 채 못 넘어간 애들이, 그르구, 비참하게 죽인 게 뭐냐믄, 걔, 고 산골짜기에다가, 남녀 헐 꺼 없이 뒤루 포성을 쳐 가지구, 쭉 져 가지구, 그냥 따발총을 쏴죽였어요, 어떤 데, 그 여자는 애기를 등에 업구, 가슴을 난도질을 했어요, 얘네들이 이 동네 싸람은 여기다가 안 죽여요, 딴 데다, 동네다가 죽이구, 그쪽에 있는 사람 일루다, 여 와서 죽이구, 그르구, 어::틍게 용케, 명단을 가져오는지 몰라요...

조사자: 명단을 갖고 있습니까?

네, 그래가주구, 즈이 동네, 내가 요기서 살 때, 뭐:냐며는, 군인 가족이, 이북 싸람인데, 나왔는데, 한국 군인에 장교 했었는데, 벌써 그 집 찾아와요, 찾아오는데, 본인 잡으러, 본인은 없잖아요? 뭐 그 가족을 다, 본인 없으니까, 앞에다 시어 놓구, 따발총을 쏴...

조사자: 군인 가족들을요...

네, 경찰 가족, 군인, 암·흑 세계였었죠, 뭐 그 당시에, 형무소 문 열어주니깐, 뭐 절또구, 강도범이구, 다 사상범이라구 그르구 날뛰구...

그러잖아도 그 공관, 여기, 거기 그때, 신익히가 살: 땐데, 이렇게 마주 있다가 없어가지구, 인제 이상하다구, 인제, 들어가니까 아::무도 없잖아요, 새:벽에, 포쏘리가 막:: 들리구, 뭐 (전원총을 하니) 뭐니 정보가 들어왔어요, 그러니 어떻게, 전부 헽어져 버렸지, 헽어져 버리구, 인제, 동네 그냥 (금욕난 곳이) 어떻게 돌아가나, 어휴, 형무소 문을 열어노니깐, 그냥 동네에서 저기, 그, 절또 뭐 이런 것들이 사상이 거론돼 가지구 날뛰는데요, 못 봐요, 그래가주구, 의장 찝을 들어가 보니깐, 어, 어휴, 그냥 창고에, 순전히 미제, 먹을 꺼, 상켜놨어요...

조사자: 자기네들은 그렇게.

지끔두 그르겠죠, 뭐, 이 여기 여기 괴뢰군이 들어올 때두, 우리 살던 데가 내무성이예요. 내무성인데, 지끔두 이 우에, 이 저 뭐:냐며는, 청와대꺼지 굴이 있어요, 여기, 인제, 북 있는데, 있죠? 네, 청와대 넘어갈래며는, 북 큰: 북을 해놨어요, 그 옆이...

(여): 춘추관이요?

응, 춘추관, 기자회견 허구 허는 춘추관, 그 옆이 그게 청와대꺼지 그 속이 방공호예요, 일정때 파논 거예요, 그래가지구 육이오 때, 괴:뢰군들이 내무성에서 그걸 이용을 했지, 지끔두 그게 그냥 남어있어요, 그 속:이, 속에 있어요, 그래가지구, 한 번 그 안엘 들어가 봤어요, 옛날에, 왜 들어갔냐며는, 걔네들이 육이오 때, 후퇴헐 때, 그냥 뭐, 어휴, 들어가보니깐, 먹을 께 그르케 많이 쌓아놨어, 어:서 갔다 너:났는지, 굴 안에다가, 뭐, 악기두 있어요, 피아노구, 뭐구, 다, 그거를 우리가 다시 저거 해 가주구 신고를 허니깐요, 관에서 뭐 이런 경:찰이구 뭐:구, 우리를 찾으러 댕기는 거예요, 뭐 있냐구, 그래서 인제, 그러믄, 우린 소용없으니까 얘기해주믄요, 그::냥 은제 가져갔는지 가져가구 그래요, 갑어치 나가는 것들, 그러구, 그 양키 물건이 그렇게 많아요, 그 안에 들어가니까,

뭐 짬이구, 이런 큰 물통 겉은 거 있잖아요? 그런 게 그냥 싸:놓구, 뭐 그래서 그 안에 들어 가주구, 들어가서 그 안에 들어가서 먹을 꺼 많이 가주 나왔었죠, 먹구 노나주구, 그러니깐, 우리가 청년단 저거였기 땜에, 사무실에다 갖다놓구 동민들두 막 노나주구 그랬어요, 그렇게 많이 쌓아놨어요...

조사자: 청년단이라는 게 그게 뭡니까?

그때요, 정부에서 대한청년단이래는 게 있었구, 민보단이래는 게 있었어요, 둘: 저게 있었는데, 그러니깐, 경찰 민보단이라는 건 뭐냐면, 경찰, 거기 좀 힘이 모자라면 부축해 주는 건 똑같애요.

조사자: 그래서 민보단이군요, 젊은 사람들이 모이는 건 청년단이구요.

아니, 고것두 마찬가지예요, 마찬가진데, 대한청년단이 있구, 민보단이 있구, 두: 가지가 있었지...

조사자: 대한 청년단두 민보단이랑 하는 일은 비슷한가요?

좀 달르죠, 민보단은 민, 동민, 그걸 주루 거기에 대한 협조를 허구, 청년단은 또 쫌 질이 달랐었어요.

그래서 그 안 씨랜 사람허구, 그때만 해두 다: 젊었잖아요? 젊으니깐, 거기서 다 일허구 그랬었지, 그 양반두, 붙잡혀갈 껀데, 소방서 땜에 안 붙잡아갔지, 이 좀 요:직에 있는 사람은 안 데려가요.

조사자: 안 할아버님 옛날에 운동도 많이 하구 그러셔서 아주 체격이 좋으시던데...

아주 수영두 잘해, 한:강을 건너요, 그 사람이, 거기 직업이 그때, 소방서, 소방서였으니깐, 불 끄러댕기니깐, 그런 사람 잡아가면 어뜩게, 근데, 고 후:에 고역을 받은 게 뭐:냐면, 내가 사일구 허구, 붙잡혀가기 싫어서, 거기서 인제, 일:을 했는데, 한국 경찰이 그런 게 나뻐요. 왜 그러냐믄, 반역자루 몬다구, 이, 그게 아닌데, 그래서 또 종로서루 끌려 들어갔어요.

(여): 그러니까 청년단을 해서 반역자루 몰았다구요?

아니, 저기, 거기서 저 괴뢰군 거기 일을 부역했다구, 부역 저거루, 반역자 딱지...

조사자: 서 끌려가서 고생 많이 하셨겠네요...

아니 고생 많이 안 했어요, 그르구 우리 그 동장이 벌써 한태 지냈으니깐, 사상과 분위기를 다: 알잖아요, 이 사람은 빨갱이 그런 사상이 읎구, 내가 살:기 위해서 그런 거구, 동네에서 그런 냄:새를 안 피는 사람이야, 그런데, 아휴, 이게 제:가 을찌로 입구에서 인제, 양복점을 했을 땐데, 어::틓게 냄새를 맡구 왔는지, 거기서 인제 왔어요, 그러믄서, 뭐냐면은 내가 부산을 갈 텐데, 노:비가 좀 모:자라니 뭐니, 그걸 미끼 삼아서, 내가 한번 서: 갔다 왔으면 그거루 끝나는 거 아니예요? 그래가지구 뭘: 허냐구 다 물어보드니, 그래서 혐이가 별루 없:거든, 또, 다:: 알아봐두, 신문이 그렇지 않으니까 와서 뭘 저거허냐면, 데려갈 쑤는 없구, 거를 저, 부산을 가는데, 노:비가 없니 뭐니, 그러니까 돈: 줌 달라 그거지.

조사자: 돈 뜯으러 왔군요.

그지, 돈 뜯으러 댕겨, 그래서 한두 번, 그래서 난 버:니깐, 뭐 즘심두 사주구 인제, 담배두 사주구, 인제 그래서 용돈두 주구 보냈어요, 그러니깐 요게 자미 붙어 자꾸만 온다구, 그래서 두 번짼 뭐냐며는, 내가 그런 데서 했다는 증거, 증거물 고 인제, 이렇게 동회구 뭐구 비치됐던 거, 고걸 어떻게 그걸 갖구 그걸 증거 삼아서, 인제 오는 거예요, 인제 안 주구 저 헐래니깐, 낭중에 뭐:라구 그러냐며는, 아 요런 게 있어서 그랬다 그런 얘기 허면서, 한 번만 봐:달라구 그러구 내 이 자리에서 이거 태워버리겠다 그거예요, 그래서 인제, 또 저기, 돈 줌 줬지...

조사자: 별 사람이 다 있네요.

네, 별 사람이 다 있어요, 그래서 그게 지끔 먹는대는 게, 그때부텀 관 위에서 썩었어요, 안 주믄 안 돼, 그냥 트집을 잡구 저거허지...

○명절 풍속

조사자: 옛날에는 추석이 더 큰 명절입니까, 설날이 더 큰 명절입니까?

설:랄이 크죠.

조사자: 요즘은 그래도 추석도 굉장히 크지 않습니까?

아니예요, 왜 정월이 좋으냐, 애:들, 애:들은 으:른한테 세:배, 세:배돈이 나와요, 네, 반드시 줘야 되요, 세:배돈이 나오는데, 추석에는 세:배를 안 하잖아요, 그러니깐 애:들헌테는 정월이 좋죠, 그르구 여기 풍속이, 저 서울에서 저거 알:지마는, 조상을 저거헐 때, 이 명절랄, 정월에는요, 떡국을 올려요, 네, 그쵸? 추석은 인제, 이 밥, 진지를 올리게 되구, 그러구 뭐냐면, 서울말은 그런 걸 진지라구 그래요, 밥을 진지라 그르구 밥이라구 안 그르구, 진지 잡수라구 인사를 그렇게 허구, 그건 풍속에 딸려가지곤 달르지 않아요?

조사자: 그 추석 때 진지를 올릴 텐데요, 국 같은 건 없습니까?

있죠.

조사자: 어떤 국을...

이, 토란, 이 토란을 그게 서울 본토 토백이가 많:이 먹는 거예요, 고게, 딴데 싸람은 뭐 매끈매끈하니 뭐니 해서, 잘 안 먹습니다, 그런데 이 토백이들은 좋아해요, 그 안 씨 영:감두, 고 토란 좋아허구 그래요.

조사자: 그 원래 서울 토박이 분들은 토란국을...

추석 때, 그래서 요:번에두 경동시장에 그게 지방 싸람두 숭낼 내, 숭낼 내 가주구, 내가 토란을 사러 갔지마는, 끓여 먹는 식을 몰라요, 여자가 어떻게 먹는 거를, 장사한테 물어봐요, 어떻게 먹는 거냐구, 그래서 요번에 경동시장에 토란이 동이 났대니깐...

조사자: 남해에 갔더니 토란을 밭에다 다 버렸어요, 그래서 저걸 왜 안 먹고 왜 버렸냐고 그랬더니, 거기서는 인제 가지만 먹는대요, 그리고 토란은 다 그냥 거름으로 쓴답니다.

(여): 그 지방마다 틀린가 봐요?

조사자: 근데 보면 주로 서울이랑...

다, 차가 있는 거지...

(여): 차가 있어? 없는 거 같든데?

조사자: 서울이랑 서울 근교만, 이렇게 토란국을 먹는 것 같습니다, 다른 지방은 먹는다는 얘기 많이 못 들었습니다.

그렇죠, 이 서울에서는 이 토백이들은, 추석날이면 그 토란을 먹어요, 토란 꾹이요...

조사자: 그 외에는, 다른 특별한 음식은 뭐가 있겠습니까?

왜요, 많죠.

(여): 고기가 많이 올라가요, 차례쌍에...

조사자: 아, 고기가요,

(여): 왜, 절라도 이런 데는 생선이 많이 올라가잖아요.

이, 여기서, 아, 여기는 인제, 서울말은 생선 부치잖아요? 저:냐를 부친다구 그러는데, 이, 저:냐라 그러는데, 이, 생선 부칭개를, 그걸 저거허는데, 그 지방 에서는 전이라구 그러지, 전을 부친다구, 여기, 서울, 여기 말은, 생선 떠가주 부치는 거 저냐를, 부친다구 그르지.

조사자: 생선은 무슨, 주로 생선을...

그건 대구두 괜찮구, 동태, 명태, 그런거, 다, 뭐냐믄, 비린내가 안 나는, 들 나는, 그런 거 겉애.

(여): 엄마가 살아계셨을 때, 제쌍 보면 기가 막힌데...

그래.

조사자: 아니 뭐가 기가 막힙니까, 뭐 음식을 많이 하셔서요?

예, 많이 해요.

(여): 많이 하구 참 진짜 정성으루 잘하세요, 근데 갑자기 돌아가셔갖구, 아 무두 그걸 이어받은 사람이 없어요.

못해요, 지끔 우리 메누리구, 우리 딸 하나, 딸 하나 있는데, 지 어머니 못 쫓아가요, 하늘과 땅 차야, 못해요.

조사자: 배우시지 그러셨어요?

(여): 그렇게 일찍 돌아가실 쭐 몰랐어요.

그러니까, 그게, 누가 갈 쭈 알았어요, 더 살 쭈 알았지.

(여): 저기, 암으로 이번에 돌아가셨거든요, 돌아가신 지 지금 두 달?

석 달은 됐을 꺼야.

(여): 석 달째예요?

칠월, 팔월 고 넘겼으니까, 고...

(여): 그전에는 정말 너무 잘하셨었어요, 뭐 때다 그러믄 일주일 전부터, 그 때부터 음식을 준비하세요, 진짜 옛::날 음식이예요, 거::이 다, 서울에서 하는, 다 향 피우구 다 하잖아요, 아부지...

그러구, 서울 싸람은, 채례구, 지사를 지내잖아요? 그 만시향 있잖아요? 그걸 피잖아요, 향나무, 그 향 깎아 가주구...

(여): 깎아서, 깎아서 해요.

조사자: 아, 향나무를...

(여): 깎아요, 연필 깎듯이...

잘게 성냥깨비 겉이, 깎아서 그걸 태:요...

조사자: 아, 거기다 불을 직접 붙여서요.

(여): 예, 아뇨 향에다가, 깎아서 놔요, 우리 연필 깎잖아요, 그 연필 깎은 거 있죠? 고거를, 향 화로에다 놓는 거예요.

고 향기를 내요, 고 향기를...

조사자: 아, 그렇게 하셨어요?

그, 서울 토백이는 향뿔을, 그렇게, 그게 나무 향이 있어요, 향나무가 있어요...

조사자: 요즘은 가느다랗게 생긴 초록색이죠.

그건 만시향, 지끔들은 만시향을 피는데, 그것두 구찮어서...

조사자: 그건 만시향이라구 그래요?

네, 만시향이예요, 그, 향:은 깎구 뭐구 구찮잖아요? 만시향은 사는 거, 사다 가, 그냥, 지: 집두 저게 있지마는, 그냥 꽂아노믄 그걸루 끝나는 거에요, 그냥 타니깐, 쪼금씩...

조사자: 그럼 향나무는 따로 사시구요?

네, 네 사요.

(여): 제기도 오::래 되지 않았어요? 놋그릇? 그거, 향, 그거두 다...

그렇지 제:기가 따루 있구, 지끔은 뭡:니까, 어떤 가족이든지, 그 옛날 제:쌍
에는, 제쌍이 따루 있어요, 한, 키 이만하코...

조사자: 상이 이렇게 큽니까?

(여): 옛날에는 그랬잖아요.

조사자: 요즘 저기 같은, 테이블 같은 그런 식인가요?

(여): 사각형, 직사각형, 직사각형...

직사객형이 있는데, 제:쌍이 따루 있구, 우패 모시는 데가 있구, 향 놓는 데
가 있구...

(여): 왜 사당에 가면 그런 거 해 놓잖아요, 거기에, 그거...

가정에서두, 그렇게 해 놓구 여기섬 했어요.

○ 처가

조사자: 사모님도 그럼 여기 서울...

아뇨, 우리 집사람은요, 경상도.

조사자: 근데, 그럼 시집 와서 배우신 거군요?

네.

(여): 시어머니한테.

우리 집사람은, 산꼴 두메예요.

(여): ·상주, 상주죠?

이, 상주, 상준데, 내가 이제, 처가찜이라구 가보니깐, 그 정말 이루 말핼 쑤
가 없어, 지끔은 그게 건강상 좋:지, 그, 벽이라구 종이두 안 발랐어요, 진흙으
로 발른 그, 그냥...

(여): 초가집이네요 그럼.

초가집이구, 그르구, 이 방빠닥두, 이런 장판을 허지 않았어요, 돗자리 그걸 깔았어요.

(여): 일본식 아니예요, 그럼.

아니 일본식 아니야, 일본식, 일본찜은 을:마나 깨끗한데, 그럼...

조사자: 그냥, 흙바닥에다가 그냥 돗자리를...

그렇죠, 지끔 건강상 좋대, 그게...

(여): 그래요, 아버지, 다시 해요 요즘. 황토방 해갖구.

흑 냄새를 맡으니깐, 건강에 좋다구...

(여): 정말이에요, 예.

그래가주구, 뭐:를 하냐 허믄, 명주벨 짜요, 상주에서 명주가 저, 이름이 있어요, 곶감이 많이 나오구, 근데, 그, 삼베를 굴레루 저거허면섬 짜지 않아요.

조사자: 아니 근데, 어떻게 여기 서울에서 멀리 상주 분하고, 결혼을 하시게 되셨어요?

육이오 때잖아, 육이오 때, 육이오 때 결혼을 했어요, 육이오 때, 육이오 때 뭐냐 허믄 포탄이 막 왔다갔다해요, 한:강 도강두 못해요, 도강쯩 있어야지 도강을 허지, 그 당시, 그러니까 피난 내려갔잖아요.

조사자: 그, 그 상주까지 가셨었어요?

부산꺼지 가 있었어요, 지:가, 제이군병으루, 안씨허구 한태, 여기서 걸어 가주구 한산도 섬 있죠, 아세요, 한산도? 그 통영, 이순신 장군, 사당 있구 그래요, 거기, 여기서 걸어서 거기꺼지 갔어요.

조사자: 거길 어떻게 걸어갑니까?

인솔돼 가주구, 그러니깐 십오 일간을 걸었나 그래요...

조사자: 그럼 식사 같은 거나, 잠 같은 거는...

아, 그거는, 그, 그 부락에서 우리가 또 나믄 오늘 여기니까 내일은 목적지가 어디다, 그럼 거기 목적지에 청년단체가 있어요, 그럼 거기 준비를 해줘요, 먹는 거를, 그럼 거기서 먹구 잔 담은, 또 또, 거 다음은 목적지가 어디다...

조사자: 의용군 끌려갈까 봐 밑으로 다 보내는 거군요, 젊은 사람들을.

예, 젊은 사람 보내믄섬, 거기다 추려 가주구, 현:역으루 또 보내구, 그랬죠, 그래서 끄트머리에, 한산도 섬, 섬꺼지 가있었는데, 참::, 우:켜요, 가니깐, 먹을 께 없어요, 먹을게, 물이라구 그, 흑탕물을 먹는데, 한번 병: 들었다 하면 가요, 살:질 못해, 그러면, 거기서 쓰러지믄, 이, 메칠 못 돼서 가는데, 거적에다 둘둘 말아 가주구, 그 구뎅이 파 가주구 묻어버려요, 그러구 끝나는 거예요.

조사자: 경상도 그때 첨 가보신 게, 그렇게 되시나요?

그렇죠.

조사자: 거기까지 가셔서 할머니 만나고 그러셨어요?

그르구, 그, 지:사구 이런 때, 명절 때, 서울에는 여기서, 식혜니 수정과니, 그 있잖아요? 그 식혜래는 거요, 그게, 지방 싸람허구, 서울 싸람허구, 맨드는 게 달러요.

조사자: 어떠시던가요?

우리는, 식혜를 저거허며는, 하::얀 게 밥알이 다 떠요, 어떤 집에서는 그게, 감주, 식혜라 그르지 않구 감주라 그르대, 시커::떻게 돼갖구 가라앉어요, 그게 (치술문)이예요.

(여): 너무너무 깨끗하구, 왜 인사동 그런 데 가며는, 전통 차찝에서는 그런 거 나오는데 있어요, 하얗게 뜨게 나오는 집, 옛날 그런 거 하시는. 저이 시댁두 보면 안 해요, 다 감주루 해요, 그렇게 안 뜨드라구요, 저이 여기 보며는, 저희 친정만 그렇게 해요.

조사자: 아, 어머님이 옛날에 계셨을 때요.

(여): 예, 따른 데는, 따른 집에 제가 가서도, 친구 집이나, 뭐 어디 가서도, 다 감주루 하지, 저희 친정처럼 뜨지 않아요.

근데, 여기 풍속은 서울 풍속은, 곧 뜨게 맨들어요, 댁[121]은 어떻게 해요...? 떠요?

조사자: 저희요?

(여): 아니면 가라앉아요, 식혜 밥알이.

조사자: 식혜 밥알이요? 아, 저희 집 가라앉아요, 저희는 어머님은 잘 안하시구요, 큰집에 가면, 큰어머님이 하시는데요, 역시 좀 가라앉았네요.

큰어머님이 어디 분이예요?

○ 가족

조사자: 큰어머님은, 저기, 경기도 양주 분입니다.

(여): 그럼 서울하구 인접한데...

조사자: 아니 저는 외갓집엘 가면요, 거기는 식혜가 아니구, 단술이라고, 가라앉는 것도 가라앉는 거지만, 뜨거운 걸 먹더라구요.

(여): 아부지, 뜨겁게도 먹대요.

조사자: 저는 어렸을 때부터 먹었으니까, 저야 좋죠.

(여): 아, 못 먹는 사람이 으외루 많더라구요.

많어, 내가 토란 사러 가는데, 장사한테 이건 어떻게 끓여먹는 거내.

(여): 저두 안 끓여 먹어봤는데요, 뭐, 엄마가 그래, 작년까지 해주셨는데 뭐...

조사자: 섭섭하시겠어요, 갑자기.

(여): 지금두요, 예, 살아계신 거 같애요.

조사자: 뭐 집두 너무 깨끗하게...

깨끗해요, 사람이요.

(여): 원래, 정하세요, 굉장히 정하세요, 부지런하시구.

명절랄이믄, 사 남매 이렇게 싸줘요, 맨들어 가주구.

조사자: 음식 같은 걸요.

그러구 여직껏, 꼬치장 된장, 꼬추까루, 다해서, 다 노놔주지.

<hr>

121) 제보자가 20대 후반의 남성인 조사자에 대한 지칭.

조사자: 저도 집안 딱 들어오면서 집안이 깔끔하고 정갈해서 깜짝 놀랐습니다.

(여): 여기는 이제 저희 노할머니 방, 쓰셨는데, 아흔일곱에 돌아가셨나요? 대::단하신 분이었어요, 이 년 전에 돌아가셨거든요, 그러구 인제, 어머님 이제 돌아가시고, 근데, 저이 할머니 때에, 지금 동생 분들두 살아계세요, 그죠 아버지?

그럼, 지끔 외삼춘이 연세가 구십오예요, 우리 어머니, 지끔 살아계셨으믄 아흔아홉.

(여): 근데, 우리나라 나이로 하면 백 살이라구 그랬어요.

조사자: 작은어머님이 아직 살아계신 건가요?

아니, 우리가 지끔 삼 형제 중에, 맨 막내예요.

(여): 그러니까 아버지 말구요, 아버지 위에, 할아버지죠, 저이 말하면, 할어버지 대에 형제 분들이 살아계신 거예요, 아버지 어머니 쪽으로.

내 외가쪽이지, 외삼춘이 지끔 생존해 계세요, 외숙모, 외삼춘, 이모, 근데, 외가쪽이 장수를 하나봐요, 지 어머니, 구십칠 쎄에 가셨는데, 지 외숙이 지끔 구십 하나 되죠, 지 이모가 이제 팔씹다섯인가, 그래요.

조사자: 가계가 장수하는 집안인가 봐요.

그게, 그 얘기가 나왔으니까 그렇지, 즈이 집사람이 그랬어요, 즈이 집사람이, 즈이 집사람 친정에 육십을 못 살구 가요, 육십을 못 살구 가는데, 우리 집사람은 그래두 서울루 시집을 와서, 그냥, 아프믄 그냥 투약을 허구, 그러니깐, 육십구 세꺼지 살았어.

(여): 그리구, 시어머니를 모셨기 땜에, 그 정신적인 것두 많::이 작용을 했을 거예요, 안 그랬으면 벌써 누웠을 텐데, 누울 쑤가 있나요, 시어머니 딱 버티시구 계신데.

조사자: 돌아가신 이 년 전까지 시어머니 모시고 살았으니까요.

그래서 동네에서 이름을 했어요, 효부라구.

(여): 효부상두 받았지.

조사자: 아, 받으실 만하네요.

1.9. 자연 발화[bht]

○ 서울말

조사자: 선생님께서 서울말이 변한 것을 좀 느끼시겠어요?

전엔 그 글쎄 에... 좀 어렴풋이 느꼈다 이런 생각이 들고 우리 어렸을 때는 '돈:' 같은 것 '둔:' 그랬어요. 둔 그래갖고 이 '안경'도 '앤경', 학교도 '핵교' 이런 식으루 해왔는데 아까 내가 잠깐 얘기했듯이 그 표준어, 표준어를 표준 발음으로 해야겠다 생각해서 뭐 '핵교'도 '학교'라고 그러고 '둔:'도 '돈:'이라 그러고 이제 그렇게 해서 이 표준어를 쓰... 잠깐만.

(단절)

나는 집이 여기 가까이 있어요. 여기서 옛날에 살든 집이거등. 그래서 거기다가 뭐, 아주 저 허름한 집이지만 연구소 간판 붙이고 내가 소일을 하고 있는데... 그런데 이제 나는 그 뭐 내가 이십팔 년 년생이니까, 천구백이십팔 년 년생이에요. 그래서 어 이 여러분처럼 이 우리 한:글에 대한 교육이 이 초등학교, 옛:날에 이제 소학교라 그랬는데, 이:학년까지 조선어라는 과목으로 우리말을 이제 배웠고 그 다음에 삼학년에 가서 읎:어졌던 걸로 기억이 돼요. 그래 이제 그때 일본어를 국어라는 명칭으로서, 여러분도 알다시피, 조선어는 없애는 쪽으로 그랬었는데, 그래서 이제 이를 테면 우리 국어에 대한 교육을 체계적으로 받질 못:했었는데 해방돼고 나서 이 그 저이 최현배 선생님에 대한 글도 읽고 그러면서 이 한:글에 대한 이제 관심을 갖게 돼고 그래서 이제 표준어에 대한 인식두 갖게 돼고 그랬었는데 그전에는 뭐 그저 서울말이건, 서울말하고 사:투리란 건 알았지만 그거에 대한 구분을 하지 못:했었죠. 그런데 글쎄 내가 언어도, 언어두 내가 저 일본서 내가 공불 했는데, 일본서 경제학을 했기 때문에, 언어에 대한 공부를 한 게 아니라, 그 경제학을 공불 허면서도 그때 그 일본 엔에이치케, 엔에이치케 아나운사들이... 거기서도 그때는 표준어라고 그랬어요. 그 해:왜에서 온 사람 위해서 표준어 강습이 있었구 그랬을 때 나도 참여허구,

그래서 이제 언어에 대한 관심을 갖구 이랬었는데 결국은 내가 이 그 일본어를 가르치는 교:사로서 일쩡 기간 근무하다가 정년퇴임했는데... 글쎄 이 그런 과:정에서, 그런 과:정에서 이제 서울 토박이말허고 표준어허고 약간 좀... 이제 발음상 다르구나 하는 걸 느꼈고 또 종전에 얘기했듯이 '모래' 같은, 내일 모레의 '모레'라든가 모래사장의 '모래'의 그 거기에 어이의 '에'와 아이의 '애'가 역시 그게 그 어떻게, 어트게 선뜻 구분이 안 돼게 발음을 허고 있구나. 제절로 하고 있구나 이제 그런 것도 느꼈지. 그 왜에 뭐 특별히 나도 그... 뭐야? 이 우리말:을 체계적으로 공부를 헌 게 아니니까, 관심만 있지. 극명하게 아:진 못해.

조사자: 이사를 하시면서 지역마다 말이 차이가 있다든가 하는 것은 느끼셨나요?

뭐 이사를 했어두 글쎄... 우리가 뭐 이사했어두 크게 차이를 느끼거나 그러진 않았죠?

(부인과의 대화는 전사를 생략함)

그래서 이제... 이제 그거 말고 '지:'보다는 '제:'가 맞능 거니까... 글쎄, 토박이말이지. 그깐 글자에 이끌려서 제:사라고만 그런 게 아니라 표준어로서 제:사니까. 우리가 인제 이 뭐 '단추' 같은 것도 '댄추' 그랬잖아? 댄추 뭐 그랬듯이 댄추는 틀린, 비표준어다, 단추가 표준어다 그래서... 쓰기는 뭐 보통 쓸 때는 댄추로 해.

조사자: 그렇게 표준어하고 서울말하고 달랐던 것 또 생각나시는 것 있으신가요?

음... 그렇지 뭐. 이제 이... 그렇죠.

조사자: 그러면 단어나 어휘 같은 것도 차이가 나고 그러진 않았나요?

음... 글쎄. 어미가, 어미가 그거는 뭐 글쎄... 이 '하다'를 '허다'라고 쓴다든가, '하다'가 어미루 본다면, 우리는 '하다'라고 정확하게 안 그랬어요. 그게 많:이 아주 뚜렷한 것 같애. 오늘 뭐해? '해:'는 그대로 하는 건데 '허다', 그지? '허다'가 돼지 '하다'가 아니야. 그렇지 '일허다' 같은 것.

조사자: 그럼 충신동이란 동네 많이 변했는데 옛날엔 어땠는지 얘기 좀 해 주세요.

나는 거 태어났기만 했지 거기 나는 으:른한테 듣기만 했지 거긴 전혀 모르
니까... 그런데 그 동네 이화동에서 살:긴 했었어요. 그건 나중에 장성해서...
그러나, 그러나 뭐 저이 지금 언어에 대해서 뭐 느낀 게 있느냐 그러면 모르지
그거는.

○ **육이오**

조사자: 언어뿐만이 아니라 그냥 생각나시는 대로 얘기해 주시면 됩니다. 그럼
주로 성장하신 데는 충신동인가요?

응, 충신동에서 이제 창:신동. 그 다음에... 이화동, 이화동. 이화동 그 다음
에 또 십대가 넘어가지고 이제 신설동, 보:문동. 그래도 내 생각에는 샤:대문안
말하고 거기 말하고 그렇게 틀린 것 같진... 지금 생각에. 틀렸던 것같이 생각
은 안 나거든. 이제 이를 테면 "어때요? 당신." 뭐 저기, 이 사람은 뭐 아주 이
우리 집사람은 서대문 충정로에서 나한테 시집올 때까지(웃음) 거기 있었으니
까 그 이왜 사람들 접할 기왜가 있었나? 없었지? 아, 피:난이 또 있었구나. 나
는 육이오를 안 겪었어요. 해:웨 있었으니까. 그런데 이 사람은 피:난 갔었지.
피:란, 피난? 피:란.

조사자: 서울 사람들은 '피란'이라고 그러대요? 그러면 선생님이 공부하실 때 지
금은 초등학교라고 하지만 그때는 소학교였나요?

그렇지, 일제 시대니까.

조사자: 그 과정을 좀 얘기해주세요. 생각나는 대로 얘기해 주시겠어요?

과:정이라니? 무슨 과:정?

조사자: 그러니까 소학교는 어느 학교를 다니셨고 뭐 그런 것들.

소학교가 내가 저 이 우리나라 사람들이, 우리나라 사람이 경영하는 수표동
에 아주 정:말 저기... 그때 저기 장훈 소학교야, 장훈. 장훈 심상. 지금 나온 게
장훈 중학교로 돼 있는데 장훈심상소학교. 그러니까 순:전히 아주 한:국 서:민
들 다니는 학교 다녔어. 그 수표동에. 그래가지고 내가 이 창:신동에서 거기까

지 걸어다녔어. 그 저기 이 육 년간 아냐? 걸어다녔어.

조사자: 그러고는 바로 일본으로 가신 거예요?

아니. 그러고 나서 인제 일본 강 건[122] 이제 사:십구 년에, 해:방 후에. 그건 일제시대 얘기고. 사:십구 년에 사:십구 년에 내가 이 홍콩을 가게 됐:어요. 홍콩에 가서 한 사: 년 있다가 일본 건너가서 거기서 저기 사: 년간... 일본도 교:또. 저기 거기서 공부허느라고 대학 다니다가... 사:십구 년에 해:왜 나가가지고 오십팔 년에 돌아왔어, 만 구 년.

조사자: 그럼 소학교 졸업하시고 그 동안엔 뭘 하셨죠?

그러고 이제 내가 중학교 다녔지.

조사자: 중학교 다니시고, 해방되고 육이오 나기 전에 홍콩으로 가시고요?

육이오 나기 전에 홍콩 갔어.

○ 서울 풍경과 어린 시절

조사자: 뭐 재밌었던 일이라든지 그런 건 없으세요?

글쎄 소학교 때 재밌었던 일이라는 게 머 일제 시댄데 뭐 재밌었던 일:이 있었겠어요? 저기 이... 그 창:신동에서 걸어서 그 다니는데, 그 수표교, 그때는 개천, 수표... 개천이 있었어요, 청계천. 청계천 개천이 있어가지고 이제 걸어다니고 그랬는데, 글쎄 재밌었다기보단 내가 한 번 크게 이 뭐라 그럴까? 개천 가:를 이렇게 걸어가다가, 걸어가다가 미련하게 그냥 눈을 감고 똑바로 간다고 그러다가 떨어져 가지고... (웃음) 그래가지고 그 개천에 빠:져서 그냥 그 모두 저기가 옷에 묻고 냄:새 나고 그러던 생각이 나는데. 그리고 그리고 한 가지 내가 기억하는 건 그때 일본, 선생님이 일본 선생님이 아마(?)였는데 그런데, 그 양반이 그때 꼭 좌측통행이라 그래가지고 왠:쪽으로 이렇게 걸으라 그래서 그 다리를 건너는데도 이렇게 해가지고 왠:쪽으로... (웃음) 이제 그런 기억이 나

---

122) 간 것은.

는데... 글쎄, 그때 우미관이라는 극장이 있었어요. 우미관. 아:는지 모르지만...
우미관이란 극장이 지끔은 없어졌죠? 응? 관철동에 있었... 우미관이란 극장이
있었는데 거기 그 극장을 중심으로 해서 소위 요즘으로 치면 그냥 그 이 뭐야?
이 깡:패들이랄까? 그런 사람들이... 글쎄 김두환이가 거기 진을 치는지 어쩌는
지 모르는데, 그래 내 소학교 동급생 중에 이 서상천 씨, 옛:날 서상천 씨라구
이 유:명한 역도가로서 휘문, 휘문중학교에 선생님, 체육 선생님을 하셨던 분이
계셨었는데, 그분 아드님들이 서병웅, 그 아드님들이 그냥 그... 그 뭐 몇 향년
땐 한 삼, 사항년 땐가 그랬는대도 그냥 기운들이 셔:가지고 기운 자:랑을 했던
그런 이제 그런... 그때 서상천 씨가 지끔두 그런 차:력 같은 것을 대단히 그땐
이루, 자동차를 이루 끈다고 해가지고 그런 힘이 있구 또 이 배에 자동차가 지
나가는 그런 시:범을 보이고 말이지. 그래서 대단히 그 서상천 씨가 우리에게
아주 그냥 뭐랄까? 뭐 선:망의 대상이라고 할까? 그랬었는데... 그 양반이 해:방
후:에, 그땐 뭐 어디 만주에 갔든가? 중국에 갔다고 그러는데 돌아와가지고 대:
동청년단 단장을 지내고 이랬던 분이었어요. 그래서 내가 소학교 때는 그때 일
제 시대 내가 들어갔을 때는 심:상소학교라 그랬던 것 같애. 심상소학교라 그
랬던 것 같은데, 지금 그 그때에 서:민들, 그게 부유한 자식, 부유한 집 자식들
이 아니었어. 그 일제 시대에도 이 뭐랄까? 좀 그... 잘살고 그러는 사람들은
또 더 좋은 학교에 갈 수 있었는데 그런데 우리는 거기... 지금 그래서 기억이
그래 서상천 씨 아들들 내 동급생들하구 놀던 기억. 하도 오래돼서 이전 그냥
그 기억이 삼삼:해요. 재밌었다기, 재밌었던 일이라는 게 또... 그러니깐 그저
난 일본어, 소위 국어, 국어에 대한 거보다는 이, 이제 우리 조선어, 조선에 대
한 공부는 곧잘 했었어. 내가 학교 들어가기 전에 천자문을 배웠어, 집에서. 그
래서 천자문을 띠:고 들어갔는데, 그 다음에 산:수를 곧잘 했고. 그런데 웨:는
걸, 웨우는 걸 못해. 그래가지고 지끔도 이 소학교때 기억이 글쎄... 이:기엽이
가 내 소학교 동창인데 (웃음) 별로 뭐 큰: 기억이 없네. 단지 내가 걸어서 그
때 꽤: 멀:다고 생각될 때지. 창신동에서 그 종로 이:가니깐. 걸어서... 응? 아,

이화동에 살 때? 아, 그래, 그래. 아니 지금 학교에 대한 얘기니까, 이게 학교와
는 떠나서 내가 이화동에 살 때 소:위 그 요만한 저 말랑말랑한 공이 있어요.
공: 가지고 이렇게 손으로 탁 쳐서, 소위 야:구식으로. 찜:뿌라 그래, 찜:뿌. 찜:
뿌라 그랬어요. 그게 짐:에서 나온 말 같은데. 찜:뿌라고 해가지고 그거를 놀:
든 생각이 나고...

조사자: 그건 구체적으로 어떻게 하는 건데요?

뭐뭐 이렇게 내가 해:가지구 쳐서 야구 모냥으로 해서 쳐서 받으믄 죽고, 또
떨어뜨리던가 혹은 멀:리 가며는 저기 일루, 이:루 이렇게 돌아서, 들와가지고
점수 따고... 어린 시절에 그거 놀:던 생각이 나고, 그 다음에 또 조금 커서는
육학년 조금 지:나서는 애:들끼리 축구, 축구를 허는데 연필, 연필들 이렇게 자
기가 걸어가지고 한 사람씩 두: 자루씩, 세: 자루씩 걸어서 이기며는 이제 그
따가지고 그거는 내가 그때 명륜동에, 우리 작은댁이 명륜동에 살았었는데 거
기 있었을 때, 그 한 일 년 됐:어. 아주, 소위 그때 이 축구를 곧잘 한다고, 잘
몰:구 다니고 그런다고 해서... 키는 그때도 작:았어, 지금도 작:지만, 그때도
작:았으니까. (웃음) 그렇게 이제 작:는데 그런데 이제 그때 이제 소위 요즘
저속댄 말로 이제 날렸다고 할까? (웃음) 그랬던 생각이 나고, "거기 그 거기가
무슨 학교지? 저쪽 그 경:신학곤가? 그 혜화동..." 경:신학교. 경신학교 애들이,
경신중학교지, 경신학교 애들이 축구를 잘해가지고 그 축구 선:수들, 학교 축
구, 재밌게 보고. 그냥 이렇게 가다가두 그냥 사람 하나 탁 넘어 가지고 그냥
쿼 차고 이런 것 보면 막 신기하고 이렇게 했던 생각이 나는데... 그러고 뭐 이
노:는 얘길 아까 하라고 그랬는데 그 뭐 학교하곤 관계없지만 애:들끼리 뭐 제:
기차기를 헌다든가, 또 자:치기 한다든가, 요즘은 안 하지만. 아니면 이제 구슬
치기, 요즘엔 구슬치길 이렇게 하지만 그때는 이렇게 덜썩 맞춰가지고 맞춰서.

조사자: 구슬치기에도 여러 가지 방법이 있으니까 그 방법 생각나시는 대로 좀
얘기해 주세요.

그러니깐 그 구슬치기가 내가 놀았을 때는 구슬 저기다 놓고 이렇게 던져서

맞히는 거, 지금처럼 이렇게 튀기는 게 아니고 던져서 맞히는 것. 맞춰서 따먹
는 것, 이제 그런 것 했죠. 그 제:기차기, 그 다음에 팽이 돌리기, 팽이. 지끔은
이렇게 돌려서, 그러니까 이렇게 해서 오:래 가며는... 또 연날리기, 연날리기
했죠. 연날리기는 이제 연이... 그거, 그거 잊어버렸어, 이름두 이렇게 서로...
이... 사금파리 풀 믹여서, 그래. 그게 그 뭐지? 애교, 애교 묻혀서... 아교 묻혀
가지고 이렇게 해서... 그거 얼:른다 그러나? 잊어버렸네. 그래가지고 이게 해
서 나가게 하는 게 있어. 끊어지고 나가게. 그러고 보니까 그런 놀:든 생각이
나긴 나네. 그런데 그거는 뭐 이제 지금 아까 얘기한 것처럼 학교보다는 동:네
에서. 학교는 뭐, 동:네에서... 학교는 뭐 이... 그... 이제 불행하게두 그때 일본
사람이 국어교육, 이제 국어 상용이라고 해가지고 우리말을 못: 쓰게 하고 그
러니까 이제 그 선생님들 말: 듣고 조선말 쓰며는 벌금이다 해가지고 그때 일
쩔 그때 우리말 중 일본말 할 땐. 벌금을 내:게 하고 그랬던 기억이 나고. 그런
데 뭐 뭐라 그럴까? 집에 온다가 그냥 이렇게 사사롭게 얘:기하믄 우리말 썼
지 뭐 일본말 안 썼으니까. 이제 그럼 저 일본인 학교나 또 혹은 인제 그 막 친
일적인, 자연히 전부 거:의 다 그랬겠지만 그런 사람들, 또 이리 뭐 학교는 뭐
이제 그래 철쩌히 했겠지만...

조사자: 아까 동네 아이들이랑 논 얘기 하시면서 자치기 얘기를 하셨는데, 자치
기는 구체적으로 어떻게 만들어서 어떻게 하는 것인지 이야기해 주시겠어요?

　자치기는 뭐 이 나뭇가지 꺾어서 이렇게 길게 허구 짤께 해서 쓴다든가 아
니면 뭐... 그랬던 생각이 나. 응, 글쎄 그건 주로 남자가 핬:는데 여자도 했던
거네? (웃음) 글쎄... (웃음)

조사자: 그럼 구슬치기 할 때는 구멍 파놓고 하는 건 없었어요?

　구멍 파고 허진 않았던 것 같애. 그 다음에 이제 딱지치기가 있어, 딱지치기.
딱지는 그전에 이 저 구멍까게에서 팔았어요, 지금처럼 만등 게 아니고. 이제
팔아가지구, 팔면 딱지 이렇게 댄 것 팔아. 그거 이렇게 탁 쳐서 넘어가면 먹고
그랬던 생각이 나네. 요즘은 뭐 그냥 (웃음) 지들이 만들어가지고 또 접어가지

고 허는데... 딱지 요렇게 요만:핳게 해서 딱지치기... 딱지치기하고 구슬치기
했던 생각나고 그래, 자치기 했던 것, 찜:뿌도 생각나고, 제:기차기 했던 생각나
고, 연날리기. 지금 그래 생각이 나네. 이 저기 엽전에다가 얇:은 종이루 만들
어서... 그래서... 그래서 이제 그거를 헐렝이라고 해서 이렇게 이, 이렇게 땅에
안 대고 치는 거, 그 다음에 으:지장이라든가 (웃음) 으:지장이라고 해가지고
이 바른쪽으로 양쪽 발로 치는 것. 헐렝이는 이렇게 치는 것. 그래서 이제 지며
는 그걸 뭐라 그랬지? 하도 오래라서 이게...

조사자: 들인다고 그랬던 것 같은데요.

응. 그 어... 잊어버렸어, 하도 오래돼서... 뭘 들인다고 그러지. 들인다고 그
래서 차고... 이젠 뭐 이것도 응할 수가 없겠구나.(웃음) 다 잊어버려 가지고...
아, 있지. 이제 기록을 보면 있지.

조사자: 팽이는 직접 깎으셔서 했고요?

팽이? 깎진 못했죠. 샀죠. 팔아요. 저기 이제 치는 저 채찍, 이거는 뭐 어떻
게 주문 만들어 가지고 이렇게 하고. 연두 사구, 물론 이렇게 정:년[123]이라고
그렇게 있는 것, 그거는 사고 이렇게 이렇:게 해서 만든 연, 그거는 이제 집에
서 종이 붙여서 만들었고. 대도 깎아서... 그리고 실: 겉은 것, 풀 멕인다고 풀
멕여서 그거 그것도 생각이 나는데.

조사자: 그 당시도 서울이라 그걸 다 만들어서 팔았나 보네요.

그럼, 그럼.

조사자: 저는 만들어서 다 했거든요, 시골에서 살아가지고.

서울은 다, 서울도 뭐 서울... 옛:날 서울이라는 게 지금 시골과 마찬가지니
까. 서울이라는 게.. 응? 그래도 뭐 하여튼 서울이니까 그런 것 다 사서, 사서
했어요. 집에서 만드는 연도 있죠, 그런데 이렇게 중:년,[124] 이런 연은 사고 저

___
123) 정연, 방패연을 의미하는 듯하다.
124) 중연.

이렇게 해가지고 만드는 꼬리 이렇:게 댄 거, 그거는 거:의 다 집에서 만들었고. 그 쉽:구... 그 다음에 이제 저기 저거지? 얼:레, 얼:레. 얼:레는 이렇게 납작하게 해서 이렇게 네:모지게 이렇게 해서 만들고, 얼:레는 거의 집에서 만들었어. 그래가지고 실:은 사서, 실:은 뭐 저기 뭐 집에서... (웃음) 얼:레는 사는 거보다, 연을 샀지 얼:레는 다 만들었던 것 같애. 얼:레라 그러지... 요즘은 뭐 연이 일 년에 한 번씩 저 강변에서나, 한:강 같은 데서나 하지, 안 하지마는 그때는 뭐 이:화동이니까, 그 저 홍수동 이렇게 성, 불락성에 올라와서 하고...

조사자: 그래도 중학 시절에는 노는 게 좀 다르셨을 것 아니에요?

그때는 이제 전:쟁이 나가지고, 소위 이제 태펴양 전쟁. 전쟁이 나가지고 근:로 봉사하러 나가고. 내가 이제 연간, 일 년간 내가 이제 재:수를 했어요. 그러니까 이제 재:수해가지고 이제 저기 학교가 경성전기학교라고 지금 없:어졌지만 군자동에 있었는데, 거기 있었는데 거기를 이제 다녔었는데, 그땐 이미 사:십일 년, 천구백사:십일 년이거든? 그러니깐 이미 이 태평양 전쟁이 났... 사:십일 년에 태평양 전쟁이 났으니까. 그전에 전:쟁이 났죠. 그 전:쟁이 났으니까 그때는 뭐 이 학교에서 총검술, 유껜시쓰라고 해서 총검술을 훈련받고 각반 치구 남산 시:민홰관 있는데 거기 참배나, 참배나 이제 이렇게 다니기나 하고. 그리고 근로 노동 나가고. 그래서 거:의 그때는 아마 추억이 거:의 없다시피 해, 일제 말기가 돼서. 그러고 또 이 학교 어린아이들을 소:년 비행병에, 일본말로 쇼:네꼬에라고 하는데 그런데 가서 지원하라 그러고 말이야, 일본, 일본 소위 뭐라 그러나? 저 군사훈련 시킨 교:관들, 그게 다: 와 있었지 중학교에도. 그네들이 그 군사, 소위 군사훈련을 총검술 같은 것 훈련시키고, 또 그런 데 내보낼라 그러고... 거:의 뭐 일제 말기니까 하나도, 좋은 추억이 하나도 없어.

○ 해방 이후

조사자: 해방 당일 기억나는 것 없으세요?

아, 해:방 당일날. 내가 해:방돼던 해는, 이미 거기 저 해:방돼던 날은, 그게 소위 일본 천황이라고 그때 그랬지. 일본왕 천황이 방송한다고 그래서 그때까지 우리는 그게 뭔:지 몰랐다가 그게 끝나고 나서 해:방됐다고 알게 돼가지고 그냥 기뻤죠. 그리고 뭐 그 장안에 전:차를 거저 타고 모두 그냥 나와서 그냥 만세 부르고 그냥 대단했던 기억이 나. 지금 아마 이 통일이나 뒈면 그러한 기쁨을 또 맛볼까? 아주 기뻤던 생각이 나. 해방돼고 나서는.

조사자: 그전에도 혼란스럽지 않았나요?

그래요, 혼란스러왔는데 나의 경우는 뭐 청년단 가입하라는 것도 가입도 안 했고 또 좌우익 한참 싸울 때 어느 쪽에도 들질 않았기 때문에 그래서 그래도 해:왜를 나갈 수가 있었지. 아니면 그땐 뭐 그때도 신원조해가 대단했으니까. 해:왜 못 갔지, 무슨 흠:이 있었으면.

조사자: 홍콩 가시게 된 거는 어떻게 가시게 된 거예요?

내가 그때는 이제 경남무역공사라고 무역회사가 있었어요, 무역회사에 근:무를 할 땐데, 그런데 거기 저기 홍콩에 지사 같은 데 주재원으로 간 거야, 공부하러 간 게 아니라. (웃음) 그래서 나가게 돼:서 한 사십구 년 오월달에 나갔던 기억이 나는데...

(단절)

홍콩에 갔던 기억이 나는데... 뭐라 그럴까? 그래서 내가 육이오도 안 겪은... 그러니까 오:십 년에 육이오가 났거든. 사:십구 년에 나가가지고 한 사:년여 거기 있다... 그때 이 장택상 씨가 우리 왜:무부장관 했었는데, 장택상. 그냥 런던, 영국서 공부한 양반인데 그때는 그 여권들을 다 그렇게 만드는지 상짱처럼 만들었어, 상짱처럼 만들어 가지구. 여행증명서 같이 만들었어 이렇:게. 그런 패스포트를 가지고...

조사자: 전쟁 후에 거기 있으면서 어떠셨어요?

그러니깐 나는 편히 있었죠. 저기 그 남북 싸웠을 때, 나는 도:리가 없이... 들어왔으면 내가 군대를 갔었을 텐데...

조사자: 전쟁 지나고 나서 일은 거기서 계속 보셨던 거고요?

그렇죠. 그리고 이제 그러고... 저 이 뭐야? 뭐 있지? 오십삼 년 칠월에 저거 했지? 뭐야, 이... 정전협정, 정전협정이 돼버렸죠. 그런 후:에, 그 정전협정이 생긴 후:에 내가 이 한국을 들어오지 않고 일본을 갔어요. 일본 가서, 저기 교: 또를 갔어요. 그래가지고 학교 공부 해야겠다는 뜻 가지고 내가 공부를 안 했으니까... 그해 오십사: 년 사월달에 일본에 이쯔메이깐 대학이라고 입명관 대학이라고 그걸 들어가서 한 사: 년간 공부하고. 그런다고 이 저쪽 사는 사: 년 반, 또 일본서 한 사: 년 반 합해서 만 구 년 해왜생활을 했고... 돌어와가지고, 돌아와가지고두 몇 해 있었으니까 내가 대학을 만 삼십에 졸업했으니까. 늦게 졸업을 하고... 와서 내가 우리 나이로 내가 육십일 년이니까 우리 나이로 서른 넷:, 몇 달만 몇 달 부족한 서른넷:에 우리 집사람 만났고.

조사자: 한국 오셔서 계속 공부하셨어요?

한국에 와서는 계속 공부헌 게 아냐. 내가 이제 공부 가운데 경제학을 했다 그랬잖아? 그래서 이제 조금 경황을 두었다가 뭐 이 사람하고 결혼한 해에 기 업문제연구소라고 거기서 경제관계 담당을 했다가 이 그때 이제 왜:대하고 인 연이 돼서 왜국어대학에서 일본어꽈에 일본어 시간강사 가가지고, 또 그게 인 연 돼서 왜대 전임강사... 그래 공부는 그러니까 학위는 이제 내가 왜대에서 석 사를 했어. 또 그해에 처음으로 생겨 가지고... 그래가지고 그 자격을 얻:으니 까 이제 전임을 발탁을 해서 이제... 이 거기 저기 있지마는 그래서 내가 칠십 육 년부터 구십삼 년까지 전임으로 있었어. 그 전에는 팔 년 동안 시간강사로 있었지. (웃음)

○ 일본 생활

조사자: 일본에 있으면서 힘들었던 일 같은 건 기억나시는 것 있으세요?

음... 힘들었죠. 그때야 이제 지금처럼 유학생이라고 그런 게 아니라 내가 유학 비자로 갔던 것도 아니고. 가가지고 이제 학교에 들어가니까 이제 체제를 하게 됐었던 건데. 그땐 거:의 우리나라 유학생이 없:을 때니까 또 국교도 증:

상화돼지 않은 상태였고, 도꾜도 아닌 꾜:또였으니까. 왜로와서 홈:씩125)도 걸리고... 그런데 남다른, 그때 막 일본이 그 테레비가 보급할 때에요. 보급하기 시작할 때. 그래가지고 그 테레비 보급에 한 영향을 준 사람이... 역도산이란 말 들어봤는지 모르지. 그 프로레슬러, 그 사람이 원래는 일본 스모 출신이었는데 거기서 그 조선 사람이라고 해서 더 진급을 안 시켜줘서 화:가 나서 나왔다고 그래요. 그런데 그 사람이 프로레슬링... 우리나라 사람들은 그 사람이 일본 사람이 아니고 한국 사람이란 걸 알:고 있지만 일본 사람은 일본 사람일 줄 알:게끔 모두 이렇게 해서. 그 사람이 한:참 프로레슬링으로 그 일본을 주름잡을 때 이제 그거에 의해서 이 테레비전이 갑자기 보급이 돼고 또 일본 사람의 사:기도 올리고 이제 그랬던 생각이 나. 그때만 해도 테레비를 자기 집에 저기 보:급이 이렇게 돼고 그럴 때가 아니니까. 저 꾜:또 마루야 공원이라는 데서 큰: 테레비전 모니터, 그냥 그 레슬링 본다고 모두 신:나했던 이제 그런 기억이 나는데, 그러나 뭐 일본 일본인 사홰에서 혼자니까 뭐 아유, 이렇게 지나가다가 그 내가 이렇게 주위 모두 일본 사람이고 나 혼자로구나 이제 왜롭게 살고 그랬었죠.

조사자: 거기서 교포들하고 교류는 없었고요?

그때는 교:포들허고 교류를 하기, 하기가 어려웠죠. 왜냐하며는 잘못하며는 (웃음) 소위 조총련으로 얘기해가지고... 그런데 이제 내가 이제 늦게 대학을 갔으니까 거기 이제 교:포 출신으로 이제 나이 차이진 사람들이 있긴 있었지. 있었는데 저 무슨 이제... 뭐야? 모임이 있을 때나, 모임이 있을 때나 이렇게 저기 만나고 그랬지, 특별히 같이 이렇게 지내거나... 또 그렇다고 해서 이 그 뭐라 그럴까? 교:포 중에 한 사람, 이름은 너무 오래돼서 잊어버렸는데 의사가 하나 있었어. 저기, 꾜:또 시:립대학인가? 의꽈대학에 있던 사람인데. 그 사람한테 내가 우리말을 가르쳤든 기억이 있구. 그리고 꾜:또에서 이제 더 가:끔 오:

---

125) 향수병.

사까 저기 오며는 교:또는 시골 같고 오사카는 아주 도시 같애서 화려하고
또... 그때만 해도 한국 음식점이 그렇게 보:급이 안 될 때니까 오사카 올라와
서 한국 음식점에서 한국 뭐 곰:탕을 먹는다고 그렇게... 학생 시절이니까. 그
때만 해도 지끔, 지끔처럼 상:상할 수 없을 정도로 모두 어렵게 살았을 때니까,
일본도 마찬가지고. 일본이 뭐 지금 어렴풋이 저 생각나지만 백억 불 수출했다
고 한참 좋아할 때니까. 백억 불 수출했다고 그러구 그냥(웃음) 뭐 대:대적으로
환영할 때니까 아주 옛:날 얘기지. 그런 어려운 시절이니까 지금처럼 뭐 아주
저기 뭐라 그럴까? 풍요롭고 낭만적인 생활 못했지. 지금들은 뭐, 지금들 젊은
이들이 생각할 수 없:을 정도로. 그리고 인제 내가 그렇게 왜로와서 그랬는지
어쨌는지 몰라도 그 시험 때면 늘 아팠어, 시험 때면. 시험을 앞두고 늘: 아파
가지고 뭐 시험을 잘못 봤다는 핑계를 하는 것 같지만 이제 그... 그 대신 이제
토요일마다 교양강좌가 있으면 이제 그런 걸로... 지금 같으며는 이제, 뭐 지금
도 그래, 지금도 우리 유학생들 보믄 유학 간 사람들이 일본 사람들하고 별
로... 일본 사람들이 그렇게 잘 대해주질 않으니까, 친:하게, 그랬으니까 증말
친한 일본 사람도 사귀기가 힘들고. 또 그때만 해도 이렇게 유학생이 많... 별
로 없었을 때니까.

○ 외국어대학교
조사자: 그러면 왜대 일문과는 처음 생길 때부터 있었나요?

아, 저 왜:대 일문꽈는 어 왜 왜:국어 대학이 오십사: 년에 생겼어요, 천구백
오십사: 년에. 그런데 왜대 일어, 일본어꽈는 육십 년에 이 저 사:일구가 나지
않았어요? 사:일구가 그거 나기 전에는 이:승만 대통령이 그냥 일본허고 이렇
게 이 한일홰담을 진척을 잘 시키질 않았고 일본과의 꽝개는 나빴으니까. 그다
가 이제 사일구가 난 후:부터 일본과 이제 그 국교증상화를 해야겠다는 움직임
이 있게 돼고 그 관계가 좀 나:아지니까 그러니까 이제 왜대 일본어꽈가 육십
일 년에 생겼지. 육십 년 사일구 후:에 그런 게 태동이 돼서 문교부에다가 신청

해가지고 그렇게... 나는 뭐 그때는 훨씬 후:에, 훨씬 후:에 난 이제 전임 돼서 들어가고.

조사자: 베트남어 생길 때 관여를 하셨다고 들었는데요.

그러니까 왜:대하고 관여하는... 그 사실은 베트남어꽈, 그 저기... 거기서 했는데 내가 이제 그 뭐 다 잊어버렸지만, 중국어두 관어 공부했었고, 현지에 있을 때 광동어도 했었고. 광동어는 실제로 사용을 해서 그저 이렇게 일상용어로 허며는 거기는 그냥 중국 사람도 각 지방 사람들이 많이 모였으니까 그러니깐 그 어디 뭐 왜:국 사람인지 모르고 뭐 중국 사람이거니 이렇게... 또 내가 어깨가 이렇게 좁고 체수하고. 이, 이제 체격에 대한 특징을 허며는 중국 사람들은 어깨가 좁고 키가 좀 크고, 일본 사람들은 키가 작:구 안경 쓰고. 이제 그런 게 특징이고. 우리나라 사람들은 어깨가 딱: 벌어지고 체격이 세: 나라 사람 중에 제일 난:데 그런데 나는 그렇지가 못했어. 그렇지가 못해서 거기 가며는 뭐 그 두드러지게 저 사람 왜국 사람이려니 그런 생각이 안 들 정도였는데. 그래 이제 그 일상용어로 허며는 이제 어디가 대:개 뭐 말이 이상하다고 나타나기 전까지는 곧잘 했다고, 곧잘 했어. 그래 광동어를 내가 좀 했었고 중국어는 거그서 또 관어를 이제 북경어, 북경에서 내려온 사람한테 북경대학 교수한테 배웠던 기억이 나고. 또 그 바람에 이제 내가 월:남도 지금도 로마나이스트헌 말을 쓰지마는 한:자꿘, 한:자 문화꿘이거든? 그래서 그 월:남어도 이제 배울 기회가 생겨서 그래서...

조사자: 베트남어과 생긴 게 그 당시의 정치적인 상황과 어떤 관련이 있는 건가요?

그렇죠. 그렇죠. 그게 육십팔 년에 생겼나? 그게 지금 여기 정확하게 기억이 없는데, 여기 팔씹칠 년에 이:십 주년이었으니까 육십칠 년에 생겼구나. 육십칠 년에. 육십칠 년에 생겼는데 그게 그 우리나라가 월:남에 파:병과 관개가 있을 거에요. 그래서 음... 그래서 이제 월남어꽈가 생겼죠. 월:남어 월:남어 하는 사람들. (웃음)

조사자: 그때도 베트남어과에서 학생들은 많이 배출됐고요?

어... 지금 뭐 지금 이:십 주년 됐:다니, 넘었으니까 많이 배출됐죠. 그 대신 인원이 적:었어요. 다른 과보다는 오히려 인원이 적:었으니까 학생들이. 그리고 주로 영어를 공부를 해서 다른 데로 진출했거나 그 뭐 자기 전공 살려서 했:다기보단... 하여튼 뭐 잘 알다시피 자기 전공 살려서 들어온 게 아니라 자기 그 점수에 맞춰 들와 가지고 (웃음) 그 학사 저기 학위 받기 위해서들 들온 거니까. 그런데 이제 지끔두 그 무렵에는 일본어꽈도 마찬가지지만, 왜:국어, 왜:국어 해서 소위 뭐 하느냐? 소위 이렇게 사회에 나가서 쓸 수가 없었을 테니까. 그런데 칠씹 년 들어서부터 우리나라 무역이 이렇게 신장허면서 왜:국어에 대한 수요도 늘고 그래가지고 왜:국어, 왜:국어 대학이 좀 이렇게 빛을 보게 됐지, 그전에는 뭐 왜:국어, 왜국어 배워서 뭘 해? 그런 때가 있었어요. 일본어꽈 들어온 학생들 중에서도 그 예전엔 부:전공이란 게 있었는데 그때 이미. 그래 뭐 문화, 혹은 정치왜교 이렇게 해서 부전공이 있었는데 부:전공에다 공부를 주로 했지, 전공 공부를 안 할려고 그랬어. 그래 이제 또 월남어꽈가 공산화돼면서 이제 읎애야 돼지 않느냐 그런 얘기도 있었는데 그래도 읎:애지 않고 쭉 있어서 지금 또 다시 붐:이 일어났죠. (웃음) 그런데 이제 그 한:자어, 이제 국어를 공부하니까 잘 알겠지만 한자어에 대한 공부를 헐래면 중국어, 저기 중국 한자어 고음, 월:남음, 또 한국, 일본 이런 것을 다 공부해야만 그 한:자음에 대한 공부가 돼거든. 이제 거기 월남도 하나 이제 빠뜨릴 수가 없죠, 그 한자가.

조사자: 선생님께선 관심 분야가 다양하시네요.

뭐 경력이 다양하다기보단 호기심이 많아서 이것저것 공부를 하고 지금도 뭐 월남어 거이 다 잊어버렸는데 안 쓰니까. 그런데 지금도 다시 현지에 나가서 써가면서 공부한다든가, 광동어도 그렇고, 또 지금 내가 조끔만 젊었어도 중국 북경 같은 델 가서 이제 중국어를 다시 돼살려서 브러쉬업했으면 좋겠다 하는 생각이 들어요. (웃음) 지금 의욕은 있는데 이제 이 이제는 뭐 벌써 정년... 사회에서, 학교에서도 정년이라 그래서 내:보냈고 또 사회에서도 뭐 이제... 그래 지끔 난 도리어 말이죠 내가 그 칠씸뉵 년도부터 이 국제방송국을 통해서 한:국어 강좌를 내가 했었어. 그래서 지금도 그 책이 있고 도리어 내 이름이 한:국보다는 일본에 한:국어 배우는 사람들한테 알려져가지고 나한테 싸인을 받으러 온 사람도 있고 그랬을 정도로. 한 여:러 해 동안... 인제는 그 뭐 일본 사람이고 조금 뭐 어느 나라 사람이건 한:국어 교육을 이제 좀 했:으면 좋겠다는... 이제 교육 경험이 있으니까. 개인적으론 내가 한참 저거 헐 때 이또:찌오 주한미군 상사 지점장한테 우리말을 가르쳤던 기억이 나. 한 일 년여. 개인 레슨을 헌 일이 있었어.

○ 어문정책에 대한 견해

조사자: 그러면 한국어보다 오히려 일본어가 편하신 편이세요?

그렇진 않아요, 그렇지 않아. 내가 역시 그 왜국어는 저... 왜:국어니까. 우리말이라고 해서 내가 다: 아는 게 아니거든. 아까 저기 뭐야? 내가 어렸을 때 쓰던 말도 잊어버려서 얼릉 안 나오듯이 하물며 왜:국어 이렇게 저 우리말처럼 잘 나온다 그렇진 못하지. 그런데 그러고 실은 뭐 내가 일본어를 일제시대에 국어로서 배웠, 뱄:다고 그랬지마는 그게 조선어에 대한 소위 우리말에 대한 것은 잊지 않고 죽: 써왔고, 글로써는 공부를 못했더라도. 그리고 우리말에 대한 관심이 있어서 도리어 철자, 맞춤법 이런 것은 그때 젊은 사람들보다 내가 더 싱경을 써서 쓸 정도로. 맞춤법이 틀리면 "이것도 틀려?" 이럴 쩡도로. 이게 아니다. '안'에다가 니은 히읏을 넌:다든가 말이지. 응? 또 '않다'에는 그냥 니은만 넌:다든지 말이야. 그런 철자법을 한 예:로 들면 철자법 틀리는 것이 도리어 나는 이:상할 쩡도로 젊은 사람들, 정:규, 정:식으로 체계적으로 공부를 해온 사람들이 그거 지금 이를 테면 저... 내가 지금 조카가 강원대학에 건축학과 교순데, 오:십이 년생이거든? 그 나이, 그 나이도 여러분 지칭하는 게 아니라 그 연배, 그런 사람들도 우리말을 틀린단 말이야. 그러면 말이야 항:상 그러지. 영어는 말이야, 스펠링이 틀리면 챙피하다고 생각하면서 우리말은 그냥 틀려도 돼는 것처럼. 항:상 이렇게 다니면, 뭐야? '짜집기'로 적은 거 보면 '짜깁기'거든? '짜집기'로 적어 논다고. 그것은 '기'하고 '지'가 청각의 유사성에서 오는 거겠지만 그게 뭐 잘못 쓴 거지. 뭐 '스탠드빠' 같은 것도 '어이 빠'로 적어놓고, '스텐드빠'로 적어놓고. 그게 원래는 '스탠:드'인데. 그런 것 간판에서 보며는 '어이구, 저것들도 고쳐야 돼는데...' 그럴 쩡도로 이 지금 우리나라는 언어생활들이 아직도 확립이 안 됐다 말야 이렇게 보는데. 물론 이제 이렇게, 이제는 나도 더 틀려서 사전 보는 경우도 있고 그런데, 도대체 사전들을 볼려고 그러지 않지. 그렇죠? 우리나라 사람도 자기 나라 사전은 봐야 될 것 아니야? 안 봐.

조사자: 로마자 표기법 개정안에 대해 어떻게 생각하세요?

그거 뭐 좀 이런 것 나오며는 갖다주지... 이제 그 연:구원은, 국어연구원은 관계없어요?

조사자: 지금 조사하고 있는 거니까요.

조사하고... 또 뭐 나온 출판물이 있습니까?

조사자: 아직 확정이 안 됐습니다. 확정이 돼야 하는데...

그전:에 내가 뭐야 한번 문교부에서든가 왜:래어 표기법. 그런 거 내가 한번 참여했던 생각이 나는데 옛:날에. 참 어려운 거야. 음소표기로만 해도... 또 음성표기 기준으로 헐 수도 없는 거고. 그래 지금 그게 진행 중이에요?

조사자: 지금은 그냥 최종안만 나왔어요. 최종안에 공표를 해야 되는데 공청회 같은 것도 다 거쳤고요. 그 과정에 있습니다.

이제 곧 발표가 돼요?

조사자: 반대가 좀 많고 그래가지고... 곤란한 게 많아요, 막상 하라 그러면.

아니, 그 얘:긴 좀 다르지마는 그 한:글전용문제, 그건 어트게 생각해요?

조사자: 그거에 대해선 선생님께서 하실 말씀이 더 많을 것 같아요.

나는 그 췌현배 선생님에 그 양반한테 직접 배운 제:자는 아니지만, 그 영향을 받아서 그런지는 모르지만 하여튼 한:글 전용을 적극적으로 찬성했던, 마음속으로 찬성했던 사람이고, 그 양반이, 췌현배 선생님이 옛:날에 그 풀어쓰기,

그 책이 다 있었는데 없어졌을 거야. 풀어쓰기 하는 거 그리고 필기체, 그래서 내가 아직도 내가 싸인을 이렇게, 이렇게 하는데, 이렇게 '비읍'허고 '아'허고 이렇게 해서 박이라고 이니셜 싸인을 이렇게 하는데, 이 그런 것 이제 관심들을 갖고 그랬어. 이제 컴퓨타 시대가 돼서 그때완 또 상황이 다르기 때문에 꼭 그걸 주장할 필요는 없다고 생각을 하는데, 가로쓰기든 풀어쓰기든. 그런데 문제는 한:글 전용자도 그렇고 그거 혼:용자도 그렇고 너무 그 아집들이 센 것 같애요. 그런데 내가 지금 요즘 얘:기를 허고자 하는 건 말이죠, 한:글 전용은 좋다 그 말이야. 한:글 전용은. 그런데 한:글 전용을 한:글 전용을 한:짜음을 그냥 옮긴 한:글 전용을 해서야 돼겠느냐 말이야. 응? 그거를 그 일본 사람들두 많:이 고쳤지만 난:훈, 그러니까 훈으로 읽는 건 쉬:운 말로 이렇게 해서 이렇게 알아듣도록 가령 '꼭 오십쑈' 이렇게 허믄 될 걸 갖다가 '꼭 오십시오'. 물론 이 문장하고 저기 구어하고 또 구분이 있다 허드래도 그래도 '꼭 오십쑈' 그러믄 될 걸 갖다가 '필히 오시압', '오십시오'라든가 또 '이:미' 그런 걸 갖다가 '기히' 그런다든가 그런 한:글 전용이 돼서야 돼겠느냐 이 말이야. '김:' 그럴 걸 갖다가 '해:태' 그런다든가, '다시마' 그럴 것 갖다가 '곤포' 그렇게 써서 그 저 이 무슨 전문용어라 해가지고 일반 사람 뭐 그저 쓰는, 그거 한:자를 갖다가 한글음으로 그냥 옮겨논 한글 전용을 해서는 안 됐다. 이건 그러고 보니까 그런 한글 전용 안 돼니까 그런 것이 완전히 돼는 걸 궁극적인 목표로 삼아서 한:글 전용을 주장을 하고, 그 과:정에서는 지금 저기 동음이의어 같은 걸 역시 한자 뭐 이렇게 시:각적인 구분으로 읽을 수 있는 거는 이렇게 좀 써도 돼지 않느냐? 이렇게 궁극적인 목표는 한:글 전용으로 하돼, 한:글 전용을 할 수 있는 그 환경을 만들라 이거지. 응? 환경을 만들라. 그러면 언젠가는 한:글 전용이 돼지 않겠는가? 그런데 써놓 건 전부 무슨 말인지 알아 들을 수 없구 음만 적어놔서 해: 놓고 또 그러고 한:글 전용만 주장해서 돼겠는가 이런 생각이 들어요. 특히 법률용어 같은 것, 일본말 그대로 그냥 옮겨 논 거, 무슨 말인지 지식인들도 모르죠. 어때? 그런 면에서는.

조사자: 일본어에서는 여전히 한자를 쓰고 있는데 그것에 대해서는 어떻게 생각하세요?

뭐 일본 사람들? 일본 사람들도 전:후에는, 전:후에는 여:러 주장들이 나왔었죠. 한:자 공부하라고 과학이 뒤져가지고 소위 이:차 대전에 일본이 졌다 해가지고 한:자 전부 없:애버려야겠다고 해서 (웃음) 그때 가나 전용자가 나타났고, 또 가나 전용이 안 돼니까 이제 이 로:마자 전부 쓰자, 로:마자 표기로 해서 일본어 표기하자는 사람도 있었고 그랬죠. 이제 그런 주장은 이제 다 사라지고 지금은 이제 한:자를, 가나하고 한:자허구 혼:용허는데 제한을 두고 그랬잖아요? 이제 상용한자 그렇게 하고 또 한:자체도 중국과는 달리 약자체를... 중국은 아주 그냥 저기 간자체라 그러죠? 그렇게 해버렸지만 그렇게 쓰고 있는데... 그런데 지금 결국은 일본 사람들은 아주 참 한:자를 잘 이용하고 있다 이거지. 이걸 훈:독도 허구 음:독도 하고 그러지 않습니까? 그 다음에 또 하나는 또 아까 가나 얘기했지만 히라가나, 가따가나에서 이 가따가나는 왜:래어, 또 강조할 때, 특별한 경우 이렇게 써서 시:각적으로 금방 읽기 좋아요. 일본 글자가 그냥 띠어 쓰지도 않는데, 붙여 쓰는데 가나로만 써놓으면 그건 읽기가 어려와. 읽기가 어렵고 금방 뜻을 알 수가 없어요. 그런데 그렇게 한:자와 가나와, 가나 중에서도 가따가나와 응? 이런 거를 갖다가 이렇게 혼:용을 하니까 이 시각적으로도 속독이 돼고 금방 들어오고 그러는데, 그래서 아주 잘: 이용하고 있다 생각이 돼요. 그런데 우리는 지금 훈:독하는데 없으니까, 음독만 하고, 그러니까 이제 그러지 않아도 일본두 동의어가 많다고 야단들인데 우리는 더더구나 더 많단 말이야. 이게 내가 언젠가 (?) 선생보고 우리도 언젠가 시:각적으로 이 왜 체언이라든가 혹은 어간 같은 거는 좀 그대로 쓰고 어미는 좀 작:게 써서, 작:게 써서 금방 이렇게 읽는데 좀 편하게 하는 게 어떻겠가 생각을 했더니 난 요 다음에 글 쓰면 그렇게 쓰겠다 그랬더니 뭐 직접 써보시죠. (웃음)

1.10. 자연 발화[ims]

○ 서울 동네

조사자: 옛날 얘기 좀 해주십시오. 그 신세계 있는 데도 민가가 있었습니까? 동대문에서 자라셨다구요.

이화동.

조사자: 이화동이요.

지끔 이화동이 대학가 있는 그 거기지 거기는 맨: 충무로 그쪽은 저기 일본 싸람들이 많이 살았지, 고 한국은행 고 동네구 고 신세개 있는 고쪽은 다 그게 많았다구.

조사자: 일본 사람이요?

일본 싸람들이 많이 살았다구.

조사자: 일본 사람들 집이 많았습니까?

음, 그 사람들이 많이 살았었구, 그 저기 지끔 거기 어디라구 그러나 저 중앙 우체국에서 가믄 지끔 거기 나는 저 대연각 호텔 있는 그쪽 거기 옛날에 본정통126)이라구 그랬다구 거기를.

조사자: 본정통이요?

그래가지구 거기는 일본 싸람들이...

조사자: 그럼 지금 저는 상상이 안 가는데요. 그 동네 요즘은 차가 많고 그렇지만, 옛날에는 좀 아무래도 거리가 달랐겠네요.

많이 달르지. 전차가 다녔었구. 전차가 동대문이 저기 동대문에서 서대문 가는 거 있구. 또 인제 그 종쩜이 동대문 여기 요기 있지 요기가 종쩜이야 또, 효:자동127) 요기 요기, 바루 보험 감독원에서 쪼금 가면 거가 종쩜이라구 효:자동

---

126) 본정통— 本町通.

127) 동일한 장음(長音)인 경우도 또 다른 제보자에 비해서 그 음성적 길이가 짧음.

종쩜. 그리고, 서대문 서대문이 또 종쩜이구.

조사자: 옛날에 전차 삯은 얼마나 했습니까?

음, 옛날에 전차 삯, 저기 오: 전두 했었구 육: 전두 했었구 그래.

조사자: 학교는 그럼 그 근처에 다니셨어요?

그렇지, 뭐 들어요 들어.

조사자: 커피네요. 저는 미숫가룬 줄 알았더니.

젊은 사람이라 또 이걸 타 왔겠지. 미수까루두 있는데...

조사자: 저, 이 동네 백구십오 번지 찾느라구 이 동네 삥삥삥 돌았더니 옛날 집이 굉장히 많네요.

여기 많:지. 여기 요 골목, 이 뒤:루 이 뒤꼴목 쪽에 가면 또 있는데, 지끔 많:이 그래두 개조했어요.

조사자: 그래서 조금 또 걸어갔더니 동네가 바뀌던데요, 필운동으로.

필운동이면 저쪽이지. 반:대루 얘길 했구나 필운동이면 이쪽 우리 집에서 나오믄 이렇게 우리 집에서 나오믄, 바루 이 앞이 내:자동이구 또 이제 요 오른쪽으루 가면은 필운동이구 또, 저 길 건너쪽은 거기두 또 내:자동이야 원래 내:자동이 길이 났다구 여기 신작로가 그래서 내:자동이 그러니까 이렇게 있든 데 길이 나 가지구 내자동이 갈렸지. 길 건너두 내자동, 여기 요기두 내자동 그르구 요기서는 체부동이 있구 여기가 그래 복잡해. 또 인제 그 끝으루 나가면은 고 길 건너서는 거:가 적선동.

조사자: 적선동이요? 별루. 저는 감각이 안 와서. 시집은 몇 살 때 오셨어요?

시집은 스무 살에, 여기 이 집에 와서 늙은 거야.

○ 결혼

조사자: 아, 요집으로 딱 오셨어요? 옛날에 결혼식은 어디서, 어떻게 하셨어요?

결혼식은 그때두 저기 지끔은 거:가 덕성여대 짜리 있지? 운현궁 거기 예:식장이 있었다구.

조사자: 예식장에서 신식 결혼 하셨어요?

어, 신식 결혼 했어.

조사자: 그때, 신식 결혼이 흔했나요?

그때두 했어. 그때두 했다구.

조사자: 사십육 년, 사십칠 년 고땐가요?

그렇지 내가 사:십사: 년에 했거든.

조사자: 신식 결혼을 하셨어요? 어, 그때도 흔하진 않았죠? 신식 결혼이...

아니, 거:이 그때는 이 도시에서는 거이 신식들 했지.

조사자: 아, 서울에선요.

시굴서들은, 뭐 몰르지만, 거이 신식이야 그때부텀, 허는 거야. 그때는 들러리들두 스구.

조사자: 어떻게 집안에서 얘기를 하셔서 혼사를 치르게 되셨어요?

집안에서 우리 그 진외가땍이 바루 여기 필운동 사셨거든 우리 친정아버지에 외가쯤, 진외가128)라 그러지 진외가라구 그러잖아. 외가쯤이서 그 외삼춘, 소갤 해주신 거야. 여, 여기 같은 동네 사는 신랑이 참:한 신랑이 있으니까, 소갤 해 주신 거지 음 그래서 결혼헌 거지.

조사자: 역시 그때도 결혼하기 전에는 신랑을 못 보시구요?

아니, 왜 저기 덕수궁에서 지끔 그걸 허잖아. 왜 서루 소개받으믄 지끔 호텔겉은 데서 허지 선: 보지 맞선, 맞선 본 거지 뭐...

조사자(여): 덕수궁에서...

덕수궁에서.

조사자: 그때 맞선 보셨습니까?

응 봤:어..

우리두 사실은 인제 봤:는데 그때 왜정 때는 징병 제도라구 있었잖아. 스물

---

128) 진외가(陳外家) - 아버지의 외가.

저거면은 지끔 지끔두 그르뜨키 이제 나간다구 군인을 나가니까 징병이 있구 또 징용이 있어요. 징용은 인제 저런 공장 겉은 데루 저 징집돼서 나가는 거구 징병은 인제 군대루 가는 거구 그랬었잖아.

조사자: 일하는 건 징용이구, 군대루 가는 건 징병이구요?

그래서 나:중에 얘길 허시더라구 우리 외삼춘, 거 나한테는 오:춘 아저씨가 되는 거지? 그러니까, 우리 아버지에 사:춘 형님이 소개헌 거니까 그래서 이렇게 어떻게 징병 나가는 그때는 무조껀 군대 나가믄 실쩐으로 나가는 거니까 뭐 살아서 돌아온대는 보:장이 업잖아. 그러니까 어머니 우리 친정어머니가 어떻게 군인 나가는 사람을 사위를 삼느냐구 못허겠다구, 안 한다구 그랬었어. 그랬는데 나중엔 우리 친정아버지가 그러시는 거야. 그래두 팔짜에 있으면은 과:부가 될 팔짜에 있으면은 뭐, 군인 안 나가두 되는 수두 있구 그런데 그냥 허자구 그래가주구 그때 헌 거야. 다시 안 한다구 그랬다가 그래서, 기냥 결혼헌 거라구.

조사자: 그래서 결국 징병 나가셨더랬어요?

그럼 나갔었지. 그래가주구, 내가 유월, 유월딸에 결혼을 했는데 십이월딸인가 봐. 그때 나갔어. 근데 멀리는 안 가구 어디 있느냐면 부대가 지끔 수색 가면은 거기 옛날에 이:십팔부대라구 있었어. 그래두 가껍드라구, 그때는, 지끔은 여기서 빼:쓰 한 번만 타믄 갔지만 그때는 여기서 서울력 가 가지구 경이선을 타야 돼. 그러면, 신:촌 가서 내려서 거꺼정 또 걸어가야 된다구, 부대까지 갈래면 그렇게 해서 면:회 가구 그랬어.

조사자: 그, 장가를 가고 군대를 가셨군요. 남자는 장가를 가든 안 가든.

그럼, 가는 거야. 그 소집일이 있어 가주구, 그때만 되면 불림 받아서 가는 거지.

조사자: 얼마나 서운하셨어요. 결혼한 지, 육 개월 만에.

육 개월 만에 그래가지구...

조사자: 면회는 자주 가보셨어요?

면:회는 그냥 거기서두 여기서두 왜, 저 일딴 훈련소 가면은 어느 날인지 면

회 와라 허구 통지가 오죠? 거기서두 그런 게 있었다구, 통지 오면은 인제 면:
회 갔지. 오래는 날짜 받아 갔어.

조사자: 옛날에 결혼식은 요즘이랑 똑같았습니까? 웨딩드레스, 뭐...

그럼 웨딩드레스두 입구, 면사포두 쓰구 그랬는데, 그때 한참은 웨딩드레스
가 아니구 저 초마저고리, 한:복 초마저고리 하얀 걸루 해서 입어. 그랬어 웨딩
드레스는 업:구, 은:제 그 저거는 면사포는 쓰구.

조사자: 그러니까 하얀 치마저고리에다가...면사포만 쓰고 남자는요?

남자는 그때 뭐 저, 연미복두 입구 그랬어.

조사자: 그때도 연미복이 있고 그랬습니까? 그건 요즘은 빌려서 많이 입잖아요?

요즘은 빌려서 많:이 입는데 그때는 그냥 그때는 빌려서두 입지만 자기 그걸
루두 입구 그때두 그런 게 있었어, 빌려 입는 것두 있었어.

조사자: 사서 입는 사람도 있구요. 그러면 요즘처럼 인제, 친척들이며, 많이 오
나요?

친척들 와두, 그렇지 올 싸람은 오지. 친척들이구 아주 가까운 그 친구 분들
지끔겉이 그렇게 많진 않지. 대대적으루 이렇게 뭐 청첩장, 뭐 막 뿌리구 그르
진 않았어.

조사자: 그때두 청첩은 돌리긴 돌렸구요?

돌리긴 돌렸지. 주례 분 모시구...

조사자: 그럼 거기 뭐죠? 요즘은 피로연도 하지 않습니까? 식 끝나고 나서, 사
람들 식사도 하고...

근데, 그때는 집에서 주루 허지.

조사자: 아 그러셨어요?

그럼, 친척들이구 그러니까 집에서 대접허구 그러지.

조사자: 그러면 어떡합니까? 신랑은 신랑 집에서, 신부는 신부 집에서, 이렇게
하나요?

그렇지.

조사자: 잔치네요. 그야말로.

잔치야, 잔치야, 근데 그게 인제 자꾸, 인제 인원 쑤두 많:게 되구 자꾸 그러니까 지끔은 피로연, 허구 그러지 그땐 웬:만해선 집에서, 다 했다구.

조사자: 아니, 그러면 집에서 하면, 신랑 신부는 그때, 식 끝나면 어디 있습니까?

신랑 신부는, 인제 신랑 찝으루 와야지.

조사자: 신부는요? 그럼 신랑 집에 오면 신랑 집은 식 끝나고 잔치할 거 아닙니까?

신부는 그럼... 신부는, 신부 없:는 집, 잔치, 그 집이서들 허지 신부 찝이서 허는 거지, 뭐, 그러니까 싱겁지.

조사자: 글쎄요 그렇네요.

쓸쓸허지, 뭐...

조사자: 그야말로 딸 그냥 시집에 보내고...

맞어.

조사자: 아니 근데 그 뭐, 일단 오늘 결혼하기는 했지만, 며느리가 됐으니까요. 그날 거기서 잔치를 하면, 일이 많을 거 아닙니까?

일이 많기는 뭐 그 색:시는 뭘 해. 신부는 앉었지 뭐.

조사자: 방에요?

대접받는 거지...

조사자: 그때 잔치하면, 언제 결혼하셨어요? 여름에 하셨습니까?

유:월 삼십날 더운 때 했지.

조사자: 더울 때 하셨네요. 그러면 그때 음식도 상하기 쉬운데, 뭣들 하세요? 잔치하실 때.

잔치 음식 그거지 뭐, 국수장:국허구...

조사자: 국수장국을...

한:식이랜 게, 그런 거지 뭐, 요새는 또 비슷허잖아...

조사자: 뭐, 전 같은 걸 부치세요?

전: 겉은 거, 과일...

조사자: 무슨 전을 주로 부치십니까?

지끔이랑 비슷해. 생선저냐두 있구. 다: 있어. 그런데, 인제 그때는 냉장고가 흔칠 않으니까 음식이 많이 상하니까 잡채두 있구 뭐 그러니까, 있을 껀 다 있지. 한:식이니까 뭐 식해 겉은 것두 있구 과:일 그때는 여름이니까 과일은 흔하잖아. 수박 근데, 그런 거는, 저 그때, 다식 겉은 것두 있드라구. 뭐 이렇게 저, 지끔 이렇게 모:조품두 많아서 이렇게 상을 괘: 놓으믄, 상헐 염려는 없:지 근데, 그때는 또 일릴이 해야 되니까, 이렇게들 괴:니까 실찌루 다 해서 놨지.

조사자: 집에서들 그렇게 만드시는 거예요?

그러니까 여름에 허면은, 그렇게 불편허지 뭐 그때, 우리는 인제 군인 나갈 싸람이구, 길일이 그렇다고 허니까 그냥 얼른, 더위구 뭐구, 그냥 헌 거야 음력으루는 오:월 딸이야 그래두 양력으로는 유월이래두...

조사자: 음력으로는 오월이니까...

이제, 옛:날에는 유:월 딸허구, 십이월 딸 같은 때는, 결혼 안 했어, 썩은 달이라구 말이야.

조사자: 음력으로요.

그깐, 음력으루 오:월 달이니깐 섣:달허구, 유:월은 안 해. 근데, 지끔은 그런 거 없잖어.

조사자: 썩은 달이라뇨 그게..

나쁜, 이렇게 뭐 그러더라구 좋:질 않다구. 여름엔 너무 더웁구, 겨욹엔[129] 너무 춥잖아.

조사자: 그렇네요 그, 음력으로 유월이면, 양력으로 칠월 요때, 칠월 촌가, 유월 말인가...

그러니까는 가을, 봄이 좋지. 음식 해:두 상허지두 않구 해두 길구.

조사자: 아니, 그럼 그렇게 잔치를 하면요, 손님들도 오시고 그러니까 일손이 많

---

129) 어간이 '겨욹'임. '겨울기, 겨울게' 등과 같은 곡용형.

이 필요하지 않습니까?

그래두, 뭐 집안끼리 다: 하잖아.

○ 시집살이

조사자: 친척 분들이요?

그럼, 집안에서...

조사자: 여기도 시집오시니까 친척 분들이 다 모여 사시던가요? 이 동네...

아니, 모여 살지는 않아두 오지...

조사자: 다, 서울 안에 사시니까요?

그럼.

조사자(여): 시부모님이랑 같이 사셨어요?

그럼. 시집살이 했지 시누, 시동생...

조사자: 한 분씩이요? 시누이랑 시동생...

시누 하나, 시동생 하나, 시어머니 시아부지. 또 우리 여섯 식구, 그때는 지끔은 얼마나 부엌이 얼마나 편안해. 옛날에 그때는 한참:: 대동아전쟁 때, 고통스러울 때라, 뭘: 했냐 허문, 무연탄 가루, 분탄이야 지끔, 상:상두 안 갈 꺼야. 그, 무연탄 시커먼 가루야. 빨리 말해서, 그거를, 물에다가 개:가주구 반죽을 해서 이렇게 개, 알탄을 맹길어 가지구, 그거루 인제 쏘시개를 해서, 불을 펴:서 밥을 헌 거야. 지끔 십구공탄, 무연탄이라구 그러지 않아요, 그거 나오기 전에, 전에는 그렇게 가루를 물에 개:서 반죽을 해서 그거 화:로에다가 펴:서, 밥을 해 먹었다구.

조사자: 아니, 그러니까 가루를 받아서 집에서 물에다 개서...

그럼, 상:상두 안 가지? 그렇게서 밥해 먹었어. 그때는 나무두 또, 흔허지, 흔허지가 않잖어. 전:시 때라.

조사자: 시골이야, 뒤에 산이 있고 그러니까, 나무나 좀 해오고 그런다지만, 서울에선...

서울은, 그게 없지, 대:개, 그분탄 나오기 전에는 화:목이, 나무, 장작으루 때서 해 먹었는데, 그게 인제 구혀잖어 그러니깐, 인제 그때는 인제 그분탄이 나와 가주구 그거루 피어서 밥을 해 먹었다구 그니까, 그 화력이 얼::마나 쎄:, 그러문, 또, 잘못허문 밥이 타요. 타구, 우에서는 설:구, 그래요.

조사자: 나무랑 역시, 좀 다른

그럼, 때:서 허는 거는 괜찮은데 나무가 구:허니까 그게 이제, 한참 나올 땐데 그게, 이제 불편허니까 그거를 인제 쪼끔, 또 개화를 해 가주구, 십구공탄이 나온 거지 그러니까 편허잖어. 십구공탄은 요렇게 인제 잡구, 하나 인제 피:믄, 고 담에 사그러지는 것두 인제 자꾸, 인제 교대허게끔 자꾸, 자꾸, 인제 발딸을 해서 그렇게 된 거지...

조사자: 요렇게 얇은 거죠? 십구공탄이 지금 연탄처럼 이렇게 기다랗게 생긴 겁니까? 요즘 연탄 같은 겁니까?

그거는, 요새 얇은 거, 그거는 벙개탄이라구, 그거 말구 이렇게 두껍잖아. 그거, 피면 하루 죙일 가.

조사자: 요즘 연탄 같은 거군요.

응, 연탄.

조사자(여): 그, 알탄은 어디에다 때요? 화로에...

풍로에, 풍로에다 피:지 뭐.

조사자: 시부모님두 계시고, 시누이, 시동생 다 있었으면 혼자, 그 집안 살림 다 혼자하셨겠네요?

그럼, 며누리가 했지.

조사자: 그리고 남편은 또 군대 가 있고, 또 그 할아버님, 언제 돌아오셨어요? 그 군대에서요.

해:방되구 팔월, 구월 초에 왔어. 팔월 십오일 랄인데, 그 구월 초에 왔다구 근데, 금방 안 오구, 또 그 안에서두 빨리 안 보내주니까, 그 동안 외례, 군대 있는, 그 해방되기 전까지는 그런 걱정은 안 했는데, 뭐 들리는 소문에 들으면

은 뭐, 그 군대 안에서두 폭동이 나 가주구 그랬다 그래서, 그걸 염:려를 했지.
그랬는데 구월 딸에 오더라구. 가꺼운데두 초조해, 그동안이. 안 오니까.

조사자: 세상이 해방이 됐어도 뒤숭숭하겠네요...

　뒤숭숭허구, 근데 마침, 또 그날이 인제 그 일왕이 인제 항복허는 날, 그날,
고 전날에 인제, 국지루 떠날라구, 인제는 그때는, 인제 뭐, 지끔 말하면은 유
골이 온다구 그러는 게 손톱허구, 머리 깎는 거, 머리카락 그거 인제 깎어서
느: 놓구 여차즉허믄 그게 가는 거야. 인제 유골이 간대는 게 우리 생각에는,
이런 줄 아는데, 그거라구 그래서 만반에 준비를 허구 아, 낼이면 인제 어디루
가겠구나, 인제, 그러구 있는데 그 이튿날 발파라 그래서, 인제 가는구나, 가는
줄 알구 그랬더니 뜻밖에두 그게 일왕이 항복을, 그랬어, 살었구나...

조사자: 전쟁이 안 끝났으면 만주나 저쪽 동남아로...

　그럼, 가다가두 오는 사람이 있고 그랬지.

조사자: 끌려가셨을 텐데...

　마침 인제 아직 인제, 준:비 중이구, 나갈라구, 그런 차에, 그렇게 됐어.

조사자: 아, 거기서 일단 훈련을 시켜가지고 보내는 거군요.

　그럼.

조사자: 우리 할아버지는 그나마 운이 좋으셨네요.

　그때두 계:급 차이가 있어 가주구 쪼:끔 이렇게 지식 계층에 있는 사람은 인
제, 거기서두 상등병까지 이렇게 올려놔주구, 지끔으루 치면은, 아마 처:음에
가면, 이등병, 일뜽병 그렇잖어. 인제, 거기두 그래, 그래가주구, 쪼:끔 대우가
괜찮은 쪽에 있었어. 거기는 또, 공병이거든, 거기 이십팔 부대 철:배, 철루 맨
든 배 있잖어, 그거 미:구 훌련이 심:했다구 그러더라구.

조사자: 철배, 가방 같은 건가요? 그러면 뭔가요?

　아니지, 그러니까, 여기서 지끔 고무, 고무뽀:드 있잖어. 근데, 거기는, 철...

조사자: 아, 철로 만든 배요?

　그거.

조사자: 그럼 옛날에 이 동네는, 그때 당시는 빨래 같은 거는 어떻게 하셨습니까? 우물 같은 게 다 있었나요?

수도.

조사자: 그때도 다 집집마다, 수도가...

응, 수도, 요 바깥에 공·동수도가 있었어. 공·동수도가 그땐 많·었었지.

조사자: 아, 동네에서 같이 쓰는 거요?

동네에서 같이 쓰는 거. 그러구 인제, 집안에 끌·어들이는 사람두 있구, 공동수도, 인제, 공동수도가, 다, 지역마다 있었어 이렇게 다, 물이 콸콸 쏟아지구...

조사자: 그러면, 그거는 한 달에 돈 얼마씩 내고...

아니, 그러니깐, 인제 각자, 길어갈 때마다, 그거 내는 거야, 사먹는 거야.

조사자: 물, 한 통에 얼마 그래서...

여기 물 안 나오면은 차가 와서, 이렇게 쪽:: 이렇게 통 놓구 받아가지요. 그리고 받아가는 사람마다 돈: 내구 가구 그래...

조사자(여): 그때, 그때 돈을 내요? 굉장히 번거로웠겠네요.

그렇지.

조사자: 아니 그건, 돈은 누가 받는 겁니까?

그거 또, 맡어 가주구 허는 사람이 있지.

조사자: 고 주인이 있어요? 물에.

관리허는 사람이 있어.

조사자: 혹시 기억나십니까? 물 한 통에 옛날에 얼마 했었는지.

물 한 지게에 일쩐두 허구, 그래 한 지게면은, 지끔 그, 대:개 보면은 이렇게 네모다란 그 통 있죠? 이렇게 가믄, 그 왜, 이렇게 젓, 새우젓 통 겉은 건데, 통 그게, 두: 개믄, 한 지게야. 이렇게 양쪽에 지지.

조사자: 고게 일전이에요?

응, 일쩐.

조사자: 그럼 그걸, 무거울 텐데, 할머니가 지고 오세요?

아니지 뭐, 지는 사람들두 있잖아. 물장사 허는 사람 있잖아 우린, 뭐 요기니까. 대문깐이.

조사자(여): 그럼, 집까지는 가져다 줘요?

아니, 날라다 주믄, 그거 날라다 주는 사람 또, 그게 삯을 주는 게 있어. 그런 사람들은 아주 단골루 몇 집을 맡어서 인지, 갖다가 줘:. 날라다 주믄 그거 인제 그 계:산해서, 인제 또, 받지. 한 지게에 얼마씩 해서 져다주는 거는 좀 비쌀 꺼야. 지는 삭이 있으니까.130)

조사자: 그런 집은, 그 사람이랑 한 달에 얼마씩 주기로 하고, 집까지 물을 길러다 주는 거군요?

인제, 그게 불편허니까, 인제 그 다음에는 많이 집집이 수도가 들어갔지.

○ **명절 풍속**

조사자: 서울에서는 그러믄 그때는 제일 유명한 명절은 뭔가요? 추석 쪽이 큽니까? 설 쪽이 큽니까?

설:. 설:이 제일 컸어. 추석은 고작해야 저기 성묘나 가구 그랬지. 지끔겉이 추석은 그렇게 요란스럽지 않었어. 설:이 제::일 그랬었지.

그르구 인제 단오 때, 단오절 때두 그른 것 같애.

조사자: 단오 때는 그때는 뭐 했습니까?

단오 때들은 그네들 뛰구, 뭐 그런 거지. 놀이지. 하여튼 설:이 제::일 컸어. 명절이, 추석 때는 난 별루 어려서 그런지는 몰라두, 어:른들 성묘나 가구, 그거야.

조사자: 추석은 요즘보다 더 조용했군요.

조용했어. 이렇게 요란스럽지 않었어.

조사자: 설에는 주로 뭐를 하시는데요? 세배라든가...

---

130) 삯을~삭이.

세:배는 정월에 세:배 다니지.

조사자: 양력설에...

그러니까는 양력은 일본 싸람의 일이라구 그러구, 음력 명일은 우리 설이라구 그랬는데 그것두 인제 국가에서 철저허게 단속을 허기 때문에 공무원들은 양력으로 하구, 얼마나 단속을 했는데, 그래서 결국 그때두 알게 몰르게 이중 과세지. 근데 양력으루 그때는 많이 쉤어. 우리두 공무원이다 보니까...

이중 과세가 자:연히 되드라구 공무원이니까, 어쩔 쑤 없이 여러 날 쉬니까...

조사자: 음식 장만은 어떻게 하셨어요, 그때?

넌더리가 나지, 한 마디루 넌더리가 나.

여기가 종가찝이니까 다 모이잖아. 가구 나면 그 뒤썰거지가... 일:이라믄 아주 인제...

아니 그두 젊었을 때는 그걸 체력이 안 딸리니까, 몰르구 했는데 이제 나이가 먹구 그러니까 아주 일:이라면 넌더리가 나는 거지, 재미루 허구 그르구 그때는 애들두 먹구 어서서 자라면은 잘 먹구 그러니까 재미루두 많이 했는데, 괴로와두 괴로운 줄 몰르구 했는데 몸이 이러니까...

제::일 명절이, 제::일 치는 거야. 그 나머진 뭐...

조사자: 떡은 하시면, 얼마나 하셨어요?

먹을 만큼 허지 뭐. 대두 한 말두 뽑아다가, 대두 한 말은 뽑아야 돼.

조사자: 대두 한말이요?

웅, 그러니까, 대두 한 말이믄 심뉵 키로지.

조사자: 한 말보다 좀 많은 게, 대두 한 말입니까?

그깐, 팔 키로가 소두 한말이죠. 키로 쑤루, 그러니까 심뉵 키로는 해야 돼.

조사자: 소두 한 말, 대두 한 말, 이렇게. 그때도 역시 방앗간에 가서...

떡방아깐에 가서.

조사자: 다, 볶고.

방아깐에 가서 옛:날에, 아주 옛:날에는, 뭐 집에서들 찧었대는데, 나 시집오

구 나서부텀두 방아깐에 간 기억이 나. 지끔은 떡방아깐에 쌀 가주가면은 그거
빻아주잖아, 방아깐이 있어. 그서 떡 빼오지.

조사자: 다른 거는 뭐, 뭐 준비하세요 그, 차례상인가요? 차례상에 하시는 거.

　차례상에 허는 거야 그거지 뭐. 저기 산:적해 놓구.

조사자: 산적하구요.

　요새 그 허는 거 똑같애. 옛:날이나 지끔이나, 옛날부텀 내려온 게, 반:복되
며 내려오는 거니까. 그거지.

조사자: 산적하고, 과일도.

　과일 놓지. 그럼.

조사자: 과일은 뭐, 어떤 걸 놓습니까?

　계절마다 있는 거 놓지 뭐.

조사자: 아, 있는 거요. 그때는, 그럼...

　생과가 없:으면은, 곶감 겉은 거. 곶감, 대추, 밤 그거지.

조사자: 곶감, 대추, 밤이요. 포 같은 거, 서울도 포 같은 거 놓습니까?

　포, 그럼 포:야 물론 놔:야지 제사, 차례 지내면 다 놓지.

조사자: 포는 주로 어떤 생선...

　북어포가 이제, 주루...

조사자: 북어포요?

　그거는 항상 있는 거니까.

조사자: 산적하고, 국 같은 건 어떤 국을 쓰셨어요?

　탕: 끓이는 거, 그거지 뭐 이제, 추석에는 토란으루 해놓구.

조사자: 정월에도 그럼 토란국을 씁니까?

　정월에는 떡국이지, 떡국이구.

조사자: 고건 또, 탕이라구 그럽니까?

　탕:두 뭐 허기는 해 근데, 인제 차례니깐, 탕에는 뭐 계:절마다 으레 있는 거,
무우가 흔하니깐, 무우는, 있잖아 겨울에두 있잖아.

조사자: 무국이, 그건 무탕이라고 그럽니까?

아니, 무:탕이라고는 안 해. 탕:인데, 인제, 거기 들어가는 재료가 그거지. 무: 늫고 거기 뭐, 다시마두 들어가구 고기두 들어가구 또 그게 있어 또...

조사자: 그럼 국하고 탕은 어떻게 다른 건데요?

국은 국물이 좀 많지. 많은 건 국이구, 탕:은 조끔 저, 건데기가 많구 국물이 적지.

조사자: 아, 그런 식으로 구별했었습니까? 그때 토란도, 그 토란 알 쓰시는 거죠?

그럼.

토란 알을 왜 그거를 우리는, 껍데기를 벳겨서 그거 저기 쌀뜬물에 삶어 가 주구 삶어버리믄 그 꺼룩헌, 그게 다 나온다구. 미끼러운 게, 쌀뜬물에 삶어버 리구, 그거 인제 그러믄 인제, 그, 고 알맹이 겉껍데기 인제 벳겨갖구, 허니까 얼마나 맛있는데, 그거 인제 그거를 잘 끓일래면은 내:장 있죠. 그거에다두 허 구...

조사자: 소 내장이요?

응, 또, 그렇지 않으믄, 그냥 고기 늫구 허구. 맛있는데, 추석 때는 그걸루 허 잖아. 토란탕.

조사자: 글쎄요. 저도 그게 맛있는데, 저희 외갓집에 갔더니 그게 없어요.

우리는 또, 서울서는 토란 줄기들은 잘 안 먹어 저, 반대야. 근데 인제, 그거 는 저:기 가니까는 또 그 육계장 허는 집 가면은 토란때 말린 거만 먹는데 그, 그게 인제 섬유질이 많으니까 좋:긴 허겠지. 근데 우리두 그건 안 먹잖아. 토란 잘못 다루믄, 또 나는 이, 피부가 그래가주구 가려와요. 그러니까, 그거를 저 삶어 가주구 쌀뜨물에 삶어서 버린다구 그, 꺼:룩헌 게 그게 아리거든, 맛이...

조사자(여): 삶아서 한 번 버려내고.

응, 버려 내구 허면, 괜찮지. 그냥 허믄, 그 아려서, 독해. 그래서, 못 먹어. 또 껍데기 인제 벳겨버리구, 매낀매낀헌 게 맛있는데...

조사자: 또 그 동네는 식혜가 아니고 단술이라고 하더라구요.

아 우리 감주라구 그러더라, 시골 싸람들은.

조사자: 서울에선, 식혜라고 그러는 거죠?

서울서들은, 그거 색혀 가주구 저, 설탕물에 타서 먹지 근데, 시굴서는.. 그 걸 그 물을 끓이드라구 푸르덕덕허지? 빛깔이, 그러니까 색혀서 그래. 우리, 서울서들은 그렇게 안 하잖아.

조사자: 어떻게 만듭니까?

색혀 가지구 그걸 저, 이 식혜 헐래면은 엿기름이라구 있잖아 밀, 밀싹 내서 말린 거 그거 갈아 가주구. 그걸 미지근헌 물에다가 인제, 우리면은 뿌:연 물이 나오거든 그러믄 인제, 그거를 다 나올 때꺼정 해 가주구 그 물을 인제 가라앉히면은 밑에 앙금이 허:옇게 남아. 그러믄 인제 그걸 따라버려, 우에 맑은 물만 해서 늫:구, 요새는 그 전기밥솟이 있으니까 좋:더라구 밥을 해 가주구 거기다가, 그 물을 너:서 식혀 그러믄 이렇게 보면은 밥풀이 하나쯤 뜰 때, 잘 삭어서 거:다, 그 물을 인제 따라 가주구 날루 먹는 사람두 있는데, 설탕 늫구, 그 물을 밥풀은 띠:어내구 그 국물에다가, 설탕물을 설탕을 너:서, 끓여서 그거 식혀서 먹으면, 그게 식혜야.

조사자: 주로, 식혜는, 뭐 일 년 내내...

아무 때나 만들어 먹구 싶으면, 해: 먹지 뭐. 번거로우니깐, 무슨 때나 해 먹지 바쁘니까, 그걸 해 먹을 시간이 읎:어. 별씩으루 해 먹는 거지.

조사자: 시간이 좀 많이 걸리죠?

그치, 번거로우니까 요새는 그렇지만, 옛날에는 그거 아래묵에다 놓고, 이렇게 띠었다구 이불 덮어서, 지끔은 전:기밥솟이 있으니까 편허지.

조사자: 전기밥솥 없었을 때는 아랫목에다가...

아:랫목에다 띠워야 되잖아, 그러니까 잘못허면 고 도:가 넘으면은, 밥풀 하나 하나, 뜰 때 도:가 넘으면은, 새콤::허지, 근데 이 전기밥솥에다[131] 허면은

---

131) 전기밥솟이 ~ 전기밥솥에다.

아주 편안해.

○ 김치

조사자: 그리고, 집집마다 김치 담그는 게, 다르지 않습니까? 할머니는 젓갈 같
은 거 많이 넣으세요? 김치에요...

　새우젓.

조사자: 새우젓만 넣으세요?

　새우젓두 넣구, 서울서는 주루 새우젓허구 조기젓. 그런데 조기가 요샌 비싸
니까 인제 황석어두 늫구 허구...

조사자: 네, 뭐요?

　황석어젓이라구 있어. 조기 새끼, 쪼끄만 거...

조사자: 황석어요.

　그거 넣구두 허구 또, 요새 나는, 저 이것저것, 구찮으니까, 까나리젓이라구
이렇게, 통에다 액체, 있잖아 그거 넣구 허면, 또 괜찮드라구.

조사자: 어, 원래는...

　새우젓, 조기젓.

조사자: 조개젓이 아니라, 조기젓이요?

　비싸니까...

조사자: 조기젓은 처음 듣는데요?

　조기가 있어, 새우두, 새우 말구, 조기가, 구:허구 비싸니까 지끔 그걸 못 허지...

조사자: 글쎄요, 옛날에는 옛날에도, 물론 비쌌습니까? 조기젓이?

　아니, 그래두 지끔겉이 비싸진 않았지. 새우젓허구 김장 때, 조기젓허구 허
는 거...

조사자: 조기가 꽤 큰 생선이 아닌가요?

　이만:허지. 보통, 이렇잖아. 요새 굴비라구 엮은 게 그거잖아.

조사자: 글쎄 그걸 인제 다지는, 뭐 잘라서 젓을 만듭니까?

짤라요. 인제 다듬어 가주구 짤라 가주구 그거, 김치 허는 속:에다, 비싸니까, 그것두 많:이 못 넣구 배추, 하나에, 보통 하나나 정도... 가운데 쪽에다 너:면 소 넣을 때 그럭허믄 맛이 다 배이잖아. 국물에 익으면.

조사자: 그 배추김치 소는 뭐, 뭐 넣으시는데요?

그거지, 뭐.

조사자: 조기젓하고...

무: 능구, 고추 능구, 미나리, 또 파 능구...

조사자: 파, 미나리...

새우젓...

조사자: 조기젓은 비싸니까, 조기젓이 안 될 때는 새우젓도 넣기도 하고...

아니, 새우젓이야, 으례 능구, 황석어두 넣는데, 인제 그것두 다, 이렇게 손질해야 되구 그러니까 까나리젓 국물에다...

조사자: 배추김치 말구는 무슨 무슨 김치...

배추김치 말구는 깍두기허구...

조사자: 깍두기하고...

서울서들은 무: 썰어서 깍두기 많이 했는데, 요샌 또 뭐 총각 깍두기두 허구 그렇지, 동치미 하구, 동치미...

조사자: 옛날에 김장은 어떻게 담그셨어요? 많이 담그셨을 텐데,

많:이 당궜지. 옛날에는 뭐 한 백오십 통씩 그렇게 식구가 많:으니까. 그게 인제 그러구 요새겉이 저, 냉장고두 없구, 비닐하우스가 있으니까 지끔 사:철이 있는데, 옛날에는 이제, 겨울 가을에 배:추 보면은 그 이듬에 봄에 인제, 그 얼갈이 나올 때꺼정은 채:소가 없으니까, 몇 달 먹을 꺼를 김::장이잖아 그러니까 한 서너 달 먹을 꺼를 인제 다 해 놓는 걸루 지끔 그러면은 겨울에 먹을 꺼, 정월에 먹을 꺼, 이:월에 먹을 꺼 인제, 이:월까지는 먹구 삼월까지는, 삼월에나 되야 이제, 푸성귀가 햇배추가 나오니까 나중에 나오는 거는 것을 느른 빛깔이 꺼매지구 물러요, 배추가 그러니깐 늦게 먹는 거는 기냥 소금에다만, 간을 해.

그건 젓을 안 너:. 따루따루 해 너:, 따루따루 해 너: 더 짜게 허구, 조금 더 짜게. 짠지두 그런 식으루 허구 무:루...

저게 이 나무 이름이 화류,[132] 화류장이라 그래. 저게 그, 단단해. 우리 할머니 시집올 때, 가져오시던 거. 이거는 더 오래된 거야 그까 우리 시어머님 친정 어머니가 쓰시던 거. 오래된 거, 이거 백 년두 넘은 거야.

조사자(여): 골동품이네요. 궤짝이랑은 어떻게 달라요?

궤:짝은 이런 걸 궤:짝이라구 그러지 이거는, 반:다지라고 그러잖아, 반:다지...

조사자: 아, 요런 건 궤짝이라고 그러고...

궤:짝이구 이건 반:다지. 여기:다 옛날에는 이 위에다가 이불두 쌓아놓구, 든든해, 많이 들어, 옷이...

조사자: 이 반닫이에는 주로 뭘 넣어놓습니까?

옷두 많이 늫구 그렇지 옷 겉은 거 느:면은 좀이 안 짓는데, 이게 좀이 안 쓴다 그르드라구...

조사자: 나무 때문에요?

그렇겠지 뭐. 나무에 질:루 가겠지...

조사자: 요즘은 혼수들 되게 많이 해가지 않습니까..시집갈 때요.

다:: 채려 가져가지, 다 장만해 가서요...

조사자: 옛날엔, 뭐...

옛날에는, 나 시집올 때는 이불짱, 옷장 뭐 화장대가 경:대지 뭐, 화장대..화장 그때만 해두 화장대가 경:대라 그러지. 이렇게 쪼그만 거. 저, 화장대에 작은 거, 좌:경 겉은 거, 앉어서 이렇게 그거 그거 정도지 뭐.

조사자: 그때는 뭐죠? 뭐라 그러더라. 예단 같은 거 없구요?

예:단 같은 거두, 그때두 있긴 있었는데, 이렇게 요란허지 않어, 뭐 이렇게 간딴헌 거 자기 성이루, 뭐 노인들한테는 뭐 주머니 정도, 자기가 공들여서, 만

---

132) 樺榴- 자단의 목재.

든 거 겉은 거 그런거나 또, 뭐 옛:날에들은 지끔으로 치면은 혁대 있잖우, 할머니들은 요렇게 끈 겉은 걸루 그거 허리띠라 그래. 그런 거 수: 놔서 선물 허구, 그런 거지 뭐. 그런 정도지 뭐. 버선, 버선. 그렇게 간딴한 거야. 그것두 형편에 따라서, 뭐 있는 집들은, 뭐 옷감두 허긴 허는데 온체, 나 시집 올 그 당시들은 물짜가 되::게 구:현 때라 고무 신발두 껌정 고무신 신을 쩡도였었으니까 하연 고무신이믄 지끔루 치믄 아마 밍크코트만큼이나 귀했을 꺼야. 그럴 때, 시집을 왔으니까 그때는 뭐 혼수에 지끔겉이 그렇게 신경을 쓰지 못:헐 때라구. 고작해야 신랑 이제, 양복 한 벌 정도 해주믄 잘한 거라 그러지, 그랬어. 그때.

조사자: 그, 아까 주머니나 허리띠 같은 거 그럼 사는 게 아니고 만드신 거예요?

그거 뭐, 신부가, 사는 사람이 별루 없어 자기가, 자기 솜씨껏 허는 거지.

○ 의복

조사자: 신부가, 본인이, 자기가 만들어요?

본인이 허구, 뭐 또 재주가 없는 사람은 사기두 했겠지, 그거야 그런 정도야.

조사자: 할머니는 어떻게 하셨어요 만드셨어요? 사셨어요?

나는 그래두, 재주는 있다구 봐야지.

조사자: 어디서 그렇게 배우셨어요. 수놓는 거라든지 그런 건...

그런 건 뭐 학교에서두 옛:날에 뱄:었지만 그냥 그거야 눈썰미만 있으믄 허지.

조사자(여): 어머니, 친정어머니 하시는 거 보구요?

그럼, 우리 어머니 솜씨가 참:: 좋으셨어. 바느질, 옛날에는 다:: 손으루 일릴이 꼬:매서 입었었잖아.

조사자: 언제부터 옷들을 사 입기 시작했습니까? 할머니는 언제부터 옷을 사 입기 시작하셨어요? 만들지 않으시고...

그러니깐 나, 시집와서 시집오기 전에들두, 그전에두 그게 있었어. 양장점이라는 게 있어서 맞춤옷들 해 입구 그때는 기성복이 그렇게 흔허질 않았어. 요새, 그렇게 흔허지. 맞춤옷이지 양장점 겉은 데서 맞춤옷이라구, 기성복이 맞는 게 벨루 읋으니까...

조사자: 계속 옷은 그럼 지어 입으셨어요?

그렇지 지어서 입구. 이제 양장 헐래믄 양장점에 가서 맞춰 입었었구. 맞춤 옷이구...

조사자: 그럼 자녀 분들 옷도 지으시고...

애:들 옷은 그때 내가 자방틀을 헐 쭈 아:니까 만들어 입히구 그랬지. 우리 애들 길를 때는 또 뜨개질해서 떠 입히구 털실 사서...

옛:날 발틀인데 놀: 때도 없구 잘 안 쓰니까. 그거야, 가방 있는 거 손틀, 옛 날에...

조사자: 어이구, 이거 좋은 거네요.

뭘, 그 가:방만, 그래. 옛날 꺼야. 그것두 구챦으니깐, 요만한 모:다 하나 달 았어 옛날부텀, 우리 할머니쩍부텀 쓰시던 거니까, 둔 거지.

조사자: 할머니 때부터, 그럼 옷 같은 거 만들려믄 본이 있어야 되지 않습니까? 그런 것, 그런 건 다 어디서...

본, 뭐 본두, 자기가 치수 재: 가주구 재단을 해야지 애들 꺼, 헐래면은 이제, 기래기 재:구 품 재:구 그래서 재단을 해갖구 만들어서, 해 입혀...

조사자: 어디다, 뭐 신문지다 하세요? 재단을 어디다...

아니, 본떠야지. 신문지 겉은 거래두, 본떠 가주구 고거 옷 고대루 오려 가주 구, 박아서 해 입히지. 우리, 애:들 길를 때, 다 그렇게 옷감 사다가 해 입혔어. 또, 사는 건 비싸구, 또 공무원 생활 헐래믄 비싼 옷 사 입힐 수 있나. 옷감 끊 어서 몇 마 사면은 애:들이 작은집 애들허구 같이 있었을 때니까.

좀 저 헐 때 조카들허구 우리 애들 다 같이 해 입히구...

조사자: 한 번에 여러 벌 그냥 만드는...

여러 벌 그냥 쫙::, 그냥 해 입히는 거야.

조사자: 옷감은 주로 어디서 끊어오시는데요?

옷감은 여기 파는 데들 있잖아.

조사자: 동네에도 있었습니까?

동네에두 있었어. 옷감 파는 데. 옷감찝이 가면, 그 필목점이 있어갖구...

조사자: 필목점이요...

지끔 저기, 종로 오가 가면은 양복점 쭉:: 있잖우. 그렇게 그러뜨키[133] 그런 데, 가서 그러게 파는 데가 있었어. 사다가...

조사자: 주로 뭐 애들 꺼니까 질긴 옷감을 쓰시겠죠? 뭘 주로 썼습니까?

그치 뭐, 그때 그래두 아이들은 목...

조사자: 목이요.

뽀뿌린 겉은 거. 그게 세탁허기 좋으니까 빨래해서, 여름 풀 해서 싹 대려 입히믄 시원허구, 좋:지. 요새겉이 나이롱이 아니니까, 좋:다구. 이릏게 공기두 잘 통하구. 근데, 지끔들은 이릏게 나이롱이, 빨아서 입구, 그랬지 그전에는. 그 뽀뿌린 겉은 거 허면은. 풀 멕여서 싹 대려서 입히믄 시원허지. 겨욹이믄, 또 털실 사다가 뜯어서 짜:서들 입혔었구. 뚫어진 옷두, 다시 풀러서, 짜서, 그래요. 근데, 지끔들은, 뭐 그런 것두 안 입구 맨 기계치만 사 입히니까 그런 거 해:두 안 입으니깐, 안 허지 뭐. 털실 타래라구 있어, 또, 안 짜 입히지. 그래, 요새는 또 인제 수제품 더러 입더라. 입긴 수직 그...

조사자: 요즘은 그런 게, 얼마나 비싼데요. 수공이 들어서.

젊어서 많:이 했으니까, 늙어서 구찮아서, 대::기두 싫어.

조사자: 그러면, 옷, 이렇게 뭐라고 그럴까요 스타일이라고 그러나요, 그건 옛날 한복 같은 모양으로 만드십니까? 아니면 요즘 같은 그런 모양으로 만드셨어요?

뭐를, 저 옷 만드는 거? 저, 양장으루 해 입혀야지. 원피스 겉은 거.

조사자: 한복 같은 것도 다 만드시구요. 한복 같은 건...

한:복 같은 건 애들 잘 안 입었잖아. 우리 아이들 길를 때는 한:복두 자기 옷 이나 해 입을 쩡돈데, 뭐 별루 뭐 한:복 입을 그게 있어? 명절 때나 입구, 어디

---

133) 그렇듯이.

외출할 때나 입으니까 한:복은 외레 삭을 줘서 해 입구. 그렇잖어 지끔 한복 해 두 뭐 무슨 예식장 갈 때나 입지, 별루 입을 새 있우? 이런 거나 입구 그러구 살지.

조사자: 아, 그래두 어르신네들은 한복 입으시지 않으십니까?

어, 어르신네들 우리 저기 어머니는 당신이 해 입으시구 또, 우리 어머니두 그릏지. 할아버지가 일찍 돌아가셨으니까 할아버지 돌아가시기 전엔 할머니가 다 수발을 허셨지. 그러다 인제 저거허니까 할아버지 뒤:는 우리 할머니가 다 하셨어. 할머니두 당신 옷은 당신이 다: 해 입으시구...

조사자: 그 한복은 다, 이름 뭐, 옷 해서 이름이 있더라구요. 요건, 뭐라고 그러죠? 동정이라고 그러나요?

어, 겉에 있는 거 동정. 깃, 섭, 이거, 도:련, 배:래 이거, 도:련. 부분마다 명칭이 달르지 품, 이거는 품, 기리, 그거지.

조사자: 저건 옛날에도 저런 색깔이 많았습니까? 저 아주 고운데요, 색깔이...

그럼.

조사자: 무슨 색깔을 주로 많이 하셨어요? 옛날에는...

옛날에는 비:추색 또 여름에는, 그 계절 따라서 시원헌 색 있잖아. 겨울에는 좀 진헌 거 따듯헌 색 있잖아, 겨울에는 남색 겉은 거. 남색이, 남색 겉은 거. 또, 청국색...

조사자: 청국색이요?

청국색을 지끔 군청색이라구 그러나 뭐, 그런 거 있잖어. 거 그런 색깔, 하여튼 청색 계통을 많이 입었어. 겨울엔, 고:동색 겉은 것두 입구. 따뜻헌 색깔...

조사자: 옛날에도 역시 나이 드신 분들이 입는 색깔하고 젊은 사람들이 입는 색깔하고...

그럼. 젊은 사람은 화사한 색 입구, 나이 든 사람은 좀 어둡구 좀 이렇게 묵중:헌,134) 그런 색깔 입구...

조사자: 화사한 색은 주로, 뭐 분홍색 같은 거요?

연분홍, 연분홍두 있구 이런 거, 연분홍이지, 조끔 진헌 거 또 진분홍두 있구...

조사자: 진분홍도 있고...

그르구 아주 애:들은 다홍색 있구 그렇지, 뭐.

조사자: 다홍색이면, 좀 진한 색깔이죠?

아주, 빨건 거, 원:색 빨건 색.

조사자: 아, 그걸 다홍색이라고 그러십니까?

원:색. 이 안에는 그런 색이 없구나. 여기서, 더 진헌 거 이거는 오렌지에 가껍죠? 이거보담 더 진헌 거 있잖어. 빨건 거, 중간 색이지...

조사자: 그래서, 이왕이면 다홍치마라는데, 그 빨간 치마 말하는 거군요.

빨간 치마...

요즘은 촌스럽다구 안 입지.

조사자: 옛날에는 별루 그런 게 없었나 보죠? 애들은...

옛:날에는 색상이 그렇게 다양하지가 않으니까 중간색이 벨루 없잖아. 빨겅 아니면 껌정, 남, 이렇게 원:색이지 지끔은 그렇게 중간, 배:색[135]이 지끔은 많잖어, 회색이니 그런거 그 전에두 회색은 있기는 있었어.

조사자: 그럼, 남자들은요? 남자들은, 무슨 색깔...

남자들은 회색이지, 회색, 옥색.

조사자: 회색, 옥색.

회색, 옥색에, 흰 거...

조사자: 남자는 나이가 젊거나 나이가 많거나, 그냥 다 회색, 옥색 그렇게 입습니까?

이 백이민족이라 흰 거 많이 입었지, 흰 거 힌색, 백색. 백색, 옥색, 회색. 남자들 입은 게 고, 그거고. 또, 저 그게 뭐라 그러나 진헌 회색, 쥐[ü]색이라 그러

---

134) 묵중(黙重)하다— 말이 적고 몸가짐이 무겁다.

135) 배색(配色)— 두 가지 이상의 색깔을 알맞게 섞어서 만든 빛깔.

지? 그런 것두 쥐색, 쥐색깔 이렇게 진헌 거. 그런 것들은 인제 그 겉옷으루 많이 입잖어. 그 두루마기 겉은 거. 그 회색이 진헌 거 그거 입구...

조사자: 그 여자들도 그런 거, 남자들은 두루마기라고 그러죠?

응, 두루마기 저게 그 저게 예:복이지 저거 인제 저거를 입어요. 어디 가믄이, 겉옷이니까 두루마기, 여자들두 그렇구. 겨울에 어디 가면은 두루마기는, 외:투는 벗어두 두루마기는 입구 들어가잖어.

조사자: (한복은) 속에서부터 뭐, 뭐 입습니까?

처음에 입으믄 속적삼 입어야 되구.

조사자: 속적삼...

그러니까 속내이 심이야. 여자는 많:어. 또 속:속곳 입어야 되구. 바지에 속:에 또 입는 게 있어. 그거 입구 저 지끔 말하믄 그 란제리 같은 게 속:속곳이잖아. 그러구 인제 속:초마 입구, 그담에 인제 겉초마 입구, 아래는 인제, 아래는 그래 위는 속:적삼, 조고리 그담에 인제 조고리 다음에 그거는 인제 두루마기가 인제 그게 인제, 맨:: 겉옷이지.

조사자: 여자가 입어도 두루마기라 그래요?

그래, 여자나, 남자나, 두루마기는 다 똑같이 두루마기지. 초마저고리, 남자는 저, 그거지 바지저고리라 그러구 또, 여름에 입는 거는 고이적삼이라구 그러잖아. 여름에 홑껍데기 그거 박어서 입는 건. 고이적삼...

조사자: (사진을 보며) 머리에 쓰신 거는...

조바위, 조바위. 저는 그 옛:날 집 그 행세허는 집, 양반들 외출헐 때, 그 남자들, 왜 모:자 쓰드키 저것두 겨울에믄, 인제 방:한용으로 쓰는 거야. 모자 요새들, 왜 이렇게 여자들 이렇게 햇빛에 나가믄 모:자 쓰드키 저것두 인제 그거 있는 사람은 쓰구 업는 사람은 안 쓰구 저기...

조사자: 여름에도 써요? 저런 거...

아, 겨울에, 그 방한용이지.

조사자: 방한용이구요 남자는 저런 거 없습니까?

남자두 옛날에 남바우라구 있었어. 방한용. 남자는 이렇게 채곁이 기:다래, 이르::케. 이르케 생겨서, 모양이 여자는 요렇게 똥그랗게 됐는데, 남자는 이르:케 됐어.

조사자: 남바우요?

응, 남바우. 그거 뜨듯해. 이렇게 돼 가주구, 여기 볼두 이렇게 썼어. 끈을 매니까. 방한모겉이..

조사자: 남자는, 남자는 그럼 여자보다는 옷을 덜 입습니까? 한복 입을 때요 뭐, 뭘 입습니까?

덜: 입지는 않지. 남자들두 조끼 입어야지 마구자 입어야지, 겉옷이니까 오히려, 덜 입지는 않어. 근데, 인제 여름에는, 인제 고:이 적삼이예요. 홑껍데기루 헌 거니까.

조사자: 여름에는 고의적삼이고, 여름에도 그럼 대님은 맵니까?

여름에두 대님 매야지.

대님 안 매구 그거는, 뭐라 그러나, 좀 예:이에 어긋나지. 그게 뭐 농사나 짓구 그럴래면은 풀어해치까. 원래 선비면은 여름에두 대님 해.

조사자: 대님을 해야 돼요? 버선은 어떻습니까? 여름에...

버선두 신어야지.

조사자: 여름에도 신어요?

그럼.

조사자: 그럼, 여름용 버선이 따로 있습니까?

없:어. 여름이나 겨욹이나 버선은 똑같애.

조사자: 두꺼운 거요 ?

솜: 놔서 신잖아.

1.11. 자연 발화[bgm]

○ 해방 이전 서울

그 당시에 뽐:뿌 묻어서 아마 웃물겉이 사용한 집들이 그리 흔치 않았어. 다:들 어려우니까. 근데 그 동:네 물을 갖다 마시는 형편이구. 왜정 때 얘:기두 그래요. 왜정 때두 우리 동네가 한 사오십 호가 됐는데 그 동:네 전체에 라:디오 있는 집이 아마 한 서너 집. 그거밖에 없었어. 그:렇게 라:디오래는 겟이 귀했지. 근데 그 당시에 일쩨 상자루 맨든 나쇼나루 그 라디오가 있었는데 거기 두 삼구, 사구, 오구 이런 게 있었다구. 삼:구, 샤:구, 오:구. 그겟이 뭔:고 허니 그 라디오에 보믄 다마 있지 요거. 그겟이..

조사쟈: 밧데리요?

아니 빳데리가 아니구 고 저 요런 다마가 있어 이렇게 불 들어오는 다마. 고겟이 멫 개 있느냐에 따라서 그러니까 삼구는 작:은 거구 샤:구는 좀 크구 오:구는 아주 그냥 고성으루 나가는 거지. 그렇게 이 라디오가 구헌 시절이야. 심지어는 시계 업는 집들이 허:다했는데 뭐. 우리 어려서만 해두 그랬어 글쎄.

조사쟈: 동네에 시골서 올라온 사람들은 없었어요?

그 당시에는 시골서 혹 가다 올라온 사람이 익긴 있었지. 근데 인제 내가 하월곡에서 살았었는데 하월곡 멫십 호 중에서 박씨촌이 많구 가외루 인제 딴 성받이가 들으와서 사는 집들이 것두 멫십 호 있었구.

조사쟈: 아, 박씨촌에 사셨어요?

어, 난 박씨촌에 인제 살았지. 하월곡이라는 게 다리꼴이라구 해 가지구서 순전히 박씨촌이라구 할 쑤 있어. 내가 어저께두 얘기했지만두 저 정능은 옛날에 송가쟁이라구 그랬어. 송가쟁이. 왜 송가쟁이냐. 거 송씨네가 많었었거든. 그래서 우리 어려서는 정능이라구 그러지 않구 송가쟁이라구 그랬지. 동네이름을. 근데 그 후에 정능 정능 해졌지. 그렇게 옛:날 저거헌 것이 가:만히 보며는 지끔 근데 젊은 사람이 그런 걸 아나. 우리 옛:날 싸람 우리 똘: 겉은 사람

만나면 너 어디 사니... 나 무네미 살어. 거 그때는 무네미, 수유리를 갖다 무네
미라구 그러구 그랬지. 그렇게 살았는데. 인제 하두 개혁이 되다 보니까는 이
것저것 다 업구 요새 시체말루만 그저 사용허는 거지 동네 이름을. 참 우리 어
려서 살았을 쩍에는 개혁이래는 것두 몰:르구 그저 그날이 그날이구 하루에 밥
세끼 먹으믄 그걸루 끝이지. 지끔겉이 이렇게 애들 모양으로 어딜 놀러간다
피:설 간다 감:히 어디 그 당시에 피:서래는 말이 어딨어. 피:서래는 말 자체두
없었어. 그리구 지끔 피:서래는 겟이 원:거리루다가 말하재믄 자가용을 타구
가야 피:서래는 것이 있지 동네서 피:서래는 게 있나.

조사자: 들놀이 같은 건 안 가시구요?

그 당시에 가는 거는 철렵이라구 있지. 철렵이라는 걸 알어?

조사자: 몰라요.

철렵이래는 거는 그것이 아마 교:육에 그겟이 철렵이래는 말이 나오는지 몰:
르겠는데 그러니까 내: 천짜지. 내: 천짜에 왜 엽이라구 하는 건 엽총 쏘:구 뭐
이 말하재믄 사냥 다니는 데 무슨 뭐지. 그러니까 천:엽을 갖다 철렵이라 그래.
거 뭐:냐면 애:들끼리 한 너댓이서 개천에 가서 미꾸라지 그저 이런 고기 잡으
러 다니면섬 해: 가지구 그 당시에야 무슨 이렇게 세:상이 야박허지 않으니까
는 밭에 가서 고추, 호박, 파:... 꼬추까루는 그런 건 물론 가져가구 꼬추장두
가져가구 해 가지구서 거기서 즉석에서 끓여 먹는 거야. 그걸 철렵이라 그러는
데. 참 그전에는 우리 어려서는 너:무너무 좋았어. 또 보면은. 물이 깨끗허구.
게 난 월곡에서 우리 친구가 석관동에두 있구 장위동에두 있구 동창생들이 있
이니까 학교 다닐 쩨 친구네 집에 모여 가지구서 거기서 고기 잡는 삼태기 있
지? 고기 잡는 삼태기루다가 그걸 가지구 가서 거기 가서 저 중랑천, 지금 성북
녘 바로 건너며는 중랑천 있지? 거기 그리 갔어. 물이 얼마나 깨끗헌지.

조사자: 거기도 고기가 살았어요?

아:이구... 고:기나마나 그 물 떠서 그냥 마시구 그 물루 밥허구 국 끓이구
그랬어. 얼:마나 좋았나 그걸 보면.

조사자: 몇 년도죠?

그것이 몇 년이야. 한 오:십 한 오륙 년 전이지. 왜정 때니깐.

조사자: 젊었을 때요?

어, 나 젊었을 쩨. 어려서. 하여튼 그렇게 좋구 물두 말꾸 그것이 어딘고 허니 우이천에서 내려오는 물허구 저 창동에서 내려오는 물허구 합쳤지. 그겟이 중랑천이라 말이야. 지끔두 아마 우이천에서 내려오는 물은 깨끗할 꺼야. 그래서 우이천을 갖다가 어저께 내가 우이동을 소귀라구 그랬지? 이 소짜에다가 이 귀짜. 그게 우이동이거든. 그걸 소귀내라 그래. 그런데 인제 거기서 내려오는 물을 갖다가 우이천 물을 갖다가 뭣이라구 허니 한:내라구 허기두 허구 한:천이라구 허기두 했어. 지금도 한:천이라구 허긴 그러더군. 그게 인제 합쳐지는 물인데 고:기도 많구 들에 나가면 워:이, 호박, 감자 그저 꼬추 이런 게 늘비해서 그게 서리지. 그게 원칙은 못 허게 돼있는 걸, 아 애들들이 가서 철렵허는데 국 끓이는 데 남에 것 다 따다가 국 끓여서 먹구 밥을 거기서 지어서 먹구 그렇게 지냈으니 지금 애들 지금 어디 피서 가는 거에다 대? 더웁긴 무척 더왔었지. 어디 뭐 그늘이 있어? 그냥 때:볕에 그냥 개천에서 고기 잡아 가지구선. 그러니까는 지끔은 팬티라 그랬는데 팬티라 그러지. 우리 어려서는 그걸 우리 어려서는 그걸 사리마다라 그랬어. 사리마다라 소리 들어봤나?

조사자: 일본말 아니에요?

아니야. 사리마다가 우리에 한국, 순 한국말이야. 사리마다. 그담에 인제 그거 빤:스라구 허기두 허구 뭐 허기두 허구 했는데 우리 어려서는 사리마다라구 그랬지 빤:스란 소린 몰랐지. 그거 또 근내에 개화된 말이지 우리 어려서는 사리마다야. 건 처음 듣는 소리지 그런 소리는?

조사자: 아뇨 저희 할머니도 많이 하셨어요.

그래 할머니한테 물어봐. 옛날에 할아버지 할머니들 입은 속빤쓰를 갖다가 무엇이라구 그랬나. 사리마다라구 다 그럴 테니. 그렇게 인제 그 옛날 싸람 말은 그런 걸 갖다가 들으며는 옛날 생각이 더 나는 법이지. 지끔은 그저 어떻게 책에서 배운 그 소리만 해서 그저 너 나 헐 꺼 없이 다 똑같지만 우리네 그런 말을 허게 돼며는 향수가 젖는 거 기분으루다가 옛날 생각이 나.

조사자: 할아버지는 일본 사람들 많이 보셨어요?

일번 사람을 많이 본 게 아니라 일번 싸람한테 공부를 배웠어 내가. 그래서 지끔두 일번말을 할려며는 그거 쪼·끔은 허구 알아듣는 것두 쪼끔은 알아듣지. 한 오십멫 년 똥안을 갖다가 사용을 안 하다 보니까는 잘 몰르겠어.

조사자: 보통학교에서요?

그럼.

조사자: 어느 학교..?

나 숭인 초등핵교. 미아삼거리 가자며는 그 우측에 있지. 그 거기가 원체 범위가 넓어서 숭인 국민학교가 있었구 거기서 너무 인원이 많으니까는 분교를 해 가지구서 숭곡 국민학교가 있구. 고 또 앞쪽에는 숭인 공업 고등학교가 또 있지. 그러니까 고 자리에 학교가 셋:이 지끔 웅당웅당 몰려있다고. 옛날에 거기가 참 자리가 농사짓던 자리구 과:수원들이 있던 자리지 전부 왜.

조사자: 그때는 보통학교가 육 년제였었어요?

음. 우리가 내가 그래 들어갈 쩍에 보통학교 때 들어가구 고담에는 신삼소학교루 이름이 바뀌구 고담에는 인제 국민학교루 바꼈지. 그래 우리 가르킬 쩨는 다님이 일번 싸람이구 교장두 일번 싸람이었어. 그러니까 일번말은 원체 뭐 그거뿐이지. 그리구 또 창:씨두 허구. 건 안 할래야 안 할 쑤가 없지. 게 나는 박씬데 거 어떻게 돼는지 몰라두 우리 작은 아버지가 아라이.. 한국말룬 신정. 그걸루다가 이름을 그때 그 당시 창:씨한 적이 있어. 아라이라구. 게 그런 식으루다가 우리는 아마 한 사오학년 고참에 창:씨된 사람 많을 꺼야. 사오학년 때 아마 창:씨 됐을 꺼야. 근데 그리구 인제 오학년 육학년 때는 공불할 쩍에 어떻게 허는가 허니 요 선생들이 약어빠져 가지구서 학교서 인제 우리 반을 갖다 뭐 반이래야 육칠씹 명 한 반이야. 일학년서버텀 육학년까지 육 개반이야. 거기서 인제 남녀 합해서 일 개 반씩이야. 그것이 인제 숭인면:내 지끔 말하재믄 우리 그 자리 숭인면이 정능, 길음동, 미아리, 수유동 옛날엔 삼양동이란 게 없었어. 게 옛날에 공동묘질 했었어. 그래 인제 우이동, 번:동, 장위동, 석관동, 상:월곡, 하:월곡 이게 일때가 다 숭인면 짜리야. 그랬는데 거기 애들들이 거다 숭인국민학교 그 자리루다가 전부 모여드는 거지. 한 육십오 명내지 칠씹명이 일개면에서 학교루 다 집결이야. 아 지금 겉으며는 우이동에서 거기 숭인학교까지 와? 십 리가 넘는데. 무척 멀:지. 아마 지끔 애들 같으면 못 다닐 꺼야. 자가용 타거나 뻬:스를 타야지. 우이동이 거기서 어디야. 미아삼거리 있는데서 까마득허지. 그런 애들은 집에서 정말 새벽겉이 와야 했을거야. 그런 식으루 해 가지구서 했는데 우리가 육학년 인제 오학년 요때서버텀 뭘 헌고 허니요 선생, 요사람네들이 일 크라스에다가 쪽지를 갖다가 그때 다섯 장인지 열:짱인지 요거 쪽지를 줘 가지구선 인제 구랍을 맨들어. 내가 이렇게 허다가 평상시에 운동장에서나 어디에서나 우리말을 쓰지? 한:국말을? 그러면 먼저 들은 놈이 고걸 뺏어 한 장을. 그럼 나두 남이 또 한:국말을 쓰게 돼며는 고걸 뺏는단 말이야. 그러니까는 일본말만 쓰게끔 고렇게 유도헌 거야. 학교서는 일본말만 써야지 한:국말을 썼다가는 그 딱지를 한 장씩 뺏겨. 그러니까는 조신헐 쑤밖에.

조사자: 다 뺏기면 어떻게 돼요?

어유.. 다 빼기며는 구라부에다가 다: 기입을 해 가지구서는 혼나지. 인제 많이 뺏은 애들은 의기가 양양해서 그들은 좋아허구 뺏긴 놈들은 시무룩허구 그랬어 그 당시에.

조사자: 그때는 어떤 벌을 주로 많이 받았어요?

그땐 때리기두 허구. 벌:을 갖다 많이 세웠지. 무릅 꿀꾸 이럭허는 거. 많이 세웠어. 나쁜 선생 만나믄 막 때려. 그래도 뭐 부모네나 우리 학생이 하소연 못해. 하소연했다간 더 얻어터지구. 낙인찍히며는 그 선생한테 공부두 못해. 퇴학허는 애들두 있구 그래. 지금 겉은 저렇게들 부모네들이 의기양양허게 선생이 좀 때렸다구해서 그 선생을 막 고발허구 가서 항이허구 그래? 옛날엔 어림

두 없었어. 그래도 우리 그 당시에 그 선생들이 다: 지끔 생각이 나: 그래두. 뭐 그 선생님은 나뻐서 때렸나? 감정 있어서 때렸나. 내가..

조사자: 다 일본 선생님이었어요?

아니 한국 선생들두 있었지. 근데 그러니깐 선생이 몇 돼. 한 개 반 일학년에서 육학년까지 여섯 명 아냐? 교장 하나 있어. 그러니까는 일곱 명인가 여덜 명인가 고거밖에 안돼 선생이. 교감 하나 있구. 교감이래두 뭐 교감은 거 한:국 사람이 교감 노릇허구 했는데. 고 당시 한:국 사람 일본 싸람 반반은 봐야지. 나두 이렇게 한:국 사람이지만두 그 당시에 일본 싸람두 나빴지만 한:국 선생두 나쁜 사람이 많어. 아주 아주 그냥 유난히 더 거 이상해.

조사자: 일본 사람들보다 더해요?

고런 사람이 있었어. 석관동 사는 선생이 있는데 그 선생 괜히 돌아갔지만두 그런 얘기 헐 껀 아니지만두 우리는 오학년이구 그 양반은 육학년을 가르켰는데 우리 오학년 애들들을 잡아먹게 못 아주 그렇게 두들게 패들 그래. 쪼끔만 잘못허믄 데려다가 두들게 패구 그때 그랬어. 그래서..

조사자: 그러면 담임선생님은..

다님선생이 아니지. 그런데 다님선생이 우린 일본 싸람이었는데..

조사자: 별로 안 좋아하시잖아요.

안 좋아허지. 그랬어. 근데 지끔두 그 생각을 허면 나 그때 여나무 살밖에 안 됐는데 그 생각이 지끔 눈에 션해. 가만히 어려서 헌 자기 생각에 꽉 저거 한 추억은 나일 이렇게 먹어두 안 잊어버려져. 저봐 우리 학생들두 이 다음에 저거했던 겟이 이 다음에 늙어서두 생생하게 기억에 난다구. 고럼고럼.

조사자: 할아버지 어렸을 때 많이 우셨어요?

그렇게 울진 않았지. 우린 뭐 그래도 학교 다닐 쩍에 그렇게 뭐 저거허지는 않었으니까.

○ 명절

조사자: 명절은 어땠습니까? 옛날 명절 요즘보다 더 좋았던 것 같은데 어땠어요?

명:절. 명:절이야 좋았지. 지금겉이 이렇게 호화스럽진 않았어두. 그래두 그 때에 그 명절 맛은 또 있었어 따루. 어렵게 살았었는데. 뭐 그때 명절이래야 뭐 대개 있는 집들은 왜정 때두 그랬어. 왜정 때도 쌀 빻:아서 흰떡을 내 가지구서 흰떡은 지금 방아깐에서 이렇게 쭉쭉 나오지만 옛날엔 빻:아 가지구서 큰: 암 반이 있는데 암반에다가 이 암반 찧는 저게 있어.

조사자: 메요?

메가 있어. 떡메가 이렇:게 생겨 가지구 둥그런 떡메가 이렇게 있구 나무막 대에 끼워 가지구선 그걸루 양:쪽에서 찧:는 거지. 그거 해 가지구서 인제 그 어머니, 작은어머니 이런 분들이 그냥 암반에다 놓구서 그냥 똥글똥글허게 이 렇게 말았어. 이렇게 말아 가지구서 인제 정초에 그저 떡:국 해서 먹구 그랬는 데 우리 어려서 그 당시에 명절이래는 겟이 한복도 더러 입었지만 집집마당 다 니면섬 세:배하러 다닌 거는 빠지지 않었으니까. 근데 어디 지끔은 그래? 지끔 은 그거 간신히 자기 집안에나 다니면섬 인사할 쩡도지. 우리 어려서는 왼 동 넬 다 돌아다녀. 애들들이 그냥 모여서 한 대여섯 명이 떼를 지어서 오늘은 지 끔 누구 집으루 가자 누구 집으루 가자 해 가지구서 어른 있는 데 가서 전부 절허게 돼며는 그땐 돈이구 뭐구 그런 게 없어. 그쯤 돼야 인제 차례 지낸 과 일 좀 남은 거. 대추, 밤:, 그저 사과나 배: 쪼각 겉은 거 쫌 있긴 있었지. 근데 그것두 왼태기가 아니고 사분에 이렇게 쪼 가지구서 고거 한 쪽씩 요렇게 주구 했었지. 또 엿 주는 집들두 있구. 그거 주는 맛에 그냥 젙:다 하면 그건 나와서 다 먹어 가지구 또 딴 데 가느라 또 가서 세:배를 허구 말이야. 근데 그 당시에 는 왜 그렇게 먹을 께 귀해서 그렇게 어려웠었는지. 지끔 생각해도 지끔 애들 은 너무 호강해.

조사자: 제사상은 옛날에 어떻게 차렸어요?

제사쌍도 그저 지끔겉이 호화스럽게 차리진 못해두 그저 웬만한 집들은 시

능들은 냈지. 쪼끔쪼끔씩. 그리구 그 한:과라구 있잖어? 그것두 집에서 허는 집
들은 하구 옛 고아는 집들은 옛 쫌 고으는 집들도 있구. 그것이 말하자면 조청
이지.

조사자: 형제 분이 몇 분이셨는지?

　나 우리 집에선 삼 형제야. 우리 아버지가 오 형제야. 오 형젠데 우리 아버
지가 제일 큰집 아버지고 고 다음에 둘:째, 셋:째 아버지는 공부를 못하시구.
우리 넷:째 작은아버지가 옛날에 종암학교 아마 일 회신지 이 회신지 아마 그
렇게 빨리 나온 이야. 지금 종암학교가 아마 아마 팔십몇 회가 됐을껄. 거 그렇
게 오래된 학교, 이거 저 지금 종암학교 있지? 여기 아마 일 흰지 이 흰지 그래
그 양반이. 막내삼춘이 인창 사립학교를 갔다가 그 양반두 아마 몇 회 됐는지
빨리 졸업 마치셨어. 지금 사셨으면 어떻게 돼. 내가 칠씹이니깐 그 양반들은
아마 보통 백세들이 다 허지. 가깝거나 백 세들이 넘찌. 우리 아버지는 그러니
까 인제 내 아우가 예순여섯을 먹었는데 우리 할아버지가 내 아우, 우리 할아
버지 환:갑때 내 아우를 낳아서 내 아우 이름이 환:갑이야. 그렇게 돼. 그러니
까는 예순여섯에 육십이니까는 백스물여섯 살. 근데 우리 할아버지 연세를 그
렇게 잊어버리질 않어. 백스물여섯이야 우리 할아버지가. 그리고 또 우리 아버
님은 내 셋:째, 넷:째 딸을 넷:째 그러니까 둘:째 딸을 낳는데 수론 넷:짼데, 우
리 아버지 환:갑 때 내가 또 딸 낳은 것이 아버지 환:갑 때 낳았어. 그래서 인
제 우리 아버지가, 우리 딸이 걔가 지금 마흔두: 살, 응 마흔둘:이군. 그러니까
우리 아버지는 백두: 살이시구 지금 사셨으면. 그런 저걸루다가 내가 그런 거
잘 기억을 허구 있으니까 영 잊어버리질 않지. 우리 할머니는 우리 할아버지보
덤 두살이 아래시니까는 백스물넷:. 이런 식으로 우리 어머니는 지금 사셨으며
는 우리 아버지보덤 두 살 더 아래시니까 백 살. 이런 식으로 잊어버리진 않지.
돌아가셨을망정. 돌아가신 거야 벌써 뭐 옛날에 돌아가셨지. 그래두 인제 그런
관계루다가 잊어버리진 않어. 근데 지끔 우리 손자들은 이담에 나만 해서 저이
할아버지 저이 할머니 나이를 갖다 기억허느냐. 물론 나보담 똑똑허구 공불 많

이 했이니깐 낫:겠지. 아무렇대두 고등핵교, 대학교를 다 다니구 있이니까. 그 런데 그만큼 가정사에 관심이 있는지가 몰르지. 그게 문제야. 우리는 그래두 아직두 그 옛:날 풍습이 있구 뭐라 그러까 구시대적인 저거까? 그러니까는 지 끔 젊은 애들 허는 거는 아주 눈에 마땅칠 않지. 아마 나이 먹은 사람들은 다 그럴 꺼야.

○ 결혼

조사자: 어제 뭐 할아버지 그 혼인 얘기하셨어요?

아, 혼인 얘기는 안 했지. 나도 장:가는 일찍 갔지.

조사자: 몇 살 때 가셨어요?

나도 그때 아마 열:여덜 쌀인가 그렇게 갔어, 장가를 일찍 갔어.

조사자: 그런데 할머니는 한...

선:보고 했지. 우리 마누라는 나보다 한 살 적어.

조사자: 선보고 하셨어요?

그럼. 인제 선:보긴 부모네끼리 봤지 우리야 봤나?

조사자: 근데 할머니들은 시집가고 한두 달 서너 달까지 남편 얼굴 제대로 못 본 다고 그러잖아요.

그거는 우리 때는 그런 건 없었어. 우리보덤 더 또 오래된 옛날루 거실러 올 라가선 그랬는지 몰라두 우리 때는 그런 거는 업구 선:보는 거는 양가 부모네 들이 봐: 가지구서 그저 좋으면 하는 거야. 그러면 아들딸들은 그냥 무조건 따 라만 갔지. 아, 감히 어디가 내가 색:시 얼굴을 가서 봐. 색:시가 어디 또 신랑 얼굴 보구. 없어. 부모네들이 양:가에서 그저 합이만 보면 그대로 날짜 잡어서 결혼허는 거야.

조사자: 가까운 동네에..

그래 그래. 그래서 인제 내가 그 얘길 해야지. 우리 할아버지는 하월곡에 사 셨는데 어딘고 허니 지끔 중화동. 한독약국 자리 중화동 있지? 거 중량교 지나

서. 거기가 인제 우리 할아버진 처가찝이 거기야. 그래 그 중화동이래는 것이
요즘 말로 중화동이라 그러지 옛날엔 거기 봉호대라 그랬어. 봉호대. 그리구
중화동 고 꼭대기 산 있지? 보이잖어. 육사관으로 들어가면 그 산 겉은 산. 그
걸 갖다 봉호산이라 그래. 봉호산. 그리구 동네를 봉호대라 그러구. 그리고 또
우리 아버지는 어떻게 되고 허니 우리 아버진 면목동이야. 처가찝이. 내가 외
가가 면목동이지. 그래서 인제 우리 어머니가 친정엘 하두 잘 다니다 보니까는
우리 외가찝이 쪼금 떨어진 집에 색:시가 우리 외가찝을 왔다갔다 하다 우리
어머니 눈에 들었어. 그래서 인제 그 여자가 말하재믄 색:시가 내 처가 되거야.
그러니까 우리 어머니 눈에 들었으니까 나는 뭐 볼 꺼 없지. 그래가지구선 결
혼을 헌 거야. 그러니까는 우리 아버지 외가 처가찝두 면목동, 나도 처가찝이
면목동이야. 옛:날에는 지끔은 하두 각처에서 올라와 가지구서 처가찝이 뭐 경:
상도다 절라도다 강원도다 이렇게 많잖어. 우리 어려서는 같은 이웃 동네에서
다: 잔치를 했어. 우리 친구들두 어딘고 허니. 벌:리가 처가찝 된 애들도 있구.
번:동. 저 미아리 된 애들두 있구 가오리 뭐 종암동, 이런데 말하재믄 십 리 안
짝 거리 내에서 다: 사둔을 맺었지 지끔겉이 뭐 부산이다 대구다 광주다 이런
거는 없어. 할 쑤가 없구. 여기 사람이 어떻게 차 타구 거기 가서 결혼을 해?
볼 쑤두 업구 중매니깐 옛날에는. 지끔은 거기서 다 이리 와 가지구서 살다가
남녀가 그저 맞눈에 맞으며는 결혼해믄 처가찝이라 부산두 될 쑤두 있구 제주
도두 될 쑤두 있구 그렇지. 옛날엔 그게 없었어. 그러니깐 다 이웃 동네야. 그
래 이웃 동네 가서 물어보게 되며는 다: 사둔에 팔촌 다: 돼. 고런 식이야. 상당
히 그러니까는 그 인접 동네허구 유대 강화가 좋았지.

조사자: 마음에 드셨어요? 할머니?

　마음에 드나마나 우리 어머니가 좋아서 했으니깐 나야 뭐 마음에 좋구 멀구
뭐 몰르지.

조사자: 그래도 맨 처음 봤을 때...

　그럼. 동네 싸람이 다 좋다고 허니깐 나도 좋은가 보다 했지 뭐 어려서 뭘

알어. 지금겉이 완전 성인이 되어 가지구서 내가 그래서 그걸 느껴. 내가 그 나이에 그때 장갈 가두 내 처가 그렇게 이뿌다 저거허다 그런 걸 몰랐는데 아니 지끔 애들들은 어떻게 초등핵교 때 그렇게 좋아 가지구서 티:브이는 사랑을 시:꼬에서 어린애들이 옛날 생각을 허구서 지금 찾는 거 봐. 그만큼 벌써 옛날 싸람허구 지금 싸람허구는 차이가 많아. 모든 감각이.

조사자: 그 열일곱 열여덟 그 즈음에...

그땐 많지.

조사자: 아니 뭐 이성에 대해서 관심이 없으셨어요?

이:성에 대해서 관:심이야 있었지. 한데 그렇게 남에 여자를 갖다가 정면으루다 이렇게 본다구 허는 거는 드물었지. 아마 우리 똘:만[36] 생각허며는 그때 우리 또래 가서 직접 저이끼리 좋아 가지구서 연애했다는 사람은 혹 배운 사람, 그야말루 고댕핵교나 대:학교 이상 다닌 사람 중에서 그런 건 있지만두 일찍 장가간 사람 중에서는 그게 힘들어. 없을 꺼야. 연:애 걸어 가주구 시집 장가 간대는 것. 우리 나이가 그저 칠팔씹 된 사람들 그 당시 연:애 걸어서 간대는 사람이 몇이나 있겠어. 다 중매결혼이지. 그럼.

조사자: 혼례식 절차..

그럼. 우리는 혼례식 옛날 구식으로 했지.

조사자: 예, 좀 자세히 말씀 좀 해주세요.

그래 그 뭐야 잔치허게 되며는 신랑이 가마 타구 가구 그걸루다가 인제 거기서 있다가 거기서 그 가마루다가 색:시가 또 그 가마 타구 오:지.

조사자: 신랑이 가마를 타고, 말을 타고 가는 게 아니라요?

근데 우리는 동네에 말이 없어서 그런지 몰라두 물론 말이 있었으면 말 타구 갔겠지. 그리구 색시가 가마를 타구 왔겠지. 가마 타구 가구 남자는 그 당시에 우리는 어떻게 된구 허니 색:시가 인제 가마를 타구 오게 되면 남자는 그때

---

136) 또래만.

내가 걸어왔는지 어떻게 됐는지 몰르겠어. 하도 오래돼서. 말은 안 탔이니까. 시골서는 동네마다 가:마두 있구 말두 있구 하니까 말 타구 가구 색시는 가마 타구 오구 그랬을 꺼야. 근데 우린 뭐 서울 근방이라 그런 건 없었지. 그리고 인제 고 다음에 다시 처가찝엘 갈 쩍에는 그때두 좀 걸리긴 했어두 일력거 이런 거 인제 가지가서 색시를 태:가구 태:오구 이랬어. 청량리에 그 당시 일력거 말허재믄 차라구 허긴 뭐허구 일력거 주차장이 거기 있었으니까. 지금 어딘고 허니 청량리 역전 바로 고 옆에. 그러니까는 많::이 변했지. 옛날에 청량리로 슥: 들어서 역전으로 가는 거, 그 길이 청량리 가는 전차낄이야 거기가. 청량리 역은 그대로 그 위치구 거기서 요:렇게 건물만 많이 바꼈지만두 위치는 그리 가는 청량리 길 가는 데 전차낄이지. 또 서울에 전차낄도 생각을 허며는 청량리에서 동대문까지가 일딴은 끝이야. 또 돈암동에서는 지금 이렇게 해 가지구서 충무로 사:가까지 가는 것이 끝이구. 인제 종로 사:가를 경유해서 충무로 사:가를 가는 거야. 돈암동에서. 그러면 인제 동대문까지 가 가지구서 어떻게 허는 거냐. 옛날엔 연결을 허믄 됐을 텐데 우리 어려서는 거기가 동대문이 끝이란 말이야. 그러면 인제 환:승표를 줘. 왜말루다가 노리까애라구 그러지. 노리까애. 승환, 이렇게 되나? 노리까애. 하여튼 바꿔타는 거야. 인제 동대문서 인제 동대문 요렇게 돌아가게 돼며는 지금 그겟이 큰: 건물 들어섰는데 거기가 전차 차고가 있었지. 거리 들어가서 인제 나오게 돼며는 우리가 청량리에서 동대문까지 내려서 거기서 인제 다시 서대문가는 거 타구 저기 저 용산 가는 걸 타구 그렇게 전차를 타구 다녔이니까. 그러니까 그 당시에 전차라는 거는 지금으로 치면 거북이 걸음이야. 거뭐 이거 발로 이렇게 누르게 되면 땡땡땡땡 소리가 나 가지구서..

조사자: 비둘기호 같아요?

그 거 소리가 글쎄 그냥 종쏘리두 아니구 무슨 소리가 하여튼 전차 간다구 하게 되며는... 그도 안 걸리지. 왜냐하믄 정거장마당 섰다가 가야 할테니까 내리구 타구 내리구 타구 할려려니까. 그래가지구 인제 그 후에 다:시 인제 용산서 연결이 되 가지구서 신길똥까지 직통으루 가는 전차가 또 생겠지.

○ 젊은 시절

조사자: 아시는 분이세요?

그럼. 어 혼자 왔수? 혼자 왔어요? 네. 거기 기:슈.

그래 옛날엔 그렇게 전차를 타구 다녔는데. 지금 가만히 전차 생각을 허게 되며는 을마나 한가한 길이야. 이 종로니 을찌로니 이게. 이건 차라구 허는 놈은 벼락[137] 없어. 대:중교통이 전차야. 뻬:스두 없었어 그때는 시내에. 뻬:스 있는 거는 인제 시굴루 다니는 시외뻬스가 혹 가다 있었구. 전차 타구 왔다갔다 출퇴근 허니까는 모든 사람들이 다 빨리 다녀야지. 아침에 일찍 일어나야 허구. 일찍 간다고 해두 전차 타구 갈려면 늦구. 그땐 그랬어. 그러니까는 지금겉이 스피드 시대가 아니구 완행 시간이야. 모든 겟이 완행적으로 나가는 거지. 느리게.

조사자: 할아버지 뭐 보통학교 때 학교에서 뭐 가르쳤어요?

우리두 배운 거는 지금 꺼와 같지. 우리두 국어, 산:수, 도:덕이라는 겟이 우리 그때는 수신이야. 수신. 수신이구 또 뭐 지리, 국사 이런 거는 다 배왔지. 근데 우리가 글을 배운 겟이 왜정 때 배운 거는 딴 거는 다:: 똑같애두 산:수 겉은 거는 똑같애두 일번 끌로다가 배운 것이 국어도 일번 꺼를 많이 배우구 역사도 전부 일번 역사 배왔어. 나는 한:국 역사를 갖다가 내가 인제 해방되어 가지구서 내가 책을 사 가지구 내가 배웠으니까 한:국 역사를 알지. 우리 왜정 때는 한국 역사 배운 게 없어. 전부 일번 역사야. 그래서 지금도 일번 역사는 빤:해. 어, 도요또미 히데요시, 도꾸가와 이에야스, 명치유신에 사이고 다까모리니 뭐:니 일본에 이 장:수들, 도:고 겐세이니 로끼 다이쇼 이런 사람들은 내가 휜하다구. 그러니까는 순전히 역사를 갖다가 일번 역사를 배웠어. 지리두 지금

---

137) 별로.

일번에 내가 일번은 가지 않아도 구주에서버텀 저 끄트머리 오오지방에 뭐..
아, 거기 아오모린가? 거기까지두 역사루, 저 지리루 봐 가지구 허게 되며는 일
본에 일광, 온천이 있구 뭐구 환:하다구. 근데 한:국 꺼는 배운 게 업다구. 그렇
게 다 일번 꺼를 많이 배웠어. 그래서 일번 역사를 갖다가 한국 역사보다 오히
려 더 잘 알 쑤가 있어 지끔두.

조사자: 할아버지 그러면 보통학교 나오고 나서는 일을 시작하셨어요?

그래 가지구선 그때 내가 또 학교, 중학교를 갔다 그땐 전부 중학교야. 고등
학교가 아니구 중학꾠데. 이건 챙피한 일이지만 중학교 시험을 몇 번 봐 가지
구 떨어졌어. 그래가지구서 청량리 철또 기관사 되는 데 거길 들어갔지.

조사자: 아, 그것도 무슨 시설이 있어요?

아니, 청량리 기관꽈라구 있잖아. 청량리 철또.

조사자: 기관사 되려면 학교가 없어요?

그것이 그 당시에 나 들어갈 쩍에는 그냥 들어가기두 허구 거기서 좀 허다
가 연:수를 받아 가지구서 저 몇 해 있으면 기관사가 되는 거지.

조사자: 그러니까 곧바로 기관사 밑에 들어가서 보고 계속 보고 배우는 거예요?

화:부, 화:부. 옛날에는 저기 증기 기관차 아냐? 그러니깐 그 불 때는 화:부
노릇을 많이 해. 그러니까 화:부 노릇허는 것두 숨:차지. 그러니깐 처음에 들어
가선 그런 것두 못해. 그것두 오래 다녀야 화:부 노릇허구 거기서 더 익숙해지
면 인제 조:수가 되구 조:수에서 인제 기관사가 되는 거지.

조사자: 몇 년 걸려요?

그것두 어유..그거 몇 년 걸려야지. 그것도 그렇게 어려와. 인제 그런 저걸
로 봐서 가만:히 보게 돼며는 우리가 국민학교를 나왔어두 똑똑허게 나온 애들
들은 웬만한 시굴에 면서기는 다 했어. 공부헌 걸 봐서. 옛날에 소학교만 나와
두 면서기를 했어. 옛날에 어디 중학교 나온 사람이 몇 있어? 우리 또래는 중
학교 물론 다 나이 먹은 사람들 잘된 사람은 뭐 외:국두 갔다와서 고등고시 패
스한 사람들두 많지만 우리 저거할 쩍에는 중학교 다니는 사람두 많기야 하지.

근데 그렇게 흔친 않았지. 다 중간에 그거 해가지고 그냥 다 가사루다가 다 퍼 져 나간 거야 집안일을 허기 위해서.

조사자: 기관사로 계속 일하셨어요?

인제 그것두 심이 들구 집에 일: 때문에 또 그만뒀지.

조사자: 집에 일이요?

응. 집에 일:에 딴 일두 있구 집에 농사두 쪼끔 짓구 있으니까는 그런 걸 허 다가 그만뒀어.

조사자: 무슨 농사지셨는데요?

그땐 우린 논이지. 논농사두 쪼끔 했는데 젊어서 무슨 농사가 돼? 괜히 어영 버영 세월 보낸 거지. 참, 에유 그러니까 옛날 살아온 겟이 내가 어수룩허게 지 내왔구나 허는 생각을 지금 허거등. 그러니까 이미 그거는 내가 후회스럽게 생 각허는 거는 이미 때는 늦은 거야. 그러니까 학생들두 지금서버텀 아주 야멸차 게 제대로 계획을 짜 가지구서 모든 걸 해. 이담에 나이 먹어가믄 아이구 내가 왜 그때 그렇게 어물어물했나 내가 그때 좀 확실하게 뭘 갖다가 딱 계획을 세 워 가지구서 했으면 내가 오늘랄 이러지 않았을 텐데. 이런 후회가 든다구. 그 러니까 지금 잘해야지.

조사자: 그래도 농사에는 전문가시잖아요.

에유.. 전문가가 아니구 어영버영 지내 가지구선 얼치기지.

조사자: 할머니랑 같이 지셨어요?

그래가지구선 인제 쪼끔 허다가 육이오 나왔으니까는 거 어떻게 해. 육이오 때 전부들 그냥 고생스럽게 전부 피란들 갔지. 아유 그때 고생헌 생각허면 그 래서 어제 내가 이 사람들한테두 얘기했지만두 육이오 날 무렵에 웬만한 집 똑 똑한 애들들은 미군부대 하우스 뽀이로 들어간 애들두 많어. 하우스 뽀이는 뭔 고 허니 미군부대 미군들 따라다니면섬 구두닦이두 해주구 거기서 밥 얻어먹 구 또 식당에서 일허는 애들두 있구 그런 애들은 괜찮었지. 돈벌:이두 잘허구 편하게 잘 있었구. 근데 못난 사람들은 밤낮 이리 끌려다니구 저리 끌려다니구. 의용군 나간 친구들두 있구. 죽은 사람두 있구. 고다음에 인제 여기서 저기 국민병 내려가서 또 고생 직싸게 허구 그리고 허다 보니까는 어떻게 젊은 세월이 그냥 흐지부지 지나가버렸어. 나두 또 군대 생활을 또 야중에 했거든. 게 군대 생활을 허구선 내가 제대를 허기를 아마 스물 일고여덜 때 아마 제대했지. 군대를 늦게 나가 가지구서. 그러니까 젊은 세월은 또 흐지부리 그냥 육이오 나는 바람에 싹 뭉그러져버렸어. 없어져버렸어. 뭐 헐 께 뭐 있나. 육이오 때 피:란 다녀, 인민군들한테 시달림받어, 그래가지구 군대 나가서 군대 생활 어영 버영허다보니까는 근 삼십이 다 됐단 말이야. 내 우리네 가만:히 젊은 세월을 지내구 보며는 아마 지끔 일흔 아마 한 대여섯 이상에서 칠씁오 세 요 십 년 사이는 참 고생들 많이 했어. 왜 많이 했냐면 나보덤 한 이삼 세 위 된 사람은 왜정 때 징병으루 끌려가기두 허구 고게 넘으며는 징용을 또 끌려나갔어. 거 고생 짓했지. 그래가지구 고 사람들이 다시 또 집으로 와 가지구서 또 어떻게 잘못된 사람은 국군으로 끌려나가구 우리도 국군에 끌려나가구 그랬단 말이야. 그러니까 그때야 징집이니깐 안 나갈 쑤 있나 나가야지. 그러니까는 한 예순댓 대에서 일흔댓까지 고 십 년 사이는 아주 고생들 직싸게 한 젊은 사람들이야 그때. 고 나이가 그렇게 고생들 한 사람들이야. 왜정 때 왜정 말엽에 한번 고생을 겪었구 해방돼 가지구 육이오 나 가지구서 이렇게 되고 보니까는 왼 싸움통 고 중간에만 그냥 세월을 보낸 거지. 아주 일찍 난 사람은 몰르고 또 그 후에 난 사람들은 그걸 겪으질 않았으니깐 괜찮은데 우리 돌: 멫살 위 사람네들은 왜정 때버텀 시달림을 많이 받고 산 사람들이야. 그러니까는 그겟이 그냥 지금까지두 그 고생스러운 생각을 허게 되며는 지금 젊은 사람들 가만히 허는 행태를 보게 되며는 아주 괘씸허지. 정말 괘씸해. 어떨 때는 저런 못:된 녀석들. 옛날 생각허면 저거 아무 것두 아닌데 저걸 가지구서 저짓 허나 허는 생각들이 들어. 너무 몰라. 한:국 사람들은 아니, 지끔 젊은 사람들은 너무 무사안일이야.

조사자: 근데요 할아버지 뵈면요 그냥 농사만 지으신 분 같지가 않아요.

그래 글쎄 그러게. 난 농사만 짓지 않았지. 딴 거를 했지.

　그래 인제 내가 인제 또 농사짓는 게 싫으니깐 그걸 팔아 가지구선 무슨 장사를 했지. 그래 인제 처음엔 잘 되다가 아 요게 잘못돼 가지구서 홀랑 들어먹었네. 그러니깐 어떻게 해. 생활이 어려울 수밖에. 그런 것두 겪으구 우리 친구들두 지금 잘사는 애들들은 잘사는 애들들이 많아요. 그러니깐 그 지금 옛:날에 저거한 사람들이 어렵게 지내구 참 고생스럽게 살았는데 지금 젊은 사람들은 옛:날 생각을 허래는 거는 아니지만 저이 아버지 할아버지 때는 그렇게 어렵게 살았는데 그걸 몰:라보구 저이는 저이대로 그냥 신들이 나서 그렇게 노는 걸 보며는 저 녀석들이 언제나 철이 나나 이런 생각이 든다구.

조사자: 할아버지 저기 아까 정릉이라고 말씀하셨죠? 능자 들어가는 지명이 많잖아요.

　그럼 많:지.

조사자: 아시는 거 한번 말씀해 주실래요?

　그쪽으론 정능이 있구 뭐 우리 그 근방에는 능이래는 거는 없어. 딴 고장엔 있지. 저기 인제 이 양주군이라든지 파주군이라든지 이런 데는 있지. 동구능 겉은 것두 있잖어. 동구능이야 그런데 정말 참 유:명한 능이지. 거기는 이성계에 그 양반들 그 후손들 몇 대가 거기 묻혀있는데.

조사자: 저기 남쪽에 있는 삼성역쯤에 있는 능은 뭐라고 그래요?

　그것이 선능이라구 그러지. 선능인데 거길 누굴 모셨는지 몰르겠어. 그건 선능이야. 게 지끔 그리고 여기 저 홍능 있잖어. 홍능은 누구 능인가 허니 민비. 고종황제 부인 민비 모신 능이라구.

조사자: 선수촌 있는 데는 뭐라고 하세요?

　어디?

조사자: 선수촌 있는 데.

　아, 태능. 거기 태능이지 거기는. 이 근방에 가만히 보며는 조선조에서 많:이 능들을 각 곳 지방에다가 많이 저거했지.

조사자: 그런데 이제 어렸을 때 동네에서 돼지 잡는 날 같은 건 없었어요?

그것은 인제 돼지 잡는 거는 각 동네마다 가을이면 삼치성을 드려. 그겟이 아마 지금 지방에두 그런 예가 있지. 삼치성 드리게 되며는 돼:지를 잡는 게 아니라 우리 동네는 그때 소를 잡았어. 소를 잡아 가지구서 삼치성 지내구 소고기를 갖다 전부 분배해서 각 집마당 전부 고기를 주지. 그러면 그거 가지구서 전부 그때 국두 끓여 먹구 또 개인쩍으로 소는 못 잡았어. 그리고 또 비싸구. 근데 왜 그걸 잡는고 허니 이중계라구 있다구. 이중계. 이중이라는 건 이: 동네 이짜에다가 중짜에다가 계. 지금 친목계 식으루다가 동네가 전체 이중계를 들어. 무쪼건 그건 드는 거야. 그러니까 한 달에 얼마씩 다달이 부어나가. 그걸 가지구서 일 년 뫘:다가 섣:달에 가서 섣:달이믄 인제 음력 섣달이야 지금은 양력 하는 게 아니구 우리 어려선 음력 섣:달루 했어. 해 가지구선 소를 인제 우시장에 가서 사다가 그걸 잡아 가지구서 그걸 동네에 집집마당 전부 분배를 해서 노나 가져.

조사자: 우시장에서 사요?

우시장에 가서 그 소를 잡지. 그때는 우시장이 어디 있는고 허니 우리 젊어서는 숭인동에 있었어. 숭인동이라구 여기 스키장 실내 스키장 있지? 숭인동. 그 근방이야. 그 지끔이 마:장동이지만두 우리 젊었을 쩍엔 숭인동이라 우시장에 도살짱이 거기 있었다구. 그리고 또 한 가지 말헐까? 여기 저 이 동대문 구:청 짜리 있지? 알아? 동대문. 신설똥에 그 이쪽 이 일때가. 그게 다 경마장이야.

조사자: 예, 얘기 들었어요.

들었어? 그겟이 전부 그 일때가 이 마장동 내 어저께 얘기했지만두 진포리이라구 하는데 여기까지 해서 빙: 돌아서 신설똥 그 일때가 무지무지하게 이 경마장 짜리라구. 좌우간 경마장이라믄 범위가 넓어야잖어? 거기가 다 경:마장이야.

조사자: 경마장들 많이 가셨어요?

경:마장에 우리 어려서는 구경만 갔지 우리 어려서 무슨 돈 가지구서 가나? 그 해방 갓 때가 돼서 경마장에서 복권을 팔았다구. 인제 그 그 당시에는 경마

입장권두 있구 복권두 있구 했는데 아 그 당시에 뭐 백만 원을 갖다 타는데 어떤 사람은 복권을 타 가주구서 가다가 심장마비 일으켜서 죽었다구 그런 말두 그때 있었어요.

조사자: 너무 좋아서?

너무 좋아서. 그때 백만 원이면 지끔 아마 한 백억 되까?

조사자: 굉장히 컸네요.

크:지. 크:구말구. 해방 갓 때가 돼서 백억이면은 아니 저.. 백만 원이면은 백억 돼. 내가 보기에. 그래서 그 노래루두 있어. 만약에 백만 원을 타며는 뭐 어쩌구저쩌구 허는 노래가 있다구. 응. 갸:령 백만 원을 타면. 그러니까는 백만 원을 탔다믄 이건 뭐 이루 말할 쑤 업는 금액이야. 난 내가 생각하믄 백억보덤두 더 많겠어. 그때 백만 원이면 어마어마하지 뭐. 감히 그땐 그러니까는 나 어려서 그래 한 열:한 대여섯 살 먹어서 소 한 마리 값이 한 육칠씹 원 했어. 황소 한마리에 육칠씹 원. 육십 원, 칠십 원 고 정도야.

그러니 백만 원이믄 뭐 말두 뭇해. 어마어마한 돈이야. 웬만한 지방에나 이런 서울 근교에두 백만 원 재산 가진 사람 업:지. 없어. 지금 백억 가진 거부들은 풀풀해, 많어. 옛날에 백만 원 가진 사람은 없어. 서울 장안에서두 몇 안 될 꺼야. 그러니까 그 얼마나 큰 돈이야. 그러니까 심장마비 일으킬 만허지.

조사자: 아까 이중계 말씀하셨는데 이중계 한 달에 얼마씩..?

근데 고것이 몇씹 전이지. 우리 어려서는 돈 화폐가 왜정 때 화폐 가치야. 지끔은 뭐 보:통 몇만 원 뭐 몇십만 원 이것이 보통 말허는 거지만 우리네는 그때 얘기가 몇 전, 몇십 전이야. 우리네 좌우간 일쩐을 가져가두 사탕 이런 걸 갖다 두 개씩을 받았으니깐 일쩐에. 그러니깐 지끔 일쩐이란 화폐 가치가 뭐 있어? 아직두 십 원, 십 원짜리두 지끔 시원찮잖어. 그러니까 몇 대 일이 돼? 일 쩐허구 지금 백 원허구 어떻게 돼? 몇분에 일이 돼? 난 거 수짜두 만분에 일인가? 따져봐.

조사자: 전이라는 건 없죠?

어, 그러니까 우리네 사용할 쩍엔 일 쩐을 갖다가 보:통 지금 백 원 이상 썼단 말야. 백 원 이상씩.

조사자: 사탕을 두개나 주니까요.

응. 그러니까는 천분에 일이 되나? 만분에 일이 되나. 십 전, 일 원, 십 원, 백 원...

조사자: 일 원에 십 전이에요?

일 쩐. 응. 일 쩐을 갖다가 백 개가 백 전이 일 원이거등. 그니까 이찌 주:하코 생. 일 쩐이 천 원인가 보다. 하여튼 그런 단위루다가 우리는 돈:을 가지구 썼으니까는 그때 백만 원이라며는 이건 상:상두 못해. 아 지금은 웬만한 사람들 억 허구 죽구 뭐 백억 이따구 소리 흔히 허지만 옛날에 백억, 백만 원 소리를 허질 않았어. 허질 못했어. 그렇게 화:폐 가치가 그냥 아주 좋았지. 근데 지끔은 억이라구 허는 걸 인제 지끔은 개 이름 부르듯 허는 세상이 돼버렸으니 말이야. 몇억 겉은 거는.. 우리네 그때 학교 다닐 때 월싸금을 갖다 사:십 전을 냈다구 내 어저께 얘기했지만두 사:십 전도 사실 제대루 못 내서 밤낮 집에 쫓게가구. 월싸금을 못 내니까. 게 지끔으루 치믄 수업료야. 그걸 월싸금이라구 그랬어. 우리 어려서는.

조사자: 할아버지 어렸을 때 여기저기 많이 다니셨나 봐요?

많이 다닌 거는 저거해두 하여튼 애들허구 놀러는 많이 다녔지 쪼끔했어두. 뭐 놀러다닐 때는 그것이 큰 원거리를 가는 게 아니라 친구들허구 저 방학 되며는 고기 잡으러들 다니기두 허구 산에두 그저 놀러가기두 허구 봄이 지내 가지구서 초여름 되며는 그 삐:찌가 있어. 봇꼿에서 나오는 그 열매 그 새까만 게 있다구. 그것이 그 우이동 고 못 미쳐 우이동 가오리 거기 아주 그냥 봇꼿 나무가 무척 많았었다구. 만발했지. 지금 다 집이 들어앉아서 없어졌지만. 그리 삐:찌 따먹으러 다니구. 거기도 애들들이 같이 동창 애들이 있으니까 방학 되믄 오늘은 어디루 간다 해서 그리도 가구 고기두 잡으러 다니구 많이 다녔어.

조사자: 저기 몰래 영화관에 들어가신 적은 없으세요?

왜정 때 영화관 간 겟이 이 한:일극장, 제일극장 거기 간 적은 있지. 그러니까 거기서 우리가 돈암동서 전:차를 타구 종로 샤:가에서 내려가지구선 요렇게 쪼끔 내려오면은 한:일, 지금 한:일극장이 없어져 버렸는지 있는지 몰르겠어.

조사자: 어딘지 모르겠는데요.

그것이 동대문 시장 바로 건너편. 그러니까는 저기지. 보령약국 자리 있지? 보령약국에서 쪼끔 올라온 그 골목으로 들어가는 데 거기야.

조사자: 종로 오가?

그 샤:가지.

조사자: 사가?

음. 그러니까 보:령약국이 종로 오:가허구 샤:가허구 중간 사이에 있는 거야. 그게. 그게 옛날엔 제일극장이라구 그랬지. 근데 그 언젠가 보니깐 한:일극장이라구 났는데 고 다시 진 것 같애. 인제 극장 얘기가 나왔으니 말이지. 우리 어려서는 종로 삼:가에 있는 지금 단성사가 대륙극장이야.

조사자: 대륙극장?

대:륙극장. 단성사가. 그리구 저 서대문에 지금은 없어졌어. 옛날에 연극 많이 허던 극장이. 그게 서대문 극장이지. 지금 거기 서대문 근처 고개 넘어가게 되며는 그게 농협 자린가 농협 본분가 하여튼 사물 있어. 큰 건물에. 고 옆에 옛날에 서대문 극장이 있다구. 그리구 종로 샤:가에 지끔 국도 극장이 다까라스까개끼죠라구 성총, 다까라스까. 그러니까 보:총이 되는구나. 그게 국도극장이 그게 되구. 그리구 서울에 극장이 몇 없어. 내가 생각허기에 충무로에 충무로가 옛날에 혼마찌라고 그랬거든. 본정. 거 본정거리야. 혼마지도:리라고 했어. 혼마지도:리라는 건 순전히 일번 싸람들이 주로 많이들 다니구 거리야. 우리나라는 명동 거리를 많이 한국 사람이 다니구 그때 다니는 그 길두 명동 꺼리는 한국 사람이 다니구 충무로 꺼리는 일본 놈들이 다니구 혼마지도:리라 그래. 그리구 고 위에서 명치, 명동 꺼리에 지금 국립극장인가? 국립극장 있지? 명동에. 명동상업은행 지점 있는 바로 건:너편에. 그것이 인제 명치잔데 아주

서울서는 그 당시 이걸로 치는 극장이야. 명치자라구. 아마 전부 따져야 서울에 저기 갈월동 거기 있는데 성남극장 하나 있구. 그것두 오래된 극장이야.

조사자: 갈월동이요?

갈월똥이냐 거기가 뭐냐. 거 갈월똥쯤 되지.

조사자: 지금 숙명여대 있는 데요?

숙명여대 쪼끔 내려가면 삼거리에. 삼거리 이쪽에 극장 있잖어. 성남극장이라고. 거기가 남쪽으로는 그 극장이 하나 있었지. 그러니까는 서울에 총 통틀어야 뭐 한 일고여덜 꾼데? 그거밖에 없었어. 그런데 인제 서울, 그 당시에 또 뭐 인구야 몇십만 됐나 서울이. 한 팔구십만? 그거밖에 안됐지. 해:방돼든 해에 서울 인구가 구십몇만밖에 안 됐으니깐. 백만이 안 됐어. 그래가지구 해:방돼 가지구선 쪼끔 있다가 백만을 쳤지.

○ **육이오**

조사자: 할아버지는 피난을 어디 가셨어요?

나? 피란 저기 평택 지내서 안중, 달:안 그저 거기 갔어.

조사자: 별로 멀리 안 가셨네요.

그것두 한:동안 걸어간 거지.

지금으루 치면 문턱이지.

조사자: 네. 아니 삼팔선 터지자마자 내려왔는데 할아버지 북쪽에서 사셨잖아요.

거 거기 살았지. 그래서 그 얘길 허며는 육이오 나던 해에, 육이오 날이가 일요일 날이야. 그때 비들이 안 와 가지구선 논에 모를 못 심었어. 근데 인제 육이오 나기 메칠 전에 장마가 져 가지구선 비가 와 가지구서 그냥 모들을 다 너나 나나 할 껏이 모들을 막 심끼 시작을 해. 그러니까 인제 벨안간에 심께 되니까 동네 싸람 어디서 인부를 구해? 그냥 집안네끼리 심는 거지. 아 그런데 저 의정부 쪽에서 날은 멀쩡헌데 쿵:쾅: 소리가 나. 우리 할아버지 우리 아버지 분들이 원 날이 멀쩡헌데 천둥을 허나 말이야 이러셨어. 근데 모를 다 심꾸고 나서 한 이틀날 있으니까 이틀쯤 있으려니까 그냥 피란 보따리를 민: 사람들이 줄을 지어서 피란들을 내려와. 얼마 안 있드니 날:리가 났다고 야단들이지. 내가 그 당시에 스물세 살이니깐 그땐 물불을 가리지 않을 땐데. 아:휴, 그냥 보따리 미구 소 끌구 오는 사람에 애를 등에다 엎고 오는 사람에 뭐 많았지. 의정부에서버텀 좌우간 창동에서 전부 이리들 물밀듯이 내려왔으니깐. 그래 그 북한 놈들은 인제 저이는 남침이 아니구 북침이라구 하는 겟이 아 우리겉이 생생하게 현장 그 당시에 있던 사람들이 지금 살아있는데 그런 거:짓말들을 허는 놈들이야 그놈들이. 여기서 그 당시에는 육이오 나던 해에 그날이 일요일이라 여기 국군들은 전부 휴가들 다 나왔어. 휴가들을. 그러니까 여기는 뭐 그거 보면 그때두 정신들이 쪼꼼 좀 빠졌어 그거 보믄. 그때두. 그런데 그놈들은 인제 그 정보를 입수 못허구 그냥 휴가들을 전부 내보냈는데 웬:걸 날:리가 났다니까 그냥 전부 귀대허라구 야단들이지. 전부들 귀대허구. 그때 귀대 뭇헌 사람들은 남쪽으로 그냥 또 내려간 사람들두 있구 군인들이. 그래 그 당시 걔네들 내려와 가지구선 군인 가족, 경찰 가족 몽조리 그냥 부셨지 뭐.

조사자: 근데 피난을 거기 가셨다고 했는데.

　거기 갔다가 거기 가서 뭘: 먹구 사나? 도루 들어왔지.

조사자: 고향으로요?

　거 고향으루 가야지. 죽든 살든 인제 집으루 들어가는 거지.

조사자: 동네에는 북한...

　아, 인민군들이 있었지. 그래두 어뜨케 해. 나 그래 그 당시 젊었으니깐 뭐 이리 피허구 저리 피허구 허다가 먹을 꺼 없으니까 난 그때 또 쌀장살 한다구 자전걸 가지구서 내 친구허구 개성으로 다니면서 쌀장사했어. 뭐 당장 먹구 살아야지. 남이 이러구 저러구 소용 있나. 사상쩍으로 봐서는 그건 아니구 별안간에 인민군들이 들어닥쳐서 인민위원회다 뭐다 해.. 뭐 어떡해. 그저 거기서 허는 척들 허구 다들 그렇게 지냈지. 그때는 어쩔 쑤 없어. 그 당시에 환경이 가리키구 그 세월이 그러니까는 그거에 따라서 살 쑤밖에 없었지. 어떡헐 꺼

야. 거기 반대해서 내가 뭐 걔네들허구 맞대항해서 싸울 꺼야 뭐 헐 꺼야. 그러
다가 인제 또 인제 구이팔 수복허는 바람에 그때 위험했지. 구이팔 수복하는
때 그냥 전부들 젊은 사람들 숨:꾸 걸리는 놈들은 그냥 도망가구 사상적으로
걔네들허구 동조허는 젊은 놈들은 그리 또 따라간 놈들도 있구 가다가 도망 온
놈들두 있구 벨에벨 사람들 다 있었어 그때. 그러니까 고통스럽게 지낸 거야
한마디로 말해서. 내가 생각허믄 고 나이 똘: 이런 사람들이 불쌍해.

조사자: 일사후퇴 때는요?

　일사후퇴 땐 난 몰르지. 그때는 여기서 십이월 중순에 가서 국민병이라구
그때 있었어. 게 우리넨 국민병으루다가 다: 남쪽으로 내려갔지. 아마 칠씹 세
이상된 노인네들은 아마 그 당시 여기 살던 사람들은 전부 국민병 다 내려갔지.

1.12. 자연 발화[rdi]

○ 조상

응, 즈이 이제 심육대조... 류... 어... 숭 짜, 조 짜, 할아버지께서 성균관 대사성을 지:내시고, 어... 어... 칠써를 언해했다는, 체:초로 그러고 이제 그, 어... 옛:날에는 이제 그 양반들이 한:글을 거이 안 썼지 않습니까? 그때는 은:문이라고 해서. 그런데 인제 이 양반이 체:초로 성균관생들한테 한:글을 가르쳤다는 그런 기록을 내가, 우리 그 저, 유숭추술록에서 내가 봤:에요. 그런데, 이 지끔 학계에서는 그게 고증이 안 데 있더라구여. 예, 그래서 내가 이제 그전에 여기 이:병근 교수님하고, 이병근 교수님 그 왜 또 무슨 교수님인가? 그분이 쓴 책을 내가 보고서, 어... 그분한테 연락을 하니깐 어... 그 양반은 원로교수고, 거 이제 이병근 교수, 이병근 교수를 소개해 드리더라고요. 그래서 구십오 년돈가 그때가? 에... 서울대학에서 전부 합해서 국문학과에서 일굽 분인가, 여덜 뿐... 아, 여덜 뿐이다. 여자분 한 분 끼어 가지구서. 그래가지고 문헌 조사를 거.. 지끔 봉:화, 경북 봉:화에 있는 어... 그 사당에 가 가지구서 그 문헌 조사를 했어요. 근데 그 문헌이 아... 그, 초창기에 이제 그 칠서를 언해한 그 서륜줄 알았는데 나는, 근데 여기서 고증을 해보니까는 임:진왜란 이후에, 우리 족보상에도 보믄 심짜 할아버지가 그, 이제 칠써 언해한 걸 갖다가 재간행했다는 그런 기록이 나와 있어요. 그 후에 서적이기 때문에 말하자면 국보적인 가치는 음... 안 덴다. 그래서 저두 이제 그, 그거를 이제 갱:장히 몇 년 전에는 그, 그... 이제 그런 기록을 어... 찾으러 쫓아다니고 여러 가지 해:봤는데, 글쎄 임진왜란 때 일본 눔들이 그 책을 갖다가, 아... 가지고 지끔 일본에 어디 숨겨났다던지 그렇다 그러면 모르거니와 국내에서는 그 양반이 하도 연산조 때 여:러 번 귀양을 가시고 그랬기 때문에 서적이 거이 안 남아 있을 꺼. 그러니까 국문학사에도 그게 나타나 있질 않다고. 예, 그게 좀 안타까워요. 그런데 이제 여기서 선생님이 어떻게 표준말 때문에 나를 갖다가 이제 오:시라고 하니까, 호오, 이

거 조상님이 도우셔서 그러나... 이 오트게 응? 글쎄... 나 같은 사람은 다 불르나 해:가지고서 어... 내 흥쾌히 협력해 드리겠다고 그렇게 얘기 한거죠.

조사자: 저희로서도 참 고맙죠. 선생님이 그러니까 태어나신 데부터 얘기를 해 주시겠어요?

저는 저... 저이 조상님은 남상꼴에서 사셨다는 그런 기록이 있에요. 어... 그런데 인제 그 후에 이제 우리는 점차적으로 아마 이렇게 이제, 그... 연산조 이후에 귀양을, 연산조 때 귀양을 자꾸 가시고, 중종 때에 이제 다시 지끔, 어... 관계에 나가셔서 성균관에서... 왕조실록에 보믄요.

옛:날에 이제 성균관에 이 옆에 벽이 없었어요.

그냥 위에 지붕만 있었다고. 그런데 왕조실록에 내가 조살 해보니까 우리 조상이신 이제, 어... 버들 류짜, 류 숭, 숭배한다는 숭. 어... 조. 햅애비 조짜. 이 양반이 성균관 대사성이 돼시구 난 다음부터 칸을 막고 또 그... 성균관에서 학생들이 옛날엔 숙식을 못:했대요.

근데 인제 이 양반이 대사상을 하면서부터 거기서 숙식을 하고 공부를 하고 그렇게 할 수 있게끔 하고, 또 어... 이 중:종대에 나중에 이제 거 왕조실록에도 나와 있는데, 음... 그, 수강하는 학생이 역사상 췌:고로 많았을 때야. 예, 그런데 이 양반은 특별히 어느 한 분을 편애한다든지 무슨 이렇게 게:승하게끔 하질 않았기 때문에, 많:은 제:자를 가르쳤으면서두 말하자면, 그 후:게자가 없는 거예요. 예, 이제 퇴:계 선생님 같은 그런 분들도 어땠냐믄 퇴:계 선생님이 우리 할아버지가 돌아가시고 난 다음에 그 행장문을 쓴 것이 우리가 갖고 있어요. 그, 거개 거기 이렇게 보므는 퇴:계 선생님이 그... 그... 우리 할아버지신 숭짜, 조짜 할아버지를 높:이 평가를 하고 그랬는데 지끔은 어트게 하냐며는 그렇게 하나도 읎:잖아요? 그... 일종의 에... 그러고 해:방 전까지만 하더라고 칠써언해 했다는 거 이거는 전부 류숭조가 했:다 그런 그, 고등학... 그러니까 중학교, 옛날에는 중학교죠, 중학교 교과서에까지 다 나오고 그랬었는데 지끔은 그런 것이 하:나도 없어요. 거:의 다 모르고들 있더라고. 그래서 여기 그, 교수님들하구 조교님들하구 합해서 한 여덜 명이 갔었는데 거기도... 그러고 숭짜, 조짜 할아버지를 높이다 보며는 퇴계 학파, 아... 저기 조끔 이렇게, 영남 쪽에서는 지끔두 어... 이제 그, 숭짜, 조짜 할아버지를 꽹장히... 이제 그 양반 호가 진:일짼데, 진:일째를 꽹장히 치고, 어... 이제 영주, 봉화, 안동 이 일땐데. 지끔은 어떡하냐믄 이제 말하자믄 제자들이 없으니까...

그 학파를 이어가질 못하고 있죠. 그러니까 그런 점이 안타까워서 그래서 그런 재료를 갖다가 이거 대학에서 연구하는 분들, 새:롭게, 새:로운 생각을 갖고 계신 분 있으면 그런 분한테 좀 주고 싶다는 생각을 내가 많:이 하면서도 자료가 없어요. 참 어려웅 거예요. 왕조실록까지도 거기 그렇게 다: 나와 있는데...
조사자: 그럼 뭐, 매년 서울에서 계시다가 그렇게 여러 군데 이동하고 그러신 거예요?

그... 이제 직장 관계로 그 왔다갔다하는 그런 거는 있어두, 그... 제가 지끔 천구백삼십삼 년 십일월 이:십이: 일생인데. 에... 거:이 서울에서... 직장 관계로 한 구 년? 구 년 정도 이제 강원도에 갔다가 오구선 계속 서울에서 있었지요,
조사자: 예, 나시기는 어디서 나셨어요?

나:시기는.. 아, 난:기는 지끔은 그 번짓수가 없어졌는데 중림동 삼십오 번지에요. 예, 중림동이면 어디냐 하며는 어, 서울역에서 서쪽으로 어... 서북쪽. 예, 고쪽이 그러니까 지끔의 그러니까 종근당제약 동쪽 어... 끄트머리가 우리 옛:날에 집이었어요. 예, 지끔도 중구 중림동인데. 에... 그러고 제:가 알:기로는 우리 할아버지나 아버지, 이 양반들은 어:디서 났나하면, 옛:날 어... 저걸 보니까는 어성정이라고 있더라고, 어성정. 그 어성정이 어딩가 하구 그걸 서울시:사 편찬위원홰 거기 가서 이제 그, 문의해보니까 지끔에, 그러니까 남대문 시:장에서 대우빌딩 있는.. 예, 그 근방 어디라고 그런 얘길 하더라고요. 그러니까 인제 우리, 우리는 온: 조상은 남상꼴 그쪽에 게셨었는데 내가 알기로는 인제 기록에 나온 것만 그렇지, 사실은 이제 꽝계에 게셨으니깐 남상꼴에 있지 않고 아마 뭐, 사직동 어디, 이쪽 어디에 계셨을 것 같은데. 그런 기록은 내가 찾질

못했어요. 응, 그러니까 아... 그리고 이제 그 어트게 그러믄 서울에 정착하게
됐느냐? 지끔 용에 눈물에 보면 하:륜이라고 그런 분이 나오시죠? 하륜이 우리
이대 조상이신 극 자, 석 자에 그... 머랄까, 처남이데요. 그러구 태종하고는
어... 그러니까 삼대 빈 짜 할아버지는 태종 허그, 그, 태정태... 그러니까 삼대
태종하고 같이 에... 한 동네에서 어 동반급제, 고려조에 이제 그 과거에 합격
을 하고 그러다보니깐 같은 혁명 동지로서 그만 나라 세우는 데 공을 많이 세
우셨던 거 같애요. 그리고 지끔 역사 속에는 가려져 있지마는 에, 그... 족보에
보믄 함흥대도부사를 지내셨다고 이렇게 나와 있다고. 그러며는 어떻게 돼나
하며는 이성계 이제 상:왕이 함흥으로 가셔가지고서 거기 계실 때 아마 대도부
사를 하시고, 이 양반이 그... 이제 그... 태조하고 태종하고 부자분의 관계를
어... 그... 원만히 하는 데 공을 세우셨기 때문에 이 민간인으루서는 처음으로
이... 돌아가신 다음에 우리 빈 짜 할아버지, 삼대 빈 짜 할아버지가 돌아가신
다음에 지끔 용:주 밑에 보며는요, 용주 바로 밑에 보믄, 지도책에 보믄, 버들
류 짜, 유능이라고 돼어 있어요. 능으로 봉했다구, 예. 근데 그것도 왕조실록에
는 그런 데는 없어요. 근데 우리 이제 그... 전해 내려오는 저걸로는 그 관계를
어... 부자 분 간에 광계를 갖다가 원만히 해주고 그러셨기 때문에 돌아가... 이
제 친구가 돌아가신 다음에 에... 너무나도 저거 해가지고서, 안타까워해서, 전:
국에다가 그 지관을 놓는데, 조금 얘기가 달라지는데..

조사자: 아, 괜찮습니다.

괜찮아요?

음... 그것도 이응:귀{yi: ŋ gu}:구 대상이 될 만한 거니까, 지난번에 민속박물
관에서도 나한테 연락이 와 가지구서 뭐 이제 한 얘기가 있어서 그거 조금 추
가를 할라고 그래요. 이... 태종이 이제, 옛:날에는 그 지:관을 국풍이라고 그랬
어요. 국풍을 전국에다 이제 보내 보니까 묘자리를 찾아보니까 용주 밑에 에...
거기가 젤: 좋다, 지끔 거기가 성문니[138]로 돼 있더라고요, 보니까. 에... 그래
서 거기다 묘:를 쓸려고 하다 보니까 묘:짜리가 여기가 이렇게, 산이 이렇:게

있다고 하무는 묘:짜리가 여깄는데 고 앞에, 봉분이 두: 개 있는 다른 묘:가 있
는 거에요. 그래서 아, 묘:를, 여기가 명당인데 여기다 묘:를 쓸라구 그러는데
그 이제, 그... 빈 짜 할아버지가 돌아가신 그... 시신을 천리낄을 메:구서 그 용
주 밑에까지 갔는데 그렇게 됐단 말이야. 그러니까 이거 파발을 띠워서 임금님
한테 에... 태종한테 얘기하니까 누구네 몬:지는 모르지만 세: 사람이 목숨을
무릅쓰구 어... 반:대를 하며는 다른 묘:짜리를 써라... 이랬대요, 그래서 이제
군사들이 거기를 파구 이제, 그... 묘:짜리를 한다고 하니까 그게 엄:씨에요. 엄:
씨 묘더라고. 그 엄:씨네서 와가지고서 세상에 이럴 쑤가 있냐, 아무리 나랏님
명령이라도 이렇게 압장을 해서는 안 된다. 압장이란건 위에서 누르는 그... 이
제 그... 묘:제 방식이니까 이건 안 됩니다 하고 난리를 치니까 군사들이 엄씨
를 한 분 죽였어요. 그러니까 그냥 또 그 문중에서 난리를 쳐가지고 그냥 아무
리 나랏님 명이라고 이건 안 됐다고 또 난리치니까 군사가 한 분을 더 죽였다
고, 그러니까 거기 있던 엄씨들이 다 후:손들이 다 도망가 뻐렸단 말이에요. 그
래 이 양반들 어턱하냐믄 시신을 메:고 온 군사들은 임금님한테 무슨 명령을
받았나 하며는 세: 분까지 죽음을 무릅쓰구 반대하며는 딴 데로 왱긴다구 했는
데... 두: 분이 죽이구, 죽고 난 다음에 다 도망갔으니까 거기다 묘짜리를 쓴 거
에요. 그, 지끔 봐도 거기 있고, 지끔 그게 이제 경북 문화재로 돼 있어요. 예.
그런 광게로 해서 우리는 그 이제 그, 서울에, 그러니까 아... 그때부터 서울에
정착하게 됀 거지요. 그런데 지끔 거기 가보무는 그때 이제 그, 태종 때 옹구
한, 옹구한 이제 그... 뭐라구 할까... 상여. 보:가 그대로 거기 남아있어요. 그
동:네에서 보관을 하고 있다고. 딴 이제 부속품은 다: 이제 샀고, 그 보:만 거기
남아 있다고. 그러니까 그게 어... 거... 정사라든지 이런 데는 나오질 않았어
도... 그런데 그 후:에 거기 후:손들이 누구냐 하며는, 어... 단종 때, 단종 때 왜
저, 엄씨 있잖아요? 지난번에 테레비에서 그... 엄운도. 평민으로써 단종의 시

신을 갖다가 수습해 가지구서 그... 나중에 유:명한 그.. 이제 그... 재상으로 추증, 아니 돌아가시고 난 다음에 추증하는 분인데, 그분들 후손이라, 아, 아 그분들 후손이 아니지, 왜 그러냐면 이건 태종 때니까는 훨씬 전 아네요? 태종이. 에, 태정태세문단세... 이렇게 돼니까는 어... 그 후손들이 영월 엄씨라고 그래요. 그 영월 엄씨의 선, 저, 저... 시조가 누구냐문 엄흥도라는 분이거든여. 예. 그때 당시에 단종의 시신을 수습한다는 거는 멸문지화를 당하는 그런 저거였었는데 그 양반들이 시신을 수습해서 나중에, 그때가 아마 영조 땐가 이렇게 나중에 돌아가시고 난 다음에 그... 벼슬을 줬죠. 이제 그러한 연구가 있어요. 그리고 우리는 묘:소는 이제 이렇게 저기 안동에도, 조상의 묘:소는 안동에도 하나 있고 그, 영주에도 있고 이룽긴 한데, 우리는 그대로 서울에서 살았다고.

조사자: 그러면 서울에 정착한 지 한 오백 년 됐나요?

어... 정도 지난번에 육백 년 때, 고때하고 똑같다고 보면 틀림없어요. 그런데 지끔 육백 지끔 사 년인가 오 년이 됐지 지끔 아마? 예, 그러니까 그거하고 똑같다고 보며는 뭐 틀림없겠지. 그런데 그거를 사실은 내가 고증할라고 하다 보니까 내 조상 껀데두 막상 문헌을 조사하려니까 그게 참 힘들더라고여. 그래서 지난 토박이 신고할 때... 우선 내:가 어떤 사람이란 걸 입증할 수 있는 무슨 문헌이 있고 다: 있어야 할 것 아네요? 그, 그걸 근거로 해서 쓰다 보니까는, 그 신:고하는 막판 날 가서 신:고를 하게 됐지요. 그리고 나는 어트게 하냐믄 그, 이제 그 다음해 이제, 에... 연산조 때, 우리 조상이 에... 저, 저 이제... 백천 지끔의 백천 장단 그 쪽으로 이제 그 귀양을 가져가지고 그 안에서 돌아가신 그런 일이 있었는데, 그걸 조사를 해보니 큰집은 거기 계셨고, 우리 둘째 집이 인데 서울에 그냥 있었다는 그런 걸 신고하고 난 다음에 이제 저거 했으니까 계:속 우리는 서울에 있었던 걸로 돼: 있어요, 지끔 현재로써는. 그런데 글쎄 나도 객지 생활을 좀 몇 년도 이렇게 하고 그랬으니까 내 말:이, 내 억:양이나 이런 것이 정말로 서울 토박이 것인지는 저 자신도 장담하기가 힘들어요.

○ 객지 생활

조사자: 강원도 어디 계셨었는데요?

강원도 철암에 있었어요.

조사자: 철암이요?

예, 철암에 이제, 옛날에 왜, 그, 저... 음... 강원 탄강, 지끔의 강원산업. 거기에 한 구 년 한 칠 개월 정도 있었죠. 거기서 이제 그... 그때 이제 그 우리나라... 내가 제:대, 공군에서 제:대하고 나오니까는 어... 직장을 구할 쑤가 없었어요. 그런데 동아일보를 보니까는 거기 이제 거 기간 산업체를 순:방하면서 보고서를 쑹 것이 있는데 이렇게 보니까 고 강원탄광이 그 석탄을, 저품위의 석탄을 전:부 저걸 해가지고서, 골라가지고서, 선탄을 잘 해가지고서는 일본에다 수출하고... 그때 당시에는 우리나라가 왜국에 수출한다는 건 거의 불가능한 일이었는데, 에.. 수출하고 거기 종업원들에 대한 대우를 엄:청 잘해준다고 신문에 났더라고. 보니까는 거기 직원 봉급이 그때 당시에 육군 대장 봉급허고 같더라고요, 보니까. 그래서 혼자 단신으로 거기를 갔어요. 나는 어... 경기공업 토목과를 다녔었는데 혼자 찾아가가지고서 거기 소:장을 면담을 했어요. 나 여기서 일하고 싶다 그러니깐 "서울 사람이 이런 데 와선 일 못합니다, 가세요." 그러더라고. "나는 이제 오:는 차비만 가지고 온 사람이기 때문에 어디 갈 수도 없습니다, 그리고 가족을 부양할 책임이 내가 있고 그러니까 난 여기서 꼭 일:을 해야겠다" 그러니까, 그럼 메칠 있다 시험을 칠 테니까 다른 사람들하고 시험을 같이 치라고 그러더라고요. 그래서 이제 거기 가게 돼서 거기서 구 년 칠 개월... 구 년 팔 개월 있으면서 어... 체:종 직책이 그때 당시에는 과장 제도라든지 무슨 부장 제도 그런 게 하나도 없고, 담당계... 예, 에... 계:장... 저, 저... 직책으로 어 운송탄 계:장 직책으로 있었지요. 그러다 이제 결혼하니까 결혼하고서 삼 년, 결혼하구서 만 삼 년 만에 난 서울로 다시 갈 쑤밖에 없다, 여기서 이제 더 이상... 그래가지고서 결혼하고 만 삼 년 돼는 때에 그냥 무조건 사표 쓰고서 그냥 서울로 옹 거에요. 서울로 오니까 직장도 없고 그랬는데두. 그래가지고서 서울에 와 가지고는 계속 서울에서 장사를 하고 지끔은 이제 강남 전철역 안에서 보금양행이라는 조끄만 귀금속 점포를 지끔 그 자리에서 십사: 년 동안 했에요. 글쎄 음... 그래서 그렇게 이제 그 여기저기 왔다갔다했기 때문에 내 말이 정확하게 이제 서울 토박이말로써 인정이 됄른지는 웅?

조사자: 제가 몇 번 만나뵀는데요, 거의 비슷하신데요, 뭐. 할머니도 몇 분 만나뵙고 그랬는데 전혀 다르지 않고, 그 다음에 나이가 좀 드신 상태에서 가셨기 때문에요.

음... 나이로 보면 벌써 군대에서 제대하구 갔으니까.

스물일곱인가 그때 갔을 거야.

○ 어린 시절

조사자: 예, 그러면 나시기도 중림동에 나시고 그 이후의 이야기 좀 해 주시죠.

그 이후에 이제 아:현동으로 이사갔죠. 그 아:현동에서 가면서 우리는 이제음, 내가 들어가기는 아현국민학교를 들어갔는데, 인원이 너무 많다고 창천국민학교로 지끔의 그러니까 굴레방따리라고 있어요. 굴레방따리에서 쪼끔 저쪽그... 북쪽으로 가며는 생:철로 덴 국민학교가 있었어요. 지붕이 에 저... 서울말론 생:철인데 요새 얘기하며는 뭐라고 그러나?

조사자: 함석이요?

아, 함석지붕을루 됀 그런 국민학교가 있었어요. 그런데 그 학교가 확장이데 가지고서 지끔의 대흥동, 창천동. 응, 거기 창천국민학교, 거기서 이제 삼학년 삼학기 때, 왜정 때는 이제 삼학년 삼학기라는 게 있었어요. 그런데 그때에어... 뼤이십구 폭격을 한다고 어 그러니까는 서울에 있는 사람 전부 다 시굴로... 옛날에는 어... 어.. 왜말로 소까이, 소개. 지끔 말하자면 소개. 에... 소까이를 나가야 됀다 그래서 이제 전부들 이제 그 시굴루 가라 그러는데 아버지가 그때 당시에, 우리는 이제 서울에서 할머니하고 계:속 살았고, 그런데 이제 아버지가 지끔의 산:업대학, 서울 산:업대학, 옛날에는 그거 서울공대였었어요.

그 전에는 왜정 때는 제국대학 이공학부였었고. 근데 그거 지을 때 우리 작은아버지가 거기 하청업자고 우리 아버지는 거기서 쓰는 돌: 돌·싼을 갖고 계셨기 때문에 거기로 인제, 이사를 갔지요. 그러니까 에... 내가 그때가 삼학년 삼학기 때니까는 몇 살이에요? 그... 거기서 창동 국민학교.

창동 국민학교를 나오고 고 담에 중학교는 경기공업, 아현국민학교 바로 옆에 있었던 거 이제 그... 경기공업을 나오고, 오:학년 어... 일학... 어 오:학년 때 육이오가 나가지고서 그 다음에 육이오 나고 난 다음에는 이제 공군에 가서 있었죠. 공군에 가서 사병으로 근무하다가 공군 본부, 지끔 인제... 어...

조사자: 신길동..

거기가 신길똥이에요? 신길똥에서 지끔 거기 그 저, 보라매 아파튼가 있잖아요? 거기서 근무했었죠. 여의도에서 근무하다가 거기 이제 신축이 돼 가지구서 그쪽으로 와서 거기서 제:댈 하고, 그 다음에 이제 강원도엘 간 거에요. 강원도를 가 가지구서 있다가 구 년 팔 개월 만에 서울에 다시 와가지고서 서울에서 계속 있고, 그러니까는 순: 서울말... 우리 어머니가 지끔 여든넷:인데 우리 어머니는 한 번도 서울 밖을 나가신 적이 없에요.

조사자: 아, 그래요?

예, 지끔도 정정하세요.

조사자: 어머니는 원래 나시기는 어디서 나셨는데요?

나:시기는 청와대 바로 뒤에 세:검정이라고 있에요. 세:검정 거기 요렇게 지끔 삼거리가 있에요. 그 자리가 바로 우리 왜갓집 자리라고. 어머니가 거기서 나셔가지고서 한 번도 서울 밖을, 어... 여자 분이니까 무슨 어디 간 적이 없죠.

조사자: 그럼 지금 어디 사시는데요?

공릉동에 사세요.

조사자: 그럼 어머니도 한 번쯤 만나면 저희로서는 좋겠는데요.

여든넷:이 돼 분인데두 어:트게 일이 많:으신지. 교해 다니시면서 뭐 여기도 가구 저기도 가시고, 어디 참여를 많이 하세요. 그래 나보다는 아마 우리 어머

님이 더 그, 서울말은 더 쓰실 거에요. 우리 같은 사람은 좀 이제, 왔다갔다 했:
지마는. 아버님은 돌아가시고.

조사자: 저희가 어머니를 좀 만나뵐 수 있을까요?

에... 세:검정. 에, 세:검정 거기 나셔가지고 시집오시구서 중림동 고기에, 아
현동 고기 계:시다가 아 이제, 왜정 때 소개해가지고서 지끔 공릉동에 가셨는
데 그냥 거기서 계:속 계:시고. 공릉꾜홰 이제 뭐 그냥 뭐 거의 거기 계시죠. 그
러구 비교적 이제 여든넷:이면서 그렇게 그... 말씀을 함부로 하거나 잘 그러질
않으세요. 그러니까 어머님 만나실 수 있게 제가 해:드릴께요. 여기 참, 전:화
번호를 하나 좀 주세요. 우리는 이제 천구백삼십삼 년생인데,

왜정 때루 얘기한다 그러면 그게 소화 팔 년이에요. 그때에 이제 만주사변
이 일어났다고. 그러니까 평:생 계:속 즌:쟁 속에서 살아온 그런 사람들이고.
모:든 세상의 어려움은 다: 이제 그, 겪은 그런 세:대들이고 또 그 어려운 가운
데에서 뭐를 열심히 해야 덴다... 그래서 내가 강원도에 갔다는 얘기했잖아요.
상대방이 뭐:라 그러든 말든 난 여기서, 난 서울에서 놀:고 먹을 때 다방에 가
가지고 차 한 잔 시켜가지고 하루 왠종일 앉고 그런 건 난 아주 질색이다, 나
여기 와서 일:하고 싶다 이래가지고 반 강제루...

(단절)

○ 직장 생활

그런데 홰사는 거기는 그냥 탄광춘이니까는 흙이 별로 없고 시: 꺼먼 그냥
흙들인데 거기에다가는 머 꽃을 심어도 안 돼고 뭐, 딴 푸성귀를 심어도 안 돼
요. 그런데 거기 소:장님이 어트게 꽃을 좋아하는지, 강릉에 가서 흙을 실어다
가 홰:사 앞에다가 요만: 한 화단을 만들었다고. 그래 거기다가 모란꽃을 심었
에요. 그런데 어느 날 밤에 그 위, 홰:사에 경비가 세: 명 있었었는데 아침에 나
와보니까, 소장님이 딱 나와 보니까 꽃이 하나도 없었어. 모란꽃이 요렇게 세:
송이가 싹 피었었는데. 그래가지고선 아침에 내가 홰:사를 딱 가니까는 뭐 홰:

사 앞에서 울고불고 난리가 났더라고. 그래서 왜 그러냐고 딴: 사람한테 물어
봤지. 저는 이제 신입사원이고 잘 몰르고 이제 그랬었는데 아, 어젯밤에 여기
모란 꽃 세 송이가 있었었는데 에... 밤새 누가 이걸 꺾어갔다구 그래. 그래서
그날 밤에 경비원 세 사람이 전부 다 해:고가 됐다. 그런데 그때 당시에는, 요
새는 뭐 먹고 싶은 것 뭐:든지 먹을 수 있지마는 그때 당시에는 취:직하는 건
물론 하늘의 별:따기고, 공장이라는 것도 별로 없었고, 응? 육이오 직후니까.
아... 어... 육이오 직후에다 고때가 휴전하고 얼마 안 데서니까. 그러니깐 그
직장에 가며는 쌀 주고 돈 주고 다 하는데, 그건 특이한 직장이었지, 강원 탄광
이라는 게. 소:장님이 계:셨었는데 그 양반이 아주 성:격이 보통 강한 성격이
아니야. 그런데 그 강한 속에서도 꽃을 그렇게 좋아하더라고. 그런데 밤중에
그 꽃이, 이제 그... 어떤 사람이 잘라 갔으니까 화가 나가지고 그날 밤 경비원
세 사람을 모조리 다 해:고를 시킨 거예요, 그러니까 이 사람들이 밥 먹을 데가
없:어지니까 그 생활, 그 해:고가 그전에는 곧 굶어죽는다고 봐야 돼요. 거기
그 상꼴짜기에서는... 그러니까 그 어머니, 부모들이 와서 막 울고불고 하는 거
야. 그리고 그때 당시에 저로써는 이제 군대에서 갓 제:대하고 아주 그냥 혈기
가 방장하고, 그 무슨, 요:새 정이라든지 그런하고는 상관이 없고. 야 이건 안
돼는 게 아니냐, 어떻게 꽃 세송이하고 사람 목숨하고 바꿀 수가 있냐... 이래
가지고서 그냥 나도 몰:르게 소장실에 노크하고서 들어갔다고. 딱 들어가니까
소장님이 "너 누구야!" 벽력 같이 소리를 지르는 거예요. 그런데 그때 당시에는,
나는 그 소장님이 뭐 그 산골짜기의 호:랑인지 뭔지 난 거기까진 뭐 상관도 안
하고, 응? 자기가 소:장이면 소:장이지... 뭐 이런 정도 생각인데 그 윗대 사람
들은 그 양반 명령 한 마디며는 벌벌벌 기는 거거든. 생사여탈권을 그 양반이
가지고 있으니까. 그래서 제가 들어가가지고서 어... "소장님, 저는 평상, 평소
에 소장님을 팽장히 존경하고 그랬었는데 오늘 아침에 그, 경비원 세: 명 해:고
시킨 거는 점 잘못된 것 같습니다." 하고 얘길 했다고. 그러니까 이 양반이 그
냥 화:를 불컥 내면서, "너 어떤 놈이야? 어느 부서에 있어?" 새로온 사람인데도

그 양반이 날 잘 알아요. 알면서도 일부러 그러는 거야. 그래서 "이건 안 돼는 얘깁니다. 나는 소장님..." 그, 원:체 그 양반이 그 뭐 국가, 그때 당시의 국가관이라든지 그 종업원들 위해서 그 하는 대:응 방식이, 요:새 경영 방식도 아마 그렇게 저거하기는 힘들 거야. 아:주 진짜 종업원을 위하고 그러는 분인데, 경비원 세: 분을 갖다가 내쫓으니까는 나도 모르게 그냥 화:가 나서 소장님한테 이제 항의를 하니까, 소장님은 그냥 자기 권위에 대해서 도전한다고 날 그냥 막 몰아세우는 거야. 그러니까 나는 (웃음) 그때 당시에는 어이도 없고, 그리고 이제 군대 갓 제대하고 그래서 정말 간:이 부:은 상태거든. 그러니까 그 양반이 생가여탈껀을 가졌으면 가졌고 뭐 했지 난 이건 못 참겠다 그래가지고선... "옳은 일이 아닌 걸 소장님이 더 이렇게 얘기하시니 나는 아주 실망이 큽니다. 난 여기서 한: 발짝도 물러날 수 없습니다. 소장님이 바른 판단을 내려주시기 바랍니다." 하고서 떡 버티고 안 나가니까 이건 뭐, 직원들이 와가지고 날 막 끌어내려고 난리 법석을 치는 거야, 그때. 아니, 응? "이건 옳은 일 아닙니다." 그래서 직원들한테 밀려서 나와 뻐렸다고. 나는 그냥 말단 그, 측량식 하던 말단 직원이고, 그리고 이제 나와 있었어요. 그리고 이제 딴 사람들이 "아이구, 당신 이제 큰일날라구. 왜 그러냐구, 저 양반이 어떤 분인데? 당신 여기 온 지 며칠 안 됐으니까 그러지. 그런 경우는 안 됐다고." 근데 그래서 이렇:게 창문 밖을 한:참 보고 있으니까 조금 있드니 "총무꽈장 와!" 아니 그때는 어, 총무꽈장이 아니라 "총무 와!" 와보니까 뭐라고 뭐라고 그래요. 총무꽈에서 뭐 써가지고 세: 사람 다 복직을 시켰어요. 그런 일... 그런 일 있고. 쓸데없는 데 잘 나서는 편이에요. 근데 그때 그런 일을 했던 것이 나중에 내가 거기 천삼백...에 천삼백오십 명 종업원 중에서 일곱 표가 날 반대하고 몰표가 들어와서 그때 당시에 이제 그, 노조위원장을 했어요.

그런데 그 노조위원장이라는 게 해: 보니까 세:상에 못할 일이 그 짓이야. 이거는 야바우꾼이지, 응? 이거는 근로자를 위하는 그런 것이 아니드라고, 보니까. 그리구 그때는 노조위원장하면 빨갱이야, 그건. 노조위원장 이꼬르 빨갱이라고. 그래서 뭐, 뭐, 뭐 사:방에서 조사를 하고 뭐 이렇게 하더라고. 그런데 그때 당시에 나는 글쎄 이제 그, 젊었으니까는 그... 이제 그... 독일의 노동조 합이라든지 그런 사례를 많:이 이렇게 책으로 봤:기 때문에 그런 방법으로 나 가는 게 옳지 않겠나 해가지고 생각을 해 보는데 여기 노조위원장했던 사람이 라든지, 뭐 여기 노동청이 그때 갓 생겨 가지구서 그 양반들하고 전부 이렇게 만나보고 그러니까, 이거는 노:도, 노:조가 아니라 그... 뭐라고 할까? 요새 말 로 어용, 어:용보다도 노동조합에서 기생하는 어떤 그... 누굴 만나봐도 다: 그 래요. 그래서, 이런 짓은 난 못 하겠다. 그런데 그때 당시에 우리 형님이 이제 서울공대에 직원으로 계셨었는데 광산공학과 주임교수님이 이제 마침 그 광산 에 오셨어요. 그래가지고 내가 이제, 그때 노조위원장을 한 육 개월 동안 했었 는데, 그 이제, 그 교수님한테 이제 얘:기를 해 가지구, 난 도저히 이런 짓은 난 못하겠다고 이제 얘기를 하다보니까 이 양반이 소장님한테 가서 왜 사람을 건: 드려 가지고서 쓸데없는 일을 자초하느냐, 그 사람 그런 사람 아니니까, 내가 그 저 저 형을 데리고 있으면서 보니까 그 사람 그런 사람 아니니까는 좋은 바 양[139])으로 쓰는 게 옳지 않겠나 그래가지고는 나중에 이제 노조위원장을 고만 두고 직원으로 가지고, 나는 실제 현장에서 일하기를 좋아하지, 그 뭐 뒤에 서 무슨, 이렇게 무슨 야바우짓이나 하고 낮에는 종업원들 앞에서 이런 얘기 하고 밤에는 또 술자리에서 딴 사람들 이렇게 하고 그러는 게 싫다는 걸 갖다 가 나중에 단 두 분이서 이제, 소장님하고 같이 어... 죽: 얘길 하다가 결국 나 는 그 회사의 직원으로 다시 시험쳐서 들어갔어요. 그런 일이 있는데, 요... 데 모라든지 그런 건 무척 싫어해요. 요:새도, 요새도 아주 그냥 무슨 명분으로 했 든 간에 데모 하면 아주 나 딱 질색이라고. 이: 년 전에 나 여기 왔을 때 뭐 뻘 겅 게 여기 엄:청나게 많이 붙었었어요. 그런데 오늘 보니까 그렇게 하나도 읎 드라고.

---

139) 방향.

야... 역시 서울대학이 달라졌구나. 그때는 그 이병근 교수한테 아니 이게 여기가 도대체 어디 본부에요 이게. 응? 이런 정도로 얘기할 정도였었는데, 이제 여기 와보니까 그런 게 하나도 없으니까, 오, 이제 모두 다 제자리로 돌아오신 모양이로구나... 응? 나는 어떤 명분으로든지 다중의 힘으로 뭐 여싸여싸하고 그런 거는 아주 딱 질색이라고. 그래서 뭐 한총련 뭐 이런 데... 지난번 뭐, 몇 달 전? 내가 여기 일기를 쓰니까 그, 그 한총련 학생들이... 아니 몇 달 전이 아니지, 그거 작년이로구나. 작년에 저, 저, 연세대에서 그 저... 난동 부리고서 전:철 타고 여기 오는데 그 쇠빠이프, 몽둥이들은 약 한 삼십여 명 돼는 그 속에서도 막 소리지르면서 이런 짓들 하면 안 댄다고 그, 그런 소리 칠 정도로 앞뒤를 가리지 않아요. 그래 우리 집사람이 당신 이제 그러다가 젊은 사람한테 맞아 죽는다고 여러 번 내가 잔소릴 들었는데 죽으믄 영광이다, 나는. 그런 짓 해선 안 댄다. 젊은 사람들이 학교 때려부시고 이런 짓을 해선 안 댄다. 공부해야 댄다. 그런 식으로 좀 다혈질적인 승:민데, 그거는 내가 보기에는 서울 싸람 성질하고는 조금 다른 것 같애요.

조사자: 그래요? 서울 사람 성질은 어떤데요?

남의 일에 거의 관여를 안 할라구 그러죠. 그러구 체면치레가 돼서, 체면치레를 많이 하기 때문에 딴 사람들이 에... 이거 돈 잘 벌린다 하드래도 그것이 이제 그... 그... 집안에 욕돼는 일이라든지, 딴 사람이 봤을 때 이건 천한 직업이라든지 그러면, 아예 그런 걸 하지 않죠. 예. 그리고 남의 일에 별로 관심을 안두고. 그런데 우리, 난 평생 장사를 하면서두 나는 남의 일에 간섭을 많:이 하는 편이에요. 이제 예:를 들면, 우리 지하상가에 보며는 식당이 많다고. 파:리 있는 집은 나한테 견디질 못해. "이 음식점에 무슨 파:리야, 이게? 파리 다 잡아!" 그렇다고 해서 내가 거기 특별한 직책이 있는 사람도 아니고, 잔소리꾼이에요, 난. 응, 그리고 장사꾼이 불친절하며는 그럴라 그러면 "너 딴 짓 해, 장사꾼은 친절해야 데. 그 친절한 댓:가로 내가 돈:을 더, 조금 더 받는 거에 대해선 내가 얘기를 안 하지마는, 장삿꾼은 친절해야 덴다." 뭐 그런 것... 평:생 우리 교통 규칙이라든지 위반은 절대 안 하니까. 사람이 있건 없:건 그건 상관 없어요. 내 길 구냥 고대:로 가는 거야. 그런 식으로 이때까지 살아왔기 때문에 내 이쪽을 차리지 못하니까, 돈:을 못 벌었어요. 딴 사람들 금빵 오래 했다고 그러면 돈 많이 버는데, 그리고 금들을 자꾸 속힌단 말이야, 품위를 속혀요. 그래서 내가, 야, 이런 짓 해선 안 됀다. 손님을 속혀가며 장사하게 돼면 결국 그게 언젠가는 우리한테 또 들어와. 그리고 우리도 이제 귀금속 이거 국제화돼가는데 이런 짓하면 안 됀다 그래가지고서 검:인제도를 만들었어요. 검:인제도를 만들다보니까 이게 돈: 따로 버는 사람은 따로 있더라고, 공장은 엄청나게 돈: 버는데, 소매점은 별로 돈:을 못 벌드라고. 그리고 몇 년 똥안은 나는 그냥 순도 몇 프로 이상이기 때문에 그러니까 이제 금을 값을 깎아주기가 힘들더라고, 그거는. 이:쪽 이:문이 너무 적으니까. 그래 딴 사람들은 탁탁 깎아준단 말이야. 그런데 금을 해: 가지고 가서 나중에 보면 다른 사람 가게에서 한 거는 금이 약간 검푸르고, 금이 노:랗구 황금빛이 나야 돼는데, 조금 차면 여기 이렇게 빛이 검어지면서 푸른끼가 조금 나요. 그거는 금에다가 싼 은:이라든지 동:을 섞었다는 얘기가 돼는 거에요. 품위를 낮췄다는 얘기에요. 그래서 이래가지고는 안 돼겠다 그래가지고, 지끔은 검인을 찍지 않은 물건은 팔지 못하게끔 만들어 났:으니까 지끔은 품위도 거:의 평준화돼서 괜찮지요. 그런데도 그것도 또 속히느라고 검인도 이렇게, 이렇게 그... 가:짜 검인들을 만들어가지고 하고 그러는데, 이제는 나이두 이제, 나이도 육십오 세가 돼고 그러니까 어디 가서 말을 많:이 하며는, 잔소리같럼 들리니까 말을 안 할려고 그러는데. 이제 이런 경우 또 이제 나를 말을 하게끔 만들어 놓으면... 또 이제, 그 말이 튀어나와서... 말을 많이 하게 돼고 그러는 거예요. 내가 조끔 돈:을 더 많이 벌어서 학생들 공부하는 데라든지, 학교에 저거하는 데라든지, 우리 조상, 그 저, 저, 공적을 캐는 데나 그런데 좀 열:심히 돌아다니고서 좀, 그럴라고 그러는데 내가 앞으로 오: 년까지만 장사하고 칠십부터는 유여한 일이든지 가:게는 고만두고, 이제 그런 데 더 하다가 일흔세: 살 돼며는 깨끗히 세상에서 가주는 것, 그것이 내 평생 소원이에요. 왜? 왜 일흔세: 살이냐? 일흔세 살 이상 돼며는 자기 몸도 불편해지고 남한테 으:지해서 살아야 됐단 말이야. 지끔은 난 남한테 의지해서 살 필요가 하나도 없거든. 내가 벌어서, 자식한테도 한 푼이라도 너이 주는 것, 너이를 위해서 투자하고 내가 주는 걸 받아라. 자식들한테 난 그래요. 일흔세: 살 돼면 난 능력이 없어져서 남한테 받아야 될 때쯤 돼며는 난 가야돼. 가: 주는 것이 새:로운 젊은이들이 뻗어나갈 수 있는 그런 길이 생기는 거지. 뭐 이제 뭐, 늙은 사람들이 팔십 구십 뭐 이렇게 살아가지고서 젊은 사람들 위에 업혀다니며는 그거는 개:인적으로두 그렇고 국가적으로두 그건 안 돼는 일 아냐. 그러니깐 일흔세 살 돼면 가야 된다, 그럼 어떻게 가야 돼냐. 요새 건강 상담 테레비에 보면 무척 하잖아요? 그거 까꾸로 하며는... 틀림없다고... 난 그렇게 생각해. 난 늘: 그런 생각 속에서 살고, 내가 죽기 전에 뭥가 어느 구석이든지 내가 왔든 자리 요만:큼이라도 만들어주고 가는 게 옳지 않냐 하고, 그런 생각을 갖고 있는데 이런, 그... 말씀이 나오니까... 또는 오히려 고맙다고, 내가.

조사자: (웃음) 저희들도 고마운데요.

(웃음)

조사자: 서울 사람들이 깍쟁이라고 그러는데 그건 왜 그래요?

글쎄 일반적으로 깍쟁이라는 거는 남한테 이제 돈을 꾼다든지 남한테 무슨 아쉬운 소리를 안 하는 대신, 나는 또 남한테 안 한다고... 그러니깐 깍쟁이일 수밖에 없어요. 자기 것만 움켜쥐고 있단 말이야. 그래 자기 거 아무리 움켜쥐고 있어도 손가락 사이로 빠:져 나가게 돼어 있지, 그거 움켜줘 봐야 별 저것이 없다고요. 그러니까 서울 사람들은 깍쟁이... 그리고 무슨, 옆에서 무슨 일이 벌어진다 하더라도 상관을 안 하잖아요?

그냥 지나가 뻐리고. 근데 우리는 어떻게 됀 게 옛날 우리 조상께서 이제 그... 음... 그 뭐야... 연산군 때문에 세: 번이나 귀양을 가셨에요. 매:를 맞구, 귀양을 갔다 오시구두 연산이 뭐라 그르므는 또 대:들구, 대:들구... 그러시니까는 아마 그때 그 정신이 아직도 저한테 남아... 이렇게 남아있는지, 우리두 형제들 중에 딴 사람은 안 그런데 나만 이렇게 조끔 쓸떼없는 데 관여를 하고 그래요. 이:쑥이 없는데 가서 잘 관여를 한다고.

조사자: 그런 것도 있어야 될 텐데...

예. (웃음)

○ 가족

조사자: 자제 분들은 몇이나 두셨어요?

음... 이:남 삼녀. 근데 이제 가:들도 조금 그런 것이 있어요. 한 아이는 그 이제, 그... 대학 들어가기 전에 컴퓨터에 미쳐 가지구서, 공부를 거:이 안 하다 보니까는 학교를 어디 갔냐 하며는 세종대학을 갔단 말이야. 그 유:명한 세종대학... 노:다지 데모하는... 그 시절에 거길 갔어요. 그러니까 난 학부형 대표로 맨:날 그냥 거기 가서 데모하는 거 막느라고, 아주 그냥 장사고 뭐고 걷어치우고서 거기 가서 몇 달 동안 아주 혼났지. 그러다가, 도:저히 안 돼겠어. 그리고 그 사람들은 조직적으로 하기 때문에 우리 같은 사람이 도저히 감당을 할 수 없어요. 높은 데 가야 돼, 안 돼겠다. 높은 데 가라고, 좀 피해 있어야지, 안 돼겠다... 그... 그 사람들은 벌써 아주 조직적으로 그러면서 데모꾼을 양성을 하고, 이념... 뭐 아무리 자기가 안 하려고 그래도 그 이념 써:클에 들어가며는 그건 어쩔 도리가 없게끔 데 있더라구, 내가 가서 보니까. 안 돼겠다. 그래서 군대 갔다 와서 요새는 이제 그... 컴퓨타 해:사에 취:직하고 있는데 이제 개:발 담당 연구소에 연구원으로 있는데 책두 발행하고, 자기 책을, 컴퓨터에 관한 책도 내고, 나이 스물다섯에 결혼했:고, 괜찮고. 또 둘째, 막내아들인데 개:는 그놈두 또 생각이 좀 이:상한... 요새 사람들로 봐서는 조금 이:상해. 군대를 갖다가 해:병 장교로 갔어요. 건축설계학과, 아니 건축학과 나와가지고서 그래서 저, "해병대를... 그래 해:병대를 왜 가니?" 그랬더니 "해:병대에서 낙오돼며는 나는 이 나라에서 발붙일 곳이 없지 않아요? 그러니깐 해병대 갔습니다" 이러더라고. 그래? 그럼 네가... 우리가 봤을 때 해병대는 아:주 훈련이 심:하고 장:

교 때 뭐 그렇게 매를 맞더라고, 장교 후보생 때. 뭐 여기 요새 군에 구타 없다? 그 훈·련, 중앙대학 건축과 나와가지고서 거기 이제 그 설계장교루, 학사장교로 해서 갔는데, 훈·련 기간 똥안에 온몸이 여기가 그냥 다 맞아가지고선 뭐 엉망진창이에요. 그 정도로 훈련을 시키드라고. 그 훈련하는 데 나도 가보고 이제... 그래도 꿋꿋히 살아나오고, 그 또 심지어 뭐... 저 길가에 거름통 있잖아요? 그 안에다 갖다 또 집어넣드라고? 그·렇게 해·병들 아주, 훈련이... 삼군 중에서 아주 줴·고로 엄하더라고. 해군장교들, 해군장교 후보생하고 해병장교 후보생하고, 이 동만 다른 한 학교에 있는데도 해·군장교는 벌받을 때 운동장 세 바끼 그러며는 해·병장교는 운동장 열 바끼야. 무조건 해군 후보생보다 몇 배를 더 훈련을 하더라고, 보니까. 그게 아주 전통이고. 그런 데서 견뎌났으니까는 지끔 꿋꿋하게 잘살지. (웃음) 그런데 그, 내가 이렇게 집안 얘기를 하면서 이렇게 저걸 하는데, 난 걱정이 그래요 서울 진짜 내가 서울말을 잘 쓰고 있는지... 응?

조사자: (웃음) 서울에서 나셔서 서울에서 자란 분인데 서울말을 쓰시는 거죠, 뭐.

마누라는 또, 그... 함경도 사람이거든뇨? 그런데도 이제 그, 애·들은 엄마 말하고 이렇게 좀, 섞여 있는데, 나는 그래도 아직은 함경도 사·투리가.. 모르겠어요, 잘 모르겠어. 그리고 우리 집사람도 고양이 함경도지만 낳·기는 서울에서 났으니까. 이 저, 저것이 서울말이 좀 있겠죠.

할 수 있는 데까지 더...

○탄광 생활

조사자: 탄광에서의 일 좀 더 얘기해주시겠어요. 거기서 뭐 위험한 사건은 없었나요?

왜, 위험한 사건이 많·았죠. 참 많·았어요. 이제 그때에 어.. 내가 이제 그... 글쎄 이게 자꾸 하다보니까 내 자랑 얘기만 하게 된 것 같은데, 어... 그 이제 노·조위원장 돼기 전에... 전에도 이제 그, 그때 당시에는 어... 강원탄광이 전국에서 임금 수준이 제:일 높았든 때에요. 그런 때가 있었다고. 그래서 이제 그러다 보니까는 이제 그... 그 동네에 이제 그... 옛날에는 제대 군인들이 많았어요. 뭐 이제 다친 사람들, 제대 군인들이... 에... 많았는데 그 사람들이 소:령을 제대한 사람을 주축으로 해가지고서 그 종업원들을 갖다가 뜯어 먹는 거야. 이제 에... 일좌가 끝나고서... 거기는 삼교대니까 삼교대니깐 여덜 씨간이라고 이렇게 삼교대로 일을 하다 보니깐, 낮에 술 먹고 이제 직장, 밤에 일하고서 장에 나오는 사람들, 뭐 별 사람들이 다 있단 말이에요. 근데 거기 이렇게 왜길이기 때문에 어디 피할래야 피할 떼도 없어요. 그래서 이제 에... 일하는 사람들, 에 광부들이 일하구서 술 한 잔 먹고 거나:해 가지고서 사택으로, 그때 사택 있는 데는 거기도 아주 사택을 히안하게 잘 지었어요. 돌로 해서 그, 어... 사택을 잘 지어 났는데 사택으로 갈라믄 중간에서 상이군인들이 딱 목을 지키고 있다가 돈 뺏구 뚜드려 패고, 그런 일이 자주 일어났었어요. 그런데 나는 이제 그때 당시에 서울에서 왔다... 유독이 지끔은 이제 안경을 써서 잘 모르는데 그때 얼굴이 내가 좀 검은 편이구, 눈이 움푹 좀 들어간 쪽에 사람이었었는데, 거 학생패 중에서 어떠어떠한 사람이 왔다고 그러더라. 그런데 그렇다고 해서 내가 힘이 남보다 쎈: 것두 아니고, 그렇다고 해서 무슨 특별한 능력이 있는 것두 아닌데도 그 사람들은 왠지 그렇게 경계를 하더라고. 그런데 어느 날 그 종업원들, 이제 나이 아주, 그 중에서 많:은 분이 매를 맞고 날 찾아왔어요. 아, 이래가지고 이, 뭐... 상이군인 때문에 못 당하겠다고. 홰:사에서는 거길 어떻게, 그 사람들을 어떻게 저 단속을 할 수가 없었어. 그래서 내가 이제 그래요? 이건 노조위원장 돼기 전의 이야기인데, 그런데 거길 내가 이제 찾아가서 소:령이란, 소:령으로 제대한 사람 그 사람을 만났어요. 어... 이런 짓 해선 안 됀다. 그러니깐 그 사람들이 봤:을 때는 자기 밥줄을 끊으니까는 뭐 우리 같은 사람이 와서 그런 얘기 했다고 해서 들어줄 사람도 아니고 그러니까. 무슨 소리냐? 응? 그러고 너 함부로 까:불다가는 쥐도 새도 모르게... 광산촌이 어떤 곳인지도 모르고 함부로 까불고 돌아댕기냐? 응? 한 번은 봐줄 테니까 너 더 말도 하지말고 그냥 꺼져라 이래요. 그래서 결국은 그 사람하고 나하고 붙게 됐어. 그런데 (웃음) 어렸을 때 잔싸움을 많이 했지만 큰싸움은 못해봤단 말이에요. 그렇다고 해서 내가 무슨 태권도를 하는 것도 아니고, 힘도 없구 그런데. 근데 이제 속에서 뿜는 독기라고 하까? 그거 하나만 가지고 그 사람을 상대를 했다고. 그래 나중에는 그 사람하고 싸우다가는 잘못하믄 내가 진짜 죽게 생겼더라고. 그래서 이제 마:지막에 이제 혈전을 벌이기 직전에 타협 조건을 세웠어요. 야, 그러지 말고, 너희 이렇게 지지한 짓 하지 말고, 내가 홰:사에 가서 얘길 해 줄테니까 홰:사에 가서 월급 식으로 얼마씩 타게 해 주면 돼지 않겠느냐? 그러면 이런 짓 안 해도 돼지 않겠느냐? 왜 불쌍한 근로자들 때려가지고 거기서 그 돈 몇 푼 뺏을라고 그러냐? 그러니깐 그렇게만 해주며는 자기들은 괜찮겠다 그러대요. 그래서 나중에 내가 홰:사에 가서 얘길 하니까 홰:사에서 아, 그거 좋은 일이다, 그러지 않아도 매를 맞고 이러면, 거기는 선산부라고 있는데 기술자가 선산부라는 데 있어요.

1.13. 자연 발화[hsi]

○치과 의사

그게 해서 그걸 그렇게 보내오면 자기네들 일본에서 이제 보내줘. 그런데 이게 문제가 커요. 의료업자들 힘:들어 가지고 이게 읎:을 때는 돈만 받으면 됐거든.

조사자: (웃음) 치과 의료보험이 시작된 게 언젠데요?

그러니까 한 십오 년, 십오 년? 그러니까 처:음에는 직장 쪼끔 됐다가 고 다음에는 차차차차 해가지고 범: 저거헌게 한 칠, 팔 년 될 껄? 전체가 다 항 게. 지역, 직장 뭐... 그때는 직장하고만 됐는데 이제 지역이 없었고. 지역이라는 건 내가 직장에 안 댕기구 동:네에서 이렇게 범:140) 내가지고 허는 것. 그렇게 돼고, 그래 이거는 전체가 다 됐:기 때문에 돈: 저거 돼면 돈: 내:잖아, 매:달씩, 얼마씩. 직장 안 댕기고 없:는 사람들. 각 구:에 의료보험 조합이 있어. 조합이 있어가지고 이제 거기서 돈: 일률적으로 받아가지, 내:구. 자동으로 납부됐다는가 그 은행에다 지로를 주며는 돼게끔. 그거이 돼서 좋은데 의료업자들은 골치 아픈 거지 그러니까. 그것도 의무적으로 다 허게 돼있어요. 일본은 처:음에는 했:다가 이제 자기가 허기 싫으며는 내가 의료보험을 안 헌다 하며는 그런데 지끔까지는 그게 읎어졌어 다. 이제 칠십 세 이:상 된 사람들은 자기가 허고 싶으면 허고 허기 싫으면 안 허구 이제 그러는데 그런데 의무적으로 다 해요. 의료보험 보험환자 뭐 영세민들 뭐 돈: 안 내고 하는 그런 것. 보건소에서 다 해:줘야 돼는데 우리만 그런 걸...

조사자: 치과에서 의료보험에서 제외가 돼는 건 어떤 게 있어요?

보:철, 이 해: 늫는 것.

조사자: 무조건 다 제외되는 거예요?

---

140) 보험.

그 보철하는 건 대:개 다: 그렇지. 이 해: 늦는 데 자기가 부담해서? 보:통 십 몇만 원 돼는 거를 자기네들이 줬:으면 존:데 부담은 안 돼니까 그래서 그런 거지. (야, 야. 야, 너 저거 하고 퇴근해. 문 닫고.)

조사자: 선생님 지금 하시는 일에 관계되는 걸 좀 들었으면 좋겠는데요.

뭘:요?

조사자: 치과에 관계된 것, 재밌는 얘기가 많을 것 같은데요. 치과 하시면서 재밌었던 일, 에피소드 같은 것 없으세요?

에피소드가 어:딨어? 다 잊어먹구 뭐 그랬지 뭐. 그때 때 그것까지 머리에 느면 머리가 뽀개졌게? 그냥 그냥 다 잊어버리고 그렇지. 그러지 않아? 뭐 허게 돼면... 잊어버리는 게 도리어 스트레스 들: 받는 거지. 그렇지 않아? 그냥... 그걸 신경 쓰구... 그래 인제 처음에 젊었을 때는 어떤 저거냐면 이를 뺐다. 이 사람이 가서 아프진 않았느냐? 붓:지도 않았느냐? 응? 그러면 맘:에 두는데 이제는 뭐 금방 가며는 그날로 끝난 척 하는 거지. 그러면 이제 이를 해:줬다 이거야. 이제 보:철해주는 걸 해:줬는데 이 사람이 이걸 가지고 제대로 썼느냐? 그렇지 않으면 이게 올:마나 가느냐? 그런 게 있어. 또 그리고 처:음에는 이제 어렸을 때 아니 저 이 처:음에 개업할 때는 이거 해:주고 이 사람이 이거 제대로 쓰느냐 안 쓰느냐, 또 벨안간 메칠만 있다가도 오지 않어? 오며는 야, 이거 잘못돼가지고 오지 않었느냐. (웃음) 그게 스트레스가 많:이 갔는데 익숙해:야 지 뭐. 그러려면 증: 안 돼면 뜯어서 다시 해주고 그러면 속: 편한데 그게 안 돼며는 신경 스트레스 받는 거야. 그런 게 있어. 그런데 이즈막에는 뭐 우리같이 나이 많은 사람들은 삼십 년 이상 됐거든요. 그러니 안 돼면 할 수 없지, 그러면 돼는 거지. 그런데 그게 앞으로는 저기 될 꺼야. 이 소송사껀이 많을 꺼야. 지끔까지는, 아직까지는 없는데. 지금 소송사껀이 많은 게 이 교정, 교정을 허는 거 그전에 인쁘란트라구 해가지고 매:식수술을 잇몸에다 이제... 이게 안 돼며는 보통 이게 몇 년 간다 하는데 한 일 년 가가지고 빠:진다 이거야. 그러면 그게 소송허는 거지 뭐. 그런데 미:국에는 그 소송껀들으가 많은데 한국에

는 그게 이제 아직까지는 들: 헌데 제:일 많고 과중에서는 그 꽈가 두 꽈가 많아.

조사자: 교정은 어떤 것 때문에 소송이 걸리는 거죠.

이가 비뚤어진 게 이게 제대로 됐:으면 돼는데 이게 잘, 잘 안 간다든지. 그러니까 분석을 잘:해야 돼거든? 그래 요새는 콤퓨타로 다 돼더라고. 이게 왜냐면 공간이 요만한 데다가 요걸 집어늘:려니 이거 안 돼거든. 그럴 때는 땅 거를 이렇게 해:가지고 집어느:줘야 돼는데. 그렇질 못허니까 이제 소송이 돼지. 안 돼는데 돈:만 받았다, 이제 그거지. 그 앞으로두 그게 제:일 젊은 친구들 요새들 나와가지고 하는 게 제일일 거야. 그리고 우리 괴정141)들은 안 하고 쉴: 거만 하고.142) 이제 발치 같은 것들, 사랑니들... 힘들어요. 잘 안 나오거든. 근거는 그냥 하나 뽑느냐구 한 시간도 좋구 두: 시간도 좋구 환:자는 아프다구 그러지 야단이지. 그게 힘들지. 그런 사람들은 대:개가 종합병원으로 보내지. 대학병원에. 그러며는 그 사람들이 이제 거기에 자기네... 그러고 수까 자체가 현:실화돼질 않아가지고 의료보험 자체가, 만:일에 일반으루 지끔 발치를 허게 돼믄 삼만 원 받는다며는 만:이삼천 원백에 안 돼. 고게 이제 본인이 삼천칠백 원 내지 사:천 원 내며는 나머지는 음... 한 만: 원 돈은 줘:야, 보통 일반으로 허게 돼믄 그 곱절 이상은 받아야 돼는데. 그치? 그게 이제 현:실화 안 됐다는 거고. 그런데 앞으로 이 의사들 점점... 이게 양:만 늘은 거지 뭐. 그러니깐 치:꽈에 의료보험제가 가지고 발치하는데 내가 이걸 꼭: 해가지고 어트게 어트게 해가지고 잘해줘야지 그러고 오래 써야 돼는데 그치 못하고 그 보험 자체가 저거 돼니까는 뭐 그런 수가 있지. 사:람마다 따른데 이제 대:개는 좀 등한시허는 습관이 있고. 그리고 이게 돼는 게 있고 안 돼는 게 있어. 진료 자체가. 이거는 의료보험에 돼다, 이거는 안 돼다. 또 고:까에 약품이나 재료대는 안 돼. 사입을 허는데 우리가 만일 몇십만 원 짜리를 사딜여 가지고 허게 돼며는 그만큼

---

141) 교정.
142) 쉬운 것만 하고.

받아야 돼는데 안 돼니까 뭐... 의료보험에선 허는 게 일쩡허게 규격돼 있어.
얼마, 뭘:로 해라, 뭘:로 하는 거는 고거만큼이다. 그런데 일반 병원들도 주:사
약두 비싼 고:까약 그런 거는 안 돼지 않어? 사오라든지, 안 해줄 순 없고. 그
걸로는 안 돼는... 거기에 이제 지정된 그 약품이 있는데 고거를 다: 덜 이거 해
가지고 그게 낫:는 병 같으면 괜찮은데 이거 가지고, 이 약품 가지군 안 됀다
허며는 다른 걸루 해야 돼거든. 요즘 최신 약품이 나온다든지. 그러니깐 그거
는 안 돼니까 사와라, 부담이 많았지. 일률적으로 다: 해라 그러잖아. 요새도
엠알에이 같은 거는 고:까이거든, 한 번에 몇십만 원씩 허는데 일반 하게 돼며
는 몇십만 원 가지구 허겠어? 이제 고것도 요새 뭐 헌다 하는데 그것도 화피하
는 데 많어. 장비는 몇천만 원인데 억대 딜여가지고 뭐 돈 보험대며는 그 돈...
그것도 수명이 있으니까 그거 가지고 또 빼:애 돼는데 빼:질 못하니까. 그런 거
구. 우리 치:꽈에 있어서는 그 좀 제일 저거헌 게 예:후가 좋지 않은 게 신경쓰
여. 뒤:가 좋지 않다는 거지. 빼구 나서 이렇게 붓:는다든지. 그것도 이제 의사
에... 그것도 이제 소송깜어리지. 체질적으로 자기가 나빴다는 걸 알면 그게 그
닥지 않은데 덮어놓고 의사들이 잘못해서 했다, 이거를 잘못 빼서 그렇다. 그
러니 뭘... 치료비 대주고 그리고 체질적으로 만일에 이 사람들 혈압이 높았다
든지, 심:장뼝이 있다든지 고거를 헐 때 다 물어보거든. 이제 그걸 감추고 환자
에겐 아무 이상 없었다 그러고. 그 사람들허고만 허면 언제든지 예:후가 좋질
않거든. 심장병이 있다든가 혈압이 높은 사람은 마:취 주사를 노며는 쭉 올라
가니까, 그때는 아찔하지. 왜 그런가 하믄 심:한 사람들은 그렇지만, 심하지 않
은 사람들은 얼마 있으면 그냥 깨:나니까 조치는 해얘지. 그래서 지끔 소송돼
가지고 대:개 의사들이 많:이 저거 하는 거는 체질적으로 고걸 다 했:느냐, 의
사가 자기의 으무를 다 했느냐, 그거에 따라서 이제 달른데 왜 그러냐하며는
만:일에 이사람이 체질적으로도 내가 그냥 등한시하고 이거 해:놓고 그냥 등한
시하면 그거는 안 돼지. 내가 헐 껀 다하고 응급조치허고 그리구 주사 놓고 뭐
하고 하고 있으면 헝 건 다 했거든. 체질적으로 그런 걸 어떡해? 그런 거는 어

쩔 수 없는 거지. 앞으로 그게 점점 심:해져. 보험 자체가 한:국, 미:국이나 이런 데는 보험으로 다 해결돼거든. 그래 미:국에는 의사들이 다: 패헌대. 소송 걸면. 그러니까 보험으로 다 돼니까. 한국에는 아직 보험이나 그런 것도 아직 앞으로 도입돼고 그러고 변:호사들도 그러게 전담하는 변호사도 나올 꺼야. 앞으로는 그래야 돼는데, 의료 계통에 몰:르니까. 변:호사도 이제 의료계통에 잘:알:고, 지끔 검:사들도 그걸 많이 공부해, 의료일에. 판결이 나온다든지 그거 혔을 때에 알아야 허지? 그러니까 만:일에 이상한 거 진단서 써가지고 이렇게 가잖아? 가며는 불러요 의사를. "왜 이렇게 돼가지고 이렇게 돼느냐?" 그걸 다, 가서 시:간이 얼마 안 걸리지. 그러면 그랬으믄 "당신이 이거 했수?" 묻는 게 그렇지. "당신이 이 환자 봤소?", "봤:다"고, "어떻게 치료했냐?", "어떻게 치료했다." 그 확실한 저거니까. "아, 됐습니다." 그러고 이제 그 진단서대로 이렇게 처분하는데 요샌 상해 껀들이 있잖아? 치고 박고 해서… 그런 것들이 많지. 증확하게 써주래라는 거야 그 진단서가 또 따로 있지. 모월 몇 시에 와서 뭐뭐 며칠이었고 뭐 어쩌구… 그래가지구 이 사람이 이를 하나 빼:, 빠:졌다, 뿌러졌다, 그거는 보통 사: 주 나오며는 사: 주에 대한 저거를 해주는데 그러면 이제 민사소송을 허게 돼며는 만일에 이 사람 돈을 얼마나 해: 늦느냐에 따라서 값이 다르니까. 골치 아픈 것들 많아. 그런 것 골치 아프고 그러니까 대개 다 피해지. 정확하게 알고 그러려면 이제 대학병원이나 저 큰 종합병원에 가서 하는 게 제일 증확하니까. 그리고 우리도 해주는 것 그렇게 의뢰를 허지. 앞으루 의사들한테… 의꽈대학이 또 어디가 또 증설이 돼지 않아? 치꽈대학도 지끔 십일 개 대학인데 또 딴 데서 딱: 해서 막 신청을 하는데 과:잉 상태니까. 그런데 보:사부에서 허는 거는 뭐냐 하며는 인구 비례에 있어서의 치꽈 의사가 적다 이거야. 그런데 한:국이 지끔 실정이 그렇지 않더덩? 도회지쯤 그런 거지 뭐 시골촌:에 같은 거는 없:으니깐 이제 그걸 비:해서 그런다고. 그래 지끔들 개업을 하는 사람들이 지방에 가, 안 가지. 이제 도시에 집중돼니까 안닥안닥 그러지. 관악구에도 백열 명 정도가 있는데, 관악구에 치꽈가. 그러니 뭐 서울이 어디

가나 치꽈는 있을 거야. (웃음) 이제는 앞으로 서울 땅두 힘들지. 그래도 옛날 저기 한 몇 년 전에 가만히 보며는, 의꽈대학 치꽈대학 보며는 그냥 저게 높지 않어? 그러니 앞으론 더 힘들어지잖아? 그리고 각 과에 선택하는 것도 제일 힘 등 거, 산:부인꽈 사:고 많이 내는 것, 산:부인꽈, 왜:꽈, 이런 것들은 선호하질 않잖아. 그러니까 인턴, 레덴트 이렇게 저거하는 것도, 지원하는 사람도 다르지 않? 시시헌 과는 안 가지. 그러니까 이제 점점 뭐하잖아.

조사자: 의료보험이 현실화된다는 것은 무슨 뜻이지요?

가격 자체가.

조사자: 보험료를 더 많이 내야 된다는 뜻인가요?

그렇지, 내:얘 됀다는데. 그게 국가 저거이 대서 안 됀대니깐.기깐. 그런데 의사들은 받는 게 신통치 않잖어? 지끔 이 하나 뺄:다든지 일반으로 하게 돼면 보통 이만 원치나 삼만 원 받는데 그건 많:이 받어야 사랑니 한 번 뺄: 때는 만 오천 원밲이 안 돼 토탈. 그게 이제 여기서 부담해 주는 게 이제 만오천 원, 만 삼천 원에서 삼십 프로 허게 돼무는 얼마 안 돼거든? 뭐 이제 받으니깐 안 됀 다 이거지. 다: 해주고 그냥 무료로 다: 해주면 좋지, 그런데 국가에서 이러고... 스웨덴인가 어디에서는 그냥, 스웨덴인가? 어디냐. 국가에서 고용을 하다시피 해가지고 무료로 본다든지. 이게 이 복지국가, 복지국가 요새 그러는데 이게 안 됀다고. 그 대신 이거를 많:이 올리며는 지끔도 의료보험들이 비싸다고 그러는데 가:끔 나 내는 것만 해도 한 칠만 원? 월 칠만 원 내지 팔만 원 내. 치료 허는 건 읎지 난 뭐 집에서. 그러니깐 난 내:는 거지. 그건, 나는 그거 책정하는 거 보니까 소:득 허는 거, 재산 있는 거, 자동차 뭐 그런 거에 조세를 이렇게 해 가지고 비율을 해요. 그런데 제:일 많:이 이제 자기네들 남는 게 각 서울 시네 들 각 구별로 그 의료보험 조합으로 가는 게 제:일 부자 똥네는 돈:이 덜: 지출 돼니까 괜찮은데 낙후돈 데, 이제 달똥네 같은 데 가면 뭐 뻔질낳게 병원에 나 구 가니까 이게 많이 들지. 그리고 이제 의:원 같은 데 허구 종합대학 이런 데 는 수까가 달러. 거기 받는 비. 거기서 가며는 많:이 지불하니까 거기서 보험,

이 의료보험 조합, 구 보험조합에서 돈을 지불해 줘야지. 요 한 번 청구하면 한 달이나 한 달 반? 어떨 땐 두: 달 반. 이게 이제 그때마다 심:사해가지고 보내요. 이렇게 저:금통장에다 오지. 그러면 이게 또 오면은 또 아까 보듯이 어디가 틀렸냐, 이 사람은 없:네, 특별한 뭐 주민등록번호가 틀렸네. 뭐하면 다시 또 찾아야지. 자기네들은 다: 있으니까 그거 이름하고 뭐하고 확실히 맞는다 하며는 이제 그대로 틀렸다고 예보만 하고 그냥 해주는데 그것도 안 해. 그런데 의:료보험 공단 자체 그 공무원들은 주민등록 틀렸으믄 자기네들 이거 틀렸으니 수정허시요 그리고 그냥 줘요. 그런데 이거를 이 연합홰나 이런 데서는 두: 군데를 청구를 하는데 의료보험공단하고 이제 연합홰는 이제 지역, 직장으로 해가지고 뭐 직장인들. 그거는 그렇게 하고 자꾸만 틀리며는 또 고채서 또 신청하고. 그게 구찮으니까 이제 포:기하는 게 많어. 뭐 또 한번 신청하면 한 사람 당 무슨 이:천 원이다 뭐 삼천 원... 만: 원 이상 돼는 거는 억울하니까 신:고를 허죠. 신청을 해서... 그 몇 푼 안 돼는 걸 갖다가 왔다갔다 하고, 신경이 쓰이고... 이것도 한 번 뒤져보고, 여기서 뭐가 틀렸느냐 진짜 이렇게 됐느냐 그런데 이 잘못된 게 이 글자 찍다 보며는 숫자가 땅 게 많으니까 이거 아까 틀린 건 뭐냐며는 마:취하는데 이게 틀려. 그거 수정해가지고 또 다시 능구. 자동적으로 헌다든지 그래서 이게 이 따른 사람한테 안 맡기는 원인이, 내가 치료한 거 내가 쓰고, 차:트에다 내가 쓰잖아? 그러니까 내가 아니까 이렇게 표시를 하는데 요새들은 뭐냐 하며는 이것만 이제 대행업자가 있어. 그러니까 이렇게 차:트에 썼이문 아, 그럭합니까? 내가 일률쩍으로 허니까. 어떤 때는 삭감도 많:이 돼고. 그리고 일 년에 한 번씩 수가가 올라요. 뭐 한 오: 프로 올랐다 그러면 몇십 원, 그 정도 올라가구 그러잖아.

조사자: 이를 뽑고 나서 술을 먹지 말라는 건 뭣 때문에 그런 거예요?

술 먹지 말라는 건 원인이 여:러 가진데, 이 술을 먹으며는 혈관이 확장돼요. 응? 확장돼며는 또 감:염된 부위에 이제 출혈이 심해지지. 특히 혈관이 이렇게 돼니까 피가 많:이 나. 모세혈관이니까 그렇게 이 치명적인 뭐 저거는 안 돼는

데 조:심하고. 피가 많:이 나며는 그래도 환자도 고생이고 그러지 않아요? 그전
에 그런 게 있었어. 내가 이:십여 년 전. 통행금지가 있을 당시에 저:기 달동네
칠동, 신림 칠동이믄 저 꼭대기 저 달동네지. 거기서 했는데, 여기서 개업을 했
는데 밤 열한 시쯤 돼:가지고 저녁 나절에 빼:구 갔는데 피가 나가지고 뭐 다
실신 상태다 이거야. 그렇게 그냥 통행금지 됐:으니까 거기까지 갔어요. 가가
지고 보니까 요강에다 놓고 자:꾸만 뱉:는 거야. 뱉으믄 나오는 수백에 없지.
빨:고 뱉:고 빨:고 뱉:고... 나오니까. 아, 그래가지곤 가서 지혈제 주사 좀 놓구
뭐 이렇게 맞고 또 솜을 꽉 물고 한 댓: 시간만 물고 있어라 그랬는데 이제 그
러고 있... 통행금지니까 나갈 쑤는 읎구. (웃음) 그렇게 있다가 오니깐 혹시나
이렇게 보니깐 피가 안나. 그런 게 조:심을 허래는 건데 이게 대:개 나는 그래.
저녁 때 이 안 뽑아 주고, 저녁 나절에. 토요일날 안 뽑아줘. 왜 그러냐 하면
만:일 그 사람이 이 피가 막 나온다든가 아프다든가 허면 오지를 못하거든, 그
다음날, 쉬:는 날이니까. 아까 얘기했듯이 밤새도록 이제 뭐 피가 많이 났네
뭐... 낮에 뽑으문 연락이 온다든지 그렇지 않으면 자기가 뛰어올 수도 있으니
까. 낼 늘 조심할라고 하는데 잘못하면 이렇게 부어가지기도 하고 뭐 그리고
염증이 있다든지 할 때는 안 빼주는 게 좋지. 빼구 나면 아프니까. 아픈 데다가
마:취를 해가지고 뽑구 나면 마:취가 깨면 더 아퍼. 그러며는 왜 딴 데서 뽑았
는데 아프지 않았는데 왜 여기서 뽑으며는 아프냐고... 자기 아픈, 저기 염증
있는 생각은 안 하고. 돼야지. 비우 맞추구.
조사자: 사랑니 같은 거는 남은 걸 다 뽑아 주는 게 좋은가요?
　이:상 없으면 구태여 왜 뽑아? 이:상이 있다든지, 충치가 많이 먹어서 뺄 정
도가 됐다든지 사랑니가 날 때는 지치주염이라고 해가지고 잇몸이 붓고 시큰
하고 하거든. 완전히 나지는 않고. 그럴 때는 어쩔 수 읎어 째:주는데 째:서 이
렇게 고름을 낸다는지, 응? 그렇지 않으면 빼버린다든지. 필요가 없어는 거야.
자꾸만 퇴화돼요. 그게 없어져 자꾸만. 그런데 젊은 층에선 이제 많이 처음에,
그게 열일구여섯에서부터 나는 건데, 아플 때가 보통 이:십칠팔 세 가면 그때

가서 아퍼져. 그때 보면 이는 다: 났는데 완전히 나오지 않고 이렇게 이제 덮여 있으니까 이제 이:물이 들어가지, 잇몸 밑으로. 그러니까 이렇게 부어가지고 아프고. 째:서 이렇게 읎:애 버리는 것보다는 빼:버리는 게 낫고. 이:상이 없는데 어때? 이상이 없는데.

조사자: 이가 밀리고 비뚤어지고 그런 경우가 있지 않나요?

있지. 있는데 이거는 이를 갖다가 빼:서 오래 두며는 그냥 이렇게 몰리거든. 그래서 이제 이가 빼:고 한 일이 개월 있다가 바로 해 느며는 모이질 않는데. 그리고 이제 사랑니가 대:개 이렇게 증:상으로 났으면 돼는데 옆으로 나는 수가 많아요. 이렇게. 거 수평지치라구 해 가지구 이렇게 돼면 천상 이거 빼:줘야 돼. 그러니까 이런 데서 빼기 힘드니까 종합병원 가는데, 수술해서 빼:얘지. 어떤 때는 뭐 맹장수술 몇 분, 십오 분 내지 이:십 분에 한다 그러지만 이거는 잘 못하며는 한 시간, 두 시간. 이가 이렇게 났으니까 앞에 이가 걸려서 안 나온다고. 그럴 때는 어쩔 수 없어. 이 앞에 이만 읎으면은 그냥 쑥 빠지는데, 그러니까 이걸 수술해가지고 이는 이대로 동강을 내가지고 대가리, 이제 머리는 빼고 이건 이렇게 빼고, 그래서 그게 힘드니까 대:개 이런 데서 잘 안 만질려고 그러잖아. 힘들지, 한 시간, 두 시간. 그게 종합병원에 아주 큰 데는 자기네들 전문 종이 있거든. 치꽈도 아직 전문화는 금년, 내년쯤이면 전문과 분리돼며는 괜찮은데 그런데 이제 구강왜꽈는 구강왜꽈만 가서 하구. 그리고 이제 대학병원이면 다 분리돼어 있지 않어, 전문과가. 큰 병원엔, 교정꽈, 보:철, 보:전, 무슨, 소아치꽈, 애:들만 하는 소아치꽈. 이제 엑스레이도 따:로 있고 그러기 때문에 과별로 따로 있지. 이런 데도 다: 통합하게 될 것 아냐? 어쩔 수 없어. 보험 자체가 그렇게 잘못돼니까. 지끔 그래서 일반 의사들 하는 게 보험 돼가지고 지끔 엑스레이 담당이 무슨 왜:꽈 전문의 아니고 소아꽈도 보고 내:꽈도 보니까 다... 이러니까 전문적이 돼지 않는다 이 말이야. 내가 내:꽈면 내:꽈만 봐야 돼거든. 딴거 뭐 소아꽈나 뭐 산부인꽈를 딴 데 보내고 그럴 텐데 그렇지는 않단 말이야. 그래서 그게 치꽈에서도 분리해가지고 이렇게 봐야 돼무는 제:일 난 데가

보철꽈나 이런 데는 그래도 수입이 괜찮지만 다른 조그만 과가 읎:어요. 그런
거는 안 돼지. 그러니까 그런 건 허지 말라 이거지. 내가 이제 저 국가에서 애
들, 학생들을 뭐 전문과에서 수련헌다든지 그런 걸 허기 위해서 이제 전체적으
로 과를 분류한다 이거지. 그런데 치꽈에서 저걸 하는 거는 아직까지 분리가
안 됐지. 일반 개업의, 거기서는 뭐 표방하진 말고, 이제 종합병원에선 표방할
수 있으니까 그렇게 해라. 내가 들어보니까는 요새도 이제 전문적인 교정을 하
는 친구들이 말이야, 딴 데서 이 뺄 꺼 다 빼고 그러고 와라. 그러자며는 그러
면 돼진 않지 않느냐? 그 교정을 하는 친구들도 제일 인제 수입이 제일 낫:잖
아. 그런데 괜찮은 데 그런 거는 의료보험이 안 돼잖아. 다른 걸 쪼:그만 거나
세세한 거, 몇천 원 몇만 원 정돈데 이거는 몇십만 원 교정 하나 하는 데 몇 백
만 원 이상 돼야 돼거든. 그게 이제 가격 자체가 많은 거거든. 긴 시간이 가는
거거든. 보통 일 년 반, 어떤 건 이 년, 삼 년까지. 그렇게 가야 돼니까 이제 그
런 증상에 돈도 이제 그런데... 그러면 이제 이 저긴데... 미:국에도 이제 치꽈
의사들이 자꾸 남아가. 그래 학교에 지원하는 능력이 적어지면서. 그런데 한:
국은 뭐... 일반 의료원 저거도 토요일 일요일만 돼면 다 쉬어 버린다고. 그전
에는 뭐 다: 했는데. 그 응급환자는 종합병원에 가서 응급실에 가얘 돼는데. 치
꽈가 요새들 많이 들어오는 거는 편하니까. 편한 거보다는 이 토요일날 오후문
문 닫고 일요일날 쉬:고 이제 그건... 그런데요, 응급환자가 없:으니까 그런 거
지. 당장 중병 아니니까. 약국에서 약 사먹거나 그런 것도 있지. 그런데 수입
면에 봐 가지군 일반 의료 저거보다는 못 허니까 그게 얼마 돈도 많이 벌어봤
자 그렇고. 이 의료보험 데가지고 난 다음에는 젊은 친구, 새로 개업한 친구들
은 좀 힘들었어, 옛:날에는. 그게 다 없으니까 딴 데로 가고 옛날에는 그랬는데
이 지방은 대개가 저거 돼있기 때문에 아무 데서나 받아도 그건 뭐 마찬가진데
그거 하는 것... 보철이나 이런 것은 이제 자기가 당골로 댕겼다든지 그런데 쫓
아댕기는 거지. 이 신림동 지역은 옛날에 있던 나 처음에 있던 사람들은 얼마
없어. 갈 데로 다 가고, 재벌 돼니까. 아파트 단지만 몰리는 원인이 새로 개척

을 해야 돼니까 아파트 단지, 이러니까 같은 건물에 뭐 몇 개씩 있잖아? 제일 많은 데가 강남의 한 건물, 다섯 갠가 여섯 개가 한 건물에 있어요. 아파트 단지니까 그렇겠지. 병:원도 같은 게 많고. 한 건물에 무슨... 그런데 각 과별로 다르며는 그것도 괜찮은데 이 의료보험 저거 하고 난 다음에는 각과에서 다 보니까. 왜꽈 하던 사람이 내꽈도 보고 소아꽈도...

1.14. 자연 발화[ibh]

○ 가족

조사자: 태어나신 곳에 대해서 얘기 좀 해 주시죠.

서울 서대문구 충정노 이:가 이십오 번지여.

조사자: 그때도 지금의 주소와 같았나요?

그때는 죽천동, 일쩡 시대니까.

조사자: 지금의 충정로와 같은가요?

네. 지끔 어디냐문여, 저:기 서대문 네:거리에 한쪽에는 조응은행 있구 이쪽에는 서대문 우체국 있어여. 바로 고기서 쪼:금 올라가문, 한 오:십 미터쯤 올라가문 거기서 태어나고, 거기서 살고, 거기서 시집왔고...

조사자: 내내 거기서 사셨군요?

네 네.

조사자: 그때 그 동네에는 어떤 사람들이 살았습니까?

어.. 그러니까는 우리 집 밑에는 일번 사람 전:당국 허는 사람이 있구, 우리 건너편 짝에는 인저 거기두 일번찝들이 있었어요. 그러구 우리 집에서 쪼:금 올라가무는 이제 으 오공선 박사라구 성강승녀원 초대 원장 하시던 분이여 오 박사님이 거기 샤:시구, 또 그 이웃에는 인제 지끔 솔펴 우황청심완에 원조인 박성수 씨, 그분들이 이저 거기 샤:시구 저:이 할아버지하구는 꽹장한 유대 관계가 좋으셔서 항상 우리 사랑채에 와서 노:시구 그러셨어여.

조사자: 할아버님하고 당연히 같이 사셨겠네요?

그렇죠.

조사자: 할아버님에 대해서 기억나는 것 좀 말씀해 주세요.

네, 즈이 할아버지는요, 그 동:네에 유:지로써 즈이 집은 인저 어떻게 돼있냐문 이제 집이 네: 채가, 네: 채가 한 가정으로 이루어졌어여. 그러니까는 이제 이십사, 이십오 번지, 삼십, 삼십일 번지 이렇게 네: 채가 그렇게 있어 가지구,

삼십일 번지는 항상 사랑으루 인저 개방해서 동네 뿐들 오셔서 샤:시구, 또 이제 노:시고, 또 우리는 중싸랑도 있고 안채두 있고 행랑채두 다 있으니까 여:러 사람들이 인제 뭐 그 시절에 좀 부:자였져. (웃음) 그래서 살고 이저 뭐 일:해주는, 애: 봐주는 아줌마들, 언니들, 또 뭐 바누질하는 침:모, 뭐 빨래허는 사람들 머, 안짬재기들, 이제 그리고 행랑 아범, 어멈, 뭐 다 있었으니까 그런 데서 샤:니까, 자연이 할아버님이 부:자시니까는 그렇게 살 수 있었죠. 하여튼 이... 저기 지주예요, 지주.

조사자: 안잠잡이라는건 뭘 의미하죠?

안짬쟁이라는 거는 인제 멀 가지고 그러냐문 이제 행랑 아범 있져, 어멈 있져, 그:그서 일: 허는 사람을 이제 안짬재기라고 그러거든요.

조사자: 그러면 행랑채에서 일하는 사람들을 가리키는 말인가요?

네, 인제 행랑채는 인제 대:문, 즈이 집은 인저 어떻게 됐냐하문 대:문, 중문, 또 인제 안싸랑으로 들어가는 문 있고 또 안쪽에 네 문을, 넷:을 거쳐야지 저희 집으로 들어갔거든여. 그리고 인저 안채 있구 뒤:로 돌아가무는 이제 중간 뒤채, 아주 뒤:로 가문 아주 뒤채가 있었어요. 이까 뒤채는 이제 누가 살았느냐 하무는 일:허는 사람들이, 안짬재기들이 살았져. 머 빨래허고, 푸지허구,[143] 또 머 거기에 저거 해서 머 바누질하는 침:모 있구 또 애: 봐주는 언년이들이 있었구. 근데 언년이는 왜 우리가 언년이냐 하믄 이름이 언년이예요. 그래서 언년이 무슨 누구 그래서 그렇게 했었구. 그리고 그깐 그 저:쪽 아주 뒤찜하고 두:집은 이제 그:런 사:람들이 살:구 이제 아침이문 건너오져 인제. 통해서, 으 중간문을 통해서 들으와서 여기서 일:하고 또 가서 거기서 주무시고.

조사자: 집이 원래 한 채였는데 이렇게 번지가 여럿이었습니까?

아녀, 원:래가 네: 채가 한 저거로 해: 있어요. 집이, 이렇게 이쪽으로 둘: 있고 삥: 돌아가서 이쪽에 둘:인데 이쪽은 다 통하져. 안으룬 다 통하져.

---

143) 빨래를 하고 난 후 풀을 먹이는 '풀질'을 뜻하는 단어인 듯하다.

조사자: 그러니까 주소가 네 개가 부여가 된 건가요?

그렇죠.

조사자: 형제 분들은 어떻게 되죠?

어 인제 즈이 아버지 형제 분이 심 남매세여. 그러구 이제 즈이 형제는 오:남매. 그러니까 즈이 아버님이 이르케 노:신 건 아니구, 할아버지께서 다 이르케 해: 노신 거고.

조사자: 할아버지 윗대에는 어디에서 사셨죠?

거 서울이죠. 대:대 서:울에여. 근:데 이제 서대문 거기가 그전에 옛날에는 거를 노쩡꼴이라구 그랬어여. 옛날 지명이 우리가 샤:는 데가 녹쩡꼴... 그래서 우리 할머니를 노쩡꼴 마님 그랬거든? 그 동네 이름이 옛:날에 머 압박골, 영천쪽은 압박골 무승 꼴 그래갖구 골이라고 그러는데 인제 서울 사람들은 압박골이라고 않고 압박골, 영천 올라가는 데 교국동 머 그런 데는 압박골, 노쩡꼴... 무슨 머... 그랬잖아요? 다방꼴 머 그랬지 않아요? 우리는 이제 노쩡꼴이었었어요.

조사자: 그러면 땅도 다 그 근처에 있었나요?

즈이 땅은 어디 있느냐 하믄 지끔 이제 시흥, 소:사, 뭐 그런 데가 다 즈: 뭐 저 수색 응?, 불광동, 연신내 그쪽에 많이 있었어요. 근데 이제 토지개혁 땜에 다 없어졌져. 몰락한 거에요. (웃음)

조사자: 할아버님에 대해서 더 기억나는 것 있으세요? 어떤 분이었는지 뭐, 성격이 어떻고 활동은 어떤 활동을 하셨는지...

네 즈히 할아버지요? 어 쉽게 말해서 돈: 가지고 이렇게 하신 분인데, 성격은 겡:장히 꼬장꼬장하시구 바르신 분이었어요. 그리고 어려운 사람 잘 도와주시구요. 그러니까 그 근처에서 인제 돈:이 아쉽고 그러믄 저희 집에 와서 또 이제 가까우신 분들이 부탁하고, 학교에도 뭐 기부도 많이 허시고. 그런 쪽에서는 좋으시고 아랫사람들한테 겡장히 후하신 것 같에요. 그러니까는 그 뒤에 대:대로 와서 이렇게, 그 자손들헌테는 이 즈이 집에 와 게:신 할머니들, 그런

분들 자손들 학자금 겉은 거 다 대:주시구, 우리 집에 와 있던 행랑 아범, 어멈
도 그렇구 있을 때 그 아드님 그땐 뭐 아드님 소리 했겠어여? 그래도 이제 머
으꽈대악을 졸업을 다: 시키시고, 이렇게 하시고 그러셨어요.

조사자: 그러면 토지개혁은 언제 된 거죠?

　육이오 전이져.

○ 육이오

조사자: 6.25 전에요?

　예.

조사자: 그러고는 땅을 뺏기고 그랬나요?

　그렇져. 그때 머:냐 하며는 지까증꿘이라는 게 있었어여. 그러니까는 돈:으
로 주는 게 아니라 그 증꿘을 상환해 갖고는 이:십 년 후에 어떻게 한다는 그걸
로 해:서 다 했:는데 육이오 사변이 났잖어여 사:변이 나니깐 그 증꿘이 다 그
냥 무효화됀 거에요. 그러구는 인 척도지라는 건 있었는데 그 사람들이 그 땅
위에다 집을 짓:구 사:는데 그 땅을 내노라면 내놓겠어요 안 내놓져. 오:랫동안
자기네들이 거기 짓:고 살았으니까. 그래니까 그때 보니까는 쌀 함 말에 얼마
그럴 때 겨:오 그 많:은 걸 갖다가 그 옛:날에 계약했던 벼, 응 벼 한 말 그렇게
주더라고요. 그러니까는 얼마: 전까지도여. 그러고는 뭐, 자연히 그것이 없:어
지게 데 있어요.

조사자: 육이오 때도 꽤 고생을 하셨겠네요?

　육이오 때:는 할아버지가 돌아가시구 삼 개월 후:이 육이오 사변 났어여. 다
행히여. 그랬는데 즈이집 동:네에 청년들이 다 우리 집에 와서 숨었거든요? 그
러니까는 먹능 거야 넉넉지 않겠지마는 그래도 동네 인:심을 잃지 않았으니까
청년들이 즈이 집에 와서 다 숨어 있으면서 이제 구:조가 잘 데 있으니까는 이
쪽을 이제 저기 인민군들이 조사하러 오믄 이쪽 집으로 피해여. 동:네에선 안
가르켜 주니까 자기 애들도 다 우리 집에 갖다가 맽겼는데 그 갖다가 일르겠어

요? 못 일르져. 그러면 이제 이쪽으로 오면 벌써 소:문 나믄 이쪽으로 피하구 그래서 한 사람도 즈이 집에서 다치질 않았어요.

조사자: 피란은 따로 안 가셨고요?

육이오 사변 때 피란을 못 가져. 별안간에, 암 육이옷 날 아침에 뭐 벨안간에, 저기 낮인가 바, 사이렌 불:면서 그때 우리 오빠 친구가, 어 이름은 내가 잊어버리지두 않았어. 순앵이라구, 지끔 어터게, 그 사람이 어터게 됐:는지는 모르지만, 그때 아마 사관학교, 지끔 생각하면 경:무대 시절이니까 사관학꼰데, 즈이 집에 놀:러왔다가 그 싸이렌 소리 듣구 그때 들어갔거든요, 그 사람이. 그리고 밤에 이:껏 피란간다는 데가 어디냐 하며는 신:촌 화장... 지끔 저 (웃음) 신:촌에 화:장터가 있었어요. 봉, 봉:은사 있는데. 거기 화:장터 있는데, 이:껏 밤에 도망간다고 피란 간당 게 시장, 신촌 화:장터까지밖에 못 갔다구. 그래가지고는 거기서 신:천 그 쪽에 즈이 친척이 있었는데 지끔 생악하니까[144] 이:대 후문, 금:란여고 복개해서 거기 덴 그 밑에가 개천였었어요. 이쪽에는 집들이 있었구. 글루 가가지고 그 개천 밑에 가서 그 굴: 속으 들어가 있었덩 거라, 육이오 사:변 때는. 그러구 나오니까는 머 빨간 기 둘르구 야:단허구 나오래니깐 나왔져. 그리곤 집으 왔었어요. 집이 오니까는 내가 그때 중학겨 삼학년땐가 이학년 삼학년때다. 학교에서 정드러 오라 그러잖아요. 정드러. 그때 갔으믄 여자 의영군으로 끌:려가능 건데 그때 인제 안 갔죠. 안 가구 집에서 우리 고모, 즈이 집에는 아버지 형제 분이 열:, 스, 열: 명이나 돼지 않아여? 심 남매. 그런데 인저 우리 큰고모부님은 그때 이제 결혼허셔서 어 약사, 그러구 이제 그때 응 그냥 그때는 아마 제약회사만 하고 기셨을 꺼에요. 그럼 이제 그때 농민병이셨나? 하여튼... 그래가지고는 그분은 인제 우리 집에 와서 기신 거죠. 피란은 어트게 하슬 수가 없으니까. 아버지 형제 분이 심 남매. 작은아버지들이 몇 분이나, 여섯 분, 일곱 분예요. 삼춘이. 그리고 우리 아버지, 저기 우리

---

144) 생각하니까.

고무부, 또 동:네 이제 사람들 오니까 머 남자들이 좀 많어여? 한 집에 부글부,
버글버글허져, 뭐. 뭐 맨... 마치 우리는 이제 형식상으루 나가서 무슨 장사한
다구 핑개 대고 나가서 낮에 인제, 학교에서 찾어오니까, 낮에는 나가서 무슨
뭐... 왜 꽈:배기 장사, 꽈:배기 그런 거 받어다가 이제 먹:으면서 돌아댕기는
거에요. 이제 먹:으면서 돌아댕기는 거. 집에 들어오므는 인제 학교에서 점들
오니까는. 먹으면서 돌아댕기다 이제 그거 팔기도 허고. 뭐 그러다가 밤중이
집에 들오와서 이제 머 밥이건 죽이근 남 먹을 때 같이 먹어야 허니까. 그리구
그네들도 또 댁식구[145]들이 많이 와 있으니까는 머 풍족하게 먹을 수도 읎:에
요. 육이오 사변 나기 전에 물론 쌀 겉은 건 다 우리 창:꼬에 다 있었져. 근데
이제 와서 뺏으로 오니까는 점 뺏기고, 창:꼬에 있든 거는 점 있으니까는 먹고,
그래서 인저 그렇게 지냈에유. 큰: 고생은 안 한 거져 남들겉이 머. 배가 고파
서 그런 거는 아니고, 동:네 사람도 그 믹이고 살: 수 있을 정도였으니까 그래도
그렇게 아주 크:게 고생은 안 했어여. 그리고 인제 일사후퇴 때는 피란 갔져.
조사자: 그때는 어디로 가셨어요?

그때도 즈이는 워낙이 이 집안네가 서울밖에 모:르니까는 지방이란 델 하:나
두 몰:라요. 친:척이 머 어디 시굴 가서 사는 사람이 하나두 읎:으니까. 대:대로
그냥 내려온 거이다가, 즈이 집은 결혼을 어떻게 했냐문, 서울 싸람이니까 서
울 싸람끼리 허게 돼잖어여? 그렇지. 그러니까는 머: 우리 웨가도 서울에, 즈이
이모님은 그때 으사에요. 우리 이모님은 으사고, 웨숙부는 약제사고, 웨할아버
지가 옛날에 이제 양이(洋醫)였었어여, 양이. 웨갓집쪽은 다 의료게 쪽으로 게
시구. 그러니까 서울 어디냐문, 웨갓집이 광화문이에요, 광화문. 그러니 어:디
를 가겠어요. 광화문인데? 그러니까 피란을 이:껏[146] 간다는 게 우리가 어딜
갔냐문 오:류동, 소:새. 지끔 소:사. 거길 갔어요. 거기가 이제 우리 마름의 집

---

145) 객식구.
146) 일껏.

이니까. 아주 멀:리 간 거 거기예요. 그래가지고 그 마름, 마름에 집에서 또 이
제 소:작허는 집 있잖아여? 그 집에 인제 방 하나를 빌려가지고, 방 둘:을 빌렸
는데 그때두 우리만 가면 좋:겠는데 우리 동:네 뿐이 또 따러오신다 해서 그분
까지 이제 모:시고 갔어요. 그 집 가족들을, 몇 식구야? 애:가 셋:에다가 할아버
지, 할머니, 그 집 메누리 둘:. 남자들은 다: 인제 남하했으니까. 그 식구까지
다: 그냥, 인정에 못 이겨서 다: 같이 간 거예요. 그러니 어떤 집에서 그 많:은
식구를 다: 그냥 수용하겠어요? 그니까는 이집 저집에다가 방을 빌려애 하는데,
지끔만 같애두 안 빌려줬을 꺼에요. 그때만 하더래두, 우리가 지주니까는 빌려
준 거예요. 그러구 인제 우리 작은 어머니들은 뭐 둘:째 어머니, 셋:째 어머니,
넷:째 어머니 다: 계시지 않아여? 그때 여섯째 엄마, 여섯째 엄마까지, 여섯째
어머니까지 계셨으니까. 우리 삼춘들은 다 이제 남쪽으로 내려가셔시구 다 각
이제 오:류동 마름의 집에 가신 분, 소:사 마름의 집에 가신 분, 또 어디 이렇게
인저 분산을 해서 나누어서 간 거예여.

조사자: 그때 돌아가시거나 그런 분은 없었나요?

어, 아, 그때 아무 돌아가시지... 즈이 집에는 여직 육이오 사변이 나두 어...
아... 수복헐 때 큰댁에 우리 당고모님이 그때 이제 인민군이 와서 막: 그냥 총
을 쏘고 막 그러고, 그러고 가기 땜에 갔는 질 알고 요롷:게 내다보다가 그놈들
이 총을 쏴서 그거 맞어서 돌아가셨대여. 그래서 그 당고모님 한 분 돌아가시
구, 그러고는 아무 이상이 없었어여, 직계로는. 그러다가 그렇게 지내다가 이
제 수복허게 될 때, 수복허기 바로 전에 또 다시 남하허게 됐거든여. 대구 그
쪽으루. 저거 인제 겁이 나가지고, 그때. 아버지가 대구 게:셨어요. 아버지 대
구 게시구, 우리 인제 이모님이랑 왜가땍은 경:산, 경:산 자인이라는 데 거기
가 게:셨거든여. 그래서 이제 즈이는 대구로 내려갔어요. 대구 내려가가지구
이제 달성, 그때 달성동이야. 달성동에서 이제 웬만큼 살다가 자인으로 이모님
이 거기서 병원 허시니까는 왜삼춘허구 빨리 오시라고 막 그래서 자인으로 가
서 거기서 이제 지내다가 수복허고 서울 왔져. 거 우리 삼춘들도 아:무 일 없으

셨어요, 아직까지는. 그러고 어빠도 갠찮고.

조사자: 그러면 학교도 그 근처에서 다니신 거예요?

학교는 저:기 숙명여고 댕겼으니간 그때. 숙명은 거기서 거기 아니야? 지끔은 애:들 다 타고 다니지만 그전에는 걸:어다녔져. 서대문에서 이제 어 광화문에서 광화문에서 이제 그 다리 끼고 요렇게 들어가서 수성국민학교,[147] 지끔은 거기가 수성국민학교가 종로구청 됐나? 하여튼 그때 그래... 고 앞으로 요렇:게 가면 거기 또 기마대가 있었다고여. 기마대가. 바루. 중동학교 있구 이쪽 건너편에 기마대 있고. 그래서 우리 학교 끝나믄 기마대 말 타는 것두 가서 구:경하다 선생님한테 혼나고 그랬거든. 크:다란 아이들이 뭐 거기 가서 구경허느냐고 그러고. 거기서 학교에서 매일 걸어가는 거에여. 걸어 갔다오며는 꼭: 중간에 남학생 만나는 학생이 있다고. 고 시간에. 그러니까 거: 지끔 생각하니까 아현동 그쪽에 어디 직업학교 댕긴 앤가 어디 머 그쪽 한:성학교 댕기는 앤가 봐. 그러고 우리는 이렇게 가무는 서울고등학교 지나서 가구, 가다 보면 머 이 중동관 나이쁘 머: 어디 관 나이뿌하고 좀 만나잖아요? 지나오면 서울고등학교 지나서 이럭게. 지끔 서울고등학교가 이사갔지만 거기 있었잖아요? 그러믄 너무 재밌는 것 많잖어여 왜. (웃음)

○ 학생 시절의 추억

조사자: 재밌는 얘기 좀 해주시죠.

그러고 이저 우리 웨가찝이 광화문이기 땜에 어 경기고녀 바로 앞에 있었어요. 응. 그러니까는 학교 갈 때 어트게 가냐 하믄 쭉: 가다가 웨갓집을 들러요. 웨사춘 언니도 그때 숙명 우리버더 일 년 선배니까. 그래서 언니한테 가서 언니 불러 가지구 또 그 옆에 친구 불러가지고 그렇게 셋:이 이제 가다가 또 이제 우리 반 아이 하나 있어. 걔:네 집 가서 걔: 불르고. 그러니 을:마나 시간이 오

래 걸려여? 네: 사람이 같이 가니 학교를. 고: 짧은 거리를 응. 그러니 가다 보
믄 머 벨일이 많져 머. 옛날에는, 지끔은 안 그러지만 그:지 많았잖아요? 그:지
들이... 그:지들이 많으면 어떻게 하냐, 하냐믄 그 왜 아이스크림, 빨갛고 파랗
고 옛날에는 그 껍데기, 빨강 파랑 노랑 막 저기 물들인 거에다가 팍 퍼줬다고,
아이스크림을 길에서. 그러며는 저기 꼭 그:지들이 이렇게 긴: 막대에다가 탄:
알 겉은 거 칠해가지고 이렇게다가 그 교:복 그거 이:껏 깨끗하게 빨아가지고
대려 입고 간 옷에다가 척 묻힌다구. 그러믄 그 얼:마나 숭해요? 숭없잖아요?
그걸 안 하려고 애들이 피해 댕기는데 그 아:이스크림이 오림픽마크야 증말 지
끔 생각하니까. 그 아:이스크림 껍질 탁 묻힌다 그러면 빨강케, 노:랗게, 파:랗
게 그렇게 다 붙어여. 안 저지지,148) 절대로 안 저져요. 뭐 삶어야 허니까. 삶
어두 잘 안 저지더라고. 그럼 그럭허고 학교 가머는 그 가면서 내:도록 웃음꺼
리 아녜여. 내:도록 웃음꺼리지. 그 머 킬킬거리고 뭐 야단나고 영낙없이 여기
다 그냥 도장 찍구 가니까. 그래서 이제 안 데겠어여. 저는 그:지 하날 새겼거
든. 그러니까 '누나 누나' 그랬다고. 그까 다른 사람들은 왜 너는 그:지하고 사
귀냐고 막 그러는데, 불쌍허지 않어여? 그래가지고 쪼끔 잘해줬더니 그렇게 잘
하더라고. '누나 누나' 하고 그렇게 따라, 학교 갈 때 대문에서 나오면 벌써 저
기서 '누:나' 그러고 따러와요. 그러면 우리 어머니 입장으루는 그거 그때는 우
리 막내똥생 낳:기 전이니깐 육이오 사변 전에, 전이니까, 낳:기 전이니깐 글쎄
딸이 나가 가지구 그:지가 누나 그러믄 누가 좋아하시겠어요? 막: 야단맞는다
구. 머 너는 나가서 겨우 하능 게 말야 학교 댕기랬더니 그:지나 사기고 댕긴다
고. 그러믄 그 애 덕을 얼:마나 많이 봤는지 몰라요. 즌:차 탈 때 이렇게 서 있
으므는 애:들이 와서 그 짓 할라고 그러면 그 애가 막 쫓아와서 막 때려요, 그:
지들을. "누:나 우리 누:나한테 너 그러믄 죽는다"고 막 그러고. 그거 을:마나
고:마워요 또. 그 덕을 그렇게 봤으니. 그러니 어려운 가운데도 그런 덕도 많이

---

148) 안 지워지지.

보더라구여. 사귀다 보며는. 사람은 골고로 다: 잘 사귀는 것도 좋아요. (웃음) 그리고 학교 갔다 올 때두 이렇게 기다리고 있더라구. 그럼 불쌍하니까는 그냥 머 주머니에 있는 것 제:149) 꺼:내서 이제 좀 주구, 그러군 왔는데. 그런가 하므 는 이렇:게 살다보므는 지끔 생각하므는 염치없는 사람두 있더라고. 염치없는 사람... 으:른 중에서. 내가 초등학교에 갔다가 미동국민학교 거기 다녔어요. 서대문인니까 거기 가깝잖아요? 거게 다녔는데 집이 점 잘살기두 하고 그 동네 유지기도 하고 학교에 할아버지께서 이사하셨어요. 그래 학교에선 다 알:지요. 그 뭐 우리 아버님도 거기 다니고 머 그러셨으니 오:랫동안 그 학교에 죽: 대: 를 이어서 다니니니까는 다: 야:실 것 아니에요? 우리 삼춘들도 많구. 그럼 이 렇:게 학교에 가려면 이 굴따리가 있어. 굴따리를 이렇:게 넘어가려면 항상, 지 끔 생각하니까 그 사람이 그때 나이가 많:이 먹은 사람이, 남자가 야:닌데, 그 당시에는 그 이가 밤나 앉아서 구걸을 하더라구. 그거 너무 불쌍한 것 있져. 어 린 마음에. 나는 밥 한 번 안 먹어두 돼는데 저 사람은 배가 고픈가 보다, 아침 에 도시락을 갖다가 이렇게 주구 가요 이제. 아저씨, 할아버지라고 그랬어 그 때는, 할아버지 이거 잡숫구여, 있다가 나 즘:심 때 올께, 도시락을 달:라구. 검 그런다고 그래. 그렇게 거의 매일 허다가 이제 집에서 들통이 난 거에요. 왜 들 통이 났냐믄 학교 선생님이 개는 왜 맨:날 도시락을 안 가지고 오느냐구. 그때 는 벤:또죠. 일번 선생이, 우리 소사가, 우리 소사가 뭐:냐믄 청지기, 우리 사랑 채에서 할아버지 밑에서 이제 뭐 치:부하고 머 계:산하고 그러는 청지기가 있 었어요. 김 주사라구. 그런데 그 양반이 머리가 이렇게 짱:구야. 그분이 오며는 그렇게 챙피스러운 거 있죠. 애:들이 벌써, 노크 허무는 네: 그러믄 머리만 들 어오지 얼굴이 안 들어오는 거야, 그 정도로 길:거던. 그래서 어머, 또 김 주사 가 오며는 어턱허지? 그래서 그이한텐 도시락 같은 것 안 가져와두, 가져오까 바 다들 겁:내요. 고모들도두. 우리 고모가 나버더 세: 살 위이시니까. 막냇고

---

149) 죄다.

모는 나버더 하나 아래니까. 학교도 다 같이 다녔죠. 그런데 이제 비 오는 날이면 영낙없이 우산을 가지고 온단 말이야, 그이가. 그러다 인제 선생님이 "왜 김주사, 왜 재:는 저기 도시락, 변또를 안 가지고 오냐"고 허니까 아 왜 무슨 소리냐고 말야, 우리 아가씬 매:일걸이 변또 싸서 가방 속에다 느: 가지구 가는데 왜... 그거 들통 난 거라. 그런데 지끔 생각허니까 그 아저씨가 그렇게 매:일걸이 애 도시락을 하루도 안 빼놓고 받아서 잡쉈대는 것도 지끔 생각하니까 이:상하다구. 나는 열심히 그래도 순수한 마음에 맨날 드렸지마는 지끔 겉음 그랬을까. 그런 생각도 들고. 야 이상허다, 그:지허구 그 사람하고 비교를 해:보게 돼더라고요. 생각하니까는 수족도 멀쩡헌데 앉아서 그거를 맨날... 그런 생각도 나고. 학교 댕길 때 애:들허고도 왜 잘 싸움을 못했어요. 나는 남들이 하는 공기도 잘 못허구. 그러니까는 맨날 깍두기야. (웃음) 깍두기. 이편에서도 저편에서도 꼭 저를 필요로 하지 않어요. 깍두기야. 맨:날 못하는 걸 어떡해. 그러다가 이제 비 오는 날은 애들이 행길에서 못허지 않어요? 한길에서 못하니까 이제 우리 집이 아주 유일한 놀이터가 돼는 거야. 중문에 모 지붕 다: 있겠다, 이쪽 문 닫치고 뭐 이쪽 문 닫치문 비 들이치지 않겠다, 뭐 남자 여자들이 한데 합해서 노:는데, 날 빼:노:믄 우리 집에서 못 놀잖아? 그러니까 이제 깍두기로 끼워주는 거라. (웃음) 그러고는 우리 대문에서 이제 공기들을 해여. 그때는 공기 개왓장, 개왓장 다: 깨트려서 했지, 지금 겉은 공기가 어딨어요? 개왓장 그냥 공기시합 헌다 그러면 애:들이 다 기왓장... 어떤 애들은 심:지어 남의 집 개와도 이렇게 빼갖고 온다고. 그래서 깨트려갖고 이렇게 해서 요만하게 만들어서 그래서 공기 허잖아요? 그러믄 따:믄 이 한 깡통씩 딴:다고. 잘허는 사:람은. 그걸 이제 꽈:주고 하고, 꽈:주고 하고 이제 그렇게 하지, 특별하게 무슨 뭐 내:기 그런 건 없잖아요, 공기 내:기.

조사자: 그런데 그걸 어떻게 따먹는 거예요?

이렇게 해서 머 그까 인제 하나... 나는 이제 밤나 인제 일항년생이야. 하나하고 둘 이렇게 따:먹고 그거 떨어트리면 이제 뺏기는 거예요. 저쪽에서 허고

지:가... 그러니까 많:이 논 데서 따:먹는 거야 이런 걸. 따:서... 저기 다: 잘하는 아이는 다석 개 열: 깨도 한까번에 이렇게 잡아서 가져가면 그거 지꺼지 다. 근데 나야 머 두: 개, 기껏해야 세: 개니까 머 고거야 열: 깨 가지고 가는 애하고 세: 개 가지고 가는 애하고 당해여? 그거 즈이 편... 많이 가져오는 애를 즈 희 편 하고 싶지. 아, 조끔 가져오는 애를 붙여 본댔자 별수 없지, 뭐. 남들은 열: 개 딸 때 세: 개 따서 뭐 될 껏도 아니지. 그러니까 밤낮 깍두기지.

조사자: 그럼 공기 말고 또 어떤 놀이를 했죠?

오램말잽기. 오램말잽기라고 그래 갖고 이제 이렇게 땅에다 그:려요, 이렇게. 그:려서 요 간도 쪼:끄맣게 하고 더 굵:게 더 널:께도 하고 이렇게 해: 갖구 요만한 오램말이라고, 개왓장 깨진 거 또 뭐 그런 것 딱 놓고, 한쪽 발로 요렇게 해갖고 톡 치면서 요렇게 다음 칸에 가고, 또 톡 치고 다음 칸에 가고, 이것 다 돌아서 와야지만 돼는 거에요. 뭐 어떤 때는 이 칸을 갖다가 이렇게 사:선으로 그:려 놓고 사이사이를 다: 다니게 해. 그러믄 쪼끔 가다 걸릴 수가 있잖아요? 그럼 또 지는 거야. 그 금을 밟으므는. 그 오램말잡기 하고. 또 그런 것두 하고 또 머 인제... 그 일정시대에 이제 하는 말이지만 오:재미라고 이렇게...

조사자: 오재미 갖고 그럼 어떻게 놀았어요?

그거 이제 이렇게 던지고 세 개 가지고도 이렇게 하고... 뭐 공기 못하는 사람이 그거 잘하겠어요? 그것도 못허지. 그리고 이제 기:껏 해는 게 맨드는 거, 뭐 모여서 요런 장난감, 진:흙 짓니겨서 요런 거 만든다 그러고 머: 이제 옛:날에는 머 넉넉지 않... 저기 특별한 게 머:가 없:으니까 소꿉장난한다 그래두 깃! 해야[150] 뭐 이렇게 뭐... 기왓장 가루 빠서 밀가루다 하고 뭐 그렇게 하고... 이제 우리 집 오며는 소꿉이 많아요. 근데 우리 어머니가 그렇게 애들을 많:이 붙이질 않으시더라고. 왜냐하므는 우리 어머니는 시어머니 게시져, 시작은어머니 게시져, 층층시아거던. 동세들 있지, 우리 어머니가 맏며느리시니까. 동세들 있

---

150) 기껏해야.

지, 거기서 시동생들이 당신버더, 어 우리 어빠 낳:구 우리 고모 낳:구, 또 우리 둘:째... 우리 막내 삼춘 나:시구 나 낳:구, 또 우리 막내 고모 낳:구... 그러니까 시누:잖아여. 시누, 시동생 많:구 거기다가 인제 큰댁에서 또 거의 큰댁에 할머니가 즈이집에 와서 계:시다시피 했구 그 큰댁의 손:들이 우리 집에 와서 공부를 허셨다구. 큰댁이 좀 넉넉지가 않으셔서. 그러니 슬:불리 음:식을 해:도 그 많:은 식구가 먹능 거에여. 그냥 머 한 번에 한 오:십 명 더 데잖아요. 일하는 사람 있고 머: 안짬재기 있구 큰집 식구 있구 우리 식구 있구 뭐 오:심 명 넘:는다구여. 그러니 얼마나 힘드시겠어요? 야:무리 자기가 주낀이 있다 하드래두 그 아이 몇 사람 거니는 것겉이 힘드는 게 없거덩. 그래 머:를 내가 지끔 가만:히 생각하니까는 무슨 날 뭐: 음식들이 그냥 허무는 그걸 어떻게 허시냐며는 누구 꺼라고 몫을 안 나누시더라고. 다: 요만한 목판이 있어요. 지끔은 다 없:어졌어요, 육이오 사:변 나고. 이런 목판이 다: 있어가지고 그게 머 오십 개 이상 돼지, 잔치 때 한 사람 먹고 손님 오면 다: 이렇게 해: 주는 거니까. 거기다 다: 똑겉이 담어. 담어서 갖다놓고 '아무나 가져가시요'지, 이거는 니 꺼다, 내 꺼다는 절대로 안하시더라고요. 그것두 지에[151])에요. 슬:불리 이거 니 꺼다 허무는 '아이구, 누구는 더 많이 주고 나는 드:럽게 줬다' 그럴 테니까 스스로 가져가시게 그렇게 하시더라고요.

조사자: 어머님은 작고하셨고요?

예. 작고허셨어요. 다 돌아가셨어요, 이제. 어머니 게시면 참 좋져.

조사자: 그럼 몇 년 동안 숙명여고를 다니신 거죠.

육 년이죠. 그러구 육이오 사:변 났을 때 피:란을 갔다가 다시 온 거에요. 그러구 이제 우리 고모들두 있고, 큰고모, 둘째꼬모, 우리 둘째 꺼모는 또 어디로 시집을 갔나 하며는, 심남, 딸이 열하나에 아들이 하나 있는 집으로 시집을 가셨어요. 지끔 이제 분당 사:시는데. 거기도 두 분이 다, 다: 하여튼 서울 싸람 서

---

151) 지혜.

울 싸람이에요. 그러니까는 참: 우리 둘째 꺼모 이 살림 잘하세요. 워낙 큰 데서 저걸... 딸이 열하나니 오죽하겠어요?

조사자: 고생도 많이 하셨겠네요, 그러면?

　그래두 또 역시 있는 집이니까 그렇게 머 그런 거로 고생은 아니지만 이 심:쩍인 거는 많져 뭐. 그리고 인제 우리 삼춘들도 굉장히 원만들 허세요. 응 그타고 특별히 잘뒌 사람은 하나도 웂:어요. (웃음) 우리 할머니가 그전에 말씀허시기를 태몽을 꾸셨는데 이 천도복숭아를 갖다가 막: 이만큼을 따:셨대요. 따:셨는데 그걸 이렇게 감치질 않어야지 빛이 나는 건데 할머니가 누가 훔쳐가까 바싹 감췄대, 치마폭으로. 그래서 광:이 안 난대요. (웃음)

○ 육촌오빠

조사자: 옛날얘기도 잘하실 것 같은데 그런 것 많이 해보셨어요?

　옛:날얘기 특별히 잘허진 못해. 옛날얘기 잘허는 거는요 것두 기술에요. 옛:날얘기는 우리 인제 육촌어빠가 굉게 잘허세요. 그거는, 어빠가 오시는, 우리는 이제 뭐, 그 어빠한테 옛날얘기 듣느냐고 있는 것 없는 것 다 갖다가 아부해야 해. 지끔 말로 해서. 빵:떡을 이렇:게 가지고 있으믄 우리 어빠가 밤낮, "야, 이리 와, 이리 와, 이리 와." "어빠, 옛:날얘기 해줄 꺼지?" 그렇다구 그러믄 "그래 해주께, 이리 와. 너 이거 떡 어트게 먹는 건지 알어" 그래서 이제 어빠 디려요 그러믄, "어트게 먹는 거야, 오빠?" 그러면, "내가 말이야, 달떡 만들어 줄까?" "웅!" 그러므는 어리석어서, "달떡! 어빠 달떡 해줘!" 그러면 "이거는 둥근달, 요렇:게 쪼끔 짤른 머 초생달, 요케 조금 짤라서 요거는 초승달, 요거는 뭐다..." "얘, 별:떡 만들어 주까?" 그래서 먹구는 싫지만 어빠가 또 옛:날얘기 해준다니까 별:떡 만들어줄까 바서 "별:떡? 해 줘!" 별:을, 그 조그만 데서 다: 별을 만들면 나머지는 다 당신 잡숫는 거야. 그러므는 "웅, 별:떡이지 재미읎지?" "웅, 재미 읎어." "그럼 꿀떡 만들어줄까?" "웅, 오빠. 꿀떡 맨들어 봐." 그러면 꿀떡 먹고 "꿀떡 만들었다." (웃음) ...그러시더라구, 우리 어빠 육촌어빠가. 참 거 옛:

날에 처녀쩍에두 유대 감객이, 관계가 좋았어요, 그 어빠하고는. 남들이 보면 애:인이라고... 군대 가있을 때 내가 이제 편:지를 한다고. 그런데 그 이 아주 재밌는 일이 있었어여. 편:지를 했는데 어떻게 됐느냐 하며는 우리 어빠가 이 명학인데 그 같은 부대 안에 이 수성부대하고 뭐 이거, 수색대, 오빠는 수색대 겉더라, 그때. 그런데 이 수송부대에 있는 사람이 이명학이가 또 있었어. 그래 가지 내 편지를 받은 거에요. (단절) '...그런데 이:상하다. 나 찾어올 사람 하: 나도 없는데 누가 찾아왔나?' 했:더니 그 사람이 찾어온 거라. 그래가지구 이:명 학 대:위 야:냐구 그래가지고선, 그땐 오빠가 대:위였었다구, 대:위 야:느내서, 그래가지고선 그렇다구, 우리 오빠라고 그러니까는, 내가 사실은 학생 편:지를 다: 자기가 모았다는 거야 응. 너무 편:지가 재밌어가지구 자기가 제일 먼저는 본의 아니게 잘못 받았지마는 나:중에 재밌어 가지구 그걸 많이 받았대. 그래 서 오빠한테 그 얘기를 했어요. 그랬더니 "이 정을 칠놈, 내가 가서 그놈을 혼: 을 내준다" 그러고... (웃음) 오빠가 막 그런 적이 있었거든여. 이렇게 살다보므 는 아주 우연이 아닌 게 그런 때가 있더라구. 그 오빠가 그 옛:날얘길 잘해서 듣기만 했지, 옛날얘길 잘 못해요. 그리고 이, 머리가 나뻐여. (웃음)

조사자: 아니신 것 같은데요, 기억력이 좋으신 것 보니까. 그 육촌오빠 지끔 살 아계세요?

아, 그분이 글쎄요, (웃음) 절에 계셨었거든요? 근데 어디루 가셨는지 지끔 모르겠어여.

조사자: 그럼 옛날에 듣고 참 재밌으...

아니, 그 어빠는 그전에 그.... 논산 훈련소에서 왕:창이라 그러믄 그 오빠 때문에 화생방 교육을 왕창 그래서 그 오빠가 원래 왕:창이에요. 그 옛날에 훈: 련 거 논산훈련소에 화생방 교육 허는 장:교셨대요. 그래가지고 그 오빠를 모 르는 사람이 없더라고요, 그 당시에는. 나와서 화생방 교육 왕창 교관 아냐면 다 안대. 아:주 뭐 재밌고 얘:기도 잘하구, 아주 그런다고 아주 그냥... 아주 옛 날애:기 그냥 너무너무 재밌게 하는 거 있져. 그깐 그 오빠만 오면 우리는 밥 먹는 것도 잊어버리고 그 오빠 있는 방으로 그냥 다 몰려가는 거야. 옛날얘기 해달라고 아주 사:정 사:정 허지. 아주 기분 좋은 날은 그냥 한 스무 가지 해: 줘요. 스무 가지 다 못 웨죠. 애:니까.

조사자: 숙명여고가 언제 이전을 한 거죠?

물:라요, 이제는. 하도 안 가서.

조사자: 정확하게 어느 자리에 있었죠?

지끔 있잖아요, 그게. 음... 거기 현:대에서 뭐 지은 것 겉드라, 참. 그러니까 는 종로구청에서요 어 그 농협 있져? 그 농협 사이낄로 쭉: 들어가므는, 욜루 돌쳐 서므는 종로구청 있져? 종로구청 싹 돌아서는데 요 요 앞에. 고기가. 그러 니까 지끔 조계사 가는데, 조계사 가는 그 뒷길이, 뒷문이. 거기가 다 숙명핵교 있었어요. 그리고 그 위에가 중동학교. 중동.

조사자: 다 이사 간 건가요?

다 이사 갔져. 그때는 거기가 그냥, 담쟁이가 그냥, 빨간 벽돌에 담쟁이가 쭉: 있어 까지고 너무너무 아름다웠어요. 그때 우리 있을 때는 민남식 교장선 생님이셨거등.

조사자: 그럼 숙명여고 시절에 뭐 기억나시는 일이 있으면 말씀해 주시죠.

우리 선생님이요, 음 지리 선생님이 그때 생각하니까는 총:각 선생님이에요. 총:각 선생님인데 안:경을 이렇게 꺼:먼 테 안경을 쓰그 그러셨는데 이 양반이 눈이 나뻐서 그런지 매:일같이 올 때마다 양말을 짝짝이로 신고 오는 거야. 까: 망, 밤:색 무슨 머 하:양, 누:렁 그렇게 짝짝이로 신고 오신다고요. 그러니까 인 제 애:들이, 그만 해도 저학년이니까 그때는, 야, 아무개 선생은 그 옷을 갖구 밤낮 그렇게 짝짝이로 입고 오니까, 저 신고 온다 그러니까 누가 그 방 가서 좀 알아봐라, 그랬어요. 근데 그때가 기숙사가 저:쪽에 인제 일본집겉이 이렇게 덴 따루 기숙사가 있는데 선생님들이 인저 홀애비 선생님들이 기셨던 거야. 그 런데 거길 들어갔다믄 사감 선생님한테 혼:난다구요. 혼나지. 남자 선생님 기 숙사에 누가 들어가요? 혼나지. 그런데 우리 저기 친구가 하나가 참: 장난꾸러기가 있어. 장난꾸러기가 있는데 가서 글쎄 그 양말을 빨어 널은 걸 훔쳐온 거야, 이제. 훔쳐다가 그 선생님 시간에, 우리는 문을 이렇게 밀:고 오는 게 아니라 이렇게 잡으댕기는 문이었어요 그때는. 그 앞에 그걸 갖다가 걸:어놨지, 이렇게. 걸:어놓구 그 선생님 들어오시구 문 탁 닫는, 옛날 애들은 왜 분필 백목가루 있잖아요. 그거 저기 지우개에다 다: 해: 가지구 거기다 해: 났다가 딱: 열면 탁 떨어지면 팍 해서 먼지 나는 거 그거허구 한:참 선생님 뒤에다가 꼬리표 붙여주는 게 그게 꽹:장히 아주 장난이 심:헌 거라고 생각했거든. 선생님 자기 등에 꼬리표 붙여가면 선생님이 교무실 다: 가면 애:들이 다 킬킬거리고 웃잖아요? 그때는 그 학교가 이쪽 교:무실 쪽은 증말 고:풍스럽게 돼서 복도두 이렇게 좁았어요. 일층 이렇게 올라가면서 내려가면서 지금 개인 집 겉이, 화장실 두 음... 삼층에서 이렇게 내려가며는 고 내려가는 계:단 밑에 화장실이 있구 또 거기서 이렇게 내려가고. 지끔들은 왜 바깥에 나가도 화장실이 있고 그런데, 옛날에 거기는 그랬거든요? 그래 선생님 양말을 집어온 거야. 짝짝이를 그것도 널어논 거를. 선생님 그 다음날 신으실려믄 그게 없:을 꺼 아냐? 뭐 빵:꾸나고 뭐 막 그런 건데. 그래갖고 인저 문에다가 그걸 걸어났어. 그 선생님 들어오시믄 우리가 혼내킬래 웃으려고 걸어논 건데 그날따라 교장선생님이 들어오셨다. 그래서 선생님 딱 들어오셨는데 머리에서 양말이 툭 떨어지니까 을:마나 화:가 나시겠어요? 그래가지고 우리 다 벌썼다고. 그리고 인저 복도 청소헐 때 저 계단에다가 초칠을 막: 해. 그러며는 왜 그게 그렇게 재밌었는지... 우리 위에 학년에 언니가 너:무 이쁜 언니가 있는데 너:무 얄:미워. 이:쁜 거 얄:밉다고, 하여튼 얄:밉다고, 애들이 얄밉다고 그랬어. 그냥 넘어져도 뭐 죽어도 스타일이라구 그랬거든, 우리가? 농구를 허면서 머 던지면서 넘어져도 이럭허구 넘어진다고. 그런데 그게 예:쁜데도 왜 얄:밉다고 그러는 거야 그깐. 여자들 그거는 일종의 질투심이겠져. 그래 거기 인제 이렇게 칠해나. 그럼 인제 선생님이 내려오거나 그 언니가 오거나 간에, 만나 이제, 미끄러지면 어:서 알을 거 아냐. 그거 보느냐구. 그래가지고는 맨날 초칠해서 거기다가 머 백묵가루 칠하고 그

래가지구 그런 적도 있었에요. 한:참 장난 심한 거지, 머. 그런 장난도, 무슨 장
난들을 그렇게 하는지...

조사자: 그럼 뭐 중동이랑 서울이랑 연애하고 그런 학생들은 없었어요?

아, 이은:애[yi:nɛ]를 내놓고 했다가 큰일나게요?

조사자: 그땐 그랬어요?

그럼요. 정말 어디 가서, 남학생하고 앉아서 얘길 해봐여. 큰:일나지. 기:껏
해야 편:지 이렇게 하면 벌:써 그것이 이은:애[yi:nɛ]편지 들어왔다고 온 교:실로
다 돌아댕기는데 못허죠.

조사자: 그 당시에도 연애는 하긴 했을 것 아니에요?

그 당시에도 있긴 있겠죠 머. 그런데 겁이 많아서 남학생 쫓어오믄 (웃음)
우리 선생 들으시면 막 그러시겠어. 우리 삼춘이 나버다 두 살 위:잖아여. 학교
에 갔다오는데 어떤 남학생 계:속 쫓어오더라구. 아유, 그냥 저거는 내가 동:네
들어가면 동:네 내가 그 동네 입구에서 알:고, 다: 아무개 집 손녀딸인 거 알:고,
누구 딸인지 알:고 동네에서 다 아:는데 저놈 저렇게 쫓어오믄 난 동:네 소문나
고 난 혼나겠다 싶어서 하루는 너무너무 얄미운 거 있죠? 쫓어오라고 내뻐려
뒀:어요. 그러고는 삼춘한테 미리 약속을 했어요. "삼춘, 있잖어" 그때는 우리
삼춘은 양정고등학교 대녔어요. 양정학교 대녔어요. "삼춘, 있잖아. 어떤 녀석
이 나를 자:꾸 쫓어오는데 나." 삼춘은 언:제... 그땐 아찌지. "아찌는 언:제 들
어와, 학교에서?" "난 몇 시에 온다." 그런데 그때 우리 삼촌도 생악하니까[152]
그게 재밌던 거야. 혼내주는 게. "그러면 몇 시쯤인데? 삼촌은 대:문 안에 있으
면 안 돼니까 중문 안에 있어, 중문 안에". "그간 대:문은 이제 큰길이면 요 안:
에 있어야 돼지, 예:까지 있으면 못 들잖아. 여기 있어. 그러면 내가 오므는 그
자식 막 돼게 때려주라" (웃음) 그랬더니 증말 우리 삼춘이 가서 막 때려줬어,
다신 못 쫓어오게. (웃음) 그렇게 가슴이 둘렁거리고 무서와요. 너무 무서운 거

---

152) 생각하니까.

야. 순진해서.

조사자: 따라오기만 하고 얘기도 안 하고 그래요?

아, 얘:기 붙일라구 그러죠. 그러니까 그게 싫은 걸 어떡해요? 너무 싫잖어여. 난 지끔 이 나이 데두 저기 길에 뻐:쓰, 차에 웬만큼 잘 안 앉아요. 남자들 옆에 앉기 싫어서. 서 있을지언정. 승:격이 겡장히 이상하다고. 안 그럴 꺼 겉은데도 그래요.

조사자: 말씀하시는 게 아주 재미있으세요. (웃음)

(웃음)

조사자: 학교에서도 재밌었던 일 많았을 것 같은데.

아니 학교에서도, 학교에서 재밌는 거보더두, 지끔겉이 그때... 아유, 지끔 나이가 몇 살인데 그때 사람들은 지끔 겉이 그렇게 아주 머 재밌게 논:대는 것도 없었어요. 육이오 나구 뭐하고 뭐... 여유들이, 마:음에 여유들이 없는 거지, 그러니까. 지끔겉이 뭐 여유가 없잖어여. 그때는 그냥 머 가방도 지끔들은 요만큼씩 딱하고 뭐 싫으면 그만두죠? 우리 쪅에는 대사게라고 그래가지고, 그래 그게 일번말이죠, 대사게. 그래가지고 그냥 수: 놔가지고 누가 더 이쁘게 수:노까 그:냥 눈을 수: 나가지고 그걸 요렇게 하얀 거에가다 맨들어 가지구 이렇게 꼬:매 가지구 또 손잡이 해 가지구 그거 들구 다니구 거 또 가방이 찌부러질 거 아니에요? 홍:겁이니까. 그러니까는 상자 하낙씩, 상자때기 하나 이렇:게 오려가지고, 깍때기. 그래가지고 양쪽에다 놓고 붙여. 그러고는 이제 거기다가 책을 느문 빤:뜻하게 보이잖아요? 그게 모냥 내는 거였어요. 그게. 그러니깐 머 내가, 어떤 아이가 수: 이:쁘게 놓으면 나도 그려줘 그러구 그거 또 놔: 가지고 요렇게 해가지고. 그 가방 매일 빨어야지, 하루 걸러 빨아야지 뭐. 지끔겉이 비니루가 있으니 뭐 도시락... 그땐 비니루가 없으니까 반찬 국물 질질질질 흘르지 않어여. 그럼 뭐 김칫국물, 각:해야 김치들 반찬으로 많이 싸갔지, 뭐. 뭐 특별히 반찬들이 있어요? 그럼 뭐 흘르므는 그거 딲어서 그 고 다음날 또 풀 멕여서 그냥 아궁이, 연탄 아궁이 가서 이렇게들 말려가지고 말린다고 또 구녕

연탄, 이 불티가 올라오다가 태우는 수도 있잖아? 그러면 또 누:렇게 됐다고 그러고. 그렇게 법석을 떨었다고. 그리고 인저 카라에 겨:우 하얀 카라에 풀 빳빳:히 먹여서 요롷:게 하는 거. 지끔 애들은 그런 것 모르지. 우리는 그때 그냥 카라에 풀 그냥 댄: 풀 먹여가지고 유리창 유리창 깨:끗히 닦어가지고 거기다가 짝: 붙여요. 붙여. 붙이믄 그 다음날 아침에 고것이 빳빳하게 마르잖아. 그럼 짝: 떼어가지고 쓱 다려가지고 가면 유리가 그냥 요롷:게 스게 하지. 그래 우리 몫이지. 다른 사람은 했:다가 또 제대로 안 해 노문 안 데잖아요. 그러고 밤낮 내지끼라 그래가지고 바지, 요 밑에다가 저녁 때마다 매일:같이 깔구 자는 거에요. 야:니, 요:를 갖다가 편안:하게 두고 자야지 그걸 안 꾸기지, 자다가 이럭허머는 그 옷이 내지끼기가 아니라 고지끼가 돼는 거야, 이제. 아침에 학교 갈려는데 아, 삐:쓰 타는 것도 아니고 걸어가는 데 시간이 많이 걸리잖아요? 그래가지구는 그거 꾸기믄 또... 아, 지끔 즌:기 대리미지, 옛날엔 숯불 대리민데 은:제 숯을 펴서 그걸 느: 가지고 대림질을 해요. 옛날엔 숯불 대리미거덩. 그러니까 그 대리미 은:어 갖기도 어렵다고. 고모, 뭐 삼춘, 뭐 막내꼬모, 우리 사:춘 동생 와서 살았지, 걔, 뭐 몇 명인데... 우리 집에 여학생이, 여학생이 일곱 명이나 돼는데, 그거 하나 허기도 어려와요. 지끔 사전이 다: 있겨? 그때는 우리 집에 사전이 두: 개 있었어요. 아, 그래서 이서 시엄 때믄 이 사람 가져가고 저 사람 가져가고... 그거 좀 빌려줄래? 이러다 볼일 다 본다고. 응.

조사자: 그때 그러면 극장 구경 같은 것 많이 가셨어요?

　갔져.

조사자: 못 가게 하지 않았어요?

　못 가게 하겨. 걸리면 큰:일 나져. 몰:래 가져.

조사자: 그때 봤던 것 기억나시는 것 있으세요?

　아유, 그때는... 아유, 생각두 안나요. 하두 그냥 몰:래 봐서, 가슴 졸이구 보구, 책 겉은 거는 하:두 늦게까지 본다 하면 내가 그 옛날에 '어머니'라는 책을 봤는데 그게 증말 생각 없이 봤기 때문에 내가 그걸 항상 다시 한 번 찾아보고 싶은데, 너무 어려가지고.... 너:무 감명 깊게 반, 저기 본 책 있거든요? 우리 친구가 그때 을류문아사,[153) 옛:날에 종로에 을류문아사라고 있어요. 그 집 딸에여. 그래서 걔:가 이제 그 집 딸이라 걔가 그 집에서, 즈이 집에서 책을 많이 갖다 빌렸져. 새 책 갖다가 빌려주는 거야. 친구가 좋아서. 팔 책을. 그러면 이제 그걸 밤새:도록 보고 갖다주고 그러다가는데, 그 책은 헌: 책이었는데 너:무 너무 잘 읽었... 그 다음에 그 책을 갖다가 대충이라도 보믄 알 것 같았어. 서점에 가도 없고, 못 구하겠더라고.

조사자: 어느 나라 사람이 쓴 건데요?

그러니까 우리나라 사람이 쓴 게 아녜여.

조사자: 아니, 똑같은 제목으로 책이 여러 개 있거든요?

한 번 찾어 봐야겠는데? 누군질 몰라. 그때 왜: 그걸 생각을 못했는지 몰르겠어. 그리구 지끔 생각하니까 너머 이것저것을 너머 많이 보니까, 하나를 그냥 적:하고 보고 끝나고 한참 마음에 두어야할 텐데, 이거 끝나믄 그 다음에 그거 재밌어서 또 보고, 또 보고... 그게 매:일겉이 그랬거든요. 야단맞으면 왜 이렇게 이불 뒤집어쓰고 전:지 이렇게 켜놓고, 호롱불 했다가 할머니한테 데:게, 저기 수복 후에는 전:기가 없어 호롱불 했었다고, 데:게 혼났어요. 책을 그때는 무척 좋아했었어요, 하여튼 간에.

조사자: 영화관에 몰래 갈 때는 어떻게 가셨어요? 교복 입고는 못 갈 것 아니에요?

아:녀. 그때는 어떻게 갔는져, 혼자 못 가죠. 우리 삼춘 친구 분이 군인이었었어요. 우리 여섯째 아버지 친구 분이. 그래가지고 오셔가지고, 이제 휴가 나오셨는데, 그 아저씨를 꼬이는 거야. "아저씨, 나 그거 보구 싶은데 저기, 아저씨가 좀 데루간다구 그러라"고 말이야. 그러구 저기 어:른이 데려가니까 학교에서도 누가 보드래도, 그땐 보:도연맹이라 그랬나 호드래기라고 그랬거든, 그

---

153) 을유문화사.

래도 저기야 괜찮거든. 그래서 그냥 그렇게 갔지, 혼자는 못 가요. 그리고 또 대닌 거는, 그전에 우리 친구 어빠가 극장 기돌 했었어. 그래서 걔: 따라서 몰:래 가서 보구 나오고 그랬지 뭐.... 집이 엄:해요. 우리 어머니 겡:장히 무서웠어요. 엄:해서 맘:대로 못해요. 저녁 때두 이렇게 여섯 시 이후에 나갔다믄 그건 베락 나요.

조사자: 그때는 극장이 어디어디 있었어요?

저는 이제 동양극장 있져, 명보극장 있져, 또 그전엔 시: 공관 있었져, 또... 뭐 약서 명보극장 있었지, 동양극장 있었지... 또 그때는 우미간[154] 있었지, 또 백하점 꼭대기... 옛날에 일정 시대는 난 어 어느 때 많이 갔느냐므는 하신상회[155] 우에, 거기 많이 갔었다고. 영화관에, 어러서두. 그땐 거기 가서 막 공수뼁 먹으며는 사람들이 막 그냥 나가라고 그러잖아요? 그러면 어:른들이 표 산 돈: 내라 막: 그러면 나도 말이야, 그거 내가 뭘 안다고 "나도 돈 줘여" 그러고 막 그랬어. (웃음) 그런데 지끔 생각하니까, 아:니 서대문에서 종로가 어:디라구 거기까지 가서 글쎄. 그 구경을 허러 갔는지, 누굴 따라갔는지 우리 친구를 동:네 앨 따라갔을 텐데, 우리 어머니가 동:네 애들허구 잘 못 놀게 허셨거든. 그... 어트게 보면 당신 딸을 갖다가 아주 좀 특별나게 키우고 싶었던 것 겉애. 그래가지구 아주 숙제두 학교에서 열: 짱 해 오라 그러므는, 열: 짱 글씨 써오라 그러믄 우리 어머니는 스무 장씩이야. 그래 우리 동생이 지끔 초등학교 선생인데요, 참: 글씨 잘써요. 글씨 그렇게 잘 쓸 수가 없어요. 걔:도요 그 어린데두, 학교에서 잘 쓴다 잘 쓴다 학교에서 그러는 바람에, 숙제... 옛날에는 숙제 해:가면 이렇게 전:시혜[156] 했어요. 숙제 짝: 펴놓구, 그러면 그냥 그게 좋아가지고, 그냥 그렇게 쓰게 하신다고. 그런데 내가 우리 어머니한테 한 가지 아주 데:지게 혼난 적이 있다고. 제일 먼저 잘: 썼어요. 나중엔 쓰기 싫잖아요? 좀 엉

---

154) 우미관.
155) 화신상회.
156) 전시회.

터리로 쓰다가 끄트머리에... 쏙여 볼라구. 어린 맘에도. 그랬는데 나:중에 그걸 갖다가 대:충만 검:사를 하셨으면 좋은데, 이 하나에서부터 죽: 보시는 거에요. 그래가지고 그냥 내:일모레 학교 갈 텐데 작대기야. 다시 쓰래. 그러서 내가 이냥 이틀을 갖다가 나가지도 못허구, 아주 팔이 아파 죽:을 뻔했어요. 결국엔 다: 못 썼어요. 그런 적도 있다구. 우리 어머니가 좀 그러신 분이에요. 나는 그:림을 못 그려요. 지끔도 그:림을 너:무너무 못: 그려서... 우리 막내 꺼머 그:림 잘 그리거든요? 그러면 이제, 고모도 왜, 날 맨날 해주고 싶지 않지, 허다가도 얄:미울 적이 있겠지, 조카래두. "고모 고모 그:리다가, 저기... 버리는 거 나 줄래?" 안 준대요. "아이, 하나만 주라, 내가 다른 거 해줄께." 하나만, 지끔 주라지... "하나만 줘:라" 그러고 고모니까는 하나 아래래도 고모 아니야? "하나만 줘, 빨리 하나 줘" 그러면 안 줘 . 나중에 화:가 나서, 도깨비 얘기하믄 무서와서두 준다고. (웃음) 그러는 우리 고모는 버:리는 걸 가져가는데두 내가 가져가면 구십 점 받아요. 고모 버리는 걸 가져갔는데. 그런데 내가 그림 밤나 육십 점이야. 그:림을 못 그려요. 그러니 뭐... 재주가 뭐... 메주지.

조사자: 그때 또 그러면 무슨 과목 배우시고 그러셨는데요, 학교에서?

그때는 그렇져. 초등학교요?

조사자: 아니, 초등학교도 그렇고.

초등학교야 머 국어, 산:수 그런 거져 머. 국어, 산수, 창:가... 음악이라는 게 창:가. 창:가라고 그랬지. 창:가 시간 있구 머 체조 시간 있구 또, 또 지끔 뭐라... 서예두 했었어요, 미:술도 하고. 서예도 허고 그랬어요. 그러구 뭐 중학교 들어가야 그야말로 국어, 뭐 산:수, 수학, 무슨 뭐 저:기... 부:기. 얘, 부:기는 안 했다. 저 뭐야, 기하, 대:수. 그래 우리 기하 선생님이 디:게 재밌었어요.

조사자: 어떠셨는데요?

박 선생님이라고 잊어버리지두 않아. 생긴 것도 넙덕:하게 생기셨는데 그분이 아마 배:재고등학교 나오셨나, 배:재학교 나오셨나 봐요. 그래 호떡 얘기를 잘 하신다구. 배:재학교 앞에, 그전에 법원 있는데 이렇:게 넘어가는데 배재학교 있었잖아요? 그 앞에 중국촌이 많:았었거든여, 이화학원에 이렇게 돌아서. 옛날에는 그, 배재학... 밤나 배:재학당 이화학당 연:애합시다 하고 그러구 노래 했잖아? 이은:애하고... 우리 고모님은 이화고녀 나오셨어요, 우리 둘째 고모. 막내 꼬모도 이화, 우리 사:춘들도 다 이화. 나만 우리 어머니가, 어머니쪽으루 숙명이에요. 그래서 자기 때는 내가 딸 하나거덩. 우리 동생은 육이오 사:변 때 나:셨으니까 나하고 개하고 18년인가 17년차이에요, 막내 똥생하고. 그러니까 는 그 욕:심이라능 게 당신 그 그쪽으로 하고 싶은 게. 우리 다섯째 엄마, 우리 다섯째 엄마, 여섯째 엄마가 다 숙명이에요. 그러구 또 숙명이... 그전에는 이 화가 숙명 못 따러왔어요. 옛날에 일정 시대는 이화 뭇:허는 애들만 간다구 그 랬어요. 해방돼고 나서 이제 그렇게 좋아졌죠. 좋:아지고 난 다음에 우리 고모 들 다 들어간 거에요. 우리 동생부터, 사:춘 동생도 그리고 자기 이제 그쪽으 로... 저기 우리 이모님이 숙명 다니셨어요, 나오셨어요. 어머니도 숙명 나오셨 지, 그리고 보니까는 우리 왜사춘 언니가 딱 왜동딸인데 그 언니도 숙명 들어 갔져. 그러자 다섯째 엄마하고 여섯째 엄마가 합세한 거야 다, 우리 어무니하 고. 그래갖고 이제 그쪽으로 그렇게 했:는데, 우리 선생님이 그렇게 재밌으세 요. 기하 선생님이. 하여튼 매일겉이 호떡 얘기를 허는 거야. 원:을 그려도 "호 떡을 그리자!" 그래서 그 선생님을 이렇게 보며는 그 선생님보다도 그 호떡이 라는 거, 머 학교 댕길 때 호떡을 먹는데 "짱꼴라들이 머 알어?" 그러시믄서... 중국 사람보고 짱꼴라래. 호떡을 갖다가 하나를, 여럿이 가서 막 시킨대. 그러 면 정신이 없잖아요. 그리고 사람들 믿잖아요, 사람들은. 호떡을 갖다가 하나 먹었능 거를, 세: 개를 포갠대. 세 개를 포개 말아서 두루룩 먹고는 항 개 먹 었다고 그런대. 그러니 애:들이 글쎄 전부들 그깃들을 헌다는 거에요. 세: 개를 하나 두루룩 말아서 먹은 것겉이 "하나 먹었어" 그런다는 걸 갖다가 한꺼분에 세 개를 포갠대. 납작:하게 이렇게... 그러니까 두르르 말아서 어쨌든 하나니까 하나 먹었대는 거야. 그러믄서 그런 식으로 우리를 갖다가 기하 시간에 웃:기 면서 애:들을 잘 이끌어서 수업을 하시더라고. 그 선생님도 이저 잊을 수가 없어. 지리 선생님은 머... 만나, 그 시대 우리가 자동문을 몰:랐어요, 자동문을. 그 시대는 자동문을 모르지 않어요? 지끔 전철 자동문이지만. 그때 아마 일번 에는 그게 있었나 바요. 그 선생님 뭐 수학여행을 갔는데 어:쨌는데 당신이 모 가지를 이럭:허고 하고 내보이는데 문이 탁! 닫혀서 목이 꽉 껴가지고 어쨌다 고 그리구 그런 소리를 허시더라고. 그래 우리 그:짐말[157]인 줄 알았다고요. 저 선생님 괜:히 그러지 그냥 모가지 꽉 끼는 문이 어딨느냐고 그러는데 (웃음) 나:중에 보니까 그게 그... 하튼 여:러 가지 그냥... 역시 지나간 날은 역시 아름 답구 추억이 돼는 거에요. 왜 혼난 적도 있지. 담 넘어서 강냉이 사러 가다가 혼 났지.

조사자: 여학생들이 막 담 넘어가고 그래요?

야:니요, 인제 강냉이 산 게 잘못이죠. 강냉이가 얼마나 냄:새가 나요? 근데 이제 이렇게, 지끔 이제 거기서 뒤:쪽으로 조계사 저 가는 그 길이 이제 중동학 교 있구, 가는 길인데 우리 학교가 이제 거기 담이 이렇:게 있잖아요. 그거 너 머에서 이제 그때도 뻥튀기, 강냉이 튀긴 거야. 근데 이제 장난꾸러기 애:들이 "야, 우리 강냉이 사다 먹자" 그래. 그럼 나는 이제 뭐:라고 말:은 안 해요. 그러 냐구. 그럼 이제 망:을 보래. 그러믄 내가 우리가 이제 타고 넘어간다는 거야. 그 아저씨가 보구 그리고 달:래면 집어준대. 그래가지고 (웃음) 우리 학교에 그 때 저기야, 훈:육 선생이 꽹:장히 무서왔었어요. 그래서 이제 어떤 아이가 엎드 리구 올라가구 타구 담어 담에서 받을려고 딱 하는 순간에 선생님한테 덜미를 탁 잡은 거야. 걸렸지 머. 그래가지고 가서 강냉이 든 채 마당 한가운데... 운 동장 한가운데서 이거 들고 벌 쓴 거라고요. 나는 안 썼지마는 그렇게 친구들 이 장난도 했어요. 그렇지만 지끔 생각하면 얼마나 재밌어요. 강냉이 들고, 강 냉이 짜루 이렇게 들고, 그것도 비닐봉지 야:니잖어요? 그 아저씨가 달:라고 그 랬다고 자루. 그런데 그거째 들고 이렇게 서있으니 지나가는 선생님마다 "저놈

---

157) 거짓말.

의 자식들, 강냉이 사먹다 그랬다"고 막 그러지 뭐. 그런 일도 많구. 하여튼 개 중에는 아주 옷 갈아입구 그런 아이도 있어요. 쪼:끔 모냥 낸대는 게 그때는 머리 래:직기하고 그랬어. 머리 끄트머리 이렇게 쪼끔 꼬부리면 선생님이 디:게 혼나거든요? 그리고 그때는 매:서 삼 센치, 고무줄 이렇게 똥똥 만 게 삼 센치 이상 가면 안돼. 그것도 모냥에 들어가니까. 삼 센치. 자로 대:요 이렇게. 규율 부가. 그러면 어떤 아이가, 저 영등포에서 통학하는 아이가 아주 모냥 내는 아이가 있어. 그 시대에도 모냥을 냈어요, 머리를 요렇:게, 지끔도 만나는 친군데, 요렇:게 꼬부리구 여길 갖다가, 머릴 갖다가 맨날 이제 지끔겉이 드라이, 고대가 어딨어? 머리 강:꼬 요렇게 꼬부려. 꼬부려가지고 칭칭칭칭 고무줄로 말어 놓으면 아침은 거기가 이렇게 꼬부라지거든. 그리고 학교에 오능 거에요. 거: 지끔 생각하니까 그까짓거 해서 머해? 매:일겉이 선생님한테 혼나면서. 지끔도 그 애기하면 증말 그때 내가 왜 그랬는지 모르겠다. 혼 안나고, 그때 그렇게 야단맞고, 내가 그냥 있었으면 좋을 텐데, 그런데 그때는 그랬대요. 이:왕 내가 찍혔는데 두고 보자 그러고 한 거래.

조사자: 옷 갈아입는 건...

옷 갈아입는 건 걔:네들, 걔:네들이 그랬어요. 영:등포 상총사라 그래서 걔: 네들이 그렇게 옷 갈아입고 그 옛날에 땐:스도 배웠거든. 땐:스도 배웠어요 어떤 집에 가서. 그러면 이제 가서, 옷 갈아입고 가서, 옛날에 유성기야, 유성기. 유성기지 뭐. 그 다음이 축음기라지, 예전이 유성기라 그러잖아요, 그때는. 이렇게 또 해: 가지고 실껏 태엽이 풀어지면 에이 하고 나가는 것 그거지 뭐. 그러구 이제 걔:네들 가서 옷 갈아입구, 들어가다가 혼나까 봐 옷 갈아입고 가서 또 한 시간씩 춤 배우고 그러고 집에 가는 거야. 그, 지끔 그 친구들이 하나만 지끔 서울에 있구, 하난 미국 가 있구, 하난 죽어버렸어요. 지끔두 가:끔 가다 그 애기허믄, 야, 밤나 옷은 어디서 갈아입었니 그러면 갈아입는 데가 있대여. 그러고 막 웃어. 화장실, 역. 이제 통학생니까. 역 대합실에 가서, 화장실에 가서 갈아입고 그랬대요.

조사자: 고등학교 때 친구들 많이 만나세요?

만나져. 그래도 우리 친구들이 점: 너무 얌:전해요. 주변머리가 없어요. 나부터 시작해서. 그러니깐 끼리끼리 모인대는 게 꼭 맞아요. 사치도 몰:르고, 그런 것도 몰:르고, 뭐냐 하며는 이제 큰:소리친다구 모여서는 "얘! 우리 남들겉이 한 번 놀:러 가지도 못하고 우리 한 번 놀:러가 보자" 그런다거여. 우리 친구들 아직 화토 겉은 것도 안 해봤어요. 난 그런 거 아주 취미도 읎:거니와 그런 것도 싫어하지마는, 사실 난 친구들 모임도 잘 안 나갈라구 그랬는데 선생님이 당신 너무 그렇게 집에 들어앉았으면 안 됐다고 막 강:제로 내:보내셨어요. 그래서 이제 나가기 시작한 게 십 년 더 됐죠. 젤 먼저는 큰소리쳐. "우리 이번에 놀:러가자, 꼭 가자 뭐 우리가 이 나이에 뭐 것:두 못가니." 어쩌구 그러다가 그날 모임은 어떻게 하는지 아세요? 살림 얘기하다가 "얘: 우리 그런 거 다: 고만두고 오이짓거리 사러가자, 오이지 담그러." 그런다고. 아니, 놀:러간다구 허는 사람이 다 고만두고 오이짓거리 사러가자니... 글쎄, 그런 그런 정도에요. 그래서 내가 참 우리 친구들 좋:다 해서 굉장히 살림꾼이에요. 어느 모로 보무는 지:변158)이 없는 것 같지만, 어트게 보며는 굉장히 자기 가족들 사랑하고 아주 헌신적이고 그래서 좋아요.

조사자: 그러면 숙명여고 꽤 멀리서 다니는 학생도 많았어요?

그때는 섬: 봤잖아요? 섬: 봤으니까요.

조사자: 그러면 지방에서 온 학생도 있었고요?

그럼요. 기숙사가 있잖아요. 기숙사에 저기 이제 방에 언니들이 얼마나 무섭다고요. 선배들이. 사감 선생님 기시고, 고담에 이게 방마다 이제... 일학년은 일학년만 두는 게 아니거든. 섞어서 두니까는. 그 언니들한테, 이제 기숙사 있는 애들한테 물어보믄, 언니들 데:게 무섭대요 즈이들도 역시 그렇게 데는 건데 뭐.

---

158) 주변.

조사자: 그럼 지방에서 온 학생들 어느 정도 숫자가 됐었는데요?

그래두... 내가 그때 제주도에서 온 아이도 있구, 하여튼 많:더라구요. 그렇게 많:은 거보더도, 그 기숙사가 그때는 학교 뒤에 이 일본 집... 그렇게 돼는 건데 그게 기숙사였었는데, 그래도 항:상 거기가 꽉 차는데, 그게 왜 그러냐며는, 지끔은 내가 가서 쪼:끄만 거 겉애두 그때는 겡:장히 크게 보이잖아요, 어리니까. 그런데 하여튼 거기 항상 차더라고. 그때 그래서 우리 사감 선생님이 우리 영어 선생님이었었어요. 조: 선생님이라고. 그런데 겡:장히 조: 선생님이 무섭거든요. 우리 무용 선생님은 뭐 무용 가르키다가 섣:불리면 신짝 날아오고 옛:날엔 그랬어요.

조사자: 때리기도 하고요?

그럼요. 때려 주시죠. 슫:불리 정신 안 차리고 있다가 그 선생님한테 은:어 맞아요. 저, 슈:즈 벗어가지고, 가죽신 있잖아요? 막 잔등이 막: 떨어지구 돌아다니시는데 뭐. 그래도 우린 그때 선생님이 그런다고 해서 꼼짝 못했는데 지끔 애들은 어디 그래요?

1.15. 자연 발화[ohc]

○ 미군정 시기

그래가지구 그땐 제 치안이 안 대니깐, 그때 순경들은 전부, 칼 차구 댕겼거던? 칼 차구 댕기다가, 미 군종청159)이 들오구서는 순경이 요 팔떡160)에다가 태극 마쿠, 그걸 달구 그때 거, 미군 충이라구 그때 당시에 우리가 장:충이라구 그랬지, 장충. 장총. 칼 읎애버리구, 장총을 줬어, 장총.

조사자: 더 무서웠겠네요, 총을 들고 다녔으니까.

응, 그래가지구, 왜정 시대엔 토행금지가 읎:었어여. 그래가지구 기울게 밤만 되믄 총쏘리가 경::장히 났어. 그래, 무슨 총인지는 몰라두 토행금지 맨들어 놓구 총쏘리가 경:장히 나 가지구, 그래, 서울 싸람들, 그때 거 통반으루 동네서 쟁:해161) 가지구, 저, 딱대기, 막대기 뚜들기면선 얘경꾼,162) 응, 그게 있었지.

그르니까 구:월딸인가 그릏게 될 꺼야, 가을에 그 통행금지가 생겼어.

조사자: 미군이 인제 총 주고 나서는 강도가 덜했어요?

아, 들했지.

조사자: 그러니까 미군이 완전히 들어오기 전에, 그때, 해방되고 난 다음에 엉망이었으니까..

응, 그릏지. 응, 엉:망이었었지.

조사자: 일본 순사들이 다 가고..

응, 가구 그르니까, 약했지. 그르구 두둑늠두 많었구. 좀두둑두. 그르구 강:도가 많:았어 그때 당시에. 그래가지구, 읎:어져 가지구, 에, 그 이듬해 인제, 무슨 청년단, 무슨 청년단이 생기드라구. 청년단.

---

159) 군정청.
160) 팔뚝.
161) 정해.
162) 야경꾼.

조사자: 어렸을 땐데 그걸 다 기억하세요?

응, 기억허지. 응. 그때 무슨 청년단, 무슨 청년단이 많이 생기드라구. 그렁까, 같은 청년단끼리두 멱살 지구 싸:오구, 그때 행사가 많았어요. 그렁까 옌:날엔 어트게 되냐믄, 그걸 우리는 구:경 삼어 댕겼어요, 쪼:끄말 때. 기게 인제, 서울운동장이서 저, 지금 동대문운동장이지. 서울운동장에서 집해허믄 누구며, 거, 머 누가 하는지 몰라두, 항상 머 그때 당시에 김구 선생이니, 머 이승만씨니 무슨 여운형 씨. 이런 얘:기는 많이 들었지. 그렁깐, 우린 쪼:끄마니깐 저, 그 무슨 또, 그, 또 공산당 집해가 있다구선 또, 그 멋 몰르구 간 거지, 전부.

조사자: 거기서 그럼 노래 나오면 따라 부르시고..

그룽지, 그룽지. 근데 우린 가진 않었는데, 쪼끄마니까, 그땐 왜 그릏게, 행사가 그릏게, 길거리에 그 차가 없:으니까 행사가 많구, 그 삐:라, 삐:라를 그게 많이 뿌렸더라구. 그, 인제 행사 허믄 그거, 우리, 거, 또 삐:라 줏는 게 일:이라서....

조사자: 주워서 뭐 하시게요?

그거, 비행기두 맨들구, 딱:지두 맨들구...(웃음)

조사자: 종이가 귀하던 시절이라..

응, 그룽지. 그래가지구 그때 내, 저거허니까 우리 쪼:끄말 땐, 거 할로모자라구선, 종이루 신문지를 맨들어 가지구, 모자를 맨들어 가지구, 할로모자라구선 맨들어 쓰구, 그때 그랬지. 그래가지구 인제, 내 그때, 돈암동 쪽으루 주로 많이 전:차 타구 많이 댕겼어, 돈암동 거기, 혜화동 거, 선산교 저쪽으루 해서, 거기두 그, 저거해 가지구 에, 일 련 지:내구선, 춘: 겨울긴데 그때 또 한쪽에서는 데모덜 허구 머, 데모나 비슷헌 거지, 그 인제 내가 가만히 보니까, 머 데모 허믄 한:쪽에선 문 닫게 맨들구, 한쪽에선 장사하구, 그때 또 물건 사먹기가 좀 구했어여, 힘들었어.

그땐 남, 저 동대문시장을 내가 주로 많이 갔지, 동대문시장.

조사자: 주로 뭘 팔았어요?

그때 당시에 먹을 꺼 파는 거는 엿허고, 고고마, 또 고고마 또 허구, 에..

조사자: 고구마 찐 거.

　에, 그러구 또..

조사자: 떡.

　떡. 떡허구 또, 방울떡이라구 있어, 방울떡. 방울떡이라구 저, 국화빵 있잖아, 그른 거. 그른 거. 그런 거 팔구.

조사자: 붕어빵 같은 거요?

　엥, 그렇지, 그릏지.

조사자: 방울떡이라고 그랬어요?

　웅. 그때 그거 방울떡이라 구랬지, 방울떡. 그르구 인제, 야:스께끼라구, 저, 얼음에다가 살탕 넣:구, 저, 사까링 넣:구 파는 거. 그것두 사 먹지 못해서. 그래, 중간에 가다가 어, 어느 동네에 인제 마:마가 있다, 마:마가 있다가 머 호열짜가 있다 그러믄, 고 일때를 갖다가 새끼줄 쳐 놓구선 가지 못허게 해. 그 골:묵이다가, 새끼줄 쳐 놓구, 가지 못허게 거 지키구선 못 가게 하드라구.

조사자: 아, 서울에도 그렇게 전염병이 많았어요?

　에, 그랬지. 많:이 돌았지.

조사자: 그래, 선생님이 앓으신 병도 전염병이었어요?

　그때 전염병이지. 혼역.163) 혼역은 그 있었구, 내, 혼역을 늦게 했어요, 지금 두 그릏지만, 주사 맞혀서 가서 그르구 마:마.

조사자: 아, 나이 드신 분들은 얼굴에 얽은 사람들 많죠?

　웅, 그치, 그르구 내 견:해루서는, 호열짜라구 있어, 호열짜. 호열짜는 모냐, 물 이거 먹구선 저거 저, 예:방주사 맞어야 되는 거..

조사자: 예방주사..

　많:이 맞았지. 미:국 사람들이 와 가지구 그때 당시에, 먼:제.

조사자: 보건소 같은 게 있었어요?

---

163) 홍역.

보건소가 아니구, 보건소가 있긴 있었는데, 그거 힘을 못 쓰구, 미 군정청에서 거, 디티티 까루, 그때 이:가 많:았지, 이가.

조사자: 빈대도..

응, 많:었지. 거, 허:연 디티티 까루에다가, 줄 서서, 착:: 뿌리는 거야, 손에다 뿌리구 저기두 뿌리구 말이지. 우리두 그걸 뿌려야지 이:가 없:으니까 좋아서, 그 예:방주사를 놔주는 거야, 그 꽁짜라는 약:이... (웃음)

조사자: 주사 무서웠을 텐데..

주사 무서우면선두 안 아팠어, 그때. 그 한:국 사람은 지끔두 그래, 줄 서서 걸, 길꺼리에서 뜨문뜨문해서 그걸, 맞게끔 가게, 그 전:차선 셔:164) 가지구, 전:차 시구, 전:차 셔: 가지구서 전:차 탄 사람들 내레 가지구선 그거 맞게 가게 허구.. 그전에 그랬어.

조사자: 아, 미군들이 딱 세워서..

그렇지, 그렇지.. 그러구 인제, 주면선, 종일 한 장 줘, 쪽지 하나. 어디서 맞았다는 거.

조사자: 두 번 맞는 사람도 있겠네요?

어, 있지.

조사자: 그 표를 안 갖고 있는 사람은..

응, 두 번 맞는, 아니, 또, 일부러 거, 꽁:짜니까 또 아주 만:병통친 줄 알구... 근데, 그거 앓구 나믄, 그거 주사 맞으믄, 하루는 앓어이 대.165) 하루는 앓어이 대. 그게 머냐, 그때 그 장질부사니 이런 게 많:아서, 그걸 빼기 위해서. 그래, 그때 당시에 해:방되구 에, 약이래는 게 무슨 약이 지:일 돌았냐, 다에찡. 다에찡, 거 노::란 약이 있어요. 그겟이 거 미:군 부대서 흘러나오는데 그게 만:병통치약이었어. 지끔 겉음 우:습지. (웃음)

---

164) 세워.
165) 앓아야 돼.

조사자: 다에찡이 뭐죠?

다에찡이 있었어, 그, 저, 부시럼 나구, 그전엔, 한:국 사람들이, 종:기가 많:이 났그던. 종기 많:이 나구 해서 다에찐 고약, 다에찐 그 약에다가 이릏게서 그 발라주구 또, 다에찐 또 약:이 있어요, 먹는 약이 있어. 그거 주구, 그거 사먹구랬어. 그땐 약방두 없:어서 길빠닥에서... 저 동대문 시장이 엔:날에 배우개 시장이야, 배오개 시장. 시:장 구경은 내가 실::컨 했어.

조사자: 일주일에 두 번, 세 번은 가셨겠네요?

아, 하루에 한 번두 갈 쑤 있구. 그래가주구..

조사자: 가서 뭐 하셨는대요?

구경허구, 거 머, 눈치 바서 또 머:, 심:부름해주구 그르믄, 거기서 물 떠다주구 그러믄 또 거 머, 나마까시두 주구, 과자두 주구 머 그러드라구. 또 흠쳐먹기두 허구. (웃음)

그래서 내가 또, 그전에 또, 거기가, 저, 일번 고:물상이 주루 많았어, 일번 물품 거, 버리구 간 거, 그... 동대문 시장에 그, 저거 청계천 그쪽으루, 고:물장사들이 많:았어여. 거기, 그링까 그, 유성기 같은 거니 무슨 일번 꺼 악세사리니, 머, 그땐 제:품이 나온 게 없:구, 그것을 저 가서 팔아먹든데, 주로 내가 유성기 가게에서 주로 많:이 샀었지, 내가. 노래가 좋아서.

조사자: 그러면 가게 하실 때도 계속 노래 틀어놓으셨겠네요?

그치, 거 틀어놓구 그랬지. 그래서 인제 저거했는데, 그때 그, 그런 장사두 있었구, 그래가지구 그때 양:담배라구 인제 츰: 나와 가지구선 구:경허고, 그때 그랬지. 그래가주구 그때 전:차 타기가 또 심들었어요.

조사자: 왜요?

전:차가 추럭허고 감:정이 저거한지, 그때는 일본말루 저기 지끔, 그 다에다리라구 많이 했어여, 충돌을 많:이 했어여. 충둘을 해 가지구 전:차가 많:이 부서졌지. 그, 부서져 가지구 전:차 탈려면, 머리 싸매구 창문 넘어서 타구 그랬었어. 그때두 교통은 좋지 않았어여... 그래가지구, 그 이, 인제 그, 정월 명절

끝나구, 그때 명절 때, 그땐 명절인지 면:지두 몰르구, 으:른들이 인제 돈:을 주니깐 그게 좋아서....웅, 설:날 때. 설:날 때 돈 줘:서 그거 사먹구서, 근데 사먹는 거 무:가 있어. 장난깜이라구 종이루 맨든 거 장난깜 정도 있었구, 그릏지 않으믄 머, 기:피,166) 기:피라구 알아? 그, 저, 그거 사먹구.

○ 서울 시내에 대한 추억

조사자: 그걸 사먹어요? 그냥 계피가루만 어떻게...

웅. 아니, 가루가 아니구, 나무루 팔었지, 껍질을.

조사자: 그건 씹어먹는 거예요?

에. 그, 다니까. 달어서..

아냐. 그때는 우리 단 음식이 없:어 가지구, 그때 당시에, 그거 사먹었어요.

조사자: 눈깔사탕 같은 건 없었구요?

웅, 그땐 못 맨들었지. 눈깔사탕이 왜정 시대 나왔는데, 해:방대구 그게 없:어졌지.

조사자: 왜정 시대 때는 한번 드셔 보셨어요?

웅, 그땐 들었지. 먹었지, 눈깔사탕이래는 게 있었지. 그래, 해:방대구 그게 없:어져 가지구, 그해에 지나가드라구, 그게. 들어가 가지구 그 이듬해, 이 배:급쌀 준다구선 전:부, 그때는 그 동해 통해 가지구 배:급쌀 타 가지구선, 그때 그 줄 서서 배:급쌀 타라 그르믄 머: 타냐믄, 밀, 버리, 강냉이 지끔 이:북허구 똑같애. 옥수수. 그러믄 인제 콩까루.

조사자: 콩가루로 뭐하는데요?

기양 줬:어, 기양. 먹으라구.

조사자: 미숫가루처럼..

웅. 그전엔 못 먹었어, 그것두. 그, 어려운 사람들은 먹었는데, 그 강냉이 배

---

166) 계피.

급 타오믄, 그때 그 뺑:티기 장사들이 많:었지. 그래가지구 그전엔 미:국 사람이 무슨 미제 물건 머, 쪼끔 주믄 아주 그거, 큰 영광으루 생각허구, 그, 끔:을 하나 주믄 메칠씩 씹구.. (웃음)

조사자: 벽에다 붙여 놓구. 근데 씹다가 깜빡 잠이 들면 머리에 붙고..

응, 그릏지, 그릏지. 그런 게 있었어. (웃음) 그래가지구 그때 동네 애들허구 노는 것은 머냐, 제기차기, 자:치기, 자:치긴 몰를 꺼야, 자:치기. 또 팽이치기, 또 쏠:매[167] 타구. 그땐 눈이 많:이 왔어. 그땐 서울 짱안에두 눈이 많:이 와 가지구.

조사자: 뭘 탔다구요?

쏠:매, 썰매. 쏠:매, 그 저 눈이 많은, 눈이 녹지 않아 가지구 뒤꼴목이구 이런 데, 저, 게:울게[168] 눈 오믄 그냥 봄꺼정 그 얼:어 있드라구, 그래, 쏠:매 타구 댕기구 그랬지, 그때두 촜:어, 날:이. 지끔 그런 건 강:경[169]은 못 보지만.

골묵, 도로변두 거 눈:이 와 가지구 녹지 않잖아, 간혹 가다.

조사자: 사람들이 안 다니니까..

에. 안 다니니까. 그저 다녀 봤자 마:차, 구루마, 인력거.

조사자: 논이 없어도, 시골처럼 논이 없어도 그냥.. 타셨구나..

에, 에.. 인력거, 자전거.

조사자: 선생님, 산 같은 데 안 올라가셨어요?

산 겉은 데는.... 내가 왜정 시대에, 에, 왜정 시대 아니구나, 쪼그만 때는 못 올라가구, 해:방돼구 내가 산을 올라갔었지, 남산. 장충단 공원 거기 그 산.

조사자: 칡 같은 거는..

그건 못 먹어 봤지. 그건 못 먹고, 매미를 잡으러 가고, 풍뎅이, 매미, 풍뎅이. 또, 뽀:찌,[170] 뽀:찌 따 먹으러 가구. 그거지. 그르구 인제 또, 봄쯤 대믄 저

---

167) 썰매.
168) 개울에.
169) 광경.
170) 버찌.

진달래, 개나리 꺾어다가 그냥 집이다 갖다놓구. 그, 지끔 허먼 안 대는 얘긴데, 아니, 그, 이, 저, 살림 저거 아니야, 그전엔 건. 그때 사람들은 짖:궂어 가지구 나무를 애:끼질 않었지. 남산에 올라갔었지, 남산.

조사자: 네. 진달래 같은 건 먹기도 하셨죠?

그때 먹, 건 몰랐어, 우린 먹어보는 건.

조사자: 시골 애들은 다 먹구 그랬었는데

꺾어서 기냥.. 그전에 갈 때믄 창:기원. 여 창:경궁이지, 지끔. 서울대학병원 건:너. 그게 서울 짱안에서 봄철에 놀러가면 창:기원 사구라 꽃 구경헌다구서는, 그게 거, 축제였었어. 창:경원. 덕수궁. 경:북궁. 고거만 열었지, 딴 거는 못 열었어.

조사자: 비원은요?

어, 그건 못 열었어.

조사자: 그럼 그거는 뭘로 쓴 거예요?

그건 복온으루서 고, 거, 윤비. 윤비가 거기 있기 때민에...

조사자: 윤비가 언제까지 거기서 살았나요?

그렁까, 그 얘:기지만, 육이오 때꺼정 일사 후퇴 때 피:란 나가서 거기 못 있었지. 그기 있었지. 그래서 우리가 거, 몰:래 담 넘어가 들어가 가지구 고기 잡으러 갔다가, 친구들허구. 쫓:겨난 일이 있었어, 한 대 맞구. 그, 비원인지두 나는 몰르구 간 거야.

조사자: 못 들어가게 하니까 담 넘어서.. (웃음)

에, 에.. 그게 이거구, 그래가지구 인제 봄이 닥치구 허니깐, 그때 왜릏게 전:기가 나가는 게 그렇게 많:었는지, 정전 사고니. 그땐 쪼끄말 때 으:른들한테 들었는데, 이:북서 전:길 안 주기 때문에 초뿔 생활했어요, 그때. 그래서 그때 당시에 등장뿔이니, 에, 남포뿔이라구 있었어요, 석위[171] 넣:구, 석위는 그때

---

171) 석유.

흔:했어.

조사자: 석유는 남폿불 말고 집에서 쓰는 게 있어요?

있어여, 그, 저, 석유 등잔이라구 그러지, 등잔. 등잔이라 구랬지. 그러구 인제 돈, 조금 밝게 헐래믄 간드레라구 간드레, 카바이토, 깡:통으루 맨든 거.

조사자: 요새 저기, 포장마차에서 쓰는 거..

응, 그래. 그거, 그거 많:이 썼지. 전:기 때문에, 그거, 전:기 나가구, 한참 그 애 먹었어요. 그래 저, 전:차 타구 어디 가면 정전이 돼 가지구 전:기 들어올 때 꺼정 시:구.172)

조사자: 어렸을 때부터 전기가 있었겠네요?

글치, 난 어렸을 때부텀 전:기 있었지. 그래가지구 에, 그전에 을찌로 입구 앞에가 오두바이 거, 수이...공장이서, 맨드는 가:게가 있었구, 을찌로 샤:가, 을찌로 쪽으루. 그르구 양복점.

조사자: 양복점에서 양복 만드는 사람을 뭐라고 그러셨어요?

그때 라샤좀이라구 그랬지, 라샤좀.

조사자: 양복쟁이나 뭐, 그런 식으로 얘기 안 하셨어요?

응, 안 했지. 라샤좀이라구 그랬지.

조사자: 양복쟁이는 누구를 말하는 거예요?

양복, 양복, 그땐, 양복쟁이라구 허긴 했는데, 양복쟁... 신:사라 그랬지, 신:사. 그런 사람보구 신사라구 했어. 신:사.

조사자: 양복쟁이는 좀 놀리는 식으로 말하는 거죠?

그때두 그 양:복쟁이라구, 그르게 놀리진 않애두, 그 양:복쟁이라구 그릏게 명칭을 붙이진 않았어. 그냥 무조건 신:사라 그랬어. 그리구 술찜이 있었구, 그 술찜이 인제 그전에, 우리 동네 고 옆에는, 무:주찜이라구 인제 그 간판 붙여 놓구, 동네 사람들 와서 인제 그 술 먹구, 근데 쪼:끄말 때, 그게 문:가 해서 인

---

172) 서고.

제, 으:른들만 가는 건지, 기양 저거허구. 그러구 그때 당시에 차별이 있었어여, 그거 왜냐믄, 우리 쪼끄말 때두, 저, 술집 애들, 거, 술찝 아들허구 술찝 안 해 허구, 그거 차별을 뒀:지. 인간 차별을 뒀:지. 이렇게, 술찝 아들이구나, 이거를 차별을 뒀지, 그, 저, 지끔은 인제 없:어졌지만.

색:시라구 시골서 왔는진 건 몰르겠어두, 있긴 있었어. 한:복들 입구 전부 있었어. 그러구, 그때 거, 다마치기, 구슬치기. 딱 하나 놓구, 구슬치기 허구. 그러구 인제 그때 우리 놀이 문화가 숨바꼿질 알:지? 숨바꼭질. 술래 맨들어 놓고 응, 찾어서 인제 저거해 가지구..

조사자: 거기서 인제 그런 걸 뭐하고 그래요? 인제...

술래지, 우리 서울말, 술래, 응, 술래집기라구랬지.

조사자: 그 술래라고 그랬어요? 애들 숨으면 잡으러 다니는 애들이요.

아니, 숨:꾸서 찾어서, 찍으믄 그게 인제 어트게 되냐믄, 내가 인제 술래가 됐잖아? 그래 인제 백꺼정 셔:서 전부 숨끄덩? 그래, 찾은 사람, 그래 찾어서 인제 전부, 그, 가위보위, 짱, 그전에 짱깸뽀이라구랬지, 일본말이지, 짱깸뽀이가. 이 짱깸뽀이 해 가지구서 그 또 인제 술래 맨들어서... 또 허구 그랬지. 응. 그래가주구선 그때 당시에 인제 그래가주구선 인제, 그땐, 지끔은 순경을 무섭지 않지만, 그때 당시엔 순경을 상당히 무서와했어. 그래가지구 그때, 두둑늠 집기 했지, 두둑늠. 편 짜 가지구 인제 두둑늠. 그 놀이 혔:구, 그래서 인제 전:부 선테 하나씩, 인제 저:쪽 전:부선테, 저:쪽 전부선테 하나 놓구선, 짓놀이라구서 인제, 점령해서 뺏:는 거. 그거 했구, 그러구..

조사자: 오징어는 안 하셨어요?

그거, 했지. 그것두 했지. 그러구 또, 오름말이라구 있지, 오름말.

조사자: 말타기요?

아니, 저, 줄 거 놓구선, 이렇게 이렇게 발루 칙 갈러서 놔, 돌:멩이가 저 이렇게 치면서 가서 인제 그 꼴:잉해서 들어오는 거 있잖어, 그거. 그거 있었어요, 오름말이라구 했어. 그거, 줄 거 놓구선, 이렇게, 발루, 이렇게 왼쪽발루, 한쪽

발루 인제 가서, 금 닿구 저거허믄 저거하구 그, 저, 모아 몇 점 몇 점....

석필 알어, 석필. 땅바닥에다 그:믄, 커엻게 거 지는 거 있어요.

조사자: 백묵 같은 거요?

응, 백묵보단 딴:딴하지. 딴딴한 게 있어, 석필이라구..

봤:을 꺼야, 석필이를 거 가지구 장난했구, 그르구 인제 그전에 쌈:두 많:이
했어, 왜냐믄 엔:날엔, 해:방대구선 동네... 이 동네, 저 동네가 인제 있어 가지
구 쌈:패라 그랬지, 그전에. 쌈:패. 깡패 보구 쌈:패라구랬지, 쌈:패. 그러니깐
그땐 쌈:패라는 게 머냐, 떼:거리루 댕기면섬, 집단 쌈:을 많:이 했지, 또.

조사자: 깡패를 쌈패라고 했어요?

응, 그냥 쌈:패라 그랬지, 쌈:패. 근데 으:른들한테는, 그때 당시에 으:른, 그,
우:에 싸람들은 머라 구르냐믄, 부랑자. 부랑자. 부랑자라구 그랬지.

조사자: 서울에 거지들이 많았어요?

많:었어. 에. 깡통 차구, 누데기[173] 옷 입구, 그:지들이 많:았어, 밥 은:으러
댕기는 사람이 많:았어.

조사자: 그러면은 집집마다 다니는 거예요?

응, 집집마다 다니지. 그러구 식당 겉은 데 있구, 그리구 그때 당시두, 나는
안 팼지만, 우리 동:네 싸람이, 그:지를 한번 팬 일이 있어. 그:지가 맥을 못 췄
어. 그, 얻:어맞드라구.

조사자: 못 먹으니까 힘이 없는 거죠.

그릏지.

조사자: 옛날엔 또 상이군인 같은..

아, 그건 육이오 나구선 저거지, 이건 해:방대구. 그리구 인제 종이 줍는 사
람, 깔꾸리패, 응, 넝마주이, 그것두 있었구.

조사자: 그때는 깔꾸리패라고 해요?

---

173) 누더기.

그때는 거, 넝마주이라구랬지. 넝마주이라구랬지. 그러구, 이, 욕:이 나와, 인제 욕. 그때 욕은 무슨 욕이냐믄, 에, 자식, 자식. 임마, 어른들이 애들한테 허는, 임마!

조사자: 그건 욕도 아니죠...

응, 그때두 거 큰 욕이었었어. 그르구, 인제 친구끼리두 쪼끔은, 떼:갈늠, 떼:갈늠이라구 그랬어. 욕이 세: 가지밖에 없:었어, 그때 당시. 그래가지구, 이:북 사람들이 들어와 가지구 인제, 이거, 벨 욕이 다 나왔지.

응, 강하게 했어. 서울 사람들은 그때 당시에 그런 욕을 못 했어. 아주, 그런 욕 허믄, 아유, 저거 쌍늠이다 허구선 상정[174]을 안 했어, 그때 당시엔. 서울 싸람들은, 그러니까, 세: 가지, 임마, 떼:갈늠, 자식, 그게 전부...

조사자: 어머니한테 맞고 크셨어요?

응, 맞았지. 안 맞을 리가 없:지. 그렇지, 말: 안 듣구.... 호차리[175]두 맞구, 주먹으루두 맞구...

조사자: 어떻게 말을 안 들으셨어요?

그때 당시에, 그때는 거, 내가 막내루 태어나니깐, 이젠 전부 그, 형님들은 옷 좋:은 것들, 새것들 입는데, 나는 전부 찌끄리기 입그던. 그래, 불만이 많:그던. 그, 이, 아니, 옷을 입으면... 그래가지구 찌끄래기넌 나:만 입었다 하믄 왜 옷이 찢어지냐 그 말이지, 그른간 나두 화:내는 거지.

조사자: 친구들은 새 옷 입었어요?

새 옷두 입은 사람이 있구, 겨: 입은 사람두 많:았구, 그랬어. 어:렵게 사는 사람들두 많았었어. 그르구, 장난깜이라구 없:었어, 그때 당시에. 장난깜 있으면 저, 조개꼽질 있지? 응, 조개껍질. 그거 가지구 소꿉놀이허구.

조사자: 남자아이들도 소꿉놀이했어요?

---

174) 상종.

175) 회초리.

응, 그땐 안 했지. 놀·긴 놀았지, 여자덜허구두 놀·긴 놀았지. 놀·다가 인제 저거 했지만, 인제 나이가 먹으믄 인제 서로, 그때서부텀은 안 노는 거지, 인제.

조사자: 언제, 몇 살 때쯤부터요?

그겟이, 국민핵교, 초등핵교 한 이:학년, 삼학년쯤 대믄 안 놀아. (웃음)

조사자: 소꿉장난한 기억도 나세요?

응, 다 나지. 거, 엔:날에 거, 화장품 빈: 그릇 있지? 그겟이 엔:날에 구리무그든? 구리무? 구리무라구 그러구. 그래, 그 빈: 거 있으믄 그거 가지구 놀·구. 근데 그때 당시에두 장난깜이 있었는데, 돈: 있는 집이나 있었지, 돈 업:는 집은 없:었구, 그리구 일:번, 일:번 애들은 장난깜 다 가지구 있었어.

조사자: 무슨 장난감인데요?

그때 거 장난깜이래는 거 주로 머냐먼, 칼:두 있었구, 칼:두 있었구 또, 머냐먼, 새: 겉은 것두 있었구, 인:형 겉은 것두 있었구 다 있었어. 인형두 있구 다 그랬어.

조사자: 일본 애들 집에도 놀러가셨어요?

어, 놀러 갔지. 집이 많이 놀러 갔지, 나두.

조사자: 어땠어요? 조선 집하고 어떻게 달라요?

구조가 인제 이릏게 됐지, 한국 집은 앞에 마당이 있잖아? 일번 싸람들은 앞에 마:당이 없:어요.

조사자: 뒷마당이에요?

아니, 덧마당두 없:구. 그냥 원칙적으루 기양 져: 가지구, 현:관문 열믄, 기양 신 벗구 들어가서 마루루 해서 다다미빵, 다다미빵이라믄 몰:를 꺼야. 그 저, 지푸래기로 맨든 방. 응. 그거. 그래가지구, 여름에는 저거허구, 거기두 그 이:가 끼구 전부 그랬지. 그르믄 냄:새가 나니까, 변:소가 방 옆에 있구, 벅: 옆에 있구, 컴컴:허지. 조끔, 한:옥집보덤.

조사자: 그럼 거기서 음식도 먹고...

음:식은 내가 한 번 딱 먹어 봤어여, 두: 번. 거, 살믄서 그때 친해 가지구,

남자끼리 친했는데, 저녁 먹구 가라구래서, 그때 당시엔 또 그러냐믄, 일본 싸람 집이 가서 머 먹구 오믄 으:른들이 야단했거든?

조사자: 왜요?

거, 민족성이 있어 가지구 그런지, 야단을 치는데.. 한 번, 두: 번 먹었는데, 그, 밥, 개네들두 밥 먹구, 내, 신:기헌 것은, 감자 겉은 거니, 머 이런 걸 끈어서 이렇게 놓드라구. 일:쌍생할에. 자기 먹는데, 한 가지 그, 지끔, 그게 상어까라구 그러드라구, 그래, 그땐 몰:랐는데, 그게 메르치 가루 겉은 거, 밥이다 뿌려서 이렇게 먹는 거, 그거. 신:기했구, 그러구 인제 댄:장찌개라구선 인제 미수까루, 저, 미소시로루 그걸 제 공:기에다, 개:네들은 공기빱을 먹구 그랬지. 그러구 인제, 주루 생선을 주로 먹드라구, 그 사람들이.

조사자: 신기하고도 맛있게 드셨겠어요.

응, 게 인제 일번 집에 가면 그, 일번 과자 겉은 건 은:어 먹을 쑤가 있었구. 그건 있었어.

조사자: 아기자기하죠?

응, 아기자기해. 깨:낏헌 집은 깨:낏헌데, 대개 일번 집이 지저분한 집이 많:았어. 에, 지저분한 집이 많어.

조사자: 그때 서울 인심은 어땠어요?

인:심은 머, 그냥 나쁘진 않었어.

조사자: 언제부터 이웃끼리 모른 척하고 그렇게 된 거 같아요?

이겟이 이, 육:이오 나구서부터 인제 그렇게 됐어, 육이오 나구서..

조사자: 사람들이 험한 일 당하니까 사람들을 경계하고..

응, 경계하구 그러는 거야. 그전은, 시굴 모냥, 왔다갔다 거, 대문두 열어놓구 댕기구 그랬어, 그때는. 그러구 인제 이:듬해 지나가 가지구서 그때, 내가 생각하기루 인제 그때 당시에 머냐, 그때 그 이:듬해, 과자 배급을 줬어요, 미:국 사람들이. 과자 배급. 아, 간빵[176] 배급이 났:어. 간빵. 간빵. 간빵 배급이라구 납작해 가지구, 짰지, 그때. 간빵. 그래서, 일번 간빵은 이거, 똥:그랗구 요

조금 저거, 저거했었는데, 거 간빵 저거해 가지구서 인제 그걸 먹구, 과자 배급을 주더라구. 과자. 게서 거, 또, 돈: 주구서 전부 사 가지구서 그 감쳐놓구 애:끼구 먹구 그랬지. 그래가지구 에, 해:방되구 그 일 련 지나가구선, 겨울게 에, 도롭뿌스라구 인제 그때 나온 건데. 미국 사람들이 그때, 사탕 배급을 줬어. 도롭, 그때 도롭뿌스라구 했지, 도롭뿌스. 그르깐, 벨 모냥이 다: 있드라구. 그르까 그, 그냥, 그땐 거, 사탕 하나만 먹으면, 그땐 단 거 못 먹어서 그냥, 그:것 때문에 그냥, 저거해 가지구, 썩:구 그런 건 업:지만, 그거 그냥, 그이까 부모네들이 그건 잔:뜩 사놓구, 감쳐놓구 주지, 감쳐놓구. 그러면 인제, 우리는 또 그걸 두져 먹으려구 인제 저거허는데, 엇:다 감쳤는지 몰라두 어트게 발견이 되믄 또 훔쳐 가지구 또... (웃음) 그게 있었구.

조사자: 할머니, 할아버지는 일찍 돌아가셨어요?

네, 일찍 돌아가서 내, 기억이 안 나요.

조사자: 6.25 이전에는 미국 사람들이 배급 주고..

응, 그거, 그릏게 나간 거고. 나가구, 주로 인제 연:극을 많이 했지. 연:극이 그 당시에 머냐믄, 홍도야 우지 마라 무슨 머, 또.

조사자: 변사..

변사.. 밨지. 변사한 거 밨지, 활똥 사진두 이래..

조사자: 그때 국도극장 갈 때도 변사가 있었어요?

어, 그땐 없:었어여. 내가 그, 어려서 밨냐믄, 변사 저거헌 걸, 하:리극장, 하:리극장에서, 저, 그전에 조선극장이라구 저쪽에, 저, 지끔 창신동 가는 길목이 있어요.

조사자: 소리가 안 나오는 데에는 변사가 있고.

응, 변사가 나와서 인제..

조사자: 그러면 홍도야 우지마라 할 때는 그냥 직접 배우들이 얘기를...

---

176) 건빵.

에....홍도야 우지 마라 머, 그전에 에밀레 종, 머, 그때 당시두 현:대 껏두 많:이 했구, 시골 풍습 얘기 연:극두 많이 허구, 나두 이게 자막은 많:이 잊어버렸는데, 그러구, 또, 우지 마라 아가야 (웃음) 그 연:극두 했었구, 또. 여러 가지 있었어.

아이, 재밌었지. 재밌었지. 응, 멋있었어. 그리구, 그때 당시에 그 타:산 영화가 들어오믄, 서울 짱안이 신문이 대:문짝 걸구, 그, 극장 앞에는 그냥..

조사자: 타산 영화요?

응, 타산. 무슨 타산, 무슨 타산, 옛날에두..

조사자: 그게 뭔대요?

지끔 저, 타:산이래는 거, 저, 밀림 찌대에서 저, 아프리카 같은 데서, 거, 저, 김승[177]허구 싸우구, 사람이.. (웃음)

조사자: 그때도 타잔 영화가 있었어요?

어, 날렸지, 그때. 어, 그때 날렸지.

타산 영화래믄, 그, 그, 극장 아주 돈 벌어. (웃음) 내, 극장 앞에 사:니까.. (웃음)

조사자: 네, 그런 기억이 많으시네요. 어렸을 때, 아주 재밌게 보내셨네요.

그래가지구, 이: 년 있다가 그 설:날을 인제 셨:는데, 우리 형님이 군정청에 댕겼거던? 둘째 형님이. 군정청에 댕겨 가지구 그때 래이셩이라구 배급이 나왔어, 래이셩. 그르까, 래이셩 나올 때 웃기는 게 있지.

조사자: 래셩이 뭐예요?

미:군들 그, 군수물품, 요, 상자에다가 담아 가지구, 메칠씩 먹는 거, 야전용 거, 저, 포위대거나 산에서 먹는 거. 거를 래이셩이라구랬지. 거기, 깡:통이 전부 들어있지, 거, 고기두 들어 있구, 과자, 또, 비스껫뜨라구 그랬지, 고곱 가자, 그르구 인제 사탕두 들구, 껌:두 들구, 쪼꼬렛트두 들구, 또 쩨:리두 들구, 담:배

---

177) 짐승.

두 들구. 또 커:피두 들구, 우:유두 들구. 그래가지고 도마도, 그전엔 몰랐어여. 그래, 내가 지끔 생각하니까 웃기는 게 도마도 간소메라구 있거든, 일번말로 간소메라구 그랬지, 통조림이 아니라 그냥 간소메라구 그랬어. 간소메가 들었 는데, 도마도 간소메가 그 케:찹인데 케:찹을 몰르구, 맛:두 업:다구 버렸어.

조사자: 뭐를 찍어 먹어야 되는지...

응. 먹는 방식을 몰라 가지구, 전부 다 안 먹구, 비우 좋은 사람은 그냥 생으루 먹구, 비우 나쁜 사람은 그냥 다 버렸어. 그르구, 커꼈지? 커피. 거 좋은 커핀데, 봉지에 들은 건데, 그것두 말야, 쓰다구.... 쓰다구 안 먹구 버리구. 거, 우유가 있거든? 근데 지끔, 커피 밀크, 프림 타먹는 거 섞어 먹는 건데, 그걸 몰:라 가지구, 살탕만 뚝 빼먹구. (웃음) 커피 버렸어. 참, 그거 존: 커핀데 그걸, 우리가 격식, 그, 미련했지. 그때 당시에. 몰랐어, 나, 우리뿐이 아니야. 딴 사람두 다 그랬어. 그래가지구 인제 그때 돈: 주구 봄에 인제, 저거 대 가지구, 머, 행사두 많:이 허구, 머, 쌈:두 많:이 허구, 그땐 제 미제 물품이 인제 들오니까 시:장이 좀 활기가 띠드라구. 미제 물품이 자꾸 인제 도니까. 돌구서 저거하 다 보니깐. 그때 당시에 내 지끔, 내가 생각하니까, 그때두 그, 말하자믄 지끔 두 머 데모허구, 지끔 머 정당 쌈: 허구 머, 당파쌈:하구 그 식이나 마찬가지야, 내가 지끔 생각허 보니깐. 지방서두 오구 그른데... 그래가지구 겨울게 내가 인 제 혼역을 앓구, 눈이 이만큼 쌨:지, 그때. 그때 명절은 잘 치렀어여, 그래두. 그래가지구, 눈:이 와 가지구 전:차가 못 대녔어, 눈: 때문에. 그래, 겨울게, 십 이월 딸에 눈이 와 가지구 자동차두 별루 못 댕기구, 게, 미:국 사람 차가 있어 가지구, 그거 눌려 가지구, 봄에 그, 전:차가 그, 녹아 가지구 댕기는 거야, 그때.

조사자: 그때 그러면은.

응, 그땐 작업이 없:었지.

조사자: 병을 앓으시고 그런 다음에 설을 맞이하신 거예요?

설:을 맞이했지.

조사자: 눈이 안 보이고 그러니까 속상하셨겠어요.

근데, 그땐 그걸, 몰랐어. 그땐.

한쪽이 베:니까 인제 그런가 부다구선 낫겠지 하구선.. 근데 그때두 안과 시설이 좋지 않구, 으:사가 좋지 않아서, 내가 못 고쳤지. 그래가지구, 눈:이 와 가지구, 그때 거, 시굴섬은 철기 따라서 저, 먹는 게 있어요. 기울기면 에, 시굴서 꽁:178) 잡어 가지구, 꽁:고기 파는 게 많았었어요. 그르구.

조사자: 그 꿩, 암컷을 뭐라고 그랬어요?

그땐 그 우리가 거, 암컷을, 그, 머, 요:즘에 들었지만, 그전엔 우린 그냥, 나 쪼끄말 때 들을 때는 그냥, 꽁고... 꽁이라구 그냥, 서울서는 그냥 명칭 불러버렸어. 그르구 그때 당시에 고:기 사기가 심:들었어, 소고기. 명절 못 시:구, 떡방 아깐두 전:기가 안 들와서 떡두 제대로 못헌 데가 있구 그랬어. 고기가 없어 가지구선 거, 몰래 사구, 그때 당시에 고기가 파동, 그때 있었구, 거 내 알:구. 그래가지구 에, 우리 조선 명절이니깐, 인제 한:국 사람들 있으니깐, 그럭저럭 명절 시:구, 업:는 사람은 또 못 신지두 몰라여. 나는 그래두 어느 정두, 우린 편허게 지냈으니까, 그대루 넘어갔는데. 그래가지구, 친구들이 그때, 명절 때먼 새 옷을 사입히거든? 근데 나는 새 옷을 안 사입히드라구. 거, 막내구, 우리 아버지가 또, 돌아가시구 그랬으니까..

그른 게 있었어, 나두. 그래가지구 서울 짱안에 그때 내 전:차가 업:구 그르니깐, 말마차 알:지? 말마차. 역마차, 말마차라구 뒤에다 사람 싫구, 말 끌구서는, 가는 게 있었어. 그르구, 한참 끌구 댕기구, 돈 벌었어, 그거.

조사자: 서울에 말이 많았어요?

많았지. 소두 많었구, 말두 많었지.

조사자: 일정 시대 때는...

아니, 일쩡 시대 때두 많었구..

조사자: 순사들이..

---

178) 꿩.

어, 말 타구랬지. 말 타구, 오도바이 타구, 추럭 타구, 인제 추럭두 저, 다꾸
시라구 인제 그전엔 그러는데, 다꾸시 타는, 택시는 없:었어, 별루. 없:었어, 그
때는. 일본 시대는 차래는 게 많:지 않었구, 미:국 사람이 들어오니깐, 미:군 차
들이...

찌:프차, 추럭, 제무시, 찌:프차, 쓰리쿼타, 머, 이런 게, 유:명한 차들이 전부
있어서, 그때에 미:국 사람이 있으니까 차가 많어 아, 저, 야, 좋다. 그랬거든.
게서 그때 당시에 배:급 타구서 인제 저거헐 때, 그 이듬해 봄에, 살탕 배급을
줬어, 살탕. 누::런 살탕. 그래, 누::런 살탕을 줘 가지구 그때 머냐믄, 일번 싸람
들이 그전에... 오마께 장사라구, 모를 꺼야, 오마께라구선, 그 철판 깔아 놓구,
그, 살탕을 인제 녹여 가지구, 거, 저, 따:기두 허구, 별:두 그리구, 머 거북이두
그리구, 배두 맨들구, 비행기두 맨들구.. (웃음)

조사자: 아, 저희 어렸을 때도 했어요.

응. 그래가지구 인제, 그게, 핵교 주벤에 그런 장사들이 많:았어, 골목마다.
그래가지구 인제, 저거해 가지구 침 발라 가지구 그, 떨어지지 않구 깨:지지 않
으믄 큰: 거 주구, 깨:져서 인제 없:어지면 똥:그란 거 머 하나 주구. 그리구, 그
전에 그, 엽전 치기라구 있었어요, 물 눙구선. 지끔 말허자면, 지끔 그런 게 많:
이 없:어졌지만, 그전에는 미:군부대서 흘러나온, 그, 요롷게 일 번, 이: 번, 사
번 한 이:십 번꺼정 남바 매겨 가지구, 요기다가 깐수메 놓구 이렇게 놓구선,
그 종이에다가 물 칠해 가지구, 인제 그, 종이 있으믄, 종이가 물속에 들어가믄
몇 번, 몇 번 이게 나와요. 그걸 다: 가주가는 거. 그게 인제 노:름이지, 일종.
우리 청소년들은 그걸 돈 가주 가서 그런 장난을 많:이 했지.

조사자: 어렸을 때 안 해보신 게 없으셨네요. 놀이란 놀이는 다 하셨어요.

그, 으:른들두 했어, 그때. 그래가지구, 그땐 제 공장이 인제 가:동이 대 가지
구, 미르꾸라구, 미르꾸가 인제 생겨 가지구, 해:태 미르꾸, 무슨, 해:태 미르꾸.
그때 그, 어린이 미르꾸 인제 그 여러 가지인데..

조사자: 서울 미르꾸는 안 나왔어요?

안 나왔었지.

해태 미르꾸. 그러구 인제, 그거해 가지구 저거해 가지구, 딱지두 나오구, 그때는 만하, 일번말루는 만:가라 구랬지. 만가. 만:하가 인제 한창 유행했었지. 그때는 인제 극장 갈 돈두 업:구, 누가 동네 싸람이 만:하 하나 사믄, 그 만:하가 찢어질 때꺼정..

○ 개구쟁이 시절

조사자: 어린애들이 보는 거였죠?

그롷지. 근데 그때 만:하는 비쌌어여, 그때. 왜냐믄 그:림이 그:려서, 천연색으루 이롷게 그:림 그려서 나오기 때문에. 그때 만:하는 좋았어. 그래, 그때 당시에 만:하래는 게 여러 가지 많:었지, 그때 나두 이름은 많이 잊었지만, 장:하 홍년전이니, 무슨 머 심청전이니, 무슨 머, 또, 무슨 그전에 만:주 벌판에서 일번 늠허구 싸우는 거, 그런 그 만:하가 있었구. 또, 귀:신 나오는 거. (웃음) 근데, 이:름은 다 잊어버렸어. 그때 만:하가 여러 가지가 있었는데... 그래가지구, 그때는 만:하 사서 바이지, 만:하 까게가 없:었어요. 그, 만:하 까게가 없:어 가지구, 사서 보구선 그 번갈아, 그 만:하가 비싸니까 돈 있는 사람이 그냥 그, 만:하 보구 싶어서 말이지, 그 동네 애들이 하나 인저 허믄, 골묵 안에 쭉: 서서, 글 잘 익:는 사람이 있어 가지구선 거 읽으믄, 그거 듣구서 질기구[179] 그랬지. 그러구, 만:하 까게 생긴 지가, 해:방대구 한 사: 년 있다가 만:하가게가 생긴 거야. 그때 십 원 주구 만:하 빌려보는 거야. 그래, 빌려보구 갖다주구, 거는 가:게에서 했지, 가게. 구멍까게에서. 그른간 지끔, 그게 여:태 지금 내려온 거야, 만:하 가게가. 그래서 그때 내 친구 시켜서, 중국애 시켜 가지구, 너, 십 원 줄텐까 너 만:하 훔쳐 가지구 오라구. (웃음)

조사자: 그, 도둑질 잘한다는 그 친구요?

---

179) 즐기고.

응. 그, 이:용두 해 먹었어. (웃음)

조사자: 중국 애는 오랫동안 있었나 봐요.

에. 그래가지구서 인제, 그때 당쎈,[180] 놀:이래는 게 모:냐면, 그때두 그, 전:장 당시니까 그땐, 병장놀이[181]가 많:었어. 병장놀이가 많았구, 또 말타기, 겨울게 말타기 획:: 올라타서 가위바위보 해서, 저거. 그걸 많이 했구. 놀이는 그른 게 있었구. 그러구 인제, 그 정도구 인제 머, 큰 놀이 없:어여. 고기 잡으러 들 많이 댕기긴 댕겼지, 서울서 인제. 가꺼우니깐 여기 저 그전에 뚝섬, 여기 저, 한:양대학교 앞에두 그 고기 잡는 데가 있었구, 저, 그, 경마장 짜리 있잖아여? 저 신:설동. 거기두 고기 잡으러 갔구, 또... 비원 안에두 다.... 근데 엔:날에 청계천, 저쪽 또 가면 거기두 고기가 있었어.

조사자: 옛날에 소 잡는 데..

어, 그게 저 창신동. 창신동 거, 저, 지끔 국민핵교 째리,[182] 거기. 그르니깐 저, 청계천 팔가 있지? 거기? 거기, 동대문 운동장 지내서, 아니, 저 거기 저, 지끔 어다냐, 거기 가게 되믄 그, 저, 건:너편에 그, 저, 만물상에 그, 저, 중앙시장 거, 저, 건:너편 거, 거기 소 잡구 그런 데 있었어.

조사자: 그래서 소 잡는 날은 개울이 그냥 빨갛고...

빨::갛지...

조사자: 그렇지 않으면 맑은 데였어요?

응. 거기가 엔:날에 창신동이었는데, 창신동.

그때두 청계천두, 더:러왔었지. 게, 모래사장이 있어 가지구, 거기서 그때 에, 공치기들을 많:이 했지, 우리가 공치기 많이 했어, 참. 공치기. 그때 당시에 공치기 헌 게 머냐, 찐뿌, 지금 야구지, 야구나, 비슷헌 걸 갖다가 찐푸라구랬지. 그, 뽈 가지구 있는 애들은, 그건 부자찝 애들이나 가지구 있구. 병장놀이 많이

---

180) 당시엔.

181) 병정놀이.

182) 자리.

허구, 인제, 서울 수복이 대 인제 미군이, 인제 군정청이 없:어지구, 한:국, 인제 독립이 대 인제, 대:한민국이 수립돼 가지구, 인제 이: 박사가 들어스구선, 그때 행사가 또 좋았지. 그때 꽃전:차래먼 걸 구:경 못허면, 건 서울 짱안에서 사:람 구실을 못했어.

조사자: 꽃전차가 뭐예요?

전:차에다가 오색등, 불 키구, 훤:했지. (웃음)

조사자: 무슨 날 때 그걸...

팔일오 광복절.

팔일오 광복절, 또, 삼일 운동, 그 이: 박사 생신날. 그거 댕겼. 그땐 거, 개천절이그 한:글날 다 놀았어여. 그거, 그때 학생들, 그 우리가, 서울 장안에 있으니까, 시내 복판에 있으니깐, 가끔 가다 학생들 그, 뺀드, 악사들 그 뺀:드허구 걸어가는 거, 그런 행사 구:경을 많:이 했지. 가장행열, 그전엔 가:장행열이 없:었어, 지끔 인제 가장행열이.. 그전엔 거, 행열이라구 그랬지. 멋 물르구 본거지, 그거 재미루 본 거지. 그래가지구 꽃전:차 보구, 거 보느냐구 거, 시굴서두 오구 그전에 경:장했어 그거. 영천이구 저쪽에서 많:이 와서, 마:포니 이런 데서두 오구...

조사자: 어디서 행렬했어요?

그걸 서울 장안에 다 댕겼지, 전:차 있는, 전:차 가는 데마다. 그래. 닷새를 했어, 닷새. 게, 밤에 인제 보느냐구, 고, 불구경. 그런 건 일부러 나와서 고, 몇 시에 지나간대느믄 거, 대:기하구 있다가 구:경허구 들어가구... 그른 거 있어. (웃음)

에, 종이쭈각 주구 가구, 벽보 붙이구, 그거야. 그래가지구, 투표날인데 그때는 공일 허먼선 동네 그 인제, 그때 대한 청년단허고, 민:보당이라구 있었어, 민:보당. 민:보당이... 치안 보먼선 어리 가지두 못허게 허고, 놀:지두 제대루 못허게 허고, 골:묵에서 숨어서 놀구 그랬어. 그때 그른 일이 있었지. 그래가지구, 그때 우리 나이 인제, 저거헐 때두, 다마 치구, 애:들이구 여자그, 그전엔 그 공:

기치기 허믄 여자들이 많이 했잖아? 남자들이 그때 많:이 했어.

조사자: 고무줄놀이도.

여자, 여자만 허구 남자들은 안 해.

조사자: 안 끊어 먹으셨어요?

아, 그런 건 안 했어. 그러구 인제, 명절 때 대믄, 거, 엔:날엔 곤중수도[183]가 많:었어여, 집집마다 수도가 다 없:었어. 그러믄 이제 고 곤준수도 거.

조사자: 우물이 아니라.

수도. 곤중수도. 있어 가주구, 그 물 길른 옆에다가, 명절 때믄, 거기다가 저, 늘, 늘판[184] 있지? 늘 띠는 거. 그거 한 장 갖다 놓고. 그게 일:가고, 명절 때 보믄. 늘판이 일가고, 인제, 그러믄, 그때 당시에 나두 쪼:끄말 땐 거 몰:랐는데, 그때 그, 각동마다 댕기믄선 어느 핵교, 어느 핵교서, 밤에 영화, 놀려줄 테니까 오라:: 그러믄, 가믄 먼:가 했드니, 영화 구경을 시켜주드라구. 야외. 그게, 시켜주믄, 그게 모냐믄, 국회으원들 선:심 쓰는 거지, 그때. 그리구 그때 당시에 극장이 많:지 않어 가지구, 싸구려 극장 그, 가:설, 저, 핵교 근처에다가 스크린 걸어 놓고, 영사기 걸어 놓고, 십 원짜리 그때 그, 내구선 가는, 그거 많:이 봤구. 그러구, 에, 그때 이:응간[185]이니, 장소팔이니, 고춘자 겉은 사람이, 그때 젊었을 때야, 해:방 전이지. 육:이오 전이지. 영이[186] 국민핵교서 저, 배:뱅이굿 헌다구선, 동:네 사람한테 싸구려루 팔아 가지구, 그때 그 소방소들, 을찌소방서 그, 기:금을 맨들기 위해서 그, 행사했지. 그때.

조사자: 그때부터 그분들 말하는 게 그랬었어요?

에, 만:담이 다 그랬어. 그때 만:담이라 구랬지, 만:담. 코메디라 그러지 않구 만:담. 그러구 저 그때는 거 지금 저 개기맨이라구 그러구, 그전에는 코메디라

---

183) 공중수도.

184) 널판.

185) 이은관.

186) 연희.

구 그랬는데, 그때는 웃:기는 사람이라구 그랬지, 그때는. 그거 있었구, 에, 고 동네 근처는 거 축제가 댄다구, 그게. 축제가 대구, 또 게 이제, 선:거 끝나구선 머, 내가 번정통을 왔다갔다허구 머, 대:통령이 누가 되구 하구 그래서, 그때 라:지오들 듣는 사람이 많:었구, 그때 그, 오림픽, 오림픽이 대서 축제가 있었어여. 그래가지구 그때 당시에 서울 짱안에서 그때 마:르톤 거, 저, 서윤복이, 아니, 서윤복 말구, 그 아, 이, 그 이름을... 체철[187]이니 머 해서... 그 보스톤 마라톤에서 띨 때, 그게 그 수도극장에서 헐 때 서울 장안에서 다 하구 그래 그때.

조사자: 아, 수도극장에서 중계해 주고 그랬어요?

중계가 아니구, 촬:영해 가지구 와서... 그때 오림픽, 그 영화 겉은 거 나오믄, 다 촬:영해 가지구 와서, 몇 달 만에 거, 사:영[188]을 허는 거야.

조사자: 이미 일등인 줄은 다 아는데...

에, 에. 그, 어트게 어트게 됐나 허구선, 그땐 테레비두 없:으니깐 그걸 바야지, 고 강경을, 고 장면을 볼 쑤 있지 않냐 그래서... 그때. 그게 있었고, 그래가지고 에, 서울 수복, 아니 저, 대한민국 수립이 대구 이: 년 있다가, 일 년인가 일 년 있다가 여름이지, 여운형 씨가 죽었다구선, 그 장례식 치른 거 그때 츰:봤지. 장례식. 여운형 씨가 죽었다구서 그때 거, 신문에, 장안에 경장히 났구...

조사자: 장례식도 보셨어요?

봤:지.

조사자: 대단했나 봐요..

아, 골루, 지나 댕기는 길묵이니깐. 행상은.

조사자: 국도극장 앞이 항상

에, 에.

조사자: 뭐든 행사는 그냥..

---

187) 최철.

188) 상영.

에, 서울운동장 꺼 가구, 또 걸:루 가구... 그때두 정국적여서, 그거 보느냐구 길빠닥에 줄 섰, 좍:, 길꺼리 그 가상다레 쪽: 서 있었지, 전부다. 서 있었구, 그 때 당시에 유행가래는 게, 인제, 남인수 노래니 무슨 머, 배낄길로... 꼬집어 뜯 어라 이러구 노래가 또 유행 저거 했었구, 그때 유행이 많:았었지, 그르구, 그 때두 우리 유행가 많:이 불렀구, 반:달 또, 노래도, 가을이라 가을빠람, 그것두 이제 그때 나왔구, 또, 날 저무는 하늘에 별이 삼 형제, 응, 그것두 그때 유행했 었구, 그르구 우리 아부지 비:단 구두 사 가지구, 에, 그르구 인제, 산에 에서 부:는 나무, 시:원한 바람... 그것두 그때 유행했었구.

조사자: 아, 저희들도 다 부르고 자란 건데..

응, 풍당풍당 돌을 던지자, 그것두 그때 있었구.

조사자: 저도 동요를 좋아했었어요.

또 그땐 애:들 땐 그걸 불러이지, 또 딴 걸 불르믄 욕, 어:른들이 욕했다구. 그때 그, 첨:에, 해:방대구 동해물과 불를 때는, 그때 그, 저, 마지막 거, 일 런 넘어가믄 망:년해 저거헐 때, 거, 노래 불렀잖아여. 동해... 오... 그, 저, 나는 잊:어버려...

○ 육이오의 기억

조사자: 오랫동안...사귀었던..

응, 그래. 그걸 애국갈 불렀어. 첨:에. 그래가지구 바꿔 가지구.

그래, 바꺼 가지구 저거했어. 그래, 하두 저거 대서 그른데, 그때 유행가는 또, 에, 실라에 달빰이 참:, 현:인, 히트쳤구, 어, 또 울려고 내가 왔던가, 성창 그거 유행했었구, 또, 그때 당시에 연락선은 떠난다, 또 진주라 철리낄은, 그른 거 불렀구, 가거라 삼팔썬아..

하르는, 군인들이 그양 전방으루 가더니 그 이튼날은 조용해, 이:십뉵일랄은. 조용하드니, 이:십칠일랄은 전부 후:태해서 나오는 거야. 그이까 인제 피:란민 두 섞어 나오구, 피:란민이 그땐 나오는 겟이 그땐, 그때 당시엔 전부 하:얀 옷들 입구 나옸거든? 시굴 싸람들이니깐? 하ː얀 옷두 입구, 보따리 집구, 소, 소 끌구 나오구, 소 끌구 나와서 그땐 우리두 인제 피ː란 갈라구 밤에 인제, 우리 누이 식구들하구 가다가 을ː찌로 입거에서 포가 나오, 총알 떨어지구 대ː포가 떨어지니깐 우리, 을ː찌루 입구에 우리 큰ː집이 있거등? 거기서 하루빰 잤ː지, 거기서. 근데 비가 부슬부슬 오구 그래서. 부슬부슬 오구, 저기 허는데, 거기서 하루빰 자 가지구, 보니깐, 이ː십팔일랄 인민군이 점령헌 거야. 그래, 점령해ː 가지구, 이건 머, 피난 갈 쑤두 업ː구 그른깐 을찌로 사ː가루 인제 대들어오는 거지. 대들어오는데 기양 만ː세 부르고 난리구, 난 떠 국군이 점령헌 줄 알ː구 말이야, 땅ː끄가 왔다갔다 허구, 인민군이 두 사람이 따발총 끌구 가면, 땅ː끄 한 대 가구, 인민군이 박수 치구 그러드라구, 아침에. 그런가 부다 하구서. 그 랬드니 우리 누이가 거, 박수 치지 말ː라구 그러드라구. (웃음) 그르니깐, 그때 거, 국도극장 앞에 거, 중국집 옆에, 아, 송ː장이 거, 피 흘리구서 씨러진 그 보 구선 아우, 야 이게 전ː장이구나 허구선, 그때 거 송ː장이래는 건 내가 첨ː 봤거 든, 그때? 피 흘리구은 건. 긍까, 겁이 나 가지구 인제, 야 그 전ː장이 이렇게 무 섭구나구서 저기했는데 낭ː중에 남산을 점령을 못해 가주구, 드러눠 있으니깐 냥, 오후쯤 되니까 남산을 그냥 쏘는 거야, 거기다. 그래가지구 피ː란 나갔든 사람들이 도루 들어와서 그냥 정ː리허구 머허니깐, 그때는 머 물건이구 모구, 전부 감추느냐구 난ː리법석이구, 게 인제, 에, 국도극장 그 아니 그, 저, 을찌로 사ː가 저ː짝에 로ː타리 있잖아, 로ː타리. 거기 인민군 땅ː끄가 하나 부서진 게 있 었어. 근데 그걸 갖다가 부ː숙[189]을 떠ː 가지구 가구, 껍ː데기는 기양 구이팔 수 복 때꺼정 가주 가지 않아, 인민군들이. 그래, 누가 그거 첬ː냐 하믄 미ː군이 와 서 쳐ː서 버리드라구. 미ː군이 와서 쳐ː서 버리드라구. 그래가지구 인제 에, 거 기서 인제, 을찌로 사가에서 인제, 그르니깐 그때 당시에 무슨 장사가 많ː았냐 믄, 콩, 콩 볶어서 팔구, 과일 장사, 인제, 챔이[190] 장사 인제 과일 장사, 포두

---

189) 부속.

장사.. 그이깐 장사 안 허는 사람들두 기양, 골묵이구 어리두 길빠닥에다 놓구
기냥, 장사허는 거야, 그냥. 그래 거, 그때부텀 인제, 과자두 읍구 인제 전부 없
으니깐, 사먹을 꺼이 읍:구 그른깐 굼:주린 사람이 무척 많은데, 우리 집은 그
래두 정미소허던 찌끄래기니깐, 감처놓구 인제 먹었지. 근데 육:이오 전에, 그
때, 한 일 년 앞두구, 우리가 딱지치기할 때 무슨 딱지치기를 했냐믄, 미리꾸
껍데기 있지? 미리꾸 그 껍데기를 가지구, 이게 얼마짜리다, 얼마짜리다 허구
선 그거 가지구 저, 장난했어, 그때. 그때 거 머냐믄, 에, 손에 이렇게 지면선
그, 이, 일본말루 야마라구러지? 야마. 일리삼, 이릏게서 찍으먹구 저거 허는 거.
    어머니허구 우리 형님허구 나허구 셋이서. 게서 얼:음을 내가, 그때 츰: 건:
넌 거야, 한강 얼음. 츰: 건너는데, 어유, 얼음 타구 건:너는 것두, 밑은 퍼:런 게
무섭드라구. 근데 사:람이 몰려서 가니까 으지직으직 소리가 나드라구. 그래,
옆에 사람이 옆으루 피해라 그러드라구. 게, 피해서 압구장[191] 고 동네에 가서
하루빰 잤는데, 함포 사격 소리가 나구, 껌껌허지, 거 노인 냥반두 우리 외삼춘
두 있구, 외숙모두 있었구, 거기 인제 있었는데, 밥 먹구, 외스춘[192] 누이두 있
구, 외스춘 매부두 있었는데, 뺑::뻥 뻥뻥 소리가 나드라구. 그런가 부다 하구선
이제 하루빰 자구선 인제 있었는데, 아, 그 이튿날 아침이 되니깐, 저, 인민, 때:
늠들이 저:기, 말죽거리루 해서 포위대서 들어왔드라구. 들어왔다구선 가지 말
라구 그래. 게서 이제 젊은 사람들은 우리 외사춘 형님은 보따리 싸 가지구 도
망부터 간 거야. 그래, 거기서 한 달 반, 석: 달인가, 한 달 반인가 석: 달, 두
달, 두: 달 잡어이지.
    그때 당시에 시:장 연 겟이, 동대문시장하구 중앙시장, 왕:십리중앙시장, 거
기밖에 연 게 없어여. 딴 데는 열질 못했어여. 남대문시장은 그땐 인:구가 없:
어서 그건 못 열고. 에, 그래가지구 을:찌로 입구꺼정 가는데 사:람이 없:어여,

---

190) 참외.
191) 압구정.
192) 외사촌.

그릏게.

조사자: 동대문시장에서 뒤지고 그러는 애들은 어떤 아이들이에요?

여기 있든 애들들이지. 애:들들인데, 거 일삼 후태 피:란 못 나가서, 그거를 아주 두지구 샤:는 애들이지. 게, 동대문 시장에 가니깐 장터가 벌렸는데, 저, 일사 후태 살림 두구 간 거, 그거 팔어먹는 거야. 근데 거 두둑늠 물건이라구 할 쑤 읍:구, 머, 버리구 간 거니까, 아:수니까193) 샀지, 거. 그때 당시에 무슨 장사를 했었냐믄, 먹는 장사는 떡:장사가 젤 많았어, 떡장사. 배가 고프니까 (웃음) 떡장사가 많았구. 게, 미:군 애들은 멀: 많이 샀냐믄 미:군 애들두 우리 나라 꺼, 놋주발 겉은 거, 녹그릇, 우리나라 꺼, 지네 나라에서 못 본 거, 그거 신기헌 거 사 가지구 가드라구. 그이깐 한:국 사람한텐 천 원 받으믄, 미:국 사 람한텐 이:천 원 받구. 그때, 그릏게... (웃음) 바가지 씨었어. (웃음)

조사자: 근데 이제 먹을 게 다 떨어지지 않으셨어요?

우린 떨어지진 않았지. 아, 우리는 어트게, 우리 정미소가 불이 안 났으니까, 그 우리 큰집두 있구, 서울에 다 집안이 있으니까 다 갖다 먹었지.

조사자: 그때는 부잣집들도 다 고생하고 그랬는데 그래도 다행이네요.

응, 그래가지구, 와 가주구, 잠은 편히 자니깐 좋:드라구. 피란 나갈 때 잠을 제대루 못 잤거든? 꼬부리구 자구 그냥. 빈:집이 들어가구, 자구 그랬지. 그땐 헐 쑤 없:었어. 게서, 친구라구 업:구, 참, 충신동, 종로구 충신동에서 거기 점보 는 집 아들이 하나 있었어. 개허구 또 새겼지. 새겨 가지구, 거기 낙산에 거, 이:북 사람들이 많:이 살았거든? 그래, 그, 거기 있는 애들허구 쌈:을 많:이 했 지, 돌팔매질 쌈.

조사자: 다치기도 하고 그랬겠는데요?

어, 다치기두 그랬지. 돌팔매질 쌈:허구. 괜히 그, 그때 당시에 그, 게 놀:이 문화야, 그때.

---

193) 아쉬우니까.

그래가지구선 그때 머냐믄 에, 효재국민핵교가 미:군부대가 있어 가지구, 어
트거든지 좀 똑똑허고 가:장 노릇 헐려믄, 구두통 미:구선[194] 미:군 근처에 가
야지, 돈 볼 쑤가 있으니깐 미:군 부대 근처에 가서, 구두닦이 헌다구, 그르구
인제 애들들두 거기 몰려서, 미:국늠들이 그때, 미:국 사람들이 그 껌:이니 쪼꼬
레또 겉은 거 짤러서 주구 말이야, 덩져주구 말이지, 그것두 좋:다구 줏어먹구
말이지.

그래가주구 그 이듬해, 추석두 시:구, 저거허는데, 그때 명절 시:는 사람이
없:었어. 재정이, 먹을 께 읍:구 그러니깐, 명절이 기양, 밥 세 끼 먹구 놀:다가
지나가구, 그 군불두 낭:구 없:어서 그냥 찬:방에 앉어서 얘기하다가, 헤:지구,
그때 그런 일이 있었지.

조사자: 저번에, 아까, 나뭇광도 있었다구..

응, 나무꽝 있었지. 에, 그른까 인제, 파는 거지, 팔아 가지구 우리가 인제,
엔:날에는 돈 많은 사람언 에, 일 년치 한까번에 사서, 낭:구 장사, 낭:구 쪼개는
사람 있그던? 낭:구 쪼개는 사람이 있어 가지구서 쪼개 놓고, 일 년 내 떼:는 거
지, 쓰구.

조사자: 그때는 아궁지었죠?

그렇지, 아궁지지. 그러구 인제, 그때 당시에 인제 거, 낭:구래는 게 머이냐
먼, 숟허구, 숟허구, 청솔까지, 솔까지. 그거 떼:구, 장적.[195] 게, 돈 업:는 집은
그 장적 패:지두 못허구, 집이서 남자들이, 심 존 사람들이 인제, 하루하루 인
제 패:서 놓구, 장적 그, 뽀개서 노믄 안식구들이 인제 그거 떼:구 그랬지. 그래,
낭구장, 낭구짱이 그때 시장마다 다 있었어. 그래, 인제 돈 아순 사람은 하루에
메칠에 돈이 있으믄, 오늘 뗄 꺼 몇 달썩 사 가지구 가구, 몇 달썩 사 가지구
가구 그랬지. 거, 돈 아주 업:구 한가헌 사람덜은 남산 겉은 데, 폭격 맞은 나무

---

194) 매구서는.
195) 장작.

있잖아? 그거 부셔 가지구 가서 떼:구, 그때 그런 게 있었구. 그러구 인제 사:람이 사:는 데가 어디에 주루 많:이 사느냐믄, 왕:십리서 많:이 살았어, 왕십리. 이, 저, 일사 후퇴 그, 피:란 나갔다가들, 왕십리가. 거기서 많이 살구, 고다음 뻔에 두: 번째는 어디냐 하믄 이화정 충신동에서두 쫌 많:이 살:구. 딴 데선 못 살었어. 인구, 무서와서 못 살아. 무서와서. 동:네가 사:람이 없:으니까.

제2부

2.1. 자연 발화[gyj]

○어린 시절

조사자: 태어난 곳은 이곳이고 이곳에서 계속 자라셨어요?

이곳이 아니고 지끔 아까, 종로구 홍기동이라는 데가 지금, 상명 사대...(끊김)

조사자: 형제 분들은?

내 바로 밑에 똥생은 일싼에 살고 있고. 막내는... 지끔, 염청동에 살고 있어.

조사자: 많이 변했죠? 종로고 서울이며... 어떠세요?

너::무 많:이 그 변했죠. 왜 그러냐믄 지끔도 내가 처:음에 저 청운학교를 대 녔는데 거기서 지금 청와대지 청화대. 옛날엔 경무댄데. 그 경무대에서 삼청동 을 넘어가는 그 길이 계:단으로 돼 있었어. 그쪽 돌계단으로 해 가지구, 그 내 려가믄, 삼청동 들어가는 그 길이... 큰: 개천이지. 그래서, 차가 대니질 못하구. 니아까 정도가 댕길 정도였었으니까, 양쪽. 그 뭐 청계선이니, 이쪽들이 전부 양철찜, 초가집들이 있었을 때니까.

조사자: 어렸을 때 얘기 좀 해 주세요.

전:차 알고 있죠? 전:차.

전:차하고 전:철하곤 틀려. 전:차는 네일을 깔아가지고, 지금 우리 뻐:쓰보다 쪼:금 더 크죠.

뻐쓰 정도 될 꺼야. 그래 가지구 전:기로... 위에다가, 지금 전철처럼 매달아 놓고, 어느 구간만 대녔던 거야. 그러니까 지금 전철은, 차장들이 많이 매달려 있죠. 뻐:쓰보다 쪼금 큰 거 하나가 왔다갔다했지. 내가 주로 많이 탄 것이, 지 끔 청와대 앞에서, 효자동. 효자동이 그:: 종쩜이었고, 그랬는데, 그것이 육십 사 년도 말에 그게 끊겼어. 그게 보통 우리가 전차가 서울에서 없어진 것이 육 십팔 련이라고 알고 있는데, 거기가 제:일 먼저 뜯어진 것이 육십사 년도 말이 여. 그 다음에 이제 서대문에서 동대문 가는 전차가 있었구, 몇 군데들이 있었 지. 굉장히 이제, 많이 변한 것이.

내가 재밌는 얘길 한 가지 해줄께요. 우리가 자랄 때, 근까 내가 중학교 댕길 때, 이럴 때만 해도, 서울에 빵이래는 게 없었어. 그니까 그때 내 기억으론, 내가 중학교 이:학년 땐가. 아마 대영 빵이래는 큰 빵이 하나 생겼었어.

빵이라군... 그것밖에 몰랐지. 그랬는데, 지금 왜 부동산 복덕방이 생겼잖아. 그랬는데, 내 친구 애가, 갔다 오더니 복덕방이 생겼다고 우기는 거야. 새로운 빵이 하나 생겼다고.

그래서 딴 애들이 우루루 나가서 보니까, 틀림없이 빵까게 같은 데, 빵을 팔지 않고, 아무것도 없는 거지. 나중에 보니까, 부동산 중개하는, 그 복덕방이지. 그런 에피소드들이 많이 있었어.

내가 자라왔던 시절은, 지금 학생들이 생각하는 그런 시절이 아니라. 굉::장히 격변기에 살았죠. 사변 직후고... 또 사변이 끝난 다음에도, 아::주 빈곤한 생활들을 많이 했지.

그때만 해도, 신문에들 보면, 굶:어죽는 사람, 이승만 정권 때지, 굶어죽는 사람이 신문이 계:속 나왔어. 굶:어죽구... 하여간, 생계 비난해서 자살하구. 골목길에도 가다 보믄... 굶어서 죽어있는 사람들이 많이 보였어. 그 정도로 지금 생각하면, 뭐든지 뭐 사먹구, 이러면 돈 벌구 이런 생각을 하겠지만, 그때는 일을 해두 돈을 벌 쑤 없었고... 그 시대에, 아무 데 가서 일해 주고, 밥만 먹여 주고, 잠만 재:주는 자리를 얻으려고, 수많은 사람들이 대녔는데. 그런 것들을 할 쑤가 없는 거야. 자리가 없어.

지끔도 생각들 나는 것이, 그때는 엿:장수들이, 강냉이 장수, 엿장수들이 굉장히 유행을 했지. 많이 댕겼지. 그것이 하나의 애:들 자라는 사람들또, 어:른들도, 그 생활 쏙에, 짤랑짤랑하고 엿장수 오면 그것이 뭘 사먹을 쑤 있는 절호에 기회가 되는 거야.

그니까 그때, 고무신, 고무로 맨든 신, 그 양은냄비, 근데 그런 것들은 집에서 보통 하는데, 우리 같은 경우는, 산에 가면, 총알 껍데기들이 굉장히 많아. 그래 지금, 서울 인:왕산에도 굉:쟁히 많았어. 요 앞에 인왕산 있지? 인왕산에

도 굉장히 많았어요. 그래서 학교를 졸업하구, 학교 끝나고 산을 넘어서 넘어
오다 보믄, 책가방에 총알 껍데기를 삼분에 이씩을 줏어. 오면서 줏으면서 오
는 거지. 그럴 때가 육십 년대 초라고 봐야지. 그르구 그 전에 그리고 나서 엿
들을 바까 먹고, 집에 갖다 싸놓고, 그걸 엿장수가 돈으로 사가기두 하구. 그래
지금, 뒤에 북한산이 있잖어? 북한산에는 그때까지도, 인:민군이나 중공군들이,
죽은 시신이 널려 있었어. 뼈가. 그래서 산에 가보믄, 해골이 샤:방에 굴러 다
녔어. 우리는 어린 나이에 무섭다는 게. 샤:방에 그런 걸 보구 자랐기 때문에...
거기 대한 무서움이나 두려움이 없었지. 어려서 사람들 육이오 사변 때 죽는
거 봤고 뒷동산이나 어디 가다 보면 그 해골들이 주위에서 많이 볼 쑤 있었으
니까.

장난들을 하느라구 해골들을 애들이 씻어다가 귀신 놀이를 한 생각도 나.

그때 당시 귀신 얘기들이 우리나라에 많:이 있었지. 그게 참. 그 해골들을
갖다가 지끔은 그림물깜인데 그걸 갖다가, 그림물깜을 이렇게 발라 가지구, 뒤
에다가, 수박을 갖다가 파 가지구, 수박이 없으면, 바가지 있지, 바가지. 바가지
해 가지구, 아래다가 등장뿔을 탁 해놓으면, 밤에 눈 있는 데로 불이 이렇게 나
가. 그리구 나서, 장난을 쳐노믄, 그 다음날, 귀신이 나왔다구, 소문이 저::만 나
는 거지.

놀이래는 거 자체가, 그 다음엔 커 가지구 딱지치기, 구슬치기도 했지만, 그
런 내 나이에는 쪼끔, 지나서였구, 놀이래는 거 자체가 없었어. 생활들이 바쁘
다 보니까, 동네에 나가서 뭐 놀구, 그런 쪽에는 별루 시간들이 없:었어. 우리,
나 자신도, 지끔 말하면, 거의 고학을 하다시피 했으니까, 굉장히 어려운 생활
들을 했지.

지끔, 여러 사투리를 사용하는 영호남을 비롯해서, 강원도구, 충청도구 같이
전부 어울려 생활을 하니까. 서울에 어떤 표준말이라는 거 자체가, 틀려지는
거 같아. 부산도 잠깐 내려가 있었구. 군대 생활을 많이 하잖아요? 그럼 그쪽에
어울려서 얘길 하다 보면, 그쪽에서 말하는 은어나 특이한 사투리를 장난삼아

쓰게 되거든. 그러다 보믄 자기도 모르게 표현력이 바껴 뻐리지. 내가 서울말을 고집하구, 딱 표준말만 쓰겠다는, 그런 생각을 가지고 말하는 사람이 없지.

○ 가족

조사자: 사모님은 고향이 어디세요?

전라도 고창, 전북 고창.

조사자: 사모님이랑 결혼한 다음에 말투가 바뀌신 것 같아요?

거이 안 바꼈어요.

조사자: 자제 분은 서울말 쓰는 것 같아요?

서울에서 애들 자라고, 뭐 학꼴 대니고 있으니까, 거이 표준말이라고 봐야죠. 서울말이라기보다 표준말.

조사자: 서울 변한 얘기 좀 해주세요.

볼꺼리가 너무 많이 변해서 우리 아버님 쪽에서, 할아버님 쪽에서 살았던 데가, 종로구 나운동이거든. 거기 이제 웃대로 얘기하자므는, 거기에 마은아홉 칸짜리 집이 있었다.

그리구 우리 팔춘 형:님네가 지금 신혼 예식장 짜리야. 비원 앞에. 우리 집 후문으로 나가면, 바로 우리 팔춘, 그 집으로 나온다는 얘기야. 나는 내 나름대로 그 흔:적을 찾아봤어요. 지금 전혀 뭐 찾을 길도 없고.

조사자: 아버님은 어떤 일을 하셨어요?

아버님은 배재학당을 나오셔 가지구, 채:석장 하셨어. 채:석장 하시면서, 대한청년단, 그때 아마, 그쪽에 그, 대한청년단 소속으로 있으면서, 단장을 했다구 내가 알고 있거든?

내 다섯 살 때 이북에 붙들려 가셨어.

대한 적십자사 납북 가족 명단에 들어가 있어. 생존해 계신지는 전혀 확인할 길이 없지.

조사자: 많이 힘드셨겠네요.

거이 다 많이 다 그랬다고 봐야 해.

이제 그, 지금도 초등학교, 국민학교 동창 모임들이 있는데 거길 나가 보면.

거이. 아버님이 없:든지, 어머님이 없:든지. 주로 아버지들이 거의 없어진 양반들이 꿩장히 많아. 군인으로 끌려나가 죽은 사람도 있구, 납북당해서, 납치대 간 사람도 있구. 또 뭐 사변 때 뭐 인민군한테 죽은 사람들도 있구. 근까 우리 민족에 시대에라고 봐야져.

우리 학생들이, 지금 세대가 생각하는, 그런 세계하곤 전혀 다른 세계지.

안타까운 거야. 우리가 사회를 바라볼 때.

앞으로 계속 이런 식으로 발:전해 나간다. 서구화돼 나간다구 생각하믄, 큰 문제가 없는데 경제라는 그렇잖아요? 언:젠가는, 마이너쓰 성장을 계속할 쑤도 있지?

필리핀 같은 나라가 우리나라보다 훨씬 잘살았다구.

우리 국민의 강인썽이 있다. 뭐, 많이 공부들을 해서 절대 그럴 일 없다 하지만, 국가가 퇴:보할 쑤도 있는 거야. 그런데 그때 가서, 지끔 세대들이 어떻게 그 고비들을 냉기구, 그걸 다시 일어날 쑤 있는, 저:력의 힘이 없다는 것을 느끼고 있다구. 참:을썽들이 없잖아.

앞에서 당장 추구하는 거, 자기가, 어떤 꿈. 그니까 그 뒤에 세계들을 전혀 느끼지 못했으니까, 그 현:재 세대가 나쁘다고는 얘기 안 하는 건데. 그 시각의 차이가 그렇게 큰 거야. 우리는, 육이오 사변을 겪었지. 보통 사변을 겪었다고 하지만, 지금도 보훈 병원에 가면 육이오 사변 때 다친 사람들이 그냥들 있다구. 지금두 병상을 차지하구 있어.

그 다음에 인제 사변 끝나구, 뭐, 그 다음에 사일구 겪었구, 오일륙 겪었구, 응? 자기가 게으름을 피구, 놀고, 이런다는 생각은 할 쑤 없는 거구. 그래서 살아갈라믄, 어려서부터 항상 뭐:든지 열씸히 했어야 했어. 누굴 뭐, 부모가 벌어서 우릴 먹여주니 하는 애들은, 내가 볼 때 극소수였을 걸로 봐. 학교 다닐 때, 옛날에 고아원들이 많이 있었어요. 고아원들은, 미국 선교사들이 와서 운영을 했지. 그러곤, 도시락들을 싸갖구 가잖아? 걔네들은 도시락을 싸갖구 나와. 근데, 고아원 댕기지 않는 애들 중에선, 도시락 싸오는 애들이, 반에 한 사십 명이면, 한 열 한 대:여섯 명? 나머지들은 다 굶는 거고, 그 중에서 겨란 후라이를 싸갖고 오는 애들은 가장 부잣집 아이가. 이해들이 안 가겠지만, 그런 시절을 우리나라가 겪고, 지금 이렇게까지 번창해 나가고 있는 거야.

조사자: 요즘 젊은이들도 많이 힘들잖아요.

요즘은, 많이들 가리잖아. 학생이 얘기하는 그런 거 하구, 우리가 그때 얘기했던 그런 상황은 생존에 관한 문제구. 지금 학생이 얘기하는 쪽은, 그건 선:택적인 상황이야.

자기에 레벨을 맞춰서 일:을 할라구 하니까, 그게 힘든 거야. 일할 짜리가 전:혀 없는 건 아니잖아. 자기 수준에 맞는 일짜릴 구할려구 보니까, 일헐 짜리가 없는 거지.

○ 직업

조사자: 지금 어떤 일 하세요?

전:자 회사에 댕겼지. 십 한 삼 년. 칠씹삼 년도부터니까, 지금 한, 이십 한, 칠팔 런 됐나? 우리는 특수 업종이예요. 그래서 학생들도 아마 학교에서 배왔을 꺼야. 어학 실습실. 그거를 만들어서, 설치까지 국내에서 시작을 했는데. 그것이 쏘:니하구, 주로 일본 나셔날하구, 이태리에 탬버그라는 회사하구, 그 외에는 독일에 에이에이씨라는 회사하구, 몇 군데가 국제 회사가 있었는데.

우리가 인제, 칠씹 년대 초에 쏘니하구 나셔날 껄 갖다가 그걸 보구, 만들기 시작을 한 거지. 그래서 지끔은, 우리 회사 같은 경우는 수출이 한 오십 프로. 요번에, 금년 삼월에, 우즈베키스탄에 삼백팔씹 개의 학교가 나갔구, 작:년에는, 인도네시아, 대:만, 멕시코, 또 브라질, 그런 쪽으로들, 이집트, 중동 쪽이죠. 그런 쪽으로 많이 나가는 편이야.

그니까 어학 랭귀지 레버러토리 시스템이라구, 거기에는 조정기가 있구, 학생들 좌석에는 부쓰 레코다, 녹음기가 있구, 또, 부쓰 엠프라는 보조 증폭기가 있구, 그 다음에 헤드쎗이 있죠. 그런데 그 씨스템들을 외국에서 많이 필요하니까, 그::래서, 국가에서도 하고, 아세아 개발 은행에서도 입찰을 하구.

뻬트남 같은 경우는, 요즘은 조금 뜸하지만, 우리가 한 오백 학교 분 정도 나갔어.

우리 지금 회사에 있는 직원들에, 직원들에 분포를 보면, 한 이:십 년 가까이 된 사람이, 그대로 근무하고 있는 사람이 한: 열쎄 명 정도 돼.

그래서 아이엠에프 때 겶은 때가 문젠데, 수출 비중을 높여야 된다는 거 자체가.

우리는 지금 국내 수효라는 것이 주로 학교, 군사관 학교, 그 다음에 대:기업의 연수원, 주로 그런 쪽이라고 봐야 하기 때문에, 거의 다 국가 예산이라고 봐야 되거덩. 국가 경제가 어려워지면 그만큼 예산이 줄기 때문에 수효가 준다는 얘기가 되지. 그러기 때문에 그걸 대비해서 수출 비중을 자꾸만 높일라구 애를 쓰고. 그것들이 수출이 많이 나가다 보니까, 아이엠에프를 쉽게 넘어갔다고 봐야지.

○ 요즘 젊은이

조사자: 요즘 젊은이들 보면 어떠세요?

뭐 그렇게 애들이 변천해 나가고 그렇고 하는 것은 좋구, 다 좋은데. 우리보다 훨씬 실력들이 앞서 가구 있구, 생각에 어떤 관:념이 팽장히 전해지는 것은 틀림이 없는데, 단 하나 아까, 처음에 얘기했듯이, 인:내력들이 부족해. 그리고 생각하는 범:위가 너무 좁고.

남을 이해한다는 거 자체. 거기서 우리가 쪼금 더 생각해 보면 말이야. 사:람이 자연을 등지곤 살 쑤가 없거든. 자연 쏙에 묻혀서 사:는 사람들을, 어떻게 생각하믄, 아름답다고 얘길 하겠지만 우리가 자연 쏙에 묻혀 사는 사람들이라고 생각할 때, 문학을 한다든지, 시:인이라든지, 하나의 예:술가라든지, 그런 쪽을 생각하는지 모르지만, 무릇 인간이 자연의 테두리에서 벗어날 쑨 없어. 학생들 자신들도 내가 볼 때, 땅을 발꼬 생활하고, 흙을 발꼬 하는 것이 한 달에 몇 번 되겠어. 그러다 보니까 젊은 사람들의 성:격이나 생각들이 많:이 변해 가고 있다. 자연을 접하지 못하는 생활 쏙이니까. 그니까 보는 시야가 좁고, 지끔, 쫓기는 거지. 세:계 첨단 아이티 산업, 이런 식으로 하다 보믄 자꾸만 생활들이, 거기에 조급한 생활 쏙에서 어:떻게 보면 불쌍한 생활이야. 근데 뭐 사회 구조, 경제 구조가 그렇게 바뀌니까 그렇게들 쫓아나가는 거야. 그런 것들이 안타까운 거지.

2.2. 자연 발화[gsh]

○ 서울 사람

서울 싸람 목소리를 기록으로 남긴다. 그럼, 타 지역도 허:나요?

조사자: 아뇨, 서울 토박이 분들만 해요.

나는 이렇게 보며는, 얼:굴 보며는 서울 싸람 얼:굴을 알아요. 보며는 요즘 절믄 사람은 다 윤곽이 비슷비슷해:서 좀 나이든 사람을 보면 아, 서울 토박이구나 보여요 그게.. 경쌍도 싸:람 보며는 뚜렷한 차이가 있꺼든. 경상도, 전라도 특히 두: 지역 싸:람들은 말:을 안: 들어도 그 윤곽이 다르자너. 남진이 같은 사:람은 남진 가수 알아요? 대표적으루 전라도 형이에요. 얼:굴이 나훈아, 대표적인 경상도 형이에요. 얼:굴이. 그래서 얼굴 보며는 경상도, 전라도 얼굴이 달라요.. 구별 못하는 사람도 많:구. 젊은 사:람은 요새 다 똑같애 갖구.

조사자: 말투는 어떠세요? 말투는 구분이 가세요? 같은 서울이라도..

서울 싸람은 말투가 달르죠. 그러구 경기도 싸람두 서울 말툰데 쪼끔 달라요. 그러구 경기도, 경기도 사람두 서울 말툰데 쪼끔 달라요. 서울 말:은 들으믄 한 마디 듣고 알:기는 힘들고, 처음 보는 사:람도 서울 이 지역은 대부분 맞아요.

○ 가족 내력

조사자: 어린 시절 얘기 좀 들려줄 수 있으세요?

말:만 듣는다 그러면서 그 어떤 그게 제일 말:허기가 쉽겠네. 그런 면에 우리 아버지는 피룬동에 대대로 그 오:백 년 육백 년 이상 사셨던 것으로. 그니까 죠선이 서울로 살:면서 왔따고 봐:야 되니까. 대충 보면 경주 김씨니까 옛:날에 신라 지역이 선조들하고. 그러구 고려 때 개성이 서울이니까 개성으로 쫓아가셨겠죠. 선조들이 그래서 또 신라 성씨가 김씨, 이씨, 박씨. 박석킴이라 그랬:자나요. 왕들에 성이에요. 석씨는 없잖아요. 거:의. 그 박석킴에서 박씨, 김씨

가 임금이었더랬는데.. 대표적으로 박혁거세, 근데 그 이후로 왕들이 김씨에
요.. 그초? 진흥왕이다, 문무왕이다 다 김씨거든. 선덕여왕이다, 경덕이다, 진덕
이다, 다 김씨다 구래. 나는 잘 몰르지만 추측으로 김씨 세: 가지 성 중에서 김
씨가 주도권을 잡았다고 봐야죠. 그담에 석씨는 이제 없:는 걸 보니까 중간에
구테타나 반역을 일으켜가꾸 멸족당했다고 볼 수 있겠는, 추측이 안 되고. 박
씨는 살아 남은 거 보니까 대대로 지끔까지. 그러구 고:려 때 도읍이 개성이었
으까. 김씨가 신라 왕건이한테 신라를 갖다 바치면서 김씨 그 왕족들이 전부
거기서 재상으로 지끔으로 치면 머 장:관이니 하여튼 높은 관료직을 했으니까,
협조해서 받았던 거죠. 그러구 이씨 조선, 그러니까 이씨 조선이 아니지. 저,
저, 김씨가 많잖아요. 안동 김씨, 무슨 김씨, 무슨 김씨, 경주 김씨 해 가꾸. 김
씨들이 계:속 권력을 잡았지요. 그래가지고 지금까지 김씨가 내려온 거고. 우
리가 또 지금 보며는 왕씨들이 없잖아요.. 왕건이 성이 오백 년 똥안 정꿘을 잡
았는데 왕씨들이 없잖아. 그니까 이성계가 다 죽인 거지, 저항을 하니까. 조선:
두 한 오륙백 년 갔는데 김씨가 지금까지 남아 있는데두 불구하구 왕씨만 없:
단 말이에요. 그 전:인 오백 년 천 년 전에 신라시대 때 왕족인 김씨, 박씨는
다 남아 있는데 지금까지 김씨, 이씨, 박씨가 제일 많은 이유가 왕:족이니까 제
일 많다고 봐야 되는데 왕씨는 다 죽인 거지. 실쩨로 다 죽였으니까. 태종. 어.
태조 때 다 죽였다고 그러더라. 그러게 국어 교:육 헌 사:람들이 나보다도 잘
몰르나요? 그래서 지금 인제, 그러니까. 우리 김씨 선조가 조선조가 한양에 도
읍 잡고 나서부터 계:속 살았다고 우리는 생각해:요. 실쩨로 족보에도 그렇게
나오고 있고 그러니까 우리 집은 대대로 서울에 살았고, 어머니두 대대로 서울
싸람에이요. 예. 두 분 다 서울 싸람이에요. 그래서 내: 경우는 그 당시 혼란한
사회니까 내가 태어날 때가 육이오 바로 전이고 몇 년 전에는 해방이고 그 머
아무래도 서울 싸람이래두 혼란하니까 또 우리 아버지가 서울 싸람이지만 자
식들 낳는 곳은 사실 쫌 달르죠.. 그렇잖아요.. 그래 경상도 싸:람이 예를 들어
아버지가 경상돈데 자식이 서울에서 낳다고 서울 싸람이다 그러지 않잖아요..

그래서 아버지에 따라가니까 할아버지, 내: 경우는 아까 말했듯이 좀 달르지만. 계:속 그 뒤로 내: 기억에 나는 한 네다섯 살부턴 서울에서 내가 살았고 종로구 거기서 그러구 국민학교두 거기 광화문은 잘 아시겠지만 광화문 몰르는 사:람 없겠지만 광화문 거기서 다녔고 중학교, 고등학교도 광화문에 있는 학교 다녔구. 대:학교는 내가 옛:날에 다녔던 데. 옛:날에 관악이 아니니까. 단짜대학이 중암동에 있었어요, 고:려대학교 있는 데. 군대는 누구나 다 가니까 군대 생활은 다른 데서 훼:사도 우연치 않게 광화문 근처에서 다녔어요. 그니까, 그니까 그 회:사라는 게 허면서 자꾸 본사를 옮기니까 그래도 사대문 안에 다 있었으니까. 내: 경우는 군대 간 몇 년, 그 담에 훼:사 다니면서 해외 간 몇 년, 외에는 사:대문 안에서 살았, 산: 셈이에요. 커서 살:다 보면 또 이사를 다니니까. 이사를 가도 서울이 점점 커져 전부다 서울이 돼버렸으니까 요새 머 우:리 어렸을 때는 서울에 동대문, 서대문, 에.. 동대문, 남대문은 있잖아요.. 그니까 그때는 문안이라, 사대문 안에 사:는 사람을 문안이라 그랬구, 사대문 밖을 문밖이라 그랬어요. 지끔이래두 기억에 생생한 게 문밖 사:람을 천대를 했어요. 우리가 문안에 살:면서두 문밖 촌놈들이라구. 문밖 사람들 스스로 이케 좀 자기 좀 낮춰 했었고. 하다 못해 국민학교를 다녀두 내가 문안에 있는 국민학교 다니면 문밖에 있는 국민학교 다니는 애들을 깡통학교 다녔다구 그러구.. 그때는 이렇게 차별이 있었어요. 그 이제 조선이 망한 지 머.. 몇십 년 안 된 때구, 그게 그대로 남아 있을 때니까 사십오 년도에 해:방이 됐다 그러지만 어떻게 보면 조선이 망한 거에 연속이.. 그때만 해두 우리나라 공화국이 생기기 전이니까. 내가 사십구 년생이니까. 조선이 망한 지 몇 년 뒤 바루 뒤니까. 그 옛:날 조선 싸람들이 살:던 풍습들이 갑자기 없어져요? 문안, 문밖 차별에 그들이.. 문안, 문밖이 굉장히 그렇게 차별이 심했어요. 지끔은 머 이제 그런 문밖, 문안 차별이 없어졌어요. 강북, 강남. 그런 거 있지.

조사자: 그럼, 네다섯 살 때 그 기억 중에, 특이한 기억 같은 거 있으세요?

글쎄. 내:가 네다섯 살, 국민학교 전후 해서 살:던 데는 그 피룬동 옆에 누하동이라구 있어요. 누하동이어서 국민학교는 거기서는 꽤, 누하동이라는 데서 광화문까지는 꽤 멀어요, 애헌테는. 우리 그:때는 인왕산을 자유롭게 올라갔어요.. 지금은 인왕산이 군사 지역이라서 머 못 올라가게 했:는데, 인왕산을 자유롭게 올라갔고, 또 황학정이라구 활쏘는 터 있잖아요. 그런 데 잘 놀러갔고. 그러구 이렇게 어렸을 때 기억이 또 뭐가 있나. 그건 나뿐만이 아니고 공통적인 거라며는 그 당시에 서울 문안에서두 애들 어렸을 때는 연날리기, 연 끊어먹기 허구. 그 담에는 이제.. 딱지치기 허구. 구슬치기 허구 그런 건 다 누구라 했:을 테구.

조사자: 형제 분은 어떻게 되세요?

어. 삼남 삼년데 내 바루 위에 누나가 피난 가:서 여러 가지 먹기두 힘들구. 치료받기두 힘들구 해:서 육이오 피난 때 돌아가셨고 삼남 이:녀인 셈이죠. 내:가 삼남 이:녀 중에 제일 가운데 남자, 여자, 남자, 여자, 남자. 내가 제일 가운데 누:나, 형, 남동생, 여동생 다 있어요. 하나씩 다 있는 거에요.

조사자: 형제들하고 기억은 없으세요?

인제 기억은 내 여동생이 세: 살 차인데 굉장히 귀여웠어, 예쁘고. 그래서 내가 인제 지끔도 기억이 나는 게, 내가 아마 초등학생이었을 때 아니면 초등학교 들어가기 전이었던지. 그때 어린애 손 잡고, 산 있는 데 데려갔던 기억도 지금 선:명하고, 그리구 그 당시에는 못살 때니까. 옛:날 재해 당시 때, 못살 때니까 상이 군인들 참 많:았어요. 요즘 젊은 사:람들은 상이 군인들 잘 몰르죠, 그 모습을. 그 사람들 팔, 다리 없고, 그러니까 갈고리 해가꾸 집집마다 밥 달라구. 겁나서 안 줄 수 있어요? 그리구 상이 군인들 많:았고 그 당시 생활상들은 누구나 알:고, 기록에 남아 있을 텐데, 특별히 내:가.

○ 학창 시절

그럼, 난 반장 같은 건 한 번도 안 했어요. 난 인제 기억나는 게, 그 당시에는 덕수국민학교가 서울에서 제일 좋았으니까. 우리나라에서 제일 좋았어요.

그니까 치맛바람의 원조고. 나 그 기억에 있는 게 일학년, 이:학년 때 보면 선
생이 가르치면 극성스런 엄마들이 와서 딱 옆에 창까에서 지켜봐요. 학교 선생
보다 교:육 수준이 높잖아요. 대학원 나온 사:람들 많:잖아요. 보통 초대 나:온
사:람들 국민학교 가리키는 건데. 학교 수준만 따진대면, 학력만 따진대면. 그
니까 그때 그 당시도 마찬가지겠죠. 그 당시에 학교 선생은 무슨 대학을 나왔
는지 모르겠어요. 사범 대학은 아닐 테고, 옛:날이니까. 그때 고고, 무슨 고등
학교, 사범고등학교가 있었을 테니까 그런 델 나왔던지. 그런 사:람이 가르쳤
을 텐데. 학부모 중에는 옛:날에 이화여자, 지끔의 이화대학이나 머 그런데 학
부모들이 많:... 그 또 학교 수준이 제일 높대는 얘기는 다시 얘기하믄 재:력이
나 권력이 강한 사:람들이 많:았단 얘기지. 광화문, 머 지끔도 시내 한복판인데.
그래가지고 옆에서 구경하구. 아까도 말했듯이 가르치는 거 구경허구, 그런 학
교였어요. 그 이제 사:학년 때, 그런 기억이 있어요. 난 항상 일뜽을 하던가 그
런 사람은 전혀 아니고, 공부를 잘 안 했으니까. 근데 인제 사:학년 때 우리 담
임이 이제 신씨 성을 가진 남자 분이셨는데, 어느날 갑자기 자기 종아리를 쳐
요. 자기가 자기 종아리를. 거 줌 초등학교들도 사:학년 되면 좀 변하나 봐요.
고학년 됐다구 공부를 안 했나봐요. 공부를 중히 여기던. 지금도 마찬가지고.
옛:날에 진짜 공부를 잘하던 초등학교, 국민학교에서 애들이 공부 안 하면 선
생님이 답답하겠죠. 그래서 자기 종아리를 막 친 게 아마 어린 나헌테는 참 충
격적으로 받아들여져 갖고. 사:학년 일학기 때, 평균 성적이 백점이에요, 내:가.
그게 아마 있기가 힘들 꺼야. 과거에두 있기 힘들구 요새는 비교하기 힘들구.
요즘에는 머 국민핵교 애들 시험도 안 보고 좋다 다 좋다. 그 당시 덕수국민학
교는 서울에서 최고였는데 한 학기 평균 성적이 백점이 되는 건 아마 전무 후
무 했을 꺼란 내: 추측이에요. 다 백점을 맞은 건 아니에요. 나중에 내 고등학
교 때까지 성적표를 가지고 있었는데 예를 들어, 국, 산, 사, 자 이렇게 몇 가지
과목이라믄, 한 거 중에 팔 구십프로가 전부 백이고 나머지 구십구점이면 평균
이 백점이니까 다 백점이야. 내가 그 성적이 대단했다고 알:고 있는 게 시험을

봐도 다 백점이 나오는 게 아니니까. 고때 하나 난 글케 공부를 열씸히 헌: 적이 있었어요. 국민학교 때 기억은 그래요.

고 옆에 서울중학교, 서울고등학교라고 있어요. 지금은 이제 이:사를 갔죠. 평준화 시책 때문에 중학교. 박정희 대통령 시절에 그 당시는 이제 젊은 분이라서 몰르는데 경기고등학교가 제일 좋고, 경기중고등학교. 고 다음에 이제 서울중고등학교, 고 다음에 경복중고등학교. 좋태는 거는 서울대학교를 누가 젤많이 가냐 그 수준이니까. 또 그게 사실 공부를 잘허는 거니까 순:서가 맞고. 어. 그게 보통 순:서에요 누구나 보통 인정하는 순:서. 내가 인제 서울 중학교 간 거는 우리 형이 서울고등학교를 다녀서 갔어요. 우리 형이 서울고등학교를 들어간 거는, 우리 형이 서울고등학교 들어갈 때는 서울고등학교가 또 제일 좋았어요. 서울대학교를 제일 많이 붙었단 얘기에요. 나는 이제 형이 거길 들어 갔으니까 나두 거길 들어갔고 그래요.

고등학교 때 공부 안 했어요. 중학교 때두 공부 잘 안 했구, 우리 형이. 그 얘길 하려면 우리 형을 데려와야 돼요. 우리 형이 국민학교 때부터 밤낮 일뜽 했다고 들었고. 중고등학교 때도 밤낮 일뜽 했다고, 다 했:는지는 안 했는지는 모르지만 맨날 일뜽 하던 스타일이고. 그 우리 어머니가 나하고 우리 형은 아:주 비교가 쉬워요. 초등학교, 또 우리 형이 덕수국민학교를 다녔는데 단지 육이오 피난 갔다오느라고 오학년까지 다니다가 졸업만 딴 학교에서 했:고, 중고등학교를 같이 다녔으니가. 우리 어머니가 볼 때 비교가 돼잖아요. 내가 야단 많:이 맞았어요. 니네 형은 말이야 공부도 잘허구. 당신이 학교 가며는 누구누구 엄마, 우리 형 이름을 대면서 학교 선생 입장에서는 그렇죠. 학생이 공부 잘 허는 애 제일 예뻐하죠. 리더쉽도 있고, 머 운동도 잘허구 그러며는 거 엄마가 예쁘게 배겠죠. 우리 어머니가 가셨으면, 가시면, 누구누구 어머니 오셨는가 그래가지고 절도 받고 아주 대접을 잘 받았는데 내:가 가며는 누구죠? 이런 정도로 학교에서 제대로.

거. 이제, 소질이죠. 부모가 시켜서 그런 게 아니라, 시켜서 그런 건 아니고.

최소한 내 경우는 아까 국민학교 때처럼 고런 순간에 내가 충격을 받아서 내가 놀래서 헌 것 같구. 시켜서 헌 거는 내 경우에는 시켜서 헌 건 아닌 게 고 담에 내가 사학년 이학기 때 신장념을 걸렸더랬어요. 요새는 신장념이 아무것도 아닌 병일 텐데. 그 당시 삼사십 년 전에 병 하나 걸리면 그건 잘못돼면 죽기 딱 쉽죠. 그 당시 머 의료계도 그렇게 발전헐 때가 아니고 개인에 능력뚜 아프다구 병원 갈 수 있는 집안 사정이 다 아니었으니까 그때는 그래가지고 사학년 이학기 한 학기를 쉬었어요. 한 학기 쉬며는 진도 쫓아가기가 쉬운 게 아니잖아요. 그래가지고 국민학교 오학년 때 공:부는 내가 생각해도 하여간 성적이 안 좋았어요. 사학년 때는 내 기억이 옳은 게 우리가 이제 그 때는 육학년을 그렇게 보냈으니까 한 학년에 육십 명이었거든요. 한 분단 한 분단 일분단 이분단 삼분단, 이십 명 이십 명 이렇게 앉혔었는데 이십 명은 경기중학교 신청 반, 고 다음 이:십 명은 서울중학교 신청 반, 고 다음 삼십 명은 경복중학교 신청 반, 그니까 그 세 반백에 세 분단밖에 두질 않았어요, 그 덕수국민학교에서. 워낙이 고 세 학교를 잘: 가는 학교가 일류학교라 했으니까 내 기억에 육학년 일:반에 이:번에 앉았어요. 그 얘기는 아마 육학년에서 이:등 전체 이:등이라는 걸루 해석을 해:두 될 것 같애, 지끔 보면. 그니까 경기반에 앉았었죠, 나는 경기 지원 반에. 근데 이제 형이 머 그니까 그때 공부를 잘한: 거는 시켜서 머 시켰겠죠 당연히. 집에서 부모가 시키지 않을 수가 있어요. 중학교에 가야 때문에 공부를 헌: 거 같애. 중학교 때도 공부를 안 하고, 그니까 이제 운 좋게 서울학교 들어갔고.

조사자: 그러면 대학교 때 얘기 좀 해 주세요.

대:학교 때:는 대학교 때는 진짜 공부를 안 했어요. 정말이에요. 내가, 내가 나이 오십이 넘었는데 가장: 그래두 어 뜻있게 살구 정말 활기차고 참 자신 있게 산: 게 고등학교 삼학년. 우리 집이 좀 어려워 갖고 그때 어 다 어려웠지. 전:국이 다 어려웠을 땐데. 아버지 사업 인제 안 돼시고 해서 고등학교 이학년 때 신문을 돌렸어요. 그 당시에 아마 일:류 고등학교 애가 신문 돌리는 사:람이

몇 명 없었을 거예요. 먹고 살아야 되니까 학교 갈 차비도 없는 상황이니까 싫든 좋든 심문을 고 일 련 내내 돌렸어요. 그러구 일 련 내내 고이 시, 신문을 돌리니 학교 가서 공부를 해겠어요? 잠이나 자고. 그니까 고삼 딱 올라가가꾸 근게 이제 집:에 그런 전통은 있었을 꺼에요. 공부는 잘해:야 된다고 좋은 학교 가야 된다고 그런 전통은 있었어요. 분명히 우리 아버지, 어머니 그 당시 두 분 다 고등학교 나왔으면 그 정도며는 지금 대학교 나온 거 이상이니까. 고삼: 올라갈 때 반에서 오십팔등인가 오십구등이었어. 그니까 꽁지죠 육십 명 중에. 근데 그때는 공부를 시켜서 하는 거 아니잖아요. 그러다가 내일모레 이제 대학을 가야 되니까 공부를 헌 거죠. 인자 그래 가지고 졸업헐 때 문꽈 이등으로 졸업을 했:으니까 꿩장히 공부를 잘헌 거죠. 이:꽈가 반:이고 문과가 반:씩 있었는데 그니까 공부헐 생각이 있으면 잘하는 스타일이에요. 내가 사실은 공부는 평소에 그렇게 잘 공부허는 것보다 노:는 게 더 좋으니까.. 그게 인제 내가 여태까지 오십몇 년 살:면서 가장 참 정신을 집중하고 열심히 하고 제일 재미있게 살:았던 때 같애. 공부 열심히 헌:다구 일뚱 허는 거 아니잖어. 일뚱 하는 사:람들은 좀 타:고 나야 돼.

2.3. 자연 발화[gys]

○그 시절 서울

조사자: 종로가 옛날엔 어땠어요?

종로:: 그러믄 뭐, 서울에 이제, 뭐예요, 대표적인 거리고, 그 다음에, 종로는 지금도 그렇지만, 옛날에도 마찬가지로 발쩐이 별로 안 됐다고. 기준은 천구백 사십오 년 해방 기준으루 잡으며는, 거:의 뭐 종로 거리는 거이 비슷하게 될 거야 아마. 그 다음에 머, 전차가, 요 근래 얘기지만 전차가 다니는 풍경, 지금 와서는 없어진 게 좀 아쉬운 거져.

조사자: 몇 년도까지 전차가 있었죠?

전차가 내가 학실:하게는 얘기하지 못하겠는데 육십: 년도, 후반 내외로다가 없어진 걸로 알고 있어요. 그래 인제, 우리가 그때 종로에 길가에서 살았는데, 전차 다닐 때 지금 기역나는 게, 뭐가 제일 기역나는가 하믄, 새벽에, 그 당시엔 통행금지가 있었거든

통행금지가 있었는데, 그 통행금지 시간 전에, 전차, 그러니까 기사 분이지, 그분들이, 도시락을 싸갖구, 도시락도 아마 한:: 개 싸지는 않았을 거 같애. 한, 두 개는 쌌는 모양이야. 그러니까, 거기다 땡땡거리는 소리하구, 그 인제, 도시락에 넌:[nəːn] 저까락 소리, 아저씨들이 막 뛰가는 소리, 그런 기역이 나잖아. 그래서 아마, 도시락에 저까락 소리가 나기 때문에, 하나는 아니였을 것이다, 그런 얘기지. 풍경이 굉장히 정감 어리게 들려오는 소리 같애요.

조사자: 태어나신 게 52년이면 전쟁 나고 힘들 때잖아요?

육이오는 인제 오십 년에 나 갖고, 삼 년에 휴전이 되고, 해방은 천구백사:십 오 년에 해방이 된 거고 사일구는 천구백육십 년대.

조사자: 가장 처음 기억은 언제세요?

처음 기역::은, 지금 보며믄, 지금에 자리가 어디냐믄, 동대문 앞에 있는 이스턴 호텔 자리예요. 이스턴 호텔 자리가 그 당시엔 기동차가 다녔다고요. 기

동차. 그니까, 전차 비슷하게 생겼는데, 전차하고는 완전히 틀린 개념이예여. 전차는 서울시에서 관리를 하는 거고, 기동차라고 거기 바로 이스턴 호텔 짜리, 거기서부터 뚝섬을 거쳐서 광나루까지 갔다구. 전차하구 똑같이 생겼어. 운영 관리만 틀리구, 노선만 따로 그렇게 됐지. 그래서 씨:발점은 이스턴 호텔 자리였구, 종점은 뚝섬 지나 광나루까지 그렇게 했는데 그 당시에 보믄, 기동차는 우리 서울 사람들에, 외곽으로 나가는 교통수단으루, 놀:러 간대든가, 채소를 날른대든가, 서울 사람들이 채소를 주로 어디가 많이 먹었냐믄 뚝섬에서 나는 거, 더 나가믄 보문사. 아주 강촌이지 그때는. 아님, 광나루에서 재배를 해서 먹었다구. 그래서 보며는, 뚝섬이 내 국민학년 일학년인가 그때 인제 갔는데, 뚝섬 물이 설악산 물 같앴었어요. 설악산 물처럼 그렇게 맑았었어요. 그러고 머, 송어들도 잡고, 그리고 항포 돛대 돛단배가 있었는데, 노인네들이 밀짚모자 쓰구, 한:복 입구, 무릎까지 올리구 누워 삐그닥:: 삐그닥 거리면서 '보문사 가요, 보문사 가요.' 했다구. 그 자리가 지금 어디냐믄, 뚝섬역 있죠? 뚝섬역, 바::로 강가에 붙어있는 뚝섬역. 아마 그 정도 될 꺼예요. 거기 쭉: 인제, 옛날에 거기가 수영장이였었거든. 그 다음에 바다로 가서 수영한다고 하믄, 여기 인천 송도. 송도 해수욕장이 거기서 유일한 놀이터였었다고, 아니면 뚝섬. 더 나가면 광나루, 그렇게 됐구, 워커힐은 내가 국민학교 오학년 때니까 아마 워커힐이 오십칠 년도? 오십팔 년도에 그때 아마 짓기 시작해서 생겼어요, 워커힐이. 그 다음에 얘기하자믄, 끝이:: 없지.

그 다음에 요새 요기 행당동에 보므는, 떡볶기 집이 있잖아. 그런 식으로 팥죽이 굉장히 유행을 했었다구요.. 서울에서 긍까 팥죽을 어떻게 팔았냐 하며는, 아줌마 새벽에 네: 시 전으로 통행금지 전으로 해서 이고 나온다구. 통행금지 전으로 겨울에 특히 독에다가, 질그릇 독에다가 팥죽을 하나 까득 담고, 경단이라고 그래, 찹쌀로다 뚱글뚱글하게. 그렇게 뭉쳐 갖구서 팥죽을 떠주는데, 거기다가, 독에다가 담요를 쌌다구, 식지 말라구. 담:요 있잖아, 담:요 미군 담요를 그런 거. 담:요를 썩:: 이렇게 싸갖구선 팔고들 그랬어. 그 위치가 동대문

지하도 옆에 옆 골목으로 이렇게 들어가는데, 공신교환가? 그쪽 골목으로 들어
가믄, 초입에, 새벽에 나가보믄, 한 열두 사람쯤 쪽:: 앉아 있었다구. 아줌마들
이. 그 다음에 지금은 수세 옛날엔 그 당시엔 푸세식이란 말이 사실 없었다구
요, 단어 자체가. 전부 다들 퍼서, 처리를 했다구, 처리를 했는데, 이것을 풀 적
에 국물만 퍼가는 거야. 그래가지구 할아부지하고 인부 치는 사람하구 말다툼
이 벌어진 거야. 왜 밑에 가라앉아 있는 건데기는 푸지 않고 건데기만 퍼가냐.
그런 기억도 나고 그래요.

조사자: 버스나 그런 건 없었어요?

뻐:쓰도 있었고, 그 당시는 이런 뻐:쓰가 아니라, 우리 영화에 나오믄, 옛날
그 뭉뚱뭉뚱한 그런 뻐쓰들, 수공으로 맨든 뻐:쓰들. 그렇게 다녔고 뻐:쓰 그러
믄 그 쪽에서도 알다시피 여차장들 있었고, 그 사람들도 머 애환이 많았고.

그래 인제 뻐:쓰를 타믄, 나는 그때 학:교를, 내가 국민학교가 효재 국민학교
를 나왔고, 그 다음에 학교:는 보성을 나왔어요. 혜화동에 있는 거. 지금은 저
기 등촌동으로 이사를 했지마는. 그래서 인제, 종로 오가까지 걸어갔다구요.
종로 오가 고:기 효재 국민학교까지 걸어가서 거기서 혜화동 가는 뻐쓰를 탔는
데, 아침에 타므는 뭐, 만원이니까, 여느 지역이나 마찬가지지 시내 뻐쓰는 전
부 만원이예여. 타므는, 차장이 밀지를 못하는 거야. 이거를 사람을 뻐:쓰 기사
양반이 핸들을 커브를 튼다고. 커브를 틀었다가 에쓰 자로다 사람들이 와하구
들어가지. 안으로 다 그런 것두 경험했고, 그런데 그게 후일에 들은 일인데, 차
장 아가씨하구 운전기사 분하구 마음이 안 맞으면 안 해주는 거야, 기사 아저
씨가. 그러니까 여차장이 애를 먹는 거지. 왠종일 그렇게 되믄, 그렇게 하다 보
믄 팥죽이 되는 거야. 그래가꾸 뭐 재미난 일도 많이 있었다구 그래.

조사자: 어릴 때 있었는데, 사라진 거나 많이 변한 거.

아까 참, 서울에서 내가, 어렸을 때 딱 처음 기역을 하는 건데 기역이 그런
거 같애. 보니까, 세: 살까지는 기역을 못하는 거 같애, 세: 살까지는 전혀. 근
데 네: 살 들어오믄 기역이 있드라고. 아까도 얘기하다가 잠깐 끊어졌지만 이

스턴 호텔 짜리에, 거:: 자리가 이제 차고가 있었고, 밭 같은 게 있었다구, 밭이. 여름인데 오이가 자연적으로 나왔어요, 호박하고. 그게 그렇게 신기하게 보였고. 효자국민학교:에서는 뒤에 밭이 있었는데 땅깡아지가 그렇게 많았어요, 땅깡아지가. 그니까, 공해가 없었다는 얘기예요. 결국은 지금은 땅깡아지 보기가 힘들다고요. 거이 뭐 공해가 그렇게 막: 이렇게 파보믄, 애들하고 파믄, 땅깡아지가 많이 나왔고, 배추를 심어 갖고, 노랑나비, 하얀나비가 날라다니는 것을 신기하게 본 기억이 있었어요. 그게 머리에 굉장히 남아...

○ 소년 시절

조사자: 친구들끼리 주로 어떤 놀이 하셨어요?

어렸을 제는 뭐냐고 하믄 말타기, 말타기하고, 그 다음에 자전고에 프레임, 그걸 갖다가 이렇게 궁렁쇠, 그건 또 고급 놀이예요. 그걸 갖다가 주서서 하믄 고급 놀이고, 그 다:음에 뭐냐믄 똥그란 쇠를 갖고 꼬부려 밀고 다니는 거. 그런 거 장난이고. 팽이, 팽이. 얼음 위에서 팽이 치는 게 아니라 그냥 팽이, 팽이 장난 하는 거, 그게 굉장히 기억에 남았는데, 충신동에서 팽이만 전문적:으로 조정해서 파는 아저씨가 있었다구. 팽이치기할 때 전서로다 이렇게 싸우거든. 넘어뜨리기 하거든. 비야링1)을, 비야링을 팽이다가 껴줬다고여. 그렇게 하고, 육이오가 나니까, 총알을 박는다고, 총알을. 애망, 총알을 껀데기를 까 갖고, 강철을, 박어서 인제, 딱 이렇게 돌리믄, 손바닥 위에다 올려놓고, 분필로다 조정을 한다구, 아저씨가. 요:거 대고 있으면, 많이 묻은 부분은 딱딱 쳐갖구 중심을 잡아 준다고, 그런 놀이. 그 다음에 뭐, 그 당시엔 서울에도 눈이 많:이 왔어요. 기와꼴이 안 보였으니까 눈이 한번 오므는, 기와:가 깊이가 그래도 한 이십 쎈찌 되는데, 그게 완전히 덮여갖구, 기야2)가 완전히 안 보였다구. 그래갖구,

---

1) 배어링.
2) 기와.

서울이 종로거리나, 뭐 이런 대로변에서도, 눈:썰매들을 많이 타고 다녔다구. 지금은, 올해 같은 경우는 됐어요. 작년 겨울 같은 경우는 눈이 많이 와서 그게 가능했었다고. 그래서 눈썰매 많이 타고 다녔다고. 고담에, 중량교 따리 밑에, 스케트를 많이 탔었지. 중량교 따리는 그때도 물이 맑:었지. 아니믄, 서울운동 장 가서 정구장, 아님 축구장, 지금 축구장, 스케트장 했었구, 한참 있다가 육 십::이 년돈가? 숭인동에 스케트장, 실내 스케트장이 생겨갖고, 거기서들 스케 트를 많이 탔고, 그랬었지. 스케트를 타믄서, 내가 연애 거는 게 거기서부터 시 작된 거야. 중학교 때부터.

조사자: 중학교 때는 어떠셨나요?

그때:: 학교 들어가믄, 우리가 그, 머, 자랑이라고 그러믄 자랑이구. 머 그런 데, 우리 보성은 다른 학교 출신보다 굉장히 얌전했었어요, 애들이 대부분 다. 그렇게 인식이 됐었고. 그리고 뭐 학교 다닐 때에는, 애덜끼리 주로 빵:집에 가 고, 빵:집 어디냐믄, 혜화동에, 지금은 없어졌는데, 아카데미 빵집이라고 있었 어요. 거길 자주 놀러갔었구, 종로에 보믄, 복덕방이라구 있었어요. 지금도 해 요. 그 집은, 거길: 갔다가 단골로 자주 갔었고 나 같은 경우엔 운동을 좀 많이 했기 때문에, 축구를 좋아했고. 근데 그 당시는, 애들끼리도 의리는 굉장히 좋 았어요. 물론 지금도 학생들이 좋지마는 지금보다는 그때 싸람들이, 쪼금 배고 플 때, 부족할 때, 그때가 더 의리는 더 많았다고 생각해요. 지금두, 한 달에 정 기적인 모임은 아니지만, 우리가 사랑방 모임을 하는데, 한 이십오 명 내외 나 와요. 그러니까 굉:장히 많이 나오는 거지. 망년회 때 같은 때도 뭐, 육십 명 정 도 나오고.

운동 경기 있으믄, 가서 응원하는 재미, 그 다음에, 학교에서 놀기가 실쯩이 나니까, 뒷산에 성북동 가서 놀았어, 또. 그때는 지금처럼, 집들이 안 찼고, 단 지만 조성이 돼있을 당시예요. 단지만 조성이 돼갖구, 그런 시절이라, 거기 가 서 매미 잡고, 놀고. 학교에서는 그 당시에 뭐가 또 있었냐믄, 송충이를 잡으러 다녔다구요. 깡통에다 아예, 배당을 줬었어요. 송충이 운동, 그러구 또, 쥐잡기

운동이 돼 갖구, 꼬리를 갖고 오래.. 꼬리를, 쥐꼬리.

그래가꾸 쥐꼬리 다섯 마리면 다섯 마리, 열 마리면 열 마리. 열 마리 쥐 잡아 갖구 꼬리 갖구 가구 그랬어요.

미군들이 또 많았든 거, 오십오 년 전후로 해서. 미군 찝차가 지나가며는, 헬로우, 껌껌, 그러면 껌 주고, 쪼꼬레 그러면, 쪼꼬렛 주고. 그런데 그 당시에 내가, 우리 집에 서울에서 중상으로다가 살았는데도, 크레카래는 거를 못 먹어봤어요, 크레카를. 지금 어디냐믄, 수유리. 수유리에 여름 방학 때 놀러갔는데, 거기가 수영장이였었는데, 미군 가족들이 놀러온 거야. 그때 크레카를 처음 맛본 적이 있어. 크레카를.

지금은 뭐 크레카구 머구 진창 아니야? 초코렛도.

조사자: 서울 많이 변한 모습 보셨겠네요?

서울 정도(定都) 육백 년에 참석을 했는데, 가서 보니까, 사실 서울 싸람들이 말이 없어. 한, 그때 온 사람들이 백 명 왔었나? 점심, 저녁 먹는데, 별로 말이 없어. 타도 싸람들 모이면 벌써 왁자지껄하지. 근데 별로 말이 없더라고.

서울 싸람들이 크게 각 분야에서 눈에 띠지 못하는 거는, 나부터래두, 남한테 싫은 소리 하고 싶지 않고, 남에 껏도 넘 보기 싫고, 싫은 소리 안 하고 순리대로 살자고.

그러니까 뭐냐믄, 체면을 차리다 보니까, 양반 체면을 차리다 보니까, 막 못하는 거여. 장사를 한대든가, 사업을 성공할래면, 그냥 이것저것 안 가리고, 그냥 앞으로다가 돌찐해야 하는데, 체면 때매네, 그렇게 하지를 못하는 거예요. 크게는 성공 못하지만, 남한테 싫은 소리 안 하고, 밥 먹고 살고 그러면 됐지요.

○ 결혼

조사자: 지금은 어떤 일 하세요? 후의 얘기 좀 해주세요.

내가 처음 만난 게, 군대 갔다 와서 나는 복학을 했거든요? 다른 학생보다 나는 뭐, 할아버지지 뭐, 아저씨지. 나 그때 동기들은 군대를 많이 갔다와서 쓸쓸하지가 않았었다구. 삼학년 때, 미팅을 했는데, 그때 같은 학교끼리, 가정 꽈 학생끼리, 이제 건축과하고 미팅을 했는데, 지금도 내가 뭐, 훤칠하지 못하지마는, 미팅을 했는데, 나를 처음 본 느낌이. 배도 뽈록 튀어나오고, 꼴도 보기 싫다, 그런 얘기가 들렸어, 나한테. 그런 얘기가 자극이 돼서, 너는 나한테 죽었다. 좌우간. 니가 머 그러고 니 친구하구 다니는데, 주로 뭐 명동으로 다니구 그랬잖아요, 그때는. 그때는 노는 게 주로 많이 다니는 게 명동이구, 시내에 한정돼 있는데, 그래갖구, 그 얘기에 사실 화근이 된 거죠. 내가 끝까지 따라붙은 거예요. 열 번 찍지 않으면, 스무 번 찍든가, 백 번 찍지 않으면. 그래서 결국 결혼을 했어요. 지금 애는 대학 일학년이고.

조사자: 사모님 미인이시겠네요?

미인은 아니더래두, 중간 이상은 가는 거 같애요. 그 당시에 친구들하구 전부 다들 중앙경향에두 표지 모델로 나오고 모델 한다구 그러니까는 근데 그게, 다 필요없는 거예요. 미스코리아하고 결혼해서 살믄 뭐해요? 다 마찬가지야. 왜 그런가 하믄, 애 나믄 체형 변하고, 살찌게 돼있는 거예여.

다 마찬가지지 뭐.

요새들 젊은 사람들, 마음이 안 맞아서, 마음이 안 맞아서 그냥 이혼한다고 하는데, 그거 잘못된 거야. 마음이 맞을 수가 있나? 당연히 안 맞지. 각자 사는 틀이 틀리고, 출생지도 틀리고, 사는 방식도 틀리고 하는데, 어떻게 그게 맞느냐 이거야? 안 맞지. 서로 그냥, 뭐라고 할까? 극단적으로 표현하면 체념하고 살고, 서로 이해하고 살고 그러는 거지, 뭐 이혼도 그래. 어쩔 수 없으믄, 극단적인 상황에 빠지면 이혼 당연히 해야 한다고 보지. 그런데 젊은 사람들이 단지 마음에 안 맞아서, 이건 쪼금 좀 문제가 있는 거 같애. 양 당사자가 문제가 있고. 이혼을 하면, 남자보다 여자가 더 손해야. 종합적으로 따져보며는, 손해라고.

사실, 우리 집에두, 몰랐는데, 이혼한 사람이 사춘이 하나 나오더라구. 우리 집안에 이혼이라는 걸 모르거든. 할아버지도 우리 형제들도 전혀 몰르는데, 말

끝에 나오는데 내가 알았는데, 하나 나오더라구.

2.4. 자연 발화[gjs]

○ 양평동

조사자: 어디서 태어나셨어요?

서울, 영등포구 양평동 사가 백삼 번지, 지금 우리 어머니하고, 그냥 내가 살고 있는 집에.

형제는 칠 남매, 우리 맨 위에 누나 한 분이고, 아래로 남자 형제 여섯.

그 중에 셋째. 아들로서 셋째.

조사자: 어릴 때 기억나시는 것 좀 얘기해 주세요.

우리 집이, 그 본래 이름이 벌:말인데, 양평동이라고, 벌:말인데, 벌:말이라는 말은, 강까에 넓은 벌판에, 생긴 마을이란 뜻인데, 그래서 우리 그, 한강까에 있었어요. 지금 양화대교라고, 합정동이라고 양평동 잇는 다리, 고거하고, 조금 내려가면 인공 폭포 있죠? 그 인공 폭포 사이에 모래톱이 아주 깨끗하고 그래서, 거기 내려가서 물놀이하고 그랬는데 우리 부모님이 자식들을 어떻게 엄격하게 다루시는지, 그 물까에 갈 수가 없었어요. 그래서 헤엄치는 법을 못 배우고 자랐어요. 근데 우리 큰형은 어떻게 몰래 내려와 배웠는지, 배워가지고, 한강도 건너왔다 얘기를 들었는데 그래도 수영이라는 걸 못 배우다가, 어느 날, 형제들이 마음이 어뜨케 마음이 맞아가지구 같이, 그 강까에 놀러가서, 하루 종일, 여름날이였을 거예요. 그 따뜻한 여름날이였을 텐데 물까에 가서 그냥, 모래톱에서, 물까에 들어갔다 나왔다, 헤엄치는 법을 그때 처음 배웠어요. 그때가 국민학교, 한 삼사 학년쯤 될 것 같은데, 그런데 그러던 물을 지금은, 도저히 들어갈 엄두가 안 나요. 오염돼고, 그리고 또 모래톱이란 게 없어졌어요. 아는지 모르지만, 강까를 시멘트, 콘크리트 벽으로, 가로막고, 준설공사를 하는 바람에, 여러 가지로 자꾸 개발되고 하니까, 접근하기가 어려워져 버렸는데, 강가를 지날 쩍마다 그 생각이 자주 나요.

양화대교 중간에, 선유봉이라고 산이 있었어요. 조그마한 바위산인데, 그 이름이 참 좋잖아요? 신선이 놀던 봉우리라 해서 선유봉인데, 그래서 그때, 우리 동네 싸람들이 거기 놀러가서, 물놀이도 하고 그러던 봉우린데 그것을, 미군 부대가 들어와 가지고, 공사용 골째를, 캐내는 바람에, 산이 없어져 버렸어요. 맨날 다이나마이트 터트리면서, 산을 깨고 그래가지고, 지금은, 다리 높이하고 같아져 버렸죠. 선유봉이라는 봉우리가. 거기를, 수돗물을, 거기다 수원지 비슷하게 만들었다가, 요샌 또 공원을 만든다고 하더라구. 선유봉이 없어지고, 선유도:만 남았어요. 섬:이 돼서.

어릴 쩍을 생각하면, 참 여러 가지로 떠오르는 게 많은 가운데, 아:득하게 느껴져요. 그 시절, 그 환경이. 그래서 '돌아가고 싶다.' 하는 느낌이 들면서도, 돌아갈 쑤 없잖아요, 실제로는. 어 그래서, 한편으로 한쪽이 미여지는 느낌이 들기도 하고 그래요. 어릴 쩍, 추억, 기억들이 다: 대체로, 내겐 좋게, 아름답게 느껴져요. 생활환경으로 보면 지금보다 훨씬 어려웠고, 살기 어려울 정도로, 또 굶고 지낸 적도 있을 정도로, 모든 게 궁핍한 시절이였지만, 내 기억엔, 다 그렇게, 좋게 돌아가고 싶은 만큼 좋게 남아 있어요.

조사자: 어머니는 많이 엄하셨어요?

아니 그러니까, 그 점에서 안전 대책이라 할까? 물가에 가면 빠져 죽는다, 이런 염려 때문에 그걸 애끼느라고 뭐, 동물쩍인 본능이겠죠. 자식을 보호하려고, 못 가게, 무조건, 헤엄도 배워야 하고, 멋도 배워야 하고, 다 배워야 한다는 생각보다는 그저 보호하려는 본능으로 그렇게 막았었겠죠. 그리고 또 자식들이 그렇게, 우리 형제들이 사납게 막, 거역하고 이러질 않으니까 아마, 따르는 편이니까 그렇겠지.

조사자: 다른 기억나는 것 있으세요?

어려서 우리 집 주변이 밭이였는데, 우리 집 앞도 그냥 넓:은 채소밭이고 그래서, 겨울이면 채소가 없:으니까, 농작물이 없:으니까, 그냥 놀이 들판이죠. 긍까, 거기 그제, 남에 밭이지만 거기 뛰어 노는 게 일이였고, 겨울이면 거기다 구덩이를 파고, 아이들이. 움찜이라고 알아요? 땅을 좀 파들어 가고, 위에는 지붕을 막대기나, 지푸라기 이런 걸로 지붕을 해서 덮는, 원시적인 주거 형태라고 할 수 있는데, 그런 걸 만들어서, 드나드는 장난치고, 이런 생각이 나요.

○학창 시절

조사자: 중고등학교 때 기억나는 거 없으세요?

중:고등학교 때, 내가 용산중학교 나왔는데, 국민학교는 양평동에 있는 당산국민학교 나왔고, 용산중학교가 우리 집에서 상당히 먼데, 거기를 통학할 때, 양평동에서부터 영:등포역까지 한 이 키로미터 돼요. 거기를 걸어다녔어요. 걸어가서, 거기서 전차를 타고, 남영동, 지금 남영동까지 전차 타고 와서, 거기서 또 한 오백 미터 이상 걸어와서 학교를 가고 그랬어요. 그래서 이제 매일 이 키로미터 이상을 걸어다닌 셈이죠. 그래서 지금 생각해보면, 힘들게 다녔다고 생각이 되면서도, 그때 걸어다닌 덕분에 내 다리가 건강해졌을 것이다. 그렇게 생각해요. 내가 동료들하고 뛴다든지, 운동한다든지 그럴 때 땀이 잘 안나요. 다리 심이 좋다. 스스로 그렇게 생각하고 있어요. 그때, 어릴 때 걸어서 통학한 것이 참, 내 큰 도움이 됐을 것이다. 그런 생각이 들어요.

그때는 학군제가 없:었고, 모두 경쟁 입학으로 했었거든요? 국민학교 나와면서 중학교, 시험 쳐서 들어가는 덴데. 용산중학교가 꽤 그래도 괜찮은 학교라, 시험 쳐서 들어간 거죠. 멀:어서 가기 힘든 게 아니라, 좋은 학교라고 멀리 간 거죠. 고등학교도 용산 고등학교 나오고.

조사자: 고등학교 때 좋아하셨던 과목이 뭐였어요?

고등학교 때 좋아했던 과목이 기하였어요. 대:수 기하가 수학 과목 중에 두 가지였어요. 대:수는 숫자만 가지고 방정식 이런 거 하는 거고, 기하는 도형, 삼각형, 사각형, 각도, 이런 거 자르는 수학의 한 분야죠. 기하 선생님이 커:다란 삼각자를 들고 다니면서, 칠판에 도형을 그리고 문제 푸는 것이 재밌었어요. 영어를 아주 못했어요. 근데 내가 본래 언어가 재능이 없었긴 하지만, 중학교 때 영어 선생님이 한 학기 때 한 세 번 정도 바꼈어요. 그런 것이 좋지 않은

요인이 아니였나 싶어요.

○종교 생활

조사자: 다른 기억은 없으세요?

나는, 중고등학교, 하여간 할머니 때부터 교회 다니서서 교회에서 자랐어요. 어린 시절, 청소년기를 전부, 교회 학생으로 자랐죠. 그래서 다른 아이들보다는 좀 이렇게, 보호된 그런 환경이 아니였나 싶어요. 교회 다니면 모든 것이 다 절제되고, 또 규율이 있고 그러니까, 교회 안 다니는 아이처럼 어디 막, 영화를 보러 간다든지, 무슨 이제, 좀 정상 궤도에서 벗어난 행동을 한다든지, 이런 것은 못하고, 교회 안에서 성가대원이라든지, 학생회원이라든지 이런 식으로 활동을 하니까, 그래서, 비교적, 평범하고, 규범에 맞는 그런 성장기를 보내지 않았나 싶어요.

성가대원이니까 노래 많이 했죠. 다른 사람보다는 음악에 대해서 조금 더 알게 됐죠.

노래를 좋아하기도 하지만, 근데 실은 뭐 내가, 할머니 때부터 예수님 믿었지만, 나는 우리 교회 목사님에게 실망한 점이 많아서, 실제 믿음이라는 게 내게 들어오지 않고, 왜형적으로 믿는 사람 행세를 했고, 확신이 없고 해서, 대학교 다닐 때부터 발을 끊었어요. 교회를 안 다니고, 교회 다니면서 그렇게, 존경스럽지 못한 목사를 보고 자라는 것보다 낫다. 교인들도 모범적인 본을 보여주는 것도 아니고, 내가 보기엔 다: 흠이 있고, 잘못이 있고 그러니까, 차라리 안 보는 게 낫다, 교회를 안 다니고, 대학교 다닐 동안엔 좀: 아니다, 대학교 마칠 때까진 좀 다니다가 군대 가면서 발을 끊고 다른 종교를 찾아 다녔어요. 그래서 인제, 교회 가 있는 동안에 불교 꽁부를 꽤 했어요, 내 나름대로. 내가 학군단 장교로, 입관해가지고, 국군간호학교 교관으로, 영어꽈 교관으로 근무했거든요? 교관으로 가서도 그랬고, 가기 전에 군사 훈련 받던, 넉: 달 동안, 주말이면 내보내잖아요? 광주에서 훈련받는데, 나갈 쩍마다 불교 책방에 들어가서 불교 책들 열심히 사서 읽고, 그리고 인제 시간이 나면, 대구에 절들이 많이 있어요. 그런 데 찾아가서 스님들하고 사귀고, 며칠 밤 자보기도 하고, 절깐 생활도 해보고, 한편으로는 또 성:당에도 가보고 그랬어요. 그리고 또 신부들도 사귀고 이러면서, 중요한 종교, 특히 예수교하고 대립되는 것이 불교니까, 불교 공부를 교리적으로 내 혼자 해봤고, 그리고 불교인들이 다 외우는 반야심경도 다 외워 봤었고, 근데 성:당에 가서 교리 공부도 해보고, 그래서 교회를 떠나 있어도, 나는 하나님 안 믿는다 그래도 참된 종교가 무엇일까 모색을 계속했던 셈이죠. 그러니까 막 흘러버려서 자유롭게 산 것이 아니라, 참된 종교, 변하지 않는 가치를 가진 것이 무엇일까 하는 모색을 계속했던 셈이예요. 하는 도중에 재미있는 얘기를 하나 해주면, 서울에서 대구까지, 그때 고속버스가 막 생겼을 땐데, 그때 그걸 타고 오르내렸었죠. 주말이면. 서울서 대구를 내려가는데 옆 자리에 잘생긴 수녀님이 앉아 있었어요. 야:주 고상하고, 잘 생기고, 깨끗하고 그래요. 호감이 가니까, 그 운전석 뒤에, 문 앞에 앉아 있었는데, 말을 걸었죠. 걸으니까 알고 보니까, 빠스칼을 전공하는 수녀래요. 서울대학교 사범대학 불어교육과에, 이환 교수라고, 지금 게실까 모르겠네, 은퇴하셨나? 이환 교수님이 빠스칼 전공하셔서 팡세 번역도 하고, 연구 논문을 많이 내고 한 분이예요. 그 분한테 배우고 돌아가는 길이래요. 빠스칼을 전공하면서, 그래서 그 수녀를 계속 만나고 싶어서, 나도 빠스칼을 사서, 빵세를 사서, 빠스칼이 아니라, 빵세란 책을 사서 열심히 읽어 봤어요. 읽어보니까, 내가 불어를 좀 배웠잖아요. 언어학과에서. 그 번역이 좀 맘에 안 드는 거는 원본을 찾아서 대조해 보려고 그 수녀한테 빵세 원본을 좀 빌려달라고 했어요. 수녀원에 찾아가서, 그 수녀원에 들어가서 만나고 그 책도 빌려다가 대조해 보는 거지. 대조해 보면서, 빵세도 좀 보고, 돌려줘야겠다 하는 생각 때문에 열심히 또 보고, 이래서 번역이 잘못됐다 싶은 부분은 표시도 해가면서 빵세를 정독을 했죠. 한 번. 그러면서 내 마음에 생각에 변화가 많이 변했어요.

빠스칼이 당시에 천주교 신자죠, 당연히 프랑스인이니까. 근데 그때 가톨릭

안에서 예수회, 요새도 예수회가 주도하잖아요? 예수회가 너무 세속적으로 권력과 결탁해 있고, 옳지 못한 것을 지적하는 얀센이라는 수도사가 있었어요. 장센이즘이라고도 하는데, 그 네덜란든가 어디. 얀센주의, 얀센사상, 얀센에 개혁주의, 천주교를 개혁해야 한다는 그 사상을 동조해서, 그 사람들과 함께 수도 생활을, 수도원에 들어가서 가까이서 보면서 천주교를, 예수회를 비판하는 태도를 가졌어요. 빠스칼이 어려서부터, 처음엔 수학자로 자랐잖아요? 아버지한테 교육받고 그 다음에 그 사십댄가 말년에는 종교인이 되가지고, 기독교인이 돼가지고 신앙생활을 독실하게 하는데, 마지막에는 기독교를 전파하는 책, 다른 사람들을 예수 믿게 하는 그 책을 쓰겠다 하고서 쓴 게 빵세거든요. 번역된 것처럼 명상록, 한가로운 수필집이 아니고, 기독교 전도서예요. 그래서 그 주제가 두 가진데, 하나는 믿는 사람과 안 믿는 사람과의 차이, 그걸 대비하는 거예요. 아주 극명하게, 그 절묘한 필치로, 그거 한 번 꼭 읽어볼 필요가 있는데, 거기 보면 번역, 뭐야 이거, 빠스칼이 완성하지 못하고, 메모가 하고 있다가, 그 죽은 뒤에 다른 사람이 편찬하는 바람에, 여러 가지 편찬 방식이 나왔어요. 그래서 이제 제일 팔린 게 내용별로 두: 쪼각을 내가지고, 두 부분으로 만든 책이 보통 나왔는데, '그게 아니다.' 그래 가지고 순서를 바꾼 책도 있고, 두 부분이란 건 머냐면 하나는, 신이 있는 인간에 행복과, 신이 없:는 인간에 비참함을 대조하는 거야. 그래서 거기 아주 번역된 글이지만 감동적인 것이 참 많아요. 내가 하늘을 바라본 적이 있는데, 내가 새파란 하늘을 바라본 적이 있는데, 참 무한히 깊다. 높지만 하늘 끝이 없다는 것을 느껴본 적이 있는데, 그 빠스칼을 보니까 '저 무한한 공간에 영원한 침묵이 날 두렵게 한다.' 이런 거라든지, 또 '그 근엄한 재판관의 근엄한 판결을 그 재판관의 코에 앉은 파리 한 마리가 판단을 그르칠 수 있다.' 이런 거라든지, 또 그 유명한 영웅 크로멜이, 요: 관에 박힌 돌 하나 땜에 죽었다. 요도결석이라든지, 이렇게 그, 인간이 위대하면서도 허무한, 그 면을 지적해서, 아주 묘한 문장으로 설득해 나갈 때, 설득을 안 당할 수가 없다고. 그래서 인제 전반부가 끝날 때쯤에는, 기독교인에 행복이라는 게 시작하는데, 믿는 쪽이 좋으냐, 안 믿는 쪽이 좋으냐, 이걸 확률적으로 한번 계산해보자 이래 가면서, 말하자면, 예수교인이나, 목사님들이나 이런 분들은 다: 근까, 기성교인들은 전도할 때, '예수 믿으라, 믿으면 그 다음에 행복이 있다. 예수 믿으라, 믿으라'고 하는데 빠스칼의 장기는 뭐냐면, 특징은, 무조건 믿으라가 아니고, 믿지 않을 수 없겠끔, 믿지 않으면 이렇게 불안하다, 사람이 이렇게 비참하다, 이렇게 허무하다. 이거를 깨닫게 해주는 거야 일단. 믿음이 없는 사람의 실존적인 비참함에 대해서 아주 구체적인 사례 가지고 설뜩해 가는 거야. 전반불 그렇게 설뜩해서, 참 난 허무하다. 참 인간이라는 건 참 무가치하다. 이렇게 느끼게 해놓고, 자기는 아무 것도 없는 것처럼 허무한 존재로 실감하게 해 놓고는, 건너뛰[tɯɨ]라. 믿음의 길로 건너뛰[tɯɨ]라. 그 말은 말하자면 인간적인 한:계까지 끌어다 놓고는, 뛰는 게 낫다. 안 뛰는 것보단 뛰는 게 낫을 것이다. 하면서 논리적으로, 이성적으로 진료하는 거죠. 그래서 건너뛸 때 하필 예수님이냐, 기독교냐 하는 생각을 하면서 저울질해보도록 하는 거죠. 그러니까 거기에 상당히 설득이 된단 말야. 그래서 해서 내가, 믿음이 없:던 믿음을 다 저버렸던 그 상태에서, 다시 인제 인간에 대한 허무감, 내가 별것이 아니다 하는 것을 깨닫게 해주는, 효과가 있었지, 빵세라는 책이. 그래 그 수녀님하고 그 책을 가지고 왔다갔다 하면서 몇 번 만나고 그랬는데, 그러다가 나는 제대를 해서, 서울로 오고, 그 수녀님은 대구의 수녀원에 계시다가 효성여대, 그 강:사로 나가신다고 하더라구, 불문꽈에, 불어, 프랑스 가서 공부도 해오고 그랬으니까, 그러다가 계:속해서 나중에 들으니까, 거기 교:수가 대가지고, 불문꽈 교:수로 일하고 있다는 소식을 들었는데, 만나지는 못하다가 지난 봄에 대구: 아냐, 부산, 부산에 우리 교회 일로 갈 일이 있어서 갔다가, 수녀원을 찾아가서 만났어요. 그게 이십몇 년 지난 뒤라고.

그때 하던: 얘기 그때 나누던 얘기가 기억에 생생하니까, 기억력이 나쁘지만, 그 일은 상:당히 내게 깊이 새겨졌죠.

2.5. 자연 발화[bhh]

○ 서울에 대한 기억

조사자: 서울 어디서 태어나셨어요?

저는 그, 현재:는 성북:구로 돼있을 텐데요. 과거: 그 기록상으로는, 서울시 동대문구 보문동에서 태어났죠. 그리고, 그 보문동:이 기록상으론 원적으로 돼 있구요. 그 전에, 저희 그 조부 때까지만 하더라도, 지금은 종로구 동쪽에, 거기서 사셨어요. 거기서 관직을 허시다가, 그만두셔 가지고, 아마 육이오 나기 전에 일정 때에는, 그 자:문[3] 넘어서, 자:문 밖에, 지금 세검정 쪽이죠. 세검정 쪽에 사시다가, 그리구 아마 돌아가시구, 그리구 저희 백부 때부터, 어, 보문동 으로 이사를 오셨데요. 긍까, 저희:가 이제 작은아드님 되시는데, 근까, 우리 큰 아버지가 호주로 되셨고, 그래가지구, 우리 큰아버지, 호주 밑에 우리, 아버지 밑에 우리 식솔, 모두 같이 있었던 셈이죠. 보문동에서 살다가 그러다가 육이 오 끝나고 나서, 일사후퇴 끝나고, 종암동을 거쳐서 안암동에 살았어요.

안암동에서 한, 삼십 년 살:다가, 팔씹 년도에 갈현동으로 이사갔어요. 녹번 동으로. 갈현동 은평구, 거기서, 그 집에서, 한 이십 년 살다가, 작년도에, 지금 녹번동으로 이사를 왔죠. 주로는, 동대문 밖, 보통 서울 사람들은 주로 동대문 밖이라고 얘길 하나? 동대문 밖에서 백부:밑에서, 백부님이 호주가 되셔가지구, 살다가 육이오 끝나고 분가를 했고, 대학 다닐 때까지, 그리구 장가를 가서 큰 애를 낳을 때까진 안암동에 살았구. 학교를 주로 다 동대문 밖에서 다니구, 그 러다 대학은 차를 타는 식으로.

음 그러니까 어릴 때, 이제, 주로 그 초등학교 시절인데, 아버지 손 잡고, 서 울 시내 다니던 걸로 말씀드리면, 음. 어, 저희:들 가족이, 친척이, 거의 대부분 서울에 사셨어요.

---

3) 자하문.

그러니까, 친척이 그렇게 많은 편은 아닌데, 우리 증조부 밑에 조부 때에, 형제 분들이, 세 분 계셨고, 우리 할아버지 밑에 자손이, 어, 네: 분이예요. 큰아버지, 우리 아버지, 고모님 두 분. 이렇게 됐는데, 우리 아버님보다 손아래 고모님 돼시고, 그리군 우리 큰:집에 사촌형이 두 분이구, 우리 집엔 나 혼자고, 이런 식이루 해서, 사실, 친척은 그렇게 많지 않은, 그, 가게4)랄까? 그렇게 얘기 할 수 있는데, 어, 아까 그 우리 집, 내가 안암동에서 삼십 년 쩡도 살다가, 갈현동으로 이사 갔다고 얘길 했지마는, 음. 그러니까, 일사후퇴 끝나고 나서, 들어와가지구, 팔씹 년도까지 살았으니까, 근 삼십 년이죠. 삼십 년에, 우리 큰:집이, 큰:댁이, 우리 집에서 가까웠어요. 같이 안암동에 살았었는데, 어. 그건 아마 모르면 몰라도, 과거에 증조부: 때, 같이 대가족으로 있었던, 살았던 그런 잔재로서 이렇게, 같이 이웃지간에 사시지 않았나 생각되는데 우리 집하고 떨어진 거리가 직선 꺼리로 한 삼백 미터 정도? 그런 정도 떨어졌죠. 큰:집이 가까이 사시고, 그리고 많이 다닌 데가 인제, 우리, 고모님 땍이예요. 고모님 땍이 인제, 저 쪽, 왕십리에 사셨는데 왕십:리 살 때, 안암동에서 인제, 걸어다녀요.

조사자: 왕십리까지요?

뭐 교통편이 없으니까. 쉽게 얘기하면 지름낄로만 다니는 거죠. 안암동에서 나와서, 안암교를 건너가지구, 지금 용두 초등학교 옆으로 해가지구 쭉: 걸어가면 인제, 검정다리라는 데가 있어요. 청개천을 건너는 다린데, 청개천이 다리 굉장히 많았죠. 광교에서부터 쭉: 있는데, 검정다리라고 해서 나무다린데, 그 다리를 건너면 그대로 왕십리예요. 왕십리 지금, 무학초등학교 있는데, 우리 고모님이 사셔가지구, 뭐 거기 가서 놀고, 고종사촌들하구 같이, 히히덕대다가 오고 이런 식이고, 그렇지 않으면 명절 때, 그때만 하더라도, 설: 때뿐만 아니라 명절 때, 추석 때도, 친척들은 다녔거든요. 그럼 차례 모시고 나서, 어떤 때는 고모님 댁을 간다든지, 또는 고모님에 고종사촌들이 나보다 형두 있고, 인

---

4) 가계.

제 누이동생두 있고 그러는데, 우리 집이, 외삼촌 땍이죠. 그럼 와요. 와가지구 같이 놀고, 어울리고. 뭐 그런 식으로 어떨 때는 추석 때, 안암동에서 멀리 떨어진 친척 댁들을 찾아다니는데, 설: 때 기억으로 지금 남는 게, 멀리 떨어진 곳에 사시는 분이 수색에 사셨어요. 그때 수색이 경기도죠. 그래, 고양군으로 들어갔을 땐데. 지금은 서울, 은평구로 들어가 있는데 수색에 사셨고, 그리고 쫌 가까이 사신 분이, 지금 어딘가요? 거기가 무슨 동이 되나? 연희동 쪽이 될까요? 그쪽에 이제 사셨는데. 수색에, 사신 분이, 그러니까, 저한테는 육춘 할아버지예요. 우리 아버지한테 당숙 돼시는 분이죠? 아버지하고 그때, 거:기를 갈려며는, 신촌까지 일단 뻐쓰를 타든지, 저쪽 그 아현동까지 전찰 타요. 아현동에서 마포까지가 전차가 다녔으니까. 여러분들 아시는 줄 모르겠는데, 유행가 중에, '마포 종쩜'이란 게 있는데 바로 그게 전차 종쩜이예요.

그때 마포대교는 없었으니까, 마포 종쩜하믄, 새우젓 파는 데가 엄청 많았어요. '엄청'은 완전히 충청도 사투린데 내가 충청도에서 발굴도 하고 하는 바람에, 서울말에 충청도 사투리가 가끔 있어요. 뭔가, 사람들 사는 모습이 푸근:해 가지구, 매력을 느껴가지고, 간혹 충청도 말씨가 있는데 어떻게 얘기하다 보니까, 마포 쪽으로 오고 있는데, 마포:에 경우는, 어릴 때 기억이, 우리 어머니 손잡고, 김장 준비를, 젓갈을 사러 가요. 그럼 마찬가지로, 안암동에서 안암교까지 나와서, 전찰 타죠. 그리고 우리 어머니가 인제, 차멀미를 허셔 가지구, 전차는 멀미 안 하거든요, 기차처럼. 그래가지구 전찰 타군, 마포 종쩜에 내려요. 마포 종쩜이 매년 그, 새우젓 가게들, 커:[kə:]다란 가게들이죠. 커다란 드럼통에 새우젓을 담가놓고 그러는데. 그때만 하더라도, 마포 쪽:이, 포구가, 마포 포구, 우리 순수한 말로 삼개라고 그러죠. 마포를. 삼 마 자 써가지고, 마포를 포구 해석을 삼개라 그러거든요? 개 자는 '가이'(ㅏ,ㅣ), 포구에 의미예요. 우리 순수한 말에. 그래 삼개라고 하는데, 거기가 바닷물도 들어오고, 민물도 만나는 곳이예요. 그래가지구.

조사자: 거기까지 바닷물이 들어오나요?

물론 들어오죠. 민물 때.

조사자: 지금도 들어오나요?

지금도 가끔 들어와요. 들어오죠. 그거 뭐라고 그러나? 조금이라고 그러나? 해가지고 민물이 들어오면, 들어와 가지구, 고런 정황이, 겸재 그림을 보면은, 겸재 정선. 이 양반이 그럼 십칠 쎄기, 십팔 쎄기 때 그림을 보면은, 마포 쪽에 포구에 대한 그림이 있어요. 그거 보며는, 쌍돛대가 나오는데, 쌍돛대는 바닷물과 관련되는 배거든요? 그게 마포 포구까지 들어오는 그림들이 있는데, 그런 것이 그대로 오십 년대 저희 기억은, 굉장히 그, 아주 그, 주변이 번거로운, 아주 그, 상인들에 어떤 소리로 해가지구, 굉장히 흥겨운 그런 모습으로 기억에 남는데, 우리 어머니가 가가지구, 그 시절에는 김장이 얼:[ə:l]마나, 한겨울 보내는 음식이예요 반찬. 그래가지구, 김장 담글 젓갈을 사시는데, 새우젓을 사죠. 새우젓을 사는데, 육젓을 꼭 사요. 새우젓 사지고, 조개젓 사지고, 쪼금 여유가 괜찮으시면, 어리굴젓 사시고. 침이 꿀꺽꿀꺽 넘어가는데. 그래가지구, 사온 기억이 마포 쪽에 나고, 우리 어머니, 그, 원래 고향이 아현동이셨어요. 그기 땜에 다 양부모님이 서울뿐이시죠. 아현동이 바로 외가땍이 되기 때문에 왔다갔다 허는 그런 경우도 전차와 관련이 돼구요. 그래 아까, 수색 말씀을 드랬대는데, 수색 경우, 제가 기억 중에, 그: 내가 혼자 자랐지마는, 정확히 말씀드리자면 이산 가족이예요. 형제가, 삼 남맨데, 삼 남맨데, 내 위로 누님이 두 분 계셨어요. 큰누님하고, 작은누님인데 나하고 나이 차가 굉장히 나고. 일사후퇴 때 아비규환 속에서, 누님 두 분을 잃어버렸어요. 그래가지구, 현재까지 지금 못 찾고 있고. 요새 그, 이산가족 문제를 갖고, 북한 사람이 그 장난허는 걸 보면, 아주 그, 불쾌하기 짝이 없는데 어린 시절에, 아버지 손 잡고, 나한테는 육춘 할아버지, 우리 아버지로서는, 당숙 어른[ə:rin]한테 세배를 갔는데, 그때나 이때나 거기 그 철교가 있어요. 철교를 지나믄 국방대학원이 되는데, 지금이야 국방대학원이지만, 허허벌판이예요. 그때, 거기. 거기를 한:참 걸어 들어가요. 항공대학 지나가지구 한참 그 걸어들어갔는데. 그때 그 철교를 보며는, 북쪽으로, 북쪽으로 보믄 터널이 있어요. 터널이 있는데, 그 터널 그 바깥쪽에, 아주 고 터널 모양만, 어떤 그 윤곽으로 해가지구 그쪽 풍경이 보이잖아요. 쪼그맣게, 그 모습이 아주 그 어릴 때, 아주 가슴 저리게 들어왔던 거 같아요. 어떤 생각을 가졌냐믄, 야 저 터널을 지나며는 북한일 텐데라는 생각. 사실 북한은 아니예요. 아직 그, 한국 땅, 남한 땅인데. 근데 그 머리쏙에는 굉장히 까마득했고, 고걸 지나면 북한 땅이겠다라는 생각을 하면서, 마음쏙으로 그럼 누이들을 만날 수 있지 않겠나? 라는 생각이 어릴 적부터 있었는데, 그 이유는, 어릴 때부터 우리 어머니헌테, 당신이 딸에 대한, 얼마나 그 포한이 되겠어요. 다 키워가지구, 자주 들었기 때문에, 머리쏙에 한 구석, 누님들에 대한 애절함, 그리움이 있죠. 얼굴도 몰라요, 저는. 고런 그 수색에 대한 기억이 있는데, 그리고 지금 연희동 쪽 잠간 얘기했지만 연희동 쪽에 경우는 글쎄, 촌쑤가 어떻게 돼시는지 쫌 머른데, 먼데, 그 저헌테 증조부 학렬 되세요. 우리 아버지로서는 할어버지 학렬 돼시는 분이죠. 거기 세배를 가는데, 거기 응달말:이라고 그래요. 응달말:, 응달말:이 어딘고 허니, 지금 거기 그 서대문 구청 있는데, 서대문 구청에서 쪼금 저쪽 그 홍운동 쪽으로 길이 있죠. 길이 있으믄, 거기 무슨 주유소가 하나 있어요. 무슨 주유소 하나 있는데, 무슨 주요소 포함한 고 일대, 서대문 구청 쪽을 포함한 그 일대, 거길 응달말:이라고 그랬어요. 응달말:이라고 하는 것이, 글자 그대로 응지기 때문에, 응달이, 양달이 아니라 응달이 되니까, 응달말:, 말:은 마을이고. 근데 거기가 나중에 우연히 찾다보니까, 서대문 구청 저쪽 그 뒤쪽으로 안산이 있잖아요. 무악산. 안산이 아침에 해가 뜨므는 높기 때문에, 이쪽엔 계속 응달이 들고, 해가 중천에 떠야 햇빗을 보는 그런 연유로 해가지구 그 지역을 응달말:이라 헌다 얘길 하구 있어요. 지금 그 동네가, 아마 연희동으로 전 생각되는데 아무튼 서대문구청 있는 그 지점이예요. 거기 경우는 아무래도 영천까지, 전차를 타고, 아무튼 전차가 가장 중요한 교통수단이니까. 영천까지 타고 가서, 영천이 그러니까 종점이죠. 영천이 독립문이, 지금은 쫌 옮겼지만, 원래는 그 지금 사거리 까운데 있었거든요. 거기서 인제, 무악재를 넘는 거예요. 무악재를 넘는데, 어릴 때 별로 힘들다는 생각은 없어요. 무악재 가 지금 생각보단 길이 좁았거든요? 우리가 근대화: 과정에서 사진 자료 나온 것을 보며는, 이십 세기 초반에 사진을 보더라도, 그 길이 꾕장히 좁아요. 지금 은 한 육 차선 넓힌 상태지만 그걸 넘고 하다보믄, 소위 그, 그때도 있었죠. 홍 재동 화장터, 홍재동 화장터라고 얘기하나 총재원 화장터라고 그러나? 하여튼 원이 있었으니까, 역, 원 해가지구, 그걸 지나야, 지금 얘기하는 응달말이 돼요. 한참 가죠. 아침 일찍이 움직여야, 점:심 때쯤 해가지구, 떡국 한 그릇 엄[ə:]어 먹고, 새배 드리고 떡국 엄[ə:]어 먹고, 주변 보믄, 내 또래는 없어요. 맨 그 촌 수가 높아가지고, 나이는 비슷한데 나한테 그 아저씨네, 이런 식으로 되니까, 어울려지지가 않죠. 그런 기억이 있고, 그리구 작은할어버지댁 경우가 전차를 타면서, 전차를 타고, 쭉 광화문을 지나서, 경북궁 앞으로 해가지구, 효자동을 지나서, 진명여고 삼일땅 거긴 인제 종쩜인데, 효자동 종쩜이죠. 거기서 경무 대, 지금 청와대인, 경무대 옆을 끼고서 지나믄 청운동이 되요. 청운동이 되믄, 그 지점을 가는 이유 중에 하나가, 인제 과거, 증조부 때까지 사셨던, 거기서 벼슬하시면서 사셨던, 그 지점을 가르쳐 주실라고, 한 번 꼭 데리고 가시고, 거 기서 고개를 넘으믄, 지금 정확히 서울 그 북문인데, 창이문[5])이죠, 창이문. 창 이문을 가게 되는데, 보통 얘기하면 자하문이죠. 자하문. 그 자하문을 넘어선 그 지역. 이쪽 동쪽을 동대문 밖. '동댄밖'. 꾕장히 줄어가지구, 서대문밖은 '서 댄밖' 이런 식으로 불르고, 근데 자하문을 넘어서믄, 지금 구기동, 평창동, 세검 정 이런 지역이 돼가지구. 상명대학 이쪽 방향인데 그쪽 지점을 보통 뭐라구 하냐믄, '자:문밖'이라고 했어요. '자:문밖' 길게 하면 '자하문 밖'이 되는데 짧게 하면 '자:문밖', '자:문밖'이 되죠. 아 그걸 들어가게 되믄, 꾕장히 길이 좁은데, 산쭐기도 해가지구 길이 험허고, 길이 좁은데, 그 양쪽 길에 능금나무가 꾕장 히 많아가지구, 능금을 많이 보고, 우리 작은할아버지 땍에서는, 또 능금나무를

---

5) 창의문.

키웠기 때문에, 거기 가므는, 아주 그 넉넉하게 능금을 먹었던, 그런 기억인데, 나중에 사과 맛을 들이고 나선, 능금 맛이 그렇게 썩 좋다는 생각은 없어요. 그런데 사람 중에는 능금 좋아하는 사람 많거든요. 거 아주 독특한 맛 때문에. 좋아하는 사람이 있는데 능금이 크기가 머 글쎄요. 어린애 주먹보다 적은 상태기 때문에. 그 가지구 다니기도, 어떤 것을 예쁘장하니, 발그새:하기 익을 때는, 굉장히 참 이뻐요. 고런 능금, 능금나무 보고, 또 작은 할아버지 댁에 가서 놀던 기억도 나는데, 특히 세검정, 바로 세검정 있는 데서 바로 안에 들어가는데, 그 기와집 있는 곳에, 앞으로 물이 흐르는데, 북악산에서 내려오는 바위, 그것을 타고서 내려가는 물로 해가지구, 굉장히 물이 맑았어요. 그 맑은 물인데, 그때만 허다라두, 거기에 그 제:지하는 사람들이 있어요. 제:지가 보통, 닥나무를 원래 재료로 해가지구 쓴다구 하잖아요? 근데 이것은 갱지를 쓰는 거예요. 이미 썼던 그 한지, 주로 한지죠. 그것을 모아다가, 여러분들 들어보셨겠지만, 조선 시대 사관들이 쓴 것이 사초잖아요? 사초를 다 정리. 왕이 돌아가시고, 사초를 다 정리해가지구 역사책을 쓰잖아요. 실록을 만들죠. 그런 다음에 허는 작업이 '세:초'를 써요. 세초라는 게 사초를 깨끗이 쓰는 거예요. 다시 얘기하면, 그 한지를 재활용하는 거죠. 그 세초허던 데가 바로 어딨냐믄, 세검정으로 해가지구, 길이 있죠? 길 건너믄, 밑으로 물이 흘러 들어가는데, 바로 길 건너 내려다보며는, 아주 바위를 정방형으로, 폭이, 한 변이, 한 변이 이 미터 이상 될 겁니다. 그런 정도로 아주 정교하게, 네모반듯하게 팠어요. 거기 물에다 담그면, 먹물이 빠지고, 그것을 뚜들기고 허면서 바위가 좋으니까 널어놔요. 그런 식으로 종이를, 갱지를 만드는, 그런 작업들을 허는 사람들이 거기 사는데. 나중에 역사 공부를 하면서 파악한 결과는, 그때 이미 조선 시대에도 자:문 밖에서는, 그렇게 해서 생업을 이어나가는, 그런 사람이 많이 살았다. 그렇게 얘길 허두만요. 역시 과거 전통적으로 이어 계속 살던 사람들에 생활 모습, 한 단면을 어릴 때 볼 수 있었던 기억이 있구요.

2.6. 자연 발화[yya]

○그 시절 서울

옛:날에는요. 사대문 안 그 사대문 안허고 밖허구가 엄연히 구별이 됐었어요. 그래가꾸 문안: 간다 그러고 문밖: 나간다 그러고 그래요. 그니까 어 그니까. 우리 친척들이 이렇게 저쪽에 살았... 인제 마포 쪽에 살며는 문밖 간다 그래요 그쪽을 나가는 거는 그니까 예를 들면 사대문 안으로 나가는 거는 문밖을 간다 그러구, 그쪽에서 오는 사람들은 문안 손님 오셨다 조용히 해라 그랬다고 그래요. 그래서 그, 사대문 안 그게 참 저거했고 그냥 요새.. 요새는 하도 인제 서울시가 다 없어졌기 때매 우리가 오히려 이상할 때도 많:아요.

조사자: 서울에서 태어나셔서 쭉 사신 거예요?

예.. 서울에서 그니까 그냥.

조사자: 한 번도 나간 적이?

한 번두 나간 적이 없고 종로 종로에서 쭉 살다가 육이오 때만 나갔죠. 부산 갔다 온 거빢에 없:는데

피:난 에 피:난 머 그거야 어렸을 때 갔었으니까. 그니까 내가 다섯 살 때 가서 피:난 갔었으니까 그거는 몰르겠고 그러구 와서는 내내: 그니까 인제 우리 외갓집이 좀 부:자라서 관수동 그쪽에 있었거등요. 그래서 거기서 내내: 살구 그러구 국민학교 육학년 때까지 거기서 살:다가 가만 있어바라 내가 중학교 그렇지 중학교 일학년 때 인제 그때 처음 멀리 나간 게 어디냐므는 신당동이에요, 지끔 그 신당동. 그때 막 시골로 간다고들 그러구 야단들을 하고 그랬는데 거기서 쭉 살:구 그랬어요. 그러구 시집도 인제 이쪽으로 와 뻐리고 여기 공데기 그니까 염리동 여기 우리, 우리 시댁은 인제 여기 싸람들이구 그래서 이쪽으로 대개 문밖으로 시집을 안 가는데 문밖으루 갔다고들 그러구 모 그냥 그니까 그러구 이날 이때까지 이 자리에서 내내: 살았어요. 그랬는데 여기가 재개발돼는 바람에 그래가꾸 삼십 년 동안 이사두 한: 번두 안 다니구 우리 요기가

좀 이렇게 좀 이렇게 아:주 옛:날 똥네였기 때문에 여기서 그냥 내내 살:다가 여기 재개발돼는 바람에 처음으로 삼 년 전에 조 앞에 아파트에서 살:다가 요번에 일루 들어온 거에요. 그래서 도무지 이렇게 하나도 나가보지를 않았어.

조사자: 예전이랑 지금이랑 서울 풍경이 많이 달라졌죠?

그렇죠, 많:이 달라졌지. 글쎄 하긴 많이 달라졌죠. 머 그냥 머냐 우리 옛:날에는 일케 저기 소풍 같은 거 갈 때 삼천공원에 그렇게 갔었거등. 그래서 그때 생각도 나구 으레히 삼천공원 가:서 그렇게 인제 봄 돼며는 일:하는 아줌마들 허구 이불 빨래들 전부 갖구. 그러구 삼천동 그 공원에 가:서 그니깐 인제 거기 가면 계곡이 굉장히 좋아요 거기서 인제 빨:래하구 그거 방목 같은 거 바:래는 게 있어요 양잿물루 이렇게 해서 바:래구 하루 종일 거기서 그런 것도 하:고 그 담에 진짜루 변:한 거는. 우리가 관수동에서 살았기 때메. 관수동이 어디냐믄요 파고다 꽁원 건:너편에, 지끔 거기 왜 젊은애들 많이 다니는 데, 국일관 있고 그쪽인데 몰라요? 하이튼 파고다 공원 건:너편이라고 생각하면 돼요. 그쪽에 학원이고 무슨 큰 씨디, 뮤직 타워인가 머 그런 거 있고 거기에요. 거기서 살:았는데.. 그때 이제 그, 청개천이 참: 맑았어요.. 그러구 광:교 아래는 광:교가 있으니까 고기는 만날 그지들이 거기 천막 치고 살:았거든요. 서울에서는 그 깍쟁이라구 그러는데 깍쟁이들이 살:았고 또 인제 그게 삼천, 삼천동에서부터 물이 이렇게 내려오기 때매 이렇게 장마 때는 그 그거 인제 청개천 말고 또 지천이 있어요..근데 인제 그게 막 범 범:람에서 우리 집 앞까지 막 들어오구 그랬는데 지끔 인제 그거 다 메꿔진 거 머 그런 거, 그런 거:구. 그런 거:구. 그때 국일관 있는 데 종로 이가 그쪽이 중국 싸람들이 참 많이 모여서 살:았었는데 요새는 이제 그거 많이 거:이 없어졌죠 머. 그런 것들두 없어지구. 그래요. 그:런 것들인 거 같애요. 머 달라진 거. 그러니까 다: 옛:날 모습은 하나도 없잖아요. 옛:날 모습은 하나두 없:구. 그러구 이제 중학교, 고등학교 다닐 때는 내가 이화를 다녔기 때문에 그 이케 덕수궁 일케 돌땀낄로 해:서 이렇게 경기여고 앞 광화문으로 나가는 그 길, 그저께도 이제 거기 갔다 왔는데 거기가 참

이:쁘구 좋았어요. 그니깐 샤:람도 한적하구 아카시아꽃두 그니까 이제 미:대에서 가는 쪽에서 아카시아꽃 쫙: 피며는 거기 냄:새가 참 진동했:구. 거기 정동 꼬회라구, 이렇게. 근데 지금은 그런 게 참 많:이 없:구. 머 좀 그런, 많:이 없지 머. 그런 것들이 좀 나빠요. 그러구 이렇게 학교들이 나간 게 참 나는 참 아십드라구. 지끔은 이 안에는, 서울 안에는 지끔 학교라고는 중고등학교 이화여고 빾에 없:는 거 같애. 옛:날에는 우리 전부 고기 이화, 배재, 머 경:기 이쪽으루 숙명, 중:동 고게 다 고쪽에 다: 모여 있었거등요. 보문, 휘문 개네는 이제 안국동, 저쪽 재:동. 그쪽 그니까 고론. 근데 전:부 모여 있어서 학생들이 참 그랬는데. 지끔은 그냥 그것들이 다: 나간 게 참 나쁘드라구요. 보니까 좀 삭막하게 하드라고. 옛:날에는 거기들이 다: 이렇게 학교들이 다: 고만고만 그냥 고 안에서들 모여 있었기 때문에 참 애들 만나는 것두. 어디든지 가며는 학생들이 있었구 그랬는데.

○ 어린 시절

조사자: 어렸을 때 기억나는 친구나 뭐 특이한 놀이를 했다든가 그런 기억 있으세요?

없:어요. 친구들, 친구는 머 그렇구. 우리는 머 어렸을 때: 저거 많이 했:던 것 같애요, 자치기. 남자들이 하는 건데두 우리들두 막 했:어요. 그니까 자치기를 참 잘했:어요. 골목에서들 그렇게들 놀:구 내가 있는 데가 좀 자치기를 참 많:이 했:던 것 같애. 고무쭐 머. 아 늘:도⁶⁾ 많이 뛰었다. 동:네에서 골목에서 늘:도 뛰었는데 그래서 내가 그래서 늘: 같은 거 참 잘 뛰는데 없:드라고, 거:이. 그래가지구 골:목길이 진짜 그냥, 이렇게 우리 놀이터였잖아요. 어디 딴 데는 안 가구 그냥 거기서 만날 애들하고 그거하고 고무쭐하구 머 그러는 거 했:는데 그런 거 특별하게 놀:이는 없었던 거 같애, 우리는. 우리는 음 그니까는 국

---

6) 널.

민학교라든가 그럴 때를 육이오를 보내서 좀 삭막했어요. 그니까 그렇게 환:도 해서 들어와서 인제 내가 그러니까 다섯 살 때에 부산에 내려가가꾸 삼: 년 있다가 올라, 아니다. 다섯 살 때 갔는데 내가 국민학교 삼학년 때에 올라왔거등요. 그때만 해도 인제 종로통이 거:의 다, 다: 이케, 그 삘딩들이 전:부 이렇게 다: 폐허 됐잖아요. 다: 이케 허물어지구. 그래서 우리는 거:기서 놀았어요. 진짜 숟가락 같은 거 이케 부러진 거 찾아다가 소꿉장난하구. 뭐 이렇게 호박 같은 거 어떻게 호박넝쿨 막 이렇게 잘못하믄 똥덧간7) 같은 데 잘못하믄 빠:져요. 엉망이 돼가꾸. 그래서 그런 데서 놀:구 그때는 참 그랬던 것 같애요.

○육이오
조사자: 육이오 때 기억이나 피난 갔던 때 기억 있으세요?

편:하게 갔어요. 그니깐 머 고생하고 가질 않고 트럭으루 그냥 뚜루루 내려 갔걸랑요, 부산까지. 그래서 머 그렇게 기차에 올라타구 그런 건 몰르는데 가는 동안 그 트럭 인제 갸:는 동안 못 볼 꺼, 볼 꺼는 다 봤죠. 어 이렇게 오두막집에 이렇게 탱크가 팍 박혀 있구 머 다리 이렇게 군화 하나 떨여져서 저쪽에 나가 있고, 그러는 것만 봤고. 고담에 피:난 가서 부산에서 도무지 말:을 못 알아들겠는 거요. 지끔은 이런데.. 그때 그니까 지끔은 막: 이렇게 엉겨졌는데 그때는 진짜 이렇게 서울은 서울, 경상도는 경상도. 그래가꾸 말:을 못 알아듣겠구. 고담에 김치를 못 먹었어요. 거기 김치를, 지끔은 머 다 멸치젓 쓰잖아요. 우리는 서울은 새우젓, 조개젓 그런 것만 썼어요. 김치 할 때, 근데 머, 갔는데 막 김치가 막 시꺼매, 시꺼멓구. 내: 기억에 짜구 쓰구 그래요. 도:무지 먹을 쑤가 없어, 먹을. 그리구 그 사람들 말:을 하나두 못 알아들었구 그 담에 그 사람들 말: 쪽에서 일본말이 참 많았던 것 같애. 사부, 머 사부? 그게 머더라? 비, 비누, 비누를 사부, 일본말이라 그러구, 뭐 인제 그런 소리, 저런 소리가 꾕

---

7) '뒷간'의 방언.

장히 귀에 난 이제 잘 들어오질 않아갖구. 그래서 애 먹었던 기억이 있어요. 첫째는 이제 음:식이 전:혀 못 먹었어요.

조사자: 어렸을 때 피난 가서 무섭진 않으셨어요? 전쟁이라 시체도 많이 보셨을 텐데.

그래도 어려서 내가 이제 어렸을 때이기 때문에 그냥그냥 봤:던 거 같애. 이케 무섭다거나 머 그러는 건 몰르구 그냥 구경꺼리로만 어머어머 막 이러구. 그러구 봤:던 거 같애. 그러구 인제, 그런데 영도 같은 데 가구. 우리는 공:부를 일학년 때는 진짜 처마 밑에서 했:어요. 골목에서 이렇게 골목 처마 밑에서 해:서 이렇게 비오는 날은 학교 안 가고. 화판 있잖아요.. 그거 하나씩 다 갖구 가서 거기다 놓구서 그렇게 써:야 됐구. 그러다가 인제 이 삼학년 때쯤 돼서 하꼬방 지어가꾸 들어가구 그냥 그런 거, 그런 거빾에 잘 몰르겠어요.

○ 요즘 아이들

조사자: 자녀 분들 보시면 예전이랑 많이 다르다는 걸 느끼시죠?

우리 애들하구 나:하구 자랄 때. 요새 애들. 글쎄 요새 애들은 확실히 참 자기 꺼 자기가 챙기구 똑똑히 찾아 먹을 줄 알드라구. 그런 거, 그런 거구. 우리는, 우리 애들은 그니깐. 확실히 환:경이 그런 것 같애요. 우리 남편이 역사 했:거든요. 그래서 역사 선생 했:고 머 지끔도 하고 있지만, 그래서 우리 애들은 꽹장히 그런 거에 대한 게: 딴 애들하고 틀리게 박혀 있어요. 그리구 서:울이라는 거에 대해서 그러구 또 우리 우리 시어머니가 또 꽹장히 프라이드를 갖구 계세요. 그래서 쪼금두 옛:날 꺼 못 버리게 하구, 머 이제 옛:날에는 언:니라고 그래요. 그니까 남:자애들두 형이라구 안 그러구 언니, 그러거등요.. 언:니라구 그러는데. 그니까 우리 내 동생들은 전부 언니, 언니 그랬어요. 그게 인제 자기 형 불를 때 언니 그렇게, 그러구. 우리 어머님도 인제, 왜 그런 소리 안 쓰느냐구 야단하시구. 그래서 우리 애들은 대체로 이렇게 그:런 거에 쪼끔 젖어 있어요. 딴 저거는 잘 몰르겠고 머 나 때고 머 그런 건 몰르죠. 그니까 걔네는 문밖

문안에 개념은 없고, 우리 애들은.

조사자: 요즘 애들은 많이 이기적이다 이런 얘기하잖아요. 어떤 것 같아요?

글쎄, 근데 나 학교 다닐 때두 만날 그런 소리 들었어요. 그런 데 관심이 없어서 그런지 잘 몰르겠어요. 아니 이렇게, 별루 이렇게 속은 안 썩인 것 같은, 그니까는 우리 애들하고는 별로 길르는 데 애는 안 썼어요. 안, 안, 들었구 그냥. 그렇게 그렇게들 잘했기 때문에 잘 몰르겠어요. 그러구 그러구 내: 성질이 또 워낙에가 별로 안달 떨고 머 애들을 이렇게 만들어야 되겠다, 저렇게 만들어야 되겠다가 없:이 저희들이 돼는 대로 이래서 별 트러블 없:고, 그냥 개네들이 그렇게 되믄 아 그게 느이[8] 갈 낄인가 부다 그런가 부다 그러구 그래서 별루 없:어요.

○ 결혼

조사자: 지금 남편 분은 어떻게 만나신 거예요?

그니까는 우리 시누이, 우리 둘째 시누하구 우리 둘째 꼬모하구 중고등 대학교가 다: 동창인데 인제 이렇게 해서 소개로 만났어요. 그렇게 됐어요. 그렇게 됐:는데 인제 어머니가 우리 시어머니가 인제 적극 권장, 그러니까 밀었어요. 왜 그러냐며는 같은, 같은 저거고, 그 담에 인제, 우리 집안을 아:니까. 아:는 데다가 아:는 사람이 좋지 않겠냐구. 전혀 몰르는. 딴 도라든가 이렇게 그런 사람들은 전:혀 몰르니까 그런 것들은 겁난다구. 우리 집 우리 왜가는 서울 사:는 사람들이믄 다 알거든요, 우리 외갓집을. 그러기 때문에 인제 너무 확실하게 아:니까, 했:으면 좋겠다구 그렇게 해:서 한 거에요. 별거는 아니고. 나는 서울 싸람, 서울 남자들이 참, 그니까 서울 싸람들이요. 참 우유부단해요. 그니깐 결쩡을 못 내리고 서울 말씨두 보믄 알겠지만 뒤를 흐려요. 그니까 그게 그런 건데, 이러지, 그러는데 아닙니다까지를 안 해요. 그런데 저런데 이런 식으로 그

---

8) 너희.

러고 또 이렇게 과감하지들이 못해. 그니까 팍팍 이렇게 머랄까 결단력이 있고 이게 없:어요. 그래서 나는 서울 싸람한테는 안 해야지 그랬거든요. 그랬는데 서울 싸람하구 했:어요. 생각했던 대루 그래요. 머 이렇게 결쩡적인 것:은 할라 그러믄 굉장히 못: 하고 남한테 남한테 이렇게, 싫은 소리 이렇게 그니까 내: 저것을 위해서 이렇게 싫은 소리래두 이렇게 해: 가면서 따지는 거 있죠. 따진 다구 그게 맞을 거에요. 그거를 못:해요. 그냥 이렇게, 왜 그러나 그 그런 식으 루. 그니까는 남자두 그렇다구요. 남자가 그러니까 그런 게 있뜨라구요.

○ 결혼 풍습

조사자: 말이 많이 변질됐다고 그러잖아요.

말:이 많:이 변:질됐어요, 참 변:질됐구. 그런 거가 참, 맨 첨에 참 듣기 싫더 라구요. 그러구 풍습도 다 변:질돼구. 그 예를 들자믄요. 폐백 드릴 때, 폐백은 이거 마셔요. 신부가 시댁에 고하는 거거든요. 그래서 옛:날에, 옛:날에는 그것 이제 이렇게, 머 이렇게 신행 갔다가 처가찜에서 오면서, 이렇게 하:는 거에요. 그니까는 그래서 이제 사당:, 그 집에 사당을 모시고 있으면 사당 폐백 먼저 하:고, 사당에다가 먼저 하고 그 담에 인제 그 집 식구들한테 다 절하는 거거든 요. 그러기 때문에 이 이거 이거 뭐지? 당산이라구 그러나. 그거를 신랑 측에서 다 준비를 해: 놔요. 그러며는 인제 가:서 풍습이, 우리는 내:가 시집갈 때 그니 까 친정에서 시집으루 갈 때, 다홍치마에 노랑저고리를 입고 가:서 거기서는 이제 그 집에서 해: 준 다홍치마에 초록색 저고리 있잖아요. 그거를 갈아입으 면서 당옷을 입어요. 당이⁹⁾를 입구, 그러구 인제 폐백을 드려요. 그럼 이쪽 에서 인제 그 이렇게 잡아주는 사:람, 친정에서, 이렇게, 그 사람. 이렇게 하:는 데. 그렇게 하구 고담에 대신 폐백할 때 여:자만 절해요. 남자는 옆에 서: 있는 거거등요. 근데 요새는 그게 없어. 그게 없:이 남자두 막 하래는 거에요. 그니

---

9) 당의.

까 그거에 대해서 꽹장히 이제 서울 싸람들은 거부를 해요. 그 그거 아니다. 남
자는 하는 거 아니다. 남자는 하는 거 아니다. 그러며는 뭐래느냐며는 남자두
이제 성인이 됐으니까 하:는 거라구 그런데 그거는 아니에요. 그런 거는 확실
히 좀 이렇게 짚구 넘어갔으면 좋겠어. 두리뭉실이 돼 뻐렸어. 그니까 그러는
어디까지나 색:시가 시댁에 고하는 거거든요. 그니까 처음 인사드리는 거에요.
그러기 때문에 남자는 신랑은 옆에서 이케 가만히 있는 거지 자기두 같이 막
거기서 절하는 거 아니거등요. 그냥 막 절하라구 그러구. 그담에 인제, 인제 요
즘엔 집에서 안 하고 식장에서 다 해뻐리니까 또 친정부모 할 때두 막 하:라 그
러구. 그러며는 페백에 본뜻이 없:어져 뻐리잖아요. 뭐 좋아요. 인제 그, 인:사
하고 그거는 머, 다 해:야 되겠지만 그렇게 하면 그거는 페백이라는 말:은 붙이
믄 안 돼지. 근데 그렇게들 해:요. 그래서 우리 우리 식구들은 그거 할 때 만날
싸우는 거에요, 유난히. 근데 이제 우리 애 때 우리 큰애가 이제 결혼을 했:는
데, 나 인제 그거 은근히 걱정했어요. 그거 어떡하나 그러구. 또 노인네들은 이
제 야단칠 테니까 막. 서울 뿐들은 그런 거에 꽹장히 막 그런게 있어요. 어휴
이걸 어떡하나. 나도 또 괜찮아. 하라믄 하지 머 인제 이러는데 그런데 마침 거
기에 그 저기 성당에서 다 했:는데 명동성당에 그 하시는 분이 물어보드라구
요. 여기는 신랑 절을 시키십니까 안 시키십니까. 그래서 우리는 서울식으루
안 시킨다 그랬더니 그쪽에서 알았다구 딱 하믄서 하:는데 살:겠더라구. 근데
우리 우리 사촌동생 하는 데는 보니까는 그쪽에서 막 뭐라구 하믄서 신랑두 하
라구 막 뭐라 그러더라구. 분위기가 막 그렇게 대니까 할 수 없이 그냥 막 하:
게 돼구. 이렇게 참, 그런 것들이 참 싫어요.

2.7. 자연 발화[yhs]

○어린 시절

조사자: 어린 시절 기억나는 얘기 좀 해주세요.

어린 시절에, 제가 살고 있는 곳이, 지금 서울 대학 캠퍼스가, 서울 공꽈 대학이 공능동에 있었어요. 저희 부몬님들이 원래, 서대문구 공능동 거기 사셨는데, 아버님이 서울 공꽈대학으로 직원으로 이사를 오시게 돼서, 저희 오빠들은 서울, 서대문구 그쪽에서 태어났고, 저는 공능동에서 태어났어요. 어, 그런데 제가 자라나는 가정에서 아주 중요했다고 생각하는 것은, 제가 서울 공대 앞에 살았기 땜에, 학교에서 그, 그때에서 굉장히 어려웠던 시절인데, 늘: 점심 씨간에 되면 노래가 나와요, 음악이. 그런데 제가 거기, 다섯 살 무렵에 육이오 전:쟁이 나서, 피란을 나가서, 청주에 가서 삼 년 쯤도 살았을 거예요. 그러가지구, 여기 다시 서울로 돌아왔을 때가 초등학교, 이학년, 삼학년 그때 왔거든요? 어:렸을 때에는 그 기억보다 전쟁 땜에 나갔다가 다시 돌아왔을 때, 그 서울 공대 앞에 살았어요. 근데 거기에 매:일 점심 때마다 굉장히 아름다운 그 노래가 나오는데, 그때는 그 노래가 다 뭔지 몰랐는데, 포스터 곡에 금발에 제니, 켄터키 옛집, 스와니 강, 소녀의 기도, 이런 음파, 이런 노래가 아주: 점심 때마다 매일 들렸는데, 내가 초등학교 때는 그 노래 제목을 몰랐죠. 학교를 다니면서 그 음악을 게:속 듣게 되면서 그 동네에 많은 사람들이 음악을 들었겠지만, 굉:장히 그때 좋은 곳에서 살았다는 생각이 들었어요. 그래서 그 음악적인, 제가 좀 타고나긴, 음악성이 쫌 있었었나 봐. 그래서 제가 굉장히 좋은 환경에서 자란 것 같은 기분이 드는. 왜냐면, 우리 시절에는 먹고 살기 참 힘들었거든뇨? 그리고 음악을 가까이 할 수 있는, 것두 많지 않았는데, 저는 유달리 학교 캠퍼스에서 나오는 그 음악이, 그 노래, 여러 가지 노래가 나의 평생을 통해서 유년기에, 좋은 추억을 갖게 됐고, 좋은 추억뿐 아니라 평생 내가 그런 저기 음악적으로 아주 좋:은 영향을 받아서 지금도 교회서나 어디서나 그런 활동을 하고 있어요. 성가대도 하고, 제가 사실 피아노 전공은 안 했는데, 아이들을 또 피아노를 알킬 수 있는, 그때 당시는 사실은 전공한 사람이 많지 않았는데, 피아노를 그때 했어요. 제가 그렇게 좋아하게 되니까, 그리고 부모님으로부터 좋은 음성을 타고난 것 같아요. 그래서 제가 지금도 찬양을 많이 하고, 한국에서뿐이 아니라 전 세계에, 열댓 나라를 다니면서, 그런 것도 아마 어렸을 적 좋은 환경에서, 좋은 음악을 들었던 거:, 그게 아마 제게 좋:은 추억인 거 같아요.

조사자: 초등학교 때 이야기 좀 해주세요.

초등학교 때서부터 결혼할 때까지 공능동. 아, 지금도 공능동에 살고 있어요.

조사자: 형제 분들과의 좋은 추억은 없으세요?

제가 구 남매예요. 형제들은 사실, 오빠가 넷에다가 언니, 그 다음에 남자 동생 둘, 여자 동생 둘. 긍까는 구 남매 중에서 오빠, 언니, 남동생, 여자 동생을 가진 사람이 저예요. 그런데 그때 추억 중에서 좋은 추억이 아니라 나쁜 추억을 가지고 있는데, 오빠가 넷 쭉: 있다가 그 다음에 언니가 있어요. 그리고 저예요. 그런데, 그때는 그렇게 위에 형제들 옷을 물려서 입었어요. 근데 이제 언니는, 언니는 언제나 새 옷을 입을 수 있었는데, 꼭 언니가 입었던 걸 입었기 때문에, 그때 내 추억에서, 나는 막 언니가 내 위에 있었기 땜에 언니 옷을 물려 입은 것이야. 전 굉장히 싫었어요. 그래서 내가 결혼하고 난 다음에 아들을 둘 낳는데, 절대 형 옷을 물려 입히지 않고, 언제나 똑:같은 것을, 내가 그때 그 추억이 너무 싫어서, 그 참 어려웠던 시절이니까, 그래서, 우리 두 아들은, 남방을 사도 똑같은 색, 바지를 사도 똑같은 색, 두 개를 똑같은 것을 사서, 입히고 입거든요? 그런데 그게 아마 어렸을 때, 슬픈 추억인지 몰라.

조사자: 서울이 가장 많이 변한 건 뭐 같으세요?

음. 저는 공능동을 벗어나서 살은 것이, 어. 상봉동이라고, 여기서 노원구 공능동이고, 상봉동이라고 살은 적이 있어요, 처녀 시절. 그리고는 결혼해서도, 제가 공능동에서 자라서 공능동에서 유치원을 십여 년 했기 때문에 늘 그 안에서만 살고 있거든요? 근데 거기에서 어떤 것을 말하는 거예요?

바꺼진 모습이라면, 저는 공능동에서만 살았었는데, 그 동네가 제 어린 시절에는 거:의 배밭이였어요. 거기 묵동하고 가까워서 먹골배가 아주 유명하잖아요? 근데 배밭이 많:이 있어서, 늘: 이제 밖에 나가면 늘: 주변에 배꽃이 많이 피는, 이런 곳이였는데, 지금은 전부 많이 바꺼졌죠. 동네가 많이 바꺼져서, 그래도, 제가 이제 그전에는 중량교까지 나가서 차를 타고 공능동을 들어왔는데, 중량교를 넘어서서 공능동, 근까 묵동을 넘어 공능동을 오면 이 공기가 달았어요. 공기가 굉장히 더 막다(맑다)고 생각했는데, 요즘에는 전부 뭐 거기도 마찬가지루, 공기도 그렇고, 또 이제, 동네가 많은 사람들이 들어와 있기 때문에, 예전에 제가 밖에 나가면, 저를 모르면, 공능동에서 저를 모르면 간첩이라고 했는데, 이제는 저를 아는 사람이 없고. 동네가 커졌죠, 동네가 커:지구 이웃들도 예전과 같은 이웃이 아니죠. 지금은 전부 사는 게 바빠서, 한 이웃들 간에도 예전과 같은 그런, 그 옛날엔 그래도 좀 거기가 경기도 양주군이였어요. 제가 중학교를 갈 때만 해도, 제가 배화여중을 나왔어요. 저희 어머님이 배화를 나오셔서, 저를 배화를, 공능동에서 보냈는데, 학교를 갈래면, 아니 시험을 볼 때도 저는 경:기도에서 온 학생이라구, 여기다 따지자를 붙이고 수험표를 붙었거든? 그런데 그게 서:울로 바꼔 것이 아마 고등학교쯤 그때부터 쯤 넓혀져 가지고. 그때는 경기도였어요. 지금은 전부는 서울이 넓어졌으니까 그래요.

조사자: 중고등학교 때 이야기 좀 해주세요.

고등학교는 딴 고등학교를 갔어요. 다른 미션 스쿨을 가느라고, 딴 데를 가고.

중고등학교 때 기억나는 거는, 중학교가 사실, 공능동에서 배화까지 오는 것이 상당히 멀었어요. 그리구 차가 한까번에 오는 것이 아니라 중간에 갈아타고, 어머님이 이제 그 학교를 다니셨기 땜에, 저를 딸 중에서 유일하게 여길 자꾸만 가라고 해서 여길 왔는데 굉:장히 그때 교통이 불편했어요. 불편해서 그쪽에서 학교 다닌 일이 교통이 너무 불편하고, 그래서 내가 그쪽에 있는 학교를 갔어요. 사실은 배화가 더 좋은 학꾼데, 그쪽 동네 학교를 갔는데, 그 학교가 미션스쿨 학교를 갔는데, 제가 특별히 학교 다닐 때, 노래를 했기 때문에 학교에서 음악회가 있으며는, 그 음악회 때 노래를, 독창을 하러 가고, 삼·육 대학교 안에 있는 삼육 고등학교가 있어요. 거기를 제가 어떻:게 가게 됐는데, 그 학교에서 제가 노래를 늘 하면서, 지냈는데, 그 학교가 특별한 미션 스쿨인데, 저는 그 종교하고는 상관있지 않고, 그때 가게 된 게:기가 있어요. 그 학교를 전혀 갈 생각을 한 게 아니고, 그때는 또 중학교 졸업 맞고 난 다음에, 고등학교 졸업 맞고 교사가 되는, 그런 게 많이 있었어요. 그러케 돼있는데, 그런 과정에서 제가 그, 보육대학을 가기 위해서 그런 과정을 걸치려다가, 저희 때부터 머지, 연합고산가, 이게 생기는 바람에 학교 셤 보는 머를 놓치는 바람에 어쩔 수 없이 거길 갔는데, 지나 놓고 보니까, 학교에 종교하고는 전혀 상관없이, 제가 신앙생활을 할 수 있는, 고등학교 생활을 핸 것이, 저의 평생에 살면서 굉장히 좋은, 저의 인성을 길르는 좋은 시간이였던 것 같애요. 그래서 중고등학교, 학교 다니는 그런 것은, 굉장히 아이들이 사춘기 이런 것을 지나는데, 참 좋았던, 참 머야, 학교 생활이였던 것 같애요.

○음악 교육

조사자: 계속 음악을 하실 생각은 없으셨어요?

하고 싶었죠. 전공하고 싶었는데, 저희, 아버님이, 고 삼 때 병이 나셨어요. 혈압으로 쓰러지는 바람에, 제가 대학 공부하는 일이 굉장히 어려왔어요. 근데 제가, 그래서 지금 숭의보육대학인가, 그게 전에 학교 기독교 보육학, 이런 과정 공부를 제가 하게 됐는데, 성악을 전공하구 싶구, 이런 것이 있었는데, 그때도 사실 부모에 뒷받침이 필요했는데, 그거는 못했지만, 그때 남산에 케이비에 쓰에 방송국 있을 때 그런데 합창단, 그런 거 하는 활동하고, 그런 건 열심히 쫓아다니고, 또 교회에서 하는 일 열심히 하고, 그 다음에 또 이제 피아노를 또 개별쩍인 레쓴을 받고, 성:악은 특별한 레쓴은 아니지만, 늘 교회 계통이나 교수님이 게시면, 그런 취미 생활은 늘 했어요.

한국 기독교 학교에서, 기독교 계통에 보육대학, 이런 과정이 있었어요. 그런 데를 다녔는데, 그때 아버님 돌아가시고, 형편이 여의치가 않아서, 나라에서 교사들을 저거 하는 시험이 있었어요. 그 시험을 붙었기 땜에, 그냥 그 동네에서 그 친정에 올케가 그 유치원을 하고 있는데, 그 교사 자격증을 갖고, 그냥 그 유치원을 십이 년 동안 제가 했었어요.

조사자: 유치원 교사 하시면서 기억에 남으시는 거 많이 있으시겠네요.

　유치원 교사를 한다는 것은, 저의 적성이나 취향에 아:주 맞는 일이라 생각했어요. 제가 그때는 아이들을 아주 많이 사랑하고 좋아했고, 제가, 그리고 제가 가진 탈란트가 음악 쪽이나, 미술 쪽이나, 제가 가진 탈란트가 좀 있었어요. 보통 사람보다 내가, 같은 또래들 중에서 그래서, 아이들 가르치는 걸 내가 꽹장히 좋아했고, 그 다음에 저는 그 아이들이 여섯 살, 일곱 살 동안 부모 밑에서 자라서 나에게 오잖아요? 그런 아이들은 유치원을 입학, 입학이라고 그러나? 왔을 쩍에는 하얀 백지에다가 일 련 동안 내가 그림을 그려서 내보낸다는 기분인데, 아이들이 그 콩 심은 데 콩 난다고 그러죠? 부모를 보면 아이들 볼 수 있어. 그래서 부모와 아이를 같이 보면, 이 아이는 다음에 어떻:게 어떻:게 클 꺼 같다는 생각을, 아이들을 일 련 가르치면서 보며는, 정말 팔씹 프로, 내가 점쟁이가 아닌데, 부모와 그 아이를 보면 이 아이는 이 다음에 어떻게 될 것이다, 이렇게 생각하는 아이들이 거:의 칠팔씹 프로가 맞고, 어른들이 세 살 버릇이 여든까지 간다고 그러죠? 그 유치원 여섯, 일곱 살밖에 안 된 아이지만, 아이들을 십여 년 아이들을 키우면서 보며는, 아이들이 정:말 부모의 그 정말, 유전 인자를 많이 갖고 있고, 그 다음에 또, 성격 이런 것이 많이 타고나고, 후천적인 것인 부모들이 얼마나 이 아이, 자식에 교육에 이런 것에 열성적이고 이런 것에 많이 다루는 데, 타고난 것과 후천적으로 부모님, 환경 이런 것은, 그런 면에서 많은 것을 보았고, 일 련 동안의 과정이지만 아이들이 졸업할 때, 유치원은 이렇게 사각모자를 써서 내보내는데, 그 코흘리개들이 얼마나 의젓하게, 부모 밑에서만 있던 아이들이 처음 단체 생활을 해가지구, 절도 있는 모습으로, 졸업을 할 땐, 나갈 땐, 제가 꽹장히 흐뭇하고 기쁘죠. 지금도 그 아이들이 다 결혼을 했어요. 오래됐으니까. 결혼을 했는데, 전화하면서, 결혼이라고 연락이 와서, 제가 가기도 하고, 어떤 아이는, 결혼을 해서 아이를 낳는데 "선생님, 우리 아이 이름을 져주세요." 하고, 그거 어려운 일인 저거가 돼서 극구 사양을 하는데두, 정말 부탁을 해서 이름을 하나 져:준 경험이 있어요.

그 많은 졸업생 중에서 특별히 따르는 아이가 있어요. 근데 사실은, 여섯 살, 일곱 살 먹은 아이가, 얼마나 많은 기억을 가졌겠어요? 그런데, 제가 한 동네서 오래 살았으면서, 그 아이가 국민학교, 초등학교 다니고 이럴 때도 자주 봤고 이런 것도 연결이 되고, 나중에 그 아이들이 커서, 저 우리 집에 와서 피아노를 배웠고, 이런 연결이 있다 보니까, 아마 고런 정 같은 게 길어졌던 거 같아요. 결혼해서 지금도 자주, 지금도 제가 교회 계통이나 이런 데 음악회 발표회가 있으면, 초청을, 오라고 그러면 아이들이 선생님 본다고 온다고 그래요.

○가족

조사자: 결혼 생활 이야기 좀 해주세요.

결혼은 늦었죠. 구 남맨데 위에 오빠들이 전부 쪼금 만혼이다 보니까 점점 점 그랬는데, 사실은 언니는, 우리가 이제, 제가 이제 교회 반주자였어요. 위에 언니가 있는데, 언니도 교회에서 반주하고 그랬는데, 연애결혼을 했어요. 언니가. 부모님이 그때 연애결혼하는 것이 굉장히 흠이었어요. "누구네 집 딸 연애한다." 그럼 흠이였는데, 저는 아주 참 착한 딸이였나 봐, 절대 연애하면 안 됐다고, 그때 이를 테면 우리가 우리 그 교회가 서울 공꽈 대학 앞에 있는 교회였기 때문에, 서울 공꽈 대학 학생들이 많이 왔었어요. 많이 와서 정말 좋은 신랑깜 후보들이 굉장히 많은 데이트 신청을 했었는데, 언니는, 정말, 정말 그때 그 시집을 갔는데, 나는 절때 그 연애를 하면 안 됐다고 생각해서, 그냥 쫌 늦었어요. 늦었는데, 제가 늦은 이유 중에 하나는 제가 교회를 다니면서 꼭 교회를 다니는 신랑깜을 만나고 싶었어요. 고것이, 내가 꼭 신앙을 가진 사람 찾는다는 게 늦어진 이유가 됐고, 그 다음에 연애하지 않고, 꼭: 중매만 한다는 것이, 내가 좀 부족해가지고, 내가 좀 늦었어요. 지금 생각해도 늦다고 생각하는데, 요즘에야 뭐, 서른 살 안 많죠, 다들 그러는데. 그랬어요.

결혼 생활은 제가, 중매가 어떻게 됐냐 하면, 저희 남편이 고등학교 교사였고, 저는 유치원 교사였는데, 양쪽에 앨범을 하시는 사진사가 있었어요. 그분이 다리를 놨어요. 그래서 그분이, 야, 이 선생, 지금 자기 그 사무실 머야 스튜디오, 그쪽으로 나오라고 해서 나갔더:니, 가면서 막: 얘기하는 거야. 지금 어느 고등학교에 있는 선생님 중에, 총각 선생님 중에, 당신이 그 학교를 늘: 가면서 마음이 두던 선생님이 있었었나 봐. 근데 저는, 나이는 됐는데도 결혼을 안 하니까, 양쪽에 선생님을, 두 선생님을 다리를 놔서, 저를 만나게 한 거죠. 그래서 제가 이제 잠깐 나오라고 해서 나갔더:니 어떤 사람이 와 있어요. 그런데 그분이 가방을 들고 나와 있는데, 자, 제가 이제 결혼할 때 신랑감을 고를 때에, 돈이 많은 사람과 공부하는 사람 이런 것이, 어느 것을 원했는가 하면, 돈이 많은 사람보다 공부하는 사람이라면 좋겠다라고 생각했는데, 이 사람이 가방을 탁 들고 와서, 내가 속으로 저 사람은 가방을 들고 왔으니까, 아 책이 있고, 그러면. 사실은 제가 저희 남편이 선생님인데, 제가 선생님이란 직업은 싫어했어요. 그때에 선생님이나 군인이나 경찰, 이런 사람이 가장 박봉이고 그래서 신부들이 가장 싫어하는 것이었거덩? 그래서 저두 선생님한텐 시집 안 간다고 생각했었는데, 그분이 교사였는데, 그분한테 내가 어떤 느낌을 받았냐면, 그분이 교회를 다니는 분이였더라고. 그래서 속으로 '하나님이 이분을 내게 만나게 해 주셨나 보다.' 그래서 만났는데, 그분이 믿지 않는 가정의 장남이었어요. 긍까 자기 부모님은 다 교회를 안 다니는데, 이 사람은 장남이여서, 교회를 쭉 다니다가, 고때는 안 다니는 상황이여서, 제가 이때까지 내가 결혼을 안 한 이유 중에는 제가 꼭 교회를 다니는 사람을 만나기로 했는데, 이분이 그때는 교회를 안 다니는 상황이여서 그 결혼해야 돼나, 말아야 돼나 하는 상황이었는데, 그분이 또 나를 봤을 때는 '아, 이 사람이면 좋겠다.' 생각을 했는지, 결혼을 중매하시는 분한테, 자기가 이제 결혼하면 열심히 교회 다닌다고 그래가지고, 결혼하고, 그때부터 지금까지 같이 교회 다녀요.

우리 아이들은 둘 다 그야말로, 태중에서부터 기도하면서 이 아이들을 낳는데, 큰아들은 고삼 때부터 교회를 안 다녀. 그런데 학교가 채플 씨간이 있어서 그 예배를 볼 꺼예요. 작은아이는 열심히 잘 다니고, 그 아이는 피아노를 하다가, 제가 피아노를 아르키다가, 피아노 하는 사람이 너무 많아가지고, 저의 제자 중에서 피아노 하다가 국악을 공부한 제자가 하나 있었어요. 그러면서 저한테, 근데 그 제가가 우리 아이를 아르켜요. 그 제자가, 고등학교 때 피아노를 아르켜서, 숙대 작곡가를 갔는데, 그 제자가 그 다음엔 또 우리 아이를 아르키는 선생님이 됐어. 대를 이여서, 근데 나한테 뭐라고 그러느냐면, 지금 서양 음악은 너무하는 사람이 많이 있으니까, 우리 아이를 저 서양 음악, 피아노를, 음악을 전공시키고 싶으면, 남이 안 한 국악 쪽으로 눈을 돌려보라고 그러더라구. 그런데 저는 사실은 별로 국악에 전혀 아는 부분도 없고, 그리고 국악이라고 그러면, 이상하게 사람들이 서양음악은 더 높은 거같이 생각하는 사람들 중에 하나도 저였기 땜에, 그것이 별로 그렇게 제가, 탐탐하게 생각하지 않았는데, 제가 고등학교 때, 국:립국악 고등학교란 데가 있어요. 그래서 거기는 국비로 전액을 나라에서 하는 학교가 한 군데 있더라구요. 그 학교를 가서 상담을 해보고, 우리 아이를 그런 쪽으로 내가, 보내게 됐어요. 이 아이는, 꼭 이렇게 뭐라고 그럴까, 시험을 본다거나 어딜 갈 때, 그 아들을 내가 똑같이 키우면서 아이들이 자랄 때, 아이들이 잠잘 때, 기도를 해주고, 이 아이들을 위해 자장가를 불러주고, 그 다음에 그 자장가로, 거기에 평화의 도구라는 기도가 있어요. 그거를 자장가처럼 늘: 이걸 해줬는데, 이 녀석이 큰 놈은 고등학교 가 삼학년 쯤 돼니 교회를 안 가는데, 작은 아이는 시험을 보거나, 어디를 갈 때, 엄마 앞에 앉아서 무릎 꿇고, 두 손을 잡고 기도를 받고 꼭 이러고 가요. 그래서 제가 참 예뻐해요.

조사자: 지금은 어떤 일 하세요?

제가 시어머니를 이십 년을 모셨어요. 그런데 어머님이, 우리 아이가 고삼 때 쓰러지셔서, 뇌출혈로 쓰러지셔서, 치매하고 중풍이 같이 와가지고, 십일 개월 동안 제가, 어머님 병수발을 했어요. 근데 하루에 세 번에서 다섯 번을 싸시는 분이 돼셨어. 그때까지 제가 피아노 레쓴도 하고 그랬었는데, 어머님이 돌아가시고, 아이들이 다 대학을 갔을 쩍에, 어, 내가 이십 년 똥안 너:무 이제 유치원이다, 애들 아르키는 일이다 이렇게 하면서 살았는데, 제가 어머님이, 저기, 월요일 날 장례식 치뤘다면, 그 토요일 날 피아노를 다 팔아버렸어요. 나는 이제 이런 일을 하기 싫다. 내가 이제 우리 아이들 다 대학 가고, 그러면은, 나도 나를 찾겠다. 이런 의미로 그런 거를 다 정리하고, 제가 한 닐이 먼가 하면은, 그 선교 찬양단이라는 게 있어서, 거길 들어갔어요. 근데 거기는, 극동방송국 소속이 돼 있으면서, 선교 사역을, 전 세계를 다니면서 하는데, 전부 이제 자비를 하는 건데, 제가 아이들을 전부 대학에 보내놓고 나서는, 그야말로, 자유를 부르짖으면서 그 합창단에 소속이 되어 있으면서, 이제 그, 거기선 일 년에 한두 차례씩 게:속 외국을 많이 나가는데, 찬양하고 그런 일을 하는 일인데, 그게 저한테 굉장히 기쁜 일이고, 제가 그때가 오십 살이었어요. 제가 굉장히 아이들 가리킨다든지, 돈을 번다든가. 이런 일, 이런 데 있다가 해방이 돼서 만끽하면서, 전 세계를 다니면서, 이러면서 선교 사역도 하면서, 그런 일을 하게 됐어요.

2.8. 자연 발화[isj]

○그 시절 서울

조사자: 유치원 교사가 어떻게 되셨어요?

제 껀 아니고 속해져 있는 거에.

조사자: 저번엔 목소리가 좋으셨는데 피곤하신가 봐요?

목이 지금 피곤해, 목이 지금 많이 아퍼 가지고, 제가 피곤하면 목부터 저기 해여.

녹음이 잘 안 될 꺼 같은데. 목소리가.

조사자: 괜찮습니다. 오십오 년생이시지요?

원래 오십사 년생이예여. 에 인제, 어려서 옛날 분들은, 저기, 그:: 호적을 늦게 올렸는지, 유월쌩인데, 그 다음에 삼월쌩, 근까 오십오 년 삼월에 호적을 올려서, 호적에는 오십오고, 실쩨로는 오십사고, 그래여.

조사자: 정확히 태어나신 동네가 어디세요?

삼청동. 총리 공관하고 청와대 사이. 삼청동 백오십칠 번지라고 있어여. 지금 그: 집은 없고, 헐렸고.

조사자: 이 부근에서 계속 살아오신 거예요?

예, 저는 여기서... 고향이라고 생각하구, 안 떠난다구 생각.

딴 사람은 난 서울이 고향이라고 그러믄, 서울이 고향인 사람이 어딨냐구, 고향은 다: 지방이라고 얘길 하더라고요.

조사자: 이 부근이 많더라구요, 서울 토박이 분이. 어릴 때 기억나는 얘기 좀 해주세요. 풍경이나 많이 달라진 점.

여기 많이 달라졌져. 이곳, 개천이 있었거덩요? 그때는 내가 생각하기에 엄청나게 널꼬, 깊은 것을 생각했었는데 지금 복개된 도로가, 계속 올러오면서 그 이차선이, 계속 개천 복기[10]한 거예여. 경복궁서부터, 이게 해서 수평으로 나가는 거져. 청개선으로 나가는 거거든요? 응. 개천 따리도 있었는데, 우:연히

동사무소 가가지구 누가 사진을 찍어 놨더라구요. 어렸을 때는, 지금은, 별거 아닌, 쪼그만 다리지만, 그때는 엄청나게 무서워 가지구. 나무다리였거덩요? 높고 막 그래 가지구. 개천 끝에서 개천 끝까지 달리는 게 내 일이었어요. 무서 워서 걷지 못하고 그르구 뭐, 청룡관 앞에 본래 거기, 가운데 마을이, 동네 하 나 있었거덩요? 제 집이 있었는데, 그것도 헐려버리고, 넓어지고. 청와대 저쪽 으로 넘어가는 게, 저렇게 널찌 않았어여. 집 사이로, 사잇길이였는데, 그거 다 헐고, 저렇게 넓어지고. 긍까 많은 변화가 있었죠. 그 후론 안 변했어요. 긍까 이제, 박정희 대통령이:: 집권하고 나서, 많이 바껴졌는데, 그 후론 큰 변화가 없고, 요새 와서, 한옥이 헐리구, 자꾸 인제, 집이 들어서고, 바뀌어지죠, 모양이.
조사자: 구체적으로 또 생각나는 거 없으세요?

어릴 때 생각난 거는 가재 잡으러 잘 다녔고.
조사자: 어디로요?

고 개천에, 여기 물이 참 맑았어여. 맑았는데, 지금은 뭐 개천은, 복개해 나 서, 어떻게 생겼는지 모르지만, 지저분할 꺼예여. 물이 맑아 가지구, 학교는 삼 청 국민학교가 있었거등여? 여기요. 여기 뭐지? 중앙교육행정연수관인데, 고 자리가 다른 걸로 바꼈더라구요? 고 자리, 길은, 입구는 고대로 있어요. 축대하 고 거길 다녔는데, 지금은 저쪽 총리공관 밑이니까, 걸어다니면서 다리 건너구, 그러구 심심하믄 개천 내려가서 가재도 잡고, 또 겨울이면, 살얼음 밟았다가, 물이 풍덩 빠져서 바지 다 적구 혼나고 그런 적두 있구. 개구리, 올챙이죠, 올 챙이 알 모여 있는 거 잡아다가 키워도 보구. 동네 물이 없어졌어요. 물이 참 많았는데. 테니쓰장 올라가다 보면, 예전에 있든 골짜기가 그대로 있거덩요? 골짜기 그대로 있는데, 물이 없어요 별로. 여름에도 비가 와야 물이 좀 있고, 그렇지 않고 물이 없고, 그러더라구요.
조사자: 본인이 서울말 쓰신다고 느끼세요?

10) 복개.

어느 게 난, 지방 말인지, 저는 몰라여. 어려서부터 쓰든 말이니까. 근데 요새 제가 판소리 한다고, 소리 꽁부 한다고, 한 이: 년 됐거덩요. 누가 또 들으면, 나보고, 전라도 투에 말을 한다고 그래여, 호남 쏘리를 한다고. 저는 머가 어데가 되는지 모르겠어요.

조사자: 사모님이 혹시 지방 분이세요?

저는 결혼 안 했어요. 아직.

어머님이 이제 대전뿐이고, 아버님은 줄곧 효재 국민학교 있져? 효재 국민학교 나오시구. 할아버지는 충신동에서만, 동대문하구 효재, 종로 오가 사이에 있어요. 그 동네가, 거기 게시다가, 가에동[11]으로 오셔서 삼청동에 오셨어요. 아버님이 마지막으로 정착하신 곳이 삼청동이시지여. 태어나고, 형제들이 다 삼청동에 태어났고.

○ 어린 시절

조사자: 형제는?

칠 남매예여. 누님이 계시고, 아래로 다섯이 있고.

남동생이 셋, 여동생이 둘, 누님이 한 분.

삼남 사녀예여, 아니 사남 삼녀.

그래 머, 옛날 동네는, 제가 별로 아이들하고 안 놀아서, 학교만 왔다갔다 했어여. 왔다갔다 하고, 우리 아버님이 엄하셔 가지구, 잘 못 나가게 했어요. 못 나가고, 초등학교:: 긍까 국민학교죠. 국민학교 육학년까지, 교복을 입고 다녔었거덩요. 그래 가지구, 옷 제대로 안 벗어놓고, 안 갈아입으면, 혼났고, 고 다음에 인제, 학교 갔다 오면 옛날에 상 있었잖아요. 이렇게, 밥상이여, 쪼금만 거 이런 거. 그거 딱 들고 앞에 앉아 있었어야 됐어요. 그러지 않으면 혼났어여. 그래서 밖에 별:로 나가서 생활한 적이 없어요. 내가.

---

11) '가회동'을 가리킴.

조사자: 국민학교 때는 기억나는 거 없으세요? 특이했던 놀이 같은 거..

놀이::라는 게 뭐, 아이들은, 여자들은 고무줄이고, 아이들은. 우리 그때는 오린말이라 그랬는데, 사방차기라 그러겨? 비석치기 머 그런 것들. 공기놀이 많이 했겨. 공기놀인데 요새는 그런 공기를 잘 모르더라구요. 싸놓구, 두: 알이든, 서너 알이든 척 쳐가지구, 내어서, 자기가 안 건드리구 가지고 오는 거. 그런 공깃돌 이만큼 쌓아놓고 하구. 그러고는 거이 구슬치기, 팽이치기, 딱지치기. 전 딱지치기는 혼나기도 많이 혼났어. 종이 옛날에는 귀했잖아요. 지금은 흔하지만 신문지도 휴지로 썼으니까 그걸 갖다가, 몰래 갖다가 접어가지구, 그것두 인제, 사각으로 접으로 방석, 머. 딱진데 딱지를 딱 접어가지구, 종이만 생기면 해놓고 났다 감춰 놨다가 혼나고, 들켜가지구. 전 구슬치기는 잘 안 했고, 집 찾기, 술래잡기, 전 참 총싸움 많이 했어여. 저희들은 총리 공관, 앞동네, 뒷동네가 있었거덩요? 앞동네, 뒷동네하구 총싸움하는 거예여. 총싸움도 하고, 그러구 인제 뛰어놀고 그랬겨. 그러구 인제, 청와대 사실, 지금은 못 들어가지만, 많이 다녔어여. 들어가서 옛날에는 연탄이라는 게 구공탄이였는데, 구멍이 아홉 개라서 구공탄이라고 그랬다는데, 구공탄이 그러키, 뭐 넉넉하지가 않았었거덩여? 넉넉하지 않았기 때문에 나무하러 다녔어요. 군대 있는 요기가 나무하던 데예요. 근데 동산 하나를 헐어 버렸어여. 헐어 버렸는데, 할아버지 따라서 지게 지고, 나무도 하러 가구, 나무 하나 걸리면, 걸리면 또 혼나고 고 다음에 인제, 물이 좋으니까, 산을 올라갈 쑤 있으니까, 어머님한테 꾸지람 들으면, 도망가는 게 산이예요. 산으로 가서 실컷 놀다가, 어둑어둑::하면 찾으러 다니잖아요. 안 오니까 인제 찾으러 오면 그래도 덜[tə:l] 혼나요. 좀 인제, 어머님이 좀 화가 났던 게 좀, 누구러지시니까. 그러 가지구 돌아다녔던 기억나구. 어렸을 때 생각은 그런 거.

아, 참 우리 많이 먹었던 게 달걀 아이스께기라는 게 있어요. 꼭 겨란 모양으로 뚜껑이 있는데, 거기다가 얼음을, 물을 놓고, 술통처럼 둥그런 게 있어요. 그걸 놓고는, 얼음떵어리가 그 속에 있는데, 막: 굴려요. 막 굴리면 통 쏙에 있는 게 얼어요. 그걸 딱 열면, 계란 모양이예요. 달걀 아이스께기라고 그랬어여. 얼음이져, 얼음물. 달고나. 요새도 생겼데요? 길에, 인사동 가니까, 설탕 이케 딱 해가지구, 별 같은 거 찍어 가지구.

그래 가지구, 다 깨지 않고 짜르면, 하나 더 주고... 그걸 또 집에서 해 먹는 다고, 옛날엔 양철 책받침이 흔했어여. 왜냐믄 하도 어렸을 때, 책받침 따먹기를 많이 해서, 프라스틱은 좀 귀했고, 그래서 인제, 양철로 만든 책받침을 많이 가지고 다녔는데, 그 위에다가 설탕을 녹여가지구, 거기다 올려놓고. 어렸을 때니까. 그 자에 보면 별 모양 있잖아여? 그것도 참 어렵게 산 건데, 꽉 눌러가지고, 먹지도 못하고, 자도 버리고. 그런 적, 어릴 때 고런 건 생각이 나네요.

조사자: 형제 분들하고 재미나는 기억은 없으세요?

형제들하고 뭐 그러키. 동생들이 연년으로 쭉: 있으니까, 막내 동생도 저하고 십 년 차이 나고, 또 제가 맏이 되니까, 제가 또 그러키 동생들하고 다투고 그런 경험이 없었어요. 나이 들어 좀 다투지, 그때는 머 그런 건 없었고. 그 다음에, 제가 어려서, 중학교 이학년 때부터 절에 와서 생활을 했어요. 그러다 보니까, 이러구 저러구 살았어요, 여태까지여. 그러다 보니까 형제들하고 깊게 이야기하던 기억이 없어요.

○ 불교와의 인연

조사자: 중학교를 절에서 다니신 거예요?

제가 친구들이 별로 없었어요. 친구들이 별로 없으니까, 우연히 절에 왔다가, 만나게 돼니까, 그게 너무 재밌는 거예요. 아버지가 야단 치고, 꾸지람하는 덕에 공부 좀 했다가, 그 친구들하고 막 어울려 다니는 바람에 공부도 안 하고 중학교서부터 시험 보고 들어갔으니까요. 그래 가지구, 공부도 안 하고 놀다가, 그랬었어요. 그때 친구들이 생기기 시작했었는데 그러키 많은 친구들은 없고, 많아야 서너 명 정도.

조사자: 절에서 만난 친구들?

아녀. 관계없는 학교 친구들이. 절에 친구들이, 그때는 중학교 때는 별로 없었고, 학생들이 고등학교 학생들이 많았었어요. 그니까 나이가 많으니까, 크게 어울리지는 못하고, 그냥 만나는 게 좋아서 오게 됐고, 학교 친구 서너 명은 절 친하게 지냈어요.

근데 지금은 연락이 없어요. 그 후루 서로 연락 못하고 저도 아일러브스쿨 들어가서 찾아보려고 그래도 안 되드라구요. 안 나오더라구요. 고등학교도 단짝인 친구가 세: 명, 있어가지구 잘 지냈는데, 한 친구가 지금 연락이 없어요. 한 친구 계속 만나고 주변에 또 많은 친구가 있고. 중학교 이:학년 때 여기 오면서부터 친구들 사귀기 시작한 거예요. 서로 접하게 되고, 집에 있을 땐 별로 안 접했어여. 머 거이 집에 있었고, 쪼금 나와서 구슬치기 같은 거 하다가 혼나고. 옛날에는 구슬치기나 무슨 공기, 사방차기 그런 거 하면, 손가락 끝으로 뭐, 공부가 다 나간다고 못 놀게 했어요, 엄해서. 아버님이 엄해 가지고, 아주 그랬어요.

조사자: 박사님이시면?

박사가 아니라 법사에여, 법사.

조사자: 법사님이 어떤 뜻이에요?

만화영화 같은 데 보믄, 삼장법사 그러잖아요. 그런 것처럼 불교 교리를, 설법할 쑤 있고, 그러한 의식 행위를 할 쑤 있는 사람을 얘기해여. 스님은, 스님은 아니고.

조사자: 교회의 장로 같은 거랑 비슷한가요?

그런 거 하곤 다르고.

조사자: 애들 가까이서 보시면 좋으시겠네요.

좋아요. 화가 났다가도 아이들 보면 풀리고, 어떤 때는 또 아이들하구 다투기도 하고 그래요. 의견 충돌이 나요, 어떤 때는, 내 의견하고 게 의견하고 안 맞을 때, 아이하고.

그러구 이제 어쩔 쑤 없이 제가 져야죠.

조사자: 예쁠 때잖아요.

근데 옛날에는 미운 일곱 살인데, 요새는 미운 다섯 살이라 그래요. 그 정도로 내려왔어여. 이쁜 나이가 세: 살, 만 세 살, 다섯, 네다섯 살 정도가 이뻐요. 집에서 얘기하는.

조사자: 네다섯 살도 있어요?

만 세: 살이 있어요. 구십팔 년 이월쌩까지, 입학이 가능하거등여. 긍까는, 교육법에 만 세 살까지는 유치원에서 교육을 시켜요.

조사자: 고등학교도 이쪽에서 나오셨어요?

여기에서 벗어나지를 않았어여. 요기서 안 벗어났어요.

조사자: 결혼은 왜 안 하셨어요?

어트케 살다 보니까 그렇게 됐고, 애초부터, 안 하겠다 그랬거덩요. 중학교 이:학년 그때도, 결혼은 하고 싶지 않다, 내가 하고 싶은 거 하고 싶다.

조사자: 장남이신데.

아버님이 칠씹오 년도에 돌아가셨거덩요. 일찍 돌아가셨죠. 제가 공부 안 했다 그랬잖아요. 긍까 이 년간 재수했어요, 고등학교도. 돌아다니고 공부 안 하니까. 고등학교 이학년 때 아버님이 돌아가셨거덩요. 그러니깐 그리고 아버님하고 떨어져 살았고. 긍까 아버님두, 지금 생전에 계셨다면, 제가 이렇게 혼잔 안 살 꺼예요. 아버님 저게, 등쌀에 혼자는 못 살았을 텐데, 아버님이 일찍 돌아가셨기 땜에, 난 또 하고 싶은 게 있었고.

조사자: 어떤 일을?

그냥, 모든 게 하고 싶어요. 하고 싶었다가 맨 첨에 청소년 그, 지도자 활동하다가, 하다 보니까 레크레이션 접하다가, 레크레이션 접하다 보니까, 아, 우리 껏이 없다, 우리 껏 좀 해야겠다 그러다가 풍물 하다가, 탈춤 하다가, 계속하고 있어요. 고 다음에 인제, 판소리를 좀 해야겠다고 생각이 들어가지고, 요새 또 판소리 해요. 이런 것들을 놓고 싶지가 않아요 지금. 가정을 꾸린다고 한다면, 그런 것들을 놔야 돼잖아요. 그거 붙들고 있는 사람, 누가 좋아해요.

조사자: 유치원은 어떻게 운영하시게 된 거예요?

유치원요? 그러니까 제가 여기서 계속 생활을 했으니까, 생활을 했으니까, 청년 활동도 했고, 어린이 법회서부터 쭉 활동을 지도해 왔고, 절에서 유치원을 만들었어요. 니가 맡아라 그렇게 해서 그렇게 된 거예요. 그러다 보니까, 공부를 워낙 안 해서, 그러고서 군대를 가버렸거덩요. 군대 가버리구, 사회활동 막 하다가, 청소년 활뚱 막 하다가, 유치원 설립이 되니까, 안 되겠다, 방송대 유아교육과 공부하게 됐어요.

조사자: 유치원은 몇 년도에?

십삼 년 됐어여.

조사자: 유치원 운영하시면서 기억나는 거 많으실 텐데.

매년, 울타리를 넘어가니까, 썩 기억나는 건 없어요.

아이들이 좋다는 것뱀에 특별한 일들이 없기 때문에.

조사자: 아이들이 종교 활동도 하고 그런 거예요?

그런 건 안 해요. 재단은 불교 재단이지만, 그런 건 없고, 우리가 오로지 하는 거는, 합장하고 인사하는 거, 고거하고, 부처님 오시는 날 행사 쪼금 하는 거, 그 왜에는 없어요.

일단 제:: 방침은, 종교에서 유치원을 설립했던 하더래도, 교육 기관이니까, 종교 교육이 너무 심하면 안 된다. 일단 누구나 평등하게 교육을 받아야 돼는데, 거기에 너무 많은 냥을 투입을 시키면, 아이들이 본래 교육을 못하지 않느냐. 그리고 종교는 선택인데, 아무리 부모가 너 이거 종교를 가져라 하더래두, 제가 보기엔, 선택을 해야 뒐 그건데 거기서부터 너무 강요가 아니냐. 이게 설립, 재단이 불교니까, 부처님 오신 날이라든가, 의식 노래 몇 가지를 안 한다는 건 문제가 있으니까, 그 부분, 쵀소한에 부분만 아이들에게 하게 하자.

일부 쪽에 스님들은 그러면 안 된다고 얘기도 하는데.

조사자: 어떻게 절에서 생활하시게 되셨어요? 중학교 때?

제 여동생이 먼저 여길 왔어요. 초등학교 친구들 따라왔어요.

조사자: 가고 싶다고 하면 받아 주지는 않을 것 아녜요.

법회 하니까, 법회를 제가 왔어요 또, 오빠보고 가자고. 그러니까 주일학교 식으로. 그걸 법회라고 하거덩요? 그래서 여기 왔어요, 왔는데. 공간을 하나 내 줬어요. 공부할 쑤 있는 공간을. 학교 갔다 와서, 몇 시까지래두 좋다. 밤을 새 러 가서 공부해도 좋고, 공간을 내줬거든요. 뭐, 밤에 늦게 가다 보니까, 자고 가자 그러케 되다 보니까 하루이틀 쌓여 가지구, 있게 됐어요.

근까 뭐 어정쩡하게 된 거죠.

특별::히 유치원 생활에서는, 아이들이 그냥 좋다, 허는 것 허구, 안타까운 거는 유치원 현장이 교육 프로그램들이 서양적인 교육 프로그램이 많아요. 일 단, 교육하는 교육자들, 교사를 배출하는 교육자들이, 거이 왜국에서 교육해 왔 잖아요, 교수들이요. 몬테소리니, 삐야제니, 다:: 교육학이라는 게 다 왜국에서 들어오기 때문에, 우리 프로그램이 없는 게 좀 아쉬워요. 그런 것들이 좀, 많이 나왔으면 좋겠다 하는 그러한 바램이 많은데, 바램이 많지 않아요. 요샌 무슨 컴퓨터 교육, 많이 강조하고 그러는데, 거기 들어가두, 아이들이 찾아 들어갈 쑤 있는 한정이 있었어요. 많은 싸이트를 또 갈 쑤 있게끔, 할 쑤 없고. 우리 껏에 대한 교육 프로그램이 많이 나왔으면 좋겠다 하는 그런 아쉬움들이 많고 젊은 교수님들 보면, 그런 쪽으로 연구하시는 분들이 있는데 아직은 미약하다. 제가 우리 껄 하다 보니까 그런지 몰라도 우리 아이들한테 우리 껏 좀 해볼라 면, 힘들어서 못 하고.

이번에도 교육청에서 당신이 탈춤을 추고, 풍물을 하니까, 아이들을 동아리 한 번 내보내라. 동아리 그 요번에 보면, 서울에 각 초중등학교, 동아리 한마당 이라고, 곳곳에 열렸어여. 한 삼 일간 정도. 거길 나가보라고. 아이들 교육을 시켰는데, 아이들한텐 힘든 동작이예여. 다:: 그런 것들이, 어른들도 힘들잖아 요. 학교 머, 대학에서도 보면, 동작 하나하나 가르켜 주면 어려워 가지구 힘들 어 가지구, 쩔쩔매는데, 우리 아이들은 더 힘들더라구요. 사: 분 정도 했드니, 너무 짧다고, 그래도 아이들은 힘들어하거덩요? 그래서, 그런 활동들이 많이 개발이 됐으면 좋겠다 하는 생각이 많이 들어요.

조사자: 앞으로의 계획은 어떠세요?

국악 쪽으로 상당히 많은 생각을 하고 있어요. 국악 쪽으로 많은 생각을 하고 있는데 판쏘리 선생이 하시는 얘기가, 너무 하는 게 많아서 잘하는 게 없다. 그런 얘길 하시더라구요. 그건 맞는 얘기 같애요. 한 가지, 저 머야, 쭉 나가야 되는데, 그걸 안 하구, 여러 가질 하니까, 여기두 쪼끔 저기두 쪼금, 그러다 보니까 잘하는 게 없죠. 어저께 그러시더라구요. 그래서 그건 맞는 거 같다구. 국악 쪽 전체적으로 하고 싶어요. 그러구 인제, 고궁에 관심이 많고, 괜히 그런 데 가면 좋아요. 궁에 가면 괜히 관심, 보고 싶구 더 있구 싶구 그래요.

조사자: 스님이 되실 생각은 없으셨어요?

아, 제가 인제, 그런 생각을 한 적은 없어요. 안 하겠다고 그랬어요, 큰스님 한테두. 큰스님께두, 큰스님이 인제 아흔셋이거든요? 정정하세요. 정정하시구, 지방두 수:없이 다니시구 저희들보다 낫다고 하셨어요. 그 스님이 고등학교 이학년 때, 이학년 땐가 삼학년 때, 불러 가지구, 너 머리 안 깎겠냐구. 저 머리 안 깎겠다구. 그 이유가 뭐냐? 첫째, 동생들이 다섯이 있는데, 동생들 뒷바라지를 해야 되지 않겠습니까? 고 다음에 둘째, 제가, 자유롭지 않을 것 같다구 그랬어요. 머리를 깎으면 일단 생활의 자유로움 못 갖고, 많은 사람들하구 접할 쑤 없을 껏 같다. 대신 머릴 안 깎더래두, 포교 활동은 적극적으로 하겠습니다. 벗어나지 않겠습니다. 그러구 결혼하지 않겠습니다 그랬어요. 이 생활 쏙에서 그대로 하겠습니다. 그랬거덩요. 그 약속 땜에는 아니고, 그때 당시 한 번 스님 하고 그런 얘기 나눈 적이 있는데 그 후로는 스님이 일체 그런 말씀 안 하세요. 그러구 인제, 어머님이 인제 가끔 가시면, 장가가야 할 텐데요 장가 안 간대요? 그런 얘기는 물어보신대요. 아직도 그런 생각은 없어요. 딱 한 가지 생각날 때는, 아플 때, 아플 때가 제일 생가나여. 왜냐하면, 누구래두 집이 가까이 있는데도 불구하고, 집에 안 가거덩요. 여기서 기숙하거덩요. 그리구 혼자 살다 보니까 함께 막 그러키 생활하는 게 부담스러워요. 불편해. 혼자 살면 편해요.

저는 완전히 환경 오염자다 그래요. 왜냐면, 자연을 거슬르는 사람이잖아요. 자연이란 부분은 서로 만나서 세상을 만들어가야 되는데, 환경 파괴자라 그래요. 내 자신이. 그럼 결혼해라 그래요, 근데 결혼하긴 싫다 그래요. 아직은 그런 생각이 없다, 하고 싶다는 게 아니라, 그런 생각이 없다. 이 나이에 머 그래요. 결혼은 그러키, 아플 때 빼곤, 아플 때는 몇 번 생각해 봤고, 누가 옆에 있다면 힘들지 않을 텐데 그런 거 있었고. 불편한 점은 없으니까 아직 나이가 들으면 모르겠어요. 나이가 들으면 내가 힘이 없으면 누구한테 기대려고. 할아버지 할머니랑 어울려 살면 되겠지요 뭐.

조사자: 집안일을 손수 하시는 거예요?

밥은 절에 가서 먹고, 밥만 제외한 나머진 제가 다 해요. 빨래며, 다름질이며, 누가 해 줄 사람이 없잖아요. 세탁기가 있으니까 빨래는 해주고, 널어 놓으면 말르니까, 대리기. 다름질만 하고 그러죠.

2.9. 자연 발화[jss]

○ 살던 곳

서울에서 순 토박이가 몇 명 있다고 알고 있어요?

조사자: 꽤 많이 계신 걸로 알고 있는데, 토박이회에 등록되어 계신 분들도 꽤 되더라구요.

토박이회가 두 개가 있었어요. 두 파가 있었는데 한 파가 소멸됐지, 소멸됐지. 소멸돼었었는데 소수 인원이었었는데 그때: 내:가 들은 정보로는 이:만오천 명이 있다 그러구요, 서울에. 서울 토박이가 사대문 안에는 이천 명 있대요.

조사자: 그러면 태어나신 곳은 정확하게 어디세요?

서울시 종로구죠.

조사자: 어렸을 적에 기억나시는 거나 주변에 형제분들 이야기 좀 해주세요. 달라진 서울 풍경도 좋구요.

달라진 풍경. 어 우리 어렸을 적에는 우리 동네에 예를 들어서 개울물도 흘렀고, 바로 옆 동네요, 종로구 원서동. 포장 상태들도 꽹장히 낙후돼 있었죠. 비포장 상태가 많:았었고 판자찜이라던가 그런 그 좀 초가집도 있었었구. 물론 예전처럼 보존되어 온 한옥들도 많:이 있었고 크게 변한 거라고는 이 지역이 에.. 한옥 보존 지역으로 계속 유지가 돼 왔었는데 실지루 그 명맥이 그대로 유지가 돼지 않았죠. 그 이후에 개:량돼고 불법으로 개조를 하구 그래서 지금은 예전의 모습들을 아, 거의 찾아보기 어렵죠. 그나마 서울 시내에서는 그래도 이 동네가 제일 잘: 보존돼 있다고 하는데두 데두, 발음 좀 이상하다 그런데두 음 우리가 볼 때는 예:전보다 많이 달라졌다구 알구 있죠.

조사자: 사대문 안에서만 사셔서 자부심이 있으시겠어요

예:전에 서울 토박이회라는 모임이 바로 그런 분들에 그 자부심으루 전출된 그런 단체였었는데 지금 이름만 있지 사실은 어떻게 유지돼고 관리돼고 하는지 훼원들은 잘 몰라요. 그나마 어떤 그 간행물이라든가 정규적으로 훼:비 납

부를 하라 그러든가 그런 거로써 유지되고 있구나 하는 것만 알고 있을 뿐이에요.

조사자: 예전에는 문안에 사시는 분들이 남다른 자부심이 있으셨다면서요.

어. 우리 그 왜:갓집이 문밖이에요. 지금은 서울 시내죠. 거기가 성동군가? 아, 군자동. 그니까 세종대학교 있는데. 근데 거기는 이제는 문밖이라 그랬죠. 그래서 어렸을 적에는 교통수단이, 에, 서울 시내에서는 물론 머 자가 차량. 우리 집에는 자가 차량이 있었으니까 갈아타는 장소까지, 지금 예를 들어서 동대문이에요. 동대문 가서 갈아타서 거:의 지금 아마 건대 입구역 정도로 생각돼는데 거기가 이제 정류장이죠. 그 기동차라고 하는 전:차 형태에 긴 레일을 이동하는 건데 어. 좌우 이동이 굉장히 심했던 거고 어쨌든 그 전:기로 움직이는 지금에 하여튼 뭐 전철 비슷한 건데, 그래서 그 그 동네를 우리 집안이라던가 어른들이 문밖이라구 사용을 해:서 나는 예:전에 문밖이라는 그 어떤 지:명이 특별히 있는 줄 알:고, 그 거기를 일단은 문밖이라고 예기를 했었었죠. 문:에 바깥쪽이라는 뜻이 아니었구 지:명으로 알:구 있었었죠.

조사자: 초등학교 때부터 여기서 쭉 있었어요?

예, 우리는 그 조:부 때부터 우리 애기까지 사: 대째 살:고 있죠. 같은 학교 다니구 있어요.

조사자: 형제 분들은 어떻게 되세요?

형제 분. 형제가 남동생, 여동생이 있는데 다 서울에 살:고 있어요..

조사자: 특별한 놀이라든가 기억에 남는 친구, 예전에 있었는데 지금은 사라진 거..,

생각할 똥안은 꺼 놓죠. 나는 우리가 어렸을 쩍에 우낀다라고 얘기를 했는데 우리 애들은 다 우끼다라고 얘기를 하드라고. 그래서 또 갑자기 그 말: 자체를 가지고 아 무슨 머 가만 있어 현재분산가 그런 식으로 자꾸 생각을 하게 되는데 그래서 대부분 우리 애 애들이 전부 같이 우끼다라고 쓰고 있더라고. 어떤 게 맞는 거예요? 학생들은 뭐라고 써요.

조사자: 둘 다 쓰이고 있는 것 같은데요.

그래요? 그래서 그 우리 때는 그, 지금도 초등학생들이 그런 과제 가지고 공부를 하는지 모르겠는데. 어, 교좌서에 보강된 어떤 전좌라는 책이 있었었고 그 담에 문제집으루 수련짱이라는 게 있었었구. 지금도 있어요? 음. 그래. 특히 또 과웨에서 가르침을 많:이 받았었죠. 그래서 그때 당시에 낱말의 뜻. 비슷한 말:, 반댓말:, 언어에 대해서 공부할 수 있는 배울 수 있는 찬스가, 기회가 굉장히 많았었는데 지금은 학습 과정에 학교에서들도 그렇게 강요를 많이 안 하는 것 같고, 또 그런 과제를 점검할 만한 교좌과정이 그 없:는 것 같애요. 그래서 애들이 말:을, 그 또래들끼리 쉽:게 적용을 해서 사용하다 보니까 정확한 언어 구사를 못 하구 있는 것 같더라구.

조사자: 많이 바쁘신가 봐요. 약속 잡기가 참 힘들었어요.

편안하게 낮에 인터뷰할 시간이 어디 있어요? 요즘에는 주말에는 보통은 쉬: 는 직장들이 많이 있으니까 주말을 이용하는 게 편하지.

○ 학창 시절

조사자: 좋아하셨던 과목 있으세요?

글쎄. 생물, 머 선생님도 좋아했고. 또 그 어떤. 그 과도기적인 때에 생리학 쪽이나 물리학 쪽으로. 조금 호기심이 많:은 부분에 대해서 가르침을 주시는 분이 유일하셨고.

조사자: 첫사랑이라고 할 만한 추억이 있으세요? 중고등학교 때쯤?

그럴 꺼에요. 아니 어떤 게 첫사랑인지 몰라 가지고 나는. 특별히 첫사랑을 염두에 두고 있는 거 없:어요. 우리 초등학교 오학년 때, 오학년 땐가 육학년 땐가 학교에 그, 나는 독신 선생님이신 줄 알았는데 여선생님이. 나이는 꽤 돼 셨어요. 근데 어느날 우리가 배치 고사라는 걸 봤어요, 중학교 때. 어느 중학교 를 갈 것인가 하는 테스트를 하는 건데 내 짝이 인제 다른 반 친구들하고 섞여 서 시험을 보는데 내 옆에 학교에 처음 보는 여학생이 앉은 거라. 근데 굉장히 이뻤어요. 이뻤다는 거보다 나는 그, 정형화된 얼굴을 좋아하는데 아주 그 맘 에 내 마음에 맘에 딱 맞는 여학생이 앉았는데 일교시 땡 하고 끝나고 다른 학생들이 그 얘기 들으니까 그 학생이 그 선생 딸이라는 거라. 그래서 인제 그 선생님이, 아니 그 선생님을 좋아하는 게 아니구 어. 우리 선생님들 중에서 그 분이 독신이다라고 나는 평소에 알:고 있었는데 그분이 딸이 있다는 사실을 나중에 새롭게 알았는데 그. 어렸을 적에는 어쨌든 그, 어. 본인이 좋아하는 마음을 그때 머, 지금두. 지금은 많이 달라졌지만 자기표현 능력들이 많이 강화가 됐으니까. 표현을 못했죠. 그니까 표현을 엉뚱한 장난으루, 머 등에다가 낙서를 해:서 써 붙인다든가, 머 걸려서 시험두 제대로 못 보고 의자 들고 서 있었구. 그 담에 중학교 이학년 때 서로 헤어졌다가 우연히 길에서 만났는데 또 말: 나온 게 머 오래간만이니까, 우리 동창이지 하면서 말:을 했:어야 돼는데 퉁명스럽게 지나가다가 서루 지나치구 나니까 을마나 후회스러웠는지. 그게 그 얘기를 나중에 대학교 들어가서 그 친구 어르신 무슨 잔치에 갔다가 그 얘길 전해들은 거라, 그니까 한 육칠 년 흐른 후에. 그 여학생이 나를 굉장히 생각했었다구. 그래서 그 지금 집사람두 그 이후에 몇몇 연애들두 좀 하구 미팅들구 하구 그래두 항상 첫번째 여학생과 같은 인상만 추구하다가 결국엔 지금 집사람두 그때 여학생이랑 굉장히 닮은 사람을 택하구 말았어요.

조사자: 고등학교 때 기억나시는 거 있으세요?

　어휴 난 공부 거이 안 했어요. 연극부 하구, 응원부 하구. 연:극은 캐스트루. 캐스팅 했었구나. 이제 그, 이무용 원작이라고 하던데 푸른 사과든가? 자세하게 기억은 안 나는데.

　기억나는 게 너무 많아요. 글쎄. 남학생들은 그, 본교: 중학교에서 고등학교를 그대루 올라간 친구들이 있구, 타 학교에서 온 친구들이 있죠. 그니까 서루 누가 더 강하냐. 그래 가지구 계속 싸우죠. 그 싸움을 한두 친구랑 한 게 아니구. 굉장히 여러 친구랑 했:던 기억이 나는데. 싸웠다는 그런 거보다는 인제 그 친구들하고 싸우고 난 이후에 남자 친구들은 서로 그 당시에 담배두 배우고 술들두 하고 또 뭐. 여학생들두 또 짓궂게 쫓아다니구 그런 게 추억에 제일 남:는 건데. 우리 학교 선생님 중에, 국어 선생님이 계셨는데. 고 담에. 학교 선생님

중에 국어 선생님이 제일 기억에 남는데. 어 나중에는 대학 강단에 스셨다 그
래요. 우리 친구 하나가, 그분이 여운개를 참: 좋아하셨어요. 참 연기가 대단하
다고 하면서. 표현 능력이 뛰어나신 분이에요, 선생님이. 그런데 어느 날 친구
하나가 지각을 했:어요. 근데 선생님이 지각생이 한두 명으루 끝나고 그랬으면
가르치시기가 불편하지 않으셨을 텐데 한 명 들어오구 나서 한 십 분 있다가
또 한 명 들어오구, 오 분 있다가 또 한 명 들어오구 그러니까 선생님이 나중에
는 짜증이 나가지구. 그때 화제가 머였었냐면 레슬링에 관한, 프로레슬링. 한
학생이 들어오니까는 서로 막 눈싸움을 하더니 선생님이 갑자기 책을 탁 교탁
에다가 얹이시더니 학생에게루 막: 쫓아가는거야. 학생은 놀:래가지구 막. 보통
그 학생들 책상들 사이에 간격이 떨어져 있죠. 그걸 서로 막 뱅뱅뱅뱅뱅 도는
거야. 그러다가 잽혔어. 그러다가 선생님이 이제 목을 눌르시는 거라, 선생님
이. 그냥 캑캑캑. 머 그렇게 심하게 진짜루 위해를 가하려구 눌른 건 아니구
반:은 장난스럽게 하시구 또 반:은 체벌 효꽈두 얻으실려고 그렇게 하셨는데,
우리 친구가 로프 로프 그런 거야. 로프가 먼지 몰르죠? 프로레슬링 하다 로프
를 잡으면 상대방이 공격을 멈추게 돼: 있다구. 잠깐 몇 초 똥안은 선생님이 졸
르던 목을 갑자기 로프 로프 하니까는 갑자기 그걸 놓드라구. 그랬던 생각. 머
쉬는 시간에 잠깐 먹을 거 사러 나갔다가 교:문에는 항상 선생님이 있으니까
먹을 꺼 같은 거 사 가꼬 오더래두 교문에서 다 뺏기니까 비 오는 날, 우산을
쓰고 나가서 갖가지 변명을 하고 거짓말을 하고 나가서 자기 혼자 먹고 들어오
기 미안하니까 예를 들어서 호떡 같은 걸 사 가지고 들어오는데 한 반에 갖고
오며는 맻 명한테만 나눠줄 수 없으니까 우산에다 싸 가지고 둘둘 말아서 가지
고 들어오는거라. 그니까 안 들키고 잘 들어왔죠. 그래가지고.. 아 그 우산이
참 선생님 우산이었어. 그래서 선생님을 드렸는데 그 다음날 들켰죠. 선생님이
집에 가실 때 우산을 피다 보니까 호떡 설탕물이 범벅이 돼 가지고 그 우산이
끈적끈적 처음에 펴지지가 않더래. 그런 기억. 그렇고 그리고 학생들은 화장실
에서 담:배 많이 피거든요. 요즘에는 여학교에도 그렇게 많이 핀다고들 그러던

데 우리는 운동장에서 펴요. 그러면 선생님들한테 많:이 들키지, 사실. 그니까 이제 왜 운동장에서 많이 피냐면 쉬는 시간이나 점심 시간에 운동장에서 피며 는 놀:며는 막 먼지가 일어난다구. 담배 연기가 쉽사리 구분이 안 돼, 먼지 때문에. 그것두 설사 나중에는 간이 더 커져갖구 운동장 저쪽 끝에서 피는 거라. 그니까 선생님이 이쪽 끝에서 보셨다 하더래두 쫓아오는 사이에 다른 데루 도망갈 수 있으니까. 나중에 선생님들이 망원경 동원하구.

조사자: 그때는 뭘 많이 드셨어요?

라:면. 라::면은, 여학생은 먹는 게 중요할지 몰르지만 남학생들은 담배 피기 위해서 담배 피는 장소가 제공되는 배경들이 어쨌든 라면집, 중국집 많이 갔을 거에요, 하학 후에. 친구들하고, 우선 빨리 헤어지기 싫어서 떡볶이나 오뎅 같 은 건 국민학교 때 그니까 지금 초등학교 많:이 먹었고 대학교 때 이후론 주로 중국집, 라면집 이런 건 학년이 높아갈수록 술찜. 끝나고 나면 항상 사복으로 갈아입고, 갈아입는 장소가 라면찜, 중국집. 중국집에 뭐 어쩌다가 그 요 학교 근처에는 테이블이 많:은 중국집보다는 방으루 된 그런 집이 많았었는데 지금 은 그 경제적인 측면 땜에 그렇게 방 많은 집이 없을 꺼에요. 예전에는 그런 집이 많았다구. 청춘 남녀들이 밀해[12] 장소지 머. 그 고등학생때두 어쩌다 옆 방에 그런 한 쌍이 들어오잖아. 그러면 심통이 나가지구. 슬쩍 위가 뚫려 있으 니까 고춧가루 휙 집어던지구 도망가구. 이 학교 근처 중국집에는 사이사이 칸 막이가 있었는데 담배 꾸멍이 안 난 벽이 없었어. 다 들여다보느라구.

조사자: 그럼 대학교 때는 어떠셨어요?

전:기 공학. 그건 그룹사운드 하려구 그 꽈로. 진짜로 했:어요, 한 이: 년 동 안. 주로 이제 방학 때 많이 했:는데 관심은 많았는데 결국은 그쪽으로 못 나갔 어요. 대학교 때두 연극했어요. 기타두 하구. 일 년 정도 하다가 흥미를 못 끄 니까 그 담에 나중에는 전공 관련된 그런 동아리 하구.

---

12) 밀회.

○ 결혼

조사자: 사모님은 언제 만나셨어요?

고등학교 졸업하구 만났어요. 대학교 졸업하구 직장 얻구 했으니까 한 육년. 육칠 년. 글쎄 그 우리가 자주 가던 빵찝이 있었었는데 나는 우리 집사람은 나를 일 년 똥안 바 왔대, 빵찝에서. 우리들은 눈을 주질 않았어. 우리 친구 중에는 기억하는 친구가 있기는 하드라구. 그니까 그케 그, 고등학교 때는 단짝들이 있죠. 고등학교 때 우리들은 그룹 활똥들을 했으니까. 그룹 활똥이 아니라 그룹 지어서 몰켜 다녔으니까. 그래서 그: 고등학교 이학년 때 사귀던 여학생이 있었는데 그 여학생하구 집사람하구 같은 도서관을 다녔더래요. 근데 그 그때 당시 사귀던 여학생이 내 사진을 꺼내 놓구 우리 집사람한테 그렇게 자랑을 했:대. 사귀던 여학생은 입시 몇 달 남기구 헤어져 있자. 나중에 대학교 입학할 때 만나자 그랬더니 그게 하여튼 서로 아주 이별이 돼 버렸어요. 그러구 집사람을 만났어요. 특별히 머 서로 헤어질 만한 이유가 없었으니까. 그러구 오히려 처음에는 자유분방하게 몇 달에 한 번두 만나구 약간 사실은 요새 여학생들이 남자친구라는 뜻하고는 좀 틀린데, 약간은 그냥 친구 개념으로 우리 친구들 만날 때 같이 만나구 수시루 자주 만났었구 나중에 자연스럽게 그냥.

2.10. 자연 발화[hsg]

○ 서울사람, 서울말, 서울

그: 우리 옛:날 노인네들이 쓰는 그 표현 말은 어떤 때 튀어나오냐 하면은 에.. 이렇게 인제 이렇게 그.. 상대방이 우리가 이제 일반적으로 에, 지식이 있거나 하는 고런 사람 같은 경우는 말을 뷀 쑤 있으면 그 요즘에 나오는 어, 언어에 대한 억양이라던지 발음을 정확하게 힐라 그러는데, 그 옛:날 싸람들 노인네들 만난다던지 가족끼리 얘길 한다던지 그럴 때는 어 우리끼리에 자연스런 말:이 나와.

아까 내 그렇게 얘기했듯이 머 메느리라구 자꾸 얘기 나오는데 며느리 아니에요?

근데 우리 할머니들은 메누리보구 아가야 그러구 메누라, 메누라. 이런단 말이야. 그런 식으로 변화가 많이 돼 가구. 또 서울에 서울 싸람 표준어란 것이 옛:날 표준말이라는 것이 옛:날에는 그 규정이 내가 알기론 그렇게 알고 있어. 서울 경기도 싸람이 쓰는 말:. 이렇게 썼다구 옛:날에는. 표준어에 그 그, 단, 머라 그러나 해석이 근데 요즘엔 그게 아니구 서울 중부 찌방이 쓰는 말:로써 지식층이 쓰는 사람이라구 해 가지구서 아마 표준어에 뜻이 나온 거야. 그니깐 순수한 표준어는 우리가 쓰는 게 표준어지. 순수한 표준어. 왜 서울 중부 싸람 원토박이야 내가 우리 이제 토박이라 그러지만 토백이라 그러구 많이 튀어나오지. 토백이란 말:은 다른 데서도 써. 원래 지방에서도 쓰구 경기도나 어디든 토백이라구 그래. 토백이, 토박이 다 똑같이 아마 같을걸. 토백이 토박이 아마 같은 표준얼 꺼야. 헌데 거 일딴 노인네들은 이 저 이:모음 동화 현상을 많이 일으켰어. 옛:날 싸람들이 글을 정확허게 배운 게 아니고, 이 짜를 갖다 저 붙일려면 저 갸:의 주, 주어, 저 토씨를 쓰다 보믄 이:라는 말:을 써 붙일래면은 에 그게 에 가서 붙어 뻐리잖어 가서 그 식으루 며느리라는 말도 그렇구 또 그 그 발음이 잘 안 돼는구나. 이모음 동화라 그러나 그걸? 그게 잘 안 돼기 때문

에 역동화하나. 그게 잘 안 뒈기 때문에 뺄리뺄리 허다 보니까 자연스럽게 그
렇게 나온 말:이었거든. 그게. 그래 내가 옛:날 싸람들이 쓰던 말, 그 말:대루
쓰려고 그니까 나도 써놓구도 이상해. 어색해. 고런 게 있구.

그래서 에. 내가 쓰던 말 현:재 내가 쓰는 말:에 대한 것은 자연스럽게 아까
객관썽이 떨어지는 거 같애. 그렇게 질문해 가지고는 서울 싸람이 그렇게 쓰는
가 안 쓰는가는 그런 질문 가지구는 객관썽이 없고, 제:일 편헌 거는 제:일 확
실하게 좀 할 쑤 있는 거는 우리 토박이회의 모임이 있어. 우리 여기 저, 홈페
이지가 있는데. 저, 홈페이지 관악구 지회장인데 그 사람들이 그: 회의헐 때라
든지 이제 나누고 얘기하는 거. 그걸 들어야지 이제 정확헌 거야. 많아 봐야
육십, 칠씹 그런 사람도 있고 내가 젊은 사람이야. 오:십 대로써 젊은 사람이
야. 그래서 그런 데서 이렇게 떠빙을 해:야 얼른 그렇게 받아들여지는 녹취를
해:야 그게 정확헌 거지. 묻는 건 내가 볼 때 객관썽이 떨어진다고 바.

그러구 저 서울 토박이라는 기준을 내가 설명해 줄께. 아까 전:화로 이제 얘
기허기는 허던데 서울 토박이라는 기준이 본래는 어. 규정이 업따가 천구백구
십사: 년 정도 육백 년 사업을 하면서 그 당시에 어 서울 시장이 이름이 누구더
라 어 서울 시장 이름이 생각이 안 나네. 그 시:장이 서울 토박이를 이제 한번
찾아보자. 희귀하다 그러니까.. 그게 찾아본 결과 한 몇 개월 거쳐서 일케 동네
에다 접수를 시켰더니, 이 동네만 해두 두 사람뿐이 안 나타나는데 서울에서
사:는 사람이 사:천 몇 백 사:천오백 세대 정도가 등록을 했어. 근데 한 걸루 바
서 기준을 볼 때 우리 동생두 있구 작은아버지두 계시구 고모도 있는데, 한 몇
배는 더 해야 돼. 다섯 배는 더 해:야 정확한 숫자가 나온다구. 사:천 몇 세대에
인원 쑤가 만:늑천 얼마뿐이 안 뒈더라구. 근데 한 다섯 배 정도는 한 십만 명
정도는 십만 명 정도를 갖다가 토박이 기준으로 삼을 쑤 있는 사람들이라구 바
야돼. 그럼 토박이 기준이 뭐냐. 천구백십 년에 호적 제도가 생겨서 일본 놈들
이 왜놈들이, 왜놈들이 만들어 노면서 우리나라 정식적인 그 호적 제도 근데
지금 여기 옛:날 재적 등본이 있는데 천구백이십삼 년도에 재적 등본이 여기

있어. 그 당시에 폈던 거 일본 싸람들이 뗀 거 조선 총독부에서 썼던 거 그게 지금 자료로 있는데 그거 아주 그 그런 거는 일종의 그 옛날 자료집이지 또 우리 종로에 살 땐 우리가 에 우리 할아버지가 잘살았기 때문에 금:빵하고 인쇄소를 했다가 우리가 나오기를 천구. 그: 해방 직전에 이쪽 지역에다가 터를 잡고 들락날락하셨어. 우리 노인네들이. 아버지, 할아버지들이. 정착을 천구백십:년대에 이전에 정착을 해:서 살:다가 떠나지 않고, 그 기준은 서울 사대문을 기준으로 해서 십 리에 안짝에 살:던 정착한 사:람들을 기준으로 해:서 지금까지 서울이라는 행정구역을 떠나지 않은 사람을 찾은 것이 천 그 그 당시 천구백구십사 년도 서울 정도 육백 년 사업을 하면서 찾아낸 거야. 그 당시 찾아낸 것이 한 만뉵천 명뿐 안 뒈더라고. 사 사십뉵. 아냐.. 한 사:만 명 뒈나. 아냐 아냐 사:천 몇 세대에 사 사십뉵만 육천 명백에 안 뒈네. 그렇게 해:서 찾은 것이 만뉵천 명 실찌로는 한 다섯 가구. 근데 나 같은 경우두 우리 아부지 할아버지 우리 작은아부지, 고모들은 다: 종로에서 종로에서 태어났지마는 우리 고모 내 고모하고 나하고 나이 차이가 아홉 살 차인데 거기서 태어나 가지고 나는 여기 와서 실림동에서 태어났다구. 그래두 그건 기준이 맞는 거거든. 이제 관악구 토박이라고 할 때는 여기 서울 토박이라구 할 쑤는 없:지. 그니까 그 사람들하구 어울려서 생활하다 보니깐 그 기준이 경기도 싸람 말:씨가 쪼금 섞여 있구 서울 토박이 원토말은 우리 아부지, 할머니나 이런 분들이 쓰시던 말:을 내가 그대루 받아 쓰는 건데 더 정확헌 거는 우리 작은아버지가 치꽈의산데 치꽈의산데 지금 생존해 게셔 치꽈의사 하시구 그분이 정확해 말:이. 그분 말:이 더 정확하다고 볼 쑤 있겠지만 칠씹이 칠씹이시니까. 그 우리 작은아버지는 나랑 말허는 말:허는 그 억양은 비슷해. 비슷해. 비슷허고.. 으 자꾸만 이제 그 변:화가 뒈는 말:이 있고. 어 예를 들어서 머 그니까 가:끔 쓰다보믄 하니까 이렇게 무엇 무엇을 하니까 그렇게 우리는 쓰거든 근데 항께 그런단 말이야 이 사람들은 전라도 싸람들은. 그런 식으루 허니까 헝께 이러니까 허니께 이렇게 뒈드라구 머를 하니까 이러면 뒈는데 헝께를 이런 식으로 자꾸 바껴 가는 게 있드라

구. 근데 그건 상대랑 얘기할 때 그렇구 집안끼리라던지 가족끼리 얘기할 때는
정확하게 나와. 가족끼리 그 제:사 지내거나 이런 때는 그 옛:날 말 그대로 써.
자연쓰럽게 가족끼리니까 옛:날부터 쓰던 말: 그거 요즘 충청도 말을 쓴다던지
경상도 말:을 쓴다던지 이렇게 써지질 않지.

조사자: 그런데 왜 종로에서 이쪽으로..

어, 그 당시.

조사자: 굉장히 먼 곳이었을 텐데.

그렇지. 그게 이제 내가 바로 그거야. 이제 돈을 많이 버:셨고. 머 그러니까
시골에 가 사:신다구 또 건강도 덜 좋다 그래 가지고, 시골에 가 산:다 그러구.
또 그 당시 대동아 전쟁이라는 게 있어 가지고 머, 머, 불바다가. 서울이 불바
다가 뒈어 가지고 문안에서. 여기선 문안이라 그래, 종로는 문안이라 그래. 거
기를 여기서두 문안 갔다 온다 그랬다구, 문안 갔다 온다구. 여기서는 흔한 말
이야 우리 아버지도 문안 갔다 온다 그러고. 서울 갔다 온다는 말 잘 쓰질 않
지. 문안 갔다 온다 그러지. 여기두 서울에 가까우니까. 예를 들어서 충청도 싸
람이 문안 갔다 온다면 말:이 뒈나. 서울 갔다 온다 그러지. 문안 갔다 온다 그
러구 가까우니까. 그 식으루 어. 그래서 인제 시골에서 시골을 정한 게 사당동
이고 실림동을 정해서 우리 할아버지가 또 할머니 처가찜이 여기 저 실림동이
야. 그래서 실림동에 해방 직전에 집을 지어 가지구서 나오신 거야. 그래 가지
고 내가 그 자리에서 나오자마자 태어났는데, 그게 실림 사:거리에, 지금 터는
있는데 집은 음써졌지. 고 사거리 어디냐믄, 국민은행. 국민은행 바로 뒤에가
바로 내가 태어난 곳인데 한 한, 십 년 전까지 내가 태어난 집이 그대루 있었는
데.. 팔고 따른 데루 이사 가다가. 그렇게 해서 토박이 기준이 그렇게 돼 있다
가 지금 여기 인제 토박이가. 토박이라는 건 고향이 특별한 게 없:기 때문에 마
음에 고향이 서울이기 때문에 여기 서울 여기 사:는 사람들두 서울 토박이라
그런다구. 그런데 행정구역, 우리가 규정했던 건 아:니란 말이야. 근데 많은 사
람 영입을 하고 재정을 좀 늘려서라도 또 원하는 사람이 있기 때문에 현 행정

구역에 사:는 서울 싸람이 적어두 머, 저 천구백십 년 호적 제도가 생긴 이전 싸람 이전에부터 살:던 사람을 토박이로 규정을 해:서 그 사람들도 영입을 하고 있다니까 지금.

조사자: 그럼 초등학교 때부터 쭉 여기에 사셨어요?

어. 초등학교는 여기 다녔지. 고등학교는 요 대방동. 저 영등포 고등학교. 그러구 경희대학교. 그니깐 생활꿘은 서울꿘이었기 때문에 어차피 말 말:은 그래. 그러구 우리는 이렇:게 해서 말:을 들어 보믄 경기도에서두 안성이다, 평택이다, 포천이다 말이 조금씩 달라. 왕십리허고, 음. 이쪽하고도 조:금 틀려. 머 인토네션인가 억양이 쪼금 틀려. 억양이 쪼:금 틀리기두 허고, 포:천 쪽(3) 가면은 아까 내 얘기했듯이 머 손잽이 이런 식으루 말이 많:은 편이구 이쪽은 좀 덜:하고.

경기도, 지금 이런 지역은 서울꿘 내 언어야. 옛:날 서울 토박이꿘 언어야. 이 정도까지는.

여기는 아무것도 읍꼬, 요 근방에 마을 한 한 이:십 채, 요기 한 이:십 채, 요기 한 열: 채. 저 서울대학교 안에 한 열: 채 에 요렇게 동:네가 하나, 둘, 셋, 네: 개가 요 근처에 있었고. 좀 번화한 데는 좀 내려가믄 실림 사:거리 거기가 서원말이라 그랬어, 서원말. 서원말이 왜 서원말인지 알어? 서원이 있었어요. 그때. 우리 살:던 집에 거기 다 어려서 옛:날 주춧돌이 거기 가믄 연자방아만 한 똥그란 그, 주춧돌이 여:러 개 있었어. 내가 그래서 거기 올라가서 놀구 그랬는데. 육이오 이전에두 읎었어. 근데 그 주춧돌은 남아 있었거든. 지금 말허면은 국민은행 짜리가 바로 사당 짜리라구. 서원 짜리. 시골 가면은 일케 서원 많잖아. 서원이 서당 알지? 서원두 좀 큰: 서당이 좀 큰: 게 서원 아냐. 그 옛:날 요양하시던 이율곡 선생이라던지 이런 분들이 하는 무슨 도산 서원 이런 식으루 큰: 서원은 아니지만 그래두 서원은 있었거든.

조사자: 서원에서 직접 공부는 안 하시구요?

우리는 했:지. 일쩨 이전이니까. 일쩨 이전이고 그 이전에 관악산에는 어.

역사가 어떻게 됐냐 하믄. 여기 삼성산이라 그러지? 삼성산이라는 게 세: 분의 성인이 지나갔다고 삼성산이라고 이름을 육이오 이후에 지은 거야, 지도에. 내가 어려서 국민학교 대니면서 삼성산 삼성산 나오더라구 이상하다 여기 검지산인데. 검지산이라구 불렀어, 검지산. 검지산이라구. 검을 검짜. 검을 흑짜에다가 이제 검짜 썼다구. 그리고 지짜는 꽃봉오리 지짜. 검지산이라구 이렇게 썼다구. 옛:날 싸람들은 쓰지를 않았지. 우리가 이제 이렇다는 걸 후:에 알았지. 검지산이라구 그랬지 삼성산이라구 부르지 않았거든. 근데 지도책에 나오면서 삼성산이라고 돼더라고 삼성산. 절:이 있는데 몇 군데를 요 근처 절:을 다녀가신 분이 사명대사가 대녀가셨다 그러던가. 사명대사하구 그 이전에는. 아무튼 몇 분이. 저기 가면 나와. 성주암이라구 성주암에 가믄 써 있을 꺼야. 세: 분 성인이 내가 지금 얼른 생각이 안 나는데 그분들이 다녀가셨다구 삼성산이라 그런 거지. 그 후:에 불른 거지 우리는 검지산이라구 그랬어. 그렇게 좀 달라. 많:이 달라졌어. 저기 왜 자하동이라고 서울대학교 안에 자하동. 우리 어렸을 쩍에는 자하동 자하동 그랬는데. 자하라는 게 있어. 내가 얘기해 주께. 저: 위에 가면 자운암이구 또 있어. 자하라는 분이 누군지 알아? 이조 시대 때 이조 시대 때라면 말:이 잘못된 거지. 조선 시대 때 그분에 어, 호가 자하고 본 이름은 김 모라고. 나 지금 생각이 안 나는데 그분이 여기 와서 저기서 인제 저 문안에서 있다가 에. 관직을 쉬:면서 여기 와서 계:셨다 해 가지고서 자하라고 자기 호를 따서 그쪽에 자운암이라는 게 있고 자하연이라는 건 바로 그것 땜에 생긴 걸루 봐. 서울대학교에서 지은 거라고 바. 그래서 그 동:네를 자하동이라고 그랬어. 그분이 살았다고 그래서.

찾아보기